心理学译丛
教材系列

Human Learning, 6e

学习心理学

（第6版）

[美] 简妮·爱丽丝·奥姆罗德（Jeanne Ellis Ormrod） 著

汪 玲 李燕平 廖凤林 罗 峥 译

汪 玲 审校

中国人民大学出版社

·北京·

心理学译丛·教材系列
出版说明

我国心理学事业近年来取得了长足的发展。在我国经济、文化建设及社会活动的各个领域，心理学的服务性能和指导作用愈发重要。社会对心理学人才的需求愈发迫切，对心理学人才的质量和规格要求也越来越高。为了使我国心理学教学更好地与国际接轨，缩小我国在心理学教学上与国际先进水平的差距，培养具有国际竞争力的高水平心理学人才，中国人民大学出版社特别组织引进“心理学译丛·教材系列”。这套教材是中国人民大学出版社邀请国内心理学界的专家队伍，从国外众多的心理学精品教材中，优中选优，精选而出的。它与我国心理学专业所开设的必修课、选修课相配套，对我国心理学的教学和研究将大有裨益。

入选教材均为欧美等国心理学界有影响的知名学者所著，内容涵盖了心理学各个领域，真实反映了国外心理学领域的理论研究和实践探索水平，因而受到了欧美乃至世界各地的心理学专业师生、心理学从业人员的普遍欢迎。其中大部分教材多次再版，影响深远，历久不衰，成为心理学的经典教材。

本套教材以下特点尤为突出：

● 权威性。本套教材的每一本都是从很多相关版本中反复遴选而确定的。最终确定的版本，其作者在该领域的知名度高，影响力大，而且该版本教材的使用范围广，口碑好。对于每一本教材的译者，我们也进行了反复甄选。

● 系统性。本套教材注重突出教材的系统性，便于读者更好地理解各知识层次的关系，深入把握各章节内容。

● 前沿性。本套教材不断地与时俱进，将心理学研究和实践的新成果和新理论不断地补充进来，及时进行版次更新。

● 操作性。本套教材不仅具备逻辑严密、深入浅出的理论表述、论证，还列举了大量案例、图片、图表，对理论的学习和实践的指导非常详尽、具体、可行。其中多数教材还在章后附有关键词、思考题、练习题、相关参考资料等，便于读者的巩固和提高。

这套教材的出版，当能对我国心理学的教学和研究具有极大的参考价值和借鉴意义。

中国人民大学出版社

序 言

我一直非常享受撰写、修订《学习心理学》这本书。时间每过去一年，关于人类如何思考和学习的研究总会有一些令人激动的新进展。也正因为如此，关于各年龄段的学习者如何获得知识、技能，以及信念、动机与态度等，每年都会产生一些无论在课内还是课外都大有裨益且富于启发的新策略。在我的读者对人类学习的本质进行探索时，我希望他们会受到我对这个主题的痴迷的感染。

写作这本书时，我在内心设定了读者群体，即那些想要了解学习但又不必拥有许多心理学背景知识的人。这样的读者当然也会受益于了解学习理论的历史渊源，但他们可能更愿意将自己的精力聚焦于了解当前的理论视角和观点。这样的读者也能体会到学习理论的令人着迷之处，但他们在不能发现这些理论与日常生活的关联性时可能会失去耐心。这样的读者当然也有能力阅读那种简练枯燥的教科书，但是如果教科书能阐明不同概念之间的相互联系、提供大量的实例，尤其是强调对内容的有意义学习（也就是真正的理解），那么可能会令他们的学习更有成效。

这一版本的新增内容

第 5 版的读者会发现第 6 版有大量变化。如以往一样，我对原文中的许多地方进行了更新，力求呈现认知、学习和教学实践等方面的最新理论观点及研究发现。我也努力使表述更紧凑，删除了不必要的冗余表达，澄清了那些拗口别扭或含糊不清的措辞。

一个更为明显的变化是对内容的重组。根据评论者的反馈，我将第 5 版中过长的第 7 章划分为了两章："认知主义的介绍"（第 7 章）和"记忆的基本成分"（第 8 章）。我也将第 5 版中的第 11 章划分为了两章，其中"认知发展观"（第 12 章）致力于讨论皮亚杰和新皮亚杰理论及其研究，而"社会文化理论及其他背景理论"（第 13 章）则涉及维果茨基理论以及一些新近发展的相关理念。我将第 5 版中有关社会过程和同伴互动教学策略章节中的内容一并加入新的第 13 章中。

此外，与我们对人类学习不断发展的理解相一致，我新增或扩展了一些话题，例如：讨论并以图形示意学习理论如何随时间而演变（第 1 章）；胶质细胞，特别是星形胶质细胞，在学习和记忆中的可能作用（第 2 章）；学习如何失败的重要性（第 5 章）；个体和学校的正向行为支持（第 5 章）；作为自我效能感影响因素之一的情绪状态（第 6 章）；作为自我调节一部分的自我反思（第 6 章）；双重储存模型图示中对中央执行器的描述（第 8 章）；中央执行能力上的个体差异（第 8 章）；对程序性知识的扩展讨论（第 9 章）；对编码形式部分的整体概览，以反映最近的神经学研究发现（第 10 章）；对概念学习这部分的压缩与重组（第 10 章）；对促进概念改变的策略的进一步讨论（第 10 章）；提取诱发的遗忘（第 11 章）；对网络信息进行批判性评价的重要性（第 11 章）；对皮亚杰各发展阶段之间过渡与可变的性质的新图示（第 12 章）；对维果茨基理论的进一步讨论（第 13 章）；对其他背景观点如具身化概念的进一步讨论（第 13 章）；服务性学习（第 13 章）；对形式训练观点的修正（第 15 章）；新增了有关批判性思维的内容（第 15 章）；自我意识情绪（第 16 章）；对 TARGETS 记忆术的更新（第 17 章）。

与之前版本一样，我编写了一本包含许多多项选择题与简答题的试题库（ISBN：0-13-276374-5），以促进高水平的思维技能。

致谢

虽然我是本书的唯一作者，但单凭我一人的力量显然不可能完成此书。在我写作的过程中，很多人都为我提供了帮助：

Frank Di Vesta，我的顾问，也是我在宾夕法尼亚州立大学的导师，他不仅教给我大量有关学习的知识，而且坚持在我也学会了大量的写作技巧之后才允许我毕业。

Kevin Davis 和 Paul Smith。前者是我在培生教育出版公司的现任编辑，他不断指导我、支持我、激励我努力去发现更多能将心理学应用于教育及临床实践的途径和方法；后者是我的前任编辑，他为第 6 版的修订提供了宝贵的建议。

培生教育出版公司的编辑们，他们将我的手稿和粗略的大纲转化为现在你所看到的成品。在这里，我特别要感谢 Mary Irvin 和 Lynda Griffiths。前者全程都相当专业、灵活地帮我协调这本书的出版，后者则在对我独特的写作风格表示欣赏和认可的同时帮我找出了许多小错误，并坚持对我引用的大量文章进行一一核对，以确认参考文献是否有遗漏。在这个过程的大部分时间里，她都处于脚踝严重受伤的伤痛之中，然而，她自始至终都保持着极大的耐心、毅力与幽默感，这一点是真正不凡的。

还要感谢所有认真细致地审阅了本版早期手稿或前几期的国内同行，他们是：印第安纳大学的 Joyce Alexander、西肯塔基大学的 Livingston Alexander、中佛罗里达大学的 Kay Allen、波士顿学院的 Martha B. Bronson、密苏里大学圣路易斯分校的 Margaret W. Cohen、阿克伦大学的 Ralph F. Darr Jr.、宾夕法尼亚爱丁堡大学的 Jean C. Faieta、东密歇根大学的 Sarah Huyvaert、宾夕法尼亚克莱瑞恩大学的 Janina Jolley、西伊利诺伊大学的 Joseph Kersting、佛罗里达大学的 Mary Lou Koran、肯特州立大学的 Gerald Larson、得克萨斯大学泰勒分校的 Mark Lewis、科罗拉多大学的 Michael S. Meloth、宾夕法尼亚州立大学的 Karen Murphy、佛罗里达大学盖恩斯维尔分校的 John Newell、加利福尼亚州立大学贝克斯菲尔德分校的 Jim O'Connor、亚利桑那州立大学的 Nimisha Patel、迪尤肯大学的 Sarah Peterson、印第安纳大学的 Jonathan Plucker、北科罗拉多大学的 Steven Pulos、得克萨斯大学奥斯汀分校的 Daniel Robinson、南伊利诺伊大学的 Jack Snowman 和佐治亚州立大学的 Karen Zabrucky。是你们以及你们的建议有力地促成了本书的成稿。

我的很多同事审阅了第 5 版的内容，并对第 6 版本中应该增加哪些内容以及如何增进深入讨论提出了很多有益的建议，他们是：弗吉尼亚理工大学的 Brett Jones、得克萨斯大学奥斯汀分校的 Daniel Robinson，以及得克萨斯理工大学的 Loretta Rudd。

我的丈夫理查德以及我的孩子蒂娜、亚历克斯和杰夫，他们一直支持我的写作事业，并且为我提供了大量关于人类学习在行为方面的例子。

我的父母詹姆斯和南希·爱丽丝，他们在很久以前就使我懂得高等教育的价值。

我的学生们是敦促我写这本书的最原初的动力。

其他来自世界各地的学生们也一直在持续不断地为我提供如何将这本书写得更好的反馈。（可以实现便捷联系的一个方式：jormrod@alumni. brown. edu。）

简妮·爱丽丝·奥姆罗德

目录

第一部分　导论

第二部分　有关学习的行为主义观点

第4章 工具性条件作用/42

第5章 工具性条件作用的应用/66

第三部分 社会认知理论

第6章 社会认知理论/91

第四部分 有关学习的认知观点

第7章 认知主义的介绍/115

第五部分 发展和背景的视角

第12章 认知发展观/223

第13章 社会文化理论及其他背景理论/241

第六部分 复杂的学习和认知

第14章 元认知、自我调节学习及学习策略/271

第15章 迁移、问题解决和批判性思维/298

第七部分 动机

第一部分

导　论

第 1 章
有关学习的观点

本章主要内容

- 学习的重要性
- 学习的定义
- 确定学习何时发生
- 研究、原理及理论
- 学习理论如何随时间而发展
- 理论的优势
- 理论的潜在缺陷
- 关于理论和原理的一种观点
- 将有关学习的知识应用到教学实践中
- 全书概况
- 总结

1 我的儿子亚历克斯上幼儿园时，他的老师要求我务必注意一下他的鞋子。以前，每天早晨送儿子去学校前，我都很认真地把他的鞋带系好，但到教室门口时，鞋带却又总是乱七八糟地散着，因此，老师每十分钟要帮他系一次鞋带。虽然我多次教亚历克斯如何系鞋带，但是我教给他的步骤似乎从来没有“生效”。因此，我提议让他每天早晨把鞋带打成死结，但亚历克斯认为这太幼稚而拒绝了。为此，我只好另辟蹊径，买了几双尼龙搭扣而非系带的鞋子，但亚历克斯总能让尼龙搭扣迅速从鞋子上脱落下来。到今年3月，由于经常要帮我儿子系鞋带，毫无疑问地，幼儿园老师被惹恼了，她坚持亚历克斯必须学会独自系鞋带。因此，我与亚历克斯坐在一起，第N次演示如何将两个带子放在一起系出一个像样的蝴蝶结来。而这次不同的是，我的讲解充满了魔力：“亚历克斯，我会给你一刻钟的时间来学习如何系鞋带。”他的眼睛一下子亮了起来，5分钟就完美地系好了鞋带。之后我们再也没有接到学校的抱怨。好吧，至少不是关于他的鞋子的。

我的女儿蒂娜上四年级时，对于一系列减法家庭作业感到非常吃力和沮丧。虽然我不断唠叨她练习，但她还是没学会基本的减法原理，结果就是，她不能解决许多二位数或者三位数的减法问题。一天晚上，蒂娜又因为这些“愚蠢的问题”发了半小时脾气后，我的丈夫向她解释道：减法不过是反向的加法，加法知识可以帮助你解决减法问题。蒂娜肯定想通了一些问题，因为我们自此再也没有遭受到关于减法的怒火。虽然乘法和除法对于她来说仍然是有问题的——别让我提起稍后学到的分数——但是至少她已经清楚了减法的奥秘。

人类的学习有多种形式。有一些学习很容易观察到，如一个孩子学会系鞋带。而另一些学习往往隐藏于表层之下，如孩子更好地理解数学原理。人们学习的原因有很多。有些人是为了成就所带来的外部奖励而学习，如为了好的分数、赞赏或者金钱。而其他人大多是由于不太明显的内部原因而学习，也许是为了获得一种成就感和满足感，也许仅仅是为了让生活更从容。

2 学习的重要性

许多物种拥有可以与人类相媲美的东西，或者至少看起来是这样的。例如，鸟类与生俱来的大量知识，对于人类而言都是只有通过学习才能获得的。鸟类似乎有与生俱来的筑巢能力；而我们不得不学习关于构架、盖屋顶、干砌墙的知识，或者必须雇用他人为我们做这些事情。鸟类不需要学习，就能精确知道何时向南方迁徙以及怎样到达；而我们则必须查看日历和地图。鸟类凭本能就知道如何抚育幼儿；而我们要参加产前班、阅读育儿书、观看他人如何更换尿布。

然而，走在世界前面的是人类而非鸟类。我们已经学会建造越来越坚固且舒适的家，已经发展出了日益便利的运输方法，并能够很好地喂养、照顾后代，使得每一代都比上一代长得更高大、更强壮、更健康。而鸟类几个世纪以来都保持着原始的生活方式。

获得大量知识和广泛行为的能力，使人类比任何地球上的其他物种具有更强的灵活性和适应性。由于我们的行为较少为天生、较多为习得，因此我们能够从经验中获益。我们探索哪些行为可能带来成功、哪些不能，并以此修正行为。此外，由于我们将那些从祖先和自身经验中获得的智慧传授给孩子们，因此每一代都变得更加聪明。

不可否认，许多非人类物种在它们的一生中也能学会很多东西。我的狗Tobey已经知道它的晚餐通常在4点左右供应，以及如果用皮带拴住它的项圈就意味着马上要开始散步了；猫咪Geisha知道它的小箱子在洗衣房里，以及当它没有心情被拥抱时，发出嘶嘶声则可以阻止人们抱它。某年夏天，当我在办公室窗外种植蓝莓灌木时，隔壁的小鸟很快就发现这种灌木是丰富的食物来源，而我挂出来吓唬它们的铝盘实际上并不会伤害它们。

对于非人类物种的观察和相关阅读越多，我就越相信人类大大低估了它们的智力和学习能力。如图1—1。2006年参观泰国的Maetaman大象训练营时，我看到15岁的Somjai正在画这幅图。Somjai很清楚怎样画一头大象。而最不可思议的是，Somjai本身就是一头大象。2006年，Somjai画出来的图同我在这里展示的很相似，但当2008

年我回到大象训练营时，它发展了新的节目：能画出一头大象抓住树枝或者将篮球投到篮筐里（在大象营，大象的篮球是很大的）。Somjai 的作品价格从 20 美元（2006 年我所支付的价格）猛涨到 100 美元。这本书即将出版时，Somjai 的水彩画（全部都是大象）在网上出售的价格是 600～700 美元。（有关 Somjai 和其他大象的艺术才能的例子，可以到这个关于亚洲象艺术和保护组织的网站阅览：www. elephantart. com。）

然而，非人类物种的学习能力是非常有限的。例如，当 Somjai 绘画时，驯兽师需要站在旁边，不停将染料涂抹到它的画笔上，并使用各种口令来指
导它作画的顺序。此外，Somjai 和它的一两个同伴 3
只能画出大象来（有时会有简单的背景，如一棵树或者篮筐），并且它们通常描绘出的都是大象的同一侧面（例如，Somjai 总是画一头大象的左侧面）。在大象训练营里，其他的几头大象虽然可以画出类似于雏菊的花，但是它们也仅能画出这种花而已。在网络上用 Google 搜索“elephant painting”（大象绘画），可以发现在大象世界里 Somjai 拥有不同寻常的天赋。许多大象显然没有这种绘画天分，大部分都只能在画板上随意画几笔而已。

图 1—1　15 岁的 Somjai 画的大象

与 Maetaman 的 Somjai 和它的同伴们不同的是，大多数人类不仅可以画出大象和花，也能描绘出无穷无尽的其他事物，并且在 Somjai 这样的年纪时，人类不需要任何帮助就能作画。对于人类来说，绘画不是简单地执行特定的画笔顺序。相反，人们似乎受到内部“某物”的指导——也许是大象或者花朵的心理图像，也可能是一些在纸上表现物质实体的通用策略——并且，可以随意改变它以适应当前任务。

因此，人类似乎经遗传获得了一种非人类物种所没有的思考和学习能力。当然，我们所生存的特定环境对我们获得的和仍未获得的知识和技能有着巨大的影响，但是我们是灵活的，并能适应不同的情况和环境，这种能力要远远超过地球上的其他物种。

4 学习的定义

亚历克斯学习系鞋带以及蒂娜学习加减法的关系，都是人类学习的实例。思考下面的例子：

◆ 一位 8 岁小男孩的母亲坚持让她的儿子承担一些家庭杂务，通过完成这些工作，小男孩可以赚取每周的零用钱。积蓄了两三个星期后，他可以用这些零用钱购买一个他自己选择的小玩具。由此，他形成了对于金钱的价值的理解。

◆ 一位来自小城镇的大学生第一次接触到与自己的政治观点有所不同的理念。在与同学激烈争论之后，她对自己的观点进行反思，并逐渐改变自己的政治哲学。

◆ 一名幼童极度喜爱一条邻居家的狗，但这条狗咬了他的手。这一事件发生后，他每次见到狗就会哭泣并迅速跑向母亲。

正如你所看到的，学习是一种途径，通过学习我们不仅可以获得技能和知识，也可以形成价值观、态度和情感反应。

通过上面的讨论，我们将**学习**（learning）定义为经验所带来的心理表征（mental representations）或联结（associations）的长期变化。我们将该定义划分为三个部分。第一，学习是一种长期变化：它不是仅仅对信息的短暂使用——例如，临时记住一个电话号码打给某人，随后就忘记了——当然也没必要永久保存。第二，学习涉及心理表征或者联结，因此学习的基础很可能在大脑中。第三，学习是一种由于经验

而形成的变化，而不是生理成熟、疲劳、酒精或药物使用的结果，也不是精神病或者痴呆症的发病引起的。

确定学习何时发生

许多心理学家同意上文的学习的定义。然而，一些人偏好关注行为的变化而不是心理表征或者联结的变化（稍后将更多地谈到这一点）。事实上，不管我们如何定义学习，只有实际看到它反映在一个人的行为中时，才知道学习已经发生了。例如，我们可能看到一个学习者：

◆ 表现一个全新的行为——例如，第一次正确地系好鞋带。

◆ 改变已有行为的频率——例如，更加频繁地与同学合作（而不是攻击，或者以其他方式疏远）。

◆ 改变已有行为的速度——例如，能更快地想起各种减法原理。

◆ 改变已有行为的强度——例如，改掉越来越离谱的坏脾气来获得想要的东西。

◆ 改变已有行为的复杂性——例如，在获得指导后，更深入并详细地讨论某一特定主题。

◆ 对某一特定刺激做出不同寻常的反应——例如，先前渴望与狗玩耍，现在一看见狗就哭泣并退缩。

本书中，我们还会看到上述以及其他一些评估学习的方法。

5 ## 研究、原理及理论

虽然心理学家们可能对如何定义学习以及学习何时发生持有不同观点，但几乎所有人都认同一点：通过客观、系统的研究能更好地理解学习的本质。在大约一个世纪以前，才出现针对包括人类和动物学习过程在内的行为而进行的系统研究，这使心理学成为了科学探索领域中一名相对而言的新人。但在这100年里，已经有大量研究探讨了人类及其他物种是如何学习的。

研究发现的一致模式使得心理学家能够通过构建学习原理和学习理论来概括学习过程。学习**原理**（principles）确定了影响学习的某些因素，并描述了这些因素的特定效应。例如，下面的原理：

> 如果一个行为之后伴随一个令人满意的状态（奖励），那么相比没有伴随奖励的行为，这个行为出现的频率更可能增加。

在该原理中，某一特定因素（伴随行为之后的奖励）被认为具有一种特殊的作用（增加行为的频率）。可以在许多情景中观察到这一原理，包括：

◆ 每次鸽子转一个完整的圆圈时，喂给它一粒食物。它开始转圈的次数会越来越多。

◆ 海豚用“海豚语”“说话”时，奖励它鱼吃，它很快就会变得相当健谈。

◆ 小男孩很完美地完成了拼写作业并得到了最喜欢的老师的赞赏，他会勤奋学习以在今后的拼写任务上获得成功。

◆ 一位教材作者当梳着她的法式辫子时受到赞美后，她将越来越频繁地采用这种发型，尤其是在她参加派对和其他社交活动的时候。

可以应用到广泛情景中的原理是最有用的。“奖励”原理——许多心理学家用强化来代替——是具有广泛适用性的例子之一：它既可以运用到人类也可以运用到动物身上，并且适用于不同类型的学习和多种多样的奖励。当一个原理能够反复被观察到，即能够经受住时间的考验时，那么有时将其称作**定律**（law）。

学习**理论**（theories）解释了学习的潜在机制。原理告诉我们哪些因素对学习是重要的，而理论则告诉我们为什么这些因素是重要的。例如，以下是社会认知理论的一部分（详见第6章）：

> 人们学习他们注意到的事物。当奖励使人们注意到需要学习的信息时，它就能促进学习。

对于为什么奖励可以影响学习，我们提出了一种可能的解释：它使注意增多，进而引起了学习。

随着时间的推移，学习原理往往是相当稳定的：研究人员反复发现一些相同的因素在影响学习。相比之下，学习理论则随着新的研究方法的产生、新的研究的进行和新的研究成果的出现而不断变化。

学习理论如何随时间而发展

19世纪末，当心理学家最初开始研究学习时，6

两种主要的心理学观点是构造主义［如威廉·冯特（Wilhelm Wundt）的工作］和机能主义［如约翰·杜威（John Dewey）的工作］。虽然这两种观点的基本假设和研究主题不同，但它们有一个共同的缺点：都缺少精确、详细界定的研究方法论。探索学习和其他心理学现象的主要方法，特别是构造主义，是一种称为内省的方法：要求人们“看”向大脑内部，并描述出他们正在想什么。

20世纪早期，内省法因其主观性、缺乏科学严谨性受到一些心理学家的批评。他们认为，如果没有更加客观的研究方法，那么心理学作为一门学科，将永远不会被看作真正的科学。他们提出，为了用一种客观、科学的方法研究学习，理论家必须关注可观察、可客观测量的两者：人们的行为（反应）以及反应之前和之后的环境事件（刺激）。自此，许多心理学家主要通过分析刺激—反应之间的关系，来描述、理解学习和行为。这类心理学家被称作行为主义者，他们的学习理论统称为**行为主义**（behaviorism）。

行为主义的观点极大地帮助我们理解人类是如何学习的，以及教育的（instructional）、有益身心的环境如何帮助人类更有效的学习。然而，随着时间的推移，行为主义的局限性愈加明显。例如，早期行为主义者认为，只有当学习者以某种方式实际行动时——可能是当其做出反应并体验该反应的结果时，学习才能发生。但是在20世纪40年代，有心理学家提出：仅仅通过简单地观察和模仿他人，人们也可以学习新的行为（N. E. Miller & Dollard，1941）。模仿观点推动了另一个观点的产生，即**社会学习理论**（social learning theory），该理论仔细研究了人们如何通过观察周围的人来学习。

行为主义和社会学习理论主要在北美得到了发展。与此同时，许多20世纪早期的欧洲研究者采用了完全不同的方式，提出了可能揭示人们内在心理过程本质的情境和任务。例如，自20世纪20年代初，瑞士研究者让·皮亚杰（Jean Piaget）记录了儿童的推理过程随着年龄增长而不断发展的多种方式；苏联心理学家列夫·维果茨基（Lev Vygotsky）进行了有关儿童生长的社会环境和文化如何帮助他们获得更为复杂的思维技能的研究。而在德国，被称作**格式塔**（Gestalt）学派的理论家们描述了多种与知觉、问题解决等心理现象有关的有趣的研究发现。

随着时间推移，心理学家对人类学习的不同方面进行了越来越多的探讨，但显然只有行为研究并不能使我们对学习有完整的了解——我们必须把思维过程或认知也考虑在内。因而产生了一个不同的观点——**认知心理学**（cognitive psychology），或简称为**认知主义**（cognitivism）。认知主义采用客观、科学的方法研究各种心理现象：知觉、记忆、问题解决、阅读理解等（例如，Neisser，1967）。社会学习理论也逐步将认知过程纳入到其对学习的解释中，而由此产生的观点现在常被称为**社会认知理论**（social cognitive theory）。

然而，即使关注认知和行为，我们也不能完全精确指出人类相比于非人类动物物种所独有的优势。许多非人类动物也是会思考的生物。

例如，有些物种（例如，大猩猩、黑猩猩、海 7
豚、大象——还记得Somjai吗——以及乌鸦）可以认出镜中的自己，这表明它们具有自己看起来是什么样子的心理表象（S. T. Parker，Mitchell & Boccia，1994；Plotnik，de Waal & Reiss，2006；Prior，Schwarz & Güntürkün，2008）。此外，乌鸦是一种特别聪明的鸟类，它可以制作基本的工具来获得难以得到的食物，并能够事先计划将那些不立即吃掉的食物藏在它们日后能记得的位置（Emery & Clayton，2004）。

那么，我们如何理解人类在思维和学习上具有的优势呢？首先，人类“思维”的物质装备，尤其是被称为大脑皮层的大脑表层部分，的确要比其他物种的复杂得多。但此外，也要部分归功于我们极其灵活的语言技能，它使得我们比其他物种能更大程度地与他人交流、协作，并通过我们为自己创造的灿烂文化以及社会，将我们的所学持续传递给后代（Tomasello & Herrmann，2010）。在过去的二三十年，一些心理学家以维果茨基早期的观点为基础提出了一种理论，认为社会互动和文化在人类学习和认知发展中扮演着重要角色。这种以互动—文化为基础的观点拥有众多称号，其中使用最广泛的称号是**社会文化理论**（sociocultural theory）。

图1—2描述了各种学习理论是如何随着时间演变的。然而，需要注意的是，在该图中，你不能将每个方框中的理论理解为相互排斥的。当代心理学中，许多理论家根据两种或者更多的理论观点——有时也根据神经病学、人类学以及其他生物和社会科学的发现——来更好地把握人类思维和学习复杂的本质（注意图底部的双向箭头）。在随后的章节中，我们也会发现，当涉及人类学

习的各个方面时，同时从两个或多个观点进行理解是有益的。

理论的优势

毫无疑问，理论的可变性使人感到沮丧，因为我们永远无法确定是否获得了关于人类是如何学习的最终真理，或者说内幕消息。但可以肯定的是，学习理论的动态性使我们对极其复杂、多样的现象有越来越准确的理解。

相比原理，理论有以下几个优势。第一，理论允许我们概括、总结多种研究结果并整合众多的学习原理。从这个意义上讲，理论通常是极其简洁的（心理学家使用了简约这个术语）。

第二，理论为实施新的研究提供了起点；它们提出值得研究的问题。例如，如果我们假设奖励之所以能引发学习，是因为它们增强了个体对任何需要学习的事物的注意，那么我们可以做出如下推测：

当一个特定的情境或者任务引发了个体对需要学习的信息的注意，那么即使没有奖励，学习也会发生。

事实上，这个预测频繁地被研究所证实（例如，Cermak & Craik，1979；Faust & Anderson，1967；T. S. Hyde & Jenkins，1969）。

第三，理论有助于我们理解和解释研究结果。在某一特定的理论观点背景之外实施的研究，所产生的结果通常是没有价值和不可推广的。然而，通过一种理论观点的解释说明，这些结果可以很

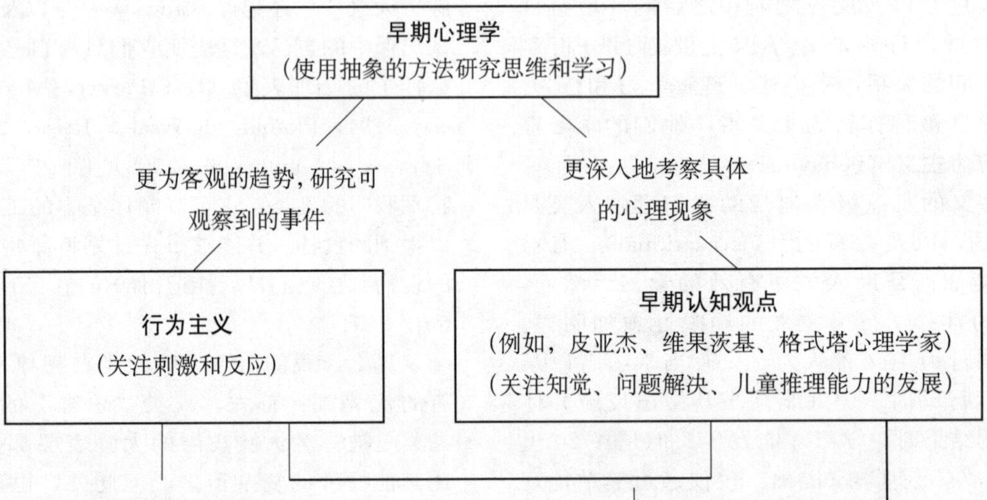

图 1—2 学习理论随时间的演变

有意义。例如，塞利格曼和梅尔（Seligman &
8 Maier，1967）的实验研究。在这个经典研究中，狗被关在一个独立的笼子中，对其施加一些痛苦的且不规律的电击。一些狗可以通过按压笼子中的控制面板逃脱电击，而其他的狗则不能。第二天，这些狗被关在不同的笼子中，再次对其施加电击。与先前不同的是，在这次实验中，电击前呈现一个信号（一个响声），狗可以通过一听见响声就跳过栅栏的方式来逃脱电击。在新的场景中，前一天中成功逃脱电击的狗全部都学会了如何逃
9 脱电击，但是在先前没有逃脱的狗却没能学会。①从表面来看，这次实验虽然有趣，但似乎同人类学习并不是特别有关系。然而，塞利格曼和他的同事们利用这次以及其他的实验提出了习得性无助理论：在一种情境中，对于不愉快或者痛苦的事件感到无法控制的人，在随后的情境中，即使有能力，也很可能不去尝试摆脱或逃避令人厌恶的事件。在第 17 章中，我们将对习得性无助进行更加详细的探讨，并将其整合入一个总体理论框架即归因理论中。

理论的第四个优点是：通过了解人类学习和表现的内在机制，理论可以最终帮助我们设计能最大限度地促进人类学习的学习环境和教学策略。例如，熟悉注意是学习过程的基本成分这一观点的老师，会对此表示认同并使用多种方法来增强学生对学科内容的注意力。比如提供有趣的阅读材料，呈现有吸引力的问题，对表现好的学生进行奖励。相反，对于那些仅仅对另一个原理——个体将习得受奖励的行为——熟悉的老师来说，他们可能使用某些奖励，如小玩具或小饰物，而这却会达到反效果，因为它们将学生的注意力吸引到与课堂学习任务无关的事物上。

理论的潜在缺陷

尽管理论具有以上优点，但它也存在两个潜在的缺点。第一，没有单一的理论能够解释研究者对学习的所有发现。目前的学习理论往往关注学习的某些特定方面。例如，行为理论主要局限于涉及明确的、可观察到的反应的学习；认知理论往往关注个体学习者如何解释、整合、记忆信息；社会文化理论则关注人际过程、文化遗产是如何影响学习的。不能自如地适合某一特定理论观点的观测现象，常会被这一理论排除在外。

第二，理论影响新信息的发表，因此可能使我们对学习的认识产生偏差。举例来说，假想几个研究者提出某种学习理论并进行实验研究以支持他们的观点。如果他们获得的结果与期望相反，并会由此使人对其理论产生质疑。如果这些研究者完全致力于证明他们的理论是正确的，他们就不太可能发表这些反驳其理论的结果。这样，有时理论可能会阻碍我们向理解学习过程的真正正确的方向前进。

关于理论和原理的一种观点 10

多数心理学家倾向于公开支持某一种理论观点，我也不例外，我的研究项目以及对研究生的培养都基于认知的传统而进行。但我坚信，各种理论观点对人类学习而言都有重要意义，也都为实际工作者如何帮助成人和儿童有效地学习、高效多产地行事提供了有用的见解。我希望，读者能够用一种无先入之见的态度来阅读本书。同时，也要记住，在未来几十年内该领域的研究仍会持续进行，并不可避免地要对学习理论加以修正以解释新出现的证据，因此我必须每隔四五年就对本书某些重要方面进行修订。从这个意义上来说，没有理论是真理。

与此同时，你可能会认为学习原理是关于学习过程中的因果关系的相对持久的结论。如爱德华·桑代克（Edward Thorndike）1898 年提出奖励原理后，奖励原理以一种或另一种形式保留至今。但桑代克所提出的为何奖励会影响学习的原始理论，已经在很大程度上被其他解释所取代。

原理和理论都有助于我们预测在哪些条件下最有可能有效地学习。从这个角度来说，它们是有用的，因此，尽管它们可能是不完善的或不确定的，但拥有它们总比没有的好。

---

① 这种"令人震惊"的对待狗的方式可能令你感到不适——对于我来说也是如此——但令人欣慰的是，研究者在他们的研究中再也不能随心所欲地对待被试了。现在，在研究中，无论是对待人类还是动物被试，研究者都必须严格遵守相应的伦理准则。大学及其他研究机构都通过内部审查委员会（IRBs，对于针对人类的研究）和动物保护及使用委员会（IACUCs，对于针对非人类动物物种的研究）对研究项目进行监督。

将有关学习的知识应用到教学实践中

大量学习发生在课堂上，并且大多是有益的。例如，大多数学生是在课堂上学习如何阅读以及如何计算减法。遗憾的是，学生也可能在学校中学到那些长远来看并非对其最有益的知识。比如，尽管学生能学会如何阅读，但他们也可能学会记忆阅读内容的“最佳”方式是逐字背诵，而不是必须试图理解它。此外，虽然学生可能掌握了减法原理的真谛，但也可能由此认为数学是枯燥的或令人沮丧的。

由于人类依赖所处的环境而获得所需的知识和技能，以成为一名富有生产力的社会成员，因此，不能疏忽在教育机构（如小学、中学、大学等等）中的学习。为了使学生的学习达到最高成效，教师必须了解影响学习的因素（原理）及其过程（理论）。同时，他们也要善于利用关于各种教学实践的有效性的研究结果。

在之后章节中提到的原理、理论以及研究，从不同的、偶尔看似矛盾的观点探讨人类的学习。但我希望读者在阅读本书时，能采取一种折衷的态度，克制将某个原理、理论或研究凌驾于其他以上视为唯一“真理”的冲动。不同观点适用于不同情境，这取决于要考虑的环境因素、学习的特定主题以及教学目标。而且，关于人类是如何学习、为什么学习以及怎样设计教学以提高学习，每一种观点都提供了独特的见解。根据理论观点的有用性而非正确性来思考问题会更有帮助。

在未来几年内，随着学习理论不断进行修改 11
和完善，教学实践也会逐步修改、完善。在此期间，我们可以利用现有理论来帮助各个年龄段的个体以更加有效用和有效率的方式学习。

全书概况

在对人类学习进行的探索中，一个好的起始点就是人的生理基础结构，我们会在第2章中讲述它。我们将着眼于人类神经系统的组成部分，并探讨学习可能发生在大脑的哪些部位以及怎样发生。我们也将探讨关于思维、学习和课堂教学的脑研究告诉了我们什么，以及未能告诉我们什么。

第二部分，我们将从行为主义的观点探讨有关学习的原理和理论，关注环境事件（刺激）和由这些事件引起的人类行为（反应）之间的关系。我们将首先考察行为主义者理论的一般假设（第3章），然后深入探讨行为主义者观点中最著名的两个学习模式：经典条件作用（第3章）、工具性条件作用（第4章和第5章）。

第三部分（第6章），社会认知理论将帮助我们从行为主义过渡到认知主义。关于人类如何通过观察他人而学习和学到什么，以及大多数人如何通过自我调节能力的获得来逐步提高对自身行为的控制力，行为主义和认知主义的观点有所不同。而你会发现，社会认知理论将两者很好地融合了起来。

第四部分，我们将转向在本质上几乎完全是认知的学习理论。我们将介绍几种认知观点，包括新近的和较早的，这些认知观点都能帮助我们理解人类如何思考和学习（第7章）。然后，我们将详细考察有关学习和记忆的心理过程（第8、9、11章）以及在这些过程中获得的知识的本质（第10章）。

第五部分，我们将以发展的、社会文化的以及情境的观点来探讨学习和认知。我们将探讨两个具有开创性的发展理论，它们分别是瑞士研究者皮亚杰（第12章）和苏联心理学家维果茨基（第13章）的理论，并讨论以他们的思想为基础的当代研究者的工作成果。

第六部分，我们将通过考察人类学习和认知的更复杂的方面，来继续对认知理论进行探讨。具体而言，我们将着眼于人们如何理解和调节自己的思维过程——这一现象被称为元认知——以及人们如何能够有效地将在一个情境中学到的知识应用到新的任务和难题中（第14、15章）。

最后，第七部分，我们将探讨动机在学习中所扮演的角色。我们将关注动机对学习和行为的影响、人类的一些基本需求，以及情绪（情感）是如何同动机和学习密切交织在一起的（第 16 章）。我们也将明确那些构成并影响动机过程的认知因素（第 17 章）。

纵观本书，我们经常要探讨这些我们正在研究的原理和理论所具有的教育价值。我希望，当你读完最后一章时，你会像我一样坚信，无论课堂内外，关于如何提高教学和学习心理学能提供很多启示。

12

总结

毋庸置疑，学习使人类比其他物种具有更高的灵活性和适应性。下面这一关于学习本质的定义包含了众多心理学家的思想：经验所带来的心理表征或联结的长期变化。然而，一些心理学家喜欢将学习定义为一种行为改变而非心理改变，事实上，只有当我们真的看到行为的某种改变时时，才能确信学习已经发生了。

只有通过客观、系统的研究，才能准确、可靠地理解人类学习的本质。研究结果中的那些一致的模式使得心理学家形成了关于学习的原理（描述哪些因素影响学习）和理论（解释为什么这些因素有这些作用）。随着时间推移，原理往往是相对稳定的，而理论则随着新的研究结果的发现而不断改进。卓有成效的老师和其他从业者在设计和实施教学时，会利用各种研究结果、原理和理论。

第 2 章

学习和大脑

本章主要内容

13 我有一个亲戚脑部有点问题，为了保护他的隐私，在这里我把他称作 Loved One。小时候，Loved One 在大多数情况下都很正常：他在学校中表现得很好，放学后和朋友一起玩典型的“男孩子”的游戏，他还经常和父母、兄弟姐妹一起到处旅行。认识他的人形容他是个聪明、亲切、敏感的孩子。但是，尽管这样，他的大脑可能还是有一些毛病。首先，他很难做到延时满足：他总想马上得到自己想要的东西。在日常决策中，他经常做出一些糟糕的选择——比如，把一只宠物龟放在自己床上却忘记照料它（导致宠物龟坠落死掉），他还会在后院里用锤子猛击不想要的玩具，以至于在院子中留下了巨大的砸痕。

Loved One 17 岁的时候，有些事情变得非常糟糕。尽管当时正在实施宵禁，无视宵禁会导致严重后果，但他仍然会在外面待到凌晨，有时候直到第二天中午才回家。他变得越来越具有敌意，喜欢挑衅，并且他的父母发现很难跟他讲道理。他经常拒绝起床去上学。他的成绩一落千丈，到高三那年 12 月份的时候，他已经很明显不能获得高中毕业所需的学分。次年 1 月，他因为行为失控被送进少年拘留中心。在等待审判的过程中，他变得越来越无精打采，到最后几乎失去行动能力，不能吃东西，也不能走路、说话。审判当天，他坐在轮椅上被带进法庭——虽然神志清醒但反应迟钝——法官最终判决把他关押在州立精神病医院。

Loved One 已被确诊患有双相障碍，双相障碍的特征是一段时间内兴高采烈、精力充沛（躁狂），随后一段时间内深感悲哀、死气沉沉（抑郁）。特别是在躁狂期，Loved One 表现出**精神病**（psychosis）症状：他的思维受损，以至于无法正常运作。他似乎无法被说服，不能做出适当的决定，也不能控制自己的冲动。此外，他经常出现幻听，听到那些不存在的声音。这些精神病症状经常出现在其他严重的精神疾病中，比如精神分裂症。

药物治疗确实在 Loved One 身上产生了神奇 14
的效果：药物使他镇定下来，让他头脑清醒，使他重新能够控制冲动，并帮助他对日常生活中的事件做出恰当的解释和反应。药物治疗使他能够拿到研究生同等学历证书（GED），并且偶尔能在当地社区大学的课堂上获得 B 的成绩。但是像其他许多患有精神病的人一样，Loved One 并没有持续进行药物治疗。当药物治疗中断时，他的大脑就会失常失控，他的行为致使他被关进监狱，如果幸运的话，则被送回医院。当精神病发作时，Loved One 通常记不清他做了什么或者发生过什么。或许，这样也好。

人类大脑是一个拥有极其复杂机制的器官。在理解人脑是怎样工作的以及它为什么不能总是按照正常的状态工作的问题上，研究人员还有很长的路要走。当然，在过去几十年间，研究人员已经取得了相当多的进展，关于大脑解剖和大脑生理发展的知识每年都在突飞猛进地增长着。

在本章中，我们将了解思维与学习的生物学基础。我们把人类神经系统的基本组成部分置于显微镜下，从微观的角度开始学习，之后将仔细观察大脑的各个部分以及每部分所主管的功能，探索大脑如何随着时间推移而发展（在这一部分，我们将推测为什么 Loved One 的大脑出现问题），并了解理论家对于学习的生理基础的看法。最后，我们将考虑从当前关于大脑的知识和研究中，我们能获得的以及无法得出的教育启示。在解决这些问题的同时，我们将会破除在当前的教育著作中盛行的关于脑的一些常见误区。

人类神经系统的基本组成部分

人类神经系统有两个主要组成部分。**中枢神经系统**（central nervous system）是协调中心，包括脑和脊髓，连接我们的感觉（如我们看到的、听到的、闻到的、尝到的和感觉到的）和我们的行为（如我们怎样移动四肢）。**周围神经系统**（peripheral nervous system）是信使系统，将信息从感受细胞——专门从环境中探测特定类型刺激（如光线、声音、化学物质、热度、压力）的细胞——传递至中枢神经系统，并把怎样应对刺激的指示传递回身体的不同部位（肌肉、器官等）。

神经细胞也被称为**神经元**（neurons），它们为神经系统提供传输和协调信息的途径。然而，令人惊奇的是，神经元彼此之间并没有直接的接触；它们通过被称为**突触**（synapses）的小空间向邻近的神经元发送化学信号。此外，神经元依赖其他细胞为其提供组织和支撑，这些细胞被称为**神经胶质细胞**（glial cells）。下面我们简要了解一下构成神经系统的这些关键元素的性质。

神经元

人体中的神经元发挥三种作用。**感觉神经元**（sensory neurons）传送从感受细胞传入的信息，并将这些信息传递到**中间神经元**（interneurons），中间神经元对从多个位置传递来的信息进行整合和解释。由此产生的“决定”被传送到**运动神经元**（motor neurons），运动神经元是将做出怎样的行为
15 和运动的信息传送到身体适当部位的神经元。[①] 正如你可能猜测的那样，感觉神经元和运动神经元位于周围神经系统。绝大多数中间神经元——大约1 000亿个——位于中枢神经系统，尤其是大脑中（C. S. Goodman & Tessier-Lavigne，1997；D. J. Siegel，1999）。由于神经元是灰褐色的，因此有时将它们统称为灰质。

尽管神经元有不同的形状和大小，但是所有神经元都有一些共同特点（见图2—1）。首先，和所有的细胞一样，它们有一个细胞体，或者称为**神经元胞体**（soma），其中包含细胞核，胞体与细胞的健康和良好状态有关。此外，神经元有许多被称为**树突**（dendrites）的树枝结构，它们接收来自其他神经元的信息。神经元还有一个**轴突**（axon），一个很长，像手臂一样的结构，它负责将信息传送给其他神经元（有时，一个神经细胞会有一个以上的轴突）。轴突的末端可以产生许多的分枝，在这些小分枝的末端有**突触小体**（terminal buttons）。突触小体中包含某些特定的化学物质（稍后我们会更多地讲到这些物质）。对某些神经元（但并非所有的）而言，轴突上的大部分被白色的脂肪性物质覆盖着，它们被称为**髓鞘**（myelin sheath）。

当一个神经元的树突受到其他细胞的刺激（受体细胞或其他神经元）时，树突就会带电。在某些情况下，电流特别小，以至于神经元会“忽略”它们。但是当电流达到一定水平［被称为**激发阈值**（threshold of excitation）］时，神经元就会放电，沿着轴突将电脉冲传至突触小体。如果轴突上有髓鞘，冲动的传播会相当迅速：电信号从髓鞘上的一个缺口直接跳跃到下一个缺口，就好像它们在玩跳背游戏一样。如果轴突上没有髓鞘，冲动就会传递得更为缓慢。

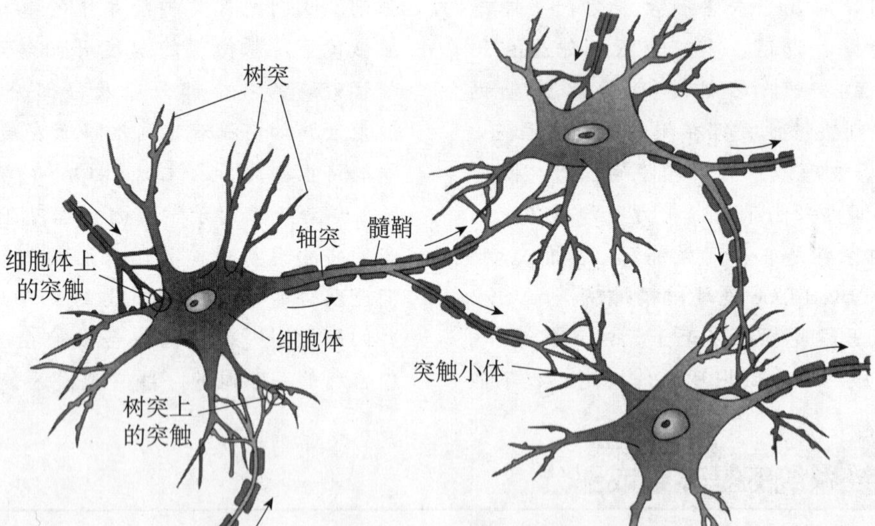

图2—1　神经元的性质及其相互联系

① 有时人们会用感受器神经元（receptor neurons）、调节神经元（adjuster neurons）、效应器神经元（effector neurons）这些术语分别表示感觉神经元、中间神经元、运动神经元。

16 ### 突触

神经元轴突末端的分枝与其他神经元的树突（在某些情况下，与细胞体）相互接近，但并没有真正接触在一起。在一个神经元内传递信息依靠电冲动，而从一个神经元向其他神经元传递信息则依靠化学物质。当电冲动向下移动到神经元轴突的时候，它向突触小体发送信号，使其释放被称为**神经递质**（neurotransmitters）的化学物质。这些化学物质穿过突触，刺激邻近神经元的树突或细胞体。

不同的神经元会专门释放不同种类的神经递质。在有关保健、健康或其他相关主题的读物中，你也许已经看到它们提及多巴胺、肾上腺素、去甲肾上腺素、血清素、氨基酸或肽类这些术语了。所有这些都是神经递质，它们中的每一种都在神经系统中发挥着独特的作用。比如，多巴胺是额叶皮层中一种关键的神经递质，稍后你会了解到它积极参与了意识、计划、抑制无关行为与思想等活动（Goldman-Rakic，1992；M. I. Posner & Rothbart，2007）。有证据表明，多巴胺水平异常有时会导致精神分裂症和其他严重的精神疾病（Barch，2003；Clarke，Dalley，Crofts，Robbins & Roberts，2004；E. Walker，Shapiro，Esterberg & Trotman，2010）。（回想一下 Loved One 在决策和冲动控制方面的困难。）

任何一个神经元都可以通过突触与成百上千个其他神经元相联系（C. S. Goodman & Tessier-Lavigne，1997；Lichtman，2001；Mareschal et al.，2007）。一些神经递质可以在它起作用的神经元中增强电活动水平，而另一些则抑制（即减少）电活动水平。一个特定的神经元是否放电是由它的相邻神经元中有多少“鼓励”它放电又有多少“阻拦”它放电而决定的。

神经胶质细胞

在大脑的所有细胞中，只有约 10%是神经元。除了这些神经元以外，还有大约 10 000 亿到 50 000亿的神经胶质细胞（又称神经胶质），这些细胞是白色的，因而将它们统称为白质。图 2—1 中所描绘的神经元之间那些看上去空白的地方实际上并不是空的；其中充满了大小形状不同的神经胶质细胞。

胶质细胞似乎承担着多种专门的功能（Koob，2009；Oberheim et al.，2009）。有一些是“营养学家”，控制着流向神经元的血液；一些是“医生”，照看感染和受伤的细胞；还有一些是“清洁员”，清除大脑中不需要的垃圾。其余的胶质细胞为上文提到过的髓鞘供给，这层轴突上的覆盖层能够增强许多神经元的性能。在本章后面的内容中，你将会发现胶质细胞在学习与记忆中也起到了直接、关键的作用。

在人类大脑中，这些基本的组成部分——神经元、突触和胶质细胞——使我们能够生存（如呼吸和睡眠），识别刺激（如认出自己的朋友或宠物），感受情绪（如遇到危险时感到害怕），进行许多人类特有的有意识的思维过程（如读、写、解决数学问题）。

大脑的结构和功能

在某些情况下，脊髓中的感觉神经元与运动神经元直接连接，从而能够进行不涉及任何思维的自动化反应，此即**反射**（reflex）。例如，如果你触摸很烫的东西，感觉神经元将信息从你的指尖出发，延手臂向上传入脊髓，并通过运动神经元将信息传回到你的手臂和手部肌肉以使你的指
17 头迅速离开。虽然你的大脑肯定会觉察到你碰到了很烫的东西，但脊髓在你的大脑对所有情况进行仔细考虑之前，就已经使你远离了危险。

然而，在大多数情况下，来自外部世界的信息会传送到大脑，并由大脑决定是否做出反应以及如何做出反应。考虑到大脑中细胞数量之多——总共有数万亿——再加上它们非常小，且相互之间有无数的关联，因此研究者在研究大脑怎样工作以及不同部分承担着哪些功能时面临着巨大的挑战。虽然如此，他们已经取得了相当多的进展。

大脑的研究方法

在工作中，存在这几种方法可供脑科学研究者利用：

◆ 用动物进行研究。一些研究者拥有在动物（如实验鼠）身上进行研究的许可权，这是一种他们永远不可能得到的在人类身上进行相同研究的

许可。例如，他们可能会切除动物大脑的某一部分，在特定位置插入一个微小的针并进行电刺激，增加某些特定激素的水平，或者注入阻断某些神经递质的化学物质，而后观察动物行为的改变，并假定这些变化反映了大脑特定结构、激素或神经递质所具有的功能。

◆ *尸体解剖研究*。一些人活着的时候可能同意在死后捐出自己的大脑进行科学研究。另一些人可能会捐出自己最近死去的合法近亲的大脑。通过检查不同年龄的儿童和成人的大脑，研究人员可以确定人类大脑的典型结构以及大脑解剖结构如何随着发展而发生变化。

◆ *对脑部受损或存在其他病理情况的人进行个案研究*。研究人员详细记录脑部受损或有某些疾病的人（如精神分裂症、阅读障碍）能做什么和不能做什么。在他们死后，研究人员对其大脑进行检查，识别存在异常的区域（如受伤的具体位置、异常的大脑结构）。如果某种能力的缺乏始终与大脑特定部位的异常相关的话，研究人员就有理由推断这些大脑区域在那些缺失的能力中起着关键作用。

◆ *电记录*。研究者在人们头皮上的关键位置放置电极并记录大脑电活动的类型。由此产生的记录被称为脑电图（EEG）。脑电图通常会显示由不同活动所产生的不同类型的脑电波（如睡觉或清醒时）。通常研究者会收集人们进行特定任务时的脑电图数据，从而得出能表明任务过程中大脑活动性质的事件相关电位（ERPs）。

◆ *神经成像*。利用多种最新的科技发展，研究人员可以记录人们进行特定任务时大脑不同部位的血流量或新陈代谢率图像。研究者常用的技术是正电子发射断层扫描（PET）、单光子发射计算机断层成像术（SPECT）、计算机轴断层摄影术（CAT）、磁共振成像（MRI）以及功能性磁共振成像（fMRI）。人们推测，血流量更大或新陈代谢率更高的大脑区域对人们正在执行的任务有很大的贡献。

上述方法没有一项是完美的。实验鼠不具有像人类那样复杂的认知能力。正常的人类大脑解
18 剖研究显示，在童年中期和青少年期，突触的数量总体上在下降（在后面我们会更多地提到这一点），但它们并没有向我们揭示，在何种程度上新的突触也在随着儿童的成长而形成。脑损伤研究可能会同时影响大脑的多个区域。脑电图不能准确地告诉我们特定的思维过程是在哪个位置产生的。神经成像需要使用昂贵的诊断设备，但却只能进行有限的基础研究。尽管如此，整体而言，这些技术正在帮助科学家辨明、汇总人类大脑怎样工作和如何发展这一难题中的部分片段。

大脑的组成部分

人的大脑包含许多不同结构，这些结构有着不同的功能。图2—2中呈现了大脑结构，特别是与本章的讨论有关的结构。这些结构包含大脑的三个主要组成部分，它们沿着我们的进化进程出现在不同时期。**后脑**（hindbrain）位于大脑下部脊髓进入颅骨的位置，在进化过程和产前发育过程中最先出现。后脑由几个较小的结构组成（如延髓、脑桥和小脑），它参与许多使我们得以生存的基本生理过程（呼吸、吞咽、睡觉、心率调节等）。位于大脑后部较低位置的小脑积极参与平衡和复杂的运动过程（如行走、骑自行车、打壁球）。

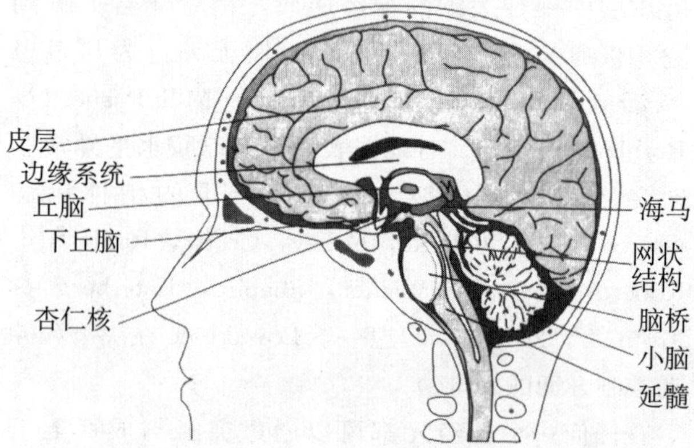

图2—2 大脑的关键部位

图片展示的是大脑纵切面，因此没有左右两侧的大脑皮层。

在进化过程和产前发育过程中稍后出现的都是**中脑**（midbrain），它在视觉和听觉中起辅助性作用（如帮助控制和协调眼动）。**网状结构**（reticular formation，或称网状激活系统，或RAS）可能是中脑中最重要的部分，它一直延伸到后脑。网状结构在注意和意识过程中有非常重要的作用。例如，它使我们对人体感受器遇到的潜在重要刺激产生警觉。

最后出现的是**前脑**（forebrain），它位于大脑正面上部。前脑是灵长类动物，尤其是人类复杂心理活动发生的位置。**大脑皮层**（cerebral cortex，通常简称为**皮层**（cortex)〕覆盖在前脑顶部，像一个厚厚的、凹凸不平的假发。它分为两半（**半球**，hemispheres），从外表上看，两个部分

似乎是彼此的镜像。神经学家将皮层的两个半球
19 划分为四个主要部分，或者说脑叶，并以覆盖它们的头骨对其命名（见图 2—3）。

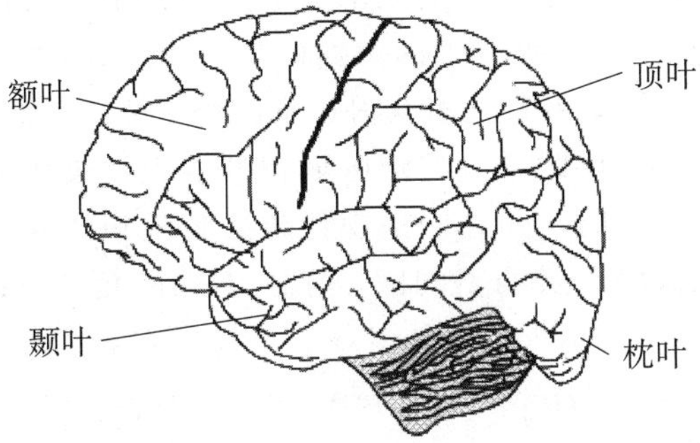

图 2—3　大脑的侧视图

◆ 额叶。额叶位于皮层的正面和顶部，是大多数有意识思维发生的地方。额叶主要负责各种各样复杂的人类活动，包括语言、持续注意、计划、推理、问题解决、自我调节、对身体运动的有意控制以及对他人行为的解释。此外，额叶有助于抑制不相关、不适当的思想和行为。额叶的最前面——紧邻前额后面，被称作**前额皮层**（prefrontal cortex）的部分——在意识、控制思维过程中尤为重要。（我怀疑 Loved One 的疾病很可能是前额皮层病变引起的。）

◆ 顶叶。顶叶位于皮层的上背部，接受并解释躯体感觉信息——关于温度、压力、质地和疼痛的信息。这些脑叶也积极参与注意、加工词语的声音信息，思考物体与事件的空间特征等活动。

◆ 枕叶。枕叶位于大脑非常靠后的位置，主要负责解释和记忆视觉信息。

◆ 颞叶。颞叶位于面部两侧，耳朵后方，负责解释和记忆复杂的听觉信息（如演讲、音乐）。颞叶还在信息的长时间记忆上有重要作用（后面我们将其称为长时记忆），特别是对概念和一般生活知识的记忆。

在有些情况下，研究人员已经确定皮层中某些具体的区域会进行哪种特定类型的加工。但是皮层的许多区域还没能被清晰地进行专门划分。这些区域被称为联合区，它们似乎能对来自皮层各部分以及大脑其他部分的信息进行整合，因此是复杂思维和行为中不可或缺的部分。

在皮层的内部和下部是前脑的其他几个部分。下面是一些特别值得注意的部分：

◆ 边缘系统。与皮层紧密相连的是一个结构群，人们把它们统称为边缘系统，它在学习、记忆、情绪及动机过程中是必要的。一个被称为海马（希腊文 hippocampus 即英文中的“seahorse”，这个结构与海马的形状有些相似）的小结构与注意和学习，尤其是有意识的学习和记忆密切相关
（而不是无意识的）。另一个结构是杏仁核，在情 20
感（尤其是令人不快的情感，如恐惧、压力、愤怒和沮丧）和自动情绪反应（如攻击）中具有重要作用。此外，杏仁核能使我们将特定的情绪与特定的刺激或记忆联系起来（Adolphs & Damasio，2001；Cahill et al.，1996；Phelps & Sharot，2008）。①

◆ 丘脑。丘脑位于大脑正中央，它是一个“总机接线员”，接收各种感觉神经元传入的信息并把这些信息传送到皮层中合适的区域。它也在唤醒、注意和恐惧中起作用。

◆ 下丘脑。位于丘脑下方，下丘脑调节许多与生存有关的活动，如呼吸、体温调节、饥饿和口渴、交配、战斗以及逃离伤害等。

左半球和右半球

从某种程度上说，左右半球有不同的特性。说来奇怪，左半球主要负责控制右侧身体，反过来也一样。对大多数人而言，左半球中包含布洛卡区和威尔尼克区这两个负责语言的特定区域，它们分别在语言的生成及理解中起主要作用。阅读和数学计算技能似乎也主要依赖于左半球。与此相反，右半球在空间定位、感知形状、估计和比较数量、绘画、对视觉形象进行心理加工、面部和表情识别、解读手势等视觉和空间处理中处于主导地位。总之，左半球更倾向于处理细节而右半球更适于审视和综合一个完整的整体（Booth，2007；Byrnes，2001；R. Ornstein，1997；D. J. Siegel，1999；M. S. C. Thomas & Johnson，2008）。

然而，与流行的观点相反，人们几乎从来不会只用一个半球进行思考，并不存在所谓的“左脑”思维或“右脑”思维。这两个半球通过一组神经元（胼胝体）连接在一起，使得两个半球之

① 虽然图 2—2 只显示了一个海马和一个杏仁核，但是人脑有两个海马和杏仁核，它们分布在大脑的两侧。

间不断地进行来回交流，因此，在日常工作中，两个半球通常是协作运行的。下面我们以语言理解为例进行说明。左半球处理语法和词义等基本部分，但它似乎只能相当直白地解释听到和读到的信息。右半球能更好地考虑语言的复杂含义，并考虑到语境的作用。因此，右半球更容易发现挖苦、讽刺、隐喻和双关（Beeman & Chiarello，1998；Goel et al.，2007；R. Ornstein，1997）。如果没有右半球，你就不会发现下面这则笑话的幽默所在，我曾在互联网上看到它有好几个不同版本：

> 一个女人生了一对双胞胎男孩。由于她和丈夫没什么钱，他们只能很遗憾地让别人领养了自己的孩子。一对西班牙夫妇领养了一个男孩并称他为胡安。一对埃及夫妇领养了另一个男孩并称他为阿迈。几年以后，西班牙夫妇给这个女人发了张胡安的照片。
>
> “啊，”女人伤感地说，“我希望我也能有张阿迈的照片。”
>
> “可是亲爱的，”她的丈夫回答道，“他们是同卵双胞胎，如果你看到了胡安，你就已经看到阿迈了啊。”

21 这则笑话，换种表达来讲，就是“如果你看到了双胞胎中的一个，你也就看到了他们两个”。你只有认识到这点才能理解这则笑话。你的右半球最可能做出这样的联结。

如上文所述，大约80%的人的左右半球是按照前面所述的那样分工的。例如，对90%以上右利手的个体而言，左半球主要负责语言，但是只有约60%左利手的人是左半球负责语言。人们的思维侧重于某个半球的情况也是存在差异的：一些人通常主要依赖两个半球中的一个（视情况而定），而另一些人通常相当均衡地同时使用两个半球（R. Ornstein，1997；D. J. Siegel，1999）。

正如你所看到的那样，大脑一些区域（特别是大脑皮层）的功能并不是一成不变的。有时，一个区域可能会接管别的区域通常所起的作用。例如，如果在1岁之前，儿童的左半球受到严重损害或者左半球中的某部分通过外科手术被移除（例如为了治疗严重的癫痫发作），大脑的右半球就会介入，并使儿童获得正常的语言能力。而且，当大脑皮层的某一特定区域正处于积极改变和成熟的阶段时，向它们呈现特定的刺激和任务就会导致大脑皮层的不同区域承担不同的角色（Beeman & Chiarello，1998；Doidge，2007；D. L. Mills & Sheehan，2007；R. Ornstein，1997；Stiles & Thal，1993）

大脑结构间的相互联系

在前面讨论大脑不同结构时你可能已经注意到，人们的许多日常行为——如注意、学习、记忆和运动技巧——是在多个脑区进行处理的。正如你刚刚发现的那样，两个半球经常共同协作来理解外部世界并做出反应。同样要记住，任何单个神经元可以很容易地和其他神经元相连从而产生数以百计（或者更多）的突触。当信息在大脑中穿行时，信息会传递到四面八方——并不只是从处理系统的“下级”（即感觉信息第一次到达大脑时的位置）向“上级”（即对信息进行整合与解释或者对行为做出选择与控制的位置）传递，同样也会向相反方向传递，还会穿过处理不同感觉形态与运动功能的区域。从本质上讲，学习或思考一切东西——即使是一个单词——往往也会被分配到大脑的许多区域中进行加工（Bressler，2002；M. I. Posner & Rothbart，2007；Rayner，Foorman，Perfetti，Pesetsky & Seidenberg，2001；Thelen & Smith，1998）。

像人类大脑所拥有的这样一个复杂、相互联系的机制是怎样产生的呢？大自然母亲的手艺相当令人惊奇。现在我们来看看大脑是怎样产生和发展变化的。

大脑的发育

关于大脑的第二个普遍误解是，它在生命的最初几年中就会完全成熟。在儿童上幼儿园之前让大脑接触尽可能多的刺激——阅读指导、小提琴课、艺术课程等——能使它获得最好的发育。但是，事实并非如此。尽管大脑发育主要发生在出生之前以及出生后的最初几年中，但是在童年期、青少年期和成年早期大脑仍会继续发育。诚然，大脑发育的早期很重要，但是能促进大脑早期发育的经验都是相当普通的那些经验。

22 产前发育

大概在怀孕 25 天后，大脑首先以一个小管的形式出现。这根管子逐渐变长并开始向内折叠，形成口袋（Rayport，1992）。三个腔体出现并最终变成前脑、中脑和后脑。在管的内部迅速形成和繁殖神经元，在产前发育的第 5 周到第 20 周之间，它能以惊人的速度每秒产生 50 000 到 100 000 个新细胞（M. Diamond & Hopson，1998）。一个人一生之中将会拥有的绝大多数神经元——但显然不是所有的神经元——都是在这一时期形成的（Bruer，1999；C. A. Nelson，Thomas & de Haan，2006；R. A. Thompson & Nelson，2001）。

在产前发育的中期妊娠，神经元在不同化学物质的牵引下，移动到不同的位置。在这一过程中神经胶质细胞为神经元提供支持。在到达目的地后，它们会长出树突与轴突并努力与其他神经元相连。与其他神经元产生联系的细胞存活下来并开始承担特定的功能，而那些没有和其他神经元产生联系的细胞（大约占神经元总数的一半）则会死亡（M. Diamond & Hopson，1998；Goldman-Rakic，1986；Huttenlocher，1993）。然而，我们不必为这些死掉的细胞感到悲伤。让人类产生过量神经元这种安排显然是大自然母亲为确保大脑有足够数量的神经元参加工作的一种方式。过剩的神经元对我们而言不是必需的，因此把它们抛弃掉也是合情合理的。

婴儿及童年早期发育

在 3 岁时，大脑的大小比刚出生时候增加了 3 倍多，这种增长主要是因为神经胶质细胞的迅速繁殖（Koob，2009；Lenroot & Giedd，2007）。在出生时，大脑皮层是大脑中最不成熟的部分，在婴儿期和童年早期发生的皮层变化可以在一定程度上解释我们所观察到的儿童在思维、推理和自我控制能力等方面的进步（M. A. Bell，Wolfe & Adkins，2007；M. I. Posner & Rothbart，2007；Quartz & Sejnowski，1997）。

出生后的最初几年中大脑发育的一些重要过程包括：突触发生、分化、突触修剪和髓鞘化。

突触发生

在出生之前神经元已经开始形成突触。但在出生后不久，形成突触的速率急剧增加。神经元长出新的树突通向四面八方，以便它们与临近的大量神经元相互连接。**突触发生**（synaptogenesis）这一过程使得幼儿比成年人有更多的突触。最终，神经元会停止快速增殖。何时停止快速增殖在大脑的不同部位是不同的；例如，听觉皮层（颞叶）中的突触数量在 3 个月时达到顶峰，视觉皮层（枕叶）中的突触数量在 12 个月时达到顶峰，而额叶中的突触数量在 2～3 岁时达到顶峰（Bauer，DeBoer & Lukowski，2007；Bruer，1999；Byrnes，2001；Huttenlocher，1979，1990）。

分化

随着神经元与神经元之间突触的形成，它们也开始承担特定的功能（McCall & Plemons，2001；Neville & Bruer，2001）。通过被称为**分化**（differentiation）的这一过程，神经元变成了承担某些特定职责的专家。

突触修剪 23

随着儿童在他们的日常生活中遇到各种各样的刺激和经验，一些突触变得十分有用并被反复使用。另一些突触很大程度上是不重要的、没有用的，这些突触会逐渐瓦解——这一过程称为**突触修剪**（synaptic pruning）。实际上，这一系统似乎已经为突触修剪的发生做出了保证。神经元需要营养因子这种化学物质来维持生存和健康，而通过向其他神经元传递信息，神经元会使接受者分泌这类化学物质。如果神经元定期从相同来源获得营养因子，它们就会与这些来源之间形成稳定的突触连接。如果它们能从某些神经元那里获得营养因子，而从另一些神经元那里无法获得营养因子的话，它们就会从这些“不提供支持的”神经元处撤回轴突。如果神经元总是处于“无刺激”状态，很少使相邻的神经元兴奋的话，它们就可能会枯萎、死亡（Byrnes，2001）。在大脑的一些区域中，可能在很早的时期（如幼儿园或小学早期）就会发生集中的突触修剪；在另一些区域，突触修剪开始得比较晚并一直持续到青少年期（Bauer et al.，2007；Bruer，1999；Huttenlocher & Dabholkar，1997）。

为什么我们的大脑创造了大量的突触，然而却在之后淘汰了其中的很大一部分呢？就突触来说，并不是越多就越好（Byrnes，2001；C. A. Nelson et al.，2006）。理论研究者推测，通过产生多于我们所需的突触，我们拥有了适应各种各样的条件和环境的潜能。当我们在环境中遇到某种规律性的时候，我们发现有些突触连接可能会帮倒忙，因为它们与我们通常遇到的典型情况或需要做出的典型反应不一致。事实上，有效的学习和行为不仅要求我们思考、做某些事情，同样要求我们不要想或做其他事情——换言之，我们要抑制某些思想和行为（Dempster，1992；Haier，2001）。突触修剪可能是大自然母亲使我们的大脑更有效率的方式。

髓鞘化

正如前面提到的，在某些情况下一个神经元的轴突会被髓鞘覆盖从而极大加快电荷沿轴突传送的速度。神经元最初形成时并没有髓鞘；由神经胶质细胞构成的这种物质稍晚些才会出现。给神经元轴突覆盖上涂层的过程称为**髓鞘化**（myelination），这一过程随着时间的推移逐渐发生。一些髓鞘化始于胎儿期结束的前后（如在维持人类基本生存的某些必要脑区中是这样的），但是大部分髓鞘化发生在出生后的最初几年，不同脑区的髓鞘化按照一种可预测的顺序进行（M. Diamond & Hopson，1998）。毫无疑问，髓鞘化增强了大脑对世界进行快速、有效反应的能力。

童年中期、青少年期和成年期发育

特别是在大脑皮层中，突触修剪会一直持续到童年中期和青少年期，髓鞘化会持续到20多岁或更久（Bauer et al.，2007；Merzenich，2001；Steinberg，2009）。从童年中期开始到青少年晚期或成年期，大脑的几个部位——特别是在思考和学习中起着重要作用的额叶和颞叶、海马、杏仁核、胼胝体，在大小上有显著的增加（Giedd et al.，1999a；Lenroot & Giedd，2007；Sowell & Jernigan，1998；E. F. Walker，2002）。额叶显示的证据表明，在青少年晚期到成年早期这段时间内这一区域已经相当成熟，这可能使得注意、计
24 划和冲动控制等能力有所增加（Luna & Sweeney，2004；Sowell，Thompson，Holmes，Jernigan & Toga，1999；Steinberg，2009）。

青春期会带来年轻人激素水平（如雌激素、睾丸激素）的改变，而这些激素会影响大脑结构的继续成熟，还可能影响神经递质的生产与有效性（Bauer et al.，2007；Kolb，Gibb & Robinson，2003；E. F. Walker，2002）。一些神经递质的水平在青春期发生改变。例如，皮层中一些区域的血清素减少，多巴胺增加（E. F. Walker，2002）。这时如果某种特定的激素或神经递质水平异常，大脑机能可能就会出现一些严重错误。

回忆一下 Loved One 的症状是怎样的，早年他的症状不严重，高中时症状加剧。大部分情况下，双相障碍和精神分裂症在青少年期或成年早期之前不会表现出来。这些疾病可能是，至少部分是，由异常的大脑结构或神经递质水平所引起的，因此，在青春期之前这些异常就不会出现或者不会产生太大影响（Benes，2007；N. R. Carlson，1999；Giedd et al.，1999b；Jacobsen et al.，1997a，1997b）。

影响大脑发育的因素

遗传肯定在大脑发育中起着作用，它指导细胞迁移、突触产生、髓鞘化等过程。大多数情况下，遗传保证了大脑在持续发展和自我重构的同时，一切还照常运转。然而，有时有缺陷的基因下达的指令会导致事情向着不好的方向发展，引发读写困难、精神分裂症、唐氏综合征等障碍（Byrnes，2001；H. M. Conklin & Iacono，2002；Koo，Blaser，Harwood-Nash，Becker & Murphy，1992）。

环境因素同样会影响大脑的发育。其中一个重要因素是产前和产后的营养情况，它会影响神经元的产生和髓鞘化以及神经胶质细胞的生长（D. Benton，2008；Byrnes，2001；Sigman & Whaley，1998）。高水平的环境毒素——铅、汞、杀虫剂等——同样会对大脑发育产生重大影响，尤其是在胎儿期以及出生后的前几年中（Hubbs-Tait，Nation，Krebs & Bellinger，2005；Koger，Schettler & Weiss，2005）。如果即将生育的母亲在妊娠期间大量饮酒，她们的孩子通常会患胎儿酒精综合征，这些孩子会有与众不同的面部特征、较差的运动协调能力、语言发展迟缓、智力障碍等问题（Dorris，1989）。

同样，人们的经历也会产生影响。例如，儿童生活的家庭环境——一方面可能是温暖和促进成长的，另一方面可能是严苛和虐待的——会影响大脑对自身建构的方式（Ayoub & Rappolt-Schlichtmann，2007；Repetti，Taylor & Saxbe，

2007）。经常进行体育运动似乎可以促进神经元的生长（G. D. Cohen，2005；Pereira et al.，2007）。学习新技能（如阅读、演奏乐器或变戏法）的机会会导致相关大脑结构在大小、组织和功能上的明显不同（Castro-Caldas et al.，1999；Draganski et al.，2004；Elbert，Pantev，Wienbruch，Rockstroh & Taub，1995；K. L. Hyde et al.，2009）。就大脑能够用这种方式使自己适应不同的环境和经历而言，我们说大脑具有**可塑性**（plasticity）。

关键期在多大程度上影响大脑发育

尽管人类的大脑能很好地适应不断变化的环境，但当环境提供的刺激太少或者持续提供错误类型的刺激时，大脑并非总能重新活跃起来。在某些情况下，环境刺激出现（或者环境刺激缺乏）
25 的时间点的不同会产生很大的差异。换言之，在大脑发育的某些方面存在**关键期**（critical periods）①，关键期是一段有限的年龄范围，在这个范围之内，特定的环境刺激具有最大的，也或许是唯一的影响。例如，我们来看一下这项有趣的发现：当技艺娴熟的音乐家弹奏乐器时，10 岁之前开始接受音乐训练的人与那些年龄较大时才开始接受音乐训练的人相比，他们大脑的某些部分被更多地激活（Elbert et al.，1995）。第一组的人并不一定比第二组的人演奏得更好，但是，较晚接受训练的音乐家似乎错过了充分开发那些较早接受音乐训练的人正在使用的大脑区域的机会。

研究人员不断发现视知觉发展中存在关键期的证据（Bruer，1999；Hubel，Wiesel & Levay，1977；Levay，Wiesel & Hubel，1980）。例如，孩子一出生就患有白内障从而导致视力不正常时，早期进行手术很有必要。如果在早年通过手术移除白内障——例如，两岁之前——儿童会发展出相对正常的视力，但如果手术一直拖延到很晚才进行，儿童的视知觉能力将会衰退，在某些情况下会形成持续的功能性失明（Bruer，1999；Maurer，Lewis，Brent & Levin，1999；Ostrovsky，Andalman & Sinha，2006）。

研究人员已经发现了在语言学习上可能也存在关键期的有力证据。在最初的几年里很少接触或没有接触语言的儿童通常在以后习得语言时会存在困难，即使再进行加强的语言指导也是如此（Curtiss，1977；Newport，1990）。此外，在生命的最初几天和几周内，婴儿能够区分各种不同语言的说话声音，但是到他们 6 个月大时，他们只能识别周围人所说的语言中的关键差异（P. K. Kuhl，Tsao & Liu，2003；P. K. Kuhl，Williams & Lacerda，1992）。例如，英语将“L”和“R”看作两个不同的声音，而日语把它们当成一个声音；因此，英语国家中的儿童能够继续听出二者之间的不同，而日本儿童很快失去了分辨它们的能力。我回想起了研究生时我喜欢的一个公寓伙伴，一个叫做菊子的年轻日本女人，她在上小学之前没有学过英语。菊子经常说她在雨天带着她的 umblella［其实是 umbrella（雨伞）］，她记录自己绕着体育场跑了多少 raps［其实是 laps（圈）］。

支持语言发展中存在关键期的补充证据来自于学习第二语言的人。通常，只有在青少年中期之前开始学习，人们才能学会怎样将第二语言的发音做到完美无瑕，当然，在幼儿园或者小学早期之前开始学习更好（Bialystok，1994a；Flege，Munro & MacKay，1995；M. S. C. Thomas & Johnson，2008）。当儿童在人生最初的 5～10 年里沉浸在第二语言中时，他们能够更轻松地掌握第二语言语法中的复杂部分（Bialystok，1994a，1994b；Birdsong，2006；Bortfeld & Whitehurst，2001）。当第二语言的语音和句法与第一语言存在很大不同时，年龄对语言学习的影响尤为明显（Bialystok，1994a；Doupe & Kuhl，1999；Strozer，1994）。

然而，大多数理论家非常怀疑是否在所有技能和知识领域都存在关键期。通常人们在那些直到青少年或成年才开始接触的话题或技能领域同样可以变得相当精通。例如，我 16 岁之前没学过
开车，上大学之前没学过心理学，读研究生之前 26
没开始打壁球，但是随着时间推移和不断练习，在这些领域我已经很精通。

① 很多发展心理学家更喜欢用敏感期（sensitive period）这一术语，认为它意味着更为开放、灵活的有利时机。但是，在有关大脑发育的文献中关键期更常见，因此在这里我使用了这一术语。

经验—预期可塑性 vs 经验—依赖可塑性

早期经验在什么时候很重要，什么时候又不重要呢？格里诺等（Greenough, Black & Wallace, 1987）对此进行了区分并帮助我们弄清这些看起来好像是相互矛盾的数据。大自然母亲似乎帮助我们的大脑按照这样的方式进化，这种方式使我们能适应自己所处的特定的物理和文化环境。但是她又假定我们需要一些早期的刺激，从而塑造大脑的发育。对那些人类已经拥有了几千年的能力而言，如视知觉、语言等，大脑是**经验—预期**（experience-expectant）的：它利用人类在几乎是各种环境中遇到的经验对自己的能力进行调整。例如，尽管大脑最初就能够对来自双眼的视觉信号进行解读，但视觉功能障碍者的大脑也会对自己进行重构从而进行弥补（Bavelier & Neville, 2002；T. V. Mitchell, 2007）。尽管人们出生时大脑有能力辨别许多不同的语音，但它很快就学会忽略那些与理解母语无关的细微差异，从而为更有效地区分在语言理解中起着重要作用的语音铺平了道路。突触发生、分化和突触修剪等现象很可能提供了一种机制，通过这一机制使大脑最初的时候能够适应各种环境，之后开始将注意力集中于个体实际所处的特定环境（Bruer & Greenough, 2001；P. K. Kuhl, Conboy, Padden, Nelson & Pruitt, 2005；M. S. C. Thomas & Johnson, 2008）。尽管这种集中能够明显增强大脑有效处理日常情况的能力（如理解、说自己的母语），但它可能会妨碍大脑跳脱出通常的思维方式的能力，进而影响日后进行的一些不同于通常的活动（如学习第二语言）。

很多其他的领域——如阅读、驾驶汽车、心理学、壁球——都是最近才进入人类文化中的（而且它们并没有出现在所有的文化中），以至于大自然母亲既没有时间也还没有倾向使它们成为进化遗产中的一部分（Bruer, 1997, 1999；Byrnes, 2001）。特定文化和社会群体所特有的领域和技能是**经验—依赖**（experience-dependent）的：只有当环境条件培育它们的生长时它们才会出现，并且它们通常能在任何年龄阶段出现。事实上，通过增强较弱的突触和形成新突触，人类和其他动物在整个生命周期中保持了相当高的经验—依赖可塑性（Greenough et al., 1987；Maguire et al., 2000；Merzenich, 2001；C. A. Nelson et al., 2006）。例如，我岳母在85岁时从亚利桑那州搬到了我家附近：新罕布什尔州。她很轻松地学会了在新社区中生存和发展所需的知识与技能：怎样前往银行和杂货店，哪个邻居的天赋和兴趣与她的类似，城镇和州上即将产生的政治风波等等。

因此，让我们回到前面的问题：关键期在多大程度上影响着大脑发育？关键期似乎存在于诸如视知觉和语言等某些基本能力上。然而，即使在这些领域中，这些能力的不同方面其发展的最佳时机也并不相同。例如，色觉、运动知觉和深度知觉发育的期限是不同的，音素识别、发音、获得语法结构发育的期限也不同（Bruer, 1999；Neville & Bruer, 2001；M. S. C. Thomas & Johnson, 2008）。此外，这种机遇并非必然在某个特定年龄上突然丧失，而是在一个较长时间中逐渐失去。在某些情况下，尤其是能提供正确类型的经验时，它在很长的一段时间中还会保持着开放的状态，至少是保留着一个开放的缝隙。例 27
如，对于复杂的、特定文化的内容——包括我们在学校和大学中学到的大部分主题和技能——有时学习的机会能持续整个童年期以及成年的大部分时期（Bavelier & Neville, 2002；McCall & Plemons, 2001；C. A. Nelson et al., 2006）。

在了解或学习时大脑的“预置”程度有多少

让我们再来看看语言。讲话和理解语言实在是一种神奇的技能：儿童不仅要掌握发出各种辅音和元音所需的精妙的肌肉运动方式，同时还要掌握成千上万的词义和数量众多涉及多方面的语法结构，即使是语言学家也很难对所有这些语法进行识别和分类。儿童如何能够如此快地掌握语言仍然是儿童发展中的一大谜团。很多心理学家相信，尽管儿童显然不是生下来就知道某种特定语言，但他们确实生下来就具有某些禀赋，从而帮助他们掌握他们在周围所听到的语言。例如，从很小的时候开始，婴儿就可以识别出非常相似的语音中存在的细微差异。他们能将络绎不绝的声音分成小段（如音节）并能识别出听到的常用句型。他们好像有一些内置的概念（如红色、粉色和黄色等颜色）从而使他们能够很容易地按照特定方式对自己的经验进行分类。可能他们还拥有一种普遍语法，它是一组能够使人们很容易形成特定类型的语法结构而非其他类型的语法结构的参数（Chomsky，2006；Gopnik，1997；Lightfoot，1999；O'Grady，1997；Pinker，2007）。

一些理论家认为，在其他领域中同样存在预置。考虑一下来自婴儿研究中的这些发现：

◆ 出生24小时后，婴儿就能分辨出物体是在接近他们还是远离他们（A. Slater，Mattock & Brown，1990）。好像他们在有足够的机会学习距离这个概念很久之前就已经能判断距离。

◆ 一两天大的婴儿就会模仿成人的面部表情——可能是抿嘴唇、张大嘴或者吐舌头（T. F. Field，Woodson，Greenberg & Cohen，1982；Meltzoff & Moore，1977；Reissland，1988）。就好像他们已经在看到别人做的事和自己能做的事之间建立起了联系。事实上，有证据表明一些灵长类动物（可能也包括人类）存在某些神经元，这些神经元在它们自己做某些动作或者看到别人做这种动作时都会产生冲动（Iacoboni & Woods，1999；Murata et al.，1997；Wicker et al.，2003）。这类神经元被称为**镜像神经元**（mirror neurons），它们或许可以解释为什么婴儿在很早的时候就可以模仿他人，因为当他们看到别人做出某种行为和当他们自己做出这种行为时涉及了相同的神经元。

◆ 到三四个月大时，婴儿看到一个实心的物体直接穿过另一个物体，一个物体看上去像是悬浮在半空中或者一个物体没有运动轨迹一瞬间就从一个位置转移到另一个位置时，会表现出惊讶的表情（Baillargeon，1994；Spelke，1994；Spelke，Breinlinger，Macomber & Jacobson，1992）。看起来很小的婴儿似乎就已经懂得物体是具有明确界限的实体，也懂得除非受到支撑否则物体将会坠落，他们还懂得物体在空间中的运动是连续的，因此应是可以预见的。 28

一些理论家（例如，Baillargeon，2004；M. Cole & Hatano，2007；Spelke，2000）认为，这些发现表明儿童拥有一些基于生物基础内置的关于物质世界的**核心知识**（core knowledge）。这种类型的知识当然具有一种进化优势，它会使儿童在了解自己所处环境时有一个有利的开端，在其他物种中已经观察到了相关证据（Spelke，2000）。

然而，人类大脑生来固有多少知识——或是获得那些知识的禀赋——是一个尚未被解决的问题，它很可能会被长时间遗留下来。如果研究者不能评估出婴儿在刚一出生时所拥有的知识，他们就不能排除是经验和练习而非内置的知识形成了婴儿早期能力的这种可能性。试想一下几个穿着实验制服的科学家出现在产房门口，询问是否可以立即将新生儿抱走去参加一个“研究项目”的情景。我怀疑他们能否找到同意签署必要许可书的新父母。

学习的生理基础

那么，从生理的角度来看，学习是什么时候、在哪里发生的呢？许多理论家相信，学习的基础在于神经元之间相互联系的改变——尤其是现有突触的加强或减弱，或者是新突触的形成（例如，Lichtman，2001；Merzenich，2001；M. I. Posner & Rothbart，2007；Trachtenberg et al.，2002）。另一个现象也应该提及。直到最近，人们还把一个人所拥有的全部神经元都产生在胎儿期前几周这一观点当作“常识”。然而一些研究者发现，**神经再生**（neurogenesis）——形成新的神经元——将会在海马体的特定部分中持续整个生命周期，可能在额叶和顶叶中的某些区域也同样如此。新的学习经验好像能增强年轻神经元的存活率并促进它们的成熟；如果没有这些经验，那么神经元将会慢慢凋零。

在过去几年中，一些研究者开始推测被称为**星形胶质细胞**（astrocytes）的一些星星形状的胶质细胞在学习与记忆中起着和神经元同样重要的作用——甚至可能更重要。对于人类来说，星形胶质细胞的数量远远超过神经元，它们彼此之间以及和神经元之间有无数通过化学方法调节的相互联系，星形胶质细胞似乎在很大程度上能控制神经元去做什么、不做什么，以及神经元之间联系的多少。一个正常的大脑在整个生命周期内会产生许多新的星形胶质细胞。

从生理学上看，大多数新获得的信息和技能似乎需要一段时间才能在皮层中“稳固”下来——这一过程被称为**巩固**（consolidation）（J. L. C. Lee, Everitt & Thomas，2004；J. D. Payne & Kensinger，2010；Rasch & Born，2008）。例如，一个头部有严重损伤的人（可能是因为一场交通事故）通常不能回忆起损伤发生前几秒钟、几分钟、几天或几个月内发生的事情，但对于过去事件的记忆却仍然完好无损。当人们在受伤后短暂地失去意识
29 时，这种健忘症尤为常见，这可能是因为个体不能再去思考最近发生的事情所造成的（Barbizet，1970；D. J. Siegel，1999；Squire，1987）。

至于学习在哪里发生这个问题，答案是：很多地方。当我们必须注意和思考新信息或事件时，额叶处于激活状态，并且在根据先前获得的知识解释新输入的知识时，或多或少地激活了皮层的所有脑叶（Byrnes，2001；Cacioppo et al.，2007；Huey，Krueger & Grafman，2006）。体积小而形似海马的海马体似乎也是学习过程中的核心结构，它负责对来自大脑不同部位的信息进行整合，产生新的记忆，然后对这些新记忆进行巩固（Bauer，2002；Bauer，Wiebe，Carver，Waters & Nelson，2003；Davachi & Dobbins，2008；Squire & Alvarez，1998）。在边缘系统中，与海马相邻的杏仁核可能在非常年幼的儿童形成语前记忆、情感记忆中具有作用（LeDoux，1998；Nadel，2005；Wisner Fries & Pollak，2007）。

即使研究者已经明确了学习什么时候以及在哪里发生，我们也必须牢记大脑解剖学和生理学尚未告诉我们有关学习我们所需了解的一切知识，更不用说在教育情境下如何最好地促进和增强学习了。现在让我们来看看，有关大脑的研究在适当且有效的教育实践方面告诉了我们什么。

大脑研究的教育启示

一些出于善意但却一知半解的人在赞颂大脑研究领域最新进展的同时，对其教育启示提出了一些毫无根据的推论。例如，你可能听说过“构建更好的大脑”，设计一门“基于大脑的课程”或者“右脑教学”。这些言论通常反映了他们对大脑如何工作这一问题的误解。尽管研究者所了解到的有关大脑怎样运转的知识仍然是暂时的、有争议的，但是我们有信心保证下面几条结论是正确的。

◆ *突触的损失既是无法避免的，也是令人满意的。*一些作者建议让婴幼儿沉浸在刺激丰富的环境中，这样可以尽可能多地保护那些早期突触，从而使得他们在学业、体育和艺术上有一个良好的开端。然而突触修剪是不可避免的，因为突触必须竞争有限的营养元素，从而确保自己的存活。此外，突触修剪常常是有益的而非有害的，因为它可以消除无用的突触从而增加大脑的效率。突触发生在先、突触修剪在后这种顺序是大自然母亲确保人类机能的可塑性与适应性的主要手段。事实上，许多学习和认知能力的发展都是在大多数突触修剪发生之后才产生的（Bruer，1999）。

◆ *环境的多样性能促进大脑的正常发育。*在发展依赖于在特定年龄接受特定刺激的领域中（即存在关键期的领域），研究者发现几乎在所有文化中儿童都需要接受必要的刺激。例如：为了获得正常的双眼视觉，儿童需要双眼经常地、平衡地接受视觉输入；为了获得正常的语言能力，儿童需要持续暴露在一种语言环境中，可以是口头的也可以是手写的（Bruer，1999；McCall & Plemons，2001；Newport，1990）。这种经验不仅存在于“富裕的”儿童保育和幼儿园环境中，而且也存在于低收入、市内贫民区，甚至发展中国家的偏远部落群体中。

然而，在这里我必须提及一项重要警告：一 30
个非常关键的时期是胎儿期，尤其是怀孕后的最初几个月，如果大脑想要获得良好的发展，必须保证充足的营养并且免受环境的危害（铅粉尘、汞、酒精等）。在这一阶段中，营养不良和环境刺激造成的不利影响很可能是不可逆的。

◆ *最初几年对学习很重要，但是以后几年的时间也同样重要。*尽管复杂的环境似乎不是神经系统发育所必需的，但参与了丰富学前教育计划的儿童比没有参与这项计划的儿童通常能获得更大的认知收益——例如，他们能拥有更多的知识和技能，在智力测验中能获得更高的分数（NICHD Early Child Care Research Network，

2002；Nisbett，2009；Schweinhart et al.，2005；Zigler，2003)。然而，除非儿童在上学期间继续接受刺激，否则早期取得的收益往往会随时间的推移而减弱，有的可能完全消失（Bronfenbrenner，1999；Brooks-Gunn，2003；Farran，2001；Raudenbush，2009)。教育工作者和决策制定者万万不可将所有希望都寄托在年龄特异性上；学习的培养和认知的发展注定是一项长期的事业。

◆ *没有“左脑”教学或者“右脑”教学这回事。*有些作者认为许多成人和儿童专门使用大脑的某个半球，成为基本上用“左半球”或“右半球”进行思考和学习的人，因此他们敦促教育工作者适应每个学生的脑半球偏好。但正如我们所看到的那样，在几乎所有的思考和学习任务中大脑的两个半球都是密切合作的。在没有进行脑叶切除术之前（很显然我不推荐这种方法），尝试专门对某个半球进行训练将会是徒劳的。

◆ *在具有关键期特征的那些发展领域，发展机遇也通常会至少开放着一个缝隙。*关键期这一概念不仅告诉我们培养某一特定能力具有最佳时期，它还告诉我们学习并不一定只有一次机会。有时由于各种原因，在最佳的年龄阶段内儿童很少或没有机会暴露在适当的刺激中。例如，直到家庭能负担得起有关费用之前，儿童可能无法接受白内障手术。患有先天性耳聋的孩子在到达上学年龄前，可能不会遇到他们可以感知的语言（如美式手语)。研究者和教育工作者与其纠结于那些本应获得却并未能获得的发展，倒不如更好地为错过获得关键经验的儿童服务，通过制定和实施干预使得这些个体尽量能弥补一些损失（Bruer，1999)。

◆ *有关大脑的研究能帮助我们改进学习和认知的理论，但它并不能很好地告诉我们教什么以及怎么教最好。*随着研究人员对大脑结构和功能的了解的增进，他们有时会找到证据，支持或反对关于人们怎样学习和思考的各种心理解释（Byrnes，2007；Varma，McCandliss & Schwartz，2008)。相应地，随着心理学家改进他们有关学习和认知的理论，他们可以逐渐对最可能促进有效学习和行为的各种教学方法和治疗性干预有更好的把握。

虽然如此，我们可能永远无法将特定的心理现象——思想、知识、解释等——完全归结到生理实体上。大脑研究不太可能告诉人们必须要掌握哪些重要的信息和技能；这类事情通常是因文化而异的，它们的价值决定着人们掌握它们的优先级别（L. Bloom & Tinker，2001；
Chalmers，1996；H. Gardner，2000)。在这一 31
点上，脑研究只是在我们怎样能最好地帮助学习者获得重要信息和技能上提供了一些模糊的线索（Bandura，2006；D. Kuhn & Franklin，2006；Varma et al.，2008)。幸运的是，在接下来的章节中你会发现，学习的心理学理论——来源于人类行为研究的理论而非来自大脑解剖和生理学的理论——在确定有效的教学和治疗技术方面会提供很大的帮助。

总结

信息通过以下两种方式在人类神经系统中进行传递：(1) 在单个神经元内通过电信号传递；(2) 在神经元之间的突触中通过化学信号传递。尽管脊髓中的突触负责一些基本反射，但总的来说大脑是身体的协调与决策中心。

通过采用越来越多的研究方法，研究人员对大脑怎样工作已经有了很多了解。对人类来说，大脑中最大、最新进化出的部分——前脑——在意识、思考、学习以及许多显然只有人类从事的精神活动中占据着重要的地位。即使是很小、看起来很简单的任务（如识别和理解一个特定单词）通常也会涉及大脑两个半球许多部位的合作。

大脑最初出现在胎儿发育的第一个月晚期；到孕中期，一个人终生将会拥有的绝大多数神经元已经形成，并且正向它们的最终位置迁移。神经元间的突触在出生前就开始形成；出生后不久，突触形成的速度急剧增加，以至于儿童的突触数量比成人要多。在童年期和青少年期，作为适应环境和增加效率的一种手段，大脑会削减（即修剪）很少使用的突触。尽管大部分大脑发育发生在胎儿期和童年早期，大脑结构和神经递质的一些变化将会持续到青少年期和成年期。基因指令在很大程度上推动了大脑成长过程中的变化，但是营养、环境中的毒素、体育活动和学习经验同样会影响大脑发育。

研究人员已经发现一些证据，在一些基本的、存在已久的能力（如视知觉和语言）的发展中存在关键期。但是人们可以在任何年龄获得许多新近的人类成就（如读写能力、数学），毫无疑问这种获得新知识和新技能的能力贯穿在人的一生之中。有些理论家假设，对人类的基本生存至关重要的那些知识（如语言的特定要素、关于物质世界的基本知识）——或至少是快速、轻松地获得这些知识的禀赋——可能是建立在生物学基础上的。

许多理论家认为，学习主要涉及改变现有突触以及形成新突触，偶尔还会形成新的神经元。然而，近年来有研究者推测某些星形的胶质细胞（星形胶质细胞）可能同样在学习与记忆中发挥着关键作用。

有时教育工作者会从大脑研究中引申出毫无根据的启示。人类发展的最初几年的确很重要，但是为婴儿和学前儿童提供密集、结构化的课程是不可能阻止突触修剪的发生的，并且人们也没有证实这类课程对神经系统发育存在任何其他潜在的好处。此外，努力训练“左半球”思维或“右半球”思维最终都将是徒劳的，因为几乎在每一项活动中两个半球都是共同合作的。脑研究中的发现的确对心理学家完善其有关学习和认知的理论解释产生了有用的帮助，但却并没有对教学实践提供多少有效的指导。

第二部分

有关学习的行为主义观点

第 3 章

行为主义和经典条件作用

本章主要内容

- 行为主义的基本假设
- 经典条件作用
  - 经典条件作用模型
  - 人类学习中的经典条件作用
  - 经典条件作用中的常见现象
  - 经典条件作用中的认知
  - 改变不良的条件反应
- 行为主义假设和经典条件作用的教育启示
- 总结

32 也许你会认为我对蜜蜂太过“敏感”：不论什么时候，只要有蜜蜂飞近，我就会大喊大叫，狂乱地挥舞双臂，像一个疯女人似的到处乱跑……是的，没错，我知道，如果能够保持相对的淡定，或许我会感觉更好些。但问题是，我就是无法控制自己。我之所以会对蜜蜂有如此过度的反应，大概是由于小时曾被蜜蜂狠狠地蜇过几次。

人们会对某个特定的刺激形成不由自主的反应（比如我对蜜蜂的恐惧反应），对这种现象的解释之一就是众所周知的经典条件作用理论，一种学习理论。经典条件作用是行为主义（我在第1章曾介绍过这一理论视角）的一个例子。作为20世纪涌现的第一个重要的学习理论视角，行为主义将是我们在第3章到第5章讨论的主题。在本章，我们将首先探讨行为主义的一些基本假设，然后再来探究经典条件作用的本质及其潜在意义；在接下来的两章中，我们将通过对工具性条件作用的原理及应用的探究，来继续我们对行为主义的讨论。

行为主义的基本假设

我在第1章里曾提到，对学习的早期研究主要倚重的是内省法（introspection），这种方法要求个体“内观”他们的头脑，并把自己的思维活动报告出来。但在20世纪初，一些心理学家认为这种自我反省的研究方法太过主观，而且不够精确——这一看法得到后来的一些研究者（例如，Nisbett & Wilson，1977；Zuriff，1985）的支持和证实。经过俄国生理学家伊万·巴甫洛夫（Ivan Pavlov，将在稍后介绍）的努力和美国心理学家爱德华·桑代克（Edward Thorndike，将在第4章介绍）的辛勤工作，一种更为客观的研究学习活动的方法诞生了。这些研究者把行为作为首要的研究对象，因为行为易于观察，而且能够对其进行客观的描述和测量。就此，一场行为主义运动开始了。

虽然行为主义者们对学习机制的具体阐释并不完全一致，但许多学者都谈到了一些基本的假设：

◆ *学习的原理应同等地适用于不同的行为及不同的物种。*行为主义者的典型假设是，人类和其他动物的学习方式是类似的，即**等势**（equipotentiality）假设。基于这一假设，行为主义者经常把从白鼠、鸽子等动物研究中提炼出的学习原理应用到人类群体。在他们对学习的讨论中，经常使用**有机体**（organism）这一术语来广泛指代任何一个生物个体，包括人类，也包括非人类。

◆ *当研究焦点集中在刺激和反应上时，对学习过程的研究就可以更为客观。*行为主义者认为，
心理学家必须通过客观的、科学的方法来研究学 33
习活动，就像化学家和物理学家研究物质世界中的现象那样。为了保持这种客观性，心理学家应该把研究焦点集中于两类能够观察和测量的对象上——更具体地说，就是要把焦点放在环境**刺激**（stimuli）和有机体对这些刺激的**反应**（responses）上。有关学习的行为主义原理经常描述刺激（S）和反应（R）之间的联系，因此，我们有时也把行为主义称为**刺激—反应心理学**（S-R psychology）。

◆ *对内在意识过程的研究应被广泛地排除在科学研究之外。*许多行为主义者相信，由于我们不能直接观察和测量内部的意识过程，诸如思想、动机等，故而应把这些意识过程从调查研究和对学习机制的解释中剔除出去（例如，Kimble，2000；J. B. Watson，1925）。这些行为主义者把有机体看作是一个黑箱，外界刺激作用于这个箱子会引起相应的反应，但箱子中发生的一切仍是神秘未明的。[①]

不过，并不是所有的行为主义者都持有严格的黑箱视角。有些行为主义者坚持认为，有机体（O）自身的一些因素，如动机、刺激—反应之间的联结强度等，对理解学习和行为也非常重要（例如，Hull，1943，1952）。这些**新行为主义**（neobehaviorist）理论家有时被称为刺激—有机体—反应（S-O-R）理论家，而不是刺激—反应

① 这种认为对人类行为和学习的研究只应关注刺激和反应的观点，有时被称为激进行为主义（radical behaviorism）。

(S-R) 理论家。尤其在近十年，一些行为主义者提出，对学习的研究不仅要考虑外部的环境因素，而且要考虑主体内部的认知过程，只有这样，我们才能彻底地理解人类和动物的行为（例如，R. M. Church，1993；DeGrandpre，2000；Rachlin，1991；Wasserman，1993）。

◆ *学习涉及行为的改变。*在第1章里，我把学习定义为心理表征或联结方式的长期改变。而传统的行为主义者则把学习看作是一种行为的改变。毕竟，只有当人们的外显行为发生改变时，我们才能确定学习的确发生了。

随着越来越多的行为主义者将认知因素纳入对学习活动的解释中，许多人放弃了这种基于行为的学习定义，取而代之的是把学习和行为分开来看，尽管二者之间存在关联。许多心理学家认为，行为主义的很多法则更适于解释影响习得行为的呈现的因素，而不是学习本身（例如，R. Brown & Herrnstein，1975；W. K. Estes，1969；Herrnstein，1977；B. Schwartz & Reisberg，1991）。

◆ *有机体天生是一块白板。*从历史的角度来讲，许多行为主义者认为，除了某些物种的特殊本能（如鸟类天生会筑巢），和由于生理因素导致的缺陷（如人类的精神疾病）以外，有机体并非生来就具有某种特定的行为方式。相反地，有机体来到这个世界时更像是一块“白板”（或拉丁文中的 tabula rasa），是由环境经验慢慢“书写”的。由于每个有机体都有着一系列独特的环境经验，因此就获得了一套自己独特的行为方式。

◆ *学习很大程度上是环境事件作用的结果。*与学习一词相比，行为主义者更经常使用**条件作用**（conditioning），即有机体是被环境事件条件化的。这种被动语态的运用意味着，许多行为主义者相信，学习是个体经验的结果，而学习的发生常常不受有机体的控制。

一些早期的行为主义者，如 B. F. 斯金纳（B. F. Skinner）是典型的**决定论者**（determinists） 34 。他们提出，如果我们能够获得关于一个有机体所有过往经验和当前环境的信息，以及该个体所有先天行为倾向的信息，我们就能够完全准确地预测该个体接下来的行为反应。不过，许多当代的行为主义者并不持有这种决定论的观点。在他们看来，任何有机体的行为都存在一定程度的变化，是不能被刺激—反应联结说或遗传学单独解释的（R. Epstein，1991；Rachlin，1991）。了解有机体以前对不同刺激是如何反应的，确实有助于我们理解其现在的行为方式，但是我们永远不可能对他们的行为做出100%准确的预测。

◆ *最有用的理论往往是简洁的理论。*在行为主义者看来，从最简单的行为到最复杂的行为，我们都应该运用尽可能少的学习原理来解释这些行为的习得。这一假设反映了行为主义者在解释学习和行为时的**极简**（parsimony，或简洁）原则。在我们探讨的第一个行为主义理论，即经典条件作用中，就能看到这种极简原则。

经典条件作用

20世纪初，为了更好地理解消化的本质，俄国生理学家伊万·巴甫洛夫进行了一系列与狗分泌唾液行为有关的实验。他的典型做法是这样的：先在狗的嘴里做一个切口（以便将狗的唾液搜集在一个小杯子里）；然后把狗捆绑在一个固定的位置，给它喂食一些碎肉；最后测量狗的唾液分泌量。巴甫洛夫注意到，经过几次这样的实验后，这只狗一看到带着肉的实验助手走进实验室就会开始分泌唾液，即使还没有看到肉或闻到肉味。显然，这只狗已经懂得实验助手的出现意味着食物即将到来，因此就开始产生唾液分泌反应。巴甫洛夫把他后来几年的大半精力都投入对这一学习过程的系统研究中，并最终将其研究成果总结在《条件反射》（*Conditioned Reflexes*）一书中（Pavlov，1927）。

巴甫洛夫的早期研究是这样进行的：

（1）他首先观察一只狗是否会对某个特定的刺激产生分泌唾液的反应，诸如一次闪光、音叉的撞击声，或铃声。为了方便说明，我们暂且以铃声作为刺激来进行下面的讨论。正如你所想象的，这只狗并没有发现铃声能特别引起它的食欲，因此不会分泌唾液。

（2）巴甫洛夫再次响铃，并在铃声之后立即给狗一些碎肉。当然，这一次狗分泌唾液了。巴甫洛夫又响了几次铃，而且每次响铃之后都立刻给狗喂肉。这只狗每次都会分泌唾液。

（3）然后，巴甫洛夫又再次响铃，但没有呈现任何肉。不过这只狗还是分泌唾液了。起初（在第1步中）不能引起任何反应的铃声，如今却使它产生了分泌唾液的反应。从行为主义的视角来看，狗的经验导致了行为的改变，那么学习就发生了。

35 巴甫洛夫观察到的这一现象就是众所周知的**经典条件作用**（classical conditioning）。① 下面，我们一起来分析一下巴甫洛夫实验中的三个步骤：

（1）确定一个**中性刺激**（neutral stimulus，NS）——有机体不会对其产生任何明显反应的刺激。拿巴甫洛夫的狗来说，铃声最初就是一个中性刺激，它不能引起狗的唾液分泌反应。

（2）中性刺激恰好在另一个会引起有机体反应的刺激之前呈现。我们把这第二个刺激叫做**无条件刺激**（unconditioned stimulus，UCS），它所引发的反应则叫做**无条件反应**（unconditioned response，UCR），因为有机体对该刺激的反应是无条件的，即无需通过学习就会如此反应。对巴甫洛夫的狗来说，碎肉就是一个无条件刺激，它能引起狗分泌唾液这一无条件反应。

（3）在与无条件刺激配对呈现后，先前的中性刺激现在也能引起有机体的反应，它不再是“中性的”了。中性刺激变成了**条件刺激**（conditioned stimulus，CS），有机体学会了对其产生**条件反应**（conditioned response，CR）。② 在巴甫洛夫的实验中，经过和碎肉的几次配对呈现，铃声变成了一个条件刺激，它本身也能引起狗分泌唾液的条件反应。图3—1从经典条件作用的视角，生动展现了学习的发生过程。

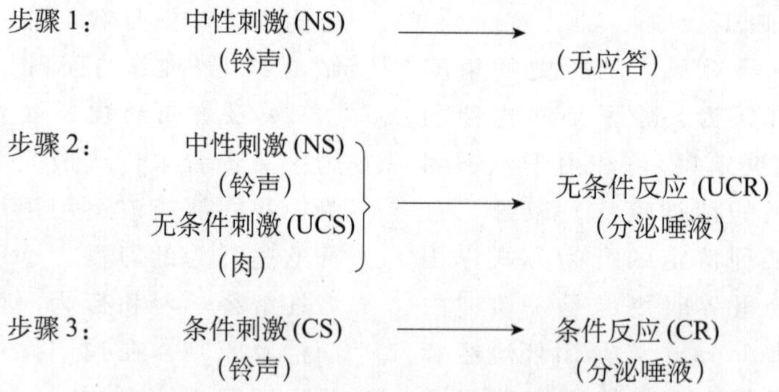

图3—1　狗的学习过程的经典条件作用分析

继这些初始实验之后，巴甫洛夫对经典条件作用又进行了深入研究，而且他的许多发现在其他行为反应和其他物种身上都得到了验证，包括人类。下面，就让我们一起来更进一步地认识经典条件作用的过程，并通过一些例子来看看它在人类学习中是如何发生的。

经典条件作用模型

经典条件作用已经在很多物种中得到了验证，例如，新生儿（Boiler，1997；Lipsitt & Kaye，1964；Reese & Lipsitt，1970）、子宫里的人类胎儿（Macfarlane，1978）、实验室里的白鼠（Cain，Blouin & Barad，2003）、虹鳟鱼（Nordgreen，Janczak，Hovland，Ranheim & Horsberg，2010），还有蜗牛（Samarova et al.，2005）等。显然，经典条件作用广泛 36
适用于整个动物王国。

① 一些心理学家称之为应答性条件作用（respondent conditioning）。这一术语是由斯金纳创造的，用来反映对刺激的不随意反应的本质。

② 实际上，巴甫洛夫最初所用的术语是“conditional”和“unconditional”，而误传成了“conditioned”和“unconditioned”。不过之后却被大多数经典条件作用的文献保留了下来。

条件刺激可以作为一种无条件刺激即将到来的信号。

正如巴甫洛夫的实验所阐明的那样，典型的经典条件作用发生在两个刺激差不多同时出现的情况下。其中一个刺激是无条件刺激，它之前已经显示出可以引起有机体的无条件反应。而第二个刺激在经过和无条件刺激联结后，也开始能够引起有机体的反应：它变成了一个能引起条件反应的条件刺激。很多情况下，条件作用的建立相当迅速。对一个有机体来说，两个刺激配对出现5或6次就形成条件反应并不稀奇，有时甚至一次配对就能建立起条件反应（Rescorla，1988）。

当条件刺激刚好在无条件刺激之前（或许只提前了半秒）出现时，经典条件作用最有可能出现。因此，一些心理学家把经典条件作用描述成一种**信号学习**（signal learning）。因为条件刺激先被呈现，所以它就成了一种预示着无条件刺激即将到来的信号。就像巴甫洛夫的狗所学会的那样：铃声响起即意味着美味的肉食就要来了。

经典条件作用通常涉及对不随意反应（即不受学习者控制的反应）的学习。当我们说一个刺激**引发**（elicits）一个反应时，我们的意思是这个刺激自动地导致了一个反应，而学习者对这个反应的发生没有什么影响。大多数情况下，条件反应和无条件反应是相似的，二者的不同之处主要体现在反应是由哪种刺激引起的以及反应强度上的差异。不过，有时条件反应又与无条件反应非常不同，甚至相反（稍后在讨论药物成瘾时，我将会给大家举一个例子来说明）。不过无论怎样，条件反应确实能让有机体预知并做好应付随后出现的无条件刺激的准备。

人类学习中的经典条件作用

运用经典条件作用理论可以帮助我们去认识人们是如何习得许多不随意反应的，尤其是那些和生理功能及情绪相关的反应。比如，将食物和胃部不适相联系会导致人们对这些食物产生厌恶之感（Garb & Stunkard，1974；Logue，1979）。 37
拿我自己的例子来说，当我把奶油黄瓜沙拉酱的味道（条件刺激，CS）和我怀孕时的恶心感觉（无条件刺激，UCS）联系到一起之后，我便对黄瓜酱产生了一种厌恶之感（条件反应，CR），而且这种感觉持续了好几年。

在解释人们如何形成害怕和恐惧方面，经典条件作用也是一个很有用的模型（Mineka & Zinbarg，2006）。例如，我对蜜蜂的恐惧就可以用这样的事实来解释：蜜蜂（条件刺激，CS）和刺痛（无条件刺激，UCS）相联系的早期经验，让我对这个讨厌的小虫越来越害怕（条件反应，CR）。同样，如果一个人曾被某个品种的狗咬过，他就会对这个品种的狗感到害怕，甚至会害怕所有的狗。

对特定的动物产生经典条件恐惧的最著名的例子可能就是“小阿尔伯特”了，这个婴儿在华生和雷纳（John Watson & Rosalie Rayner，1920）的实验操纵下，习得了对白鼠的恐惧反应。小阿尔伯特是一个11个月大、性情温和的婴儿，他很少哭闹或是表现出恐惧。一天，实验者给小阿尔伯特看一只白鼠，当他伸手触摸这只白鼠时，身后一个大铁条被猛然敲击，发出了巨大的、刺耳的声响。小阿尔伯特惊跳了起来，很显然被这突如其来的噪音弄得烦躁不安。不过他还是继续去摸这只白鼠，只是换了另一只手而已。这时，铁条再次被敲响。在经过5次以上白鼠（CS）和巨大噪音（UCS）的配对呈现后，小阿尔伯特果真得了白鼠恐惧症：无论什么时候看到白鼠，他就会歇斯底里地哭起来，并且会拼尽全力手脚并用地爬开。华生和雷纳还指出，小阿尔伯特在面对兔子、狗、豹纹外套、棉绒及有毛茸茸胡须的圣诞老人时，都会出现类似的恐惧反应，尽管这些东西从未和令人惊惧的响声同时出现过。（实验过后，华生和雷纳并没有对可怜的小阿尔伯特所形成的恐惧反应进行“去条件作用”处理。值得庆幸的是，如今美国心理学会的伦理准则已不允许这种疏忽存在。）

害怕失败是另一个经典条件作用的例子。在一些情形中，人们对失败有着异乎寻常的恐惧，这可能是因为他们将失败与之前某种不愉快的境遇联系在了一起；也许一想到失败，就会回忆起父母的愤怒以及随之而来的痛苦惩罚，或是那些不顾他人感受的同学的嘲笑。然而，不论是在学校、在家里，还是在其他地方，偶然的失败都是我们在尝试新任务时可能遇到的一种自然结果。因此，老师和家长必须要小心，不要让失败变成一种强的条件刺激，它会让孩子抗拒那些新的、有挑战性的但具有潜在失败风险的任务。

态度在一定程度上也是经典条件作用的结果。在一项研究中（Olson & Fazio，2001），研究者让大学生坐在计算机前观看各种陌生的卡通人物，这些人物都来自“口袋妖怪”系列电子游戏的视频。其中一个人物总是与那些能唤起人们愉快情感的单词和图像一起出现（如“好极了”、“太棒了”，及含有小狗和美味圣代的图片）。第二个人物则一直伴随着那些令人不快的单词和图像出现（如“糟糕的”、“可怕的”，及含有蟑螂和带着匕首的男子的图片）。另外一些人物则是与较中性的词汇和图像配对出现。之后，要求大学生对他们看到的这些卡通人物和图像进行等级评定，分为－4（不愉快）到＋4（愉快的）几个等级。结果，他们对那些伴随愉悦刺激出现的人物的评定等级要远远高于那些伴随令人不快的刺激出现的人物。而且令人惊奇的是，对一个原本中性的刺激形成积极态度并不需要伴随令人愉快的其他事物，只要在没有不愉快事物的情况下，简单地、反复呈现这个中性刺激就足以引起人们对该刺激的偏爱（Zajonc，2001）。

我希望上述这些现实中的例子可以帮助你识别你所看到的经典条件作用。现在，再让我们一起去看看与经典条件作用有关的几个常见现象。

经典条件作用中的常见现象

38 巴甫洛夫和其他行为主义者描述了许多与经典条件作用有关的现象。下面，我们将重点考察其中的几个：关联偏好（associative bias）、相倚的重要性（importance of contingency）、消退（extinction）、自然恢复（spontaneous recovery）、泛化（generalization）、刺激分化（stimulus discrimination）、高级条件作用（higher-order conditioning）、感觉的前置条件作用（sensory preconditioning）。

关联偏好

可能成为条件刺激的刺激物本身的特征会影响条件作用出现的程度。一个中性刺激越引人关注（突出）——比如极度耀眼，声音很大或者其他方面很强烈——就越可能在和一个无条件刺激一起呈现后变成条件刺激（Rachlin，1991；B. Schwartz & Reisberg，1991）。此外，有一些刺激特别容易和特定的无条件刺激建立联结。比如说，与一道闪光或音叉的声音相比，食物更有可能和恶心的感觉（无条件刺激）联系起来，变成一个条件刺激。换言之，在某些刺激之间建立联系可能比在其他刺激之间建立联系更容易些，这就是**关联偏好**（associative bias）（J. Garcia & Koelling，1966；Hollis，1997；B. Schwartz & Reisberg，1991）。这种偏好很有可能是进化的作用：我们的祖先为了更好地适应生存环境，会本能地去寻求能反映事物之间正确因果关系的关联，比如将恶心的感觉与新食物联结起来以避免被它诱惑（Ohman & Mineka，2003；Timberlake & Lucas，1989）。

相倚的重要性

巴甫洛夫曾提出，当可能成为条件刺激的中性刺激和无条件刺激差不多同时出现时，经典条件作用才会发生。也就是说，这两种刺激之间必须具有**接近性**（contiguity）。但仅有接近性是不够的，正如前面所讲，经典条件作用大多发生在条件刺激刚好在无条件刺激之前出现的情况下，如果两个刺激真的在同一时间出现或条件刺激在无条件刺激之后出现，则很少出现条件作用（例如，R. R. Miller & Barnet，1993）。在一些情况下，人们对某些食物的厌恶感（请想想我对奶油黄瓜酱的厌恶之情），甚至可以在条件刺激（食物）和无条件刺激（恶心）之间存在24小时延迟的情况下形成（Logue，1979）。

近代理论家指出，**相倚**（contingency）是经典条件作用的必要条件。他们认为，当无条件刺激很可能随后出现时，也就是说，当条件刺激作为无条件刺激即将到来的信号时（请回想一下我前面提到过的“信号学习”），潜在的条件刺激才会转化为真正的条件刺激。如果两个刺激经常是分开出现的，或者只是碰巧有几次一起出现，经典条件作用就不大可能出现（例如，Gallistel & Gibbon，2001；Rescorla，1988；Vansteenwegen，Crombez，Baeyens，Hermans & Eelen，2000）。

消退

让我们把视线再次转回到巴甫洛夫的狗的身上一会儿。回忆一下，在铃声和肉食一起出现几次后，狗学会了只听到铃声就分泌唾液的反应。但是，如果铃声一次又一次地响起，而肉食不再随之一起出现，会发生什么呢？巴甫洛夫发现，如果只是重复呈现条件刺激，而没有无条件刺激相伴随，条件反应的强度就会变得越来越弱。最终这只狗听到铃声将不再分泌唾液，也就是说，它对铃声的条件反应消失了。巴甫洛夫把这种现象称为**消退**（extinction）。

39 有时条件反应会消失，有时则不会。对于那些试图纠正别人不随意的、不良条件反应的人来说，消退的不可预测性是挫折感的来源之一。在本章稍后，我会给大家解释为什么消退现象并不总是发生。

自然恢复

虽然巴甫洛夫通过在没有肉食的情况下反复呈现铃声的方式，让狗分泌唾液这一条件反应很快就消失了，但当他第二天进入实验室时却发现，再次响铃仍能引起狗的唾液分泌，就好像消退现象从未发生过一样。巴甫洛夫把这种本来已经消失了的唾液分泌反射又再次出现的现象叫做**自然恢复**（spontaneous recovery）。

通常情况下，自然恢复是指消退一段时间的条件反应在经过一个休息期之后再次出现的现象。比如，如果让我靠近一大群蜜蜂一段时间，那么我最终会慢慢平静下来并恢复到正常状态。可是，日后再和蜜蜂遭遇时，我的第一反应仍是拔腿就跑。

巴甫洛夫发现，自然恢复的条件反应明显比最初的条件反应弱，并且消失得更快。在那些发生了多次自然恢复（每次都出现在休息期后）的情境中，再现的条件反应的强度会一次比一次弱，而消失的速度却越来越快。

泛化

你也许还记得，"小阿尔伯特"在实验者的操纵下对白鼠产生了恐惧反应，之后他对兔子、狗、白色的毛皮外套、棉绒及有着毛绒胡须的圣诞老人面具也产生了恐惧。当学习者对其他刺激做出与对条件刺激同样的反应时，**泛化**（generalization）就产生了。一个刺激与条件刺激越相似，就越可能出现泛化现象。阿尔伯特对所有像白鼠那样白色的、毛茸茸的物体感到害怕，但他并不害怕其他非白色、不是毛茸茸的玩具积木。同样地，一个害怕暴力父亲的孩子可能将这种害怕泛化到其他男性的身上，但不会泛化到女性身上。

对一个新刺激所形成的条件反应会发生泛化，这是一种常见的现象（Bouton，1994；N. C. Huff & Labar，2010；McAllister & McAllister，1965）。在一些情况下，对害怕的条件反应的泛化会随时间的增长而增长，也就是说，随着时间的流逝，一个人害怕的东西可能越来越多。因此，一些不能很快消失的、异常的条件反应有时会随着时间的流逝变得更加麻烦。

刺激分化

巴甫洛夫观察到，如果他训练一只狗对高音产生唾液分泌反应的话，这只狗会将这种条件反应泛化到低音上。为了教会这只狗分辨两种音调，巴甫洛夫重复进行了一个操作，即在高音出现时给肉食，在低音出现时不给肉食。经过几次这样的操作后，这只狗最终学会了只在高音出现时分泌唾液。用巴甫洛夫的术语来说，在两种音调之间出现了差别化（differentiation）。当今的心理学家则更多地使用**刺激分化**（stimulus discrimination）一词来说明这一现象。

当一个条件刺激（CS+）和一个无条件刺激联合出现，而另一个条件刺激（CS－）不与无条件刺激一起出现时，刺激分化就发生了。个体会习得对 CS+的条件反应，但不会将这种反射泛化到 CS－上，或者说，通过多次的经验，个体学会了不必对 CS－做出相同的反应（N. C. Huff &
LaBar，2010）。举例来说，一个经常受到父亲虐 40
待的孩子，如果与其他成年男性之间有着积极的互动，那么她就不太可能把对父亲的恐惧之情泛化到其他人的身上。

高级条件作用

有些时候，一个条件性的刺激—反应联结是在另一个联结的基础上形成的。比如说，在狗学会听到铃声就分泌唾液后，如果将铃声与另一中性刺激联合呈现（如从未和肉同时出现过的灯光），那么这个中性刺激便也能够引起狗的唾液分泌。这种现象被称作**次级条件作用**（second-order conditioning），或者更通俗地讲，就是**高级条件作用**（higher-order conditioning）。

高级条件作用的原理是这样的：首先，通过与无条件刺激（UCS）配对呈现，中性刺激（NS_1）变成了条件刺激（CS_1），因此它能够很快地引起一个条件反应（CR）。然后，将第二个中性刺激（NS_2）和条件刺激（CS_1）配对呈现，它（NS_2）也开始引起条件反应，于是第二个中性刺激（NS_2）也变成了条件刺激（CS_2）。图 3—2 展示了这一过程：步骤 1 和步骤 2 描述的是初级条件作用，步骤 3 和步骤 4 描述的则是高级条件作用。

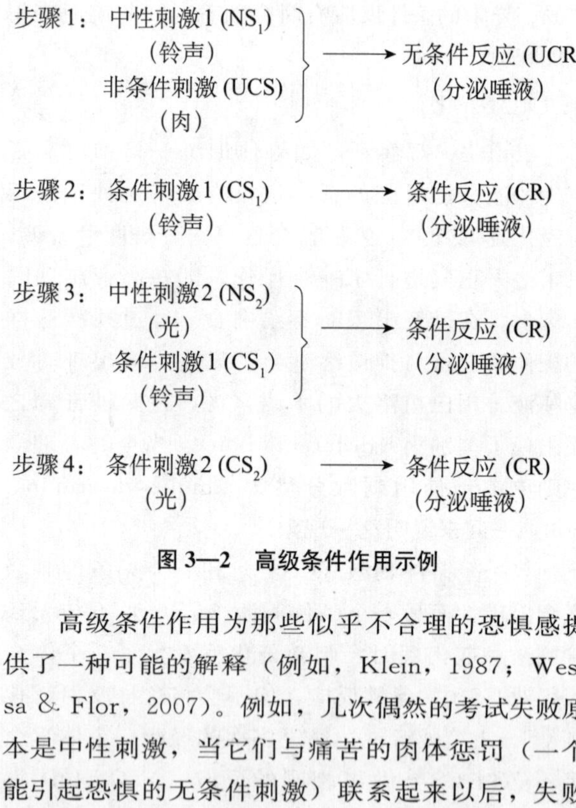

图 3—2 高级条件作用示例

高级条件作用为那些似乎不合理的恐惧感提供了一种可能的解释（例如，Klein，1987；Wessa & Flor，2007）。例如，几次偶然的考试失败原本是中性刺激，当它们与痛苦的肉体惩罚（一个能引起恐惧的无条件刺激）联系起来以后，失败（现在是一个条件刺激了）就开始引发极大的焦虑。而另一个刺激情境——也许是一次测验、一次演讲，或者是学校环境——又与失败频繁联结。这样，一个学生可能就会发展出测验焦虑、公开演讲恐惧，甚至对学校本身感到害怕，形成校园恐惧症。

高级条件作用还可以解释我们对特定的人或情境的态度（例如，Kanekar，1976）。例如，让我们回到前面讲过的有关“口袋妖怪”人物角色的实验（Olson & Fazio，2001）。人们并不是生来就对“太棒了”或“糟糕的”这些词语存在特定感情的，也不是天生就会对美味圣代或蟑螂的照片做出反应。相反，人们对这些词汇和图像的特定情感可能是随着时间的流逝、阅历的增加形成的， 41
而这些刺激又成为下一步的经典条件作用的起点。

感觉的前置条件作用

感觉的前置条件作用（sensory preconditioning）和高级条件作用类似，都是建立在另一个刺激—反应联结之上的刺激—反应联结，但是二者发生的步骤不同。让我们最后一次将目光转向巴甫洛夫那只可怜的、被过度折腾的狗身上。我们首先同时呈现铃声和闪光，然后再将铃声和肉配对出现。如此，狗不仅会对铃声产生唾液分泌，而且还会对闪光产生唾液分泌。

用更通用的术语来说，感觉的前置条件作用是这样发生的：首先，两种中性刺激（NS_1 和 NS_2）同时呈现。然后，将其中一个中性刺激（NS_1）和一个无条件刺激（UCS）联结起来。于是，这个中性刺激变成了条件刺激（CS_1），并引起条件反应（CR）。在前置条件作用的情况下，由于第二个中性刺激（NS_2）与第一个条件刺激（CS_1）之前有联结，它也变成了条件刺激（CS_2），并会引起条件反应。

前置条件作用为考试焦虑提供了另一种解释（Klein，1987）。首先学校（NS_1）和考试（NS_2）是联系在一起的，如果后来学校又和一些创伤事件（UCS）相联系，那么不仅学校会变成一个引起焦虑反应（CR）的条件刺激（CS_1），而且考试也会变成一个条件刺激（CS_2）。图 3—3 说明了感觉的前置条件作用如何导致了考试焦虑的形成。

经典条件作用中的认知

许多理论家相信，经典条件作用中的联结不仅存在于两个刺激之间，而且存在于这些刺激的内在心理表征之间（例如，Bouton，1994；Forsyth & Eifert，1998；McDannald & Schoenbaum，2009）。因而条件刺激让有机体能够预测（以大脑自动反应的方式）无条件刺激的出现（Hollis，1997；Jara，Vila & Maldonado，2006；Mineka & Zinbarg，2006；Rescorla，1988）。如

步骤1：中性刺激1 (NS_1)（学校）+ 中性刺激2 (NS_2)（考试） ——→ （无应答）

步骤2：中性刺激1 (NS_1)（学校）+ 无条件刺激(UCS)（创伤性事件） ——→ 无条件反应(UCR)（焦虑）

步骤3：条件刺激(CS_1)（学校） ——→ 条件反应(CR)（焦虑）

步骤4：条件刺激(CS_2)（考试） ——→ 条件反应(CR)（焦虑）

图 3—3　感觉的前置条件作用示例

你所见，如今行为主义者也开始谈论思维过程了，
42 而早些年这却是他们极力回避的东西。

不过，经典条件作用并不总是涉及认知因素。更确切地说，并不一定要有意识的觉察才能形成经典条件作用（Baccus，Baldwin & Packer，2004；Campanella & Rovee-Collier，2005；Papka，Ivry & Woodruff-Pak，1997）。① 比如说，当有机体接受了特定的药物（例如，吗啡或者胰岛素）后，作为无条件刺激，这些药物自然会引起个体的某些生理反应（例如，降低疼痛的敏感性或血糖）。奇怪的是，那些先于药物呈现的刺激——可能是一束光、一个音调，或是一个很普通的环境——都会引发相反的反应（例如，对疼痛的敏感性增强，或血糖增高）。这种情景下的生理活动大概是为了抵消随后出现的药物刺激而做的准备（例如，Flaherty et al.，1980；S. Siegel，1975，1979）。

这些生理反应，几乎可以肯定是不受药物服用者的意识控制的，它们也许可以解释为什么有些人会对尼古丁、酒精及一些乱七八糟的药品上瘾。当吸烟成瘾者或者其他的物质滥用者回到他们先前使用上瘾药物的环境时，他们的身体会以一种相反的方式做出反应，这使得那些药物变得更令人渴望甚至是必需的。与此同时，他们还会对所沉迷的物质表现出更大的耐受性，需要提高剂量才能获得原有的"快感"，或其他令人愉悦的生理状态（C. A. Conklin，2006；McDonald & Siegel，2004；S. Siegel，2005；S. Siegel，Baptista，Kim，McDonald & Weise-Kelly，2000）。

改变不良的条件反应

因为条件反应是不随意的，人们很少或根本无法控制它们，所以常常很难消除。有些经典条件反应（如一些不合理的恐惧），会严重妨碍我们的日常生活。有两种策略可以减少这些不良的条件反应：一是消退，另一个是对抗条件作用。

消除不良的反应

一个消除条件反应的显而易见的方法就是消退。如果条件刺激在没有无条件刺激伴随的情况下被频繁地呈现，那么原有的条件反应将会消失。通常来讲，情况确实如此。

然而，不幸的是，作为消除条件反应的一种方法，消退非常地不可靠，它并不是总能发挥作用的。其原因有以下几点：

◆ 消退发生的速度是不可预知的。在条件作用期间，如果条件刺激有时和无条件刺激联合出现，有时则单独出现（即两种刺激之间的联结并非持续的），在这种情况下，消退的发生就会特别地缓慢（Humphreys，1939）。

◆ 人类（其他许多物种也一样）倾向于避开让他们害怕的刺激。这样就减少了人们在无条件刺激不出现的情况下，遇到条件刺激的可能性。（这一点我们将在第 4 章关于逃避学习的部分进一步探讨。）

◆ 由于次级条件作用，很多刺激都可能与初 43
级的条件刺激建立关联，并引发非建设性的反应（例如，极度的恐惧或焦虑）。有时要消除所有这些次级条件反应是非常困难的，这也是那些经历创伤后应激障碍的人们所面临的问题（Wessa & Flor，2007）。

◆ 甚至一个条件反应已经消失了，它也可能通过自然恢复再次出现。而我们永远不能完全确定什么时候一个反射会出现自然恢复，什么时候不会。如果消退只在一种情境下出现过，那么该反射活动更可能出现自然恢复；因为条件反应倾

① 一些理论家认为，杏仁核在那些"不假思索"的经典条件作用中扮演着重要的角色（Byrnes，2001；LeDous，2003）。第 2 章曾提到，边缘系统中的这个结构积极地参与了对特定刺激的特定情感反应联结。

向于在还未发生过消退行为的环境中再现（Bouton，1994）。[①]

建立积极反应

采用消退的方法，最好的情况也只是可以消除一个条件反应，而**对抗条件作用**（counterconditioning）则是用一个新的、更有建设性的反应来替代原有的不良反应。因此，采用这种方法往往效果更佳。玛丽·琼斯（M. C. Jones，1924）对"小彼得"的经典研究便是一个很好的例子。彼得是一个两岁的小男孩，他对兔子有一种莫名的恐惧感。为了消除彼得的这种恐惧感，琼斯把他放在一个高高的椅子上，并给了他一些糖果。当他在吃糖时，琼斯带进来一只兔子，只不过将其远远地放在屋子的一角。若在其他情况下，兔子的存在准会引起彼得的焦虑。然而这次，吃糖果带给彼得的快乐似乎更强烈，甚至盖过了他因兔子的存在而产生的焦虑。在整整两个月的时间里，琼斯每天都会重复相同的程序：将小彼得放在高椅上，并给他一些糖果，然后再把兔子带进屋内。但是，每次她都会把兔子放在比上次略近的地方。最终，彼得对兔子的恐惧感消失了。近来，有研究者采用类似的方式帮助一个8岁的男孩摆脱了对电子仿真玩具和节日装饰物的恐惧（Ricciardi，Luiselli & Gamare，2006）。

一般来说，对抗条件作用包括下列几个步骤：

（1）所要建立的新反应与原来的条件反应是**不相容的**（incompatible）。也就是说，这两种反应方式是不可能同时被表现出来的。由于经典的条件反应本质上常常是情绪性的，故与之互斥的反应应该是一些与之相反的情绪反应。拿小彼得的例子来说，愉悦便是与恐惧互斥的一种反应。由于恐惧和焦虑会伴随身体的紧张，那么任何一个包含放松的反应都可以是备选的新反应。

（2）我们必须要辨别出能引起不相容反应的那个刺激。比如，对彼得来说，糖果引起了他的"愉快"反应。如果想要帮助某人对以前引发不愉快反应的刺激产生愉快的反应，我们需要寻找一个现有的能引发愉悦情绪的刺激——诸如，朋友、聚会或者美食。如果我们想使某人放松下来的话，可以让他想象自己正躺在一片凉爽的、散发着浓浓草香的草地上，或是游泳池旁的休闲椅上。

（3）将能够引起新反应的刺激呈现在个体面 44
前，同时将能够引发不良条件反应的刺激逐渐地带入情境中。在治疗小彼得对兔子的恐惧时，琼斯先给了彼得一些糖果，然后把兔子放在离他比较远的地方，并在接下来的治疗中逐渐把兔子放得越来越近。对抗条件作用的关键技巧是，确保引起积极反应的刺激比引起消极反应的刺激对个体的影响力更强，否则，消极反应将会占据上风。

我向许多研究生介绍过一种克服统计课恐惧的技术，该技术实际上就是一个"自我管理版"的对抗条件作用。我尤其建议那些患有"数学恐惧症"的学生去找一本远低于他们实际水平的数学书，如有必要，甚至可以从最基本的数字运算开始——这样的问题不会引起焦虑。随着对课本的不断学习，学生开始将数学与成功而不是失败联系起来。程序教学（programmed instruction）（将在第5章介绍）是另一种能够有效减少学生对某一科目焦虑的技术，因为它允许学生以很小的、易行的步子去逐步掌握那些艰深困难的学习材料。

对抗条件作用提供了一种减少或消除许多条件性焦虑的方法。比如，在**系统脱敏法**（systematic desensitizaton）中，可以让那些对某种刺激感到极度焦虑的个体，在身体放松的同时，设想自己处于逐渐增大的刺激压力中。这样他们会渐渐用放松的反应来取代原来的焦虑反应（Head & Gross，2009；Wolpe，1969；Wolpe & Plaud，1997）。或者，通过使用防护眼镜和计算机合成图像技术，让他们去模拟"体验"一系列的压力情景，并要求个体在此过程中一直努力地放松自己（P. Anderson，Rothbaum & Hodges，2003；Garcia-Palacios，Hoffman，Carlin，Furness & Botella，2002）。

系统脱敏法已经被广泛地应用于治疗考试焦虑、演讲恐惧等心理问题（Head & Gross，2009；Hopf & Ayres，1992；W. K. Sliverman & Kearney，1991）。不过，应该指出的是，如果不对那

---

① 目前的一个研究发现表明，当恐惧症是由创伤性事件导致时，如果能在事发后的6小时内启动消退程序，那么消退作用是非常有效的。显然，迅速干预的消退程序影响了大脑对刺激—反应联结的巩固（Schiller et al.，2010）。（在第2章和第9章中，我们会讨论巩固在学习和记忆中的作用。）

些可能导致成绩差的原因进行干预的话，那么考试焦虑治疗将只能减少学生的考试焦虑情绪，并不能提高他们的测验分数（Cassady，2010b；Naveh-Benjamin，1991；Tryon，1980）。

行为主义假设和经典条件作用的教育启示

从目前所学到的行为主义的观点中，我们可以推导出一些在教育领域的启示。

◆ *实践是重要的。*在行为主义者看来，当人们有机会付诸行动时，如谈话、写作、实验或论证时，他们更有可能去学习（例如，Drevno et al.，1994；McDowell & Keenan，2001；Warren et al.，2006）。因此理想的情况应该是，在整个学习过程中让学生做一个积极主动的学习者，而不是简单地做一个被动的信息接收者。

许多行为主义者强调，对刺激—反应联结的重复可以增强这种联结。如果人们想要彻底地学会对某种刺激的反应，实践是必要的。比如说，如果让学生大量地复习加减运算法则，比如，使用记忆卡片，或者经常运用这些法则去解决问题，他们就能将这些基本的运算法则学得更好，并能
45 做到快速回忆。同样，许多教阅读的老师都相信，提高学生阅读水平的最好方法就是读、读、读！

◆ *让学生在积极的氛围中学习课程内容，将学习与愉悦的情绪相联结。*经典条件作用的持久性和泛化性提示我们，在学习的第一天为学生营造积极的课堂氛围是很有必要的。学生们应该在能引发愉悦情绪（例如，享受、热情、兴奋等）的环境中进行学习活动，而不是那些会引发焦虑、失望或生气的环境。当学生将学习内容和积极的情绪联系在一起时，就会更自觉地自发学习。比如说，如果孩子们在生命早期对书有着愉快的体验，日后他们就更可能经常地、广泛地阅读书籍（L. Baker，Scher & Mackler，1997）。

相反，如果学生将学校功课或老师与惩罚、羞耻、失败和挫折相联系，学校及课程就会变成高焦虑的来源。而一些课堂活动——包括测验、演讲和难度较大的学习内容——尤其容易与消极的情感如失败、窘迫等联系在一起，因此在参加这些活动时学生们会很快变得焦虑不安（Cassady，2010a；Zeidner & Matthews，2005）。

教育学家经常谈到，学校应该是一个能够带给学生更多成功经验而非失败的地方。经典条件作用为这一说法提供了证据。为了使学生的成功最大化，老师在进行课程设计时要充分考虑到学生现有的知识、技能和认知能力，还应为学生成功地完成课堂任务提供所需的资源和支持。当要求学生在他人面前进行有难度的活动时，老师应该采取特别的预防措施。比如，当学生必须在班里进行演讲时，老师可以先给出一些建议，告诉他们呈现什么内容以及如何呈现会更易得到同学们的积极反应等。

不过，这并不是说学生永远不要经历失败。正如我们将在第13章讨论的列夫·维果茨基（Lev Vygotsky）的观点，挑战性的活动比简单易行的活动更能促进人的认知发展，并且在学生们必须对付那些困难的问题和任务时，错误也是不可避免的。但是，如果学生太频繁地经历失败，不论是学习上的，还是人际上的——比如说，经常遭到某个同学或多个同学的欺负——学校很快就会变成一个引发恐惧、焦虑等破坏性条件反应的条件刺激。而这些反应一旦被条件化，就很难消除，这将会影响学生在以后的学业生涯中进行有效学习的能力。

◆ *若要打破一个坏习惯，学习者必须用一个新的刺激—反应联结来取代旧的联结。*你可以将一个坏习惯视为一个不良的刺激—反应联结。一个早期的行为主义者（Guthrie，1935）提出了三个独创技术，它们是专门用来打破坏习惯的。其中，第二个和第三个技术反映了我们前面介绍过的对抗条件作用原理。

◆ *消耗法*（exhaustion method）。打破刺激—反应联结习惯的一种方法就是，持续不断地呈现刺激，直到个体筋疲力尽以至于无力再用习惯化的方式做出反应为止。于是，个体就会产生一种新的反应方式，从而形成一种新的刺激—反应联结。比如说，驯服一匹经常会突然弓背跃起的野马时，执着的骑士（刺激）会一直待在马背上，直到这匹野马筋疲力尽不能再弓背跃起，这就为驯化它形成一种更积极的行为习惯（例如，能够

听从骑士指示，保持前蹄抬起的直立姿态）做好
46 了铺垫。同样，如果一个孩子不断地用某种行为来扰乱课堂秩序（例如，说笑话、在教室内乱扔东西等），那么老师可以让这个孩子在放学后留下来，不断地重复他/她的不良行为直到他/她无力再做，这样就可以消除他/她的不良行为。

◆ *阈值法*（threshold method）。另一种打破旧习惯的方法是，开始时呈现非常微弱的刺激，以至于个体不能对其产生习惯性的反应。然后，一点一点地增加刺激的强度，每次的增加幅度都非常小以至于个体仍不会做出反应。比如说，当一个孩子有测验焦虑时——一个测验刺激能引发焦虑反应——老师可以首先让孩子完成一些类似于测验但远非测验的有趣任务。然后，随着时间推进，老师呈现一系列更接近（逐步地）真实测验的任务让他去完成。这样就可以逐渐消除他的测验焦虑。

◆ *互斥法*（incompatibility method）。这第三种方法就是，在习惯性反应不能发生而与之相反的或不相容的反应会发生的时候呈现刺激。例如，我们可以设想有这么一个班级，班里的学生都有着很高的成就动机，他们之间的竞争非常激烈。为了减少他们过度的竞争心理，老师可以把整个班级的学生分成小组，给每个小组布置一项学业任务。这个任务需要靠小组成员的相互合作而非竞争才能完成（例如，在课堂上就某一问题进行小组间的辩论）。然后，老师再以小组的整体表现而不是以某个学生的个人表现为依据进行评分，这样就可以增加学生之间相互合作的可能性。在这样的条件下，合作行为就能取代竞争行为了（C. Ames，1984；D. W. Johnson & Johnson，2009b）。

◆ *通过观察行为的改变来评估学习*。不管某一活动、讲座或课程资料对学生的学习发挥的效用如何，除非老师确实看到教学带来了学生行为上的改变，否则他们永远不能确定学生是否学到了什么。只有行为的改变（例如，更高的测验分数、更好的运动成绩、更适当的社会互动技能，或更好的学习习惯），才能让我们最终认定学习确有发生。

总结

行为主义包含了一系列理论，这些理论蕴含着一些共同的假设，诸如认为学习原理具有跨物种的普遍性，强调关注可观察事物的重要性，以及有机体的本质在很大程度上像是一块白板等。早期的行为主义者坚持认为，只有把学习界定为行为的改变，心理学才能成为一门真正的科学，而且他们只关注刺激—反应关系。不过，当今的一些行为主义学者开始把学习与行为区别开来。有些人相信，把认知因素也考虑进来，将有助于我们更好地理解刺激和反应之间的关系。

行为主义传统中一个开创性的研究者就是伊万·巴甫洛夫。他提出，许多不随意反应是通过经典条件作用获得的。这些条件作用往往发生在两个刺激差不多同时出现的情况下。其中一个刺激是无条件刺激（UCS），它总是会引起一个无条件反应（UCR）。而另一个刺激经过和这个无条件刺激的联结，就变成了一个条件刺激（CS），能引起一个条件反应（CR）。但是，如果这个条件刺激在没有无条件刺激相伴随的情况下多次出现，条件反应就会慢慢减弱，最后可能完全消失（消
退）。不过，经过一段休息期后它可能又会再次出 47
现（自然恢复）。

一旦有机体学会对某个条件刺激产生条件反应，它可能就会对其他相似的刺激形成相同的反应（泛化），除非这些刺激在没有无条件刺激伴随的情况下被重复呈现过（刺激分化）。通过高级条件作用和感觉的前置条件作用，经典的条件刺激—反应联结可以在另一个刺激—反应联结上被建立起来。

在这些情况中，一个中性刺激能变成一个条件刺激（能引起条件反应），不是通过直接地和无条件刺激形成联结，而是通过间接地和另一个即将或已经和无条件刺激相结合的刺激形成联结。

关于人们如何对特定刺激形成特定的生理反应（例如，对疼痛敏感性的增加）、情绪反应（例如，焦虑）及态度（例如，喜欢或不喜欢），经典条件作用提供了一种可能的解释。它还为消除这些反应提供了两种策略：消退和对抗条件作用

(即利用更积极的刺激—反应联结来取代非建设性的刺激—反应联结)。

我们还从上述有关行为主义的讨论中获得一些教育启示。首先，积极、主动的反应和实践是有效学习的基本要素。其次，经典条件作用范式强调，帮助学生在愉悦的而非不快乐的情境中开展学习活动的重要性。再次，若想消除不良行为（例如，打破一个坏习惯，或回避可以促进个人成长的情境），就必须用更积极的刺激—反应联结来取代现有的刺激—反应联结。最后，只有观察到学生行为的改变，老师才能肯定学习确有发生。

第 4 章
工具性条件作用

本章主要内容

48 当我的孩子们还小的时候，他们就已经知道怎样做可以改善他们的境遇，并经常那么做。比如，当亚历克斯需要钱去买他非常想要的东西时，就会去做一些平时根本不会做的事情，如割草坪或刷浴缸。杰夫虽然不像他哥哥那样对钱感兴趣，但为了能获准和朋友一起玩一个晚上，也会很积极地去清理被他称之为灾区的卧室。

我的孩子们还懂得，不要去做那些会带来消极后果的行为。比如，蒂娜刚刚进入青春期时，觉得深夜偷偷溜出去和朋友在公园或便利店里聚会是一件很令人兴奋的事情。她认为如果把玩具娃娃的头放在枕头上，再把填充好的毯子放在床上并铺成身体的形状，一切就万无一失了。我不确定蒂娜到底这样做过几回，但有两次我发现了躺在床上的假蒂娜，然后便毫不犹豫地锁上了她为了方便溜回家而预留的卧室窗户。由于外面寒风凛冽，蒂娜别无选择，只能按门铃回家。由于每次犯规都会碰壁，两个星期后，蒂娜就开始认真地对待宵禁了。

"结果影响行为"这一观点影响心理学家的思维已经超过一个世纪，在行为主义的学习理论中，这一影响尤其显著。特别是行为主义者们谈到的**工具性条件作用**（instrumental conditioning）：人类和非人类的动物一样，都倾向于按照能带来积极结果或者避免消极结果的方式去行动。

在本章，我们将介绍两位早期美国心理学家爱德华·桑代克（Edward Thorndike）和 B. F. 斯金纳（B. F. Skinner）所做的工作，他们特别强调结果在学习中的重要性。然后，我们再介绍一些有关奖赏（常被称为强化物，reinforcers）和惩罚如何影响人类行为的研究，并从中总结出一些适用于课堂活动的策略。不过，我会把对工具性条件作用的系统应用留到第 5 章来介绍，那时我们将集中探讨有关应用的问题。

49 桑代克的早期研究

1898 年，桑代克提出了一种学习理论，该理论强调经验在增强和削弱刺激—反应联结中的作用，这一理论视角有时被称为**联结主义**（connectionism）① （Thorndike，1898，1911，1913）。桑代克在自己的博士论文里描述了他的实验，他把一只猫放进一个被他称为"迷笼"（puzzle box）的装置中。迷笼上有一个门，当某个特定的装置（如一个金属环）被正确地操作时，门就会打开。桑代克观察到，起先这只猫会盲目地乱撞乱叫，东抓西咬，试图逃出迷笼。直到最后，它偶然触碰到了那个装置，门打开了，猫得以逃脱。当桑代克又一次把这只猫放回笼子里时，它会再次开始尝试错误的行为，但这次它成功逃脱的时间要比上次短。随着不断地被放回笼子，这只猫找到正确逃离途径所需的时间越来越短。

通过对猫在迷笼中的行为的观察，桑代克总结了学习的两个构成部分：试误行为（trial-and-error behavior），和根据各种行为所伴随的结果逐渐"采纳"一些行为同时"摒弃"另一些行为。我们可以把桑代克的效果律（law of effect）总结如下：

> 如果对一个情境做出的反应伴随着令人满意的结果，那么该反应会增强；反之，如果伴随着令人不适的结果，那么该反应会减弱。

换句话说就是，受到奖赏的反应会增加，受到惩罚的反应会减少甚至消失。

桑代克最初的效果律想要说明的是，奖赏和惩罚对个体的行为具有同等效力，但方向相反，一个是增强作用，一个是削弱作用。但是，桑代克的后期研究（1932a，1932b）表明，运用惩罚来削弱个体的反应并不非常有效。在一项实验中（Thorndike，1932a），他要求大学生完成一个西班牙语的多项选择测试，选出与某一西班牙单词相匹配的正确的英文释义。每当学生从五个备择选项中选出那个正确的英文释义时，实验者就大声说"对！"（可以理解为对这一选择的奖赏）；每

① 这里，不要把桑代克的联结主义和一个更现代的观点（即被称为联结主义或并行加工过程的概念）相互混淆了，关于这个问题我们将会在第 10 章讨论。

当学生选择了一个错误的选项时，实验者就大声说“错!”（可以理解为对这一选择的惩罚）。通过对同样一组多项选择题的一系列的反应训练，学生们选择那些曾被奖赏过的选项的情况确实增加了，但选择那些曾遭惩罚的选项的情况并没有必然减少。在他修正后的效果律里，桑代克（1935）仍坚持认为奖赏对先前的行为具有强化作用，但他已不再强调惩罚的作用。取而代之的是，他认为惩罚对学习的作用是间接的：学习者在经历了不愉快的结果后，可能会产生一些其他的行为（如哭泣或逃跑），而这些行为会干扰惩罚的成效。

桑代克的观点并不全都能经受住时间的检验。他相信令人满意的结果将会带来行为的改变，换句话说，他认为奖赏能促进学习，这个观点在当今仍是行为主义的一个重要部分。但是，他对惩罚的看法却引起了广泛争议。在本章稍后部分你将会看到，许多心理学家认为，在适当的情境条件下，惩罚能非常有效地减少某些个体行为的发生。

50 奖赏和强化

受桑代克早期研究的影响，研究者们把更多的精力放在了对积极结果的影响的研究上，而较少关注消极结果产生的影响。接下来，我们将看到对桑代克效果律的“奖赏”部分的斯金纳式解读；然后再探讨人类可能会将其视为奖赏（强化）的各种结果。

斯金纳的操作性条件作用

B. F. 斯金纳（1938，1953，1958，1966b，1971，1989；Skinner & Epstein，1982）可能是行为主义流派中最著名的学习理论家了。与桑代克一样，斯金纳也认为有机体是通过其行为结果来学习的。为了客观、精确地研究行为结果所带来的影响，他发明了一个装置，即著名的斯金纳箱（Skinner box），这个箱子在动物学习的研究中久负盛名。如图 4—1 所示，被用来研究白鼠行为的斯金纳箱，其内部装有一个金属杠杆，当杠杆被按压时，就会有一个食物托盘晃到箱中白鼠能够到的地方，使得白鼠能够抓取到一粒食丸。当用这个箱子来研究鸽子的行为时，金属杠杆就被换成一个发光的塑料盘，安置在一面箱壁上；当鸽子啄这个塑料盘时，食物托盘很快就会摆入箱中。

斯金纳发现，为了获得食物，白鼠学会了按压金属杠杆，鸽子学会了啄塑料盘。通过观察不同条件下白鼠和鸽子在斯金纳箱中的表现，斯金纳（1938）归纳了**操作性条件作用**（operant conditioning）的一个基本原理，可以阐述如下：

一个伴随着强化物的反应将会被增强，进而更有可能再次出现。

换言之，受到强化的反应的频率可能增加，而这种频率的增加（一种行为改变）意味着学习正在发生。

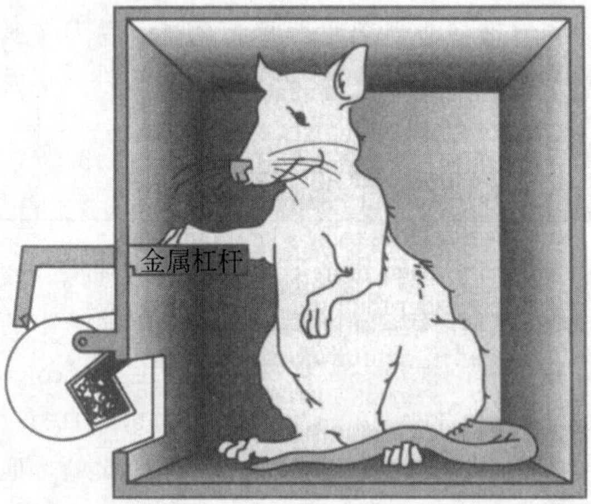

图 4—1 一个典型的“斯金纳箱”

斯金纳有意用强化物（reinforcer）这一术语代替了奖赏（reward）一词，用以说明一个能够增加某一行为的发生频率的结果。因为奖赏一词暗示着跟随行为出现的刺激或事件或多或少是令人愉悦和渴望的，而这种线索作用却是斯金纳想
极力避免的，这主要有两方面的原因。第一，有 51
些人会为了在他人看来并不愉快的结果而采取行动。比如说，我女儿蒂娜还小的时候，会时不时地做一些明知会惹恼我的事情，只因为她想看我发脾气的样子。第二，像许多行为主义者一样，斯金纳认为心理学原理应该只描述客观的、可观察到的事物。对强化物的定义中就没有任何关于“愉悦感”或“满意度”（这些都是主观判断）的表述，而只是谈到了它对客观行为的影响：

所谓**强化物**（reinforcer）就是，那种能使它所跟随的反应的发生频率增加的刺激或事件。[在一个反应之后呈现强化物的做法就叫做**强化**（reinforcement）。]

请注意我对强化物的定义完全是基于可观察到的现象，没有涉及任何主观判断的成分。

现在，我已经介绍了操作性条件作用和强化物的定义，不过需要指出的一个重要问题是：结合起来看，两个定义犯了循环定义的逻辑错误！我之前已经说过，所谓操作性条件作用是指，在一个行为之后呈现一个强化物，能使这种行为的发生频率增加的现象；但是对强化物，除了说它能增加行为的发生频率外，我似乎不能用其他方式来定义它。因此，我是在用强化来解释一个行为频率的增加，又用行为频率的增加反过来解释强化！值得庆幸的是，梅耶尔（Meehl，1950）在一篇文章中指出了强化物具有**跨情境普适性**（transituational generality），即任何一个强化物（无论是食物、钱，还是和朋友一起玩通宵或其他），都会在许多不同的情境下对多种不同行为有增强作用，从而使得研究学习的理论家们能够跳出这个循环定义的怪圈。

实践证明，斯金纳的操作性条件作用原理对人们“为何如此行事”是一种非常实用的、有力的解释，而且它在教育和治疗情境中的运用几乎是无限的。事实上，任何行为，包括学业的、社会的、心理动力的，都可以通过操作性条件作用原理来习得或矫正调整。遗憾的是，不良行为也和良好行为一样容易得到强化。攻击行为和犯罪活动经常会带来成功的结果，犯罪通常是有回报的。在学校，破坏性的行为经常可以引起老师和同学的关注，许多有建设性的行为反而不行（Flood，Wilder，Flood & Masuda，2002；McGinins，Houchins-Juárez，McDaniel & Kennedy，2010；J. C. Taylor & Romanczyk，1994）。

作为一个老师，我不断地自我提醒：学生的哪些行为是我想要增加的，并努力让积极的结果跟随在这些行为之后。比如说，当一个平时特别安静的学生举手想要回答问题或发表观点时，我通常会给他们机会，并尽我所能给他们提供积极的反馈。我还努力让我的课堂不仅仅是教育性的，而且要尽可能生动、有趣、幽默，这样学生从第一次走进课堂便能得到强化。与此同时，我尽量不去强化那些不利于学生长远兴趣发展的行为。比如，有一个学生在学期结束时来找我，请求给他一个机会完成一个额外的、可以加分的设计项目，以便提高他不甚理想的学分。我坚定地回绝了他，原因很简单：我希望好的成绩来自学生平时良好的学习习惯和整个学期的优秀表现，而不是去我的办公室祈求所导致的结果。老师必须非常小心地分辨自己想要强化什么，和不想强化什么。

操作性条件作用的重要条件

有三个重要的条件影响着操作性条件作用出现的可能性：

◆ *强化物必须在反应之后出现。*在一个反应之前出现的“强化物”很少能对其产生强化作用。举个例子来说，许多年前，我们学校的一些教员曾经认为，评估课业成绩会让学生倍感焦虑，以致不能有效地学习。因此，他们在开学的第一天 52
便宣布，所有学生在期末都能获得 A 等成绩。结果，许多学生从开学第一天起就不再去上课，因此他们学得比有评估的情况下更少。

◆ *理想情况下，强化物应紧随反应之后呈现。*一个强化物往往对之前刚刚出现的那个反应具有强化作用。就拿 Ethel 的例子来说，在我还是心理学本科生的时候，我曾和这只名叫 Ethel 的鸽子共过事。我的任务是教 Ethel 学会啄斯金纳箱中的塑料盘，当时它已取得了一些进步。但是，曾经有一次，在它啄了盘子之后我等了好久才给它提供强化，而此时它已开始转身。结果，在吃过食物后，它开始疯狂地沿逆时针在箱子里绕圈踱步。我花了好长时间才使它重新回到啄盘子反应上。

即时强化对年幼的儿童和动物来说尤其重要（例如，Critchfield & Kollins，2001；Green，Fry & Myerson，1994）。甚至许多青少年也会经常以一种能带来即时快乐的方式行事（例如，晚上逃课去参加聚会），而不管该行为以后是否会给他们带来潜在的不良后果（V. F. Reyna & Farley，2006；Steinberg et al.，2009）。但是，我们的教育向来以延迟强化而著称——就比如说，我们通常都采取期末成绩评定，而不是在平时当学生有良好表现时及时给予反馈。

◆ 强化物必须与反应相倚。一般来说，强化物最好只在个体出现积极反应时才给予，也就是说，强化物与个体的反应要有相倚关系。比如，在带领学生进行实地考察学习之前，老师通常会申明他们必须达到某种特定的条件：诸如，必须完成事先安排的任务，带上家长签署的同意书等等。如果有些学生没有做到这些，老师在失望之余却仍让他们参加考察的话，老师就没有做到反应与强化相倚，而学生也就没有学会正确的行为。更糟糕的是，他们甚至可能因此认为规则是可以打破的。

操作性条件作用和经典条件作用的比较

在操作性条件作用和经典条件作用中，有机体都表现出某一特定反应的增加。但是，操作性条件作用与经典条件作用有三个重要的差异（见图 4—2）。正如你在第 3 章所学到的，经典条件反应的形成条件是，两个刺激——一个无条件刺激（UCS）和一个后来变成条件刺激（CS）的中性刺激配对呈现。 53

有机体学会了对这一条件刺激形成一个新的条件反应（CR），进而建立起条件刺激—条件应联结（CS-CR）。由于条件反应的发生是自动的、不随意的，因此有机体实际上并不能控制它的发生。典型的行为主义者认为，是条件刺激（CS）引发了条件反应（CR）。

	经典条件作用	操作性条件作用
发生的条件	两个刺激（UCS和CS）配对呈现	一个反应（R）之后跟随一个强化物（S_{Rf}）
形成的联结	CS→CR	R→S_{Rf}
反应的性质	不随意的：由刺激引发	随意的：由有机体主动做出

图 4—2　经典条件作用和操作性条件作用的差异

相反，操作性条件作用的形成是由于一个反应之后跟随着一个强化刺激（我们用 S_{Rf} 来表示）。在这种情况下，有机体是将反应与某个特定的结果相联系，进而形成“反应→强化物”联结（R→S_{Rf}），而不是“刺激→反应”联结（S→R）。如此习得的反应是有机体有意识而为之的结果，也就是说，有机体完全能控制某种反应是否发生。斯金纳使用操作一词意在说明，有机体是在有意地进行控制，并能够对环境造成影响。

一些理论家认为，经典条件作用和操作性条件作用建立在相同的内在学习过程上（G. H. Bower & Hilgard，1981；Donahoe & Vegas，2004）。不过，在多数情况下，经典条件作用和操作性条件作用会被用于解释不同的学习现象，因此许多心理学家一直把它们视为两种不同的学习形式。

强化的不同形式

行为主义者已经分辨出大量具有强化作用并能增加学习者行为频率的刺激和事件。他们把这些强化物大致分为了两类：初级强化物和次级强化物。他们还提出了两种强化的形式：正强化和负强化。

初级强化物 vs 次级强化物

初级强化物（primary reinforcer）可以使个体内在的生理需求和欲望得到满足。一些初级强化物对身体健康是必不可少的，如食物、水、氧气和温暖。而另一些初级强化物则会增强社会凝聚力，从而间接地增加了个体的生存机会，如身体的爱抚或是他人的微笑（Harlow & Zimmerman，1959；Vollmer & Hackenberg，2001）。从某种程度上来说，一种结果是否对个体具有初级强化物的效力，是存在个体差异的。比如，对某些人来说性是一种强化物，但对另一些人来说则不是；某种药物对药物成瘾者来说是一个初级强化物，对一个非药物成瘾的人来说则不是必需的（例如，Lejuez，Schaal & O'Donnell，1998）。

次级强化物（secondary reinforcer），也叫条

件强化物（conditioned reinforcer），它原本只是一个中性刺激，在和其他强化物反复相联系之后就变得具有强化作用。赞扬、优异的成绩和金钱等都是次级强化物，它们并不能满足个体内在的生理和社会需求。[1]

那么，次级强化物是如何获得强化价值的呢？一个与经典条件作用有关的早期观点认为：一个原本中性的刺激，因为与一个能引发个体满足感（即非条件反应，UCR）的已有强化物（即非条件刺激，UCS）匹配后，该中性刺激便也能引发个体相同的满足感（即条件反应，
54 CR）（Bersh，1951；D'Amato，1955）。另一种观点则认为，次级强化物之所以具有强化作用，是因为它提供了一种初级强化物即将到来的信息（G. H. Bower，McLean & Meachem，1966；Fantino，Preston & Dunn，1993；Green & Rachlin，1977；Mazur，1993）。这种观点具有一种明显的认知倾向，即个体一直在有意识地寻找与环境有关的信息，而不是以一种“轻率的”方式简单地对环境做出反应。

在日常生活中，初级强化物和次级强化物的影响力的相对大小，在很大程度上取决于我们的经济环境。当食物、居所处于匮乏状态时，初级强化物以及与之相关的次级强化物（如金钱）可能会成为强化个体行为的主要因素。但在经济很宽裕的时期，人们已经拥有了满柜子的食物和温暖的房子时，赞扬和优异成绩之类的次级强化物就更有可能在学习过程中发挥主要的强化作用。

正强化

当人们思考能强化自身行为的刺激和事件时，他们想到的往往会是**正强化**（positive reinforcement）。具体来说，正强化涉及在反应之后呈现积极的刺激。积极强化可能有不同的形式，其中一些来自**外在的强化物**（extrinsic reinforcers），即由外部环境提供的强化物，另一些则来自学习者自身。

物质强化物　**物质强化物**（material reinforcer），即有形强化物（tangible reinforcer），是一些实际存在的事物，如食物、玩具等。尤其是对动物和年幼的儿童来说，物质强化物对改变行为可能非常有效。但是，多数心理学家建议，在学校，老师最好把物质强化物作为最后的手段，只有当其他强化物都没有作用时再使用。因为，食物、玩具、小玩意儿和其他类似的东西很可能分散学生的注意力，使他们不能专心于课堂上应做的事情，长此以往会事与愿违。

社会强化物　**社会强化物**（social reinforcer）是一个人呈现给另一个人的体态或表情姿态或符号（如微笑、关注或赞扬），通常用来传达积极的关注。在教学情境中，老师的关注、认可和赞扬都可以成为有力的强化物（P. Burnett，2001；McKerchar & Thompson，2004；N. M. Rodriguez，Thompson & Baynham，2010）。[2] 来自同辈群体的关注和认可也有很强的强化作用（F. E. Bowers，Woods，Carlyon & Friman，2000；Flood et al.，2002；Grauvogel-MacAleese & Wallace，2010）。

活动强化物　用非行为主义的话语来说，**活动强化物**（activity reinforcer）就是个体能参加自己喜爱的一个活动的机会。（快速测试：我这一定义中的哪个词是属于非行为主义的？为什么？）大卫·普雷马克（D. Premack，1959，1963）发现，如果个体做完某件事后就能去做另一件他自己喜欢的事，那么他往往会去做前面的这件事。关于活动强化的**普雷马克原理**（Premack principle）可以阐述如下：

> 当一个高频反应跟随在一个低频反应之后出现时，这个高频反应将会增加这个低频反应出现的频率。

基本上，高频反应就是学习者喜欢从事的一种活动，低频反应则是学习者不喜欢做的。换句话来说，普雷马克原理就是，学习者会做一些自

---

[1] 有些人可能会认为赞扬增强了社会关系，因此应该是一个初级强化物。然而，赞扬是需要语言的，它是一种习得的行为，而且也不是所有人都认为赞扬是有强化作用的。因此我们把它划分为次级强化物（例如，参见 Vollmer & Hackenberg，2001）。

[2] 这里需要指出的是，赞扬也具有潜在的负面作用，这取决于赞扬所传递的特定信息及给予赞扬的具体情境。我们将会在第 16 章和第 17 章中来探讨赞扬可能存在的负面作用。

己不太喜欢的活动，以便事后可以从事自己更喜欢的活动。

举例来说，我很少做家务；我更喜欢躲在家中的书房里阅读或撰写有关人类学习和行为的东西。但是我发现，如果我能否进行一个高频活动（如读一本悬疑小说或是举办一个派对）取决于我是否做了家务的话，那么我更有可能去做那些家务。同样，恰当的课堂行为也可以通过普雷马克原理来加强。比如说，如果年幼的孩子知道只有保持安静和集中注意力一段时间，才会被允许做自己喜欢的高频的、高活动性的行为（如与同学互动）的话，他们很快就能学会安静下来并集中注意力（Azrin，Vinas & Ehle，2007；Homme，deBaca，Devine，Steinhorst & Rickert，1963）。

积极反馈 在一些情况下，物质强化和社会强化之所以能改善学生的课堂行为表现，是因为这些强化向学习者传达了一种信息，即他们当前表现良好，或他们正在取得明显的进步。这种**积极反馈**（positive feedback）能够导致预期的行为改变，而且效果十分显著（Kladopoulos & McComas，2001；S. Ryan，Ormond，Imwold & Rotunda，2002；Shute，2008；R. E. Smith & Smoll，1997）。

我曾经有几个星期，每天都要花费半个小时来和迈克尔一起工作。迈克尔是一个患有学习障碍的9岁小男孩，他在学习花体手写字母方面有困难。在最初的几次会谈中，我和迈克尔都没有看到任何进步，我们开始变得越来越沮丧。为了给我们一些更具体的反馈，我尝试用方格纸绘制了一个图表，并向迈克尔解释，如何记录他每天识记的花体手写字母的数量以便了解他的进步。而且我还告诉他，如果他连续三天的记录都达到方格纸顶端的虚线（虚线表明他正确写出了26个字母），就可以得到一份特别的奖励（他的愿望是得到一个紫色的签字笔）。在那之后，迈克尔每天的表现开始出现戏剧性的变化。他不仅取得了显著进步，而且还期待确认自己的学习表现，并看到自己每天都有进步。只用了两周的时间，迈克尔就达到了获得签字笔的标准：连续三天完整地写出了26个字母。结果证明，也许这支笔并不是促成我们成功的关键因素，因为得到签名笔后，还不到24小时迈克尔就把它弄丢了，而且他并不为此感到十分伤心。因此我怀疑，对进步表现的具体的、积极的反馈才是促进迈克尔学习的真正的强化物。

当反馈信息告诉学生需要学习的内容，并且提供了如何提高成绩的指导时，反馈最有可能发挥作用（Hattie & Timperley，2007；Shute，2008）。在这些情况中，即使是消极反馈也可以起到强化作用。严格的行为主义框架很难解释这一现象；这说明，学生一定是对自己所接收到的反馈信息进行了思考，并据此对自己的行为加以调整，以便在日后获得更多的积极反馈。

内在强化物 经常地，学习者从事某一行为并不是为了任何外在的结果，而只是因为该反应会带来内在的良好体验，这就是**内在强化物**（intrinsic reinforcers）。解决难题后的成功感、物归原主后的自豪感，及完成任务后的轻松感都是内在强化物的例子。如果人们在没有任何明显的外在强化物的情况下，持续进行某一反应，那么他们很有可能是为了获得内在的满足感才这样做的。

内在强化物的概念并不完全符合传统行为主义的观点。回想一下就知道，传统行为主义一贯将焦点集中于那些外在的、可观察到的事件上。然而，对许多学生来说，学习的真正强 56
化物可能来源于内在因素：由自身成就所带来的成就感、掌握感和自豪感。对这些学生来说，如果一些强化物能够提供有关学业表现良好的积极反馈，那么强化的效果会更好。同样，成绩也是如此发挥强化作用的：好成绩代表着高成就——这正是让人产生自豪感的原因。

积极反馈和由此带来的内在强化或许是课堂环境中最具建设性的强化形式。然而老师必须要记住，对一个学生有效的强化形式不一定适用于另一个学生。强化就像美貌一样，各花入各眼。实际上，只有当教学活动切实符合学生的技能水平和能力，并且学生已懂得重视学业成就时，持续的积极反馈以及由此带来的成功感和征服感才会对他们产生强化作用。无论什么原因，如果学生不是一开始就对取得学业成就感兴趣的话，那么采用其他形式的强化物，如社会强化物或活动强化物——如有必要，甚至可以采用物质强化物——也能有效地帮助学生获得有利于适应外部环境的知识和技能。

负强化

与正强化相对应，**负强化**（negative reinforcement）是通过移除某一刺激来增加反应的，这一刺激通常是令人厌恶或不愉快的。注意不要被负这个词引入歧途。它既不是一种价值判断，也不意味着有不良行为卷入；它只是指某些东西从某种情境中被移除这一事实。例如，设想一下斯金纳箱中的一只白鼠经常遭到电击。当这只白鼠发现按压杠杆可以终止电击后，它按压杠杆的行为将会明显增加。同样，当车门打开而钥匙仍插在钥匙孔内时，有些车就会发出一种噪音，我们为了停止这种噪音便会从钥匙孔内拔出钥匙，这就是一种负强化（增加了拔钥匙这一行为的频率）。

消除内疚或焦虑对人类来说是一种极其有力的负强化。一个孩子可能会坦白她早些时候犯下的罪行，因为她对这种越轨行为感到内疚并想尽快消除这种情感。焦虑会驱使一个学生尽早完成他的学期论文，这样便可以从他的任务清单中移除一个事项。同样，另一些有学期论文任务在身的同学也可能会一直拖延到最后时刻，因为这样做可以摆脱（尽管只是暂时摆脱）艰难的资料收集与论文写作所带来的焦虑。

负强化可以解释许多人类和非人类的逃避行为。比如说，一直被给予电击的白鼠很快就学会了转动轮盘，以使自己能够逃到另一个没有电击的环境里（N. E. Miller，1948）。同样地，儿童和青少年也学会了很多逃避课堂和其他情境中令人不快的任务和处境的方法。找借口（“我的狗把我的作业吃掉了！”），或做出不适当的课堂行为都是为了逃避那些乏味的、令人沮丧的学习任务（Dolezal & Kurtz，2010；A. W. Gardner，Wacker & Boelter，2009；McKerchar & Thompson，2004；Romaniuk，2002）。否认自己的所作所为（“这不是我做的——是他做的！”）是一种逃避游乐场管理员的邪恶的眼睛的潜在方法。谎称胃疼、长期旷课及辍学则是逃避学校环境的方法。当然，有一些逃避反应是具有建设性的，比如许多青少年学会了用机智的方法来回绝自己不想要的性行为，或是逃离有大量酒精和毒品的聚会。

需要记住的是，负强化不仅可以影响学生的行为，也可以影响老师的行为。老师也经常会采
取一些行为来摆脱厌恶刺激。比如说，他们会使 57
用一些维持课堂秩序的策略（例如，呵斥学生或承诺少布置一些作业）来消除那些令人不快的刺激（扰乱课堂纪律的行为），但是这些策略只能在

常见的逃避反应。

短期内有效，而不能长久发挥作用。举例来说，如果琼斯先生呵斥马文讲话太多，马文可能会暂时停止讲话，这对琼斯先生的呵斥行为就是一种负强化。[①] 但是，如果马文想要得到琼斯先生的关注（这对他来说是一种正强化），那么他很快又会交头接耳起来。

现在让我们回到这章的标题，即“工具性条件作用”。工具性条件作用不仅包括了强化的行为增强作用——一种斯金纳称之为操作性条件作用的效应——还包括惩罚的行为抑制作用。现在，就让我们把目光转向惩罚。

① 尽管破坏性反应是马文做出的，但是在这个情景中，该反应是琼斯先生想要消除的，因此它便构成了对琼斯先生的一个刺激。

惩罚

大部分的行为主义者是依据对行为的影响来定义**惩罚**（punishment）的：惩罚可以减少它所伴随的反应的发生频率。惩罚有两种形式：**Ⅰ型惩罚**（Punishment Ⅰ）涉及刺激的呈现（presentation），所呈现的刺激通常是一种厌恶刺激，比如责骂或糟糕的分数等。**Ⅱ型惩罚**（Punishment Ⅱ）涉及刺激的移除（removal），被移除的通常是一个愉悦刺激。比如，因错误的行为而被罚款（钱被拿走了）或丧失了一些特权。图4—3阐释了正强化、负强化、Ⅰ型惩罚和Ⅱ型惩罚之间的差异。

实际上，许多人在讨论惩罚时，会误用负 58
强化这一概念。虽然这二者都与厌恶刺激有关，但是它们有两点关键区别。第一，如你所见，它们起着相反的作用：负强化增加了反应的频次，而惩罚减少了反应的频次。第二个重要的区别是关于事件发生的先后顺序。在负强化中，当反应发生时厌恶刺激就会停止。但是在Ⅰ型惩罚中，当反应发生时厌恶刺激才开始。图4—4形象地说明了这二者的不同。厌恶刺激的终止负强化了一个反应，厌恶刺激的施予则是惩罚了一个反应。

	刺激的性质	
刺激呈现时间	令人愉悦的	令人厌恶的
在反应后呈现	正强化 （反应增加）	Ⅰ型惩罚 （反应减少）
在反应后移除	Ⅱ型惩罚 （反应减少）	负强化 （反应增加）

图4—3　正强化、负强化及惩罚的对比

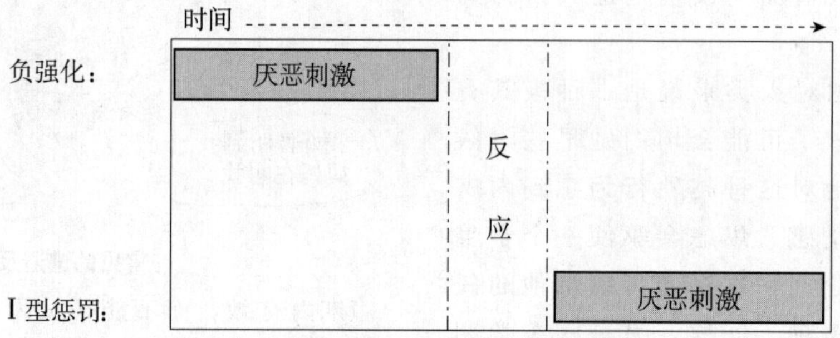

图4—4　负强化与Ⅰ型惩罚在厌恶刺激和反应的发生顺序上的差异

桑代克（1932a，1932b）和斯金纳（1938）的早期研究均显示，惩罚不可能减少它所跟随的行为的发生频率。比如说，斯金纳（1938）发现，对白鼠早先曾被强化过的反应进行惩罚，这一反应可能暂时受到抑制，但很快又会恢复到惩罚之前的频率。不过，后来的研究显示，惩罚在许多情境下都是有效的。于是，很多行为主义者开始重提桑代克最初的效果律中的"惩罚"部分，他们认为不愉快的结果确实能够削弱它所跟随的行为（例如，Conyers，2004；Lerman & Vorndran，2002；G. C. Walters & Grusec，1977）。

通常，惩罚能很快地减少行为发生的频率。举例来说，在一项研究中（R. V. Hall et al.，1971，实验1），惩罚确实消除了一个7岁聋儿安德烈娅的攻击行为。起初，安德烈娅经常会掐、咬她自己以及与她接触的任何人。这一反应的发生频率相当高（平均每个教学日有72次），以至于影响了教学活动的正常进行。研究者在没有任何干预的情况下，进行了一段时间的数据收集（一个基线期），然后开始对安德烈娅的每一次攻击行为进行惩罚：只要安德烈娅一出现掐或咬的行为，老师就会严厉地指着她并喊道："停！"图4—5呈现了安德烈娅的行为变化（在第25天设置了一个短暂的逆转，即一段无强化的基线期，这么做的目的是为了尽量减少其他因素影响安德烈娅行为改变的可能性)。尽管安德烈娅听不见,但是对她喊叫和指着她仍然可以消除她的攻击行为。

有效的惩罚形式

有几种形式的惩罚已被证明可以有效地减少儿童和青少年的不当行为。其中的三种形式(口头训诫、补偿和矫枉过正)与施加不良后果有关,属于Ⅰ型惩罚。另外的三种形式(暂停、室内停学和反应代价)与强化物的移除有关,属于Ⅱ型惩罚。

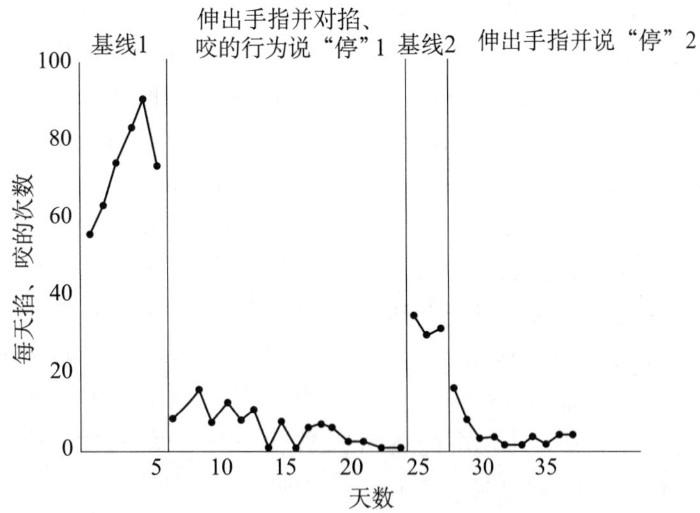

图 4—5 安德烈娅在校期间的掐人、咬人的次数

资料来源:Reprinted with Permission from "The Effective Use of Punishment to Modify Behavior in the Classroom" by R. V. Hall, S. Axelrod, M. Foundopoulos, J. Shellman, R. A. Campbell & S. S. Cranston, 1972, in K. D. O'Leary & S. O'Leary (Eds.), *Classroom Management: The Successful Use of Behavior Modification*, p. 175. Copyright 1972 by Rergamon Press, Ltd.

59 **口头训诫** 尽管有些学生会把老师任何形式的关注都看作是强化,但是大部分学生(如安德烈娅)还是认为**口头训诫**(verbal reprimand)——一种呵斥或告诫——是对自己的惩罚(Landrum & Kauffman, 2006; Pfiffner & O'Leary, 1987; Van Houten, Nau, MacKenzie-Keating, Sameoto & Colavecchia, 1982)。通常来讲,即时、简洁和非情绪化的训诫是最有效的。有时,对受罚对象轻声地、私下地谴责也可以起到良好的效果,因为这不会引起同辈群体对受罚对象的关注。理想地说,谴责应该传达出这样一种信息,即认为受谴责对象其实有能力做得更好(Parsons, Kaczala & Meece, 1982; Pintrich & Schunk, 2002)。

补偿和矫枉过正 补偿和矫枉过正是要求个体采取行动来修正由于他们的错误行为而导致的不良结果。所谓**补偿**(restitution)是指,做出错误行为的个体必须将情况恢复到错误行为发生之前的状态。比如,打破窗户的孩子要赔偿一块新玻璃;把屋子弄得乱七八糟的孩子必须把屋子重新收拾干净。补偿是一个很好的逻辑后果的例子,因为补偿中的惩罚正好与犯错者的过错相贴合(Dreikurs, 1998; Landrum & Kauffman, 2006; Nucci, 2001)。

补偿性过度矫正(restitutional overcorrection),则要求被罚的个体必须做些事情,而且要比错误行为发生前做得更多、更好(Foxx & Azrin, 1973; Foxx & Bechtel, 1983; Rusch & Close, 1976)。比如,在学校餐厅里乱扔食物的学生必须要把整个餐厅的地板擦干净;冒犯了班里某个同学的学生必须对全班同学道歉。

积极实践的矫枉过正(Positive-practice overcorrection)是让个体重复某一行为,只不过这一次必须要以正确的甚至有些夸张的方式来做。比如,对一个在学校走廊里横冲直撞的学生,老师可以让他回到开始的位置,然后走(以一种正常的速度,或是非常缓慢的速度)到另一端去。同样,在驾驶课上,对一个疏忽大意没有在停止标志前及时刹车的学生,教练可以让他围着建筑物绕一圈,重新回到十字路口,直到停够了足够时间(比如大声数五秒)才能继续前行。

60 由于受到多种观点的影响，许多老师把补偿性过度矫正和积极实践的矫枉过正看作是改善学生在校行为的重要途径。在一些情况下，这些惩罚手段被过度使用，因而导致了对被处罚的行为的过度关注。如果老师们能秉持这样的观点：使用上述这些手段的目的，只是为了帮助学生学会某种恰当的行为，而不是为了惩罚某一不恰当的行为，那么这些技术往往能发挥出更大的功效（Alberto & Troutman，2009；R. G. Carey & Bucher，1986；Schloss & Smith，1994；Zirpoli & Melloy，2001）。

暂停 **暂停**（time-out）就是让行为不当的个体置身于一个枯燥乏味、漫长无趣（但不会令其感到恐惧）的情境中——如特别设计的暂停室、很少使用的办公室或是教室里偏僻的一角。在暂停过程中，个体不能进行社会互动，也不可能获得行为强化。有效使用暂停技术的关键在于，个体必须停止不当行为之后，才能离开暂停的情境；因此，恰当行为发生之后，应该立即解除暂停（一种负强化物）。

暂停技术能有效地减少各种不顺从行为、破坏行为及攻击行为（例如，Pfiffner，Barkley & DuPaul，2006；Rortvedt & Miltenberger，1994；A. G. White & Bailey，1990）。在教室情境中，那种不给学生逃避学习任务的机会，因而也不会干扰学生学习的短暂的暂停，尤其有效（Skiba & Raison，1990）。

室内停学 在学校，**室内停学**（in-house suspension）与暂停类似，它们都是让受惩罚的学生置身于教学楼内一个安静无趣的屋子里。不过，室内停学通常要持续一到几天，而不是区区几分钟，且在此期间学生还要一直受到学校教职人员的监管。受罚学生需将他们的作业带到隔离室里安安静静地完成。这样，他们就没有机会和同伴互动（这对多数人来说有强化作用），也就没有机会从同伴那里得到行为强化，而且无法逃离那些他们不喜欢的、落下的功课任务。

尽管室内停学技术没有经过系统的实验研究的检验，但老师和学校管理者都报告这一技术能有效地减少学生长期不当的行为，尤其是，将停学时间的一部分用于教授恰当的行为方式和指导学习技能，监管老师是作为一个支持性资源而不是惩罚者的身份出现时，效果就会更加明显（Gootman，1998；J. A. Huff，1988；J. D. Nichols，Ludwin & Iadicola，1999；Pfiffner et al.，2006；J. S. Sullivan，1989）。

反应代价 **反应代价**（response cost）是指对个体先前得到的某种强化刺激的撤销。诸如对超速车辆开罚单（导致罚款），或取消某人先前获得的特权，这些都是反应代价的例子。实践证明，反应代价在减少个体的攻击行为、不当言语行为、破坏行为、多动行为以及拖延行为等方面均有良好的效果（Conyers et al.，2004；Iwata & Bailey，1974；Kazdin，1972；Rapport，Murphy & Bailey，1982）。当反应代价技术与对恰当行为的强化联合使用时，或者当学习者不会因为整体尚可的行为中存在的细小瑕疵而失去一切时，反应代价技术会特别有效（Landrum & Kauffman，2006；E. L. Phillips，Phillips，Fixsen & Wolf，1971）。

如果能让学习者意识到其错误行为的严重性，或是惩罚者能向学习者传达出“我关心你、在乎你，我想帮你学会正确的行为方式并使你长期受益”的信息，那么上述惩罚技术最有可能会生效。惩罚者还应该监测所实施的特定惩罚的效果。比 61
如，对于那些想要逃避不喜欢的任务或是想偶尔独自待着的学生来说，他们更倾向于将暂停当做是奖励而不是惩罚（Alberto & Troutman，2009；McClowry，1998；Solnick，Rincover & Peterson，1977），这样的话那些“被惩罚”的行为就不仅不会减少，反而会增加了。

无效的惩罚形式

有几种惩罚形式是非常不值得提倡的，即体罚、心理惩罚、额外的功课和校外停学，以及前几种的综合，即取消休息。

体罚 有时，对年幼的孩子来说，温和的体罚（例如，轻轻地拍一下手腕，或是轻轻地打一下屁股）可能是使其停止具有潜在危险行为的唯一途径。例如，一个蹒跚学步的幼童兴致勃勃地要将金属物体塞入电源的插孔中，我们必须迅速地、毫不含糊地告诉他必须马上停止那么做。然而，大多数专家反对对学龄儿童进行体罚；并且，在许多地方课堂体罚是非法的。对年长一些的儿童进行体罚可能会导致一些不良反应，如怨恨老师、无心学习、撒谎、攻击、破坏、逃避学习任务或旷课等（Doyle，1990；Hyman et al.，2004；Landrum & Kauffman，2006；Lansford et al.，2005）。另外，进行体罚还给孩子提供了攻击行为的榜样，向他们传达着"攻击行为是可以接受的"这样的信息（Landrum & Kauffman，2006）。偶尔的、温和的体罚一般不会致使孩子产生行为问题，但是有些时候，温和的体罚可能会逐渐升级为身体虐待（Baumrind，Larzelere & Cowan，2002；Gunnoe & Mariner，1997；Kazdin & Benjet，2003）。

心理惩罚 任何严重威胁到学生的自尊或情感健康的行为都是**心理惩罚**（Psychological punishment），这种行为是不应提倡的（Brendgen，Wanner，Vitaro，Bukowski & Tremblay，2007；G. A. Davis & Thomas，1989；Hyman et al.，2004；J. E. Walker & Shea，1995）。说一些令人尴尬的话或当众羞辱都会带来像体罚一样的负面效应（例如，怨恨老师、无心学习、逃课等），并有

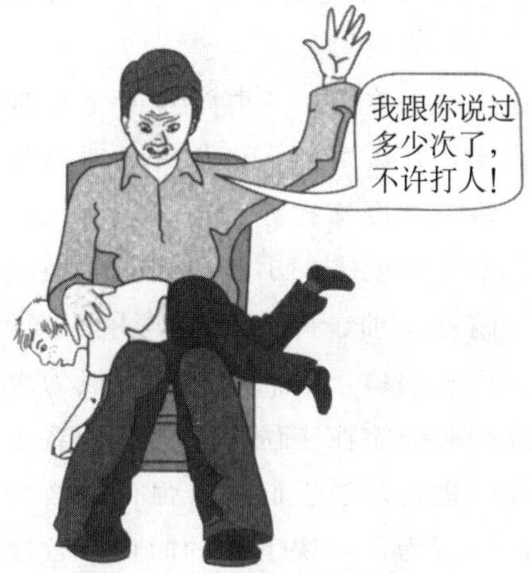

体罚提供了攻击行为的示范。

62 可能对其造成长期的心理伤害。由于心理惩罚打击了学生的自我感知，因此它可能会降低学生对自己未来表现的期待，以及他们的学习动机和成就动机（详见第6章和第16章对自我效能感的讨论）。

额外的功课 要求学生补做在学校没有完成的作业是一个合理的、公正的要求。但是，如果仅是为了惩罚学生的某些错误，而要求他们完成多于其他同学的作业和任务，则是不合理的（H. Cooper，1989；Corno，1996）。这种做法会带来一种负面效应，即老师无意中传递给学生一个信息：做作业是令人不快的。

校外停学 校外停学通常不是一种改变学生行为的有效方法，它最极端的方式是被学校永久开除（American Psychological Association Zero Tolerance Task Force，2008；Fenning & Bohanon，2006；Gregory，Skiba & Noguera，2010）。许多长期行为不良的学生往往存在学业困难；比如，高中的许多麻烦制造者通常都是阅读能力很差的学生。让这些学生远离校园，其实是将他们置于一个更不利的环境中，使他们获得学业成就的希望更为渺茫。另外，当学生觉得学校是一个令人反感的地方时，责令其离开学校就变成了一种负强化而非惩罚。（不幸的是，对那些学校管理者来说，可以摆脱校园麻烦制造者也是一种负强化。）

取消休息 有时，学生被取消休息的机会是由于他们上课开小差，以致没能在规定的课堂时间内完成老师布置的任务，那么，这种休息机会的丧失是合理的。然而研究表明，学习活动中偶尔的间歇和放松可以让学生更高效地学习，尤其是在小学阶段（Maxmell，Jarrett & Dickerson，1998；Pellegrini & Bohn，2005；Pellegrini，Huberty & Jones，1995）。因此，我们建议老师无论如何要尽量少地取消学生的休息时间，同时观察取消休息对学生课堂行为的长期影响。

"校外停学"不是一个有效的惩罚。

63 工具性条件作用中的常见现象

研究者已经发现大量与工具性条件作用有关的现象。现在就让我们一起来看看其中的几个常见现象。

迷信行为

有些时候条件作用甚至会出现在与学习者所做的事情没有相倚关系的随机情况下。举例来说，斯金纳曾把八只鸽子整夜锁在一个装有食物托盘装置的笼子里，这个机械装置会按设定的要求定时为鸽子提供食物强化，而不管它们当时做了什么样的反应。到了第二天早上，斯金纳看到了六只行为怪诞的鸽子。其中一只重复不断地伸头去啄笼顶的一角，还有两只一直有节律地摇摆着身子在笼里踱步（B. F. Skinner，1948）。

随机实施的强化往往能对强化出现之前刚发生的那种反应产生强化作用，学习者会增加那种反应的发生频率，从而表现出斯金纳所谓的**迷信行为**（superstitious behavior）。如果用一种非行为主义的方式来描述迷信行为的习得，那就是学习者把事实上并不相关的某种反应和强化看成是相关的。诸如，在考试当天学生会穿上印有“幸运衫”字样的T恤；一个体育明星会在每场比赛之前举行特定的仪式。①

在课堂上，当学生们不清楚何种反应能带来强化时，便会产生迷信行为。因此，老师必须要确保赞扬、关注和优异的成绩等这样的课堂强化物伴随在良好的行为之后，也就是说，要对反应—强化之间的相倚性有清楚的说明。

塑造

毫无疑问，要想获得对某一反应的强化，学习者首先得要做出这一反应才行。但是有时候，学习者可能缺少做出这种反应的相关技能或者意愿。为了改变这一状况，斯金纳引进了一种叫做**塑造**（shaping）的方法。要塑造一种新的行为，我们可以从强化与该行为有某种相似性的一个行为反应开始，然后持续不断地强化这一反应，直到学习者能相当频繁地做出这一反应为止。然后，我们再强化那些与目标行为更接近一点的反应，之后再强化那些更更接近的反应，直至最后仅仅强化目标行为本身。换言之，塑造就是对越来越接近目标行为的反应进行逐级强化，直至最终形成目标行为的一个过程。因此，这一过程有时也被称为逐步渐进法（successive approximations）。

拿塑造我的鸽子Ethel啄斯金纳箱中的盘子这个例子来说。开始时，只要它一转向那面放有盘子的墙，我就给予强化刺激。一旦这一反应会经常发生，我就开始在它将嘴巴移向墙面时再给予强化。然后是在它用嘴啄墙面时给予强化，再然后是它在离盘子两英尺（1英尺约为0.3米）的范围内啄墙时给予强化……以此类推。一个小时不到，Ethel就学会了啄盘子，并高兴地吃到了紧跟着正确反应而出现的食物。 64

有这样一个传闻，一群学生听了某教授关于塑造的讲座，几天之后，他们开始对这位教授进行塑造：每当教授站在教室一侧靠近门口的地方讲课时，学生们就表现出对讲授内容极感兴趣的样子——俯身向前、侧耳倾听，并认真做笔记；一旦教授离开门口，他们就表现出极为厌烦的样子——慵懒地蜷缩在座位上并焦急地看手表。随着这堂课的进行，学生们逐步强化着教授越来越靠近门口的行为，到快下课的时候，教授不得不站在走廊里授课了。②

同样，随着学生年级的升高，老师也逐渐塑造了学生的学习技能和课堂行为。举例来说，在学校里，孩子们最先学习的是在宽行纸上写字母，

---

① 这些行为确实能提高个体的活动成绩，因为它增强了个体对即将面临的活动的信心，进而能够提高他们活动的持久性（Damisch，Stoberock & Mussweiler，2010）。这种自信心是个体自我效能感的一种。自我效能感（self-efficacy）是社会认知理论（第6章）中的一个核心概念。

② 其他学生也转述过与此类似的关于教授的故事。我怀疑，这故事只是当地的一个传闻而已，很少或者根本没有事实依据。不过，它确实是一个生动的“塑造”例子，故而我在这里引用了它。

只要他们能够写出规范的字母并且不出格，就会得到表扬。当在孩子们通过了初级阶段的训练后，老师会要求他们用间距较小的纸张来书写，并要求他们把字写得更美观。最后，许多孩子都可以书写出大小均匀的字母，哪怕只有一条下划时也是如此。最终，在没有任何线条辅助的情况下，他们也能在纸上书写出规矩整齐的字母。老师还可采用这种方法来塑造学生们的久坐行为，随着学生年龄的增长，老师希望他们能够安静地坐越来越长的时间。

与此同理，老师也很有可能在不经意间塑造了学生的不良行为。让我们来说说莫莉的问题，她经常会做出一些破坏行为，如说话不合时宜或骚扰他人。莫莉的老师，史密斯先生曾经严厉斥责她的这些行为。后来他意识到，他这么做其实是在给莫莉提供她期望得到的关注，也就是说，他实际上强化了她的破坏行为。于是史密斯先生决定不再对莫莉的破坏行为予以强化。但糟糕的是，尽管史密斯先生能对莫莉那些小的破坏行为做到视而不见，但他发现自己无法忽视她的那些严重的破坏行为，于是他训斥了莫莉。结果，史密斯先生不仅没有减少莫莉的破坏行为，反而对其进行了塑造：他的间断强化导致莫莉变本加厉，采取了更强的破坏行为来引起她想要的关注，而不只是小的破坏。

连锁

通过塑造，学习者还会习得一系列反应。很多年前，我在南达科他州的一家黑店里，观看了一只小鸡在一个方圆 3 英尺的棒球场上的个人“棒球赛”。这只小鸡一听到合适的信号（我在笼子的一侧放上 25 分硬币），就会用拧着本垒上的一个横杠（“球棒”）击球并开始跑垒；当它跑回本垒时，就会发现食物盘里为它准备的食物。小鸡的训练者大概是如此教会它这一系列复杂的动作的：首先只对它的最后一个反应（跑回本垒）进行强化，然后强化它的后两个反应（跑到第三垒和跑回本垒），再然后强化它的后三个反应（跑到第二垒、跑到第三垒和跑回本垒）……以此类推，最终就只对一系列完整的动作进行强化。

首先只强化一个单独的反应，然后强化两个
连续的反应，然后再强化三个系列的反应……以 65
此类推，这一过程就叫做**连锁**（chaining）。正如小鸡能够学会打棒球一样，人们也可以通过连锁来学习一系列冗长而复杂的行为。比如，可以让网球班的学生先学习正确的握拍方式，然后学习接球时面朝球网两脚分开的站立姿势，然后再学习移动接球的步伐以及怎样挪动到合适的位置，最后学习挥拍击球。同样，对于一年级的小学生来说，应该先让他们学会整理自己的学习用品，学会安静地坐在自己的座位上，然后学会在教室门口排队去餐厅就餐。通过每次一小步，换言之，通过连锁训练，学习者通常能更容易地习得这些复杂的行为活动。

现在让我们把注意力回到那只叫 Somjai 的大象上，我们在第 1 章展示过它画的大象。尽管对公众来说，驯养师到底采用了何种独特的方法才培养出它的这种技能，这是一个谜，但我却能猜到，驯养师应该是采用塑造和连锁相结合的方法来训练的。首先，驯养师要塑造 Somjai 的基本绘画行为：它必须学会用它的长鼻子握住画笔，学会将画笔移向画板，学会在画笔接触画布时适度用力，学会在画布上移动画笔，诸如此类……一旦 Somjai 习得了这些基本的绘画能力后，驯养师就可以强化它在画布中央画出轻柔平滑的曲线（大象的“背”），接着强化它画出背部和头部，然后强化它画出背部、头部和前鼻……以此类推。经过长时间的训练和坚持，Somjai 最终学会了这一冗长的连锁反应。①

消退

在经典条件作用中，如果在没有无条件刺激（UCS）相伴随的情况下多次呈现条件刺激（CS），那么条件反应（CR）的发生频率会逐渐降低甚至

① 之前介绍的“小鸡打棒球”所用的方法是反向连锁（backward chaining），即从一系列行为反应的最后一个反应开始强化，然后将之前的反应一个一个地加进来进行同时强化。而现在介绍的教 Somjai 画大象所用的方法是正向连锁（forward chaining），即先强化系列行为反应中的第一个反应，然后将其之后的反应逐个地加进来进行同时强化。研究表明，这两种方法对人类来说各有利弊（Zirpoli & Melloy，2001）。

不再发生，此时我们说这个反应消退了。与此不同的是，在工具性条件作用中，一个反应不再带来强化将会导致反应的发生频率降低，出现**消退**（extinction）现象。比如说，当班级小丑们发现，他们的笑话不再能引起人们的哄然大笑时，就会渐渐地减少恶搞的频率；那些想举手发表意见却从未被老师点名的学生，将会放弃参与课堂讨论的努力；而那些努力学习却一直经历考试失败的学生最终可能会放弃学习。

在消退的初始阶段，我们有时会看到正在减弱的行为有一个短暂回升的现象，这就是**消退突现**（extinction burst）现象（Lerman & Iwata，1995；Lerman，Iwata & Wallace，1999；McGill，1999）。我们能够在各种反应中看到这种回升现象（Rachlin，1991）。比如，那些考试成绩不理想的学生可能会尝试下更大的功夫学习或者尝试不同的学习方法，但是，如果这些努力换来的仍然是失败的结果的话，那么最终他们的学习行为将会减少甚至消失殆尽。

66 虽然老师们肯定希望能够消除学生的不良行为（如恶搞），但他们同时必须确保良好行为能够得到足够的强化以免消退发生。举例来说，如果一个老师发现学生在尽了自己的最大努力后仍不能完成布置的作业，他就应该去寻找导致这一问题的根源了。如果只有一名学生不能完成，老师就需要帮助这位学生开发更适合他的学习技能，提供更有针对性的教学指导，或是根据他的实际水平和能力来设定作业要求。但是如果许多学生都感觉作业太难，就需要调整作业内容或相关的教学活动。

强化程序的效应

影响条件作用形成或消退速率的一个重要因素是强化的一致性（例如，Pipkin & Vollmer，2009；Staddon & Higa，1991）。为了更好地说明强化一致性的重要性，这里就以我上学期管理班上不愿意读指定教材的学生为例：

> 把一名学生关在一个小屋里，在离他很近的桌子上放一本教材。每次当他打开教材翻到指定的那一页并一直盯着看时，一小份美食就会从天花板上的洞口里落下来。

实际上，我更愿意把那些完全不想读书的学生放到我的斯金纳箱——奥姆罗德箱中来！

现在设想一下把20名学生放到20个奥姆罗德箱中。然后从中随机选出10名编为A组：每次当他们打开教材阅读时，就能得到一份美食。另外10名学生则被编入B组：他们有时能因为他们的阅读行为而得到食物（如每读四次可以得到一次食物），但在其他时候得不到任何东西。A组得到的是**连续强化**（continuous reinforcement），每次反应均被强化。B组得到的是**间断强化**（intermittent reinforcement），有时做出期望反应会得到强化，有时则不会得到强化。那么哪个组的读书行为的增长更快呢？答案当然是受到连续强化的A组！得到连续强化的反应比得到间断强化的反应的形成速度更快。

现在再假想一下，在奥姆罗德箱中过了几个小时后，那20名学生都开始表现出高频率的读书行为，然后我关闭了投放食物的装置，那么，哪一组的学生会先意识到他们的行为不再得到强化了呢？答案又是A组。那些曾经每次反应都会得到强化的学生将很快注意到强化停止了，而他们的阅读反应也会很快地消失（当然，除非这些反应能够带来内在强化）。与A组状况不同的是，那些只有25%的反应得到强化的B组学生则习惯了无强化，所以他们可能会继续阅读一段时间，直到他们意识到强化确已停止了为止。因此受到间断强化的反应比受到连续强化的反应消失得更慢。

行为主义者通常建议，应该对某一反应进行连续强化，直至该行为能以预期的形式和频率发生为止；然后，应该通过间断强化来维持这一反应。间断强化可以遵循不同的**强化程序表**（reinforcement schedules）来进行，不同的强化程序对抗消退的效果不同，被强化的行为反应的发生模式和发生频率也不同。现在，就让我们来看看几种强化程序及其对行为模式的影响。

比率强化程序：对一定数目的反应进行强化 67

比率强化程序（ratio schedule）是指，在一定数目的反应出现后就给予强化。这里的"一定数目"可以是不变的（固定比率强化），也可以是变化的（可变比率强化）。

固定比率强化（FR）　在固定比率强化中，强化刺激是在固定数目的反应发生后呈现的。比如说，每3次反应后进行一次强化（1∶3的比率强化）或是每50次反应后进行一次强化（1∶50的比率强化）。这种强化程序可以使个体在一定时间段内产生高频率的稳定反应。例如，对鸽子的啄食行为进行高比率的固定比率强化后，它们能以每秒10次的速度啄食（Ferster & Skinner，1957）。

一种阻止消退现象出现的策略是，进行一系列不断增大强化—反应比的固定比率强化训练（例如，Luczynski & Hanley，2010；Poling，2010）。这种方法曾被用在一个有阅读障碍的6岁男孩身上（Whitlock，1966）。开始时，要求小男孩读出卡片上呈现的单词，每正确读出一个单词，他就会得到一根塑料棒作为奖励，这是一种连续强化。以36根塑料棒为一罐，他可用集满的罐子来换取各种活动的机会；比如，两个罐子可以换取一次游戏，七个罐子可以看一次动画片。一旦这个孩子能够开始阅读初级读本，就对他进行1∶2的固定比率强化；也就是说，每正确读出两个单词就能获得一根塑料棒，然后是每四个单词强化一次（1∶4的固定比率强化），每读出一页（大概10～25个单词）强化一次，每读一个故事（大概50～70个单词）强化一次，最终是每四个故事强化一次……经过15次的个人训练后，停止了对小男孩的所有强化，并让他回到班级正常的阅读课程中；三个月后，他仍能保持在同级的阅读水平。（关于这个研究，有一点我一直感到困惑：因为需要积攒很多的塑料棒才能“购买”一次活动，所以这个孩子实际上能买到的东西非常少。我怀疑，对这个孩子来说，不断增加的成功经验才是真正的强化刺激物。）

通过一系列不断增大强化比的强化训练，固定比率强化程序甚至能够在强化—反应比高达1∶1 000的情况下维持反应，至少对实验室里的动物来说是这样（Ferster & Skinner，1957）。实际上，相比于低强化—反应比，高强化—反应比往往能够带来更高的反应频率（Collier，Hirsh & Hamlin，1972；Stephens，Pear，Wray & Jackson，1975）。不过，接受高比率强化的个体通常会在每次强化后出现一种**强化后停顿**（postreinforcement pause）现象，即表现出反应暂时性的减少，或是类似“咖啡时间”的休闲状态（Ferster & Skinner，1957；Rickard，Body，Zhang，Bradshaw & Szabadi，2009）。

可变比率强化（VR） 在可变比率强化中，强化刺激也是在一定数目的反应发生之后呈现的，但这里的一定数目一直是变化的。这种强化程序一般用获得强化所需的平均反应次数来表示。比如，在1∶5的可变比率强化中，第一次强化可能发生在四次反应后，然后是在七次反应后，然后是在三次反应后，等等，每次强化的平均反应次数就是五次。正如你所看到的，在可变比率强化中，强化的发生在一定程度上是不可预知的。因此，采用可变比率程序来维持的反应对消退具有更强的抵抗力——因为总是可能在下一次反应时得到回报。

拉斯维加斯的老虎机就是可变比率强化的一个例子。你往机子里面投入硬币的次数越多，你越可能获得强化，即从机子里吐出硬币的次数就越多，但是，机子并不是在你投入固定数量的硬 68
币后就一定会吐出硬币的，它是不可预测的。同样，电话销售也受到可变比率强化。你打出电话的数量越多，销售出的产品数量就可能越多，但你永远不知道自己打出的哪一通电话会带来强化。

当我的女儿蒂娜还在上小学的时候，她的一个朋友（我称这个小女孩为“玛格丽特”）经常会让我感到头疼。无论什么时候，只要玛格丽特想要某种东西，她就会执拗地坚持，从不接受别人对她说“不”。一天晚上，我和蒂娜同玛格丽特和她的妈妈在一家餐馆里共进晚餐，我终于明白了导致玛格丽特这种执拗性格的一个可能原因。当时，孩子们狼吞虎咽地吃完饭，然后就在餐馆里四处探索，我和玛格丽特的妈妈则坐在那里慢慢地喝咖啡。不一会儿，玛格丽特就回到我们的餐桌前提出要求：

> 妈妈，我想要一枚硬币去玩电子游戏机，可以吗？
>
> 不行。
>
> 拜托了，妈妈……
>
> 我说了不行，玛格丽特。
>
> 但是蒂娜就有一枚啊……［我看着空气以假装不知道。］
>
> 不行。
>
> 我一回家就还给你！
>
> 不行，玛格丽特。

电话销售行为受到了可变比率强化。

求求你了！……（玛格丽特的脸上表现出绝望的神情。）

唉，好吧，给你一枚。

玛格丽特的请求行为受到了可变比率强化：她学会了只要不停地祈求，最终妈妈总会给她想要的东西。

69 时距强化程序：对一段时间后做出的第一个反应进行强化

时距强化程序 这是指，在一定的时间间隔后，对有机体做出的第一个反应进行强化。这个时间间隔可能是固定的（固定时距强化），也可能是变动的（可变时距强化）。

固定时距强化（FI） 在固定时距强化中，经过一个固定时间段后发生的首次反应将得到强化。比如说，每过5分钟就对个体发生的首次反应进行一次强化，不管这5分钟内个体究竟发生了多少次反应。此次强化过后，必须再过5分钟才会再有一次强化。

采用固定时距强化时，我们既不会看到一个很高的反应速率，也不会看到非常明显的抵御消退的效果。然而，固定时距强化塑造了一种独一无二的反应模式，即每次强化结束后，开始的一段时间内反应会很少，个体处于强化后停顿状态，直到间隔时段临近结束时，反应才再次回升（例如，Jarmolowicz，Hayashi & Pipkin，2010；Ludvig & Staddon，2004；Shimoff，Catania & Matthews，1981）。举例来说，我女儿蒂娜上五年级的时候，每周五都有一次单词拼写测验。每周一她就已经拿到了当周所要学习的单词表，因此她有四个晚上的时间可以用来学习这个单词表。但实际情况是，她偶尔会从周三开始背单词，但更多的时候是直到周四的晚上她才开始背。如果我们把蒂娜的学习行为用图表示出来，它看起来就是图4—6所示的样子。这种“扇贝”模式是典型的接受固定时距强化的行为模式。再拿美国国会的例子来说，每次选举进行的数月里国会法案的通过率都极高，因为那时许多议员都在寻求选票及政治援助，而选举一旦结束，法案的通过率就会急剧下降（Critchfield，Haley，Sabo，Colbert & Macropolis，2003）。

可变时距强化（VI） 在可变时距强化中，也是对一段时间后发生的首次反应进行强化，不过两次强化的间隔时长是变化的。比如说，可以对5分钟后个体的首次反应进行强化，然后是对8

分钟后的首次反应，再然后是对 2 分钟后的首次反应，诸如此类，最终是以所有间隔时间的平均数来界定可变时距强化。

对许多人来说，查阅邮件的行为就是受到可变时距强化。比如，可能你会一天查三四次邮箱，想看看是否有收到了什么重要邮件。通常你收到的都是一些垃圾邮件或诈骗信息（“你好，我是××，是你一个远房亲戚的代理律师，他留给了你 850 万美金；请把你的姓名、银行账号、护照号……发送给我”），不过偶然地也会收到一些你所需要的信息。这里，之所以查邮件行为得到的是间隔强化而不是比率强化，原因在于：你需要偶尔去查看 70 邮箱以得到强化（即你期望的邮件），但频繁地查看（如每 5 或 10 分钟一次）并不会增加你所接受的邮件强化的数量。

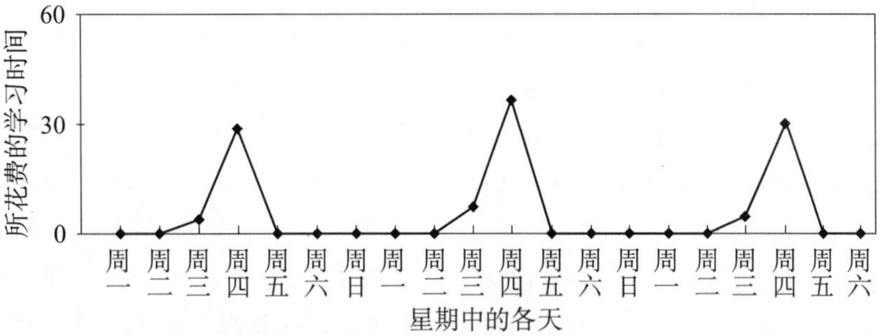

图 4—6 受到固定时距强化的反应表现出“扇贝”反应模式

同样，那些被告知可能会进行无预告的（“突袭”式的）课堂测验的学生，更可能每晚都学习一会儿，即使他们并不知道自己的付出哪一天会有回报。我们查阅邮件的模式和学生为了应对突袭式测验而学习的模式一样，都是受到可变时距强化后形成的典型反应模式：一种缓慢、平稳的反应模式。平均间隔的时间越长，反应速率就越低（例如，Catania & Reynolds，1968；Dack，McHugh & Reed，2009）。（但请注意，出于其他方面的考虑，我们一般并不提倡突袭式测验。它会增加学生的课堂焦虑水平。在第 16 章你将会发现，高焦虑会对学生的学习产生干扰作用。另外，如果学生必须要做课外活动或做家务的话，就可能无法完成当天布置的课程任务，而突袭式测验是不允许这种情况发生的。）

不论是比率强化还是时距强化中，可变强化程序都比固定强化程序塑造的反应更平稳，对消退有更强的抵御能力，这可能是因为可变强化程序具有一种不可预测性，即下一个反应就会得到强化的可能性是一直存在的。多数情况下，可变比率强化适用于塑造高频率的个体反应，而可变时距强化则适用于塑造平稳、缓慢的反应。在理想的情况下，刚开始运用间断强化来取代连续强化时，强化—反应的比值应该小一些（如 1∶2 或 1∶3），或两次强化间的时间间隔短一些。然后再逐渐地加大比值或延长时间间隔，直到只需极少的强化也能维持反应为止。

差异程序：对反应速率进行强化

当需要形成一个特定的反应速率时，采用**差异强化程序**（differential schedule of reinforcement）再适合不过了，即个体要在一定时间内做出一定数目的反应才能得到强化。研究者已经对高、低两种反应速率的强化效应进行了研究。

高反应速率的差异强化（DRH） 在一个 DRH 程序中，个体必须在特定时间段内发生某个极大数量（甚至比这更多）的反应之后，强化才会出现。就拿蒂娜的朋友玛格丽特，那个一直执拗地向她妈妈要钱去玩电子游戏的女孩来说，她接受的实际上是 DRH 程序而不是可变比率强化程序，因为她不得不多次请求妈妈才能得到硬币。在比率强化中，只要完成特定次数的反应就可以得到强化，至于用了多长时间并不重要。但是在 DRH 程序中，时长至关重要。因为 DRH 程序要求个体在一个短时间内发生多次反应，高频反应是其典型特征。

理论上讲，为应对例行考试而学习的行为实

际上是基于DRH程序而发生：在备考期间学得越多，在考试中取得成功的可能性就越大。遗憾的是，很多学生把例行考试看作是一个固定时距强化，往往表现出“平时瞎混，考前恶补”的学习行为模式（Klein，1987）。

低反应速率的差异强化（DRL） 在一个DRL程序中，强化只针对很长时间后的首次反应，并且这段长时间内该反应从未出现过。这乍听起来像是固定时距强化，但是请记住，在固定时距强化中，虽然间隔期内的反应没有受到强化，
71 但是出现这些反应也是可以接受的。一个基于DRL程序的例子就是，试图发动一辆汽车，为了成功发动汽车，你必须要在下一次尝试发动之前先让车静候几分钟。

学生向老师寻求学业帮助是另一个可能最适合运用DRL程序的反应的例子了。如果学生一有问题，老师就马上给予解答，那么将会出现高频率的学业求助行为，导致学生对老师的过度依赖。与此相反，如果老师能让问问题的学生先独立思考一会儿再给予解答，就可以使学生明白，独立解决所遇到的问题才是一种适宜的行为。不过需要指出的是，采用DRL程序来塑造良好的行为模式，需要花费比较多的时间，因为它要求有一段“无应期”（G. S. Reynolds，1975）。

回避学习

像许多高等院校一样，我之前所在的科罗拉多州的一所大学里也有许多教职工委员会。当我刚以助理教授的身份来到学校时，凡是我有资格参加的委员会，我都会迫不及待地加入，我把这些委员会看作是接触其他教职工和参与学校决策的一种途径。但是不久之后，我就发现许多教职工委员会成年累月讨论的都是相同的问题并且永远都不会有什么大的进展，人们永远也达不成一致意见。况且，我还有许多其他的事情要做（备课、阅卷、做研究，更不用说还得照顾三个孩子），因此我对在这些无意义的活动上花费大量时间感到极其沮丧。开会期间体验到的这种不良情绪就是一种厌恶刺激，它是对我参加会议的行为的一种惩罚。很快，我发现自己开始编造各种理由早点离开会议现场（“非常抱歉，我必须带我的儿子去看牙医了”）。换句话说，我学会了一种能带来负强化的逃避行为。最终我停止了自愿加入各种委员会的做法，我终于摆脱了那些令人厌烦的事务。

一般来说，**回避学习**（avoidance learning）是一个学习去远离那些令人痛苦、焦虑或沮丧的厌恶刺激的过程。为了发生回避学习，个体必须要有一些**前厌恶刺激**（pre-aversive stimulus），也就是一种预示着厌恶刺激即将到来的信号。比如，在白鼠听到蜂鸣器鸣响后就给它一个电击，那么它很快就能学会一听到蜂鸣器鸣响（前厌恶刺激）就迅速跳越栏杆的行为，以此来躲避痛苦的电击（Mowrer，1938，1939）。同样，儿童能很快地学会在闪光出现的一刹那迅速按下铜制把手，以躲避震耳欲聋的响声（N. M. Robinson & Robinson，1961）。在我自己的例子中，委员会的会议公告及对新成员的要求都是一些前厌恶刺激，它们提示我需要做好逃避会议的准备。

学习回避有两种形式。在**主动回避学习**（active avoidance learning）中，学习者必须主动做出某种反应来避开某个厌恶刺激。不幸的是，对许多人来说，学习行为本身就是主动回避学习的一个实例。理想的情况下，学习应该是一个非常有趣的活动（能带来内在强化），然而，许多人对学习一点都不感兴趣。（比如我，我就更喜欢读神秘小说或看电视节目。）如果每天学习一会儿，大部分学生就可以避免一种厌恶刺激——糟糕的成绩。但是请想想，如果没有厄运即将到来的预兆（即无前厌恶刺激），比如已经布置下去的研究汇报或将要进行的考试，那么又有多少人会乖乖地坐在那里学习。

在**被动回避学习**（passive avoidance learning） 72
中，学习者学会了不去做某种反应以避免某个厌恶刺激。比如说，在社交情境中总是感到尴尬或不舒适的人往往会避免参加聚会或其他的社交活动。同样，对数字处理感到困难的学生通常很少去上高等数学或统计课程。

从行为主义的视角来看，有时回避学习的过程可以分为两步，分别涉及经典条件作用和工具性条件作用（Eelen & Vervliet，2006；Katagiri，1987；Mowrer，1956）。在第一步中，由于前厌

恶刺激和厌恶刺激几乎同时出现，因此学习者通过经典条件作用学会了对前厌恶刺激感到恐惧，正如第 3 章和图 4—7 所阐述的那样。在第二步中，回避反应带来了一种负强化（避开了前厌恶刺激所引起的恐惧），甚至还有一种内在的正强化（逃离后的轻松感）。

逃避行为一旦产生将很难消除：即使之前的厌恶情境已不存在任何厌恶源了，人们还是会继续远离这一情境，因此也就没有机会知晓这一情境现已变得令人舒适了。举例来说，一些学生经常会把数学和挫折感、失败感联系在一起，并且通过经典条件作用习得了对数学的恐惧。即使他们现在已经拥有了理解之前令人头疼的那些概念的知识和能力，他们仍会不定时地逃避数学课。可是如果他们不重返数学课，就永远都不会知道已经没有什么好害怕的了！

毫无疑问，应对课堂回避行为的最好方法就是，在一开始时就不让学生有学习该行为的机会，这可以通过将课堂厌恶刺激最小化来实现（见第 3 章）。另一种方法是，通过系统脱敏法消除个体对前厌恶刺激的恐惧条件反应（见第 3 章）。第三种方法则不那么“温暖而舒适”，也就是说，刚开始的时候这种方法可能会让人感到不那么愉快，但有时却相当管用。具体来说，就是制止学生做出无意义的逃避行为，进而迫使他们发现某一情境其实已没什么好害怕的了。比如说，学校里的一个导师或咨询员可以坚持让一个长期对数学感到焦虑的学生重返数学课堂；一旦他进入了数学课堂，这个学生或许就会发现学习数学其实是一种愉快而非痛苦的经历。很多情况下，学生并不一定知道什么对他们是最好的。

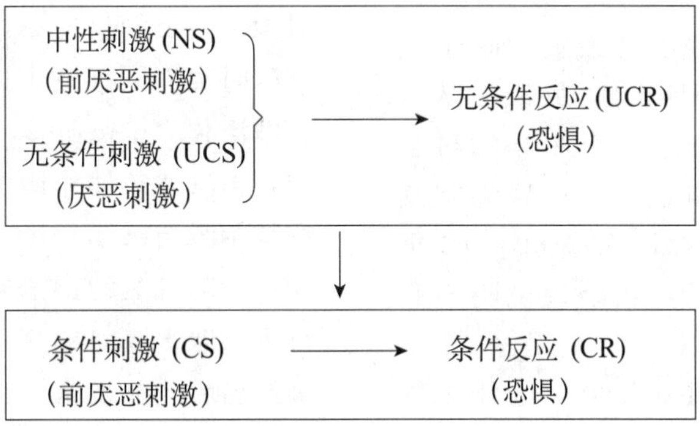

图 4—7　通过经典条件作用习得对一个前厌恶刺激的恐惧

73 先行刺激和反应在工具性条件作用中的作用

到目前为止，我一直把工具性条件作用描绘为反应和随之出现的结果（强化或惩罚）之间的联结。不管是人类还是非人类，都能学会在不同的情境中做出不同的反应。比如说，在对回避学习的讨论中我们发现，只有当一些能预示厌恶情境即将到来的前厌恶刺激存在时，逃避行为才会发生。更通俗地来讲，一些刺激和反应，可以称之为**先行刺激**（antecedent stimuli）和**先行反应**（antecedent responses），为随后出现的行为提供了舞台，或许也为那些不出现的行为做好了准备。现在我们一起来看几个涉及先行刺激的概念——线索作用、环境设置、泛化和分化，以及一个涉及先行反应的概念——行为惯性。

线索作用

在操作性条件作用理论中，斯金纳认为，有机体往往很清楚，当一个特定的刺激——他称之为**辨别刺激**（discriminative stimulus）——出现时，做出某个反应才能获得强化。这个先行刺激并不会直接引发有机体的反应，就像经典条件作用那样。不过，它增加了强化跟随着反应而出现的可能性；用斯金纳的话来说就是：它为个体做出被强化的反应“创造了条件”。我们可以用下面的方式来表示这种关系（“S+”

代表辨别刺激）：

$$(S+)\ R \rightarrow S_{Rf}$$

当某种特定刺激的存在让有机体更有可能做出某种特定反应时，行为主义者就会认为该有机体处在**刺激控制**（stimulus control）之下。

在课堂上，能为个体做出某种良好行为创造条件的辨别刺激并不总是那么明显。比如说，能为学生整理好学习用品去吃午饭的行为创造条件的唯一一个自然发生的刺激，可能就是那个挂在墙上指向11：55的钟了。在这种情况下，老师可以给学生提供其他的辨别刺激，以便让他们知道该如何行动——这种策略通常被称为**线索作用**（cueing）或**提示**（prompting）。

有时，线索作用可以通过非语言符号来提醒学生做出所期望的反应。比如，在一个合作学习的活动中，老师可以通过快速开关几次顶灯来提醒学生小声讨论而不是大声嚷嚷。在另一些情境中，言语提示或许更为有效。比如，一个小学老师可能提示那些准备去餐厅吃午饭的学生要“排成一列，安静地走”，并跟在队伍的后面提醒他们按要求行走。一个中学的科学课老师想要学生们重视他布置的一项课堂阅读任务，他可以说：“等你们都读完第69～72页中关于猩猩的那部分介绍后，我会说说明天我们去动物园参观的事情。”

老师还可以用线索作用来警醒学生什么样的行为会招致惩罚。例如，老师可通过肢体语
74 言（皱眉或蹙额头）、身体的接近（靠近学生），或者简短的言语批评（“露西，把杂志收起来！”）来减少学生的破坏行为或开小差行为（Emmer，1987；Northup et al.，1995；Woolfolk & Brooks，1985）。

简单提示在非课堂情境中同样有效。比如说，当人们离开杂货店、餐馆或社区中心时，服务人员的言语提醒或写有“系好安全带”的标示牌都能增加他们开车离开时系紧安全带的可能性（例如，J. Austin，Alvero & Olson，1998；Clayton & Helms，2009；M. G. Cox & Geller，2010）。

环境设置

有些行为主义者很少关注某个特殊刺激的作用，他们谈论得更多的是最有可能引发特定行为的复杂的环境条件，即**环境设置**（setting events）（例如，M. Carter & Driscoll，2007；C. A. Davis & Fox，1999）。比如说，当幼儿园的游戏场地很有限时，学前儿童就更有可能在活动时间和其他小朋友互动，而数量有限的玩具（如球、木偶、积木等）则会鼓励团体活动（W. H. Brown，Fox & Brady，1987；Frost Shin & Jacobs，1998；S. S. Martin，Brady & Williams，1991）。把课桌以传统的一排排形式放置，能够使学生之间面对面交流的机会最小化，在这种情境中，一个长期捣乱的学生更有可能在独自学习期间表现出恰当的行为（Wannarka & Ruhl，2008）。

泛化

如果学习者已经学会在某一刺激（S+）出现时做出特定的反应方式，那么他可能在呈现其他刺激时也以同样的方式做出反应——这种现象就叫做**泛化**（generalization）。[①] 同经典条件作用一样，工具性条件作用中的泛化现象也更可能出现在新刺激与已学会的先行刺激相似的情况下。例如，学前班上的孩子通常会学习一些良好的课堂行为（课堂情境是S+），比如，要先举手并等老师点名后才能发言。这些行为更可能泛化到相似的情境（如一年级的课堂中），而不是差异很大的情境（如全家人用餐时）中。刺激与最初的辨别刺激越相似，个体的泛化倾向就越明显，这种现象就叫做**泛化梯度**（generalization gradient）。

刺激分化

在经典条件作用中，刺激分化发生在一个刺激（CS+）与无条件刺激联合呈现，而另一个刺激（CS）却不伴随着无条件刺激（UCS）的情况下。在工具性条件作用中也存在类似的现象，即某一刺激（S+）存在时一个反应会被强化，而另一刺激
（用“S—”表示）存在时该反应就不会被强化[②]： 75

① 有时，行为主义者会将泛化区分为刺激泛化（stimulus generalization）和反应泛化（response generalization）。刺激泛化是指对一个相似刺激做出与之前习得的反应方式相同的反应。反应泛化是指做出与之前习得的或被强化的那个反应相类似的反应。这里我们讨论的是刺激泛化。

② 斯金纳使用的符号是S^{D}（代表“辨别刺激”）和$S^{\triangle}$（△是用来表示变化的一个常用符号）。我在这里之所以使用符号S+和S-，是为了使其与经典条件作用中刺激分化的对比更明显。

$(S+)\ R \rightarrow S_{Rf}$

$(S-)\ R \rightarrow \varnothing$（无反应）

工具性条件作用中的**刺激分化**（stimulus discrimination），就是一个学习在哪种情境下反应会得到强化而在哪种情境下反应不会得到强化的过程。从本质上来说，刺激分化就是一个学习当 S+ 存在时建立条件反应，但不把这一条件反应泛化到 S− 所在情境中的过程。

举例来说，在一项研究中，三年级的学生总是弄不清应该在什么时候向老师提问。于是，他们的老师开始在不同的时间戴上绿色的和红色的花环，并告诉他们："我戴绿花环的时候（S+），就能回答你们的问题。当我戴红花环的时候（S−），就不能回答你们的问题。"这一简单的方法最大限度减少了学生在不合适的时间提问的情况（Cammilleri，Tiger & Hanley，2008，p. 301）。

行为惯性

许多个案表明，如果学习者曾经做出过所期望的反应，那么他们更有可能再次做出类似反应——这种现象就是**行为惯性**（behavioral momentum）。一个对低成就感青少年的研究很好地描述了这一现象（Belfiore，Lee，Vargas & Skinner，1997）。有两个女生（14 岁的阿莉森和 15 岁的罗伯塔）一直拒绝完成老师布置的作业。研究者发现，如果先让这两个女孩做一些简单的一位数乘法运算，就能激励她们去做难度较高的三位数乘法运算。通常来讲，老师要想提高学生的行为惯性，可以通过先布置一些简单或有趣的任务，然后再自然而然地引出更复杂的、可能会令其感到沮丧的任务（Ardoin，Martens & Wolfe，1999；K. Lane，Falk & Wehby，2006；Mace et al.，1988；Nevin，Mandell & Atak，1983）。

工具性条件作用中的认知和动机因素

如今许多行为主义者认为，如果在研究可观察的刺激和反应的同时，也对那些不能观察的心理过程进行研究，那么我们对工具性条件作用的认识会更深刻。比如说，他们会讨论有机体的期望，即对某个特定反应之后可能会得到强化或惩罚的一种期待心理（例如，Colwill，1993；M. Gil，De Marco & Menzel，2007；Rachlin，1991）。他们还发现，人类和非人类动物一样，都能在内心对需要做出反应的刺激进行分类；例如，受过训练的鸽子会区分猫、花、汽车和椅子等图片，并做出不同的反应（Wasserman，1993）。而且，这些行为主义者还开始使用一些短语，如关注辨别刺激、心理编码、寻求反应—强化关系的意义，以及搜寻环境中的信息等等，这些短语都带有明确的认知含义。

76 与此同时，动机研究也逐渐进入行为主义者的视野。一般来讲，一个强化物的吸引力越大，个体习得反应的速度就越快，反应出现频率就越高（J. W. Atkinson，1958；S. Siegel & Andrews，1962；K. Silverman，Preston，Stitzer & Schuster，1999；Trosclair-Lasserre，Lerman，Call，Addison & Kodak，2008）。即便如此，像本章前面部分谈到的那样，对不同的学习者而言，各种结果的强化或惩罚含义可能不同。实际上，对一个学习者来说，某一结果在一种情景下可能是强化或惩罚，但在另一种情景下可能就不是。任何时候，学习者当前的环境状况和动机水平——他们是饥还是饱，是渴望关注还是想要独处——都会影响他们对反应结果的偏好。举例来说，与一个无所事事的孩子相比，一个被许多有趣的事物所包围的孩子会更少做出不当的行为，以博取成人的关注（Ringdahl，Winborn，Andelman & Kitsukawa，2002）。当一个孩子无论做什么都能得到成人足够的关注时，也就是说，如果成人的关注不是伴随孩子某种行为方式而出现的，孩子们就不大可能去做出博取关注的行为（Laraway，Snycerski，Michael & Poling，2003）。[①]

动机因素和认知因素可能同时在两种被统称

① 近年来，行为主义者使用了建立操作（establishing operation）和激发操作（motivating operation）这些术语来表示那些可以调节一个特定刺激的强化或惩罚作用的事件。

为**对比效应**（contrast effects）的现象中起作用。其中，**兴奋效应**（elation effect）出现在强化数量增高的情况下，当强化数量增高时，有机体的反应速率会比一直接受高水平强化时更高。而当强化数量降低时，则会产生另一种相反的现象，也就是**抑制效应**（depression effect），即有机体的反应速率会变得比一直接受低水平强化时更低。比如，在柯莱斯彼（Crespi，1942）早期的一项经典研究中，他训练白鼠跑到跑道的另一端去获得食物强化。当已经习惯了少量强化的白鼠突然得到很多的食物强化时，它们会比那些一直得到很多食物强化的白鼠跑得更快。同样，当已经习惯了很多食物强化的白鼠得到的食物量减少时，它们会比那些一直都只有少量食物强化的白鼠跑得更慢。

同样，人类也会表现出对比效应。举例来说，在一项研究中（Mast，Fagen，Rovee-Collier & Sullivan，1984），研究者将2～4个月大的婴儿放置在一个悬挂了移动挂件的婴儿床上，这个挂件是由6～10个彩色物件组成的。将绳子的一端系在婴儿的脚踝上，另一端绑在这个移动挂件上。当拉动绳子时，移动挂件就会转动。很快，这些婴儿就发现，当他们蹬的是系绳子的那条腿时，就可以转动挂件，从而带来视觉强化。稍后（有些婴儿是在24小时之后），研究者把这些婴儿放在一个类似的环境设置中，但是挂件上只有两个彩色物件。婴儿对强化物的减少表现出了明显的不愉快，他们不是哭闹，就是四处张望去寻找别的有趣的东西。这些发现表明，抑制效应至少在一定程度上是由强化减少带来的消极情感所导致的（Flaherty，1985）。另外，还有一个原因就是，对先前的高水平强化的记忆让学习者产生了期望，期望在未来的情境中依然能得到类似的好处（Mast et al.，1984）。学习者会想："嘿，还会发生什么好事情?!"

从第6章开始当我们将注意力集中到其他理论时，就会看到认知和动机因素影响个体的学习和表现的许多途径。不过，即使是"无认知"、"无动机"的工具性条件作用，在课堂实践和治疗干预方面仍是很有意义的。这一点我们将会在下一章中体会到。

77

总结

通过观察迷笼里的小白鼠，桑代克总结出：能带来满意结果（奖赏）的反应会增多，能带来不愉快结果（惩罚）的反应则会减少。随后的几年里，桑代克修正了他的效果率，认为奖赏确实可以增强反应，但是惩罚并不一定会削弱反应。B. F. 斯金纳回应了桑代克的观点，并在他关于操作性条件作用的研究中集中探讨了用特定结果来增加随意反应的方式。不过，斯金纳用强化一词代替了桑代克的奖赏，以避免奖赏一词中蕴含的"令行为增加的结果一定是愉快的、舒适的刺激"的线索作用。例如，在负强化中，有机体不是得到了一个愉悦的刺激，而是摆脱了一个不愉快的刺激。

在过去的几十年里，许多行为主义者又重拾起桑代克最初的效果率，认为不论是强化还是惩罚都可以调节它所跟随的那个反应的发生频率。工具性条件作用一词既包括了强化的"激励"效应，也包括了惩罚的"抑制"效应。然而，并不是所有形式的强化和惩罚都具有同等效力。比如说，有些学习者会为了成就所带来的内在满足感而工作，而另一些学习者的主要兴趣却是外部的结果，如具体的实物、某些特权或是他人的关注。当犯了错误时，有些学习者不喜欢被置于一个安静、单调的情境中——被给予一个暂停的惩罚，但另一些学习者似乎很享受短暂的暂停所带来的空间和宁静。

行为主义者已经总结了与强化有关的各种现象。比如，要想让个体学会一个复杂的行为，可以通过对逐渐接近目标行为的反应进行连续强化的方式（塑造），或是通过强化一个不断加长的反应系列的方式（连锁）来实现。如果一个以前被强化的反应不再得到强化，这个反应就会逐渐减弱以至消失（消退）；不过，间断强化程序能够让反应一直维持下去，不同的强化程序会带来特定的反应模式。

先行刺激和先行反应都会影响一个反应的出

现。某种类型的先行事件可以增加特定行为的发生频率，依据发生的情境，我们可以把这些先行事件分为线索作用、环境设置及行为惯性。一般情况下，学习者倾向于将新习得的反应泛化到类似的情境中，但是他们也能学会分辨哪些情境中某些反应能得到强化而哪些情境中不能。

最近几十年，行为主义者开始将认知要素和动机要素纳入他们对人类行为的观点中。因此，行为主义和认知主义之间的分界变得越来越模糊了。

第 5 章

工具性条件作用的应用

本章主要内容

行为主义原理在课堂管理中的应用

课堂中强化与惩罚的使用

运用强化来增加所期望的行为

减少不良行为的策略

应用行为分析

大群体中 ABA 的运用

为 ABA 添加一个认知成分

教学目标

行为目标

教学目标的当代观点

目标的作用及有效性

制定不同水平的目标

程序教学和计算机辅助教学

PI 和 CAI 的有效性

掌握学习

凯勒的个人化教学系统

掌握学习和 PSI 的有效性

何时运用行为主义技术最为恰当

总结

78 在过去的数十年中，对人类学习的心理学研究的认知主义倾向不断增长。如果你去浏览大学图书馆的各种心理学期刊，你一定会发现认知术语（如认知过程、记忆）远比行为主义术语（如负强化、消退）更普遍。尽管如此，行为主义的观点还是在心理学的研究和理论建构中烙下了不可磨灭的印记。即使最坚定的认知理论家也承认，如果要考察人类思维的本质，他们最终必须将思维过程与可观察、可测量的行为联结起来。他们也认识到，学习者当下的环境背景，即行为发生之前的刺激和之后的结果，对学习者的所学和所做有着深远的影响。不过，行为主义能够保留至今的最重要的原因可能是，如果运用恰当，它的确可以起作用（Boyanton，2010；Roediger，2004）。

在本章中，我们将探讨如何把强化和惩罚有效地运用在一般课堂管理之中，以及一种被称为应用行为分析（applied behavior analysis）的系统行为改变的方法之中。我们也将考察行为主义原理在几项被广泛运用的教学改革中的影响，即教学目标和目的、程序教学、计算机辅助教学和掌握学习。

行为主义原理在课堂管理中的应用

一般而言，新教师会把课堂管理列为他们最关心的事情（Evertson & Weistein，2006；V. Jones，1996；Veenman，1984）。一些学生很容易分心，还有一些学生总是做出干扰自己和他人学习的破坏性行为。

79 B. F. 斯金纳从一个行为主义者的角度，对为何如此多的儿童和青少年会在学校表现出无效行为进行了详细的阐述（例如，B. F. Skinner，1953，1954，1958，1968，1973）。斯金纳认为，西方传统教育的一个固有问题是，老师教给学生的是未来而非当前有用的技能（如议论文、代数计算等）；尽管这些技能未来可能会带来积极的结果，但在当下却不大可能出现。因此，为了让学生专注于学习行为和学业成就，老师就必须借助人为的强化物（如表扬、等级评定、贴画、自由活动时间）。不过，这些强化物并不是非常有效，因为它们的出现时有时无，而且通常是在所期望的行为发生很久之后才会出现。斯金纳指出，在这种情况下老师就需要借助消极后果（如批评、奚落、不及格）来减少学生的不当行为，换句话说，老师必须“通过恐吓不学习的行为来促使学生去学习”（B. F. Skinner，1968，p. 57）。然而，对不良表现的频繁惩罚很容易导致分心和无效行为，而且还可能促使学生做一些能够使自己逃脱或回避课堂任务的行为。

行为主义者们已经提出了大量有效地运用强化和惩罚的建议，稍后我们将会回顾一下这些建议。不过，在这样做之前，我们需要意识到在课堂情境中使用强化和惩罚的潜在阻碍，并对其加以说明。

课堂中强化与惩罚的使用

多年来，人们对在学龄儿童中使用强化和惩罚提出了许多批评，其中有一些是误解，但另一些则需要认真对待。首先，我们来审视一下那些常见的“伪”投诉，然后再转向那些较为中肯的意见。

伪投诉

有些针对课堂运用强化和惩罚的批评意见反映了对行为主义原理的误解，或是对实证研究结果缺乏了解：

◆ 强化是贿赂。有关贿赂的说法可能是各种反对在课堂上运用强化的抱怨中最常见的一个。不过，贿赂一词通常暗示着，被强化的行为是非法的或不道德的。而在课堂上恰当地运用强化却能促进教育目标的实现，所有这些教育目标中都包括了所期望的学业行为和社会行为。

◆ 强化会导致对所期望的行为的具体的、外在奖励的依赖。一些批评指出，学生们从事学习活动应该是出于学习本身的缘故。他们认为，老师对学习活动的强化会让学生养成一种期待，即完成功课就能获得奖励。这一观点可以从以下两方面来反驳：第一，正如你在第 4 章中学到的，强化并不一定就是物质的强化。一个明智的老师会用社会强化物、活动强化物、反馈和内在强化物（如成功感或成就感）来代替物质强化，只要有可能的话。

第二，即使一个老师必须使用物质的强化来改变行为，毕竟还是带来了其他方式无法带来的积极变化。当传统的行为改变策略已经没有办法提高重要的学业技能和社会技能，或减少消极行
80 为时，强化常常是有效的。如果让我们选择，那么是通过对阅读行为的强化来教会约翰尼读书，还是干脆放弃教他读书？答案显然是，约翰尼应该学会读书。我们也必须记住，无论何时，在使用物质强化的同时都要伴随社会事件（如表扬），这样就能创造出可以替代物质强化的次级（社会）强化物。

作为“贿赂”的强化。

◆ 为了让一个学生变好而实施的强化可能教坏其他学生。莱斯利会想：“嗯，过去几周琳达太吵了，现在老师给她一些葡萄干来让她保持安静。如果我开始不再管住自己的嘴巴，那么我也能得到些葡萄干。”如果学生们这样想的话，那么很明显是对强化的管理出了差错。所有的学生都应该因为做出恰当的行为而受到强化，可能是通过表扬、积极的反馈，或者成功所带来的内在强化物。如果一种物质强化物（如葡萄干）是对某个学生起作用的唯一强化物，就应该在私下里谨慎地给予。

◆ 惩罚会降低自尊。特定形式的惩罚，特别是心理惩罚（如公开的羞辱或嘲讽）确实会降低自尊。但是温和的惩罚，如短时的暂停或温和的训诫，通常对学生的长期情绪健康不会有什么负面作用。如果惩罚能帮助学生形成更有效的、更具适应性的行为，那么从长远来看，惩罚实际上间接地增强了他们的自信心。

◆ 如果只消除一个有问题的行为而没有消除行为背后的原因，那么可能会出现由该原因引发的其他行为。这个观点有时是合理的，但是在许多情境中，行为的改变也会间接减少导致行为发生的原因。例如，一个在运动场有过度攻击性的女孩。这个女孩真正想要的是与同伴进行有效的互动，但是攻击是她知道的唯一一个发起社会互动的方式。教育并强化这个女孩良好的社会技能，同时惩罚攻击行为，不仅可以帮助她发展友谊，而且可以减少攻击背后的原因：对陪伴的渴望。

中肯的意见 81

以下是一些我们应该严肃对待的、对课堂上运用强化和惩罚的重要的批评：

◆ 只通过强化来激励建设性的行为，而忽视了那些会妨碍学习的认知因素。如果学生已经具备了学习一种新技能的能力，只是缺少这么做的动力，持续强化就是促进积极的行为改变所需的唯一东西。但是，如果是认知能力的欠缺阻碍了新技能的获得，例如背景知识不足，或者存在某种学习障碍，那么只用强化是没有用的。在后一种情况中，教师可能需要采用基于认知学习理论的教学技术（后面的章节将会论及）。

◆ 长远来看，对一些行为的强化可能会妨碍学习和成就的最大化。对完成一个特定任务进行的强化，会导致学生将注意力和努力更多地集中在迅速完成任务上（可能是在一个最低的可接受水平上，或是通过欺骗），而不是可以从任务中学到什么。尤其是，当老师希望学生进行复杂的思考时，如对课业内容进行灵活的、创造性的思考，那么简单对完成任务进行外在强化就可能产生破坏作用（Brophy，2004；McCaslin & Good，1996；也可见第 16 章）。

◆ 对个体喜欢的行为进行外在强化会削弱该行为的内在强化价值。人们参加活动常常是因为这些活动能带来内在的奖赏（如愉悦感或成就感）。大量的研究显示，外在强化会增加个体所喜欢的行为，然而一旦强化不再出现，行为的发生频率就会降低。例如，在一项研究中，一些学前儿童被许诺，画画就可以得到一个神奇的“好玩家奖”，另一些孩子也得到了类似的奖励但事先未被告知，还有一组儿童，其画画活动没有得到任

何强化。结果发现，与其他两组孩子相比，第一组孩子在后来的自由活动时间里更少画画（Lepper，Greene & Nisbett，1973）。在另一项研究中，大学生们被要求完成一系列的拼图，与那些仅仅给予了积极反馈的学生相比，那些正确完成拼图就能得到金钱奖励的大学生，一旦强化停止就不大可能继续做拼图活动了（Deci，1971）。

在下列情况下，外在的强化最有可能削弱内在动机：（1）对一个活动的内在兴趣很高；（2）新近提供的强化物是有形的（如玩具或金钱）；（3）人们事先知道会得到强化物；（4）不是做得好才有强化，而是只要做就能得到强化（Cameron，2001；Deci，Koestner & Ryan，2001）。一定程度上来说，这种抑制效应的发生是因为：人类和非人类一样，都不喜欢强化的质或量的意外减少。对这种外在—削弱—内在（extrinsic-undermining-intrinsic）效应的另一个可能的解释，我们将在第16章的自我决定中讨论。

◆ *最终，学生们不仅要知道如何面对成功，而且要知道如何面对失败。*即使强化是内在的，遇到太多的好事情也未必好。如果学生们在学业努力中很少经历成功之外的事情，他们就不知道如何处理在学校和职场终将面对的、不可避免的失败和挫折。再者，学生们从错误中学到的和从成功中学到的是一样多的（Bandura，2008；Minsky，2006）。

82 ◆ *一个被惩罚的行为并没有被遗忘，还可能重现。*惩罚抑制了反应，它令该反应很少出现。然而，这种抑制作用经常是暂时的。当惩罚停止或者惩罚者不在场时，被惩罚的行为就可能再次出现（Appel & Peterson，1965；Lerman & Vorndran，2002；Pfiffner & O'Leary，1987；B. F. Skinner，1938）。

◆ *惩罚可能带来负面效应。*很明显，严厉的体罚会带来身体伤害，严苛的心理惩罚则会对情绪健康造成长期的负面影响。即使涉及厌恶刺激（由Ⅰ型惩罚而非Ⅱ型惩罚构成）的惩罚不是那么严厉，仍有可能导致各种破坏性的情绪反应，如愤怒、恐惧、焦虑等。愤怒转而又带来攻击，尤其对那些具有先天的攻击倾向的人来说（Berkowitz & LePage，1967；Landrum & Kauffman，2006；G. C. Walters & Grusec，1977）。另外，通过经典条件作用，惩罚所引起的恐惧会与焦虑及情境建立联结（Lerman & Vorndran，2002；B. F. Skinner，1938）。例如，当一个老师惩罚学生时，惩罚这个无条件刺激（UCS）可能与这个老师、学习任务或课堂环境建立联结，然后这些刺激就变成了引起恐惧和焦虑（CRs）的条件刺激（CSs）。类似地，如果一个教练在比赛过程中，因为孩子们成绩差而不断地对孩子们吼叫，就会导致孩子们对该运动形成消极态度（Feltz，Chaase，Moritz & Sullivan，1999；R. E. Smith & Smoll，1997）。

我们也必须记住，任何与惩罚建立联结、变成恐惧和焦虑的“导火索”的刺激，都可能带来逃避或回避行为（见第4章）。学校中的逃避和回避反应有许多形式，包括漫不经心、欺骗、撒谎、拒绝参加课堂活动和逃学（例如，Gardner，Wacker & Boelter，2009；B. F. Skinner，1938；Taylor & Romanczyk，1994）。

◆ *一种情境中的行为改善可能导致另一情境中更频繁的行为问题。*如果在一个情境中持续使用强化或惩罚，总体来说该情境下的行为会有所改善，但其他情境下的行为表现会变差，这就是所谓的**行为反差现象**（behavioral contrast）（例如，S. J. Simon，Ayllon & Milan，1982；Wahler，Vigilante & Strand，2004）。例如，一些在学校表现很差的孩子，在家可能会被父母描述为“小天使”。也许这些孩子在家里被严格的行为准则约束着，任何违反准则的行为都会受到严惩。如果真是这样，他们就会在学校做那些（在家）被禁止的行为，因为在学校这么做时不会受到严惩。

尽管有上述问题存在，但是正如我们将在接下来两节中所看到的那样，强化和惩罚依然是促进行为改变的非常有效的方法。

运用强化来增加所期望的行为

行为主义者们对如何在课堂和治疗环境中有效地运用强化提出了大量的建议：

◆ *事先指定所期望的行为。*行为主义者们指出，一开始就要用具体的、可观测的术语将所期望的最后结果，或者说**终点行为**（terminal behavior）描述出来，而且最好有对该行为的形式和频率的详细说明。例如，一个老师与其告诉学生应该有“学习责任心”，还不如告诉他们紧跟教学进

度、每天将所需的课本和教辅材料带齐、在截止
83 日期前上交作业的重要性。通过对终点行为的事先说明，老师给自己和学生指出了瞄准的目标，并且让学生能更好地确定自己是否正朝向这些目标前进。

明确对行为的质的要求是很重要的，量的要求也一样。举个例子，与其简单地强化学生们安静地坐在位子上，老师们更应该鼓励他们在那段时间里做些富有成效的工作。与其简单地强化学生们多读书（这样做会鼓励学生去读一些简短的、容易的书籍），老师们更应该强化他们读那些符合其能力水平的、有挑战性的阅读材料（McCaslin & Good，1996）。

◆ *只有在所期望的行为无法自动出现时才使用外在强化物。*我们不可能，也不必要强化每一个好的行为。各个年龄段的学习者经常可以凭借自己的意志力做出适宜的、有效的行为。此外，许多外在强化物如果被反复使用就会失去它们的效用（Michael，2000；E. S. Murphy，McSweeney，Smith & McComas，2003）。

◆ *识别对每一位学习者真正具有强化作用的结果。*在学校环境中，社会强化物（如表扬）或者活动强化物（如特别的优待）通常是很有效的。有时，一个学生所需要的仅仅是，在他做对的时候给予及时的反馈，尤其是对行为质量没有其他说明的情况下（Hattie & Timperley，2007；J. A. Kulik & Kulik，1988；Shute，2008）。

教师在应用行为主义原理时最普遍的错误之一是，假定特定的结果对所有学生都有强化作用。例如，一位一年级的老师曾经跟我讨论她的一个学生，这个男孩太能制造混乱了，以至于根本不能在教室里待上半天。为了纠正男孩的破坏行为，这个老师做了一个尝试，她在男孩的课桌旁立了一个被剪裁、绘制成小丑模样的厚重的大纸板，纸板上有一个小红灯泡做成的鼻子。当男孩表现出适宜的课堂行为时（如安静地坐着，或认真完成任务），老师就会用远程遥控让红鼻子亮起来。"我不明白为什么他的行为没有改善。"她告诉我。我提出，也许小丑对这个男孩没有强化作用。"胡说！"她回答道，"小丑对其他孩子都管用！"

并不是所有人都会对同样的强化物有所回应。例如，尽管大多数学生发现，老师的表扬具有强化作用，但是有些学生，当他们的个人努力被公开地单独提出作为典型时，会感到不舒服。对这些学生来说，私下给予表扬，或者对其所在团队的成就给予表扬可能是更有力的强化（Fuller，2001；Jiang，2010）。还有一些学生只有物质强化能起作用，在这种情况下，让父母根据孩子的在校表现，在家中给予强化通常非常有用（Kelley & Carper，1988；D. L. Miller & Kelley，1994）。

那么，老师如何判定对不同的学生来说，哪种强化有效呢？一种方式就是，询问学生的父母，甚至学生本人。不过，孩子们并不总是很清楚哪种结果对他们是真正有效的（Atance & Meltzoff，2006；Northup，2000），因此比较好的一种方式是，观察这个学生一段时间，看哪种结果真正对他起作用。

老师们还应该记住，任何一个强化物都不可能保持无限的强化价值，尤其是被频繁使用时（Bowman，Piazza，Fisher，Hagopian & Kogan，1997；Viken & McFall，1994）。例如，无论你有多喜欢得到自己所敬重的人的表扬，一段时间后，
也会对不断的表扬感到厌倦。这当然可能是好东 84
西得到太多的缘故。

强化物必须是对学习者有强化作用的。

◆ *确保学习者改变行为以后，得到的要比失去的多。*在考虑各种行为所带来的结果时，孩子们有时会有意或无意地像成人一样进行成本—收益分析（Eccles & Wigfield，1985；Feather，1982；Friman & Poling，1995；A. C. Perry & Fisher，2001）。尽管知道某个特定反应会受到强化，但如果做出该反应会让他们失去太多，或得到太少的话，他们也不大可能去做。比如，如果回

收装置就在手边，而不是放置在楼下的话，人们就更有可能回收纸张和铝罐（Brothers，Krantz & McClannahan，1994；Ludwig，Gray & Rowell，1998）。设想一下，如果一个大学生估计自己每周至少要花 20 个小时学习，才能在历史课上得到 A，那么，即使 A 是一个有效的强化物，可能也不值得她花那么多时间去获得。

◆ 清楚地描述反应—结果之间的相倚性。当学习者清楚地知道各种行为将伴随怎样的结果时，强化显然会更有效。例如，当幼儿园的孩子被告知“最安静的小组将第一个休息”时，他们就更可能表现出适当的行为。如果高中生们知道完成西班牙语作业就能去当地的五月五日节（Cinco de Mayo festival）进行一次实地考察旅行，他们就更有可能按时完成作业。

一个沟通相倚性的直接做法就是通过**相倚契约**（contingency contract）：一份清楚说明了对学生的预期（终点行为）以及这些预期所带来的结果（强化物）的协议。为了建立这个契约，老师要和学生见面讨论（该学生的）一个问题行为（例如，在课堂自修时间和朋友聊天，或者无礼地评论同学）。然后，老师和学生一起确定该学生将要做出的具体行为（例如，在规定时间内完成课堂自修作业，或者用友好的、尊重的方式和同学说话），并达成一致意见。双方还要商定一个或多个对这些行为的强化物（例如，一些自由支配的时间，或者一定数量的积分，可以用来换取想要
85 的特权或奖品）。老师和学生一起写下并签署一份契约，契约描述了学生要展现的行为，以及为此将会获得的强化物。相倚契约已经被证明在处理很多学业行为和社会行为上是有效的（Brooke & Ruthren，1984；D. L. Miller & Kelley，1994；Rueger & Linberman，1984；Welch，1985）。

◆ 持续地管理强化。在群体情境中（如课堂），有时不便在每次行为出现时都给予强化。但是正如我们在第 4 章学到的那样，连续强化会比间断强化带来更快的行为改变。如果一个学生的行为已经很有破坏性并且很占用时间，那么现下投入一点额外的时间对他的恰当举止进行连续强化（这样做偶尔可能会有不便），从长远来看是在节省时间。

◆ 逐步塑造复杂的行为。在许多情况下，激励一个想要的行为需要一个逐步塑造的过程。在对一个更接近终点行为的行为进行强化之前，要确保前面的每个反应都已经学得很好了。如果太快地推进塑造过程，可能导致终点行为之前的所有反应无法很好地建立，那么强化将不能带来任何持久的行为改变。

为了说明这一点，让我们来谈谈加西亚女士，一位三年级老师。她想要训练一个过度活跃的男孩安静地坐在座位上。她的目标（终点行为）是让他安静地坐 20 分钟。在干预计划实施的第一天早上，这个男孩安静地坐了 1 分钟，加西亚女士给了他强化。她可能不能指望这个孩子刚达到 1 分钟的标准一次，就能马上向着 2 分钟的标准前进。相反，她应该继续在这个男孩安静地坐了 1 分钟时给予强化，直到他的反应频率清楚地表明，她可以开始期待更长时间的静坐了。

◆ 在公开地给予强化时，要保证所有的学生都有机会得到强化。在试图改善一些学生的行为时，老师可能会无意中忽视了应该平等对待的另一些学生。此外，有些学生无法做到某些行为并不是他们自己的错。比如这个案例，一个年轻的移民女孩，她不得不让自己很快地从越南的上学时间（10：00—5：00）调整到美国的上学时间（7：45—3：45）：

> 每周五放学后，老师都会给这星期表现好的孩子一点小礼物。如果你迟到，你就不能得到礼物…… 我永远不可能得到礼物，因为我总是晚到校，这伤害了我。那是一段可怕的日子。我一点也不想去学校。（Igoa，1995，p. 95）

从根本上来说，学校应该是一个所有学生都能够以这种或那种方式获得奖励和成功的地方。然而，课堂是一个忙碌的场所，太忙了，以至于会忽略了少数迫切希望并确实需要老师关注的学生。在这类情况中，老师可以直接教学生寻求和获得强化的适当方法，例如，举手或在合适的时间安静地靠近老师，问老师（例如，“我做得怎么样？”“下面我要做什么？”），并且要让老师知道他们的进步（“看，我都做完了！”）（Craft，Alberg & Heward，1998，p. 402；K. A. Meyer，1999）。

◆ 用客观标准来监控进步。无论我们将学习定义为心智的改变还是行为的改变，只有看到行为的实际改变，我们才能知道学习确实发生了。行为主义者强烈建议，要用具体的、客观的术语来评定行为的改变，尤其要评估系统运用强化期

86 间和运用之前所期望的行为的出现频率。在开始强化之前行为出现的频率就是该行为的**基线**（baseline）水平。一些行为即使在没有直接强化的情况下也会频繁出现，另一些行为则很少出现或完全没有。因此只有将实施强化后的反应频率和反应的基线频率进行比较，老师和其他实践者才能确定真是使用强化所起的作用。

◆ *培养延迟满足的能力*。在前面的章节里，我强调过操作性条件作用中即时强化的重要性，特别是对年幼的儿童和动物而言。不过，学校和外部世界的成功基本上都要求人们**延迟满足**（delay gratification），即为了长远的、更令人满意的结果而放弃即时的快乐。一般来说，个体的延迟满足能力会随着年龄而增长，这一部分是源于大脑的成熟（Green，Fry & Myerson，1994；M. I. Posner & Rothbart，2007；Steinberg et al.，2009）。

当不可能及时提供强化时，告诉孩子们以后会有强化往往有帮助（S. A. Fowler & Baer，1981）。如果一位老师想鼓励学生坚持上完一堂很难的课，就可以这么说："因为今天上午我们工作得很努力，所以午饭后我们将排练你们很喜欢的那个班级滑稽剧。"另外，如果等待期是逐渐延长的，并且学了一些如何应付等待时光的策略，例如，在等待期间做点事，或者告诉自己"如果我能多等一小会儿，我就会得到一个更大的奖励"，孩子们就能更成功地实现延迟满足（Binder，Dixon & Ghezzi，2000；M. R. Dixon & Cummings，2001；M. R. Dixon，Rehfeldt & Randich，2003）。

◆ *一旦终点行为有规律地出现，就要逐渐让学习者脱离外在强化物*。当一个先前习得的反应不再被强化时，它会很快消失。从一个行为主义者的观点来看，有两个条件可以阻止这种消退。在有些情况下，行为的改善会带来内在强化（如内在的成就感、自豪感等），因而个体会自愿继续这种行为。但是并不是所有重要的行为本身都能带来内在的满足。如果一个想要的行为是乏味的但是必要的，如基本的数学运算练习，或者手工活动后的整理工作，那么间断强化程序将有助于长期维持该行为。

减少不良行为的策略

在本章和前面的章节中，我们已经详细地讨论了一个新的反应是如何通过强化被学会、被修正和被维持的。不过，有时我们的目的可能是减少甚至是消除某个行为。有四种方法可能用以减少和消除错误行为，即消退、非相倚强化、对其他行为的强化和惩罚。

消除不良反应

在一次漫长的住院过程中，小男孩吉米养成了一种令人担忧的习惯，即用头撞击床沿。护士只要一听到他这样做，就会立即冲进房间阻止他，这种不经意的强化让吉米撞头的行为持续了下来。一位心理咨询师通过消退过程成功地消除了这一行为：把一个安全帽绑在吉米的头上以防受伤，并让护士们在吉米撞头的时候忽视他。与此同时，因为吉米很明显希望受到关注，所以护士们一定要在其他时候花些时间和他在一起。

87 所谓消退，就是确保某个特定的反应不再得到强化。有时，它是一种消除不适当的课堂行为的有效方法。例如，那些在课堂上捣乱的学生，如果发现这种行为不能带来他们所寻求的关注，就会停止捣乱。如果学生们不会因为课业任务的得分高就获得贷款的话，他们在这些任务上的作弊行为就会很快消失。我们没有必要试图消除上述情境中已经使用的那些强化物（如关注、班级贷款），我们只需要确保这些强化物没有与不适当行为相倚。

很不幸的是，由于某些原因，消退并不是一个可以完全信赖的消除不良行为的方法。第一，我们并非总能识别出那个实际上强化了某个反应的特定结果。例如，尽管一些孩子的撞头行为是为了获取他人的关注（就像吉米），但也有一些孩子这么做是为了逃避不喜欢的任务（一种负强化形式），或提供自我刺激（Iwata，Pace，Cowdery & Miltenberger，1994）。第二，维持一个反应的强化物可能有好几个，其中一些可能很难被排除。例如，尽管老师可以忽视一个课堂"小丑"的笑话，但同学们还是可能被这些笑话逗笑（Landrum & Kauffman，2006）。第三，即使所有的强化源都被排除了，该行为还可能出现消退突现，即在行为开始减少之前，行为发生频率增高的现象（见第4章）。第四，有时被抑制的行为会出现自然恢复现象，即在未来的某个情境中突然再次出现（Alberto & Troutman，2009；B. F. Skinner，1953）。第四，因为一些行为先前是在间断强化程序下建立的，所以特别难以消退（Pipkin & Vollmer，2009）。如果因为上述的某个原因导致反应不能被消除，通常就有必要采取其他方法了。

给予非相倚强化

近年来，一些研究者发现，如果给予个体想要的结果，但结果与行为之间没有相倚关系，这样就能减少不恰当的行为，比如，在预料之外的时间给予强化，或者为困难的任务提供有规律的休息间歇（J. L. Austin & Soeda，2008；Ecott & Critchfield，2004；Waller & Higbee，2010）。通过这种方式，让孩子不必付诸行动就能得到想要的结果。当然，这个方法的一个主要缺点是，孩子们不一定能学到更恰当的行为方式，来取代原有的破坏行为。偶尔，还会导致迷信行为（见第 4 章）。

强化其他行为

与其运用非相倚强化，老师或治疗师还不如明确指出想要强化的特定行为，同时确保想要消除的行为不会受到强化。有时，在一个特定的时间段里，学习者的任何反应都会得到强化，除了某个特定的（假定是不想要的）反应以外。在这种情况下，学习者必须完全不做那个特定的反应。[①] 例如，一个老师这样说：“今天我会记下每个随便说话的学生的姓名。如果下午 3 点以前你的名字还没有出现在黑板上，你就能得到半小时自由活动时间。”这个方法有一个缺点就是，如果他们在这一时间段表现出其他的不恰当行为，也可能得到强化物。

88 一个更好的策略是，只强化不良行为的积极替代者（例如，Lerman，Kelley，Vorndran，Kuhn & LaRue，2002；Vladescu & Kodak，2010；Vollmer，Roane，Ringdahl & Marcus，1999）。[②] 这个行为最好是与想要消除的行为是不相容的。（回忆一下第 3 章对抗条件作用和打破习惯中，我们对不相容行为的运用。）第一步，确定一个与想要消除的反应不相容的反应，即一个不可能与不良反应同时出现的反应。然后，只要这个不相容行为出现就给予强化。例如，一个女孩，只要她坐下就给予强化，这样她的不恰当离座行为就可能减少。而对一个每次击球失误后就大发脾气的网球手，则可以强化那些努力控制挫败感的行为，如安静地站一会儿，深呼吸几下，然后继续打球（Allen，1998）。还可以让一个总是乱丢垃圾的人去负责学校的“反对乱丢垃圾”活动，并对他的努力给予相当的肯定和赞许（Krumboltz & Krumboltz，1972）。这种强化其他（可能是不相容的）行为的做法往往比消退更有效，倘若老师和治疗师们能始终坚持只强化想要的行为，决不强化不恰当行为的话（Pipkin，Vollmer & Sloman，2010；Woods & Miltenberger，1995；Zirpoli & Melloy，2001）。

运用惩罚

作为一种行为控制的手段，惩罚被广泛地用于养育孩子和教育实践中（Landrum & Kauffman，2006；Straus，2000a，2000b）。作为一种行为训练的方法，惩罚之所以流行的一个可能原因是，它可以很快地减少或消除非预期行为，结果惩罚者就被负强化了，即通过使用惩罚，他/她摆脱了（至少是暂时摆脱）一个不想面对的局面。

在消退或强化不相容行为等方法是徒劳的或无法实行的情况下，我们经常会使用惩罚。况且，有时惩罚确实比其他行为主义技术更有效（Conyers et al.，2004；Frankel & Simmons，1985；Lerman & Vorndran，2002；Pfiffner & O'Leary，1987）。当一种行为可能对行为者自身或他人有害时，我们特别建议使用惩罚。在这类情况下，运用惩罚快速消除有害行为，实际上可能是最人道的一种做法。

关于如何有效地运用惩罚，心理学家和教育学家们已经提出了大量的建议，其中一些建议减少了产生负面作用的可能性。下文中的指南就是这些建议中最常被引用的：

◆ 选择一个确有惩罚作用又不过于严厉的“惩罚”。就像强化一样，惩罚也是通过它对行为的作用来定义的：真正的惩罚会让相应的反应减少，并且通常会减少得很快。（例如，让我们回到第 4 章的图 4—5，看一下安德烈娅咬人和掐人的行为减少得多么快。）如果一个既定的结果并未减少想要惩罚的反应，那么该结果可能并不是被“惩罚”的人反感的。实际上，它甚至可能是一种强化物。例如，在我的孩子的成长过程中，我们家常用的一种“惩罚措施”是，回自己的房间里待着。对我的两个儿子来说，这个结果确实令人

---

① 这个方法就是所谓的对其他行为的差别强化（differential reinforcement of other behaviors，一个 DRO 计划）。

② 这个方法就是所谓的对替代行为的差别强化（differential reinforcement of alternative behaviors，一个 DRA 计划），或对不相容行为的差别强化（differential reinforcement of incompatible behaviors，一个 DRI 计划）。

不快，因为他们更喜欢和其他的家庭成员互动，而不是独自待在房间里，哪怕只是很短的时间。但是，当我的女儿蒂娜被赶回房间时，她很可能受到了强化：她会重新布置房间，听收音机，或
89 者盖着被子看一本好书。于是，那些经常被这样惩罚的行为（例如，用这样那样的方式骚扰或戏弄她的兄弟）就不减反增。

蒂娜被“惩罚”。

正如第 4 章中所强调的那样，某些形式的惩罚（如体罚、公开的嘲讽）经常是无效的，因此应该避免使用。无论使用什么惩罚，它都应该具有足够的力量去阻止不恰当的行为，但又不会过分严厉（Landrum & Kauffman，2006；Lerman & Vorndran，2002）。严苛的惩罚，即远远超出过失的严重性的惩罚，最容易导致那些我们不想要的负面作用，如怨恨、敌意、攻击和逃避行为。另外，尽管严厉的惩罚能够迅速压制一个反应，但是一旦惩罚者离开，该反应就会以原有的水平再现（Appel & Peterson，1965；Azrin，1960；Landrum & Kauffman，2006）。实施惩罚的最终目的是为了告诉被惩罚者可接受的行为界限，如果惩罚破坏了惩罚者与被惩罚者之间的关系，它就不能发挥作用了（Spaulding，1992）。

◆ *事先告知学习者何种行为将受到惩罚。*当个体知道哪种行为可能受罚，以及会有什么样的惩罚时，惩罚最有可能制止该行为（Aronfreed，1968；Landrum & Kauffman，2006；也可见第 6 章）。我记得 4 岁的时候，有一次在没有任何事先警告的情况下，我被惩罚了。那天吃午饭的时候，出于“不浪费，不愁缺”的传统想法，我舔掉了粘在黄油刀上的一大块黄油。结果一位长辈很严厉地训斥了我，把我吓坏了。那时候的我是一个乖乖女，如果早知道舔刀子的行为不受欢迎，我是绝对不会那么做的。

通常，对某些反应将受到惩罚的认知本身就足以改善行为。例如，在霍尔（Hall）及其同事的一项研究中（1971，实验 4），当老师把参加课后辅导作为对低分的“惩罚”后，三个修法语课的高中生的成绩都提高了。这些学生（戴夫、罗伊和黛比）在日常小测验中一直都得 D 或 F。老师告诉他们，由于他们在法语学习方面存在困难，所以只要他们的得分低于 C，就必须参加半小时的课后辅导。图 5—1 显示了他们在基线期间和测验成绩差就会受罚期间的测验成绩。注意这里采用了多重基线的方法：特意在不同时间开始对不同学生的干预，以证明行为的改变确实是由实验所致（而非学校或其他场所中别的因素）。正如你 90
从图 5—1 上看到的，没有一个学生再需要去参加课后辅导。很明显，单是惩罚的威胁就足以带来所期望的学习行为。这也许是因为，威胁的暂时解除（通过为每次测验而学的方式而实现），对增强良好学习习惯已是足够的负强化。

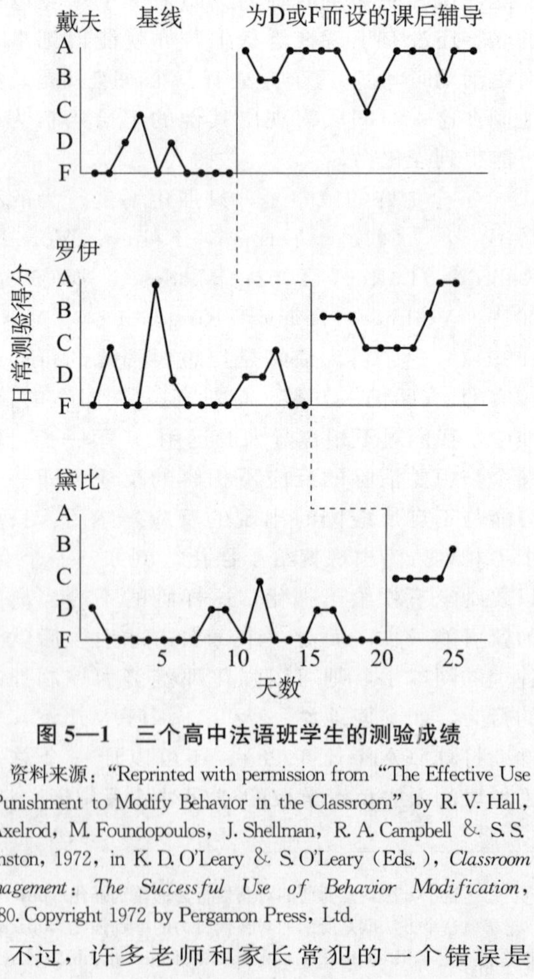

图 5—1　三个高中法语班学生的测验成绩

资料来源：“Reprinted with permission from ‘The Effective Use of Punishment to Modify Behavior in the Classroom’ by R. V. Hall, S. Axelrod, M. Foundopoulos, J. Shellman, R. A. Campbell & S. S. Cranston, 1972, in K. D. O'Leary & S. O'Leary (Eds.), *Classroom Management: The Successful Use of Behavior Modification*, p. 180. Copyright 1972 by Pergamon Press, Ltd.

不过，许多老师和家长常犯的一个错误是，

一直威胁着要惩罚却从不执行到底。我们建议给予事前警告，但并不主张一再地威胁。例如，如果一个妈妈一直说，“汤米，如果你再打妹妹，这星期剩下的时间我就让你一直待在你的房间里”，但却从未真的把汤米送回自己的房间，那么她就是在传递一个信息：反应—惩罚的相倚关系并不真的存在。

老师和家长不能遵循威胁性惩罚的一个原因是，他们经常是在吓唬人，所提出的惩罚根本无法实行，或是极端不现实的。汤米的妈妈无法惩罚她的儿子，因为强迫汤米在他的房间里度过“这周剩下的时间”，对他们双方都是一件麻烦事。一个老师威胁学生说，某些行为将会导致他们不能参加实地考察旅行，除非他/她知道把一些学生留在学校是行得通的，否则就不可能真的这么做。

◆ *用清晰、具体的语言描述不能被接受的行为*。学习者应该清楚地知道哪些反应会导致惩罚。一个学生被告知，“如果今天上午你再扰乱课堂，那么你就会失去自由活动时间”，但他可能并不清楚老师说的“扰乱”是指什么，因此可能继续做出不当行为。老师应该把这个学生带到一边，这样跟他说：“沙伦，在这个课堂上有两种行为是不
91 受欢迎的。没有得到许可就说话，以及在安静的阅读时间里离开座位，这些会让其他同学不能专心学习。今天上午，我希望你能够做到，只在得到我的许可时才说话和离开座位。否则今天下午，当其他孩子自由活动时，你将不得不安静地坐在座位上。”

◆ *尽可能在不恰当的行为发生后立即惩罚*。与强化的原理一样，惩罚的有效性也会随着时间的延迟而大幅度降低。对不当行为的惩罚越及时，就越有效。无论出于什么原因，当无法立即实施惩罚时，都必须明确无误地澄清行为与结果之间的相倚性（Aronfreed & Reber，1965；Landrum & Kauffman，2006；Lerman & Vorndran，2002；Trenholme & Baron，1975）。

◆ *在一个温和的、支持性的环境背景下实施惩罚*。如果实施惩罚的人之前已经与学习者建立了良好的关系，惩罚就会更有效（J. Ellis，Fitzsimmons & Small-McGinley，2010；Landrum & Kauffman，2006；Nucci，2001）。其传递的信息基本上是：“我关心你，并且希望你能成功，但是你现在的行为会阻碍你成功。”

◆ *解释某个行为不能被接受的原因*。尽管行为主义者更关注反应和结果，相当多的研究却表明，如果给出某种行为不被接受的理由，惩罚就会变得更有效（M. L. Hoffman，1975，2000；Parke，1977；D. G. Perry & Perry，1983）。例如，在前文的例子中，沙伦的老师可以在描述沙伦的不当行为时补充解释：“如果你未经许可就说话，如果你在安静阅读的时间离开座位，那么你会让其他同学不能专心地做自己的事。”

提供行为不可接受的理由，至少有四个方面的好处（Cheyne & Walters，1970；G. C. Walters & Grusec，1977）：

- 当惩罚的同时伴有理由说明时，惩罚的即时性对成效的影响就不那么至关重要了。
- 理由说明提高了其他类似的错误行为被抑制的可能性，即惩罚的作用会泛化到其他错误行为。
- 如果给出理由，错误行为就更可能受到抑制，即使惩罚者不在场。
- 年长的儿童非常希望被告知，为什么某个行为是被禁止的，他们倾向于挑战没有给予理由的惩罚。

◆ *对不恰当行为施加惩罚要前后一致*。正如强化一样，如果一个特定的反应之后总是伴有惩罚，惩罚就会非常有效（Leff，1969；Lerman & Vorndran，2002；Parke & Deur，1972）。当一个反应只是偶尔受到惩罚，其他时候则被忽视或者强化时，该反应就会消失得很慢，无论如何。

前后一致的重要意义不仅表现在跨时间的一致性上，而且表现在跨情境的一致性上（Boyanton，2010）。如果一个有着长期行为问题的学生有两位或更多的老师，那么所有这些老师都要协调一致。最好老师和父母之间也能就需要强化和惩罚的行为方面达成一致意见。这样就可以将学生在家、在校行为不一的可能性降至最低。

不幸的是，人们只有在被抓了现行的情况下才会受到惩罚。小偷们很少被逮到，超速者只有行驶在被巡查的道路时才会被开罚单。许多不可 92
取的课堂行为，例如发泄、攻击和作弊，受到强化和受到惩罚的情况可能一样多。为了解决检测不良行为方面的困难，下面的两条指导原则特别

关键。

◆ 调整环境以减少错误行为出现的可能性。减少或消除（如果可能的话）引诱个体做出错误行为的环境因素。例如，把会制造麻烦的几个朋友分别安置在教室的两端，或不同的班级里；让学生间隔就座，或者让相邻的学生做两套不同的试卷，就可以减少考试作弊（Cizek，2003）。

◆ 教导并强化更受欢迎的行为。在惩罚中，惩罚本身能够告诉个体不要做什么，却不能告诉他应该做什么来代替原有的行为（B. F. Skinner，1938）。当把对错误行为的惩罚与对有效行为的强化联合使用时，惩罚的效果会更加持久（R. G. Carey & Bucher，1986；Landrum & Kauffman，2006；Lerman & Vorndran，2002；Ruef，Higgins，Glaeser & Patnode，1998）。例如，对游乐场的攻击行为进行惩罚的同时，老师们也应该记得要教导并强化有效的社会技能。老师可以惩罚一个学生的作弊行为，但也要教会这个学生好的学习习惯，并对学生独立工作的良好表现给予强化。

应用行为分析

有时，问题行为的侵犯性和破坏性太大了，就需要集中的、系统的干预。应对此类行为的一个有效途径就是**应用行为分析**（applied behavior analysis，ABA）。（你也可以将其理解为行为矫正、行为治疗和权变管理。）应用行为分析的一个基本假设是：和大多数的人类行为一样，严重的问题行为也是过去和当下反应—结果相倚的结果。应用行为分析通过各种行为主义概念的运用——强化、行为塑造、提示、消退、惩罚等——来创设一种更易引发有效行为的环境。该技术对那些必须不断鼓励才能表现出适当的学习行为和社会行为的学习者尤其有效。因此，该技术经常被应用在有特殊需要的学生的教育和治疗中，包括有明显学习障碍的人和有严重精神疾病的人。

一般来说，ABA干预方案要根据每个人的具体情况来定，不过以下几个原则是普遍适用的：

◆ 用可观察、可测量的术语指明所要干预的行为。与行为主义者的传统一致，使用ABA的老师和治疗师关注的也是具体明确的行为，他们称之为**目标行为**（target behaviors）。有些时候，干预的目的是为了增加某个目标行为（假定可取的）。另一些时候，干预则是为了减少某个目标行为（假定不可取的）。

◆ 在干预之前和干预过程中都要对目标行为进行测量。只有通过对干预前后目标行为的客观测量，我们才能确定该干预是否有效地改变了行为。例如，我们可以将一堂课划分为每5分钟一段，或者将一整天在校时间分为一小时一段，然后确定在每个时段里，一个特定的目标行为是否出现，或出现的频率。

在使用应用行为分析时，要尽可能客观地观 93
察并记录目标行为。理想的情况下，有一个或更多的人（如老师、治疗师）负责实施ABA干预，同时有至少两个受过训练的人负责观察和记录目标行为的出现情况。如果所采用的是能够客观、准确记录行为的测量方法，那么两个观察者记录的一致性（**评分者信度**，interrater reliability）应该很高。

◆ 识别促使问题行为发生的环境条件。在收集目标行为的信息的同时，收集这些行为发生前后的事件信息也是很有帮助的。一位老师或治疗师的典型做法是，采用ABC方法来观察日常情境中的个体，收集以下过程信息：

- 先行因素（Antecedents），即个体面临的刺激和事件。
- 行为（Behaviors），即个体随后做出的反应。
- 事后结果（Consequences），即紧随行为之后的刺激和事件。

举个例子，假设有一个学生（我们称他为约翰尼），他经常打他的同学。基线数据收集的部分应该包括，记录所观察到的每次打人的先行经历和事后结果的信息。图5—2以每5分钟为一个时段举例说明了这个过程。

先行因素		同伴嘲笑了他			没有观察到	同伴打他	
行为（打人）	否	是	否	否	是	是	否
事后结果		被斥责			被斥责	无	
	9：00	9：05	9：10	9：15	9：20	9：25	9：30

（表中标明的时间是每5分钟区间的开始时间）

图 5—2　一份约翰尼的目标行为及相关的前后事件的记录表

一旦这些信息收集上来，老师或治疗师就可以从数据中寻找行为发生的模式，分辨可以触发或强化目标行为的特殊事件，这就是著名的**功能分析**（functional analysis）或功能行为评估（functional behavioral assessment）。[①] 让我们来看一个例子，杰布是一个患有孤独症的 5 岁男孩。杰布的老师报告说，他在校期间每天都花大量的时间捂着自己的耳朵。研究者唐、肯尼迪、科佩金和卡鲁索（Tang，Kennedy，Koppekin & Caruso，2002）着手澄清了为什么杰布捂耳朵的行
94 为如此频繁。以每 30 秒为一个时段，他们记录了每一次的捂耳行为、当时发生的特殊事件（例如，反应是否出现在游戏时间、茶点或午饭时间、讲课时间、活动过渡期和其他孩子尖叫时），以及每次捂耳反应后老师的行为（例如，是否有老师开始、中止或继续与杰布互动）。图 5—3显示的是在不同的先行因素和事后结果条件下捂耳行为出现的频率。你可以看到，当杰布捂耳朵时，老师的典型反应是不改变对待杰布的方式。这样的话，他们显然无法强化目标行为。再看看先行刺激就更清楚了：80%的捂耳朵行为是在同学尖叫后立刻出现。很可能是，杰布对大的声音高度敏感，这个特点在许多孤独症儿童身上都可以看到（R. C. Sullivan，1994；D. Williams，1996）。

◆ 开发并实施一个特殊的干预或治疗。对治疗方案的开发涉及要决定矫正目标行为所用的方法。有些时候，通过连续强化就可以轻易提高行为频率。但是，当一个所期望的反应的现有频率（基线）非常低时，就必须通过对近似行为的逐步强化来塑造该反应。一个不良行为则可以通过消退、强化不相容行为，或惩罚之类的方法来消除。在许多情况下，直接的指导也是干预的一部分。

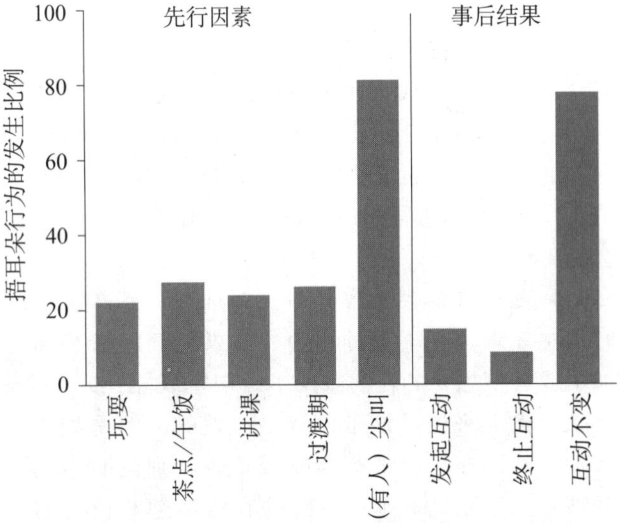

图 5—3　不同的先行因素和事后结果条件下，杰布捂耳朵反应的发生频率

资料来源：Reprinted with permission from "Functional Analysis of Stereotypical Ear Covering in a Child with Autism" by J.-C. Tang，C. H. Kennedy，A. Koppekin & Mary Caruso，2002，*Journal of Applied Behavior Analysis*，*35*，p. 96. Copyright 2002 by the Society for the Experimental Analysis of Behavior，Inc.

在设计干预方案时，阐明特定行为对个体的明显的服务功能（由功能分析而得以确认过的）往往很有用。将环境改造成激励有效行为的方式也很有帮助。在学校情境中，一个众所周知的方法就是，**正向行为支持**（positive behavior support，PBS）。该方法通过下面这些策略来实现上述功能（Crone & Horner，2003；Koegel，Koegel & Dunlap，1996；Ruef，Higgins，Glaeser & Patnode，1998；Wheeler & Richey，2010）：

● 教授与不恰当的行为具有同等服务功能

① 在一些功能分析中，老师或治疗师通过对环境的系统操纵，来检验各种关于有影响的先行刺激和事后结果的假设（例如，K. M. Jones，Drew & Weber，2000；K. A. Meyer，1999；M. M. Mueller，Sterling-Turner & Scattone，2001；Piazza et al.，1999）。

（因而可以代替原有的不当行为）的行为。

95 ● 将可能触发不恰当行为的条件最小化。

● 创建一个可预见的日常活动流程，以便将焦虑减到最小，让学生感到舒服和安心。

● 给予学生选择的机会，这样学生就能够经常获得自己想要的结果，而不必诉诸不恰当行为。

● 调整课程或教学，或者双管齐下，以便将学业成功的可能性最大化（例如，在维持学生兴趣的基础上，以较小的步幅呈现学习材料，或者在比较容易的、令人愉快的任务中穿插一些挑战性的任务）。

尽管正向行为支持具有行为主义元素，但同时它也吸收了当代动机理论的观点。这可以从它试图将焦虑最小化、提供选择机会和促进对课堂任务的掌握等方面反映出来。当我们在第16章和第17章讨论动机与情绪时，上述做法的重要性将会变得更清楚。

◆ *通过有效性监控干预实施进程，并在必要时调整方案。*在干预计划中，如果想要的行为增加了或者不想要的行为减少了（与基线相比），那么从逻辑上来说，该干预就是有效的。但是如果从基线到治疗阶段的行为改变很少，则说明需要调整了。可能是老师或治疗师在尝试塑造行为时操之过急了。可能是"强化物"没有真的起到强化作用。可能是老师或治疗师试图用消退法消除的那个不良行为，被某个无法控制的强化物维持了下来。对于一个不成功的干预，我们应当仔细检查上述这些或其他可能导致干预无效的原因，然后做出相应的调整。

◆ *用测量来促进新习得的行为的泛化。*尽管有时候人们会将他们在一个环境中学到的行为泛化到其他场景中，但不能保证他们一定会这么做。实际上，许多ABA干预计划之所以只能取得有限的成功，正是因为（个体）在某些条件下习得的行为没有被泛化到其他情境中（Alberto & Troutman，2009；Landrum & Kauffman，2006；Schloss & Smith，1994）。心理学家已经提出了一些在ABA干预计划中促进泛化的策略：

● 在多种背景下教授目标行为，包括许多现实背景；如果可能的话，在最终期待该行为发生的真实环境中教授行为。

● 教授该行为的许多不同版本；例如，在教授人际技能时，可以教授多种与他人恰当互动的方式。

● 教授想要的行为与环境中自然出现的强化物之间的联系；例如，指出良好的个人卫生能够带来更多的人际互动奖励。

● 当该行为在新情境中自动出现时，要给予强化；换句话说，要对泛化现象给予特别的强化（Bourbeau，Sowers & Close，1986；Emshoff，Redd & Davidson，1976；Haring & Liberty，1990；B. M. Johnson et al.，2006；T. F. Stokes & Baer，1977）。

◆ *想要的行为习得后，干预计划要逐渐停止。*一旦个体习得终点行为，ABA干预计划就要逐渐停止。在许多情况下，新习得的行为会带来自然的强化过程。例如，一个具有攻击性的学生，学会了可接受的社会行为后就开始交到朋友；一个终于学会了阅读的学生开始体会到成功，并开始喜欢阅读。在另一些情况中，维持目标行为可能还需要利用间断强化技术，例如一系列逐步增大的可变比率强化程序。

尽管大量研究显示，ABA技术是有用的，但 96
心理学家们并不总是很清楚它们为何有用。影响该技术有效性的一个可能因素是，清楚地指明反应—强化之间的相倚性。因为已经用具体明确的术语将想要的行为描述出来了，因此学习者很清楚对自己的期待是什么。同时，学习者通过强化获得的即时反馈，也让他们清楚地知道自己的行为何时是朝向目标的，何时不是。

大群体中ABA的运用

到目前为止，我们着重探讨了应用行为分析在个体中的应用。不过，ABA技术也可以用来改变群体行为——例如，整个班级学生的行为。至少有三个方法已被证明对群体是有效的：群体相倚法、代币经济法和校园正向行为支持法。

群体相倚法

在**群体相倚法**（group contingency）中，为了得到强化，整个群体都必须表现出某种想要的行为。例如，在罗维特、古比和布拉特纳（Lovitt，Guppy & Blattner，1969）的一项研究中，运用群体相倚法提高了一个有32名学生的四年级班级的每周拼写测验成绩。研究阶段1，在正常的教学计划下，每周的拼写测验中全班平均都只有12个学生（38%）全对。阶段2，相同的测验在一周的四个不同时间进行，取得满分的学生在随后的测验期间就可以自由活动（强化物）。在这种个人的反应—结果相倚阶段，每周拼写全对的人数比例增加了一倍多（80%）。阶段 3，在继续使用个人相倚法的同时，又增加了一条，即到周五时，如果全班的拼写测验都达到了全对，这个班就能听 15 分钟收音机。这种群体相倚技术带来了一周 30 人拼写全对（94%）的好成绩。

好行为游戏（good behavior game）是一个运用群体相倚显著减少课堂错误行为的总体比率的例子（Bradshaw，Zmuda，Kellam & Ialongo，2009；Embry，2002；Taub & Pearrow，2006）。运用这一方法的最早文献（Barrish，Saunders & Wolf，1969），报告了一个特别不守纪律的四年级班级，其中有 7 个学生因为问题行为反复被校长"召见"。研究中，这些学生被分成两组，并仔细观察他们在数学课和阅读课上的行为，每次有学生离开座位或者聊天的行为时，他们所在的组就会在黑板的指定区域被画上一个记号。一节课下来，得到记号较少的组将赢得特殊优待（例如，午饭时排在前面，在当天的晚些时候可以得到自由活动的时间）。如果两个组的记号都少于 5 个，那么都能获得特权。

图 5—4 显示了该项干预的结果。请注意在每天的数学课和阅读课上收集的最初的基线数据。第 23 天，开始在数学课上使用好行为游戏，结果学生在数学课的离座和聊天行为骤减，但在阅读课上依然经常发生。第 45 天，在阅读课上开始该游戏，同时在数学课停止游戏。请注意随后错误行为是如何变化的。第 51 天，该游戏再次用于数学课，并再次带来了错误行为的减少。在这个研究中，研究者采取了两个技术，以便最大限度地降低其他不可知因素对行为改变的影响，即：数学课和阅读课开始该游戏的时间不同——一种多元基线法；从强化转变为不强化，然后再次强化——一种逆转技术。

97 已有研究证明，群体相倚技术不仅能够促进学业成绩和班级行为，而且能促进低年级学生在运动场上的行为和大学住宿生节约能源的行为（Bekker et al.，2010；Heck，Collins & Peterson，2001）。不过，只有在群体里的每个人都有能力做出所期望的反应时，群体相倚技术才有效。同伴压力和社会强化对群体相倚的有效性也有部分贡献：学生们会

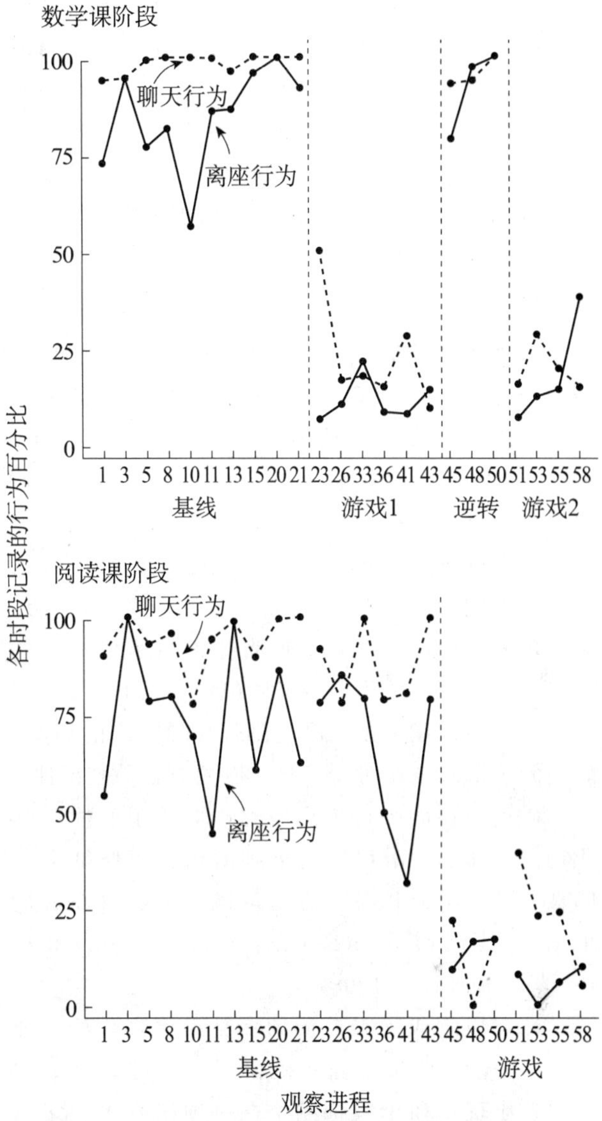

图 5—4　在数学课和阅读课上，每个 1 分钟时段中聊天和离座行为出现的百分比

资料来源：From "Good Behavior Game：Effects of individual Contingencies for Group Consequences on Disruptive Behavior on a Classroom" by H. H. Barrish，M. Saunders & M. M. Wolf，1969，*Journal of Applied Behavior Analysis*，*2*，p. 122. Copyright 1969 by *Journal of Applied Behavior Analysis*.

激励他们的同伴好好表现，并且在其进步时给予表扬。另外，当所期望的反应是提高学业成绩时，成绩好的学生还会通过提供辅导和课程内容的额外练习，来帮助那些成绩差的学生（Pigott，Fantuzzo & Clement，1986；S. L. Robinson & Griesemer，2006；Slavin，1983b）。

使用群体相倚技术的一个挑战在于，要确认 98
一个对所有学生都有强化作用的结果。对此一个

可能的应对策略是，用一个每天内容都不一样的“神秘强化物”。例如，老师可以准备一个信封或广口瓶，里面装有写着各种可能性（自由活动时间、一个比萨餐会等等）的可抽拉字条。如果学生（群体也一样）达到了强化标准，老师或学生就会拉出一截字条来看看当天的惊喜是什么（S. L. Robinson & Griesemer，2006）。

代币经济法

在**代币经济法**（token economy）中，举止得当的个体将得到**代币**（tokens）强化，并且可以在将来用代币交换**后援强化物**（backup reinforcers），即那些可以让每个人自由选择的物品或特权。举个例子，一个老师可以通过完成一项功课就给一个纸牌筹码的方式来强化学生。在午饭之前，学生们可以用他们的筹码去“买”小点心、阅读角的自由活动时间，或者午饭队伍里最好的位置。一个典型的代币经济法包含了以下要素：

◆ 一系列用来说明会受到强化的反应的规则。规则的数量应该相对少一些，以便更容易被记住。

◆ 可以在恰当行为出现时立即给予的代币强化物。比如，代币可以是纸牌筹码、田格纸上的印章、游戏币或积分，甚至班级等级也可以成功地被当做代币（McKenzie，Clark，Wolf，Kothera & Benson，1968）。

◆ 可以用代币来兑换的多种后援强化物。比如，自由活动时间、喜欢的活动、特殊事件的参与权、小玩具和小装饰品。在一项研究中，父母奖励的零用钱也能够成功地用作后援强化物（McKenzie et al.，1968）。

◆ 一个可以“购买”后援强化物的“商店”。年幼的儿童应该每天至少有一次购买机会；对于年长的儿童，一周有1～2次机会就足够了。

在群体情境中使用代币经济法至少有两个好处。第一，教师和治疗师可以很容易地使用代币来提供及时（而非延迟的）强化。第二，提供多种后援强化物，增加了每个人通过努力而获得想要的结果的概率。实际上，孩子和成人相似，他们似乎更喜欢拥有为自己的工作选择强化物的机会（Fisher & Mazur，1997；Geckeler，Libby，Graff & Ahearn，2000；Sran & Borrero，2010；Tiger，Hanley & Hernandez，2006）。代币本身也常常会成为有效的强化物（Hundert，1976）。这或许是因为，与其他具有强化作用的物品和事件的反复联结，让它们变成了次级强化物，也或许是因为它们为学习者的正确反应提供了反馈，从而产生了强化作用。

校园正向行为支持法

近年来，许多学校运用正向行为支持计划来激发学生的积极行为，并已经取得了成功。这些干预计划通常包括了以下所有或大部分原则：

◆ 清楚地定义并教授恰当的行为，包括获取所期望的结果（如老师的关注）的可行途径。

◆ 设计一个符合学生当前需求和能力水平的 99
课程，并实施教学活动。

◆ 给予学生选择的机会。

◆ 对学生的良好行为进行有规律的强化，几乎每次都表扬，也会经常给予可以兑换特别奖品或特权（如学习用品、喂动物、体育馆的自由活动时间）的代币或者优惠券。

◆ 通过查阅办公室的警告记录、纪律处分和其他相关数据，不断监控计划的有效性。

这些步骤常常会带来学生行为的戏剧性转变，对那些过去就有很多纪律问题的学校特别有帮助。另外，老师们变得更乐观了，觉得自己真的可以在促进学生的课堂行为和学业成绩方面做些事情（T. J. Lewis，Newcomer，Trussell & Richter，2006；Osher，Bear，Sprague & Doyle，2010；Warren et al.，2006）。

为ABA添加一个认知成分

越来越多地，教师、临床治疗师和其他实践者开始在ABA技术中加入认知元素，并使用认知行为矫正、认知行为疗法或认知行为干预这些术语来描述他们所用的方法。例如，干预方案中经常包含了所期望的行为的榜样作用（modeling），一种来自社会认知理论的实践（见第6章）。另一个常见策略是**教导**（coaching），教师或治疗师口头指示并引导学习者进行恰当行为的练习。这类方法也关注问题的解决；例如，一位教师或治疗师可能会让学生仔细思考在问题情境中各种行为带来的影响，进而选择那些最有可能带来所期望的结果的行为。

本质上来说，个人的和校园的正向行为支持计划是行为主义和认知原理结合的产物。举个例子，典型的课程和教学调整就使用了很多我们将在后面（第 8～11 章）讨论的认知心理学原理。总的来说，实践者们似乎越来越认同我在第 1 章提及的观点：从根本上来说，所有理论观点都为我们洞悉如何帮助孩童和成人学习及更有效地行动提供了帮助。

教学目标

正如我们所看到的那样，一个标准的行为主义实践是，在条件作用开始之前，要用清楚的、可观测的术语来指定终点行为。当这种用可观察、可测量的术语明确指定终点行为的事先（priori）原则用于课堂教学时，就是**教学目标**（instructional objectives），即关于课程结束时学生应该知晓什么、能够做什么的陈述。

行为目标

最初，教学目标有着明显的行为主义偏好，也被称做**行为目标**（behavioral objectives）。理想情况下，一个行为目标应该包含有三个成分（Ma-
100 ger，1962，1984；Schloss & Smith，1994）。第一，要有一个用可观察、可测量的行为表述出来的结果。请看下面这个目标：

> 学生要能觉知当前发生的社会事件。

一个学生的“觉知”是不易观察的。同样的目标也可以用一个或几个学生应该展示出的特殊行为来表述；比如像下面这样表述：

> 学生能够描述以色列和巴勒斯坦的主要冲突。

通过上面两个例子可以看到，有些动词（如觉知、理解、欣赏、知道、记住）只能提供很少的关于学生实际应该做到什么的信息，但是另一些词（如描述、写出、计算、列出、选择）则能够清楚地描述出可观察的反应。如果我们已经考虑清楚人们必须要做的具体事情（这些事情是他们说服其他人相信自己已经达成目标时必须做的），我们就可以用行为术语来概念化几乎所有的目标（Mager，1972）。

第二，行为目标要明确指出，行为应该在什么条件下出现。有时我们期待在特定情境下（如某个刺激条件下）出现想要的行为。例如，我在教一门教育评估的研究生课程时，我的教学目标之一是：

> 学生能准确计算出重测信度。

不过，我并不期待学生能够记住重测信度的公式。我只是期待他们能够在下面这个条件下表现出该行为：

> 如果给出相关系数的公式，学生就能准确计算出重测信度。

第三，行为目标要包含一个判断所期望的行为表现的可接受标准。许多行为并不是严格的非对即错，而是在从对到错的连续体上变化着的。在对错不是那么明显的情况下，一个行为目标应该指明可接受的行为表现的标准，可能是某个正确率、某个时限，或者可接受的某个偏差水平（Mager，1962，1984）。以下是一些例子：

> 在每周的拼写测验中，学生在指定拼写单词上的拼写正确率不少于 85%。
>
> 给出一份 100 道题的个位数加法运算卷子，其中包含了数字 0～9 的所有可能的组合，学生能够在 5 分钟之内正确写出这些问题的答案。
>
> 给出相关系数的公式，学生能准确计算重测信度，与计算机计算的信度系数的差异只源于四舍五入的误差。

教学目标的当代观点

传统的行为目标经常被指责太专注于微不足道的、具体的细节，而不是更核心的（通常也是更抽象的）教育目标。比如，许多行为目标的列表都聚焦于**低水平的能力**（lower-level skills）而非**高水平的能力**（higher-level skills）上：它们强 101
调那些基于事实知识的行为，而不是那些反映更复杂、更成熟的思考和学习的行为。这些低水平目标之所以盛行，只是因为它们最容易被概念化和写出来。

每个学年，学生们都必须完成各种各样的任务，其中包括许多低水平能力的任务和高水平能力的任务。要写出包含所有这些内容的行为目标，是一项繁重的任务，如果不是不可能的话。因此，许多教育学家建议用少量普遍性的、非行为的目标来代替行为目标（例如，Gronlund & Brookhart，2009；Popham，1995；G. J. Posner & Rudnitsky，1986）。不过，在这种情况下，需要列举出可以反映各个抽象目标的例子才行。为了说明这一点，想象一下我们要高中生理解、评论和质疑他们读到的东西（这肯定是一个涉及了高水平思维能力的目标），我们可以列出几个能反映阅读中的批判性思考的行为表现，具体如下：

能区分中心思想与支持性的细节。
能区分事实与观点。
能区分事实与推论。
能识别因果联系。
能识别逻辑错误。
能区分有效的和无效的结论。
能识别结论背后的假设。（Gronlund & Brookhart，2009，p. 72）

要把阅读中所需的批判性思维全部罗列出来是很困难的，但是这样的列举还是能为我们理解终点行为提供一点思路。

目标的作用及有效性

尽管教育学家已经渐渐远离了确定具体行为目标的做法，但一般性的教学目标——可能称为目标（goals）、产出（outcomes）、标准（standards）、精通（proficiencies）、标靶（targets）或基准（benchmarks）——仍然在课程设计和评估实践中扮演着重要角色。从教师的角度看，教学目标有以下几个用处（Gronlund & Brookhart，2009；Stiggins，2008；Tomlinson & McTighe，2006）。首先，用精确的术语来说明一堂课的目标，能够帮助老师选择更有效的手段教授这堂课。[①] 举个例子来说，在讲授基本加法的一个单元时，如果教学目标是数字运算定律的快速回想，老师就可以使用记忆卡片；但是如果教学目标是这些定律的运用，可能就应该使用应用题，或者解决现实生活中的问题的活动了。其次，教学目标，尤其是那些用行为术语来描述的目标，在老师之间容易沟通。例如，尽管老师们对什么是"加法规则的运用"有不同理解，他们对"正确解答两位数加法应用题"的解释却是相似的。最后，教学目标有助于对学生和教学计划的评估。我们可以根据是否观察到期望成果，来评判学生的完成情况和教学计划的有效性。 102

从学生的观点来看，教学目标存在另外的好处。如果告知学生在一个教学单元结束时应该做到什么，他们就会知道必须专注于什么，就有了可以为之奋斗的切实的目标，并且能够更好地判断自己是否成功了（Gronlund & Brookhart，2009；McAshan，1979；Stiggins，2008）。

尽管有这些潜在的好处，有关教学目标促进学业成绩的有效性的研究结果却比较复杂。目标会将老师和学生的注意力集中在某些信息和技能上（也就是目标的内容），而偏离了其他的内容（R. L. Linn，2003；McCrudden，Schraw & Kambe，2005；Slavin，1990b）。如果所拟定的目标包含了学生应该掌握的所有东西，那么在课堂上使用教学目标的确能促进学习。但是如果目标只包含了老师认为重要的那部分内容，而排除了其他同样重要的部分，那么一些批判性的信息和技能被掌握的可能性就会低于应有的程度。

如果对学生是否完成预定目标的判断是基于一次**高风险考试**（high-stake test）的得分，而一些重要的决策（如晋级、毕业、薪资、学校经费等等）又是依据这个判断做出的，就会使教学目标的负面效应更加明显。如果老师被迫为学生在一次特定考试中的成绩负责，也就不难理解，他们中的一些人会在测验所评估的知识和技能上投入许多时间，而学生也会将自己的努力集中在同样的材料上（Au，2007；Hursh，2007；R. L. Linn，2000，2003）。结果常常是，学生会在测验中表现出高水平，但普遍的成就和能力并没有得到提升（Amrein & Berliner，2002；Jacob，2003；R. M. Ryan & Brown，2005）。

对成绩的关注已经成为美国2001年《不让一个孩子掉队法案》（No Child Left Behind Act，即著名的NCLB）的一个热点。这个法案规定：

---

① 一些教育学家提倡一种名为逆向设计（backward design）的方法。在该方法中，老师从结尾处开始，即识别想要的最终教学目标；然后逆序操作，确定能够反映目标达成的可观察的学生行为；最后，选择适当的教学手段和经验来让学生获得那些行为（例如，Tomlinson & McTighe，2006；G. Wiggins & McTighe，2005）。

> 所有的州要建立对学习科目具有挑战性的学业内容标准，即：
>
> （1）明确指出期待孩子知晓和做到什么。
>
> （2）具有条理分明的、缜密的内容。
>
> （3）鼓励教授进深的技能。（P. L. 107－110，Sec. 1111）

学区必须每年评估三至八年级学生，以便确定学生是否取得了充分的年度进步，达到了阅读、数学和科学的州立标准。尽管各个州对进步的本质有不同的界定，但是评估结果必须清楚地显示所有的学生都有明显进步，包括来自各个种族和社会经济地位群体的学生。（那些有明显认知障碍的学生会有指定的替代评估，但他们也必须显示出能力水平上的相应提高。）那些被证明学生有进步的学校会得到奖励，如教师奖金或预算的增加。没有取得进步的学校则要受到处罚和整改（如行政调整、裁员），学生可以选择去一个更好的公立学校，而学费由学区支付。

NCLB 旨在促进孩子们的学业成就，特别是那些来自少数族群和低收入背景的孩子，这一点值得赞赏。不过，许多专家担心，NCLB 过于关
103 注提升测验分数和教学效果考核，而不是支持和奖励有效的教学实践，是一种错误的聚焦。对那些营养不良和学前准备很少的学生来说，达到高标准的成绩是不现实的（Forte，2010；Hursh，2007；Mintrop & Sunderman，2009）。还有一些学生则因为缺少在全州考试上付出最大努力的动机，考试成绩明显低于他们所掌握的水平（Chabran，2003；K. E. Ryan，Ryan，Arbuthnot & Samuels，2007；Siskin，2003）。这些问题是否足以说明需要修正法案及其施行，还有待进一步观察。

制定不同水平的目标

无论形式如何，目标、标准、基准（随便你怎么称呼它们）至少在可预见的未来依然会存在。关键在于，必须确定它们是否真的反映了学习者应该掌握的那些最重要的知识和技能。不过，有一个挑战是，教师、家长、纳税人，甚至专家对各年级学生应该达到的具体目标的看法常常不一致。例如，一些赞助者要求学校增加学生的事实知识——有时是指“回归基础”或“人文修养”（例如，Hirsch，1996）；另一些则鼓励学校培养高水平的思维能力，如问题解决和批判性思维，来帮助学生发展各学科训练的核心“思维习惯”（如科学的推理、基于历史文献的推论）（Brophy，Alleman & Knighton，2009；M. C. Linn，2008；Monte-Sano，2008；R. K. Sawyer，2006）。在我看来，那些反映着非常简单的要求的教学目标——基本数学知识、各大洲的位置、全世界各个国家等——有时是很恰当的。但是，在许多情况下，特别是在学生更年长一些的时候，那些反映很复杂的学习水平的目标是更令人期待的。

幸运的是，教育学家在为学生和学区制定教学目标时，还是有一些可以利用的资源的。比如，一些资源对目标采用**分类标准**（taxonomies）的形式，对我们期望看到的学生的各种行为进行了描述，它们通常按照复杂程度进行排列。早期的一个被广泛运用的例子就是布鲁姆的教育目标分类标准（B. S. Bloom，Englehart，Furst，Hill & Krathwohl，1956），该标准描述了知晓和使用信息的六个普遍水平，见图 5—5。布鲁姆及其同事将这六个水平按层级顺序呈现，每一个水平都是在前面那些水平的基础上发展起来的。尽管布鲁姆分类标准的层级属性尚值得商榷（L. W. Anderson et al.，2001；Krathwohl，1994；Marzano & Kendall，2007），不过它还是提供了一个有用的提示，即教学目标经常既包含着高水平的思维能力，同时也有简单的、独立的事实知识。在第 11 章，我们将会探讨一个基于学习和思维的当代认知观点的分类标准。

另一个可以提供指导的资源是，由代表各学科训练的专业组织创建的国家或国际标准。许多涉及特殊训练的专业群体都为他们的训练建立了标准。你可以在网上搜索以下这些机构：

- 美国外语教学委员会（www. actfl. org）。
- 国家运动和体育教育学会（www. aahperd. org/NASPE）。
- 国家音乐教育学会（www. menc. org）。 104
- 国家学校历史课程中心（www. sscnet. ucla. edu/nchs）。
- 国家英语教师委员会（www. ncte. org）。
- 国家数学教师委员会（www. nctm. org）。
- 国家地理教育委员会（www. ncge. org）。

(1) 知识：以基本的逐字形式记住信息材料；例如，背诵术语的定义或记住术语列表。	(4) 分析：将信息分解成它的构成成分；例如，揭示一篇哲学论文背后的假设，或者识别一场逻辑辩论的谬误。
(2) 理解：将信息转换成自己的语言；例如，给定义换个说法或改述一条规则。	(5) 综合：将几部分的信息整合，构建一个新的东西；例如，发展一个理论，或者对一个特定的观点进行逻辑辩护。
(3) 应用：将信息应用于新的情境；例如，用数学运算规则解决应用题，或将学习心理理论应用于教育实践。	(6) 评价：得出一个基于数据的有价值的判断；例如，批判一个理论，或者辨别一项研究的结论的适当性。

图 5—5　布鲁姆的教育目标分类

资料来源：Adapted from B. S. Bloom，Englehart，Furst，Hill & Krathwohl，1956.

这些标准有代表性地反映了许多训练专家的共同想法，几乎可以肯定是训练能达到的最好的那些标准。

已有的标准当然可以帮助教师们将教学聚焦于各个领域中的重要的教育目标——包括问题解决、批判性思维及其他高水平的认知过程。但是，必须谨慎地使用它们，因为有些标准列表非常冗长，想要在一个学年完成是不现实的（M. C. Linn，2008；W. H. Schmidt，2008；R. M. Thomas，2005）。此外，大多数的标准都忽略了超越特殊学科训练的普遍性目标：比如，如何获得有效的工作习惯、学习技能和人际行为等目标。因此除了利用各种现存的标准之外，教师也应该为学生的学习制定一些自己的特定目标。

程序教学和计算机辅助教学

回想一下 B. F. 斯金纳的担忧，在课堂上，强化不能前后一致地稳定呈现，而且经常是在所期望的反应出现很长时间后才给予强化。为了纠正这种情形，斯金纳（1954）发明了一种技术，即著名的**程序教学**（programmed instruction），或简称 PI。起初，程序教学使用的是一个教学机器，一个盒子里面装着一长卷打印好的材料，盒子上的一个展示窗可以逐步地、系统地呈现被分解成一小部分的信息，学生可以通过这个展示窗来进行学习。在 20 世纪 60 年代到 70 年代，PI 逐渐采用课本式教学的形式，其最终形成则是计算机辅助教学。

不管采取何种媒介，程序教学通常都具有几个标准的特征。首先，学习材料以一系列独立单
105 元或**框架**（frames）的方式呈现。最开始的框架上会呈现一个新的材料信息，并提出一个关于它的问题。学生对该问题做出回答，然后移动到下一个框架，该框架会给出上一个问题的正确答案，并呈现更多的材料信息，提出下一个问题。学生通过框架不断地接触新的材料信息，回答问题，并检查答案。这种方法包含了几个行为主义的概念和原理，具体如下：

◆ 主动反应。学生必须对每个框架都做出反应。

◆ 塑造。教学活动从学生已经知道的内容开始。新的材料被分解成很小的单元，通过逐步呈现循序渐进的难度单元来推进教学。当材料单元依次被呈现，越来越难的问题得到解答，那个可以证明个体已经掌握相关主题的终点行为也就被逐渐塑造了。

◆ 即时强化。行为塑造的进程非常慢，因此学生们几乎每次都能做出正确回答。这种方式保证学生能做出适当的反应，而非不当反应，因而得到强化的可能性非常高。而每一次的正确回答都能得到“回答正确”的反馈强化。[①]

◆ 学习速率的个体差异。程序教学是自定步调的，允许学生按照自己的速度来推进一个教学单元。

---

① 斯金纳相信，犯错会妨碍学习的原因，很大一部分是学生实践了错误的反应。与之相反，许多认知心理学家相信，错误有时是有帮助的，错误可以激励学生去检查并再评价自己的推理过程和问题解决策略（见第 10 章有关观念转变的讨论）。

早期的程序教学是一种**直线式程序**（linear program）：所有学生都按照以完全相同的顺序排列的框架进行学习。1961 年，克劳德（Crowder）和马丁（Martin）提出了**衍枝式程序**（branching program），该程序的每一步比直线式程序的步子要大（每个框架中会呈现更多材料信息），因此反应的错误率多少会高一些。反应错误的学生在继续学习新材料之前，会被要求多做一个或多个补救框架，以加强该部分的练习。衍枝式程序的一个主要优点在于，它只为那些掌握某个特定概念或技能有困难的学生提供补救框架，其他学生则可以直接移动到新的学习材料，无需花时间做这些他们不需要的练习。

使用纸质材料的衍枝式程序可能非常麻烦（根据他们对问题的反应，学生们经常要前往不同的页码），但是通过计算机技术进行管理就很容易使用，这种方法叫做**计算机辅助教学**（computer-assisted instruction），或 CAI。计算机辅助教学比纸笔式程序教学有几个优势。第一，计算机能够根据各个学生的反应自动呈现适当的后续框架。第二，计算机能处理图像（如视频、动画），因此 CAI 能够以传统的纸笔式程序教学无法实现的方式呈现材料信息。第三，计算机能够记录和保留每个学生的进度数据——一个学生正确和错误的频率是多少，他/她回答问题的速度多快，他/她的进度如何，等等。根据这些数据，老师就能够监测每个学生的进展，找出那些有特殊困难的学生。最后，当没有一个活生生的老师时，也能用一台计算机来提供教学。例如，CAI 现已被用来为那些远离大学所在地的乡村地区传递大学的课程教学。

106 **PI 和 CAI 的有效性**

与传统教学方式相比，非计算机的程序教学只显示出很少的优势（C. C. Kulik，Schwalb & Kulik，1982；J. A. Kulik，Cohen & Ebeling，1980）。相反，CAI 有时则能够带来更好的学业成绩，改善学生对学校任务的态度，至少与更传统的方式相比是这样的。不过，CAI 和传统教学方式在学业成就上的差异往往很小或中等，没有太大的差异（Blok，Oostdam，Otter & Overmaat，2002；Fletcher-Flinn & Gravatt，1995；Liao，1992；Lockee，Larson，Burton & Moore，2008；Luyben，Hipworth & Pappas，2003）。

一般来说，在严格遵守行为主义原则（例如，创设积极反应的机会，对反应提供即时的强化，对终点行为的逐步塑造等等）的情况下，PI 和 CAI 更有可能见效（例如，Kritch & Bostrow，1998；Tudor，1995）。不过也有例外。在一项大学的程序教学研究中，延迟 10 秒的反馈反而会增进学生的学习，这显然是因为延迟给了学生更多的时间去学习面前的材料（Crosbie & Kelly，1994）。

随着认知主义逐渐在人类学习理论中占据支配地位，计算机教学不再严格遵循传统的、基于行为主义的 CAI 方法，因而，有时你会看到文献中的这类术语：计算机化教学（computer-based instruction，CBI）或者计算机辅助学习（computer-assisted learning，CAL），而不是 CAI。今天，以计算机为基础的教学囊括了大量的创新方法，包括对现实活动的模拟训练（如解剖动物、驾驶飞机）、可以就特定领域进行对话和陈述的智能教练（intelligent tutors）、计算机工具（如电子制表软件、绘图程序、音乐合成软件），以及挑战性的问题和游戏。在本书后面的章节里，我们将探讨计算机技术如何促进群体学习和意义理解（第 13 章），如何促进更有效的学习策略（第 14 章），如何提供真实的问题解决任务（第 15 章）。

掌握学习

行为主义者的一个固有信念是，如果给予适当的环境条件，人们就能习得许多复杂的行为。这种乐观主义的信念被反映在**掌握学习**（mastery learning）中，这种教学方法要求学生必须将一节课的内容学到非常熟练的程度，才可以进行下一课。这种方法的潜在假设是，如果提供足够的时间和教学活动，那么大多数学生都能够完全掌握学校的课程内容。20 世纪 60 年代，掌握学习很引人注目，因此许多教育学家都在以这种或那种形式倡导掌握学习（例如，B. S. Bloom，1981；J. B. Carroll，1989；Gentile & Lalley，2003；Knutson，Simmons，Good & McDonagh，2004；Piotrowski & Reason，

2000）。

掌握学习原理部分地源自塑造的概念。首先，强化一个相当简单的反应，直至该反应经常发生（即直至它被掌握），然后再强化一个稍难一点的反应，以此类推，直到所期望的终点行为被完全掌握。与塑造一样，掌握学习通常也包括以下几个构成成分：

◆ *小的、分散的单元。*课程内容被分解成许多独立的单元或课程，每个单元只覆盖了少量的学习材料。

107 ◆ *一个逻辑序列。*材料单元的排列顺序是，先学习那些为后续单元奠定基础的基本概念和步骤，稍后再学那些更复杂的概念和步骤（建立在基本单元基础上的）。例如，让学生学习什么是分数的单元显然应该放在分数相加单元之前。对课程主题的构成部分进行识别，并进行从简到难的顺序排列的过程，被称为**任务分析**（task analysis）（有关任务分析的各种方法，详见 R. E. Clark, Feldon, van Merriënboer, Yates & Early, 2008; Jonassen, Hannum & Tessmer, 1989）。

◆ *每个单元完成时的掌握证明。*从一个单元"毕业"进入下一个单元之前，学生们必须要证明他们已经掌握了当前单元。例如，接受该单元内容的测验。

◆ *每个单元都有一个具体的、可观测的掌握标准。*用具体明确的语言来定义对一个主题的掌握情况。例如，要通过同分母分数加法单元，学生们必须能正确回答90%以上的测验题。

◆ *为需要额外帮助或练习的学生提供附加的补救活动。*学生们并不总是在第一次尝试中就能被证明掌握了学习材料。掌握学习会为那些有需要的学生提供额外的支持和资源，如另一种教学方法、不同的学习材料、练习册、学习小组和个人辅导。

参加掌握学习的学生通常可以按照自己的速度来学习各个单元。因而在某个特定时间，不同的学生可能在学习不同的单元。不过，整个班级也可能在同一时间通过同一个阶段：比其他同学更早掌握某个单元的学生可以致力于各种扩展活动，或者充当那些尚未掌握该单元内容的同学的辅导老师（Block, 1980; Guskey, 1985）。

凯勒的个人化教学系统

有一种形式的掌握学习有时会被用于大学教育，这就是弗雷德·凯勒（Fred Keller）的**个人化教学系统**［personalized system of instruction, 也称 PSI 或**凯勒计划**（Keller Plan）］（Keller, 1968, 1974; 也可见 E. J. Fox, 2004; Lockee et al., 2008）。除了独立的单元、逻辑序列、自定步调、对掌握情况的频繁测试等其他掌握学习方法也具备的特点之外，PSI还有以下特色：

◆ *强调个人学习。*大多数时候学习是通过对课本和学习手册上的书面材料的独立学习来完成的。有必要时也会提供一对一的辅导作为额外的援助。

◆ *单元测验。*每个单元一个测验，以评量学生对材料的掌握情况。学生们则会得到关于自身表现的及时反馈。

◆ *补充的教学方法。*偶尔提供传统的群体教学方法（如讲授、演示、讨论），作为对课本或其他指定阅读材料的补充。这些小组活动是自选的，但激励和鼓励学生去参加。

◆ *使用学监。*让学监（通常是高年级的学生）给测验打分，管理并辅导那些学习有困难的学生。

正如你所看到的，一个 PSI 课程的教师不会讲授太多，教师主要是课程的研发者、测验的编
制者、学监的合作者和学习记录的保管员。一个 108
PSI的老师，不是带领学生去学习课程内容，而是提供一个精心制作的系统。借助于这个系统以及学习手册和导师的帮助，学生会发现一条掌握课程内容的个体化道路。

掌握学习和 PSI 的有效性

大量的研究发现显示，掌握学习（包括 PSI）可以促进学生的学习，并且往往带来比传统教学更好的学习成绩（Arlin, 1984; J. L. Austin, 2000; E. J. Fox, 2004; Hattie, 2009; C. C. Kulik & Bangert-Drowns, 1990）。而且，参加掌握学习项目的学生往往对所学的东西能保持更长的记忆时间。例如，在一项研究中，参加基于掌握学习的心理学课程的学生，4个月后能记得所学材料的75%～85%，11个月后仍记得材料的70%～80%（DuNann & Weber, 1976; J. A. Kulik, Kulik & Cohen, 1979; Semb, Ellis & Araujo, 1993）。并且，PSI能够促进更好的学习习惯：尽管PSI的学生看起来并没有比其他学生学习更长时间，但他们的学习更有规律，而没有传统课程中的学生常见的拖沓和死记硬背（Bron & Davis, 1974; J. A. Kulik et al., 1979）。特

别是那些成绩差的学生，似乎更能从掌握学习中受益（DuNann & Weber，1976；Knutson et al.，2004；C. C. Kulik et al.，1990）。

不过，掌握学习和 PSI 也有它们的问题（Arlin，1984；Berliner，1989；Prawat，1992）。在许多情况下，那些学得快的学生会比其他同学得到更少的指导，这让人担心可能存在对这些学生的不公平对待。此外，出于管理方面的原因，学得快的学生必须要等待其他学得慢的学生也完全掌握学习材料，因此前者所学到的比他们实际上可以学到的要少。如果所有学生都被允许按照他们自己的节奏来学习，老师就必须帮助并照顾到 25～30 个以不同的速度学习不同任务的学生，与他们保持联系，如此老师的“管理”工作（如分配学习材料、给测验打分）要比实际教学的工作更多。

我们还注意到 PSI 特有的一些弱点（Gasper，1980；Sussman，1981；Swenson，1980）。第一个弱点源于对材料的掌握要求，尽管反复多次测评，有些学生可能就是无法达到测验通过的标准。第二个弱点是缺少同辈群体的社会互动，而许多学生认为同辈互动对他们的学习很有利。第三个问题涉及 PSI 课程的自定步调这一特色，如果大学的规章要求学生必须在一个学期内完成一门课程，有时就无法做到自定步调了。这样的话，那些缺乏学习动机的学生会倾向于拖延学习，直到最后不得不退出该课程。如果学生完全是在线学习一门课程，从没见过教室或同学的话，那么 PSI 课程的退出率也会特别高（C. C. Kulik et al.，1990；J. A. Kulik et al.，1979；Pear & Crone-Todd，1999）。以下几个技术可以减少 PSI 中的拖延和退出问题，例如，为不同单元设置完成的目标期限，对提前完成单元进行积分奖励，取消必须在一个学期内完成课程的规定（Bufford，1976；Reiser & Sullivan，1977；Sussman，1981）。

当教师的主要目标是让学生掌握特定的技能，或者为后面的主题做预习性准备时，使用掌握学习可能是最恰当的。在这类情景中，及时反馈和强调对课程材料的掌握，可以很好地解释为什么掌握学习能提高学生的成绩，尤其是成绩差的学生的成绩。然而，当教学目标是要获得信息和技
能以外的某些东西时，例如，教学目标是让学生 109
对有争议的问题有更好的理解，或者和同学合作解决一个复杂问题，掌握教学可能就不是一个好的选择了。

何时运用行为主义技术最为恰当

对大多数学习者而言，基于工具性条件作用的概念和原理的教学方法是有用的，尤其是对那些需要多次重复和练习才能被掌握的重要行为和技能来说（Brophy，2004）。从我们自身的经验可以知道，沉闷的训练和练习活动很少有内在的吸引力，因此一些外在的结果，也许是每次一些 M & M 巧克力豆，也许是查阅和回复邮件前的一次小休（一个活动强化物），就可能帮助我们继续前进。

不过，总的来说，某些类型的学生可能比其他人更适合行为主义的方法。对那些以前在学业方面很少有成功体验的学生来说，频繁的成功体验和强化特别有效，正如程序教学或掌握学习所提供的那样（Gentile & Lalley，2003；Gustafsson & Undheim，1996；Snow，1989）。还有那些被判定为“发育迟缓”或有“学习障碍”的学生，以及那些有长期行为问题的学生都属于这一范畴。对于这些学生来说，一种常规的学业成功模式正是他们所需要的，它可以支撑他们遭到一系列学业失败打击的自信心。

那些对学习任务缺少动力的学生也能够从行为训练技术中获益。对完成学习任务提供不定期的外在强化物（物质的、社会的或活动的强化物）有助于激励那些似乎“缺少兴趣”的学生去掌握必要的技能（Cameron，2001；Covington，1992；Lepper，1981）。

那些有着长期高焦虑的学生是能够从行为主义技术中获益的另一个群体。这些学生往往在结构化的课堂上才会感觉舒适，并在课业上有良好表现（Corno et al.，2002；Dowaliby & Schumer，1973；Helmke，1989）。举个例子，他们需要一个对期望行为有详细说明，并清晰显示出反应—强化的相倚关系的课堂环境。他们似乎也需要频繁的成功体验和积极反馈。来自行为主义原理的很多方法可以非常好地满足这些焦虑的孩子

的需求：应用行为分析技术能清楚地告诉学生何种行为会带来强化，教学目标用具体的词汇指出了良好的学业行为，程序教学和掌握学习则提供了经常的成功和积极的反馈。

最后，就是那些其他方法都不起作用的人。已有的研究表明，基于行为主义原理的技术是有效的行为改变方法，即使是对最顽固的问题行为（例如，Embry，2002；Greer，1983；Rimm & Masters，1974；Webber & Plotts，2008）。比如严重的自闭症和严重的行为失调这类较难应对的情况，采用应用行为分析技术来处理，也比其他当前可用的方法更有效。

不过，行为主义的方法也不可能对每个人都适用。那些聪明的学生会发现，程序教学那种渐进式的、一小步一小步的方法极其缓慢、冗长乏味并令人厌倦（Lockee et al.，2008）。对那些想上大学的青少年来说，在课堂上使用代币经济法会削弱他们取得高成就的内在动机。其他学习理论，如著名的认知理论，在设计和实施对此类学生的教学活动时可能更有用。

110

总结

如果我们从一个行为主义者的视角看典型的课堂，我们就会意识到强化的运用远低于应有的频率（且经常是不及时的），但惩罚却用得过于频繁。在课堂上使用强化和使用惩罚一样容易受到批评，其中一些批评反映了对一般行为主义实践的误解，但另一些则是合理的。

当遵从某些指导原则时，周密规划、系统运用的强化能够很有效地改善学生的课堂学习和行为。为了使强化的效用达到最大化，应该事先对所期望的行为进行界定，应该为每个学生量身定制强化物，并且反应—强化之间的联结应该得到明确的传达和一致的应用。与此同时，通过消退、非相倚强化、对其他行为进行强化或惩罚等，不被期望的行为通常会减少。有些策略可以增强惩罚的效用；例如，当学生事先知道某种行为会受到惩罚以及会受到怎样的惩罚时，当惩罚是在一个充满温暖和支持的环境下使用时，当惩罚伴随着对某种行为为什么不能被接受的解释时，惩罚会更有效。

应用行为分析（ABA）是行为主义原则在严重的、长期的行为问题矫治上的应用。典型的ABA包括：对目标行为的明确界定和测量，操纵先行因素和事后结果以改变各种行为反应的发生频率，对干预进行不间断地指导以确保其有效，以及针对泛化和撤销的特定计划。类似的机制，如群体相倚法、代币经济法和校园正向行为支持法，使得教师和治疗师甚至在大群体中也能有效地运用强化。

教学目标，特别是行为目标（即用精确的、可观测的反应所描述的教育结果），就是行为主义"终点行为"概念的直接产物。目标不仅促进了老师和学生之间的交流，也对选择适当的教学策略和评价技术有所帮助。目标促使老师和学生将注意力集中在与目标相一致的信息和技能上（这是它的一个优势），同时也导致他们偏离另一些信息和技能（如果不是所有重要的目标都已经被识别或被评估，这一点就会成为它的一个劣势）。

程序教学、计算机辅助教学，以及掌握学习中包含了这样一些行为主义原则：积极反应、行为塑造和即时强化。一般来说，不是基于计算机而进行的程序教学并没有显示出比传统教学手段更为有效的优势，但是计算机辅助教学和掌握学习往往会带来更好的学习效果。行为主义取向的教学可能更适用于某些特定类型的学生（如有学业失败历史的学生、动机水平低的学生或高焦虑的学生），而不适于提供给所有学生。

第三部分

社会认知理论

第 *6* 章

社会认知理论

本章主要内容

社会认知理论的普遍原则

社会学习中的环境因素：重新审视强化和惩罚

用纯行为主义分析社会学习时所遭遇的问题

社会学习中的认知因素

交互因果关系

榜样作用

榜样作用如何影响行为

有效榜样的特点

可以通过榜样作用习得的行为

产生有效的榜样作用的必要条件

自我效能感

自我效能感如何影响行为和认知

影响自我效能感发展的因素

自我调节

自我调节的要素

促进自我调节行为

自我调节的认知方面

社会认知理论的教育启示

总结

111 有一年夏天，我的儿子亚历克斯和杰夫跟他们的叔叔皮特一起生活了很长一段时间。皮特是个高大的男人，他能同时抱起亚历克斯和杰夫，并把他们扛在肩头。皮特叔叔的天生神力同我们夫妻俩形成了鲜明对比，我们俩举起一个孩子都有困难，甚至连打开一个泡菜坛都十分费力。在那个夏天以后的几年里，亚历克斯和杰夫经常会嚷嚷要长得像皮特叔叔一样，而我发现，要想让他们吃下之前不喜欢吃的食物，只需简单说一句"就是这个让皮特叔叔长得又高又壮的"即可，不过西兰花除外。

在我女儿蒂娜上初中的时候，她的一些朋友总是会在上学前给她打电话询问当天她会穿什么衣服。很显然，蒂娜在学校里是一个小小的时尚潮流引领者，有几个女孩会模仿她的穿衣打扮。考虑到蒂娜在很多场合中的服装选择，一想到她的那些朋友们也那样，我就会发抖。

个体会从对人类同伴的观察中学到很多。年轻男孩们或许会效仿一些英雄人物，如超人、蜘蛛侠、皮特叔叔。通过观察和模仿其他人，青春期女孩们可能会变得举止雷同，如穿着相似的衣服、梳着时兴的发型、参加同一个课外活动……孩子们可能会模仿自己的父母，养成了和父母类似的习惯和爱好，表现出和父母相似的政治态度和宗教信仰，以及按照父母的教养方式来养育自己的孩子。在课堂上，学生掌握的许多学术技能——阅读、写作、算术等等——至少有一部分是通过观察和模仿老师及同学的所作所为而学到的。

通过观察和榜样作用进行学习是**社会认知理论**（social cognitive theory）的核心观点（例如，Bandura，1977，1986，2006；T. L. Rosenthal & Zimmerman，1978）。这一观点最初被称作社会学习理论（social learning theory），以说明大多数的人类学习都涉及观察以及与他人互动这个事实。早期的社会学习理论在很大程度上以行为主义原则为基础，不过现在它又融合了许多认知主义的观点，于是对这一理论的称呼就逐渐转变为社会认知理论（social cognitive theory）。①

我女儿是潮流的引领者。

在本章，我们将考察社会认知理论家们有关 112
环境因素和认知因素如何相互作用来影响人类的学习和行为的看法。我们将探讨榜样作用这一现象，考察它对人类行为的影响及其认知基础。我们将会发现人们之所以做出接受某项任务的决定，在一定程度上取决于他们的自我效能感（self-efficacy），即关于自己有能力成功地完成某个任务的信念。我们还将探讨人们是如何通过习得自我调节（self-regulation）的技能来逐渐掌控自己的学习和行为的。在本章的最后部分，我们将讨论社会认知理论对教育实践的启示。

社会认知理论的普遍原则

通过观察和模仿进行学习的研究，最早见于行为主义者尼尔·米勒（Neal Miller）和约翰·多拉德（John Dollard）1941年出版的一本书。20世纪60年代，有关模仿和榜样作用的理论逐渐从行为主义中脱离出来，成为一个独立的理论。这在很大程度上应归功于斯坦福大学的阿尔伯特·班杜拉（Albert Bandura）的研究及著述（例如，Bandura，1969，1973，1977，1986，1989；Bandura & Walters，1963）。在本章，你将看到大量班杜拉本人的研究，以及其他研究者［如戴尔·

① 在我个人的经验中，我发现学生有时会误解社会学习理论这个词，误以为该理论是讲述人类如何获得社会技能的理论。事实上，社会学习/认知理论也可以用来解释许多非社会行为的习得（例如，如何做考前准备，或是如何使用健身房里的地秤）。

申克（Dale Schunk）、巴里·齐默尔曼（Barry Zimmerman）］基于班杜拉的观点所获得的成果。

尽管许多动物物种都能通过模仿来进行学习（K. J. Hayes & Hayes，1952；Herbert & Harsh，1944；Zentall，2003），不过社会认知理论研究的主要是人类学习，所以我们暂且把那些有关实验室动物的研究放到一边。以下几条普遍原则构成了社会认知理论的主要观点：

◆ *人们可以通过观察他人的行为及行为结果进行学习。*许多早期的行为主义者把学习看作是一个尝试错误的过程：每到一个新的情境，人们就会尝试各种各样的行为反应，然后增加那些能带来积极结果的反应，同时放弃无效的反应。与之相反，社会认知理论家则认为，大部分的学习不是通过尝试错误而发生，而是通过观察其他个体**榜样**（models）的行为及各种行为的结果来进行的。

◆ *即使没有行为的改变，学习也可能发生。*正如第3章里所强调的，行为主义者对学习的传统定义是行为的改变；基于这个观点，行为主义者认为，除非行为发生改变，否则学习就没有发生。相反，社会认知理论家则认为，因为人们只通过观察就可以学习，因此他们的学习不一定会反映在他们的行为上。某个时刻学到的东西既可能当时就通过行为表现出来，也可能过一段时间才有所表现，甚至永远也不表现出来。 113

◆ *认知因素在学习中发挥着重要作用。*在过去几十年里，社会认知理论对人类学习的解释越来越像认知理论家。比如，当代社会认知理论家认为，对反应—强化和反应—惩罚之间相倚关系的觉知，和对未来相倚可能性的期待，都是影响人类学习和行为的重要因素。而且，很快你就会看到，社会认知理论家还把注意、保持（记忆）等认知过程纳入他们对学习的解释当中。

◆ *人们可以很好地控制他们的行为和环境。*根据行为主义的学习观，人们在很大程度上是受环境支配的——什么刺激同时出现（它能带来经典条件作用），什么结果跟随着特定反应（能带来工具性条件作用），等等。然而，当代社会认知理论则认为，人们可以积极地采取措施来创造或改造他们的环境，或者是通过改变自己，也或者是通过寻求他人的支持和帮助，总之他们通常都是有意识、有目的地来做这些的。正如认知理论家所说的，人类具有**个体能动性**（personal agency）（Bandura，2006，2008；Schunk & Pajares，2005）。

社会学习中的环境因素：重新审视强化和惩罚

如果我们运用工具性条件作用原理来解释模仿，我们会认为，人们之所以模仿他人是因为他们这么做时受到了强化。这正是尼尔·米勒和约翰·多拉德1941年提出的观点。根据米勒和多拉德的观点，个体是把他人的行为作为一种可以引发模仿反应的辨别刺激，然后观察者因为表现出模仿行为而受到某种方式的强化。举个例子来说，一个法语老师在认真地教同学们发音：

Comment allez vous?

（您好吗?）（辨别刺激）

学生们以同样的方式重复了这一句子若干次：

Comma tally voo? （反应）

然后老师对他们的努力称赞道：

Trés bien! Very good! （强化）

米勒和多拉德进一步指出，模仿行为是由间断强化程序来维持的：尽管个体在模仿他人的反应时并不总是得到强化，但是得到强化的次数足以使他们不断模仿他人。最终，模仿行为本身就会变成一种习惯——米勒和多拉德称之为**泛化模仿**（generalized imitation）现象。

工具性条件作用也一直是班杜拉早期研究中一个重要的组成部分（例如，Bandura & Walters，1963）。不过，在20世纪70年代，社会认知理论家们拓展了他们对环境可以如何强化（偶尔也可能是惩罚）榜样作用的观点，具体反映在以下几个观点中： 114

◆ *观察者能被榜样强化。*在前文所呈现的法语课上的对话中，榜样就是老师，他强化了学生们的模仿行为。人们通常会强化那些模仿他们的人。比如，一个十几岁女孩们的圈子更倾向于接纳一个像她们那样穿着打扮的新人进入圈子；一伙不良少年更可能接受一个行为粗鲁、“讲义气”的新成员。

在任何一种文化中，成人都最有可能强化那些按照该文化所倡导的方式来行事的孩子。例如，当我的孩子还小的时候，我偶然会听到他们中的一个在用非常礼貌、成人般的口吻接电话，大概是这样：“非常抱歉，我妈妈现在不方便接电话。如果可以的话，请您告诉我您的姓名和联系方式，稍后我会让她给您回电话。”这种通话方式和我平时接电话时的方式很像，我很可能会大大地表扬这个孩子一番。然而，如果他这样说：“妈！电话！快点，先放下便壶！”很明显，他没有通过观察家中成人的行为学到恰当的举止，我当然不可能强化他的这种行为。

◆ *观察者受到第三者的强化。*有些情况下，学习者得到的强化来自于第三者而不是榜样。比如，在我最小的孩子杰夫还是个幼儿的时候，我曾偶尔对他说过：“哦，你现在真是一个大男孩了！你已经可以像亚历克斯一样自己穿衣服了！”

在60年代披头士盛行的时候，许多十多岁的男孩子都像披头士乐队成员那样开始留“娃娃头”。这种发型十分“时髦”，至少在我的高中时代是这样，没有女生愿意跟一个比约翰·列侬的头发短的男生约会。事实上，正是我和我的朋友们强化了男生模仿披头士的行为。再早些时候，我们还强化过男生弹吉他的行为，以及以一种魅惑的方式眨眼睛的行为，就像里基·内尔森（Ricky Nelson）在电视情景喜剧《奥奇与哈里特》（*Ozzie and Harriet*）中经常做的那样。

◆ *模仿行为本身就能带来强化结果。*通过观察别人而习得的许多行为都会带来令人满意的（强化）结果。比如，一个可以正确说出“Comment allez vous”的学生能更顺利地和巴黎人进行交流；一个能准确模仿网球教练的站位和挥臂动作的学员更有可能接住球，并将其打回对方的场地。

◆ *榜样的行为结果间接影响观察者的行为。*当人们看到榜样做出的某一行为反应时，也会看到这一反应的结果。如果榜样因为某一反应得到强化，那么观察者更可能表现出这一反应，这就是**替代强化**（vicarious reinforcement）现象。举例来说，如果安迪看到亚当因为会弹吉他以及魅惑地眨眼而受到女生的青睐，他很可能也会去买一把吉他，上几次吉他课，而且会站在镜子前练习眨眼。

在班杜拉（1956b）的一项早期研究中，他戏剧性地阐释了替代强化（和**替代惩罚**，vicarious punishment）的力量。他让儿童观看一段榜样人物踢打一个充气娃娃的影片。第一组儿童看到榜样因为这种攻击行为而得到强化；第二组儿童看到榜样因为这种攻击行为而受到惩罚；第三组儿童看到榜样的攻击行为没有带来任何结果。然后，将这些儿童带到一个放有充气娃娃的房间里，那些看到榜样因攻击行为而得到强化的孩子对充气娃娃的攻击行为最多，他们获得了对攻击的替代强化；相反，那些看到榜样因攻击行为而受到惩罚的孩子的攻击行 115
为最少，他们获得了对攻击的替代惩罚。

榜样获得的强化也会影响到观察者的行为。

用纯行为主义分析社会学习时所遭遇的问题

尽管早期社会认知理论家也曾试图从工具性条件作用的视角来解释模仿行为，但是这么做会遇到一些问题。其中一个问题是，个体只需通过简单地观察别人的行为表现就可以完全习得新的行为（Bandura，1977，1986；T. L. Rosenthal, Alford & Rasp，1972），然而，在工具性条件作用原理中，新的行为是从个体既有的行为上发展出来的，是需要长时间逐步塑造和调整的。

第二个问题是**延迟模仿**（delayed imitation）现象。有些个体通过观察习得的行为并不会马上表现出来，而是过一段时间才有所表现。在第4章，我们给出了先行刺激、反应和强化之间的关系图，如下所示：

$$(S+)\ R \rightarrow S_{Rf}$$

这三者是一个紧接着一个出现的，辨别刺激出现时就会引发相应的反应。然而，班杜拉

(1977) 指出，行为反应及其强化结果并不总是在辨别刺激之后立即出现的；相反，它们可能会在几天或几个星期之后才出现。这种延迟模仿现象说明，在辨别刺激出现之后，学习必定就已经发生了，尽管那时没有强化。

第三个问题是，替代强化的有力影响：个体有时会做出那些从未受过强化的行为。

为了解决纯行为主义分析在解释模仿行为上的不足，社会认知理论家们提出，行为结果对学习的影响是间接的，而不是直接作用（例如，Bandura，1977，1986；T. L. Rosenthal & Zimmerman，1978）。这就要求我们将认知因素考虑进来，正如我们即将要做的那样。

116 社会学习中的认知因素

社会认知理论的几个核心观点中明显存在着认知的成分。

◆ *学习蕴含着心理的（而不是行为的）改变。* 社会认知理论家对通过观察进行学习（**替代习得**，vicarious acquisition）和展示学习的成效进行了区分（Bandura，1977，1986；T. L. Rosenthal & Zimmerman，1978）。为了说明两者的差异，班杜拉指出，人们经常会用语言来描述他们观察到的一种行为却并不模仿它，这意味着，即使行为没有发生改变，人们其实还是学到了一些新东西（Bandura，1965a）。另外，尽管人们观察到了某个榜样的行为，但只在有充分的理由时自己才会表现出该行为。例如，上文介绍过的班杜拉的一项研究（Bandura，1965b）中，儿童观看了榜样对充气娃娃做出攻击行为的视频，榜样攻击行为的结果（强化、惩罚或无任何结果）影响着儿童对充气娃娃的攻击行为。然而，在后来的研究中，研究者许诺所有模仿榜样行为的儿童，都能得到奖励（贴画和果汁），这时，三组儿童之间的差异消失了。显然，他们都很好地习得了榜样的行为，榜样行为的结果影响的只是行为的表现而不是行为的学习。

◆ *某些认知过程是学习发生的必要条件。* 社会认知理论家描述了一些个体向榜样学习时会产生的特定心理过程。比如，对榜样的所作所为进行注意定向，对榜样行为的各个方面进行心理演练，并形成有关榜样行为的心理表征（记忆代码），等等。稍后，我会在本章有关榜样作用的部分对上述观点进行说明。

◆ *学习者必须意识到反应—结果之间的相倚性。* 在社会认知理论家看来，除非人们觉知到正在发挥作用的反应—强化或反应—惩罚之间的相倚性，否则强化和惩罚对学习和行为几乎没有影响（Bandura，1977，1986；Spielberger & DeNike，1966）。只有当学习者意识到了哪种特定反应能引发强化时，强化才能增加个体做出这种反应的可能性。同样，学习者只有清楚哪种行为会招致惩罚，惩罚才能降低这种行为发生的频率。设想一下，如果一个学生的作文得了 F，老师写在作业纸空白处的批语是“写得很糟”、“杂乱无章”，那么对许多学生来讲，这样的批语是无法提升他们的写作能力的，因为它们没有指明具体是文章的哪个部分“写得很糟”和“杂乱无章”。

◆ *学习者形成对未来的反应—结果的相倚性的期望。* 社会认知理论家认为，人们更有可能做那些会获得回报（即强化）的行为。比如，尽管很多年前我就知道阿拉斯加州的首府是朱诺，但我从来没有理由去展示这个知识，因为我既没有考过“阿拉斯加州的首府是什么”这类题，也从未在阿拉斯加州迷茫地寻找过它的首府。当然，现在我有了一个这么做的理由：我希望你们对这样一个事实印象深刻，那就是我至少知道 50 个州的首府中的一个。

通常来讲，当学习者的某种行为得到了强化或惩罚时，他们就可能形成**结果期望**（outcome expectations）——关于未来的某种行动会带来某种结果的假定——并且会以使理想结果最大化的方式行动（Bandura，1977，1986，1989，1997；T. L. Rosenthal & Zimmerman，1978）。通过观察 117
他人因某种行为受到强化或惩罚的情况，学习者也能形成结果期望，并据此决定自己的行为——这一事实也可解释替代强化和替代惩罚的作用。

这里，你应该注意到，工具性条件作用中的强化和社会认知理论中的强化有一个关键差异。在工具性条件作用中，强化影响的是在它之前出现的那个行为的学习。而在社会认知理论中，对未来可能获得强化的期望，亦即**诱因**（incentive），影响的则是在它之后出现的那个行为的学习（Bandura，1977，1986）。

◆ *学习者也会形成有关自己展现各种行为的能力的信念。*人们不仅会形成对各种行为的可能结果的期望，而且也会形成**效能期望**（efficacy expectations），即关于自己能否成功完成某种行为的信念（Bandura，1997；Schunk & Pajares，2004）。比如，想象一下你正在学习一门课程，老师清楚地说明了在这门课上得A的标准。但是，再设想一下，你不相信自己的知识和能力可以达到这个标准。也就是说，尽管你知道要拿高分需要什么条件，但你不具备这些条件（至少在你自己看来是如此），所以不管你怎么做都无法拿到A。我们将在本章的后半部分讨论效能期望的本质和效果，即众所周知的自我效能感。

◆ *结果和效能期望影响着学习背后的认知过程。*学习者对学习必需的认知过程（集中注意力，形成记忆代码等）的投入程度，取决于他们有关学习某种东西就能得到强化的可能性的信念。例如，我曾经有过一个深刻的教训，即当我告诉我的学生不用掌握某一部分知识时，我犯了一个大错。我的行为就好像在说："现在，我希望你们能认真地听我接下来五分钟内所讲的内容，但是这些内容不在我们的考试范围之内。"于是同学们放下了笔，放松地靠座位上；如果这堂课是在早上，那么坐在后排的同学甚至可能会开始打盹。当人们不期望能从某件事的学习中获得回报时，他们就不大可能会集中注意力在这些事情上。

◆ *期望结果未发生本身也是一个很有影响力的结果。*在社会认知理论看来，预期的强化未出现其实就是一种惩罚，而预期的惩罚未发生实际上则是一种强化（Bandura，1977，1986）。这两个原理都包含了这样一种情景：结果期望没有得以实现。比如，再次设想一下你是一名学生，老师已经讲过得A的标准。不过这一次你可以想象一下自己有能力达到得A的条件。你刻苦学习，终于达到了A等的特定标准，但在最后一分钟老师增加了一个额外的要求：一篇20页的研究论文。你可能会感到气愤和挫败——在某种意义上，你感觉受到了惩罚——因为你本以为自己已经完成了那些可以获得强化的工作，但现在强化却离你甚远。意料之外的结果或者毫无结果通常会比获得意料之中的结果更能引起人们强烈的情感反应（例如，Mellers，Schwartz，Ho & Ritov，1997）。

即使只是通过观察而非亲身经历，所期望的结果未出现也会对观察者产生影响（Bandura，1973，1977，1986）。例如，在沃尔特斯和帕克（Walters & Parke，1964）的一项研究中，三个实验组的儿童观看了一部影片，片中一个女人告诉一个小男孩不要去玩他面前的那些玩具，而是去读她给他的一本书。然而，这个女人刚一离开屋子，小男孩就开始玩起了玩具。从这里开始，影片为这个小男孩（即榜样）设计了以下三个不同的结局：

（1）*奖赏。*女人回来了，递给这个小男孩一些玩具，并慈爱地和他一起玩了起来。

（2）*惩罚。*女人回来了，一把夺走小男孩正 118
在玩的玩具，用力地推了他一下，并让他坐回到书桌前。

（3）*无结果。*这个女人没有回到屋里。

第四组（控制组）没有观看影片。随后，实验者把每个孩子都带到一个满是玩具的房间，告诉他们不要玩玩具，而是去读一本书，然后把孩子们单独留在房间15分钟。结果，无结果组里违反规定玩玩具的孩子和受奖赏组里的一样多。受惩罚组里的儿童则表现得更守规矩，但最听话的是那些控制组的儿童，也就是那些完全没有见过违反规定的榜样的儿童。

当人们看到他人的错误行为并没有带来不良后果时，他们自己就更有可能做出这种错误的行为。比如说，我的女儿蒂娜还在上小学的时候，她每天放学回家几乎都会抱怨当天哪位同学违反规定在操场玩耍却没遭到惩罚。如果操场管理者一再地忽视这种违规行为，他们这种放任自由的态度不仅会使违规者的违规行为继续下去，而且还会使违规者的人数上升。同样，我猜测，那些从资料中看到有人犯了谋杀罪却成功逃脱的人，更有可能去从事犯罪活动。

交互因果关系

在前面的章节里，我们已经看到外部环境和学习者的内在心理过程是如何影响行为的。不过这种影响也具有反向作用：学习者的行为会反过来影响之后的环境及认知过程。社会认知理论家认为，人们的学习和长期发展涉及三个基础变量之间的交互作用：

◆ 环境（E）：指外部世界中的一般条件和直接刺激（包括强化和惩罚）。

◆ 个人（P）：指个体的某些生理特点（如年龄、性别、外表吸引力）、认知过程（如注意力、期望）及社会文化角色和声望（如国王、学生、“红人”、“怪人”）等。

◆ 行为（B）：指个体的外显行为和反应。

这三个变量中的任何一个都会对其他两个变量产生影响，这种现象被称为**交互因果关系**（reciprocal causation）（Bandura，1989，2006，2008；Schunk & Pajares，2004；Zimmerman & Schunk，2003）。[①] 社会认知理论家通常用下面这样的图形来简单地描绘交互因果关系：

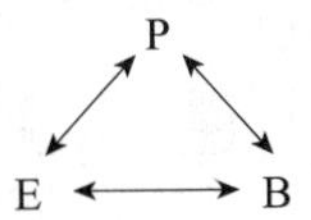

119 毫无疑问，环境（比如，强化和惩罚的出现）会影响学习者的行为。但是，学习者对环境的知觉（一个“个人”变量）也会影响行为。例如，如果个体认为自己能够经常地而不是偶然地得到强化，那么不管是用哪种强化程序，他们都可能会努力工作且坚持不懈（A. Baron，Kaufman & Stauber，1969；Kaufman，Baron & Kopp，1966）。在班里，如果学生相信老师会给予他们成功所需的帮助，那么他们更有可能努力学习并掌握有关的课程内容（Bouchey & Harter，2005）。

与此同时，行为也影响着环境变量和个人变量。人们做出的反应（如选择的课程、从事的课外活动、结交的朋友）决定了他们所拥有的学习机会和经历（环境因素）。例如，个体通常会按照能增加强化和减少惩罚的行为方式来行动，这样的行动会将他们置于一个有新的反应—强化相倚关系的情境中。[②] 而且，随着时间的流逝，个体行为的普遍效果会影响到他们的自信心及对未来成功的期望（个人变量）。一个经常犯错和失败的男孩可能渐渐开始觉得自己是个“笨蛋”；一直在数学任务中表现良好的女孩会渐渐相信自己在数学方面有很高的天赋。

最后，个人变量和环境变量会相互影响。例如，一个外表很有吸引力（个人变量）的孩子更容易引起同龄人对他的喜爱之情（环境变量）。但是反过来也同样成立：同龄人对一个孩子表现出的喜爱之情可以提升这个孩子的自我知觉，即自己是一个具有外表吸引力或社会吸引力的人（Harter，1996；McCallum & Bracken，1993）。

可以说明环境、个人和行为变量之间的交互因果关系的一个重要例子就是榜样作用。现在我们就将话题转向它。

榜样作用

正如你在第2章里看到的那样，孩子在出生一两天后就会开始模仿他人的面部表情，表现出一种由基因决定的、与生俱来的模仿能力（请回想一下我们对镜像神经元的讨论）。实际上，所有文化中的人类个体似乎都有模仿他人行为的能力和倾向（S. S. Jones，1987；Nielsen & Tomasel-

---

① 在1989年以前，班杜拉使用的是“交互决定论”（reciprocal determinism）这一术语。

② 在行为主义的文献中我也看到了类似的观点。罗萨莱斯-鲁伊斯和贝尔（Rosales-Ruiz & Baer，1997）把术语行为端点（behavioral cusp）定义为“任何能够将有机体的行为带入一种新的相倚关系（一个较远的行为结果）的行为改变”（p. 533）。例如，一旦婴儿学会了爬行，他们便能更容易地接触到玩具、其他家庭成员及潜在的危险物品；一旦学生学会了流畅阅读，他们便开启了许多学习新知和获得指导的新机会。

li，2010）。

社会认知理论家认为，人类大量的学习是来自于对他人行为的观察和榜样作用（例如，Bandura，1977，1986）。在这一节，我们将讨论榜样作用影响行为的各种方式、那些最有可能影响学习过程的榜样的类型，以及可以通过榜样作用来习得的行为类型。另外，我们还要看看榜样作用的四个必要过程。不过，在开始这些内容之前，需要指出的是，社会认知理论家们使用榜样作用（modeling）这一术语时，有时是在描述榜样的所作所为（即展示一个行为），有时则是在描述观察者的所作所为（即模仿一个行为）。我在写这一小
120 节的时候，将尽可能地让读者能够根据上下文轻易辨识出这一术语的确切含义。

榜样作用如何影响行为

社会认知理论家们认为，榜样作用有以下几个效应（例如，Bandura，1977，1986；Bandura & Walters，1963；T. L. Rosenthal & Zimmerman，1978）：

◆ *榜样作用可以教导新行为。*人们可以单纯通过观察他人的行为而习得一个新行为。比如，通过听和模仿他人的发音，个体可以正确地读出一个以前不认识的单词[尽管Arkansas（阿肯色州）和Kansas（堪萨斯州）看起来很像，但Arkansas发的是“ar-can-saw”的音，而不是“ar-can-ziss”的音]。通过观察父母如何挥舞球棒，并听从他们的口头指示（“眼睛盯着球!”），一个孩子便学会了打棒球。

◆ *榜样作用能影响先前习得的行为的发生频率。*正如前面提到的那样，如果人们看到其他人因某一行为而得到强化，便更可能去践行之前已经学会的这个行为；换言之，替代强化有一种**促进**（facilitation）作用。相反，如果人们看到别人因某一行为受到了惩罚，那么即使他们习得了这一行为，也会很少表现出来；换言之，替代惩罚有一种**抑制**（inhibition）作用。

◆ *榜样作用可能对之前被禁止的行为产生激励作用。*在一些情况下，当人们看到榜样做了以前被禁止的某个行为或其他错事，尤其是看到榜样的这些行为得到了强化时，他们更有可能也做出相同的行为。在这些情况中，替代强化有一种**去抑制**（disinhibition）作用（因为之前受抑制的行为现在又出现了）。例如，在沃尔特斯及其同事们的一项早期研究中（R. H. Walters & Thomas，1963；R. H. Walters，Thomas & Acker，1962），两组成人被试分别观看了一部暴力影片（《无因的反叛》，*Rebel Without a Cause*）和一部中性影片（《青少年众生相》，*Picture Making by Teenagers*），然后让他们去“电击”他人（这些他人其实是实验者的同伙，他们并没有真的受到电击，只是假装被电击）。结果，那些观看了暴力攻击影片的人会更频繁、更强烈地“电击”实验者的同伙。显然，这部影片对个体以前习得的攻击行为产生了去抑制作用。

◆ *榜样作用增加了相似行为的发生频率。*当个体观察到榜样的某一行为时，他可能会表现出类似的而不是同样的行为。例如，一个男孩看到哥哥篮球打得很棒，但是自己没有哥哥那样的身高优势，于是他可能会去努力成为一名成功的足球运动员。上高中的时候，我很希望自己能成为拉拉队长——在那个年代，拉拉队长是最“酷”的——但是我没有拉拉队员所必备的体操技能。于是，我努力成为了军乐队里的一名指挥——这个位置几乎和拉拉队长一样“酷”。

有效榜样的特点

班杜拉把榜样划分为三种基本类型。第一种当然是**现实榜样**（live model）——一个演示了某种行为的真实的人。另外，我们可以从**象征性榜样**（symbolic model）那里学习——一个书本、电影、电视节目、电子游戏或其他传媒中描绘的人物或角色。比如，很多孩子都会模仿足球运动员、 121
摇滚歌手或哈利波特、汉娜·蒙塔娜这些虚构人物的行为。最后，我们还可以从**言语指导**（verbal instructions）中学习——关于如何行动的描述——这种学习根本不用其他人（不管是现实中的还是象征性的）的演示。

不论是现实中的还是象征性的，有效的榜样往往具备以下一个或多个特点：

◆ *榜样是有胜任力的。*人们更有可能去模仿他们认为有能力的、能够胜任某事的人（Bandura，1986；Schunk，1987）。例如，一个正在学习打网球的人更可能把一个技术一流的网球运动员作为榜样，而不是一个很少能把球打过网的朋友。一个正在学习如何写出优秀学期论文的学生更可

能观摩获得高分的学期论文，而不是那些得低分的论文。甚至学步儿和学前儿童也能辨别自己看到的榜样行为是否有效，并且更可能模仿那些能带来良好结果的榜样行为（Schulz，Hooppell & Jenkins，2008；Want & Harri，2001）。

◆ *榜样具有声望和权力。*不论是在一个小群体中还是在一个更大的社会范围内，那些拥有较高社会地位、声望和权力的个体更可能成为其他人的榜样（Bandura，1986）。例如，一个孩子更可能模仿一个学生精英或著名的摇滚明星，而不是一个差生或已经陨落的摇滚明星。在一项研究中（Sasso & Rude，1987），研究者挑选了一些儿童，其中几名在同龄人中很受欢迎，而另外几名则不怎么受欢迎。研究者向这些儿童传授了与身体有残疾的同龄人进行有效互动的技巧。后来，当其他的孩子看到那些受欢迎的同学接近并与残疾儿童交往后，这些孩子也开始这么做了。然而那些不怎么受欢迎的同学的亲社会行为却没有产生什么影响力。

◆ *榜样以刻板的、符合“性别角色期待”的方式行动。*男性更倾向于效仿那些符合男性刻板印象的行为；同样，女性更倾向于效仿那些符合传统的女性行为（Leaper & Friedman，2007；C. L. Martin & Ruble，2004；Schunk，1987）。例如，在一项研究中，儿童观察了成年男性榜样和成年女性成年榜样的攻击行为后，男孩会比女
122 孩更可能去模仿这些攻击行为，这在一定程度上是因为在我们的社会中，许多人认为攻击性更适合于男性而不是女性（Bandura，Ross & Ross，1961，1963；Leaper & Friedman，2007）。①

榜样通常是有能力、有声望、有力量的。

当然，这并不是说儿童不应该观察不同性别的榜样。理想的话，儿童和青少年应该同样留意男性和女性榜样的行为，扩大他们行为模仿的范围，包括那些反刻板印象的行为。如此，他们才会开始意识到很多行为对两性都是适用的（Bem，1987；Bussey & Bandura，1992；Huston，1983；Weinraub，1984）。

◆ *榜样的行为与观察者的情境相关。*学习者更可能去模仿那些在某些重要方面与自己相似的人——例如，相近的年龄和社会地位（Braaksma，Rijlaarsdam & van den Bergh，2002；Grace，David & Ryan，2008；Zimmerman，2004）。人们还更倾向于模仿那些在自己的环境中有用的行为（T. L. Rosenthal & Bandura，1978；Schunk，1987）。比如，作为我的孩子，我的女儿蒂娜模仿了我的许多行为，但是她肯定不会模仿我的穿着打扮。她直截了当地对我说，如果像我这样穿着的话，她会被嘲笑落伍的。

可以通过榜样作用习得的行为

榜样作用为大量心理动作行为的学习提供了一个重要途径，包括相对简单的行为（如刷牙）和非常复杂的行为（如舞蹈动作或体操技能）（Boyer，Miltenberger，Batsche & Fogel，2009；Poche，McCubbrey & Munn，1982；SooHoo，Takemoto & McCullagh，2004；Vintere，Hemmes，Brown & Poulson，2004）。它也是人们习得许多含有认知和情感成分的行为的一种途径。例如：

◆ 通过观看他人有效地运用某些社会技能的视频，儿童就可以习得这些新的社会技能（LeBlance，2003；Nikopoulos & Keenan，2004）。

◆ 当儿童看到一个同龄人示范如何拒绝陌生人的诱惑时，他们便更有可能拒绝陌生人的诱惑（Poche，Yoder & Miltenberger，1988）。

◆ 当儿童看到他人（如父母）对某一刺激所做出的情感反应时，他们会开始对这一刺激表现出相同的情感反应（Mineka & Zinbarg，2006；Mumme & Fernald，2003；Repacholi & Meltzoff，2007）。

◆ 如果我们周围的人都反对种族主义言论，那么我们也更可能反对这种言论（Blanchard，

---

① 在有关人类性别差异的研究中，最一致的一个观察结果就是身体攻击：通常，男性比女性表现出更多的身体攻击。性别的刻板印象并不能完全解释这种差异；激素的差异（如睾丸激素水平）对此也会有影响（例如，Lippa，2002）。

Lilly & Vaughn，1991)。

大量的研究都很关注榜样作用对三类行为的影响：学业技能、攻击行为和人际行为。

123 学业技能

学生可以从观看他人展示学业技能中学到许多。例如，他们在学习如何画画、解决长除法运算或是写一篇内容连贯的文章和故事时，至少有一部分是通过观察老师和其他同学的行为完成的（Braaksma et al.，2002；Geiger，LeBlanc，Dillon & Bates，2010；K. R. Harris，Santangelo & Graham，2010；Schunk & Hanson，1985)。当一个榜样不仅示范了怎样去做，而且示范了如何去思考时，换句话说，就是榜样发挥了**认知榜样作用**（cognitive modeling）时，对学业技能的榜样作用特别有效（R. J. Sawyer，Graham & Harris，1992；Schunk，1998；Schunk & Swartz，1993；Zimmerman，2004)。举个例子，让我们看看一位老师是如何向学生示范她进行长除法运算的思考过程的：

> 首先我必须确定那个要被4除的数字，我选择了276。然后从左到右依次看其中的哪一个数字和4一样大或比4大。2比4大吗？不是的。27比4大吗？是的。所以第一步的运算就是用27来除以4。现在，我需要确定一个数，它乘上4后能和27一样大或比27稍小些。5怎么样？5×4=20，不行，小太多了。那我们来试试6。6×4=24，还行吧。再试试7。7×4=28，不行，太大了。所以，6是正确的。(Schunk，1998，p. 146)

攻击行为

大量研究结果表明，如果儿童和青少年观察了具有攻击性或暴力的榜样，他们就会变得更有攻击性（Bandura，1965b；Goldstein，Arnold，Rosenberg，Stowe & Ortiz，2001；Guerra，Huesmann & Spindler，2003)。年轻人不仅会从现实的榜样身上学习攻击行为，而且会从电影、电视及电子游戏中所看到的那些象征性榜样那里习得这类行为（C. A. Anderson et al.，2003；Carnagey，Anderson & Bartholow，2007；Wartella，Caplovitz & Lee，2004)。甚至流行歌曲中带有攻击性意味的歌词也可能会增加个体的攻击性（C. A. Anderson et al.，2003)。

在有关攻击行为的一项经典研究中（Bandura et al.，1961)，一些学前儿童被带到一个放有许多玩具的游戏室里，实验者让他们坐在桌前画画。过了一会儿，其中一些儿童目睹了一个攻击性的榜样行为：一个成人走进了房间，他对充气娃娃实施了一系列攻击行为，比如，把娃娃踢飞，骑在娃娃身上用木棍敲它的头，并且还喊叫着“俘虏”、“踢他”、“打他的鼻子”等等；另一些儿童则目睹了一个没有攻击性的榜样行为：一个成人走进了房间，他以一种建设性的方式玩积木；还有一些儿童在游戏室里没有看到任何榜样。之后，孩子们被带到了另一个房间，在那里他们经受了一点小小的挫败，当他们正要开始玩一些非常吸引人的、有趣的玩具时，实验者却把玩具拿走了。最后，孩子们被带到了第三个房间，那里既有非攻击性玩具也有攻击性玩具（包括充气娃娃和木棍)；观察人员则在单向玻璃的另一侧记录和编码他们行为中攻击性的成分。那些看到了攻击性榜样的儿童是三组儿童中攻击性最高的，实际上他们模仿了许多攻击性榜样所展现出的行为。那些看到了非攻击性榜样的儿童甚至比那些没有见过任何榜样的儿童的攻击性更少。所以，关于攻击行为，榜样可以有两个方向的影响：攻击性榜样会导致儿童攻击行为的增加，非攻击性的榜样则会减少儿童的攻击行为。

人际行为

学习者通过观察和模仿他人可以习得许多人际交往技能。比如，在班级小组中，学生可能会采用他人的策略来组织一次文学方面的讨论，学会如何征求他人的意见（“艾丽莎，你怎么想?”)、 124
如何表达同意或反对（“我同意考德尔的观点，因为……”)，以及如何论证一个观点（“我认为它应该被禁止，因为……”）（R. C. Anderson et al.，2001，pp. 14，16，25)。那些患有轻度或中度自闭症的孩子在观看了正常同龄人在游戏活动中运用适当的社会技能的录像后，能更有效地和同伴进行游戏互动（Nikopoulous & Keenan，2004)。

在某种程度上，学习者通过观察和榜样作用还可以习得慷慨和其他一些利他行为（R. Elliott & Vasta，1970；Jordan，2003；Radke-Yarrow，Zahn-Waxler & Chapman，1983；Rushton，1980，1982)。在一项研究中，研究者（Rushton，1980）让儿童观

看一个榜样打保龄球，当榜样取得了高分时，他就可以用代币来奖励自己。研究中，一部分儿童看到，榜样把自己赢得的一半代币捐赠给了房间展板上一个名叫博比的贫困男孩；另一些儿童则看到，榜样把所赢得的代币全部留给了自己，尽管他也看到了房间里博比的展板。之后，让这些孩子也去玩保龄球，并可以用代币奖励自己。他们赢的代币越多，能够换购的奖品就越好。他们也可以向博比捐赠代币，但是这么做就意味着降低了自己的购买力。与那些观看了自私榜样的儿童相比，观看了慷慨榜样的儿童更倾向于把自己的一部分代币送给博比。这种行为差异不仅在最初的实验阶段存在，而且在实验进行两个月后仍然存在。

媒体中的榜样同样具有影响力。与鼓励攻击行为相反，大众传媒中的许多角色可以促进亲社会行为——一种旨在帮助他人而不是追求个人利益的行为（D. R. Anderson，2003；Huston，Watkins & Kunkel，1989；Jordan，2003；Rushton，1980）。例如，在弗里德里希和斯坦因（Friedrich & Stein，1973）的研究中，一组学前儿童连续四周，每天看半个小时《罗杰斯先生的街坊四邻》（*Mister Rogers' Neighborhood*）——一部强调合作、同情、分享等亲社会行为的流行电视剧。与那些在同样的时间段观看了含有攻击性内容的电视节目（如《蝙蝠侠》和《超人》等）的儿童相比，这些儿童会表现出更具社会适应性的行为和更少的攻击行为。

如果榜样说一套做一套，又会怎么样呢？布莱恩（Bryan，1975）的一项回顾性研究给出了一个明确的结论：当儿童看到榜样说了一套却做了另一套时，他们更倾向于模仿榜样所做的而不是所说的。所以，若想示范有效，榜样必须言出必行。

产生有效的榜样作用的必要条件

班杜拉（1977，1986）提出，成功效仿他人行为有四个必要的前提条件：注意、保持、动作再现和动机。

注意

为了准确地模仿一个行为，个体首先必须要注意观察榜样，尤其是要关注所要模仿的榜样行为的重要部分。例如，如果马莎想要学习如何挥舞高尔夫球棒，她就应该观察高尔夫教练如何站立、腿怎样摆、手怎样握棒等等。把注意力放在榜样或者她的行为的无关方面，如教练令人讨厌的清嗓子的声音，或者她颜色不搭配的袜子，对学习打球肯定是没用的。

我至今仍然记得我的第一位法语老师。在我 125
上五年级的时候，她每周给我们班上一个小时的课。她总是穿同一条暗绿色的羊毛连衣裙，不幸的是，裙子上她经常出汗的地方已经变成了蓝绿色。我记得我的注意力都集中在这些蓝绿色的斑点上，着迷于人类的一点汗水就能让一件羊毛裙的颜色发生如此戏剧性的变化。没错，我确实将注意力放在了榜样身上，但是，我并没能学到太多的法语，因为我没有把注意力集中在最重要的部分——她的声音上。

保持

注意过后，学习者还必须要记住所观察到的行为。一个保持记忆的简单方法，至少是短期内有效的方法，就是**心理演练**（rehearsal）——一遍遍地重复所要记住的内容（Vintere，Hemmes，Brown & Poulson，2004；Weiss & Klint，1987）。例如，在温特瑞及其同事（Vintere et al.，2004）的一项研究中，一个成人向3～5岁学舞蹈的学生示范了一连串复杂的舞蹈动作。如果教导孩子们在表演动作之前不断在心里重复舞蹈的各个步骤，他们就能更快地学会这些动作。比如，当表现一只“蝴蝶”时，他们可以对自己说：“滑动、跳跃，滑动、跳跃，跑动、停止。”要表现一只“杯形蛋糕”则更简单，他们可以边做边说：“迈步，迈步，跳跃，一、二、三。”（p. 309）

根据班杜拉的观点，人们不仅可以存储言语的表征（如一步步的口头提示或所要展现的动作的言语注解），而且可以储存所看到的行为的视觉图像。这些言语的和视觉的**记忆代码**（memory codes）可以在人们展现所观察的行为时起到引导作用，不论是榜样示范后立即展现，还是过一段时间再展现。举例来说，我儿子杰夫的游泳教练用“小鸡”、“飞机”和“士兵”来描述初级仰泳的三个手臂动作（见图6—1）。这三个词为杰夫提供了动作的言语代码；而教练对这些动作的示范则可能促进了视觉图像的形成。

如果能帮助学习者形成对所观察的行为的记忆

代码，那么学习这些行为通常会更为容易（例如，Bandura，Jeffery & Bachicha，1974；Coates & Hartup，1969；R. L. Cohen，1989；Vintere et al.，2004）。例如，在格斯特（Gerst，1971）的一项研究中，大
126 学生被要求学习一些聋哑人的手语动作。与没有得到任何指导的控制组学生相比，那些被要求对手势进行言语描述或对手势形成心理图像的学生能更好地记住这些手语；其中被要求形成有关手语动作的言语标注的学生记得最准确。

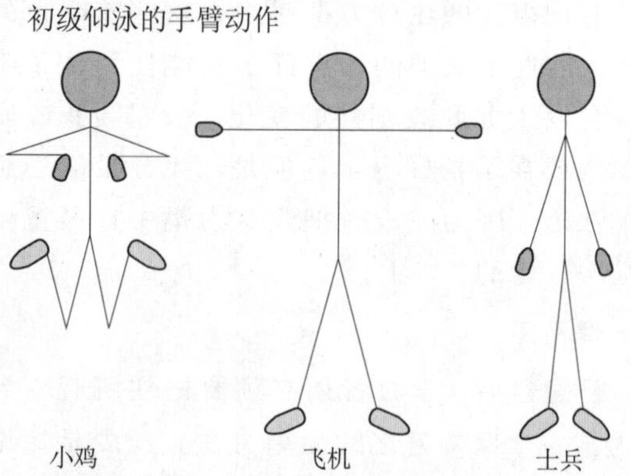

图 6—1　当榜样的动作有言语标注时，人们更容易记住这些动作

认知理论家对有效记忆信息的方法的研究远比社会认知理论家深入。所以，我们将在第9章和第10章来更深入地探讨这个话题。

动作再现

成功的榜样作用的第三个必要条件当然就是对榜样行为的重现。如果个体不能复制所观察到的行为，例如由于生理不成熟导致没有足够的力量或能力，那么这第三个条件就没有得到满足。例如，一个无法清晰发音的孩子，不管听别人念多少次"sassafras"这个单词，她都可能无法正确地发出这个词音。一个看到十多岁的哥哥扔橄榄球的幼儿也不具备模仿扔这个动作的肌肉协调能力。

在我与臃肿的身材永无止境的斗争中，我曾经每天晚上（好吧，是每月至少两次），虔诚地观看简·芳达的体育锻炼教学录像。简示范的那些像扭曲的百力滋饼干一样的动作，我永远也做不出来——即使在最疯狂的梦里也是如此。上帝在塑造我的身体时就没打算让我做出许多叠合的动作。简轻而易举就能做到的每个动作，我都不可能重现。

学习者不仅要具备展现所观察的行为的能力，而且最好能够具有一边观察一边展现的机会（例如，Hayne，Barr & Herbert，2003）。在观察行为的同时复制所观察的动作，可以促进对该行为的学习。这至少有两个原因：首先，它让学习者不仅能对观察到的行为形成言语的和视觉的代码，同时还能形成运动形式（即特定的肌肉活动）的代码（R. L. Cohen，1989）；其次，在榜样面前进行行为模仿，学习者能得到如何改进的反馈信息。例如，对那些一向害怕数学的孩子来说，如果教学活动中包含了练习的机会，并对他们的表现给予及时反馈的话，学习的效果要明显优于那种在
教学活动中没有练习和反馈的情况（Bandura， 127
1977；Schunk，1981；Shute，2008）。①

没有身体条件，榜样作用就无法产生。

动机

成功的榜样作用的最后一个必要条件是动机，学习者必须具有想要展现他们所学内容的动力。例如，在我们这个社会中成长起来的大多数，都曾经在媒体上见过这样的榜样：他们腰带上别着枪，大喊"举起手来"或者其他有类似效果的话，但值得庆幸的是，很少有人想去模仿这一行为，至少不会用真枪这么做。

尽管父母和老师经常是孩子的榜样，但是孩子并不会对所看到的所有行为都进行模仿。例如，虽然我的孩子会模仿我讲电话的方式和烤饼干的技术，但出于某些原因，他们似乎从不模仿我做

① 不过，需要指出的是，有些孩子喜欢私下练习新学到的东西，然后再展现给成人看。许多美国土著的孩子就是这样的（Castagno & Brayboy，2008；Suina & Smolkin，1994）。

西兰花和刷地板的行为。只有当孩子们具有模仿某个行为的理由（即动机）时，他们才会这么做。

综上所述，班杜拉提出成功的榜样作用产生的四个必要条件就是：注意、保持、动作再现和动机。由于这些条件存在个体差异，所以不同的学习者对同一榜样行为的模仿学习会有所不同。例如，马莎和玛丽可能会关注网球教练挥舞球拍时的不同方面：马莎会注意教练的站位，而玛丽会更留心教练握拍的方式。这两个女孩还可能在头脑中储存了不同的挥拍视觉图像：马莎记得教练是面对球网的，而玛丽记得教练是左肩侧对着球网的。马莎的体格可能更好些，但玛丽想要打好网球的动机更强些。结果就是，马莎和玛丽将以不同的方式模仿同一个挥拍动作。榜样作用的这四个必要条件不仅会造成模仿行为的个体差异，而且任何一个条件的缺失都会让模仿行为无法发生。

第四个条件（动机）的一个重要方面是自我效能感，在这一方面，不同学习者之间存在显著的差异。现在，就让我们来认识一下这个概念。

自我效能感

当学习者相信自己有能力成功地完成某一件事情的时候，也就是说，当学习者有较高的**自我效能感**（self-efficacy）时，他们更有可能去做出相应的行为（Bandura，1982，1989，2006；Schunk & Pajares，2004）。比如说，我希望你们能相信自己有能力理解并记住这本书中所阐述的观点；换言之，我希望你们对掌握学习理论有高的自我效能感。你可能相信也可能不相信自己在教练指导和不断练习下最终能学会跳水；换句话说，你对自己学习跳水有着较高的或较低的自我效能感。你可能很怀疑自己能光脚从热炭上面走过，也就是说你对完成这个行为有低自我效能感。

乍一看，自我效能感似乎和自我概念、自尊这些概念很相像，但是它们之间存在很重要的不
128 同。一般来讲，个体的自我概念谈论的是“我是谁”的问题，个体的自尊谈论的则是“我有多好”的问题。[①] 这两个概念反映的是蕴含于多种活动中的典型特征；因此，可以用自我概念较高或较低、自尊较高或较低来描述一个个体。与之相反，自我效能感谈论的是“我能把这件事情做好吗”的问题，也就是说，它指的是学习者对自己在某一活动或领域中的胜任力的信念。比如说，某些人对学习跳水有较高的自我效能感，但是对潜水横穿整个游泳池的自我效能感却很低。有些人对学习社会科学类课程比学习数学有更高的自我效能感（Stodolsky，Salk & Glaessner，1991）。近些年，在学习理论和学习动机领域中，自我效能感比自我概念和自尊的使用频率更高，这一方面是因为研究者对自我效能感的定义更为一致，另一方面是因为它经常能很好地预测学习者的表现（Bong & Clark，1999；Bong & Skaalvik，2003）。

自我效能感如何影响行为和认知

在社会认知理论家们看来，自我效能感会对个体行为的许多方面产生影响，包括活动选择、目标、努力程度和坚持性，并进而最终影响着他们的学习和成就（例如，Bandura，1997，2000；Pajares，2009；Schunk & Pajares，2005；Zimmerman，1998）。

活动选择 人们倾向于选择那些他们相信自己能成功完成的活动和任务，同时回避那些他们认为自己会失败的活动和任务。例如，与那些相信自己数学不灵光的学生相比，那些相信自己在数学方面游刃有余的学生更有可能选修数学课（Eccles，Wigfield & Schiefele，1998）。同样，与那些对自己的表演或歌唱能力没有信心的学生相比，那些相信自己可以赢得校园话剧中的一个角色的学生更有可能去尝试表演话剧。

目标 当个体在某个领域具有高自我效能感时，他们会为自己设定较高的目标。比如说，青少年的生涯目标和职业定位反映着他们具有较高

① 我建议你们不必为自我概念和自尊之间的不同而痛苦了，因为它们的含义有很多交叠之处，所以经常会被替换使用（Byrne，2002；Harter，1999；O'Mara，Marsh，Craven & Debus，2006）。

（而不是较低）自我效能感的那些学科领域。他们的目标往往与传统的性别刻板印象保持一致：男孩更有可能在科学和技术方面有较高的自我效能感，并将其设为生涯目标；而女孩更有可能对教育、健康和社会服务等感到游刃有余，因此她们大多会选择从事这些方面的工作（Bandura Barbaranelli，Caprara & Pastorelli，2001）。

努力程度和坚持性 具有高自我效能感的人在从事某一活动时更有可能会付出较多的努力，当遇到一些困难时也更有可能坚持不懈。而对某一任务具有较低自我效能感的人则会付出较少的努力，并且在面临困难时更快地放弃。

当人们没有完全掌握一种新的主题或技能时，也就是说，当他们必须尽力争取达到某种水平时，自我效能感可能是预测个体的努力程度和坚持性的最好指标（Schunk & Pajares，2004）。不过，一旦他们完全掌握了这种主题或技能，完成这一任务就变得简单易行，没有付出努力的必要了。

129 **学习和成就** 自我效能感高的人不仅会付出更多的努力、坚持更长的时间，而且他们还会使用更有效的学习技能，当所付出的努力不能立即得到回报时也能够延迟满足。因此，自我效能感高的人往往比那些自我效能感低的人学到更多东西，并达到更高的成就，即使他们最初的能力水平是相当的。换言之，几个能力水平相同的学习者中，相对于那些不相信自己有能力完成某项任务的学习者来说，那些相信自己能完成任务的学习者更可能成功完成任务（Bembenutty & Karabenick，2004；Schunk & Pajares，2005；Valentine，DuBois & Cooper，2004；Zimmerman & Kitsantas，2005）。对青少年和成人来说，学习的自我效能感尤为重要，因为在面对学习任务时，他们比年幼的孩子更独立，因此在某种程度上他们必须是自我激发的（Davis-Kean et al.，2008；Schunk & Pajares，2005）。

在理想的情况下，学习者应该对自己能够胜任什么和不能胜任什么有一个理性清楚的认识，这样他们才可以恰当地扬长避短（Försterling & Morgenstern，2002；J. Wang & Lin，2005）。不过，有一点点过分自信是有好处的，它能促使学习者从事具有挑战性的工作，从而帮助他们发展新的技巧和能力（Assor & Connell，1992；Bandura，1997；Pajares，2009）。在这里，将自我效能感区分为**学习的自我效能感**（self-efficacy for learning）（“只要我用心就能学会”）和**表现的自我效能感**（self-efficacy for performance）（“我已经知道怎么做了”）通常会很有用。其中对学习的自我效能感应当高一些，因为它最终影响的是个体的努力程度；对行为表现的自我效能感则应该与个体当前的能力水平保持一致（Lodewyk & Winne，2005；Schunk & Pajares，2004；Zimmerman & Kitsantas，2005）。

如果学习者低估了自身的能力，那么这对他们来说是不利的。在这种情况下，学习者往往会为自己设定较低的目标，并且在面对一些小的障碍时轻易放弃。但是，这也可能是件好事。因为如果学习者太过自信，他们就可能会形成不切实际的高期望，从而将自己置于失败的境地，或为了成功做许多无用功。而且如果他们不能意识到自己的不足，就不会想办法去弥补（Bandura，1997；Stevenson，Chen & Uttal，1990；Zimmerman & Moylan，2009）。

影响自我效能感发展的因素

社会认知理论家们已经发现，有一些因素会影响自我效能感的形成，包括个体先前的成功和失败、当前的情绪状态、他人所传递的信息、他人的成功和失败、个体所在群体的成功和失败等。

先前的成功和失败

毫无疑问，影响学习者自我效能感的一个最重要因素就是，他们自己在特定任务或特定领域中成功或失败的经验（J. Chen & Morris，2008；Schunk & Pajares，2005；Usher & Pajares，2008；T. Williams & Williams，2010）。如果一个学生已经成功掌握了乘法运算，那么他更有可能相信自己能够学会除法。同样，如果一个学生已经具备了踢足球的技能，那么她对玩曲棍球和橄榄球就会更有信心。有些时候，学习者对成功的判断是基于自身的进步，有些时候则是基于同其他人的表现的比较（R. Butler，1998a；Pajares，2009；Schunk & Zimmerman，1997）。

一旦人们形成了较高的自我效能感，一次偶然的失败对他们的乐观态度的打击就不会太大。130
实际上，对那些以往做事都成功的人来说，在追求成功的路上遭遇到一些小挫折会让他们懂得，不懈的努力和坚持是成功的重要组成部分；换句话说，他们形成了**弹性的自我效能感**（resilient self-efficacy）（Bandura，1989，2008）。不过，如果人们在一个特定领域持续遭遇失败，他们往往就会不大相信自己将来能在这一方面取得成功。而且每一次新的失败都是在验证他们“已经知道的事情”，即他们在这个任务领域少有或根本没有天赋。比如说，那些有学习困难的学生——在课堂活动中遭到一次又一次失败的学生——往往对自己能在学校学到东西抱有很低的自我效能感（R. M. Klassen & Lynch，2007；Lackaye & Margalit，2006）。

当前的情绪状态

正如我们将在第 16 章讲到的那样，个体的学习和动机经常与情绪状态紧密相关。在这里，我们只是简单提一下，人们的情绪状态，比如他们的心境、他们感到焦虑或压力的程度，将显著影响他们对手头任务的自我效能感。比如说，在一次非常重要的学业考试中，极度焦虑或躁动不安的学生可能会把这种情绪体验解释为难以胜任这次考试的信号，即使这些感受的产生实际上与测验无关（Bandura，1997；Ciani，Easter，Summers & Posada，2009；Schunk & Pajares，2005）。当然，由此导致的低自我效能感将会降低学生的学业表现，自此以后该测验本身就可能直接唤起学生的焦虑和压力。

他人所传递的信息

在一定程度上，其他人对学习者良好表现的夸赞，或者提供成功是有可能的保证，都能提高学习者的自我效能感。在学校，诸如“如果你努力就能解决这个问题”或“我敢打赌只要你邀请朱迪，她肯定会和你玩”这样的话会给学生的自信心带来小小的提升。不过，这种提升只是暂时的，除非学生的努力最终真的带来了成功（Schunk，1989a；Schunk & Pajares，2005）。

我们需要注意到，有时候学习者接收到的信息是隐含的而不是直接的，尽管如此这些信息也会影响学习者的自我效能感。例如，一位老师关于如何修改一篇糟糕的研究论文的建设性批评——这种批评间接地表达了“我知道你能做得更好，所以给你一些如何改进的建议”的含义——可以提升学生撰写研究论文的自我效能感（Hattie & Timperley，2007；Pintrich & Schunk，2002；Tunstall & Gipps，1996）。有时候，行动比语言更能传递出一些信息。比如，一位老师给正在努力攻克难关的学生提供了大量的帮助——远远超出了学生实际需要的量——这种做法就传递着这样一种信息：“我不认为靠你自己的力量能做得了（这件事）。”（Schunk，1989b）

他人的成功和失败

人们经常会通过观察与自己相似个体的成败情况，来获取自己在一个新任务或新领域中的自我效能感的信息（J. Chen & Morris，2008；Dijkstra，Kuyper，van der Werf，Buunk & van der Zee，2008；Schunk & Pajares，2005）。比如，学生在评估自己在某项学业任务中的成功概率时，往往会考虑同伴的成败情况，尤其是那些与自身能力相当的同伴的经验。举例来说，在一项研究中（Schunk & Hanson，1985），研究者让减法运算有困难的小学生完成 25 道减法运算题。结果，那些看到其他学生成功完成这些题目的孩子平均做对了 19 道题，那些看到老师成功完成这些题目的孩子平均做对了 13 道题，而那些没有看到任何 131
榜样的孩子只做出了 8 道题。

有意思的是，有时观察一个一开始有些吃力后来才慢慢掌握某个任务的同辈榜样，比观察一个一上来就漂亮地完成了任务的榜样具有更好的效果（Kitsantas，Zimmerman & Cleary，2000；Schunk，Hanson & Cox，1987；Zimmerman & Kitsantas，2002）。这可能是因为，观察这样一个**压力应对型榜样**（coping model）能让学习者认识到，成功不是轻而易举就能得到的，必须付出努力和实际行动才能取得成功，而且还能让学习者看到榜样为取得成功所使用的策略。

集体的成功和失败

个体在群体中工作要比独自工作时有更高的自我效能感，特别是当他们的集体取得成功的时候。这种**集体自我效能感**（collective self-efficacy）的形成不仅有赖于成员对自己能力和他人能力的知觉，而且有赖于他们对分工协作的有效性的知觉（Bandura，1997，2000；Klassen & Usher，2010）。

迄今为止，对集体自我效能感的研究大多聚焦于成人。例如，当学校的老师们相信，作为一个集体他们能够让学生的人生变得不同时，他们会从以下几个方面影响学生的成就：

◆ 他们会更愿意尝试运用新的观点和新的教学策略，帮助学生更好地学习。

◆ 他们会对学生的表现有更高的期望，并为学生设定更高的目标。

◆ 他们会更加努力地教学，并锲而不舍地为学生的学习提供帮助。（Bandura，1997；Roeser，Marachi & Gehlbach，2002；Skaalvik & Skaalvik，2008；Tschannen-Moran，Woolfolk Hoy & Hoy，1998）

这些影响看起来和前面很相似：正如自我效能感会影响学习者对活动选择、目标、努力程度及坚持性一样，集体自我效能感也会影响老师的选择、目标、努力及坚持性。而且这些影响可能会让学生们对学习具有更高的自我效能感，并且取得更高的成就水平（Goddard，2001；Goddard，Hoy & Woolfolk Hoy，2000；Roeser et al.，2002；Tschannen-Moran et al.，1998）。

我们可以合理地假设，当孩子们以集体的形式工作时，如果这个集体的功能是平稳有效的，他们就会有较高的自我效能感（第 13 章将会对此有更多论述）。当然，孩子们也必须掌握独自学习和展示的技能。社会认知理论家们相信，成长中的学习者最终将能够而且也应该掌控自己的行为。因此我们就将目光转向一个在心理学和教育学研究领域中越来越重要的话题——自我调节。

自我调节

随着多年的理论发展，社会认知理论越来越强调**自我调节**（self-regulation）在人类行为中的作用（Bandura，1977，1982，1986；Zimmerman，1989；Zimmerman & Schunk，2004）。通过直接的或替代的强化和惩罚，成长中的儿童逐渐懂得了哪些行为可以为周围人接受，哪些行为不被接受。最终，他们对适当的和不适当的行为形成了自己的看法，并据此来决定自己的行为。当他们这样做的时
132 候，个体的主观能动感得到提升，即他们对掌控自己人生的信心越来越强了（Bandura，2008）。

社会认知理论家们并不是研究自我调节本质的唯一群体，行为主义者们也探讨过这一问题，许多认知和发展理论家们也是（见第 13 章对维果茨基理论的讨论）（例如，Belfiore & Hornyak，1998）。不过，在一定程度上可以说，社会认知理论家们为其他理论家在这方面的理论建构奠定了基础。接下来，我们将综合行为主义和认知主义的有关要素来探讨自我调节行为的本质。

自我调节的要素

在社会认知理论家们看来，有效的自我调节包括了以下几个过程：设定标准和目标、自我观察、自我评估、自我反应及自我反思（Bandura，1986，2008；Schunk，1989c，1998；Zimmerman & Schunk，2004）。

设定标准和目标　成熟的个体往往会为自己的行为设定标准；换句话说，他们会设立有关可接受的行为表现的构成准则。他们会识别值得追求的特定目标，并通过目标来引导行为。个体设置的特定标准和目标一定程度上有赖于他们观察到的其他人所采用的标准和目标（Bandura，1986，2008；Fitzsimmons & Finkel，2010）。换言之，榜样的行为影响着学习者的标准和目标。例如，在班杜拉和库珀斯（Bandura & Kupers，1964）的一项研究中，孩子们观察了打保龄球的成人或儿童榜样如何用糖果奖励自己，如何对自己的表现进行自我赞扬。一些孩子看到榜样只在得到 20 分或以上（非常高的成就）时才奖赏自己；这些榜样会告诫自己无论如何也要得到 19 分。另一些孩子则看到榜样只要得到 10 分就会奖赏自己。然后，让所有的孩子去玩保龄球，并自由选择用糖果奖励自己的时机。班杜拉和库珀斯发现，孩子们奖赏自己时所用的行为标准与他们观察的榜样标准十分相似。

自我观察　自我调节的一个重要部分就是在行动中进行自我观察。为了朝着重要的目标前行，人们必须能意识到自己目前做得怎么样；换句话说，他们必须知道自己在哪些方面表现不错，哪些方面还需要改进。

自我评估　人们的行为经常会受到他人的评价，如亲属、老师、同学、朋友及大众。不过最终，人们将会以他们自己的标准来评价和估量自己的行为。

自我反应　随着自我调节能力的提升，当个体实现了自己的目标时会进行自我强化，为自己感到自豪，或者告诉自己做得不错。如果没有达到自我设定的行为标准，则会对自己进行惩罚，产生内疚感、罪恶感或羞耻感。这种自我表扬和自我批评与来自他人的强化和惩罚一样，可以影响人们的行为改变（Bandura，1977，1986，2008）。

举例来说，贾森认为自己是一个智力平平的学生，他有可能会按照与他类似的、能力一般的学生的标准来设定自己的学业成就标准；因此，
133 他可能会觉得 B 已经是一个很好的成绩了，并且会在未来的学业任务上付出与之相应的努力。与之相反，乔安娜的密友是班里的佼佼者。如果乔安娜认为自己的能力与她的朋友是相当的，那么她会为自己设定较高的学业标准，并且会告诫自己不可以得 B，而这个 B 却是让贾森为之骄傲的成绩。假如得 B 这件事没有明显削弱乔安娜的自我效能感，那么她会在下次完成相同的学业任务时更加努力（Bandura，1989）。

自我反思　最后，真正的自我调节学习者还会反思和批判性地审视他们的目标、过往的成功和失败、对自身能力的看法等，并会对自己的目标、行为和信念做出较为合理的调整。在班杜拉看来，这种批判性的自我反思能力是人类自我调节最显著的特征（Bandura，2008）。自我反思也是元认知的一个重要组成部分，我们将在第 14 章来深入探讨这一话题。

促进自我调节行为

编写教科书是我的一项主要工作。当我坐在办公室里日复一日地敲打着键盘的时候，有时我会想，这个世界上可做的事情那么多，为什么我偏要做这件事，我完全可以坐在我温暖舒适的家里读科幻小说或看电视节目。然而，每天我还是会来办公室写上几页。我是如何做到坚持写作的呢？答案是，每写完这本书的一小章节我就会奖励自己一下。比如说，写完了你们刚刚读到的自我效能感那部分，我就准许自己去看最喜欢的电视节目。在我能够去体育馆打回力球（这是我很喜欢的一种运动）之前，我必须得先完成有关自我调节的章节内容。

心理学家已经发现一些可以促进自我调节行为的技术。这些技术有时被称作自我控制或自我管理，它们涉及自我指导、自我监控、自我强化和自我施加的刺激控制。①

作者在进行自我调节。

自我指导

促进自我调节的一个有效的策略就是，让学习 134
者重复那些能够引导行为的**自我指导**（self-instructions）（Mace，Belfiore & Shea，1989；Meichenbaum，1985；Schunk，1989c）。例如，在本章的前面部分，我介绍了一个学前儿童学习舞蹈的研究，孩子们通过不断提醒自己特定的动作顺序（如“滑动、跳跃，滑动、跳跃，跑动、停止”），很轻松就能学会新的舞蹈动作（Vintere et al.，2004，p. 309）。同样，网球初学者通过给自己以下四个语言提示，也能提高接球的准确性（Ziegler，1987）：

- “球”（提醒自己眼睛盯着球）。
- “弹跳”（继续追踪球的轨迹）。
- “击打”（集中精力用球拍击球）。
- “准备”（调整站位以迎接下一个球）。

另一些研究也显示，自我指导能够有效地帮助学生习得更有效的学习方法，发展更好的社会技能，更好地控制自己的冲动行为和攻击行为（Alberto & Troutman，2009；Guevremont，Osnes & Stokes，1988；Hughes，1988；Leon &

① 一些理论家对“自我控制”和“自我调节”进行了区分。例如，迪亚兹、尼尔和阿马亚-威廉姆斯（Diaz，Neal & Amaya-Williams，1990）认为，自我控制遵循的是由他人为适当行为设定的标准，即使这个人并不在场；而自我调节则涉及了个体自己为适当行为设置的标准。申克等（Schunk & Zimmerman，1997；Kitsantas et al.，2000；Zimmerman & Kitsantas，1999）认为，自我控制有赖于自身表现与内在标准之间的比较，这个内在标准是从榜样行为中习得的；而真正的自我调节则更主动、更灵活，能够适应变化的情境。

Pepe，1983；Webber & Plotts，2008）。

梅肯鲍姆（Meichenbaum，1977）使用五个步骤成功教会了学生如何运用自我指导来引导自己的行为：

（1）认知榜样作用。一个成人榜样在展现所期望的行为的同时，运用言语指导来引导行为。

（2）出声的外部引导。孩子一边听着成人的口头言语的引导，一边展现相应行为。

（3）出声的自我引导。孩子一边展现相应的行为，一边大声地重复引导语。

（4）小声的出声自我引导。孩子一边展现行为，一边小声地重复引导语。

（5）不出声的自我指导。孩子一边展现行为，一边安静地在脑子里想着引导语。

表6—1清楚地展现了这一过程。正如你所看到的，起初，成人不仅是行为的榜样，也是自我指导的榜样。然后，逐渐将展现行为和引导行为的责任转移到孩子们身上。

自我监控

另一种可以帮助人们控制自己行为的方法很简单，就是让他们观察和评估自己的行为，即**自我监控**（self-monitoring），就像在应用行为分析（见第5章）中其他人所做的那样。仅仅是对行为反应进行记录，往往就能够改变这一行为的发生频次。例如，我的家庭曾参与了一项研究，这项研究要求那些被随机选中的家庭在几个星期里记录看电视的习惯。我们被要求记录下每一次观看电视节目的情况，包括日期、具体时间、时长及所看的节目。每次我准备打开电视时，就会想到我不得不做的观看记录工作。于是经常地，我会放弃看电视而改做别的事情。于是，这种记录看电视行为的简单过程就改变了我的行为。

自我监控技术也可以应用在课堂中。例如，在一项研究中（K. R. Harris，1986），研究者给那些难以集中精力做拼写作业的学生发了一个磁带
录音机，这个录音机每隔45秒就会发出一声小小 135
的“嘟嘟”声。学生一听到“嘟嘟”声，就要问问自己“我集中注意力了吗”。这个简单的技术让学生在拼写任务上所花的时间增加了一倍，拼写的成绩则提高了两倍。许多研究都显示出相似的结果，即自我监控可以增加任务行为，改善任务完成情况（Mace，Belfiore & Hutchinson，2001；Reid，Trout & Schartz，2005；Webber，Scheuermann，McCall & Coleman，1993）。

表6—1　梅肯鲍姆提高自我指导行为的五个步骤

	任务表现	任务指导
步骤1：认知榜样作用	成人展现出所期望的行为	成人出声的言语指导
步骤2：出声的外部引导	孩子展现出所期望的行为	成人出声的言语指导
步骤3：出声的自我引导	孩子展现出所期望的行为	孩子大声地重复指导语
步骤4：小声的出声自我引导	孩子展现出所期望的行为	孩子小声地说出指导语
步骤5：不出声的自我指导	孩子展现出所期望的行为	孩子安静地想着指导语

正如可以增加所期望的行为一样，不良行为也可以通过自我监控被减少。比如，研究发现，对目标行为的自我记录可以减少诸如随便说话、不遵从老师的指示及攻击同学这类破坏性的课堂行为。通过自我监控，学习者能够更清楚地意识到他们从事非建设性行为的频率，而这种意识是行为改善的一个关键因素（Bear，Torgerson & Dubois-Gerchak，2010；DuPaul & Hoff，1998；Mace et al.，1989；Webber et al.，1993）。

自我强化

通过**自我强化**（self-reinforcement），人们往往能改变自己的行为。当按照积极的方式行动时，就给自己一点“甜头”或某些特权，否则就收回这些自我奖励（Mace et al.，2001；Reid et al.，2005）。例如，我就是通过运用第4章谈过的普雷马克原理来维持自己的写作行为的：只有当我完成了一些难度较大的工作任务后，我才准许自己去做一些轻松有趣的活动。

如果学生们学会了对自己的成就进行自我强化，例如给自己一些自由时间，小小地犒赏一下自己，或者只是表扬自己一下，就可以改善他们的学习习惯和学业表现（Greiner & Karoly，1976；S. C. Hayes et al.，1985；Reid et al.，2005）。例如，在一项研究中（Stevenson & Fantuzzo，1986），研究者教那些算术成绩很差的学

生，当他们很好地完成了作业时，就给自己一些积分，以后他们可以用这些积分来“购买”某些待遇或特权。几周后，无论是课堂作业还是家庭作业，这些学生都和其他同学做得一样好了。

136 自我施加的刺激控制

回想一下第 4 章有关工具性条件作用的讨论，如果一个反应在某些刺激条件下会发生，在另一些刺激条件下则不发生，这个反应就是处于刺激的控制之下。这一观点可以转变为促进自我调节的一种有效方式（Mahoney & Thoresen，1974），我称之为**自我施加的刺激控制**（self-imposed stimulus control）。为了增强一个特定的良好行为，个体应该学会寻找该行为最可能发生的环境。例如，一个希望增加每天的实际学习时间的学生，应该坐在图书馆的书桌前而不是坐在家中的床上。与之相反，为了减少某一不良行为，个体应该将行为限定在某些特定的环境中。例如，为了戒烟，我认识的一位心理学家曾逐渐减少允许自己吸烟的场所数量。最后，他只允许自己在一个地方吸烟：那就是他办公室的角落。自此，他成功实现了全面戒烟。

需要指出的是，只有当学习者抑制不良行为的神经功能正常（见第 2 章），并且想要改变自身行为时，我们所介绍的这些技术才能促进自我调节。具备了上述条件后，这些技术可以帮助学习者发现，自己具有一些掌控自身行为和环境的能力。然而，有三点必须注意。第一，接受自我调节策略训练的个体必须具有完成期望行为的能力。比如，对那些想要改进自己学习习惯的学生来说，只有当他们具有足够的、能够确保成功的学业技能时，改变学习习惯才可能带来更好的成绩。第二，个体必须相信自己能够做出必要的行为改变。换言之，他们必须具有高自我效能感（Pajares，2009；Schunk，1998；Zimmerman & Schunk，2004）。第三，个体必须要注意，不能期望得太多太快。许多人都渴望一下子成功，但是不管是对自己还是对别人而言，行为塑造通常都是一个缓慢渐进的过程。就像一个节食者不可能一周之内减掉 40 磅（1 磅约为 0.45 千克）一样，一个学习习惯很差的学生也不可能马上就上光荣榜。因此，为了让自我调节技术具有成效，人们对自己的期望必须是切实可行的。

自我调节的认知方面

大量迹象表明，自我调节同时涉及了行为过程和认知过程。一个具体的例子就是，在梅肯鲍姆教授的自我指导技术的最后一个步骤中（见表 6—1），学习者不再需要将榜样提供的指导语说出来，只是在头脑中想想就可以了。概括来讲，自我调节的那些要素，如设定行为标准、自我评估和自我反应（如感到自豪或羞愧）等，在本质上更像是认知过程而非行为过程。

近年来，心理学家已经将自我调节概念更明确地应用于对个体心理过程的控制，尤其是现在，他们在谈论自我调节行为的同时，也谈自我调节学习。例如，自我调节学习者会为他们的学习活动设定目标，会选择能帮他们实现目标的学习策略，会监测朝向目标的进程，并会在需要的时候改变学习策略。在第 14 章对元认知和学习策略进行探讨时，我们将会从认知理论家和社会认知理论家的角度更多地讨论自我调节学习。

137 社会认知理论的教育启示

行为主义者和社会认知理论家们让我们有理由相信，通过关注和调整那些影响学习的环境因素，我们可以帮助各个年龄的学习者获得更高的学习技能和更适当的课堂行为。但是，在这些理由中，社会认知理论又加上了一个重要的概念：交互因果关系。通过选择和适当调整教学活动及课堂情境的其他方面，教育者可以改善学生的行为，行为改善反过来又增强了学生的自我效能感和其他个人特质。然后，这些特质又会促进学生的自我调节行为，而自我调节行为又能使学生从课堂学习中受益更多……如此这般，环境、行为及个人变量之间持续地发生交互作用。

社会认知理论在课堂时间方面也提供了许多独特的启示。以下就是其中一些最重要的启示：

◆ *学生只是通过观察他人往往就能学到很多。*在许多传统行为主义者（如斯金纳）看来，为了使学习发生，人们必须做出主动反应。不过在本章，我们已经看到许多通过观察他人行为就能让学习发生的例子。而且，通过替代经验学生就可以知道哪些行为可以被接受、哪些行为不被接受，具体来说，就是通过看其他人由于不同的行为而得到强化或惩罚来学习。由此，教师和学校的管理者就必须对他们所控制的奖赏和惩罚保持一贯性，不仅要有跨时间的一贯性，而且对不同的学生也要一视同仁。实际上，学生非常讨厌那些对不同的学生采用不同奖惩标准的老师（Babad，Avni-Babad & Rosenthal，2003；J. Baker，1999；Certo，Cauley & Chafin，2003）。

◆ *对行为结果的描述可以有效地增加适当行为、减少不当行为。*你一定还记得，社会认知理论家们认为，只有当学习者清楚地意识到行为—结果之间的相倚关系时，强化和惩罚才会影响到个体的行为。因此，对良好行为进行奖赏的承诺和对不良行为进行惩罚的警告，可以成为改善学生行为的有效方式。相反，在学生还没有意识到行为和结果之间的联系时，对他们实施强化或惩罚将不能带来行为的改变。

◆ *榜样作用提供了一种可以替代行为塑造来教导新行为的方法。*行为主义者提出了一个教导新行为的有效方法：行为塑造。但若想塑造一个新行为，个体必须从强化一个已有行为开始，然后通过逐步渐进的方式不断修正行为直至产生期望的目标行为。对于复杂的行为和技能，塑造的过程可能需要相当长的时间。社会认知理论则为教导新行为提供了一个更快捷有效的方法，即榜样作用。

为了促进对一个榜样的有效学习，老师必须确保四个必要条件：注意、记忆、动作再现和动机。首先，老师必须确保学生将注意力放到了榜样身上，尤其是榜样行为中与学习目标有关的方面。其次，老师可以通过帮助学生形成有关观察内容的适当的记忆代码（言语的或视觉的），来促进学生对所观察到的行为的记忆。再次，给予学生践行所观察到的行为的机会，并对他们的表现提供准确的反馈，这将有助于促使他们再现该行为。最后，老师必须要记住，只有当学生具有展现的动机时，他们才会表达出所学会的行为。有
138 些孩子会在内在动机的驱使下展现新技能，但是有些孩子则需要外部的诱因和强化。（我们将在第16、17章中讨论很多动机性策略，尤其会重点讨论内在动机的培养。）

◆ *老师、家长和其他成人必须要为孩子做出良好的行为示范，当心不要做出不良的行为示范。*成人所具有的个人特质（如能力、威望、权力等）往往使他们成为能够对孩子具有影响力的榜样。因此，他们要注意在和孩子接触时示范正确的行为。当我看到老师和其他成人表现出开放的思想、同情心和关注身体健康时，我会非常开心；但当我看到他们对某些观点流露出蔑视的神情，漠视他人的需要和他们所关心的问题，或者吸烟时，我就会感到忧心。

我曾认识一个名叫莉萨的小女孩，她想争取学校圣诞晚会的一个角色。在选拔的那天早晨，她来到学校，并了解到每个学生只能申请一个角色，她认为自己比较有把握赢得圣诞夫人这一角色。她确信老师会把圣诞老人的角色给一个叫安娜的女孩。不过，在选拔的那天早上安娜迟到了，而老师曾经说过迟到者将被取消参选资格，于是莉萨改变主意参加了圣诞老人这一角色的竞选。可是，在安娜迟到了十分钟后，老师却没有遵守她自己定下的迟到者将被取消参选资格的规则，仍允许安娜参选圣诞老人，并最终将这一角色给了她。这个老师，作为学校里最有可能被观察的榜样之一，她的这种做法为学生做出了虚伪和偏袒的示范。

作为一个想要帮助未来的教师更好地教学的教育心理学家，我的工作本身就特别具有挑战性，因为我必须践行我所传授的内容。如果我不仅告诉学生及时反馈、信息的组织、生动的例子、亲身实践、评估与教学目标相对应的教学活动都是有效教学的重要组成部分，而且在教学中同时示范这些，那么学生的学习成效将会明显增强。“说一套，做一套”不仅是虚伪的，而且还会产生反作用。

通过和学生的日常互动，老师不仅做出了行为的示范，而且做出了态度的示范（Pugh，2002；Rahm & Downey，2002）。例如，在高中生物课上，讲授动物适应和进化单元时，科学老师凯文·皮尤（Kevin Pugh，2002）不断地通过下列陈述来向同学们展现对科学的热爱：

● “这周我们所要做的就是，去更多地了解每种动物究竟是怎样一种奇妙的设计。因为每一种动物……都被设计为能在特定的环境中生存和繁衍的样子。当你学会从适应的角度来看动物及其

生存环境时，就会发现每种动物真的都是一个神奇的作品。”（p. 1108）

● “当我行驶到这里，从一群加拿大鹅身边经过时，我便开始思考：‘为什么它们有着黑色的头和白色的脖子？这样的设计有什么适应意义？’”（p. 1110）

◆ *接触不同类型的榜样有助于学生的学习。*成人榜样不应该仅限于孩子的老师和父母，有时，也可以邀请其他成人来担当榜样；例如，警务人员、杰出的政府官员、商人或者护士等，他们可以为孩子们演示有关安全、好公民、责任感和健康等方面的正确行为和态度。另外，象征性榜样也能够发挥示范作用。例如，了解海伦·凯勒、马丁·路德·金和埃莉诺·罗斯福等人的生平，就是一个让孩子们认识许多良好行为的简单有效的方式（Ellenwood & Ryan，1991；Nucci，2001）。

139 榜样并不只是简单地展示适当行为而已，经过仔细挑选的榜样还能够帮助孩子们打破群体刻板印象的榜样。例如，老师可以向学生介绍男护士、女工程师、非裔美国医生、西班牙裔商人及坐在轮椅上的运动员等。通过让学生接触来自不同文化和社会背景的、具有各种能力障碍的、不同性别的成功人士，老师可以帮助学生意识到他们也具有完成伟大事业的潜力。

◆ *学生必须相信自己有能力完成学业任务。*正如我们之前看到的那样，学生的自我效能感会影响他们的学习和学业成就。然而，学生在不同学科领域的自信心可能具有很大的差异。比如，在青少年中，男孩在数学、科学和体育方面通常比女孩有更高的自我效能感，女孩则有可能在英语课上表现出比男孩更高的自我效能感（Dunning，Johnson，Ehrlinger & Kruger，2003；Schunk & Pajares，2005；Wigfield，Eccles & Pintrich，1996）。

为了增强学生对学校活动的自我效能感，老师可以有意识地运用那些能够提高自我效能感的因素。例如，老师可以告诉学生，与他们能力相近的同龄人已经掌握了他们正在学习的内容。老师还可以让学生对同龄人成功地完成某项任务的过程进行实际的观察。如果能够让学生看到一个同龄人开始的时候如何与一个任务或问题“战斗”（他们自己可能也有这样的经历）而最后终于掌握了它，那么将会更有帮助（回想一下“压力应对型榜样”这一概念）。另外，老师还可以设计一些小组活动，让学生合作完成一些挑战性的任务。但最重要的是，老师要通过帮助学生独立地、成功地完成课堂任务来培养他们的高自我效能感，如帮助他们掌握必要的基本技能，在他们面对比较艰深的、有难度的问题时提供指导和支持。

改变学生在一个任务或技能上的自我效能感终究比改变他们整体的自我概念或自尊要容易得多（Bong & Skaalvik，2003）。而且，一旦学生在许多不同的方面和领域中都形成了高自我效能感，他们对掌握新领域的自信心一般也会逐渐增强。换句话说，他们最终会形成了一种**整体自我效能感**（generalized self-efficacy），这对学校情境下的许多活动都会产生广泛的影响（Bong & Skaalvik，2003；Schunk & Pajares，2004）。

◆ *老师应该帮助学生设定切合实际的成就期望。*随着孩子自我调节能力的提高，他们会开始采用自己的行为标准。这些标准常常是以他们周围的人所采用的标准为基准的，所以有时他们会过于乐观或者过于悲观。当学生的成就标准过高时，例如像完美主义者那样，他们可能会经历接二连三的失望和挫折（F. A. Dixon，Dungan & Young，2003；Pajares，2009；Zimmerman & Moylan，2009）。当学生设定的标准过低时，可能导致低成就。老师可以根据学生目前的能力水平、有效的教学指导和支持，来帮助他们形成合理的、积极的期望，进而促进学生在学业方面和社会性方面的发展。

◆ *自我调节技术为改善学生的行为提供了有效的方法。*前面我已经介绍了四种提升自我调节能力的技巧：自我指导、自我监控、自我强化和自我施加的刺激控制。当学生具备了改变自身行为的内在动机时，这些技巧便可以成为行为主义方法之外的另一些可行方法。

正如社会认知理论家们已经清晰阐释的那样， 140
我们不能无视课堂的社会情境。学生能够而且也确实从他们每天见到的榜样——如父母、老师及同龄人身上学会一些东西。社会认知理论家还清楚地指出，当我们尝试去解释人类的学习过程和行为时，必须要同时考虑环境因素和认知因素。下一章我们就将进入认知主义视角，届时我们将会更深入地讨论这些因素。

总结

社会认知理论着重探讨了人们如何通过观察他人进行学习。这一视角融合了许多行为主义概念（如强化和惩罚）和认知概念（如对反应—结果相倚关系的意识和期望、记忆代码等）。环境变量、认知变量与行为持续地相互作用着，三者以交互的方式彼此影响。

许多行为、信念和态度都可以通过榜样作用来习得；学业技能、攻击行为和人际行为就是三个典型的例子。有效的榜样通常是有胜任力的、有声望的、有力量的，他们展示了那些被认为是符合“性别角色期待”的而且贴合观察者自身情境的行为。榜样作用的发生有四个基本条件：注意、保持、动作再现和动机。

具有高的自我效能感的个体，即那些相信自己在特定活动或领域中能够成功的个体，通常会选择具有挑战性的活动，为之付出努力并坚持不懈。长远看来，他们达到的成就水平也很高。我们可以通过鼓励的话语、他人（尤其是同龄人）的成功、集体的成就，最重要的是他们自己的成功，来增强个体的自我效能感。

社会认知理论家认为，尽管环境影响着行为，但随着时间的流逝，人们开始能够调节自己的行为；他们通过下列过程来实现自我调节：形成自己的行为标准，依据这些标准对自己的行为进行观察和评估，根据标准达成的情况进行自我强化或自我惩罚（即使只是精神上的和情绪上的），最后对自己过去的行为、当前的目标和信念进行自我反思。老师则可以通过教授自我指导、自我监控、自我强化和自我施加的刺激控制等技巧，来帮助学生提高自我调节能力。

社会认知理论为教育实践提供了许多启示。例如，对反应—强化和反应—惩罚之间相倚关系的陈述可以让学生意识到这些相倚关系的存在；这样一来，在施加结果之前，这样的陈述本身就可能对行为产生影响。在教授新技能的教学活动中，榜样作用提供了一种比传统的行为主义技术更为有效的方法。不过，榜样作用不仅仅局限于有计划的教学活动中，在与学生的日常互动中，老师和其他成人也示范了各种行为、态度和价值观，因此成人必须注意自己的行为要能够反映出公平、对不同观点的接纳、健康的生活方式及高尚的道德标准。当老师在教授那些具有潜在挑战性的内容时，必须要给予学生充分的理由，让他们相信自己真的有能力掌握这些内容。

第四部分

有关学习的认知观点

第 7 章

认知主义的介绍

本章主要内容

141 从20世纪60年代开始，认知心理学（也称为认知主义）已成为学习研究和学习理论的主要观点。当我们开始探讨这一观点时，你无疑地会注意到一种重要的改变。在前面的章节中，我们着重关注了环境条件（刺激）和观测行为（反应）在学习中的作用，不过社会认知理论也关注了一些例如期望、注意和自我效能等心理现象。在这里，我们会更直接地研究**认知过程**（cognitive processes），看看人们是怎样感知、理解、记忆或者用其他的方式来思考环境事件的。

正如你回忆的，大多数早期行为主义者有意地将内部心理事件排除在他们的学习理论之外，他们声称这些事件是不可能观测和测量的，因此不能被客观地研究。然而，在20世纪的50到60年代期间，很多心理学家越来越对人类学习研究中这种“轻率”的观点表现出不满。随后，带有明显认知倾向的研究开始出现，其中典型的范例是布鲁纳、古德诺、奥斯丁（Bruner，Goodnow & Austin，1956）的概念学习的研究和诺姆·乔姆斯基（Noam Chomsky，1957）的心理语言学。乌尔里克·奈瑟尔（Ulric Neisser）于1967年出版的《认知心理学》是一本里程碑式的书籍，它促使人们将认知理论作为除行为主义之外一种合理的重要选择（Calfee，1981）。认知主义思想也逐渐开始出现在教育心理学的文献中，其中两位著名的早期支持者是杰罗姆·布鲁纳（Jerome Bruner，1961a，1961b，1966）和大卫·奥苏贝尔（David Ausubel，1963，1968；Ausubel & Robinson，1969）。至20世纪70年代，绝大多数的学习理论家已投身于认知主义的浪潮（Robins，Gosling & Craik，1999）。 142

然而，在以严苛的S-R为模式的行为主义兴起之前的数年，认知心理学的思想渊源就已经形成了。一些认知学习理论，尤其是美国心理学家托尔曼和德国的格式塔心理学家们的理论，出现于20世纪早期。几乎在同一时期，两名发展心理学家，瑞士的皮亚杰和苏联的维果茨基，阐述了儿童的思维过程如何随年龄而变化并且推测了这种变化产生的潜在学习机制。

于20世纪早期和中期，在言语学习领域有关的研究对认知运动而言同样重要。言语学习理论家最初试图把刺激—反应的分析模式应用到人类语言和言语行为中，但很快发现言语学习的复杂性有时很难用严格行为主义观点来阐释。随后，他们逐渐开始把认知过程的观点吸纳进他们对研究结果的解释。

本章中，我们会讨论有关托尔曼、格式塔心理学和早期言语学习的研究的贡献，然后对当代的认知主义心理学做一个简要的介绍。在第8至11章中，我们会对当代的认知理论和研究发现做更加细致的介绍。而在第12和13章中，我们会用发展心理学的观点来看认知，并介绍皮亚杰和维果茨基的早期工作，以及基于他们理论的一些新近的观点。

托尔曼的目的行为主义

爱德华·切斯·托尔曼（Edward Chace Tolman，1932，1938，1942，1959）是行为主义全盛时期杰出的学习理论家，然而，他的研究有明显的认知主义倾向。与他的行为主义同伴一样，托尔曼强调研究中客观的重要性并使用动物，特别是白鼠来作为研究被试。但是，与其他行为主义者不同的是，托尔曼在解释学习发生时内部心理现象。下面是他的观点的一些例证。

◆ *学习是一种内部而非外部变化。*托尔曼提出学习是一种内部过程，其未必会反映在外部行为上。例如，托尔曼和杭齐克（Tolman & Honzik，1930）的一项研究中，三组白鼠在不同的强化条件下完成一个困难的迷宫任务。第1组采用食物奖励，第2组没有奖励，第3组前10天没有奖励，从第11天开始给予奖励。

结果如图7—1所示。数据显示了每天各组白鼠在走迷宫时出错次数的平均数。我们注意到第2、3组白鼠的表现在没有奖励强化时也得到了改善（即它们出错次数越来越少）。另外，一旦第3 143 组的白鼠开始在第11天给予奖励，它们的表现开始和第1组的表现持平（事实上，已经超过）。数据显示，第3组白鼠在前10天内学习量和第1组白鼠是一样多的，只是它们没有表现出来。托尔曼使用了**潜伏学习**（latent learning）来解释这种观测不到的学习。托尔曼认为，强化影响了表现而非学习，因为它强化增加了学习行为表现出来的可能性。（你可以回忆在第 6 章中，社会认知理论家得到了相似的结论。）

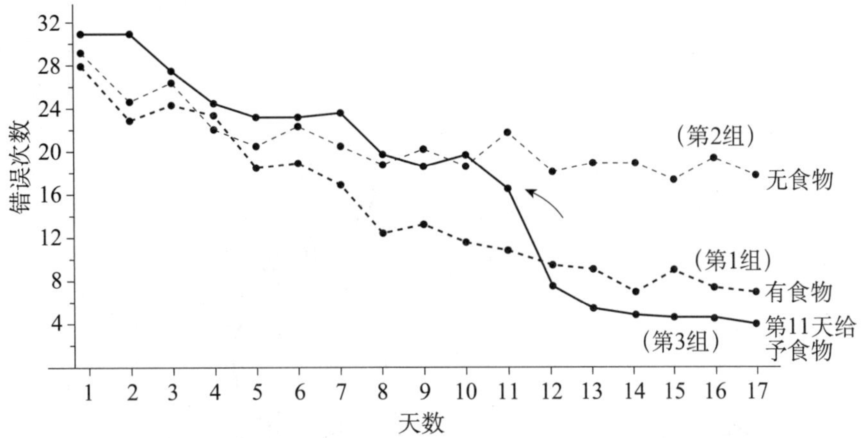

图 7—1　获得食物奖励组白鼠、没有食物奖励组白鼠和在第 11 天才开始获得食物奖励白鼠，三个实验组的迷宫任务时间与尝试错误次数关系图

资料来源：Adapted from "Introduction and Removal of Reward, and Maze Performance in Rats" by E. C. Tolman and C. H. Honzik, 1930, *University of California Publications in Psychology*, 4, p. 267. Copyright © 1930 by University of California Press. Adapted with permission.

◆ 行为是有目的的。托尔曼相信学习不应该被看作是"刺激—反应"的联结所形成的，而应被看作是一种过程，在这个过程中某些事件触发了其他事件（例如，白鼠按照特定的路径走完迷宫后会得到一个强化）。他提出一旦有机体掌握了某行为，就能导致某种结果，以后，其就会如以前那样行动来获得那种结果。也即，托尔曼强调，行为是有目的的。正因为此，他的学习理论有时被称为**目的行为主义**（purposive behaviorism）。

◆ 预期影响行为。根据托尔曼的观点，一旦有机体习得行为会产生特定的结果，它就会开始对其行为结果形成预期。与强化不同，强化是影响了后续的反应，而预期则影响了之前的反应。（在此，我们再次看到了这与社会认知理论的相似性。）

如果有机体的预期没有被证实，其行为可能就会受到相反的影响。例如，在埃利奥特（Elliott）的实验中（由托尔曼于 1932 年描述），白鼠在完成迷宫任务后会接受两种不同强化之一：实验组获得它们喜欢的一种食物，即麦麸糊；而控制组则得到相对无激发作用的向日葵种子。实验组的白鼠完成迷宫任务的速度要快于控制组，这显然因为它们预期越快完成任务就将会得到更美味的"佳肴"。在第 10 天，实验组的白鼠的强化物改为向日葵种子，而控制组不变。在发现了强化物的改变后，实验组的白鼠完成迷宫任务的速度变得比以前慢了，甚至还不如控制组白鼠。因为两组白鼠的强化物是相同的，所以，它们完成迷宫任务的速度差异明显源自实验组白鼠强化物的改变，这导致了第 4 章描述的抑制效应。

◆ 学习的结果是一个信息的组织结构。迷宫任务中的白鼠似乎不仅学会了在每个岔口应作出的合适的选择，而且掌握了迷宫的整体构成，即地形。例如，在托尔曼、里奇和卡利什（Tolman, Ritchie & Kalish, 1946）的经典研究中，白鼠多次穿过类似于图 7—2 的迷宫 1，随后它们被放入类似于图 7—2 的迷宫 2 中。由于在迷宫 2 中与迷宫 1 相同的道路被堵上了，白鼠只能从其他 18 条路中选择一条。按照行为主义者的泛化概念，白鼠应该选择一条和先前相似的路径，也许是岔口 9 或岔口 10。但是几乎没有白鼠选择其中的任意一条路径，而更多的白鼠选择岔口 6，这可能是因为这条路是到达食物位置的捷径。

基于这样的研究，托尔曼提出白鼠（很可能也有其他物种）会形成环境的**认知地图**（cognitive maps）：它们学到了环境中不同部分与其他部分的位置关系。有机体了解事物的空间关系可使 144
其更快捷地从一个地点到达另一个地点。认知地图（有时被称为心理地图）已持续成为当代研究者，如心理学家和地理学家等的重要研究课题（例如，Downs & Stea，1977；Foo，Warren，Duchon & Tarr，2005；Garcia-Mira & Real，2005；Salomon，1979，1994）。

在研究方法上，托尔曼明显受到行为主义者的影响。但他在详细阐释有关集体学习的组织特征的观点时，却受到了德国格式塔心理学思想的影响。接下来，我们一起关注格式塔心理学。

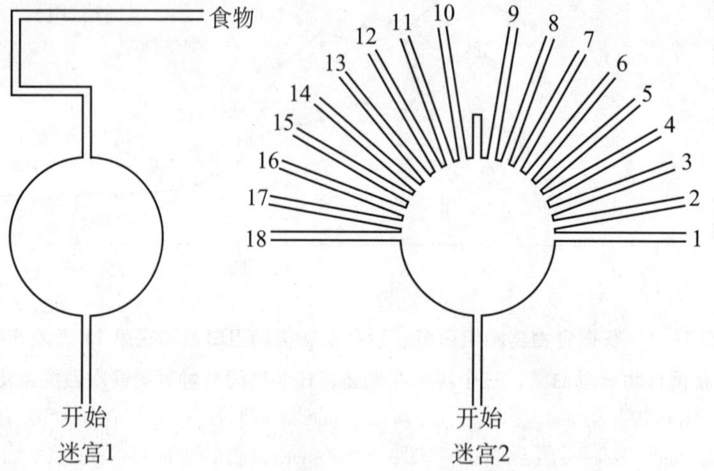

图7—2　托尔曼、里奇和卡利什（1946）使用的迷宫

格式塔心理学

在20世纪最初的几十年中，德国心理学家提出了一种与主导美国心理学界的行为主义理论截然不同的学习和认知的观点（例如，Koffka，1935；Kohler，1925，1929，1947，1959；Wertheimer，1912，1959）。这种观点，被叫做**格式塔心理学**（Gestalt psychology），强调知觉、学习和问题解决中组织过程的重要性。下面是格式塔心理学的一些基本观点。

◆ *知觉经常会跟现实不符*。格式塔心理学的起源通常归为韦特海默（Wertheimer，1912）对一种视觉错觉**似动现象**（phi phenomenon）的描述与解释。韦特海默观察到当两束光线以一定的频率相继闪烁的时候，它们通常看起来像是只有一束光线快速地来回移动（你可以在很多路标闪灯上看到这种现象）。通过个体把静物视为是运动的现象，韦特海默推断，人们对感受的知觉有时并不同于感受本身。

◆ *整体大于局部之和*。格式塔心理学相信，如果组成人类经验的各个方面被割裂成孤立的实体来研究，则其是无法被顺利地理解的。例如，在似动现象中我们感知到的运动错觉只有在两束或更多的光线呈现时才会出现。类似地，我们听了一段特定的音符如歌曲《铃儿响丁当》片段，即使以前同样的音调发生了改变，我们也能识别这段旋律（Rachlin，1995）。组合后的刺激可能会 145
表现出单个刺激没有表现出的模式，用格式塔心理学的描述来说，即整体大于局部之和。

另外，刺激间联系的重要性可以在苛勒（Kohler，1929）的母鸡**转换**（transposition）实验中看出。首先，给母鸡呈现两张灰色的纸卡，其中一张的颜色要比另一张更深。两张纸卡上都有谷粒，母鸡只能吃深色纸卡上的谷粒。在接下来的情境中，实验员给母鸡呈现了两张纸卡。不同的是，一张纸的灰度与之前实验中较深的灰度相同，另一张的灰度则要更深。在这种情境下，母鸡会朝向两张纸卡中色彩较深的那张去觅食，换句话说，就是之前未受到强化的那张纸卡。实验显示，母鸡明显学会了这两张纸卡的联系：色彩较深的更好。

◆ *有机体构造并组织经验*。大致来说，德语中的Gestalt意思是"结构化的整体"。结构在特定情景中并非固定的，相反，有机体会影响结构。例如，观察图7—3a，你大概会发觉有3对线段和两端各有1条线段。而如果你看图7—3b，相同的线段在特定的情境中出现，你可能会将其视为不同的结构，即 4 对线段，组成 4 个矩形的边。在两张图中，垂直的线段是相同的，但是你组织这些线段或对它们分组的方式——你如何把这些线组织在一起——是不同的。在每张图中，线段的结构是你施加的影响。

◆ 有机体会倾向于用特定的方式来组织经验。格式塔心理学家认为有机体（尤其是人类）倾向于用相似的并可以预测的方式来组织经验。而其中影响人们组织信息的一个主要原则是**接近率**（law of proximity），即人们倾向于把空间中相邻的物体感知为一个整体单元。例如，请观察下面的点：

●●●　　●●●　　●●●

你不仅看到了 9 个散点，还很可能将其感知为 3 组点。也就是说你把那些临近的点看作是一个整体。同样地，当看图 7—3a 时，你会把邻近的两条线段知觉成一对线段。注意，你对下面的字母串（ONEVERYHIGHWAY）的不同读取方式取决于它被组合成：

ONE VERY HIGH WAY

还是：

ON EVERY HIGHWAY

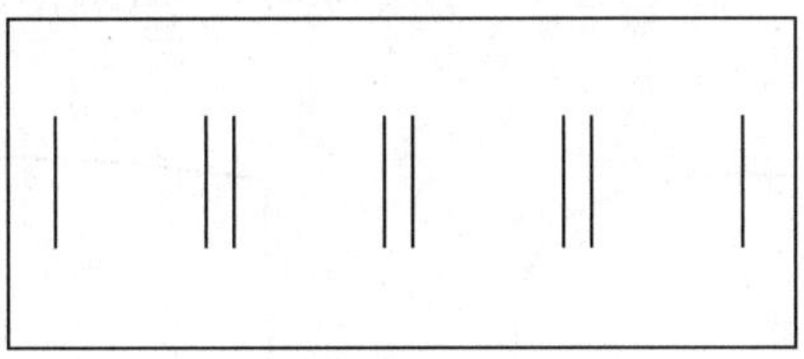

图 7—3a

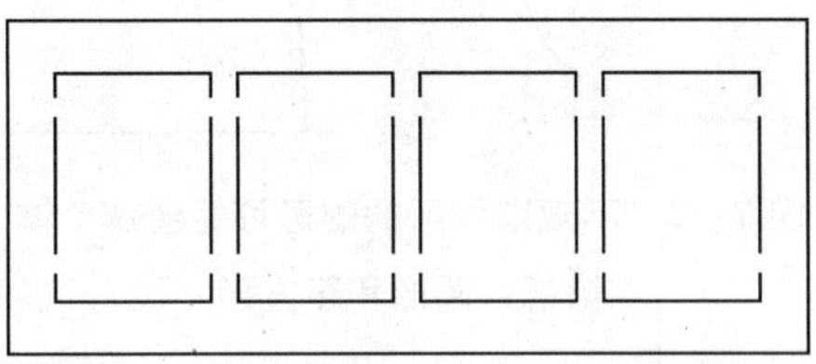

图 7—3b

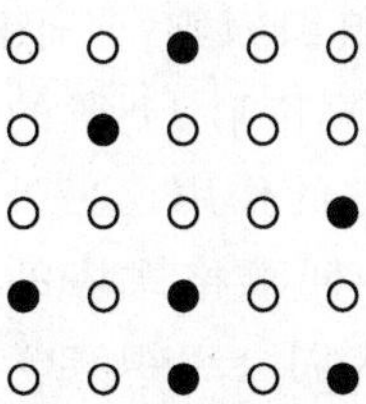

图 7—4a

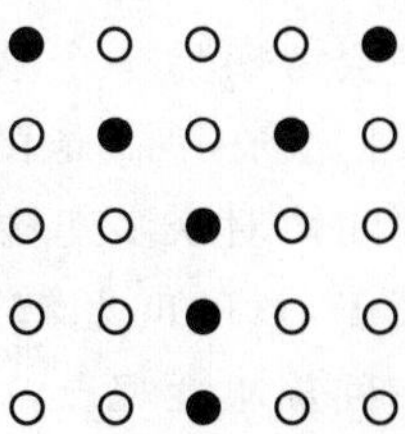

图 7—4b

另一个组织原则是**相似律**（law of similarity）：人们倾向于把外观相似的事物感知为一个单元。例如，看图 7—4a 中的点。你能看到字母 Y 吗？大概不能吧。但如果你看图 7—4b 中的点，字母 Y 就很明显。两种情况下点的分布是相同的，但是在第二种情况下，形成字母 Y 的点都是黑色的，你就倾向于把这些相似的黑点感知为一个单元。虽然你可能没有注意到其他字母，例如 E 或者 H，它们也确实可以由其中的某些点形成。人们发现，婴儿最早从 6 或 7 个月大开始就拥有用相似性原则来感知世界的能力（Quinn，Bhatt，Brush，Grimes & Sharpnack，2002）。 *146*

格式塔心理学还有另一个原则是**封闭律**（law of closure）：人们倾向于把缺失的部分填满组成一个完整的图形。例如，观察图 7—3b 时，你会补充连续性直线上缺失的节段来知觉出 4 个封闭矩形。类似地，观察图 7—5 时，你很可能会看到出“Singing in the rain”的字符串，即使 50%的印刷是缺失的。也即是说，你会直接把缺失的部分补充完整。

以格式塔心理学的观点，个体总是尽可能简单、简练、对称而又完整地组织其经验：这即为**简单律**（law of Prägnanz）（即“简明”或“精准”）（Koffka，1935）。例如，在图 7—3b 中，你知觉到了矩形，这是因为矩形是简单而对称的图形。你不大可能轻率而又马虎地（例如像知觉图 7—6 那样）来填充缺失的部分，被许多产品设计者提倡的“KISS”（Keep it simple，stupid!）准则就是简单律的当代变式。

◆ 学习发生在简单律之后。格式塔心理学家提出学习包含了**记忆回溯**（memory traces）[①]的形成。这些记忆回溯遵循简单律，因而随着时间的推移，它们变得比实际输入的刺激更简单、精确而完整。例如，人们在看到图 7—7 中稍不规则的图形后，很可能把它们记忆为一个“圆形”和“正方形”。另一个讨论的例子来自特韦尔斯基（Tversky，1981）的研究：人们在研究地图后凭记忆将其画出来。其结论是人们再造图形的偏差常遵循简单律：弯曲的、不规则的线段重塑为了直线。斜线变成了向南北或东西倾斜的直线，并且地图上的地貌比原来排列得更加协调。

① 众多当代的认知心理学家和神经心理学家也采用此术语来讨论记忆（例如，Brainerd & Reyna，2004；Suarez，Smal & Delorenzi，2010）。

图 7—5

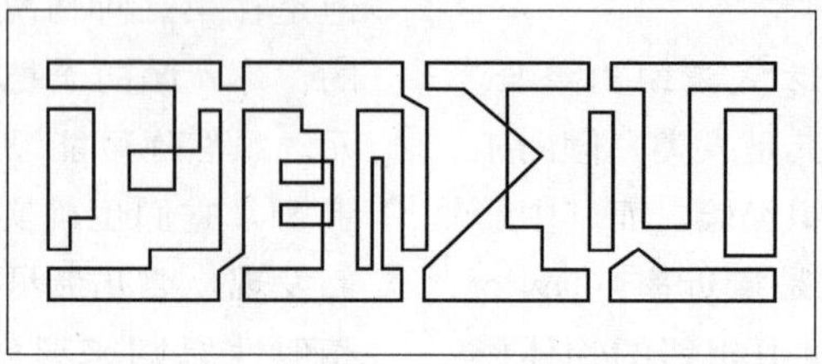

图 7—6

147 **◆ 问题解决包含了重构和顿悟。**正如第 4 章中提及的，早期美国行为主义者爱德华·桑代克（E. Thorndike，1898）提出问题解决包含了尝试错误的过程（请回忆其猫的迷箱实验）。与之相对，格式塔心理学提出了一个更认知的观点来解释有机体怎样解决问题。例如，在观察黑猩猩应对一系列不同的问题后，苛勒（W. Kohler，1925）提出问题解决包含了对问题元素的心理组合和重组并最终建立起一个有组织的结构来解决问题。有一次，一只叫 Sultan 的黑猩猩面临这样一个问题：水果被放置在笼外很高的地方，以至于它无法够到。Sultan 之前有过用棍子够水果的经验；但这次在笼子里唯一的一条棍子太短了。而长棍子，也正如水果一样，在笼子外面的远处，Sultan 也难以够到。继而发生了下列的情景：

> Sultan 试图用短棍够水果。失败后它开始撕扯编制笼子的铁丝，但这也是徒劳的。然后，它环顾了一下自己周围（在这些测试中总会出现长时间的停顿，在这些停顿期间，动物会仔细研究整个空间）。它突然拾起短棍，再次站到了门闩上，恰好在长棍对面，用短棍把长棍拉过来，抓住，拿着爬到水果对面，然后成功得到了水果。从它的眼睛落在长棍上的那一刻起，它的动作就是一个连续的过程，没有停顿。（Kohler，1925，p. 180）

在另一个够不着水果的情境中，Sultan 有两根中空的竹棒，一根比另一根细一些。在多次“失败”的尝试后，它似乎放弃了一切努力并转而拿着竹棒漠不关心地玩耍。一次偶然，Sultan 发现自己拿着的两根竹棒，若两端对着连接，就似乎形成了一根长竹棒。它马上把较细的竹棒插入到较粗的竹棒中（即形成了一根长棍），然后，跑到笼边，够到了这来之不易的水果。

在上述的两种情境中，Sultan 都没有经历如桑代克实验中猫随机尝试错误式的学习。相反地， 148
苛勒认为 Sultan 思考了问题解决的可能方法，用多种方式来组织问题要素［也就是**重构**（restructuring）它们］直到它获得对问题解决的**顿悟**（insight）。

图 7—7　不规则构形的图形可能会被个体记忆为圆形和正方形

格式塔心理学一直影响着认知心理学家对学习和认知的界定。例如，我们在第 8 章的注意特性研究中会考察另一个基本组织原则——图形—背景。我们会在第 9 章的知觉和第 11 章的记忆中看到封闭律对众多建构过程的作用。另外，我们会在第 15 章的问题解决中回顾格式塔的顿悟观点。一种普遍性观点，即人们会组织其学习的内容，会在后续的讨论学习与认知的章节中反复出现。

言语学习研究

20世纪20年代晚期开始，一些研究者把行为主义理论应用在人类行为的独特领域：语言。这种**言语学习**（verbal learning）研究持续了20世纪整个中叶（尤其是30年代至60年代和70年代早期）并引发了大量的有关人类学习特征的启示。

言语学习研究的中心是两个学习任务：系列学习和配对—联想学习，这些可以简单地用刺激—反应的观点来分析。**系列学习**（serial learning）包含了以一种特定的顺序学习一系列项目，如字母表、一周中每天的叫法和太阳系中的行星。言语学习理论家这样来解释系列学习：学习表单中的第一项是刺激，第二项是对其的反应；接着，第二项是刺激，第三项又是前者的反应；以此类推。

配对—联想学习（paired-associate learning）包含项目对的学习。两个常见的例子：学习外语单词和它们的英语含义［例如，le papier是法语单词，英语含义是“the paper”（纸）］；学习某国家的首都或某州的首府（例如，阿拉斯加州的首府是朱诺）。言语学习理论家把配对—联想描述为明显的刺激—反应联结，即每对项目中的第一项是刺激，第二项是对其的反应。

随着人们越来越认为言语学习理论的研究结果不能简简单单地用刺激—反应的联结模式来解释，研究者们开始纳入了各种心理现象来讨论学习的过程。在这一部分，我会向大家介绍从言语学习研究中产生的几种主要的学习规律。其中一些研究发现，若用行为主义的观点来看，相对比较容易解释，但其他的一些，若不纳入认知观点的话，则很难被阐释清楚。

◆ *系列学习以特定的模式为特征。*系列学习任务中经常会观察到**系列学习曲线**（serial learning curve）：人们在学习前几个和最后几个项目时表现得更加快速和容易（J. F. Hall，1971；McCrary & Hunter，1953；Roediger & Crowder，1976）。如果我们把系列中对各项学习的速度和项目顺序关系画一条曲线，我们会看到如图7—8所示的结果。一个常见的例子是儿童学习单词表的过程：他们会先学会前几个字母（A，B，C，D）和后几个字母（X，Y，Z），然后才学会中间的字母（J，K，L，M）。

在系列学习曲线中，对前几个项目的识记较为容易的现象被称为**首因效应**（primacy effect），而对系列中后几个项目的识记较为容易的现象被称为**近因效应**（recency effect）。对这两种效应，言语学习理论家解释说系列的两端（即最前面和 149
最后面的项目）是锚，其他项则以“刺激—反应”的模式与其联结在一起。

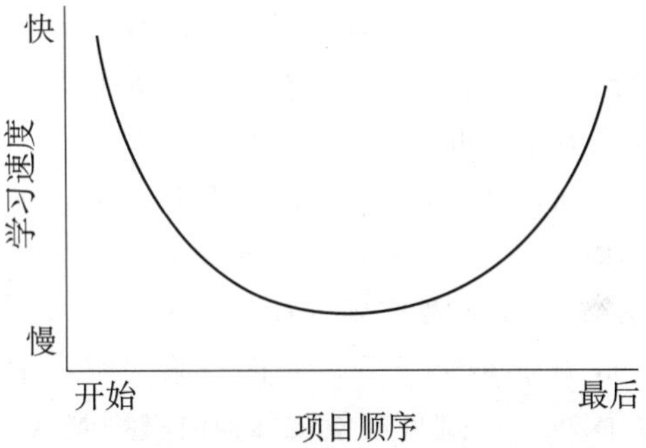

图7—8 典型的系列学习曲线

◆ *过度学习的材料在一段时间后更易被回忆。*当你充分地学习信息后，又再继续学习，会发生什么呢？这就是**过度学习**（overlearning），一种你掌握了学习材料并加以额外练习，使你在后续时间能更精准记住信息的过程（Krueger，1929；Underwood，1954）。正如第3章中所述，练习对于学习很重要，这大概是因为它巩固了刺激—反应的联结。

◆ *分散练习通常比集中练习的效果要好。*设想你必须为一次考试复习，你估计需要花6个小时来掌握这些材料。你是一次性花6个小时来复习，还是分成6个1小时的时段呢？哪种效果更好呢？言语学习研究者发现**分散练习**（distributed practice）比**集中练习**（massed practice）通常会有更好的学习效果（A. Glenberg，1976；Underwood，1961；Underwood，Kapelak & Malmi，1976）。事实上，每个学习时段分离的时间越长，人们越能在这长时间的间隔中回忆起学习的信息（Rohrer & Pashler，2007）。用行为主义者的观点来看，集中练习会导致疲倦，从而使得学习者做出不适应的反应。

◆ 一个情景中的学习经常会影响另一个情景中的学习和回忆。设想你必须学习两组配对联想词汇，如下所示：

第一组	第二组
房子—龙	房子—报纸
植物—雪橇	植物—时钟
灯—音乐	灯—火鸡
洋葱—枕头	洋葱—椅子

在你学习完第一组后再学习第二组，让你回忆第一组中的刺激词所对应的反应词，你会感到困难吗？很可能会这样，因为你在学习第二组词汇时要学习面对相同刺激词的不同反应词。如果你没有学习第二组的反应词，那么你对第一组的刺激词作出正确的反应将会容易很多。

150 当人们相继学习两组配对联想词时，第二组词的学习经常会干扰第一组词的回忆能力——这种现象被称为**倒摄抑制**（retroactive inhibition）。事实上，在这种情况下，人们对第二组词的记忆也会有困难——这种现象被称为**前摄抑制**（proactive inhibition）。当两组配对相关词有相同或相似刺激词却有不同反应词的时候，一组配对相关词的学习对之前或之后的配对相关词产生干扰的倾向更可能发生（J. F. Hall，1971；Osgood，1949）。

在不同的环境下，对一组信息的学习也许会改善在另一时段学习的信息的回忆——这种现象被言语学习理论家称为**前摄促进**（retroactive facilitation）或**倒摄促进**（proactive facilitation）（J. F. Hall，1971）。当两种情景有相似或相同的刺激和相似的反应时，促进现象可能就会发生（Osgood，1949）。举个例子，学习了“房子—龙”这组刺激—反应对后，你会更容易学习掌握“房子—巨兽”这组词。

言语学习理论家提出，前摄抑制和倒摄抑制是影响言语信息遗忘的重要因素（例如，McGeoch，1942；Melton & Irwin，1940；Underwood，1948）。因而，这些理论家是最初以理论观点来审视记忆的学者。许多当代认知心理学家也认为，抑制在记忆和遗忘中至关重要（见第11章）。

◆ 材料特征会影响人们的学习速度。言语学习研究者共同确定了众多影响言语材料学习和记忆难度的特征。

（1）有意义的项目更容易学习——这就是说，当项目之间可以轻易地联系到一起时（Cofer，1971；Paivio，1971）。言语学习在西方兴起之前，德国心理学家赫尔曼·艾宾浩斯（Hermann Ebbinghaus，1913）就偶然发现了这一定律。在艾宾浩斯系列学习任务实验中，他发现作为其实验材料的单词会引发一定联想而使他更容易地记忆这些词。因此，他试图通过使用**无意义音节**（nonsense syllables）（如JAD、MON和ZIV）来排除联想的影响。尽管许多无意义音节看起来是没有意义的，但还是会引发一定联想并使“单词”记忆变得容易（J. F. Hall，1971）。例如，JAD也许可以让你想到“jade”，MON可能会让你联想到“money”。

（2）当项目可以读出来时将更容易记忆（Di Vesta & Ingersoll，1969；Underwood & Schulz，1960）。例如，无意义音节DNK会比BPX更为好记，因为DNK的发音更为容易。

（3）具体的项目要比抽象的项目更容易记忆（Gorman，1961；Paivio，1963）。例如，“海龟”、“锤子”和“三明治”应该比“真实”、“高兴”和“体验”更容易记忆。

（4）具体项目比较容易记忆的一个可能的原因是具体项目是心像化的。总的来说，容易引发心理形象的项目（例如，“海龟”）要比难以视觉化的项目（例如，“真实”）更容易记忆（Paivio，1971）。这种视觉表象现象（很明显这是一个心理现象）很难通过刺激—反应的模式来解释。

◆ 人们经常给新信息赋予意义。意义的效果 151
可以用“刺激—反应”观来解释：当一个刺激词有许多相关词时，这些相关词中的某个相应地可能会与将要学习的反应词产生联系。如图7—9。“刺激—反应”模式较难解释的现象是有时人们会想方设法地给其学习的词汇赋予意义。例如，当布吉尔斯基（Bugelski，1962）让成人学习包含了无意义音节的配对联想词时，被试几乎无一例外地报告其会对这些配对词赋予意义而便于学习。例如，当给被试呈现

DUP-TEZ

时，其中一名被试使用单词deputize来帮助形成联结。认知理论出现可能更好地解释人们寻找意义的倾向。

◆ 人们组织其所学的内容。当人们被允许用

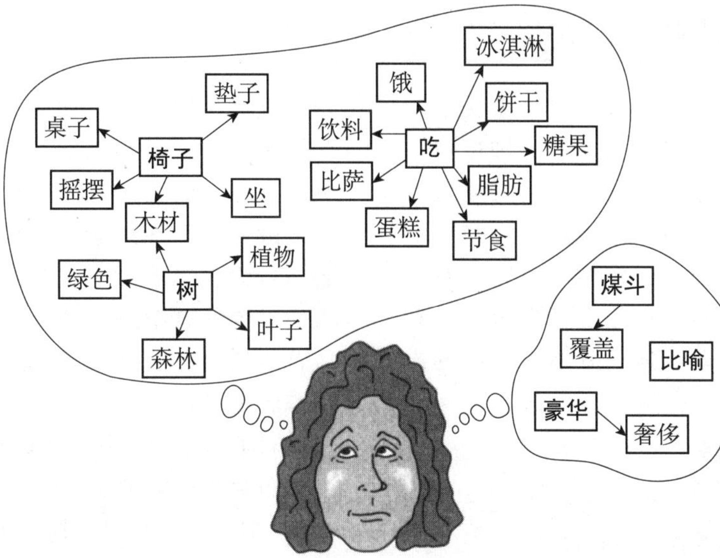

图 7—9 一些项目比其他项目更有意义

任意一种偏好方式来回忆系列学习任务的项目时[**自由回忆**（free recall）任务]，他们一般不会按照原来的顺序回忆。相反，他们的回忆顺序反映了某种组织图式（Bousfield，1953；Buschke，1977；Jenkins & Russell，1952）。例如，在鲍斯菲尔德（Bousfield，1953）的一个经典实验中，他给大学生一张有 60 个词的表单，它以 15 个词为单组形成 4 类：动物、人名、蔬菜和专业。尽管词汇是以随机次序呈现的，但学生们倾向于按类群回忆它们。例如，典型的回忆次序可能如下所示：

> 骆驼、长颈鹿、斑马、驴、亚当、霍华德、南瓜、卷心菜、胡萝卜、莴苣、小萝卜、挤奶工、面包师、牙医

人们甚至试图把看似没有规律的材料组织在一起（Tulving，1962）。人类这种组织他们所学的倾向很难用行为主义者的法则来解释。但正如你在后面的章节中所见，如果基于认知的观点来解释，就非常容易。

◆ *人们经常使用编码策略来辅助学习*。正如对前例中提到的用单词“deputize”来记忆 DUP-TEZ 的解释，人们经常以一定方式改变或编码信息来使学习更容易（Bugelski，1962；Dallett，1964；Un-
152 derwood & Erlebacher，1965）。而且，当实验主试特意告诉被试采用某种编码策略时，被试的学习效果就会得到提升（Bugelski，Kidd & Segmen，1968；J. F. Hall，1971）。例如，当策略性地指导人们形成心像来记忆单词时，他们比未给予指导的个体记忆得更好（Bugelski et al.，1968）。

◆ *相比逐字学习，人们更愿意掌握大意*。实际上，当人们关注于学习概要而非每个词的意思时，他们学得更快，回忆得也更准确（Briggs & Reed，1943；H. B. English，Welborn & Killian，1934；H. E. Jones & English，1926）。大多数的言语学习研究都关注于每个单词意思的把握。这样的话，很可能忽略了人类实际学习大多数言语材料的方式。

很明显，早期言语学习研究给我们大量有用的学习规律。它也给予我们两种学习任务——系列学习和配对—联想学习，它们在学习研究中一直沿用至今。同时，在采用“刺激—反应”模式来解释更多人类言语学习行为的过程中，研究逐渐揭露了行为主义观点的不足。

在近几十年里，大多以言语为基础的研究焦点已成为探究人们怎样有意义地加工语料（例如，一段散文）而非机械地组合系列或者配对材料。事实上，在 20 世纪的后半叶，随着研究者越来越接受认知主义的观点，其中许多人都开始放弃“言语学习”这一名词，转而采用更加明显的心理术语——记忆、编码、视觉形象等。例如，在我研究生阶段有名的专业期刊《言语学习和言语行为》（*Journal of Verbal Learning and Verbal Behavior*），却在 1985 年更名为《记忆和语言》。

当代认知主义的介绍

正如我们刚才所见，即使是在行为主义盛行的时期，一些研究者也已经给认知学习理论奠定了基础。在20世纪60年代，对行为主义局限性的批评更为普遍了。行为主义的观点不能简单解释人们为什么经常试图组织并理解新信息，有时甚至会改变它的组织。学习理论家越来越认识到他们必须把心理事件，即认知成分纳入他们的描述中。

认知理论的一般假设

现代认知理论对学习的假设与行为主义截然不同。下面提到的是一些最核心的假设。

◆ 一些学习过程是人类特有的。因为人们具有区别于其他物种的独特能力（复杂的语言是一个例子），学习过程经常和其他非人类的动物显著不同。因此，几乎所有认知主义的研究都是以人类作为被试，这些研究得出的理论不能推广到其他物种。

◆ 学习包括了心理表征或联结的形成，这不一定会体现在外显行为变化上。像托尔曼和社会认知理论家们一样，现代认知心理学家相信学习包含了内部心理变化，而不是行为主义者所宣称
153 的外部行为的改变。因此，在没有影响学习者可观测的表现时，学习也能发生。

◆ 人们是主动投入学习过程中去的。人们并不是环境条件的被动牺牲品，而是主动参与到学习中去，并最终控制自己的学习。每一位学习者自己决定他们如何心理上加工经验，这些认知加工过程相应地决定了他们学习什么。在一定程度上，学习者对环境的理解方式不同，他们学到的东西也不同。

◆ 知识是有组织的。个体的知识、信念、态度和情绪并不是相互割裂的，而是直接或间接地相互联系的。学习过程本身会有助于这种组织：第9章中我们将会介绍，如果人们能把新信息和经验与他们已经知道的事情之间联系起来，他们的学习将会更加高效。

◆ 科学探究的中心必须是对人类行为进行客观、系统的观察，但是行为通常允许对不能观察的心理过程进行合理的推断。行为主义者认为学习研究必须要基于实证研究的结果来建立理论，认知心理学家们赞同这一观点。并且，与行为主义者一样，他们知道，只有当我们观察到人们行为的改变时才知道学习发生了。但是，认知主义者与行为主义者在一个关键方面不同：通过观察人们对各种刺激条件的反应，他们相信可以对反应背后的内在心理过程作出合理的推断。事实上，研究者在设计实验时变得更加巧妙，这使得他们可以对学习中的认知过程做出结论。

布兰斯福德和弗兰克斯（Bransford & Franks，1971）的一个经典研究提供了认知研究推断的一个很好的例子。在这个实验中，让大学生听24个句子，并根据每个句子回答一个简单问题。句子涉及4个主题：石头从山坡上滚下，一个男人在读报纸，一阵微风吹过，蚂蚁吃果冻。举个例子，有关蚂蚁吃果冻的句子如下：

蚂蚁吃桌子上的甜果冻。
厨房里的蚂蚁吃桌子上的果冻。
厨房里的蚂蚁吃果冻。
蚂蚁吃甜果冻。
蚂蚁在厨房。
果冻在桌子上。

然后，让学生听28个句子（也是上述4个主题的变式）并询问他们这些句子是否在第一遍时出现过。大多数的句子（28个中的24个）是新句子。如下例：

厨房里的蚂蚁吃桌子上的甜果冻。
厨房里的蚂蚁吃甜果冻。
蚂蚁吃桌子上的果冻。
果冻是甜的。

结果显示，学生们会错误地将大多数新句子“再认”为之前出现过的句子。他们尤其可能把那些包含很多信息的新句子当作出现过的，例如“厨房里的蚂蚁吃桌子上的甜果冻”。从这个结果中，布兰斯福德和弗兰克斯得出结论：人们在学习时会把许多零散信息整合成大意，他们并不是逐个地获得信息，而是在记忆中将相似的意义组合在一起。在实验中，那些包含了大多数或全部 154

信息的与某个场景相关的句子和学生所组织的记忆更密切、更相似，因此看起来更为熟悉。

显然，布兰斯福德和弗兰克斯并没有直接观察到他们所描述的认知过程。但是根据他们所观察到的行为做出这一推断是有道理的。

尽管某些普遍假设是相同的，但认知主义者在阐释学习怎样发生时却持有不同的看法。从期刊中研究的数量来看，人类学习研究的主导观点是信息加工理论。但近几年，两种其他的观点（建构主义和背景理论）也开始逐渐流行。

信息加工理论

许多认知理论关注人们如何考虑（例如，加工）他们从环境中获得的信息——他们怎样感知周围的刺激，怎样把它们感知到的刺激“存入”记忆，以及在需要的时候怎样“找到”他们所学的东西等。这些理论总体上被称为**信息加工理论**（information processing theory）。

信息加工的早期观点，尤其是20世纪60年代兴起的观点，把人类学习过程比作计算机加工信息。但是很快人们发现计算机模拟过于简单了，因为计算机那种严格的算法和“一件事必然导致另一件可预测事件”的模式很难解释人们对信息的考虑和理解（例如，Hacker，Dunlosky & Graesser，2009a；Marcus，2008；Minsky，2006；Rubin，2006）。现在，信息加工理论的一般观点包括了各种人们如何在心理上处理新信息的特定理论，其中一些类似于计算机的特性，但大多数的并非这样。

信息加工理论研究者在识别许多人类认知过程上非常有用。但是这样做使得他们更关注于琐碎的任务，而这些任务跟典型的人类学习情境关系疏远（Bjorklund，1997；Hambrick & Engle，2003）。而且尽管他们已让我们对有关人们如何学习方面了解了很多，但他们对于人们在学习时究竟具体得到了什么并没有给出准确的答案（P. A. Alexander，White & Daugherty，1997）。然而在我看来，信息加工理论最大的不足是更善于分解，而不注重整合：它还没有把各种认知过程结合成完整的解释来综合阐释人们怎样思考和表现。

建构主义

随着人类学习的研究发现的积累，人们逐渐明确了学习者并不只是被动接受他们所遇到的信息。相反，他们会用独特的方法主动地组织并理解信息。现在，许多认知理论家把学习更多地描述为知识建构的过程，而不是直接从外部世界获得知识。因而，一些理论家提出了**建构主义** 155
（constructivism）而非信息加工的观点。

早期格式塔心理学家显然有建构主义倾向。例如，建构包含了学习者把分开的物体知觉为一个单元（这反映了接近律或相似律），并且他们会把看起来不完整的部分补全（反映了封闭律）。托尔曼的认知地图概念也有建构主义的倾向：学习者把他们学习到的各种空间关系整合到一个统一的有关环境如何布局的心理表征中去。在这些情景下，我们看到了每个学习者分别产生的建构过程，这反映了**个体建构主义**（individual constructivism）的观点。

在另一些情境下，人们一起合作来理解认识世界。例如，一些学生可能会形成一个学习小组来更好地理解一本艰涩难懂的教科书。再比如，天文学家近几个世纪一直在试图更好地理解其用天文望远镜观测到的现象，在这个过程中他们不断地新增和修正天文学的规律。**社会建构主义**（social constructivism）的观点关注人们怎样合作来创造新知识，不管是片刻还是数年的合作。

建构主义者的观点已把心理学家的研究注意力引向了“我们到底学习了什么”的问题上。在第10章中，我们将会描述图式、脚本和个人理论，这些都是学习者建构知识可能采取的形式。建构主义者的观点也给予了学习者学习的自由。老师不能像往杯子里倒柠檬水那样，将知识强“灌进”学生的头脑中；相反，学生们必须自制自取。

但建构主义与信息加工理论一样也有其缺陷。它只能给学习过程中的认知过程提供含糊不清的解释（Mareschal et al.，2007；Mayer，2004；Tarver，1992）。而且，一些建构主义者过于强调学习者的主导性，认为老师不必也不应该对学生在课堂活动上的理解和学习方式施加太多影响（例如，Marton & Booth，1997；Mayer，2004；S. M. Miller，2003）。实际上，很多研究和各年级学生的亲身体验告诉我们老师的指导方式会对学生的学习效果产生重大影响。

背景理论

一些认知主义理论十分强调当下物理和社会环境（即背景）的重要性，因为它影响了认知和学习。总的来说，这种**背景理论**（contextual theories）认为，当学习者可以利用多样的环境支持系统，且这种系统能有助于其理解新情境并处理挑战性任务时，他们的思考和表现则更加机智而高效。

有时，学习和表现的环境支持是具体而易观察的。例如，当人们使用计算器、电脑、图示、方程或者纸笔来协助分析数据和解决问题时。有时，环境支持非常抽象而且又在某一文化中普遍存在，以至于被视为理所当然的，并且在讨论影响学习的背景因素时，易被忽视。例如，想想东南西北的概念。从始至今，在郊外或使用地图时，
156 你一定经常使用这些概念帮你找路。尽管它们和大地母亲有着明显的联系，但这些概念的建立仅仅是由文化（只在一些文化中）提供的。

学习的背景理论有许多相关的标签，例如位置学习、情境性认知、分散学习、分配性智力和具化，它们都涉及关于人们的学习和思考受到所置身的物理和社会背景影响的情形。例如，某种程度上，分配性智力指的是在相比独自思考情况下，我们通常会在跟他人讨论时表现得更为高效。当背景的观点特别关注于学习中的文化影响时，社会文化理论这词常会得到使用。社会文化理论和其他的背景观点是基于维果茨基的认知发展理论的，对此，我们会在第13章中更深入地讨论。

除维果茨基及他一些苏联同伴在20世纪前半叶的研究外，背景观点是最近才加入认知主义中的。因此，这方面的研究还不是很多，我们无法证实并修正其中的一些理论观点。背景理论的优点在于它把我们的关注点重新拉回了当前背景——这看起来像是重新回到了行为主义。但是，这其中有个很重要的区别。即，这里强调的并非那些可以产生相对不需要思考的条件作用（行为主义者的观点）的具体的、可观测的刺激，而是一些综合的因素——物理的、社会的和文化的——来支持“有思考的”学习。

整合的认知观点

需要指出的是，即便在认知主义心理学家内部，在对不同认知理论如何最佳地归类的问题上，并没有完全一致的观点。例如，一些理论家（恐怕你认同的那类在内）把当代的信息加工理论描述为有明显的建构主义特征（例如，Derry，1996；Phye，1997；Prawat，1996；Pressley，Wharton-Mcdonald，et al.，1997；也可见第9章）。

尽管不同认知观点界限模糊，但是一些心理学家和教育学家仍一直坚持将它们明显地区分开来。他们这种二分理论观点的倾向认为不同的理论观点泾渭分明，或认为一种观点是严格的“教师中心”指导教学，而另一种则是更“以学生为中心”的教学方法，或在一些情形下暗示某学生是“好家伙”（优生），另一个就是“坏家伙”（差生）。这种倾向让我难以忍受，而且，在这个研究领域，我的一些很多同事也跟我有同感（例如，Bereiter & Scardamalia，1996；Clancey，1997，2009；K. R. Harris & Alexander，1998；Prinz，2009；R. K. Sawyer & Greeno，2009；Sfard，1998）。

在过去40年中，通过阅读了大量的有关人类学习的书籍、报刊文章和研究论文，我依然坚信信息加工理论、建构主义和背景理论观点，以及我们前面讨论的理论（例如，社会认知理论、新近的认知行为主义观点等）等，都能促进我们理解人类如何学习和思考。将其结合起来，会帮助我们更全面地理解人类认知过程，而这是单一的理论方法难以提供的（例如，J. R. Anderson，Greeno，Reder & Simon，2000；Gauvain，2001；Leach & Scott，2008；Marshall，2009；R. K. Sawyer & Greeno，2009；Zimmerman，1981）。因此，在后面的几章中我们会对众多的认知观点博采众长，进而继续探索人们是怎样学习和思考的。

157 认知理论的一般教育启示

有关本章前面提到的认知心理学观点，还有更多需进一步探究发现。但至此，我们也可以做出两点对教育实践有启示的概括。

◆ 学生通过其卷入的认知过程来控制学习。

行为主义者斯金纳（1954，1968）认为如果学生想要学到东西，他们必须在课堂上有积极的反应。认知主义者赞同斯金纳的观点，但是他们强调心理活动而不是身体活动。那些在课堂上心理活动不积极的学生学到的东西非常有限，这些学生通常是不全神贯注、不理解，或者不用其他方式认知加工主题的。对那些确实在心理上参与到主题中的学生来说，他们的认知过程特点决定了他们学到了什么，以及他们的学习效率。因此，老师必须不仅考虑到学生需要学习什么，而且要考虑他们试图学习什么。

◆ 指导性的实践会对学生内部加工课堂材料的方式和其学习效率有重要的影响。言语学习理论者发现了几个可以促进学习的因素，包括新知识的意义程度、具体性程度、易于组织程度等。教师对学生施加有关高效学习方法的指导也会带来促进作用——例如，对视觉形象进行指导。在下面的章节中，我们会讨论众多方面，其有关于指导材料与实践的特性会长期充分提升学生的学习表现。

总结

目前，认知主义是研究和解释人类学习的主导理论观点。认知理论可以溯源至 20 世纪 20 至 30 年代的研究。例如，托尔曼在开展类似于其他行为主义理论家的动物实验研究时，在讨论学习发生机制过程中，就引入了内部心理过程。而格式塔心理学家强调在知觉、学习和问题解决中组织过程的重要性，提出人们倾向于用特定的方式来组织信息。在 20 世纪中叶的几十年间，言语学习理论者率先尝试把 S-R 模式分析应用到人类语言学习中去，进而通过不断地引入心理事件来解释他们的研究结果，这也进一步促进了认知主义兴起。

当代的认知主义强调内部加工并提出学习的许多方面可能是人类特有的。认知心理学家赞同行为主义者有关学习研究必须客观，并且学习理论应该基于实证研究的观点，但是他们建议通过观察学习者对不同刺激条件的反应，来推断导致不同反应的认知过程。认知主义包含了多种理论观点——信息加工理论、建构主义和背景理论，它们都能促进我们进一步理解人类思维和学习过程。

在课堂环境中，学生内部的心理活动对其掌握和更好地记忆学习内容至关重要。还好，正如我们在后续的章节中所见的，教师可以采取多种举措来提升和支持学生有效的认知过程。

第 8 章
记忆的基本成分

本章主要内容

158 想象一下你正在做前一章内容的测验，作为教师的我出了非常刁钻的问题。当你遇到“Edward C. Tolman 的中间名是什么”[①] 这种问题时，你知道自己在前一章看到过，甚至还记在了笔记本上，但此时无论如何也想不起来了。你考虑了所有你能想到的以 C 开头的名字后，最终写下了“Charles”——尽管你很确定答案不是“Charles”——然后交卷。随后你在走廊遇到两个同学，你问了他们这个问题，朋友亨利说：“我记得是 Chace，因为我姐姐的老公就叫 Marvin Chace。而另一个同学卡罗尔补充道：“我记得这个名字，因为我想象 Tolman（托尔曼）追赶（chacing）得老鼠在迷宫里乱窜。”你咬牙切齿，觉得亨利和卡罗尔仅凭着姐夫名字或荒唐的视觉形象答对了题目，这简直太可笑了。但是认了吧，你同学答对了而你没有。

仅接触到新信息并不意味着你能记住，即使你记住了，随后也不见得能想起来。很多变量决定了什么信息在开始会存入记忆以及什么信息能够保持到你需要回忆的时候。在本章中，通过学习非常受青睐的记忆模型——双重储存模型，我们来开始探索人类记忆，并参照两种观点来思考记忆的加工机制。在我们做这些的过程中，主要采用了信息加工理论，因此，首先我们必须确切描述其基本术语：记忆、储存、编码和提取。

记忆　信息加工理论家始终认为学习和记忆是有显著差异的。学习，简单来说，被认为是新知识或技能的获得；如第 1 章所定义，作为经验的结果，它包括了心理表征和联想的长期改变。与之相反，**记忆**（memory）则与回忆之前已得信息的能力
159 有关。在某些情况下，记忆一词指的是在一段时间内储存信息的过程。而在另一些情况下，它则指已获得的信息所储存的特定“位置”（例如，工作记忆或长时记忆）。

储存　在早期计算机模拟时期，信息加工理论家便开始采用计算机语言，如储存、编码或提取等术语来描述人的认知，即使当下人们转向了非计算机化的人类认知观，这些术语仍得以延续。**储存**（storage）是将新信息“放入”记忆中的过程。例如，如果你将以下事实放入脑海中：

简妮·奥姆罗德的生日是 8 月 22 日。

这时，你就在储存信息，在本章中，我们会简要介绍一下储存加工，而在第 9 章中会深入探讨。

编码　人类储存记忆信息时，通常会以某种方式将其改造；这种**编码**（encoding）过程有助于我们更好地储存信息。[②] 有时编码包括改变信息的形式，比如，我曾经有个密码锁，密码为 22－8－14，我很快将前两位数编码为“我生日的日期和月份”。像这样，我就把数字信息转化为文字形式。另外，编码也包括运用个体已知的知识来添加新信息。举个例子，思考下面句子：

简妮·奥姆罗德出生在罗得岛州的普洛威顿斯。

看了上面的这句话，你可能推断我是新英格兰土著或者美国公民——你可能会将这些推论和我实际给你的信息一同储存下来。而另一种编码过程表现为简化新信息——比如说，通过记忆一个情景的整体意义或要点而不是具体细节。例如，你可能会想起某本教科书的作者曾提到过她的生日但不记得确切的日期。

提取　**提取**（retrieval）是我们“寻找”过去已储存的信息以便使用的过程。比如说，我希望到了 8 月中旬，你们都会想起我的生日并送我一张有品位的贺卡。因为我很少收到读者的卡片，于是我们可以推断出提取在某些情况下很容易，而有时却很困难。当然还有一个可能就是信息提取是成功的，但并没引起读者行为的变化。

记忆的双重储存模型

19 世纪晚期，哈佛大学心理学家威廉·詹姆斯（W. James，1890）提出人类记忆有三种成分：后像（after-image）、初级记忆（primary memory）和次级记忆（secondary memory）。在被行为

① 事实上，我绝不会提这样的问题，原因在第 11 章会提到。

② 在第 6 章对模型的讨论中，我们注意到当人们使用言语代码或视觉代码来帮助记忆模型所描述的具体行为时，对模型的行为记忆更加准确。

主义主导的 20 世纪早期，詹姆斯的模型很大程度上是被忽视的，但 20 世纪 60 年代认知心理学的产生使得人们对人类记忆重新产生了兴趣。心理学家理查德 · 阿特金森和理查德 · 谢夫林
160 (R. Atkinson & R. Shiffrin，1968，1971) 提出了一个与詹姆斯模型类似的记忆三成分模型。图 8—1就建立在阿特金森和谢夫林的模型的基础之上并吸取了更多最新研究结果。尽管图 8—1 中描述的模型将记忆划分为三种成分，但因其宣称工作记忆和长时记忆是两个完全不同的实体，因此也被称为**双重储存模型**（dual-store model）。而稍后你会发现，不是所有心理学家都认同这种说法。

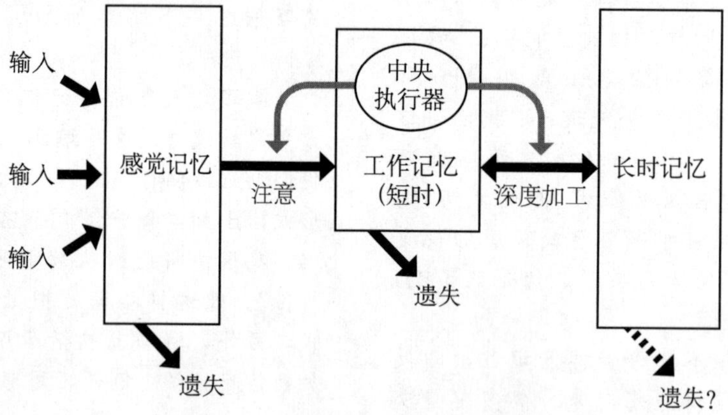

图 8—1 简化的记忆双重储存模型

接着，我们会深入关注此模型的各个部分和各种**控制过程**（control processes）——直接影响记忆运作的认知过程。但现在，你可以将双重储存模型看作一种信息选择和储存系统，用来处理你在家收集到的许许多多的纸质材料。几个月内，你毋庸置疑地会接收到大量的纸质材料——可能有报纸、杂志、私人信件、账单、驾照、大学成绩单、垃圾邮件和杂货铺收据。对有些材料，你可能见到就扔了（比如垃圾邮件和杂货收据），这些信息最多只能进入你储存系统的“感觉登记”环节。另外一些需要你进行简单处理，比如去付清账单，然后差不多就将其忘了；即是说，你在系统的“工作记忆”环节中对其进行了短时加工。而其他信息如驾照或成绩单，因为对你来说很重要，你会将其放入一种“长时记忆”隔间中，比如钱包、文件夹或保险箱里，以便需要时能找得到。

当我们学习双重储存模型的三种成分时，请记住有时我们所使用的语言本身是有隐喻功能的。举个例子，记忆的三种成分并不一定在大脑中三个不同的“位置”。此外，当我们讨论记忆过程时，我们不一定是谈及任何神经性事件。对于记忆的生理产生机制及大脑结构与记忆的心理模型关系，心理学家们仍需要研究（见第 2 章）。有时候我会在脚注里提示在大脑的某个区域可能会产生功能定位，但现在我们更强调的是心理学家们通过研究人类行为表现而获得了有关记忆的具体 161
认识而非大脑的解剖结构和生理知识，比如哪类事情人们更容易记住，以及在什么条件下他们更容易记住。

感觉登记

记忆双重储存模型的第一个成分就是**感觉登记**（sensory register），它将输入的信息保持一段时间，使其经过初步的认知加工。[①] 例如，如果你曾在晚上玩过焰火（就是那种金属棒，当点烟的时候烟花能够持续闪耀几分钟），那么你会发现，当你晃动烟花的时候，你会看见停留在空中的烟花光尾。这种迹象实际上并不存在，而是在你看见它之后，你的感觉登记将其短暂保留的结果。另一个例子是，当你在教室里坐了一个多小时后，注意力可能开始游离于老师之外了。你可能注意到：当你回过神来听老师讲课时，你常可以回忆起就在你回神之前老师刚说的两三个词。事实上，

① 也可见术语感觉缓冲区、图像记忆（视觉）和回声记忆（听觉）。

即使你心不在焉，老师所讲内容也已经全被你的记忆感觉登记了；但不幸的是，当你决定再次集中注意力时，仅仅能回忆最后的两三个词。

感觉登记的特征

让我们具体来了解感觉登记的三个特征：容量、储存形式、持续时间。

容量 就心理学家们目前所知，感觉登记具有非常大的容量。比如年仅 6 个月的婴儿似乎就能记住所见到的大部分事物，尽管只是临时性的（Blaser & Kaldy，2010；Neisser，1967）。

储存形式 信息在感觉登记中似乎按照其被感知的同样形式储存：视觉输入以视觉形式储存，而听觉输入则以听觉形式储存，等等（Coltheart，Lea & Thompson，1974；Cowan，1995；Howard，1983；Turvey & Kravetz，1970）。从这一点看，信息并没有被学习者理解。换言之，在任何明显的编码过程发生之前，信息是由感觉登记容纳的。[①]

持续时间 信息在感觉登记中仅能保留很短的时间，但测量其精确持续时间是很难的。了解感觉登记持续时间的一个关键问题就是，当我们要求个体报告或者以其他形式加工他所储存的信息时，信息将自动转移到工作记忆中而不再是我们想要研究的地方了！

162 在一项早期研究中，乔治·斯伯林（G. Sperling，1960）设计了一个巧妙的方法来估算感觉登记中信息的持续时间。实验中，他招募了一些成人被试，向他们呈现含有字母和数字的图片，图片共有 3 行，每行随机出现 4 个数字或字母。如下是一个典型的呈现：

7 1 V F

X L 5 3

B 4 W 7

每个图片呈现数百毫秒，然后要求被试回忆任意一行中的字符或全部 12 个字符。当要求被试回忆某一行时，被试的正确率通常为 76%；因为在图片呈现结束之前，被试并没有被告知需要记哪一行，所以，他们显然能记住大约 76%已见过的字符。然而当要求被试回忆所有符号时，其正确率只有 36%。斯伯林对该结果的解释是，初始时大部分的字符都被储存下来，但在被试有机会报告出来之前就已经消失了。在后续的实验中，斯伯林为图像呈现和指示报告哪一行的信号间的时间间隔设计了不同的水平。最后，研究发现，当延迟超过 250 毫秒时，个体几乎一个字符也不能回忆。

从斯伯林的早期研究及最近研究结果来看，一个完整视觉刺激保留在感觉登记中的时间可能不超过 1 秒，尽管图像的某些部分可能保持到 2 秒——如果没有新的视觉信息出现的话也许会更长（例如，Gold，Murray，Sekuler，Bennett & Sekuler，2005；G. R. Loftus & Loftus，1976；Sligte，Sholte & Lamme，2009）。听觉信息更可能持续至少 2 秒甚至以上，音量更强的刺激持续时间要超过较安静刺激（C. L. Baldwin，2007；Cowan，Nugent，Elliott & Saults，2000；Darwin，Turvey & Crowder，1972；Lu，Williamson & Kaufman，1992）。

为什么听觉输入的持续时间要长于视觉输入呢？一个可能的解释是，听觉输入的主要来源——人类口语——只能通过序列语境来理解其含义（Dahan，2010；Grossheinrich，Kademann，Bruder，Bartling & von Suchodoletz，2010；Wingfield & Byrnes，1981）。例如，看下面这个句子：

I scream for ice cream.

你可以将句首的两个词理解为 I scream 或 ice cream。只有当你听到第三个词 for 的时候你才能准确地理解句首的两个词。理解口语这种任务经常会遇到暂时的同音词现象，如果我们将这些发音以一种未理解的形式储存于记忆中，直到我们收到新的有助于理解的信息，这项任务就会更容易。正因为人类获得了更高的语言能力，进化才逐渐增强了我们储存未理解的序列听觉输入的能力。

感觉登记中的信息迅速消失有两个可能的原因（Breitmeyer & Ganz，1976；G. R. Loftus & Loftus，1976；Lu & Sperling，2003；Sligte et al.，2009）。首先是干扰因素：新信息不断涌入，从而替换并清除了已存在的信息。然而即使没有

① 正如第 2 章所发现的，大脑的不同区域负责不同种类的感觉输入。我们有理由推测，感觉登记器不是位于大脑某一特定位置的单一结构，不同区域可能成为不同感觉方式的感觉登记器。

新的输入，感觉登记中已存在的信息也会随着时间而迅速消失，即消退。不管怎样，人们通常不需要在感觉登记中长时间储存信息。因为重要的信息总是会在其进入工作记忆后得到充分的加工，而不重要的信息如垃圾邮件，还是丢弃为好。

163 **储存信息至工作记忆：注意的作用**

如果你想要将信息从感觉登记转移到工作记忆中，那么显然需要注意的作用（Atkinson & Shiffrin，1968；Cowan，1995；M. I. Posner & Rothbart，2007）。比如，当你在读这本书的时候，你可能只注意到你从环境中接收到的一小部分视觉输入信息（我希望你注意本页的内容）。同样地，在任何特定的时刻，你并不会为你所听到的所有声音而担心；你只选择注意某些声音信息。本质上来讲，学习者给予注意的信息会转移到工作记忆中，相反那些不被注意的则从记忆系统中消失了。

人们有时不记得自己见过什么或听到过什么，一个原因是他们从未真的注意过这些信息。如果你身在课堂而心在千里之外，你可能会说你忘记老师说过什么了，或者你从一开始就没听见老师说什么。而事实则可能介于二者之间：老师的话到达了你的感觉登记，但没有被充分加工而转入你的工作记忆中。

即使当人们注意某些特定刺激时，他们也不一定注意到其最关键的部分。① 尤其是在面对复杂刺激的时候，比如阅读材料（例如，Faust & Anderson，1967）。在我教大一的心理学导论课程的时候，一个两次考试都失败的女同学来到我的办公室表达了她对失败的沮丧。当我让她告诉我如何完成课本上的阅读作业时，她说："我先看一下全章内容，然后跳到看似重要的一页阅读。"在更多的了解之后，我发现这个年轻女孩几乎只完成了阅读任务的三分之一不到。

影响注意的因素

特定类型刺激能够吸引注意，而其他类型刺激则不会（Craik，2006；M. I. Posner & Rothbart，2007；Rakison，2003）。影响人们注意并因此决定什么储存到工作记忆中的因素有如下几种。

运动性 想象一下你约了几个朋友在嘉年华见面。当你在人群中首先看到你的朋友时，你可能会竭力挥舞一只手或双臂来引起你朋友的注意。也就是说，运动的物体比静止的物体更容易引起人们的注意（Abrams & Christ，2003；L. E. Bahrick，Gogate & Ruiz，2002）。

尺寸 以下字母，你首先注意到的是哪些？

A B C D E F G

你可能首先注意到的是B和E，因为它们的尺寸要大于其他字母。大的物体更易引起注意，新闻出版者常运用的一个原则就是头版头条新闻标题都是大字体，而广告商则将不具吸引力的信息采用小字体。

强度 强度更大的刺激，比如鲜艳的颜色和 164
强噪音，更能引起注意。在课堂上，当老师想要学生集中注意力时，说话声音都要比平常大——"安静点！"类似地，玩具生产商也喜欢在其生产的玩具上运用鲜艳的颜色，这是因为小孩子在橱窗前逛的时候，更容易被鲜艳的红和黄所吸引，而粉红和米色则不如它们。

新颖性 新颖的和不寻常的刺激有时候更容易引起注意（M. Hofer，2010；K. A. Snyder，2007）。比如，看图8—2中的女人，你会发现自己对最右边的注意要多于另外三个，因为有两个头和三条腿的女人并不常见。

不一致性 与其背景不一致的物体更容易引起注意（Craik，2006）。比如，读这个句子：

我早上散步到兔子。

你是否对兔子一词注视时间更长呢？如果是，可能是因为兔子与句子其他部分所表达的意思不一致吧。

社会线索 再一次，想象自己身处我之前所提到的嘉年华里，现在你找到了你的朋友并在排队穿越鬼屋。突然，你前面的很多人看到"死亡三重环"脱落到右边时，都急促地喘气。当然，你也会跟随他们的视线去探究他们为什么会喘气。人们通常容易注意其他人正在关注或做出反应的东西（D. A. Baldwin，2000；Gauvain，2001；Kingstone，Smilek，Ristic，Friesen & Eastwood，2003）。你将会在第13章关于社会参照的讨论中发现，即

① 行为主义者曾将这个问题看作称名刺激（呈现给学习者的东西）的一种，而非有效刺激（学习者实际参与的东西）。

使是婴儿也依靠这种社会线索。

情绪 带有强烈情绪联系的刺激容易引起注意，比如一个人在人群熙攘的房间里裸奔通常会引起几乎在场所有人的注意（以及惊诧的谈论）。血迹和谋杀等字眼也经常因为其强烈的情绪色彩而成为眼球吸引者。当然，一些承载情绪意义的刺激也具有个人重要性——我们最后的注意吸引因素。

个人重要性 一般来看，以上所列举的因素的确能引起注意但不一定能持续很长时间。相反，个人重要性——物体或事件对个体的意义及相关性——既能引起也能保持注意（Barkley，1996；Craik，2006；S. Kaplan & Berman，2010）。当一个学生拿着翻开的课本坐在电视机前时，学生注意朝向电视还是书很大程度取决于哪个刺激与他
165 此时的动机联系更密切。如果课本很有趣或者第二天有一场很重要的考试，该学生将选择课本。但如果电视正在热播广受欢迎的情景喜剧或者扣人心弦的肥皂剧，或者课本很枯燥无趣，该学生很可能会忽视甚至也在同一房间里的课本。

图8—2 新颖性吸引注意

仔细想一下你最近见过的包括课本在内的全部课程材料，它们是否具有抓住学生眼球的特性？重要词汇或概念突出吗，抑或仅是因为它们字号大、更紧凑，还是不同寻常呢？某些话题能抓住学生的兴趣，是因为其有趣而又与那年龄段的群体相关吗？如果你对这些问题的答案都是“不”，那么学生在注意和学习这些材料上很可能会有困难。

注意的性质

当我们想注意某事的时候，我们从心理上究竟在做什么？表面上看，答案似乎很简单，你可能会这样想：“我只是将视线集中在物体上。”然而，你可能会回忆起来，有很多次，你眼睛直视某物但根本没有注意它：你可能当时正专心地听音乐，或为根本不在视线内的东西而陷入沉思（例如，Mack，2003）。此外，人们可以将注意力集中在一个以上的感觉通道上——例如，听觉——而不必有身体上的定向。例如，你去参加一个社交聚会，有很多人在交谈，不管你的耳朵是否“瞄准”，你都能成功地听到一些人的交谈。你可能在听你正对面的人说话，或者，如果那人已经闲扯了一个多小时谈他如何种大黄不顺利，那么你可能将注意力转移到你左右几步之外的一段更有趣的对话上。即使你仍直视着这个种大黄的人，并点头假装赞同，你的注意也已经完全在别处了。

这种只将注意集中到一个对话而忽略其他的能力——贴切地说叫做鸡尾酒会效应——已经被学者运用掩蔽（shadowing）技术进行研究过。这种技术让一个人戴上耳机听两段同时播放的信息，并要求他重复其中一个。当听音色完全不同、主题不同以及发声位置不同的两段信息时，准确重复其中一个显得相当简单。而在听音色、主题以及发声位置比较相似的信息时则会变得很困难，有时候甚至不可能完成（Cherry，1953）。此外，当一个信息掩蔽了另一个信息时，人们几乎注意不到另一则信息在说什么；也许他们能知道另一个说话者是男是女，但却不能报告出不注意的信息中的任何词汇，甚至也无法分辨说话者是否在使用当地方言（Cherry，1953）。

鉴于这些结果，一些早期认知心理学家形象地将听觉注意比喻为一个过滤器：听话者运用其物理特征选择了一个信息而屏蔽了其他信息，很像一个收音机，当将其调到一个频率时也自动屏蔽了其他频率（例如，Broadbent，1958）。但随后的研究表明，人们并没有完全将被忽略的信息过滤掉（J. A. Gray & Wedderburn，1960；Heatherton，Macrae & Kelley，2004；Treisman，1964）。参加掩蔽实验的个体仍然会注意被忽略信息中比较特别的词汇，比如自己的名字。他们也会听到
与注意信息意义匹配的词汇。比如，设想你同时 166
听到下面两句话，要求你对第一句话进行掩蔽：

说话者1：我今天在盘子里买了蜡烛。

说话者2：请把大黄放到我的商店。

可能你对第一句话“听”得很清楚，然后说“今天我在商店里买了蜡烛”（从第二句话里借来了“商店”一词），因为这样使得句子更符合常理。

尽管现在大部分心理学家都不同意注意就像过滤器的观点，但在确定注意的性质上一直存在困难。几乎可以肯定的是它包含了自动反应（如立即将头转向一个突发的声响的方向）和意识控制（如在一个聚会上决定听谁说话）[①]；同时，在某种程度上，它也与学习有关，人们能够学习到某些刺激是重要的，而其他则很容易忽略掉（Kruschke，2003）。总而言之，你可能认为注意关注的是对环境的特定方面的认知过程（Barkley，1996；Cowan，1995；Johnston，McCann & Remington，1995）。

注意容量有限

如果人们能够关注他们在感觉登记上所记录的所有信息，学习相对来说就会更简单一些。不幸的是，人们不能一次性注意所有的事情。比如，在图8—3中，你第一眼可能看到的是一个白色高脚杯，但如果你看杯子两边黑色的部分，你应该也能看到两张侧脸（“彼得”和“保罗”）注视着彼此。

图8—3 彼得—保罗高脚杯双歧图

现在，尝试着将目光同时集中于高脚杯及两侧的人脸，看你是否能同时看清二者的细节部分。你能做到吗？尽管大部分人能将焦点在高脚杯和人脸之间迅速转换，但不能同时关注两者。彼得—保罗高脚杯描述了一个被早期格式塔心理学家称为**图像—背景**（figure-ground）分离的现象：当人们的注意力集中于物体（**图像**，figure）的细节时，通常不能关注他们视线中的其他事物——
167 这些事物便成为物体的**背景**（ground）。人们可能注意到背景的一些明显特征（比如颜色），但对其他特征则获取甚少。[②] 据此观点，想要获得两个或以上事物的细节特征的唯一办法就是将注意的焦点在事物之间相互转换。

但是现在，考虑一个情景：你一边开着车一边和你的朋友在说话。显然你能够同时关注到两样事物——道路和对话。对于这种现象，许多心理学家解释为注意具有有限的加工容量，即注意到的刺激数量取决于每个刺激所需要的认知加工（例如，J. R. Anderson，2005；Cowan，2007；Pashler，1992；Sergeant，1996）。如果你面对的是一个复杂任务，比如学习如何开车，那么你可能要将你所有的注意力集中到该任务中，因而会忽视了你朋友所说的话。但如果你执行的是一个习惯化或者自动化的任务，比如你已经有多年的驾驶经验，就能轻松地分配一部分注意资源来关注你朋友所说的话。很多任务（如开车）随着时间的增加逐渐自动化，因而所需要的注意资源也越来越少（在第9章里，对自动化现象会有更多的描述）。即便如此，当人们在开车时与人聊天（比如接打电话）将会减慢其反应时，对交通信号的注意也会降低（Strayer & Drews，2007；Strayer & Johnston，2001）。有时候，人们也能比较熟练地在两个复杂任务中分配自己的注意，但这要求个体必须在两个任务上都有相当多的经验，能很好地自动化执行其中一个或两个任务（Lien，Ruthruff & Johnston，2006；Schumacher et al.，2001；Spelke，Hirst & Neisser，1976）。

不管我们怎么看待注意，有一点很清楚：人们审视周边刺激的能力是有限的，通常都不能同时注意或认识两个复杂情境。因此，学习者必须选择性地对信息进行加工，而且必须忽视并丢失其所接收到的大量信息。

尽管心理学家们仍在争论注意与工作记忆的联系有多紧密，但是，两者联系密切（例如，Cowan，2007；Downing，2000；Woodman，Vogel & Luck，2001）。正如你将看到的，工作记忆在某种程度上控制着注意，且它和注意一样，容量是有限的。

① 后脑、中脑和前脑都有一定程度上参与到注意，网状结构、海马、额叶和顶叶皮层尤其重要（见第2章）。

② 对图像—背景现象的当代分析，参见 M. A. Peterson，1994；M. A. Peterson & Gibson，1994；Vecera，Vogel & Woodman，2002。

工作记忆

历史上，认知心理学家曾特意用短时记忆（或短时储存）这一术语来指信息被注意后，能短时容纳信息以便进行内部加工的储存机制。但现在大多数理论家都认为这种记忆成分本身也是认知加工发生的地方，因此，他们常用工作记忆这个术语。

本质上，工作记忆是参与主动思考的记忆成分。你可能认为它就是记忆系统的“觉知”或“意识”部分（例如，Bellezza，1986；Paller，
168 Voss & Westerberg，2009；Reznick，2007）。它识别感觉登记中的信息来确保注意，将信息保留较长一段时间并进行深度加工。它也可以容纳并加工从长时记忆中提取的信息，这些信息有助于解释新的环境输入。

很多当代的理论家提出，工作记忆有一个子成分叫做**中央执行器**（central executive）（见图 8—1）。你可以将其理解为“大脑的大脑”，它控制和监控着记忆系统的信息的流动和使用（例如，Baddeley，1986，2001；Banich，2009；J. H. Bernstein & Waber，2007）。从童年到青少年，大脑逐渐成熟，中央执行器的功能也越来越熟练和高效（S. M. Carlson，Davis & Leach，2005；Luciana，Conklin，Hooper & Yarger，2005；Zelazo，Müller，Frye & Marcovitch，2003）。[①] 然而即使在一个特定年龄组，学习者在其中央执行器能力上也有相当大的不同。即，他们在如何有效控制他们注意到的以及如何广泛并有效地加工方面都不同（Friedman et al.，2007；Hasher，Zacks & May，1999）。

工作记忆的特征

工作记忆在容量、储存形式及持续时间上都与感觉登记有很大的不同。

容量　不同于感觉登记，工作记忆的容量似乎非常有限。在参考了大量早期研究的基础上，乔治·米勒（G. Miller，1956）将其容量描述为神奇数字7±2：人们在工作记忆中一次性能记住5～9个单元的信息量，平均单元数为 7。尽管工作记忆中信息单元的数量不会超过 7±2，但米勒认为每个单元内的信息量是可以增加的。举个例子，在研究生课程中讨论工作记忆时，我曾要求同学们记住下面一串数字：

5　1　8　9　3　4　2　7　6

大部分学生都记住了 6～8 个数字，少部分能通过将其分成三组而记住所有 9 个数字，即：

5-1-8　9-3-4　2-7-6

这种以某种方式组合信息的过程叫做**组块**（chunking），它增加了有限的工作记忆容量能够承载的信息量。米勒的类比就像，如果你仅能持有 7 块硬币，那么，比起 7 分钱，你持有 7 块或者 7 块金币，会富有得多。

米勒最初的 7±2 估计似乎是一种对工作记忆容量过度简单的看法。能够被储存的项目数取决于每个项目所包含的信息量，和每个项目下各“部分”信息联系的强弱程度（Alvarez & Cavanagh，2004；Baddeley，2001；Cowan，Chen & Rouder，2004）。例如，西蒙（Simon，1974）发现，在测量他自己的工作记忆容量时，尽管他能够记住 169
7 个单音节或双音节词，但其只能记住 6 个 3 音节词、4 个双词短语以及更少的较长短语。

最近，考恩（Cowan，2010）指出年轻人在工作记忆中通常只能记住 3～5 个有意义的条目（比如短句），他将该容量称为神秘数字 4（借用披头士的经典专辑名称）。最终想要确定工作记忆的真正容量似乎是不可能的，至少确定工作记忆能同时容纳离散项目的具体数目是不可能的。

此外，工作记忆在需要进行多少加工以及能够容纳多少信息之间可能有一个权衡：认知加工会占用一些容量，因而用于储存信息的容量就会减少。例如，试着在你头脑中算下面的除法，在算完之前，不要转回来看书：

37)4 281

几乎不可能完成是吧？当你用 42 除以 37 时，可能会发现已经忘记了被除数的后两位数字。尽管在工作记忆中保留 6 个数字是没有困难的，但你可能没办法在记住 6 个数字的同时还对其进行运算。

还需要记住的一点是，人与人之间的工作记

---

① 相当大程度上，与工作记忆相关的加工和中央执行器似乎位于额叶皮层。例如，额叶受损的人们可能在注意控制、行动计划和抑制不恰当反应方面存在困难。

忆容量是不同的（Cowan，2010；Kremen et al.，2007）。低龄儿童比大龄儿童的工作记忆“空间”要略小一些（Ben-Yehudah & Fiez，2007；Fry & Hale，1996；Van Leijenhorst，Crone & Van der Molen，2007）。而平均来说，阅读障碍的儿童比高成就儿童的工作记忆容量也要小一些（Alloway，Gathercole，Kirkwood & Elliott，2009；Swanson，Cooney & O'Shaughnessy，1998）。

储存形式 工作记忆中储存的大量信息都是基于听觉编码的，尤其是语言类信息（Alloway et al.，2009；Baddeley & Logie，1992；Cowan，Saults & Morey，2006；M. I. Posner & Rothbart，2007）。比如，康拉德（Conrad，1964）的早期研究中，给成人被试视觉呈现6个字母的序列，每次一个，中间间隔750毫秒。当每个序列最后一个字母出现时，被试迅速写下所呈现的6个字母，想不起来的可以猜测。当回忆错误时，他们认为看过的字母与原字母在发音上更相似，而不是形状上。例如，F就被多达131次地错误“记为”发音类似的S，而被记为形状上相似的P仅14次。类似地，V被记为B多达56次，而为X仅5次。

但几乎可以肯定的是，工作记忆也包括了其他形式的信息加工方式，包括视觉、空间知觉以及触觉（Cowan et al.，2006；J. A. Harris，Miniussi，Harris & Diamond，2002；M. I. Posner & Rothbart，2007；Serences，Ester，Vogel & Awh，2009）。图8—4就是视觉—空间编码的例子，先看目标A，然后看目标B，请问B是否有和A一样的三维结构？要回答这个问题，你必须对B进行心理“旋转”，而事实上将B旋转180°就和A一样了。现在比较对象C和A，如果你将C的右端向下“旋转”一点并朝向你自己，你会发现C和A并不一样，而是A的反转镜像。谢帕德和梅泽勒（Shepard & Metzler，1971）曾要求成人被试完成一个与以上类似的任务，并测量被试
170 对每一组的反应时。结果十分有趣，反应时基本上可以表示成图像要与另一个图像一致而进行旋转的程度的函数。换言之，被试回答时好像对图形进行了心理旋转，旋转越多，反应时就越长（也可见L. A. Cooper & Shepard，1973）。

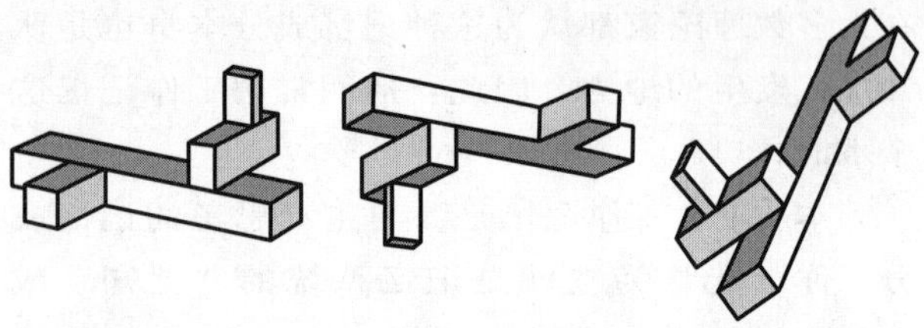

物体A　　物体B　　物体C

图8—4 工作记忆中视觉—空间编码示例

很多理论家认为工作记忆实际上包含了两个或更多的独立储存系统，负责不同感觉模式（Baddeley，2001；Schacter，1999；P. Shah & Miyake，1996；E. E. Smith，2000；Willingham，2004）。① 作为这些独立储存系统的例子，艾伦·巴德利（例如，Baddeley，1986，2001）曾提出一个叫做**语音回路**（phonological loop）② 的结构，它能通过不断重复而保留少量听觉信息。同时，**视觉空间模板**（visuospatial sketchpad）可以对视觉材料进行操作和短期保留。工作记忆还包括一个“地方”，其能对不同通道的信息进行综合，以形成对特定情景或片段的整体理解；巴德利（Baddeley，2001）将这种成分叫做**情景缓冲器**（episodic buffer）。

在某种程度上，拥有分通道的储存机制似乎有助于我们扩大工作记忆的容量。同时执行两个任务时，若其中一个包含初级听觉信息而另一个本质上更偏视觉性，执行起来会更容易一些。例如，判断一些句子（听觉的口语任务）是否正确，并执行类似于图8—4中的任务（Baddeley，1999；Just et al.，2001；Schumacher et al.，2001）。即便如此，在这种情况下，人们也不能将与只操作一个任务时同样的心理资源分配到每一项任务中（Just et al.，2001）。

---

① 支持该观点的神经学证据：涉及言语、听觉信息加工的任务与涉及视觉、空间信息加工的任务激活的是大脑的不同区域（Awh et al.，1996；Goldman-Rakic，1992；Jonides，Lacey & Nee，2005；MacAndrew，Klatzky，Fiez，McClelland & Becker，2002；Posner & Rothbart，2007）。

② 在他的早期著作中，巴德利认为这是一种发音回路（articulatory loop）。然而，他改变了名称以反映实际情况：它与演讲的声音（音位）有关，但不一定涉及实际的说话（发音）。

持续时间　工作记忆即短时记忆，着重于短。彼得森等（Peterson & Peterson，1959）做的一个实验有助于我们认识信息在工作记忆中能保存多长时间。在该实验中，向成人被试播放 3 个辅音字母（如 D X P），随即要求他们对一个三位数进行倒减 3 运算，不同试次中数字不同。3 个辅音字母呈现后的 3～18 秒内，随机出现一个信号，
171 要求被试回忆出辅音字母。当回忆只延迟 3 秒时，
被试回忆的准确性能达到 80%，而经过 18 秒的间隔后，准确率只有 10%。

考虑到彼得森等人的实验结果，工作记忆的持续时间通常小于 30 秒，在某些情况下甚至远小于这个数（例如，W. Zhang & Luck，2009）。就像感觉登记一样，延迟和干扰可以解释工作记忆的较短时间跨度（Cowan，2007；Cowan，Wood，Nugent & Treisman，1997；J. S. Reitman，1974）。一些储存在工作记忆中的信息没有得到进一步的加工会逐渐消退，一些信息可能被新输入的信息所替换，正如我的一位教授所说，这些信息被挤出去了。举个例子，作为一个常年与丈夫和三个孩子、一条狗和两只猫生活在一起的女性，我常感到自己在工作时被打断。假设我正在烤曲奇，杰夫要我帮他拿个零食，蒂娜要我帮她找东西，很快曲奇就从我的工作记忆中被挤出去了，直到我面临新的信息输入：一股煳味。因此，我丈夫总批评我心不在焉，但我知道并非如此，我的心绝对"在焉"，只是工作记忆容量有限，新输入的信息干扰了我已储存的曲奇还在烤箱中的信息。

工作记忆的控制过程

工作记忆及其中央执行成分是许多对学习、思维和行为很重要的过程的发生地，比如注意定向、推断、决策、问题解决以及抑制无关想法和行为等（Aron，2008；Banich，2009；S. M. Carlson & Moses，2001；Demetriou，Christou，Spanoudis & Platsidou，2002；R. W. Engle，2002）。现在，我们就来了解三个影响工作记忆本身的控制过程：组织、提取和保持性复述。

组织　有时候人们通过对信息进行某种方式的组织以增加工作记忆的容量，即，将两个或以上的信息片段整合成一个单元。之前，我们在米勒（Miller，1956）的组块概念中曾举过一个组织的例子——比如复述下列数字：

5 1 8 9 3 4 2 7 6

可将其按照 3 个组块来重复数字串：5-1-8，9-3-4，2-7-6。另一种常用的组织策略是将数字赋予韵律或旋律（G. H. Bower & Springston，1970）。还有一种方法是给数字赋予意义——一种提取储存于长时记忆的信息的过程。例如，当我在大学课堂上呈现这 9 个数字时，一名叫戴夫的橄榄球队员很容易就记住了全部数字，并宣称再多记住几个也没有问题。他是这样阐释其记忆方法的：

> "51"是杰森，我还是新生时，一名踢中场的学生；"89"是杰夫，是名外接手，来自我室友的家乡；"34"是约翰，现任队里的跑动后卫——喔，他的队服号码变了，但我一直当他为 34 号；"2"是另外一个戴夫（不是我），也是个外接手；而"76"号，则是我的好朋友丹，我是 75 号，因此，他的更衣柜就在我的旁边。

通过给数字赋予意义，戴夫也增加了长时记 172
忆的容量。在第 9 章中，我们会更细致地探讨这种有意义学习。

提取　从工作记忆中提取信息通常很容易，而且是自动化的。但在某种程度上，信息提取快易程度取决于储存信息量。例如，在早期的一个研究中（S. Sternberg，1966），给大学生呈现 1～6 个数字的序列，假设其已储存在学生的工作记忆中。然后呈现另外一个数，要求学生判断该数是否在刚才的序列中出现过。而学生回答该问题所用的时间，几乎全部取决于工作记忆中原数集的长度。每增加一个数，反应时就相应增加 40 毫秒。从这些结论可以看出，工作记忆中的信息提取有时就是一个持续而耗时地扫描其所有内容，直到找到想要的信息为止的过程（也可见 J. G. Thomas，Milner & Haberlandt，2003）。

保持性复述　想象你要给一个邻居打电话，于是在电话本上找你邻居的名字。你找到该号码，并假定它已存于你的工作记忆中。但是你突然发现找不到自己的手机了，身边又没有纸笔，那么在你找到电话之前，你要怎样记住这个号码呢？若你如大多数人一样，那么可能会进行多遍复述。

复述信息而使其在工作记忆中保持活跃被称为一种叫做**保持性复述**（maintenance rehearsal）

的过程，它经常采用无声语言的形式（Baddeley，2001；Landauer，1962；Sperling，1967）。保持性复述提供了一种防止因消退或干扰而遗忘信息的方法；当不能进行这种复述时，工作记忆中的信息就会迅速消失。举例来说，之前提到过彼得森等（Peterson & Peterson，1959）测量了工作记忆的持续时间。当给被试呈现所需要记住的3个辅音字母之后，要求被试做倒减3运算直至回忆信号出现，这种倒减运算就是为了阻止其复述那3个字母，否则，他们可能就通过无限期地保持性复述将其储存于工作记忆中。

显然，人们通过复述储存到工作记忆中的信息数量是有上限的，而这个上限反映了在其开始消退之前能够复述的信息量（Baddeley，1999）。例如，尝试记住下面两列词语。在读了序列1一两遍之后，就遮住它不断地进行复述，直到你在纸上将其完全写下来。

序列1： 请求、远、哼唱、迟到、踢、车轮

然后按同样的方式记忆序列2：

序列2： 毛毛虫、大学、华美的、生活费、灾难、调查

每个序列都是6个词，但你会发现序列1比序列2要更容易记，因为词语更短，你能相当快地对其进行复述；相对地，序列2中的词，看起来发音都很长，以至于当你记到最后一个词时，最前面一两个就已经开始消退了。这种现象——个体能够记住更多的短词——被称为词长效应（例如，Baddeley，2001）。这就是语音回路发挥的作用。

173 巴德利将这种现象比作一个杂技演员必须同时转动很多盘子：他必须不断地接触每一个盘子使其保持转动。记忆也一样，学习者必须不断回到并重复学习的词使之在记忆中保持活跃。在两个例子中，盘子或词的数量都是有一个上限的。

保持性复述在年龄较大儿童和成人中出现的概率要远大于低龄儿童（Bjorklund & Coyle，1995；Cowan et al.，2006；Gathercole & Hitch，1993），因此，在某种程度上，它也是一种习得性技能。在高中和大学时，我也经常用保持性复述来记住那些难记却会测验的内容——大概有复杂的公式、堆砌的概念，或者一连串无关条目等。我会一直对自己进行复述直至试卷发下来，便立即将其写到答题纸上。

尽管保持性复述在工作记忆中是一个很有用的记忆策略，但教师们必须知道，一旦复述停止，信息就会消失。如果学生需要经常采用复述来记住学业课题事宜，那他们可能很难将信息储存到长时记忆中，而长时记忆最终才是重要信息应该被储存的地方。

储存信息至长时记忆：将新信息与先前知识建立联系

记忆前两种成分中的储存过程都很直接：任何被感觉到的信息都可能储存到感觉登记中，而任何被注意到的信息则会转入工作记忆。但长时记忆中的信息储存则没有这么简单。记忆的双重储存模型告诉我们：信息要从工作记忆转入长时记忆必须经过更深入的加工，且通常都涉及了新信息与长时记忆中已有信息的联系（注意工作记忆与长时记忆的双向关系，见图8—1）。换句话说，当人们联系新旧知识，则能更顺利将新知识储存于长时记忆中（更多内容，见第9章）。

按照双重储存观，能使信息存入长时记忆的控制过程发生在工作记忆中。正如我们看到的，工作记忆容量有限，一次只能处理很少的信息。其结果就造成长时记忆储存缓慢，而大量的信息都在转换过程中丢失了。工作记忆基本上就是记忆系统的瓶颈：它阻止了大部分信息进入长时记忆系统。

长时记忆

长时记忆（long-term memory）可能是人类记忆系统中最复杂的成分了，因而对其所作的研究比感觉登记和工作记忆都要广泛，对于其本质，心理学家们也提出了各种理论。在接下来3章中，我会给你们进行概述，然后对其特征和相关控制过程作更深入介绍。

长时记忆的特征 174

长时记忆的大部分内容都与事情在过去、现在和将来是怎样的性质有关——这种知识通常被称为**陈述性知识**（declarative knowledge）。另外，它也包括有关如何做的知识，即**程序性知识**（procedural knowledge）（例如，J. R. Anderson，1983a，1995）。长时记忆的容量显然要比工作记忆大很多，而储存形式似乎更灵活，持续时间也更长久。

容量 据理论家所能确定，长时记忆的容量是无限的。事实上，你在第9章也会发现，在长时记忆中，已储存的信息越多，储存额外信息就越容易。

储存形式 长时记忆中的信息编码可能是多样的。比如，以语言、感觉形象和非语言性的抽象概念与意义（对世界的一般理解）为基础来进行储存。长期来看，人们很少用精确方式来储存信息。比起逐字逐句或者精确的心理形象，人们更愿意记住要点，包括其所见所闻、对对象特质的诠释和对事实或大或小的扭曲。

一些长时记忆内容，包括人们能较易回忆和解释的，常叫做**外显知识**（explicit knowledge）。但大部分是**内隐知识**（implicit knowledge），即便在人们不能有意提取和察觉的情况下也能影响人的行为。在第10章中，我们将会更细致地学习几种记忆的性质，包括外显记忆和内隐记忆、陈述性知识与程序性知识。

在长时记忆中，另一个值得注意的信息特征是相互联系性：相关的信息倾向于联系到一起。本质上讲，长时记忆中的所有信息几乎都直接或间接地彼此相互联系。[①]

持续时间 在第11章中，我们也会讨论长时记忆的持续时间，理论家们的观点并不一致。一些人认为，一旦信息存入长时记忆，它就是永久性的，因此，任何的"遗忘"只是提取的问题。与此相反，另一些人则认为，信息可以通过多种遗忘的过程从长时记忆中消失，这种过程是否发生取决于信息最初如何储存及是否经常使用。最终，尽管有些信息能在长时记忆中保存相当长一段时间，但可能也没有办法证明它的存在是永久性的。有关长时记忆持续时间的讨论仍是个开放性问题，我们可以说，长时记忆持续时间无限长。

谈到长时记忆的提取，你能说出Edward C. Tolman的中名是什么吗？也许，你记得朋友的姐夫Marvin Chace？或者你想起Tolman（托尔曼）在追赶他迷宫中的老鼠了吗？正如你将在第11章中发现的，人们运用越多的方法将信息储存于长时记忆，在需要的时候，就越容易对其进行提取。

175

对双重储存模型的挑战

至此，我们一直在讨论记忆的双重储存（三成分）模型，似乎其就是最终的真理。然而，并不是所有的理论家都同意这个模型能够准确代表人类记忆的运作过程。有时候，我自己也在想，此模型所描述的三种成分是不是完全不同的。比如，回忆一下我之前的观点，听觉信息在感觉中通常能保持2秒或以上。再回忆一下巴德利的工作记忆中的语音回路，其只适用于在工作记忆中能够在2～4秒内快速重复的词汇序列——由短词或者能快速发音的口头词汇构成。事实上，巴德利（2001）就提出储存于工作记忆中的听觉信息，如果不复述，只能持续2秒左右。因此有可能，一些案例中的保持性复述事实上就发生在如感觉登记的机制内。

此外，很多理论家认为，工作记忆与长时记忆实际上就是一种单（非双重）储存机制的两个不同方面。另一些理论家则提出了一个相关观点：工作记忆中主动、有意识的加工对于长时记忆中的信息储存是十分必要的。现在，我们就来看看相关证据支持。

工作记忆与长时记忆真的不同吗

让我们回到第7章中的系列学习曲线中。呈现一系列要记住的项目，比起中间项目，人们更容易记住最前面几个项目（首因效应）和最后几个项目（近因效应）（回顾请参见图7—8）。如果用双重储存模型来解释（例如，Norman，1969），我们可能会说，人们对前几个项目进行了充分加工使其存入了长时记忆，人们在所有项目呈现之后，将最后几个项目保存在工作记忆中。由于没有足够的时间对中间项目进行充分加工，它们继而被后来的项目"挤出去"了，因而大部分中间项目都丢失了。支持这一解释的证据是，当呈现速率降低时（允许工作记忆中更多的加工），首因效应增加了；当加工被阻止时，首因效应消失（Glanzer & Cunitz，1966；L. R. Peterson & Peter-

① 正如第2章中所提到的一样，大脑中大部分神经元与其他很多神经元都有突触连接，想必很多这种突触能够解释长时记忆的组织结构。

son，1962）。与之相反，近因效应更多地受到回忆间隔的影响：回忆时间延迟越长——任何项目仍保存在工作记忆中的可能性降低——人们能记住的在序列末端的项目就越少（Glanzer & Cunitz，1966；Horn，2008；Postman & Phillips，1965）。

但是，一些研究对于近因效应一定反映了工作记忆与长时记忆的作用不同的观点提出了质疑（R. G. Crowder，1993；R. L. Greene，1986；Öztekin，Davachi & McElree，2010；Wickelgren，1973）。比如，撒帕尔和格林（Thapar & Greene，1993）的一个研究中，要求大学生观看电脑屏幕上的词语，一次呈现两个词语；每组之后，安排了一个20秒的干扰任务（在头脑中加一系列数字）。即便插入干扰任务，所有的词语都无法保留在工作记忆中，学生记忆系列中的最后几个词语的成绩仍然要好于中间的词语。鉴于类似研究结果，理论家们提出：系列学习曲线可以用双重储存模型来解释，也可以很容易用单一储存模式来解释。一个可能的解释是，序列中的项目如果在某方面不同，那么将更容易记忆。序列后端的词语可能因为其位
176 置而更容易被记住：学习者可以准确地分辨"最后一个"词和"倒数第二个"词（R. L. Greene，1986；Unsworth，Heitz & Parks，2008；R. K. Wagner，1996）。另一个可能性则是，遗忘在最开始发生很快，之后逐渐减慢——这是在不同种族、不同任务中都观察到的模式（J. R. Anderson，1995；Wickelgren，1973；Wixted & Ebbesen，1991）。按照这种观点，近因效应则可能是由于最后几个项目还没有经历快速遗忘的结果。

支持双重储存模型的另一个证据是，研究发现工作记忆中的编码似乎比长时记忆中更困难。因为前者主要依赖于逐字听觉编码，而后者可能更多地与要点和大意等非口语信息有关。但两者中的编码形式也有一部分的重合。例如，工作记忆中的信息有时也采用意义编码的形式（Shulman，1971，1972），长时记忆中的信息有时也采用听觉编码形式（Intons-Peterson，Russell & Dressel，1992；T. O. Nelson & Rothbart，1972；Reisberg，1992）。此外，即使是对信息的初级编码（通常认为其发生在工作记忆中），也经常从一开始就用到了长时记忆中的知识（P. A. Kirschner，Sweller & Clark，2006），比如当词汇置于一个有意义情境中时，人们辨别印刷字的速度更快（Rayner，Foorman，Perfetti，Pesetsky & Seidenberg，2001）。而且，在识别日常生活中经常用到的词汇时，其速度也更快（R. K. Wagner，1996）。

还有一个支持双方观点的证据，是来自于曾经历过某些脑损伤或神经外科手术的病人。在没有其他功能丢失的情况下，这些个体有时会表现出某种记忆受损（R. C. Atkinson & Shiffrin，1968；Eysenck & Keane，1990；R. K. Wagner，1996；Zechmeister & Nyberg，1982）。有些个体能回忆起脑创伤之前的经历，但无法保存新信息。这种缺陷可能说明：工作记忆出现问题，而长时记忆仍然完好（双重储存模型的解释），或者一般储存加工出现问题（单储存模型的解释）。一些脑损伤的个体，能够回忆新经验，并简单谈论，但几分钟后，却记不起来，甚至从此以后都记不起来。这种情况发生可能是因为工作记忆功能正常，但新信息似乎无法存入长时记忆（双重储存模型的解释），或者一般提取过程被削弱（单储存模型的解释）。

从某种程度上来说，工作记忆和长时记忆的加工似乎依赖于大脑的不同位置（Nee，Berman，Moore & Jonides，2008；Zola-Morgan & Squire，1990）。而当人们试图回忆项目序列的开头和结尾时，不同的脑区就被激活（Talmi，Grady，Goshen-Gottstein & Moscovitch，2005）。即使如此，在第2章中提到，大多数学习和思考任务——即使很简单的任务——似乎都涉及多个脑区。虽然不同的脑区负责不同的任务，但不管当下是学习还是记忆任务，人类学习都可能依赖于多个脑区的合作（例如，Nee et al.，2008）。

有意识思维对长时记忆储存是必要的吗

在双重储存模型中，信息在进入长时记忆之前，必须经过工作记忆。由定义来看，工作记忆是主动而有意识的机制。即是说，人们必须主动而实际地参与到将信息储存到长时记忆中去。然而，这并不是绝对的。有些信息，一旦它们获取了人们的注意，即使没有经过特别的筛选和进一步加工，似乎也会自动地储存到长时记忆中（Frensch & Rünger，2003；Zacks，Hasher &
Hock，1986）。例如，思考下列问题句： 177

> 哪个词在英语中出现得更频繁——熏猪肉（培根）还是熏牛肉呢？

你可能毫不费力地说出正确答案，即培根的出现次数更多。哈希和扎克斯（Hasher & Zacks，1984）发现人们在回答有关频率的问题时，即使从没有算过，也能很快给出正确答案。类似地，人们也能轻松回答有关事件的发生地点的问题，而不必有意识的地对此信息进行加工。这种对频率和地点自动化的储存始于生命早期，其有助于建立未来学习的知识基础（Siegler & Alibali，2005）。

大部分这种看起来是无意识加工的信息成为了内隐（非外显）知识。大脑在长时记忆中学习和储存信息很可能至少是通过两种不同路径实现的：一种是意识途径，工作记忆扮演了重要角色；另一种则是更基础的“不加思考”的途径，它包含了类似于行为主义学家所宣称的简单的刺激—刺激、刺激—反应的联结（Bachevalier，Malkova & Beauregard，1996；Frensch & Rünger，2003；D. J. Siegel，1999）。

有时候，思维本身会发生在工作记忆之外。由特修斯、诺格伦和同事们所做的一系列研究结果指出，面对涉及比工作记忆有限容量多得多的信息的复杂问题，当人们在一段时间内不积极对其思考时，通常能更有效地解决问题（Dijksterhuis & Nordgren，2006；Strick，Dijksterhuis & van Baaren，2010）。这些研究者认为，即使没有对复杂问题进行有意识的酝酿思考，人们也可能正在缓慢地分析问题，决定问题的哪方面可能比较重要，大概估计特定数量，并整合相关问题信息来全面总结。有时候，当复杂问题暂时处于工作记忆的有限聚焦之外时，反而能更好地解决。这些无意识思考的产物通常是内隐而很难探究到的。比如，人们可能将其描述为“直觉”或者难以解释的“第六感”（Dijksterhuis & Nordgren，2006，p. 105；也可见 Turnure，Buium & Thurlow，Bargh & Morsella，2008）。

人类记忆的不同观点

在试图指出双重储存模型不足的过程中，一些理论家提出了一些不同的解释模型。在这里，我们来看其中两个：加工层次模型和激活模型。它们都强调与人类记忆有关的认知过程而非记忆可能的组成结构。

加工层次

人类记忆的**加工层次**（levels-of-processing）模型（Cermak & Craik，1979；Craik & Lockhart，1972）是与双重储存模型不同的最重要的理论模型。该模型认为，在任何一个不同复杂水平上，输入信息都是由中央处理器（类似之前提到的工作记忆中的中央执行器）进行加工的。中央处理器的容量也是有限的，一次只能保存一定数量的信息。暂时储存在那儿的信息是我们在任何时候都能意识到的。

178 信息被记住的时间以及记忆程度取决于中央处理器对其加工的程度。根本没被加工的信息只能留下一个粗略的印象，就像双重储存模型中的感觉登记一样。表面上加工过的信息只被注意到表面特征（如外形、亮度等），持续时间稍长一点——可能相当于双重储存模型中工作记忆中的信息持续时间。如果信息经过了“深入”加工——对其进行解释并与先验知识联系，我们就很可能长时地记住它（例如，S. Kapur et al.，1994）。

由特努尔、布尤姆和瑟洛（Turnure，Buium & Thurlow，1976）进行的一个研究说明了不同信息加工水平是如何导致不同信息回忆程度的。实验要求四五岁的儿童记住常见物品的组合（比如肥皂和夹克是一组），孩子们用下列五种方式之一来加工信息：

（1）*标签*。他们重复物品名称。

（2）*造句*。用组合中的物品名称，造各种句子。

（3）*句子重复*。重复实验者所说的有关两件物品关系的句子（如“肥皂藏在夹克里”）。

（4）*“是什么”问题*。回答与物品关系相关的问题（如“肥皂在夹克里做什么呢”）。

（5）*“为什么”问题*。回答为什么两个物品之间有着特定关系的问题（如“肥皂为什么要藏在夹克里”）。

在这个实验中，当要求儿童思考为什么物品间会有一种关系时，他们的学习效率最高：问题—回答方式（方式 4、5）导致对词组最好回忆。

重复表达物品间关系的句子导致了一些回忆（方式3）；重复方式可能促进了一些有关物品组合关系的加工。学习效果最差的是前两种方式。在标签方式下（方式1），物品间的关系没有得到加工；而儿童在造句方式下（方式2）经常构造一些不能有效联系两个物品的句子（如“我有些肥皂和一件夹克”）。

学习的一个重要影响因素是**学习意识**（intention to learn）：有意识去学习的人，比那些没有特别尝试去学习的人，更可能学会和记住信息。加工层次模型的支持者称，当人们有意去学习的时候，他们对信息的加工更彻底，但影响学习顺利与否的是加工的深度，而非学习目的。事实上，研究支持这样的观点：当个体对材料进行深度加工时，即便他们没有特意地去学习，也能够顺利地记住（例如，Postman，1964）。换句话说就是，如果加工程度同样深的话，无意学习——通常也叫做**偶然学习**（incidental learning）——与有意学习同样有效。

海德和詹金斯（Hyde & Jenkins，1969）的一项研究结果为深度加工引发的偶然学习提供了一个例子。给大学生按顺序呈现24个词汇，每个词持续2秒。告诉控制组的学生对词汇进行学习，因此假定他们会进行有意学习。其他不同的实验组接收到的是以下三种指导语之一：

（1）*愉悦度评价*。要求学生对词汇的愉悦度进行评价；比如，爱这个词可能会被评价为相对愉悦，而恨则可能被认为是不够愉悦的。

179 （2）*数字母*。要求学生数出每个单词所含的字母数。

（3）*数字母E*。要求学生数出字母E在每个单词中出现的次数。

同时，要求实验组的一些学生在按指导语操作时，也学习这些词汇，即指导他们进行有意学习。实验组其他学生没有被要求记住词汇；对这些学生来说，他们对词汇的回忆可以看作是偶然学习。

海德和詹金斯的不同任务应该能导致不同的加工水平。在数字母及“E”出现频率的任务中，学习者只需要注意词汇的表面特征而不必对其意义进行解释；因此，这种计数任务导致的是比较浅显的加工。在评价词汇愉悦度的任务中，学习者必须审查词汇的意义，因此导致更深层的语义加工。与加工层次理论相一致的是，对词汇进行愉悦度评价的学生比数字母的学生记住的词汇更多。更有趣的是，对词汇愉悦度评价的偶然学习者与有意学习者记住的词汇一样多（事实上，他们的成绩还要好于有意计数组的学习者）。这说明，实际上，只要学生将注意力集中到学习材料的深层意义上，就能促进其学习。加工深度——非有意学习——是影响学习的关键因素。

当然，加工层次模型影响了心理学家们对学习和记忆概念化。比如，我经常看见学习理论家写到“深度地”或以更“浅显”的方式加工信息。然而，这种方法的不足也逐渐暴露出来。一方面来说，加工深度是一个很模糊的概念，无法用精确的术语来确定或测量（Baddeley，1978；Willingham，2004）。另一方面，一些研究表明，学习程度并不总是如模型所描述的加工方式的函数。例如，信息复述得越频繁，不管其经历的加工深度如何，记忆成绩都会较好（T. O. Nelson，1977）。一些研究甚至发现，表面加工的回忆成绩甚至要好于深度加工。一项由莫里斯、布兰斯福德和弗兰克斯（Morries，Bransford & Franks，1997）主持的研究中，给大学生被试一系列单词，并询问每个词在句子中的使用是否合适（“深层”的语义加工任务），或者单词与其他词汇是否押韵（“表面”的语音加工任务），之后给被试意料之外的回忆测验。结果发现，如果被试对其进行了语义加工，他们的回忆成绩要更好；但是，如果被试对原单词进行过语音加工，他们在确定是否押韵的任务上成绩也更好（也可见Stein，1978）。

学习和更顺利地回忆的关键很有可能是对新信息不仅进行语义加工，而且还要精细——对新材料进行润色，使之更准确、更有意义、更完整地被编码（Craik & Tulving，1975），在第9章中，我们会具体讨论精细化的过程。

激活

一些理论家提出，工作记忆和长时记忆实际上是单一记忆的不同**激活**（activation）状态（例如，J. R. Anderson，2005；Campo et al.，2005；A. M. Collins & Loftus，1975；Nee et al.，2008）。按照这种观点，所有储存在记忆中的信息都处于或者活跃或者不活跃的状态。当前活跃的信息，可能包括新信息和之前储存的信息，就是学习者注意和加工的对象，也是我之前说到的工作记忆里的信 180

息。当注意转移时，记忆中的其他信息被激活，而之前激活的信息则逐渐休眠。大部分的记忆信息都处于休眠状态，因此我们意识不到——我之前将这类信息描述为长时记忆中的信息。

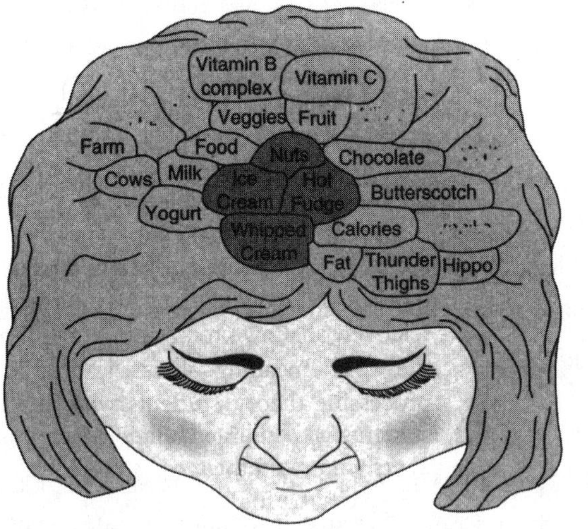

作者激活了她的部分记忆。

这种理论的一个主要观点是，激活几乎总是从一个信息扩散到与之相关的信息。作为证据，理论家们指出了**启动效应**（priming）。拉特克利夫和麦克恩（Ratcliff & McKoon，1981）的研究是一个很好的例子。首先，让大学生被试学习一些句子（例如，“医生讨厌书”），当他们对句子熟悉以后，给他们呈现一些名词，一次一个，要求被试确认这些名词是否在他们之前学习过的句子中出现过。有时候名词就跟随在同一个句子中的其他名词之后（比如，他们可能在看见医生之后立即看见书）；当出现这样的情况时，学生迅速正确指出见过第二个词的概率要远远高于其他词。呈现第一个词时已经激活了与之有关的第二个词，因此使得其能被更快的识别。即第一个词的激活刺激了，或启动了第二个词的激活。

在心理学及神经心理学研究中，我看到了越来越多的关于工作记忆和长时记忆激活的讨论，因此，这种观点显然越来越受到欢迎（例如，Öztekin et al.，2010；Vallet，Brunel & Versace，2010；Was，2010）。此外，在理解人们如何从长时记忆中提取信息时，激活理论十分有用。同样，在后面的章节中，我们也会再次遇到它，尤其是在第 11 章中。

记住，地图不是版图

在写完“对双重储存模型的挑战”那一节后，我喝了杯咖啡小憩一下，以清理我工作记忆中那些难缠的观点（写书的时候，我经常这样做——称之为“让心理尘埃落定”——然后发现这有助
181 于我条理更清晰）。当我煮咖啡的时候，老公正好在厨房，于是我向他提到了我的忧虑：为什么那么多的研究结果都不能简单地整合为任何单一的记忆模型？

他的回答对我很有帮助：“地图不是版图。”作为一个地理学家，他告诉我，在某种程度上，没有任何一张地图能够完全或精确地代表其所描绘的领土。但他也告诉我——正如“地图不是版图”的原创者阿尔弗雷德·科日布斯基（例如，Korzybski，1933）所言，没有任何单一的人类抽象概念能够完全和真实地代表其对应的现实。就其根本而言，人类的抽象认识意在简化生活的某方面，以使其更易理解和控制。

这对于记忆的双重储存模型，以及记忆的其他模型同样是适用的。工作记忆和长时记忆等概念有助于我们解释许多现象，这些现象广泛存在于人类日常行为表现中，因此心理学家们一直沿用这些概念。贯穿于本书，我们也会继续使用这些概念，你会发现在总结很多（但不是全部）我们所知道的人类思维和学习的知识时，它们非常有用。

记忆及其教育启示的概括

显然，理论家们在记忆的结构或执行功能上并没有完全达成一致。但不管我们如何理解人类记忆系统，我们仍可以概括出几个操作规则：

◆ 注意对外显记忆必不可少。不管采用哪种记忆模型，我们都知道注意对信息的长期保持是很关键的——至少对我们能够有意识回忆的信息

来说是这样的。有时候我们需要注意特定刺激。有时（比如，读课本时），对刺激的特定部分的注意很重要。总之，人们如果不进行加工就无法清晰地回忆事情，而注意就是他们必须采取的第一步。

俗话说："牵马近水易，逼马饮水难。"奥姆罗德的直接推论是："至少你要把马牵到水边，不然它根本不可能去喝水。"帮助学生将注意力集中到重要信息上是帮助他们学习的第一步：使他们来到水槽边。

教室通常是充满了许多刺激的环境，使得学生注意分散。比如，想象你在上课。有时候，你会注意到老师所说的话，有时，你的注意力会不知不觉地转向老师不雅的举止、其他同学的衣着样式、笔记本上的涂鸦或者你周末的安排上面。走神在成人和儿童中都是普遍现象（Delaney，Sahakyan，Kelley & Zimmerman，2010；Kane et al.，2007；Marcus，2008）。在课堂上，如果成人都无法时刻集中注意力，那么我们又怎能期待年幼的学习者做到呢？

事实上，在课堂里，学生会不同程度地注意自己周边的事物，这时，教师的行为会有很大的影响。下面是几个抓住和保持学生注意力的有效策略：

● *包含主题和演示方式上的变化。*日复一日地重复同样的主题和程序会产生无趣感，降低注意（Pekrun，Goetz，Daniels，Stupnisky & Perry，2010；Zirin，1974）。主题和演示方式的变化
182 性和新颖性有助于使学生的注意保持在课堂上（Ainley，2006；Berlyne，1960；Krapp，Hidi & Renninger，1992）。

● *在要求大量注意和专注的任务中，提供多次休息机会。*在安静并专注地坐很长一段时间之后，即使是成人也会心烦气躁和分心。经常休息对小学中低年级以及有长期注意问题的学生十分重要（Pellegrini & Bohn，2005；Pfiffner，Barkley & DuPaul，2006）。

● *提问。*在学生注意力分散时，提问是保持注意力十分有效的方法（L. L. Davis & O'Neill，2004；Grabe，1986；Marmolejo，Wilder & Bradley，2004）。通过阶段性提问——可以是偶尔指定人回答问题，或要求所有人举手回答问题，或者完成事先打印的正误题卡片——教师能够帮助学生将注意力保持在其应该在的地方（Lambert，Cartledge，Heward & Lo，2006；Munro & Stephenson，2009）。在学生阅读课本时，同时给他们提出问题，有助于增加他们对问题相关内容的学习（Ku，Chan，Wu & Chen，2008；McCrudden，Magliano & Schraw，2010；McCrudden，Schraw & Kambe，2005）。（在第10章和第11章中，我们会讨论提问的其他好处。）

● *独立完成任务时，分心会减少。*很多学生——尤其是年幼的——当其工作环境相对安静和隔绝时，他们更容易集中注意力到挑战性认任务上（Higgins & Turnure，1984；Pfiffner et al.，2006）。

● *将注意力易涣散的学生安排到教师附近就座。*当学生坐得离老师很近时，他们更容易集中注意。这种座位安排尤其适用于曾经容易分心的学生（Doyle，1986；Pfiffner et al.，2006；Schwebel & Cherlin，1972）。

● *监督学生的行为。*行为通常能为学生是否集中注意提供线索。比如说，学生应该直视老师、课本或者其他适当的刺激，并应该明显是在忙手头的任务（Grabe，1986；Piontkowski & Calfee，1979；Samuels & Turnure，1974）。

◆ *学习者一次只能加工有限数量的信息。*我们已经提出注意和记忆的"工作"部分的容量都是有限的；换句话说，在任何时候，人们都只能注意或者思考一小部分信息。在安排演讲进度、选择或制作指导材料时，教育者必须铭记这一点。当过多信息太快呈现时，学生根本就记不住（F. Kirschner，Paas & Kirschner，2009；Mayer，2010a；van Merriënboer & Sweller，2005）。

◆ *学习者必须选择性地学习和记忆。*尽管老师的意图是好的，但学生在课堂上还是经常遇到太多他们不可能加工或记住的信息（Brophy，2008；Calfee，1981；E. D. Gagné，1985）。比如，为了阐明主要观点，老师和教科书上通常都给出很多细节知识。少许的细节可能有助于学生理解他们所学的东西，但面临过多的细枝末节，学生必须选择其中一些而忽略其他，而他们自己通常不能很好地判断应该注意哪些内容。因此，帮助学生区分重要和非重要内容就变得十分重要，使得他们不至于一叶障目。

● *即使集中注意且适当安排了指导和活动，* 183

在注意控制力和意识性思考能力上，学习者也表现得各不相同。之前提到过，工作记忆——尤其是中央执行器成分——在指引注意和思维过程中，具有重要作用，而且一些学习者的重要执行技能要优于其他人。所幸的是，大部分这些技能是可以教授的，我们在第 14 章中的自我调节学习中会对此进行讨论。

- *工作记忆容量有限不一定是坏事。* 工作记忆的瓶颈强迫学习者去浓缩、组织和整合他们接收到的信息（例如，Cowan，2010；R. M. Gagné & Driscoll，1988）。从长期来讲，这些过程对学习者是有益的，在下一章中，也会提到。

总结

很多认知理论家，尤其是那些倾向信息加工观点的，将学习（获得新知识）和记忆（将信息保存一段时间）区分的很明确；有时候，他们也用记忆来指代一个保存信息的特定“位置”（打个比方）。一些信息处理术语是从计算机语言中借用过来的：储存指的是将信息“放入”记忆中，编码包括改变信息而使其储存更高效，而提取即“找到”之前储存的信息的过程。

现在人类记忆最流行的观点——双重储存模型——认为记忆包含三个独特的成分。第一个是感觉登记，短时内（几秒甚至更少，取决于方式）接收并容纳几乎所有输入信息。如果感觉登记中的信息没有经过一定方式的加工，在注意的某瞬间内就可能从记忆系统中消失。

注意到的信息继续进入工作记忆（也称短时记忆），在此得到主动加工。事实上，工作记忆是整个记忆系统的“思考”中心。工作记忆的容量有限；比如，大部分人一次只能记住 5～9 个数字。此外，储存于工作记忆中的信息通常只能保持半分钟，除非得到更进一步的加工。

经过额外加工（如与之前储存信息相联系）的信息进入记忆的第三个成分——长时记忆。长时记忆似乎能够容纳大量的信息并保持相对较长时间。

并不是所有的认知理论家都相信人类记忆包含上述三个不同成分。此外，一些研究证据表明，对学习来说，某种“工作记忆”中的意识加工并不总是必要的。对此，一些心理学家提出了人类记忆的不同观点，可能聚焦于加工深度是影响学习的重要因素，也可能认为记忆就是一个大型实体，每次只有小部分被激活了。无论如何，双重储存（三成分）模型有效地解释了很多研究的结果，因而，仍然是一种帮助我们理解人类记忆本质的普遍认可的机制。

尽管目前存在着对记忆的不同观点，但是，我们也能对记忆做出一些有助于课堂教学的总结。其中一点，教师必须确保学生积极地参与课堂主题，特别是材料中的重要部分。还有，教师必须认识到，学习者一次只能加工有限数量的信息。记忆系统的加工瓶颈不一定是坏事；它迫使学习者浓缩和整合信息，这从长远来看是大有裨益的。

第 9 章

长时记忆Ⅰ：储存和编码

本章主要内容

储存中的建构

动作中的建构实例

长时记忆储存过程

选择

复述

有意义学习

内部组织

精细化

视觉形象

程序性知识如何获得

新知识是否需要一段巩固期

影响长时记忆储存的因素

工作记忆

先前知识

先前错误概念

期望

言语化

亲历

背诵和复习

促进有效的储存过程

对长时记忆储存的评价

总结

184 在我多年的大学执教生涯中，有时会碰到一些学生找我抱怨：在我的某次考试中，他们得了低分。一个学生可能会一脸沮丧地哭诉："我学习那么努力！比我室友还要努力两倍，但他得了A，而我却是C—！"

将信息储存在长时记忆里并在之后提取出来是一件很棘手的事。如果两个室友想要在我的课上取得成就的动机一样，那么他们之间的差异可能就在于记忆储存和提取过程。经过30多年，与大学生讨论他们通常的学习方式，我得到一个结论：许多学生很悲哀地不知道如何最佳地学习和记忆信息。

即使学生能够有效地将信息储存在长时记忆里，他们也并不总是能记住那些老师认为他们正在识记的知识。例如，当我女儿蒂娜在读四年级时，有一天，她回到家里后，向我抱怨学校合唱团正在学的一首歌："妈妈，歌词里面有脏话。"当我得知她说的是《美丽的亚美利加》（"America the Beautiful"）时，我非常惊讶，接着，她就开始吟唱第二节中的罪恶一行：

> All the bastard cities gleam.（所有的混蛋城市光芒四射。）

在对女儿如此丰富的词汇量感到震惊之余，我耐心地向她解释道，有问题的那一行颂歌实际上应唱为"Alabaster cities gleam"（圣洁的城市光芒四射）。两周后，其他的家庭成员都去音乐厅听蒂娜的合唱表演。当孩子们开始唱《美丽的亚美利加》时，6岁的蒂娜转向我低语道："为什么他们正在唱飞船（spaceship）升空？"

长时记忆为在一个相对较长的时间里储存信息提供了机制，它也为理解新信息提供了知识基础。我们都知道，人们通常会将输入信息与已知信息（已经储存在长时记忆里的信息）建立联系。由于不同的人已经存在的记忆基础是不同的，所以，他们对于同样信息的储存也是不同的。蒂娜从未听到过"广阔的"（spacious）这个词，但在科幻动画里，他会经常听到"飞船"（spaceship）
这个词。同样地，蒂娜也对"圣洁的"（ala- 185
baster）这个词不熟悉，但是……嗯，你们懂的。

本章中，我们将探讨长时记忆储存的多层本质。首先，思考储存的建构性，之后，探究影响长时记忆储存有效性的认知过程和其他因素。接着，找到在教育环境中提高长时记忆储存有效性的策略。在随后的两章中，我们将着眼于在长时记忆中知识积累的特征，以及在未来某个时间，将记忆信息提取出来的过程。

储存中的建构

想象一下，你的大脑像一台摄像机一样工作，能记录你看到和听到的任何东西。你对一件事的记忆就是简单地发现和回放适当视频的过程，你将能够完整和准确地记住这件事，就像你正在重新体验一样。你会觉得，考试复习将会很容易——不必再多次读课本或者盲目地重复背诵毫无意义的内容。

不幸的是，我们的大脑并不能准确地记录生活事件。正如在前面的章节中发现的，不管在任何时刻，我们都只能处理工作记忆里的少量信息，因此，曾经储存在感觉登记里的大量信息很快就消失了。甚至可以这样说，我们从环境中接收的大部分信息都是左耳（或者眼）进而右耳（或者眼）出。部分原因是我们只能记住所接收信息中的极少量，许多学习理论家坚信长时记忆的储存包含建构的过程，据此，我们可以利用记住的零碎信息去建立对周围世界合理的理解。

动作中的建构实例

在任何时间点，我们对于环境的理解（**知觉**，perception）通常都会比从环境中实际接收的信息（**感觉**，sensation）既少又多。知觉少于感觉是因为人们可能并不能理解任何时间都在对感觉接收器进行狂轰滥炸的所有信息。此时此刻，就在你看这本书的时候，光波正在从书页上反射回来，击中眼睛视网膜的光敏细胞。同时，你也可能正在接收来自书桌、地板上的地毯、墙上图画的光波。你的耳朵也可能正在感受到大量声波，也许来自收音机，也许来自就近的谈话，或空调，或者窗外的车辆。可能某些气味正在空气中飘散，或者刚吃过的饭菜的味道在嘴里徘徊。你既不必也不可能解释所有这些感觉，而只需要注意一些而忽略其他的。

但是知觉也会比感觉丰富得多，因为感觉单独并不能提供足够的信息，以让我们充分理解正发生的事。人们似乎会利用感觉接收器给予的信息，来整合或者建构成对任一给定情境的完整知觉（Neisser，1967；Maus & Nijhawan，2008；Myin & O'Regan，2009；Wittrock，1994）。例
186 如，事实上，我们的眼睛并不能连续记录视觉刺激；相反，它们是从一个焦点跃到另一个焦点，对视野做周期性的眼跳。其要么聚集在中央，要么周边性**扫视**（saccades），一秒四到五次，视感觉主要发生在两者的间息期（Abrams，1994；Irwin，1996）。如果我们只在每秒接收四到五次视觉信息的眼跳，那视觉世界就会变得古怪而不稳定，就像一部老式电影。实际上我们能看到流畅的运动，很大一部分是因为我们的大脑在理解视觉信息时，产生了心理“填充”。（这个原理会让你想起格式塔的封闭律。）

即使人类的眼睛发挥 100% 的功能，通常也只能提供给我们有关环境的不完整图像，我们必须用大脑将不曾看到的信息补充完整。例如，想象你来到一家书店，看到柜台后的店员。你可能只看到店员的头部和上身，但是你是将其作为整个人来知觉的。你假设，这个管理员下身和两腿较短，可是如果你实际上看到一个异同寻常矮的身体——可能像一个雕刻的南瓜，从柜台后面出现，你会相当地惊讶。

人们经常对看不到的东西做出各种假设，当这些假设不符合事实时会非常惊讶。

作为另一个知觉重建的例子，请观察图 9—1 的三张图片。大部分人会把左边图片理解为一个女人的脸和脖子，即使她的很多特征都看不到。能看到一只眼和部分鼻子、嘴巴、下巴和头发，仅凭这些，你就可以建构一个有意义的知觉了。另外两张图片是否提供给你足够的信息来建构两 187
张人脸呢？将右边的图片建构成一张脸可能会花费一些时间，但是也能做到。

图 9—1　你能将每张图片建构成一个人吗

资料来源：Reprinted from “Age in the development of closure Ability in Children” by C. M. Mooney，1957，*Canadian Journal of Psychology*，*11*，p. 220. Copyright 1957 by Canadian Psychological Association. Reprinted with permission.

再想一下我们听到的口语中又有多少信息流失。例如，设想你身处一间嘈杂的房间，听到某人说：

I-an't-ear a-ing in this-lace!

尽管你没有听到这个人所说的一切，你也可能获得了足够的信息而将这句话理解为：

I can't hear a thing in this place!（在这里我什么也听不到！）

即便你确实听到了说话者所有的话，你实际

听到的却是一些连续的声波，而非……像……这样……分开的……口语。只有当你对这些正在说出的特定语言熟悉时，你才能在心理上将实际听到的长声音分解成单词。例如，当你听到如下句子，能轻松理解：

I read a book.

这句同样的话用汉语普通话表达时，会给你带来一定麻烦：

Wǒkànshū.

对于一个汉语普通话流利而英语不太好的人来说，情形刚好相反。这个人会“听到”：

Ireadabook.

和

Wǒ kàn shū.

知觉的建构特征有时会让我们被视错觉欺骗。例如，观察图 9—2 展现的四个塔形结构，如果靠近点看，你会注意到这是一个不可能建筑：如果所有的拐角都是 90°（就像你看到的），那么两个水平走廊不可能与图中描述的四个塔相连。

图 9—2　一个不可能建筑的艺术品

188 奇怪的是，一旦你从所见所闻中建构了意义，接下来，这个意义似乎就变得显而易见了。而且，以后你也会倾向于用同样的方式去理解同样形式的感觉信息；一种对感觉输入的特定建构方式就成为了你的习惯。例如，如果你现在准备合上本书，一周或者更长时间内都不再看它了，你几乎会立刻看出图 9—1 中的三张人脸，即使你最初很难看出它们。

正是有了建构过程，不同的人才会将同样的事物或事件知觉或者理解为不同的东西。例如，回想一下前面我提到的，蒂娜和亚历克斯对于《美丽的亚美利加》歌词不同常规的理解。另一个例子是，仔细看图 9—3 中的图片，对自己描述一下看到了什么。注意一下头部、眼睛、鼻子、嘴巴、下巴的线条。但是你实际上看到的是什么东西？这是一个人像吗？还是一只老鼠？

图 9—3

资料来源：Reprinted from “The Role of Frequency in Developing Perceptual Sets” by Bugelski & D. A. Alampay，1961，*Canadian Journal of Psychology*，*15*，p. 206. Copyright 1961 by Canadian Psychological Association. Reprinted with permission.

图 9—3 中的人—鼠双歧图形是一个**模糊刺激**（ambiguous stimulus）——常导致多种可能建构的事物。一些人将这图形知觉为一个光头男，他紧咬牙齿，耳朵形状奇特，头向后倾斜着。而另一些人却将其知觉为一只老鼠，前腿非常短，长长的尾巴弯着，夹在身体下（Bugelski & Alampay，1961）。

正如你所看到的，人们经常以一种独特的方式理解这个世界，并且，对于所见所闻，可能都会得出不同的结论。因而，一些目击到同一事件的人经常会在长时记忆里储存差异甚大的东西。

长时记忆储存过程

下面是一个短篇故事《鬼之战》。只默读一遍，然后合上本页，尽可能多地写出这个故事中你记得的东西。

一天晚上，两个来自伊古拉克的年轻人

去河边捕猎海豹。当他们到达河边时，雾蒙蒙的，很安静。这时，他们听到战争叫喊声。他们想：“这可能是一个战争派对。”于是他们逃到河岸边，藏在一个木头后面。现在独木舟出现了，他们听到了船桨声，看到一个独木舟正驶过来。舟上有五个人。他们说：

189 “我们想要把你俩带走，跟我们一起去上游，和那里的人打仗。你们认为怎么样？”

一个年轻人说道：“我没有弓箭。”

“我们舟上有。”他们说。

“我不会去，去了会被杀掉的。我的亲戚不知道我去了哪儿。但是你，”说着，这个年轻人转向另一个年轻人，“可以跟他们一块去。”

就这样，那个年轻人去打仗了，而另一个回到了家中。

战士们划着舟，向上游驶去，赶到卡拉马对面的一个小镇上。镇上的人向下游冲去，双方开始激战起来，结果，死伤惨重。正在此时，那个年轻人听到一个战士说：“快点，我们回家吧，那个印第安人已经被射死了。”这时他想：“哦，他们是鬼啊。”他并没有感觉到疼痛，可是他们却说他被射中了。

就这样，独木舟返回了伊古拉克，随后，这个年轻人上岸回到家里，并生了一堆火。他告诉每一个人：“瞧，我和鬼魂并肩作战，我们的许多同伴被杀死了，许多攻打我们的人也被杀死了。他们说我被射中了，可是我并没有感到疼痛。”

他讲述了一切后，就沉默了。当太阳升起时，他倒下了。一些黑乎乎的东西从他嘴里窜出来。他的脸扭曲着。人们吓得大跳起来，拼命地呼喊。

最后，他死了。（F. C. Bartlett，1932，p. 65）

现在不看这个故事，写下来你能记住的一切东西。

写完后，将你的复述与原文比较。你发现有什么差异吗？你的复述几乎肯定会比原文要短，而且很多细节都遗漏了。可能你会加入一些东西，利用先前知识来帮助你理解这个故事，这与前面描述的建构过程非常一致。但是你会把握住这个故事的总体要点——它的主要观点和事件，顺序基本正确。

弗雷德里克·巴特莱特（F. C. Bartlett，1932）采用这个美国本土鬼故事开展了一项研究，是最早的有意义言语信息的长时记忆的研究之一。巴特莱特要求英国剑桥大学的学生读两遍这个故事，然后在不同时间进行回忆。学生的回忆与实际故事不同的地方有：

（1）用词改变。换句话说，回忆并不是逐字的。

（2）关注对情节主线有用的有意义事件。保留了一些细节，特别是那些对故事必不可少的或者特别醒目的部分，而不重要的细节和无意义的信息被遗漏了。例如，像“一些黑乎乎的东西从他嘴里窜出来”和“最后，他死了”这样的细节就很有可能记住；“这个年轻人……生了一堆火”和“卡拉马对面的一个小镇”这些细节通常会被忘记。

（3）扭曲了部分故事，加入了信息以使故事更加符合逻辑，并与英语文化保持一致。例如，人们很少“去河边捕猎海豹”，因为大部分海豹是海水动物，而大部分河流是淡水的。因此，学生可能会说年轻人去河边捕鱼。类似地，超自然元素并不适合大部分剑桥学生的宗教信仰，因而会被进行变换。例如，在读了原故事六个月后，一个学生写下了以下文字，注意他的复述中添加和歪曲的地方：

> 四个人来到水边。有人让他们上船并拿起武器。他们问：“拿武器干吗？”回答是：“武装打仗。”当他们来到战场，听到了巨大
> 的吵闹声和叫喊声，一个声音说道：“黑人死 190
> 了。”他被带回了原来的地方，并躺在地上。而且嘴里还吐着泡沫。（F. C. Bartlett，1932，pp. 71 – 72）

故事的大意——一场战役——保留了下来。但是六个月后，这个故事已经扭曲得难以再认了。

（4）复述内容存在描述并解释事件的倾向。例如，一个学生坚持要用小括号解释事件：

> 这个年轻人并没有感到疼痛（例如，受伤），但无论如何他们回到了家（显然，反对势力很愿意停止战斗）。（F. C. Bartlett，1932，p. 86）

这些发现揭示了长时记忆储存的几个特征：有选择性、建构性、偶尔的歪曲以及某种程度上

以一个学习者现存的知识为依据。而且，人类似乎被驱动着去弄明白其所见所闻，也就是找到其中的意义。

在前面的章节里，我向你们介绍了陈述性知识和程序性知识之间的区别，前者是关于事物现在、过去和未来是什么样的知识（例如，事实、数据、个人生活事件），后者是关于如何做事情的知识（例如，运动技能、问题解决技巧、学习策略）。储存陈述性知识和程序性知识，可能涉及一些尽管重叠却些许不同的过程。本章这部分主要介绍在陈述性知识获得中，影响长时记忆储存的六个认知过程——选择、复述、有意义学习、内部组织、精细化和视觉形象。接下来，我们会介绍其中的某些过程是如何在程序性知识获得中起作用的。最后，我们将寻求证据支持，以证明长时记忆中的新信息有时也需要巩固，以经受住岁月的流逝。

选择

正如在第 8 章所看到的，一些注意到的信息会自动化地储存在长时记忆中，即使没有被特意选择以进行更深的加工（这让我们想起了对于熏猪肉 vs 熏牛肉次数的讨论）。但是大部分明确的知识，即那些人们知道自己知道并且能够很容易解释清楚的信息，不仅仅要求能注意到，还要求对其进行大量的编码，从而，能够得到长期有效的储存。这些编码需要花费时间，并且需要工作记忆（在第 8 章提到过，其储存容量非常有限）的积极参与。很明显，学习者肯定会对所加工的信息非常有选择性，也一定有方法决定哪些信息重要，哪些不重要。①

尽管选择过程本身很大程度上会受到工作记忆的指引（根据它的中央执行成分推测），但长时
191 记忆也起着关键作用。人们关于世界的知识、个人和文化倾向以及对于环境信息利弊的推断，都会影响到他们要注意和思考的对象（S. Kaplan & Berman，2010；Nairne，Pandeirada & Thompson，2008；K. A. Snyder，2007；Q. Wang & Ross，2007）。

一个学生如果得知老师的讲课内容将有可能出现在即将到来的考试中，他很有可能会非常认真地听老师讲课。相反，一个学生如果得知老师的考试题目全部来源于课外的阅读作业，或者他坚信社会实践活动比课堂成绩重要得多，他就有可能注意一些更相关或者有趣的东西——也许是手机刚接收到的一条短信。

考虑到人类记忆的容量和时间限制，一个老师如何才能帮助学生选择重要信息？一个很明显的方法就是，只需告诉学生哪些信息重要，哪些不重要（Bjork，1972；McCrudden，Schraw & Hartley，2006；R. E. Reynolds & Shirey，1988）。另外一种方法是：通过在讲课中多次重复要点，来给演讲和教学材料增加多余度。例如，当我向学生呈现一个重要观点时，通常，我会多次呈现。讲述这个观点后，又会采用不同的表述来再次陈述。然后，至少用两个例子（有时候多达五个）加以说明，并且，再次呈现这个观点本身。注意这其中的多余度，学生很难不在头脑中将我说的话至少加工一次！（在接下来讨论信号的章节中，我们会增添一些其他的策略。）

复述

你应该还记得前面章节中提到的**复述**（rehearsal），它是指在短期内（比如一两分钟内）通过多次重复内容来将其不定期地保持在工作记忆中。在早期的记忆双重储存模型中，阿特金森和谢夫林（1971）提出，复述也是将信息储存在长时记忆中的一种策略。一些证据支持了这一点，几个早期研究表明人们对于经常复述的信息的记忆效果比不经常复述的要好（T. O. Nelson，1977；Rundus，1971；Rundus & Atkinson，1971）。

但是一些理论家认为，只有学习者将新信息与先前知识建立联系，也就是说，如果复述也涉及有意义学习（例如，Craik & Watkins，1973；Klatzky，1975；Watkins & Watkins，1974），才会导致有效的长时记忆储存。以他们的观点来看，仅对信息重复，也即复述，就能够将信息保持在工作记忆中了，但是，要将信息转移到长时记忆中储存的话，还不够。有些复述能够帮助学习者

① 一些提倡速读程序的人认为，速读程序能够极大幅度地增加个体在某个特定时间段内学习和记忆的信息量。当代的记忆观点认为，这样的结果几乎不可能。实际上，研究显示：在快速阅读时，人们对一篇课文的理解程度显著低于常速阅读时。只有当读者对于所读内容非常了解时，速读程序才有可能是有效的（R. P. Carver，1971，1990；R. G. Crowder & Wagner，1992）。

在新信息和先前知识间建立联系，因而，被称作**精细化复述**（elaborative rehearsal），它的确会促进长时记忆的储存。例如，研究者（Craik & Watkins，1973）要求大学生同时完成两个任务：将一个单词保存在工作记忆中（通过复述），同时检验另外的词，看它们是否符合某种标准。在这种情景中，复述的次数并不能影响大学生回忆起他们所复述单词的程度；表面上看来，第二个任务让他们足够地忙，而不能够与所复述的单词形成联系。但是，当另外的词以一个比较缓慢的速度呈现时，对于复述词的回忆提高了，这很可能是因为学生可以分出更多的工作记忆容量，来建立单词间的联系。

192 主要通过重复来学习信息的方式，有时被称为**死记硬背式学习**（rote learning）。这种学习方式中，学习者很少或者没有尝试使信息变得有意义，或者用已经掌握的东西去理解它。如果这些信息最后储存到了长时记忆中，那么它一定是与其他信息相对隔离的。在第11章中，你会发现，毫无联系地储存的信息很难被提取出来。

常常，我看到学生埋头反复苦背新知识，这个过程常被称为熟记，它强调的是一字不差的学习，而不是对知识背后意义的学习。在尝试记住新信息时，低龄儿童（如小学生）尤其可能会采用这种方法（Cuvo，1975；Gathercole & Hitch，1993；Lehmann & Hasselhorn，2007），但是我观察到高中生和大学生也会采用这种方法。教师必须帮助学生认识到单纯的重复，如果真能起作用的话，也并不是长久储存信息的有效方式。接下来，介绍的四种明显更有效的储存方式，包括有意义学习、内部组织、精细化和视觉形象。

有意义学习

看这个15个字母的字符串：

MAIGUWRSENNFLOD

再看这个字符串：

MEANINGFULWORDS

两个字符串长度一样，包含的字母也都完全一样。哪一个字符串更容易学习和记忆呢？毫无疑问，你会同意第二个容易些，因为你可以将它与你已经知道的单词联系起来。我的女儿蒂娜就用同样的方式，将《美丽的亚美利加》中的一个短语与她已有的世界知识建立起联系——不幸的是，她只知道“混蛋的”（bastard）而不知道“圣洁的”（alabaster）。我的儿子亚历克斯也是如此，他只听说过“飞船行空”（spaceship skies）而没有听说过“广阔天空”（spacious skies）。通过将新信息与已经储存在长时记忆中的信息建立联系，人们就能发现新信息的意义。这种**有意义学习**（meaningful learning）的过程就是我们所说的理解或领悟。

有意义学习似乎能促进储存和提取：信息储存更快了，记起来也更容易了（J. R. Anderson，2005；Craik，2006；Mayer，1996）。举个例子，看下面这段话［选自布兰斯福德和约翰逊（Bransford & Johnson，1972）的实验材料］：

> 程序实际上相当简单。首先，把东西分成不同的组。当然，分成一堆也可以，这取决于要分组的东西。下一步，如果缺少设备，你就必须去其他地方否则一切就绪。不要超负荷做事很重要。也就是说，最好一次做少量而非大量的事。短期内，这可能并不重要，但渐渐，复杂会不请自来。一个错误的代价同样昂贵。起初，整个操作会很复杂。但是，这很快会成为生活的另一面。很难预测这个任务在不远的将来的必要性，但是谁也说不清。整个程序结束后，人们再次将材料分成不同的组。之后，就能够将这些材料放到合适位置了。最后，它们会被再次使用，整个的流程仍需要重复。但是，这就是生活的一部分。（p. 722）

你可能熟悉刚才读到的所有单词，但是可能 193
不太理解这段话，因为你不知道它讲的是什么。现在再次试着读一遍，将它看作是对洗衣机洗衣流程的描述。布兰斯福德和约翰逊发现知道这段话主题的大学生，比不知道主题跟什么相关的大学生的回忆量高两倍。

当人们知道非文字材料的意义后，也能够更容易地将其储存。例如，在鲍尔、卡尔林和杜克（Bower，Karlin & Dueck，1975）的一个研究中，要求学生记忆不太有意义的画线，或者“droodles”；如图9—4所示。当给这些图片赋予有意义的标签时，例如“一个在公用电话亭里吹长号的侏儒”或者“一只抓住了条非常肥大虫子的雏鸟”，在一周后，有标签的学生比没有的更容易记住这些图片。

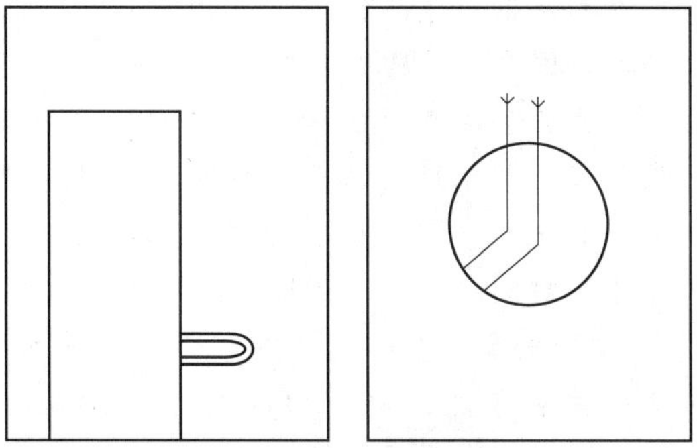

图 9—4　鲍尔、卡尔林和杜克（1975）所使用的 droodles

资料来源：From "Comprehension and Memory for Pictures" by G. H. Bower, M. B. Karlin, and A. Dueck, 1975, *Memory and Cognition*, *3*, p. 217. Reprinted by permission of Psychonomic Society, Inc.

将新信息与个人相联系，会对学习产生相当显著的效果——这就是**自我参照效应**（self-reference effect）（Craik, 2006; Heatherton, Macrae & Kelly, 2004）。例如，在第 8 章中，我告诉过你我的出生日期。你能够回忆起我的生日吗？如果能，那么这个生日很有可能与你自己的比较接近——可能比你的早几天或者晚几天（Kesebir & Oishi, 2010）。重新记一下，我出生在 8 月 22 日。我对两个朋友的生日记得很牢，一个比我早出生 9 天（13 日），另一个比我晚出生 1 天（23 日）。我也能记住一个合著者的生日，虽然她出生在 1 月份，但是 1 月 22 日，而我对其他月份的 22 日，也相当偏爱。至于出生在 11 月或者 3 月的朋友，我就相当难记了。

罗杰斯、柯伊伯和柯克（Rogers, Kuiper & Kirker, 1977）的一个研究表明了自我参照效应的力量何其强大。首先，给大学生呈现一系列形容词（一些词以大写形式呈现，一些以小写形式呈现），让他们回答与每个单词相关的四个问题中的一个。然后，出乎学生的意料，让他们尽量多地回忆见过的形容词；由于事先并没有被特意告知要记住这些单词，因此，实验评价了偶然（而非有意）学习。下面是学生们可能会被问到的与形容词有关的四个问题，以及从对每个问题的回答导致的偶然学习程度：

问题	回忆百分比
这个形容词有大写字母吗？	3%
这个形容词和____押韵吗？	7%
这个形容词和____具有同样意思吗？	13%
这个形容词描述了你吗？	30%

可以看到，问题 1 和问题 2 对单词的回忆量 194
非常低；从加工水平的角度来看，这些问题都处于非常浅层次的加工水平。问题 3 要求学生将单词与他们所知道的某些东西联系起来，尽管记忆量并不大，但也达到了较好的记忆效果。当问题要求将单词和自身联系起来时（问题 4），偶然学习的记忆量比不与自身相联系的有意义学习还要大两倍之多。

这是因为有意义学习涉及将新信息与先前学习过的信息联系起来，这有时也被称为外部组织（例如，E. D. Gagné, 1985）。另外一种同样重要的过程是在信息内部生成新的组织，下面我们看看这个过程。

内部组织

当新信息中的不同的部分以某种方式互相联结时，也即其有内部组织时，新信息的储存会更加有效而回忆也会更全面。例如，图 9—5 描述了如何组织第 4 章中介绍的强化和惩罚的类型。实际上，人们自然就倾向于将接收到的信息进行组织和整合。例如，在第 7 章讨论言语学习时，我们提到当要求记忆一系列单词时，人们经常把这些词聚类（例如，将所有的动物词一块提取，将蔬菜词一块提取，等等）。你可能也会想起第 7 章介绍的布兰斯福德和弗兰克斯（Bransford & Franks, 1971）所做的研究：学生通过将几个短句子的内容整合在一起，来学习"厨房里的蚂蚁吃掉了桌子上的果冻"这个句子。

如你所料，比起无组织的材料，以组织化的方式呈现的材料更容易学习。鲍尔等（Bower, Clark, Lesgold & Winzenz, 1969）做的一个实验表明内部组织能够起到多么显著的效果。首先，让大学生在 4 个研究试次中学习分成 4 个类别的 112 个词（如矿物、植物等）。一些学生的词是随机安排的；而一些学生的词则是以 4 个层次安排的，性质与我建构好的结果相似（见图 9—5）。1 个研究试次的学习之后，比起随机安排词的学生，学习有组织词汇的学生已能记住 3 倍多的词。4 个研究试次之后，有组织词汇组的学生记忆起了全部 112 个词，而随机安排词的那组学生平均起来只记住 70 个词。

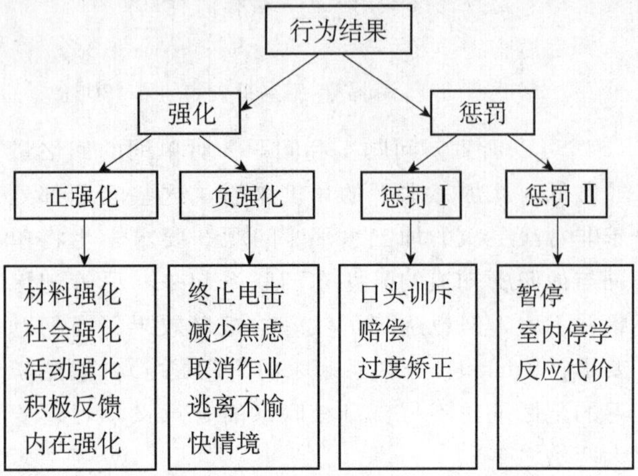

图 9—5 一个概念层级结构的例子

195 学习时许多优秀学生会自然而然地组织信息，这样的学习会相当有效（Britton，Stimson，Stennett & Gülgöz，1998；McDaniel & Einstein，1989；Niederhauser，2008）。而且，若为学生提供具体的组织图式，也能经常助于学生更有效地学习（R. K. Atkinson et al.，1999；Kiewra et al.，1988；Mayer，2010b；Niederhauser，2008）。

精细化

当人们接收新信息时，经常会将自己的解释附加在信息上——假设、推论等，并且在学习信息的过程中也会学习这些解释。一般来说，**精细化**（elaboration）包括利用先前知识来润色新信息并储存润色后的版本。因此，精细化不仅仅是对呈现材料的学习过程，我把它称为对言外之意的学习。① 例如，我的儿子杰夫告诉我，在他上一年级或者二年级时，他第一次听到“losing one's voice”（失声）这种表达，他得出人们最终会永远地失去声音的结论。进而，他推论人们出生时声音就有限量而最终会被用光。因此，为了不浪费自己的“声音”，他在学校的每周合唱团练习时，很少开口唱出声。

大量研究得到了同样的结论：人们经常对接收的信息进行精细化加工，之后就难以区分实际接收的信息和精细化加工过的信息（例如，Graesser & Bower，1990；M. K. Johnson，Bransford & Solomon，1973；E. F. Loftus，2003；Reder & Ross，1983）。举个例子，只读下列文字一遍：

> 南茜醒来时，又感觉很恶心，她怀疑自己是否真的怀孕了。她该如何告诉教授她所看到的呢？而且费用也是一个问题。
>
> 南茜去看医生。她到了门诊室，在前台登了记。按照通常程序，她去找护士。然后南茜踏上体重计，护士记录了她的体重。医生来到房间，检查了结果。他笑着对南茜说：“很好，我的猜想得到了证实。”检查结束后，南茜离开了门诊室。（J. Owens，Bower & Black，1979，pp. 185 - 186）

医生告诉南茜她怀孕了吗？并没有。但是欧文斯（Owens）和同事于1979年进行了一个研究，让学生读这篇文字，一天后，让他们回忆文字内容，他们“记住了”比实际读到的要多很多的东西。许多学生对自己精细化加工的回忆直接与南茜所怀疑的情形相关。实验的一些学生只读第二段文字，因而并不知道南茜对自己怀孕的想法，这些学生增加的精细化加工就少了很多。

这个例子正如我儿子杰夫听到“失声”的表达是一样，精细化加工有时会让所学的东西发生扭曲和错误。幸运的是，精细化加工通常包含做出正确的假设和解释，这种情况下，它会促进储 196
存和提取（Graessner & Bower，1990；Greeno，Collins & Resnick，1996；N. C. Hall，Hladkyj，Perry & Ruthig，2004；McDaniel & Einstein，1989；Muis & Franco，2009）。

当精细化帮助将新信息联结在一起，也就是，协助内部组织信息时，它就变得特别有效。例如，在斯坦因、布兰斯福德和他们的同事做的研究中（Stein & Bransford，1979；Stein et al.，1982），让五年级学生和大学生学习一系列句子。每一个句子包含某种特定类型的人和活动，下面是两个例子：

> 这个胖人在看提示。
>
> 这个饥饿的人上了轿车。

这些句子通过添加短语变得精细化——精细化要么由实验者产生，要么由学生自己产生。一

① 你可能认为有意义学习和精细化是非常相似的过程，理论家们有时候会互换着使用这两个术语。在我看来，应该区分这两者。有意义学习涉及将新信息与已有知识联系起来，而精细化还涉及对新信息的润色。

些精细化短语（精确精细化）在人的特征和活动之间建立了联系，例如：

这个胖人在读提醒薄冰的提示。

这个饥饿的人上了轿车去餐厅。

其他的精细化短语（不精确精细化）并没有将特征和活动联系起来，例如：

这个胖人在看两英尺高的标志。

这个饥饿的人上了轿车离去了。

在帮助学生记忆这些句子时，精确精细化比不精确精细化要有效多了。

有些情况下，学习者精细化、整合新信息，来构建一个全新的观点、概念、程序或者论点。在学习时，通过自己建构会比由其他人提供预先形成的形式更容易记住。这种现象就是**生成效应**（generation effect）。当学习者要对新材料进行更大程度的精细化时，自我建构知识似乎非常有用，当然，前提是建构的知识是准确的（Mayer，2010a；McDaniel，Waddill & Einstein，1988；McNamara & Healy，1995；Wiley & Voss，1999）。

精细化会增强长时记忆的原因有以下几个：第一，精细化后的信息更不可能与储存在长时记忆里的其他相似信息混淆。第二，对于信息之后能被提取，精细化提供了额外的方式；某种意义上，精细化提供了更多地方来“寻找”信息。第三，如果信息本身不能够很准确地回忆起，精细化就有助于推论出这个信息的可能样子（J. R. Anderson，1995，2005；Hunt & Worthen，2006）。

视觉形象

不回看图 9—4，你能够回忆起那个“在公用电话亭里吹长号的侏儒”是什么样子吗？你能够回忆起那只“抓到了条非常肥大虫子的雏鸟”吗？如果能，那么说明你不仅借助我赋予的标签来储存它们，也利用了**视觉形象**（visual imagery）——捕捉事物实际模样的心理“图像”。视觉
197 形象依赖于某些与视知觉相同的具体加工过程和脑区（Behrmann，2000；Kosslyn，1994；Speer，Reynolds，Swallow & Zacks，2009）。

形成视觉形象是将信息储存在长时记忆里的一种强有力的方式。各年龄段的许多人都有一个相当精确的视觉信息记忆。例如，在一个研究中（Konkle，Brady，Alvarez & Oliva，2010），大学生在 5.5 小时内看 3 000 张不同种类的风景图片（如海浪、高尔夫球场、娱乐公园）。之后，给他们呈现成对的图片，要求他们选择每一对图片中哪一个是先前看到过的。他们的正确率相当高；即使一共看了 64 张海浪或者高尔夫球场图片，他们也能够以 76%的正确率区别出哪些看到过，哪些没有看到过。而且，图像记忆能够持久保持。例如，另一个研究中（D. B. Mitchell，2006），让人们在实验室条件下看只呈现 1～3 秒的一系列图片，17 年后，他们的识别率仍高于随机水平。

人们对于视觉材料的记忆通常要比纯文字材料的记忆效果更好（Dewhurst & Conway，1994；Edens & McCormick，2000；Marley，Szabo，Levin & Glenberg，2008；Rubin，2006）。实际上，当材料同时以文字和视觉形式呈现时，与只呈现其中一种形式相比，人们往往记忆得更好（Sadoski & Paivio，2001；Mayer，2003，2010a）。

尤其是当新信息比较具体，且容易被视觉化时，学习者有时会创造出他们自己的心理图像。例如，当学生在读故事或者在听关于课堂话题的解释时，形成视觉形象会让他们更有效地理解和记忆他们所读到和听到的（Cothern，Konopak & Willis，1990；Dewhurst & Conway，1994；Sadoski & Paivio，2001；Sweller，2008）。而且，专门指导人们对所学东西形成视觉形象，有助于他们更迅速地学习这些材料，更有效地记忆它们（M. S. Jones，Levin，Levin & Beitzel，2000；Marley et al.，2008；Pressley，Johnson，Symons，McGoldrick & Kurita，1989）。因此，视觉化也成了所谓的记忆术的基础，这会在第 14 章中提到。

儿童形成和操作视觉形象的能力会随着年龄而提升（Kosslyn，Margolis，Barrett，Goldknopf & Daly，1990；Pressley，1977，1982）。但是，不同年龄段的学习者在使用视觉形象的能力上显著不同：一些人可以很快速而容易地形成形象，而其他人则会比较缓慢且有些困难（Behrmann，2000；J. M. Clark & Paivio，1991；Kosslyn，1985；Riding & Calvey，1981）。

但是，需要注意的是，即使优秀的视觉化者，形成的视觉形象也存在对外部物体不精确的表征，许多细节遗漏了、模糊了或改变了（Chambers &

Reisberg，1985；Nersessian，2008；S. Reed，1974；Sadoski & Pavio，2001）。而且，卡迈克尔、霍根和沃尔特斯（Carmichael，Hogan & Walters，1932）的一个早期研究表明，形象也可能会受到学习者的常识的扭曲。主试让成年人记住一些简单的图片，如图 9—6 左边显示的那样。两组被试图片的标签不一样，被试回忆起来的图片倾向于与给定的特定标签非常一致。例如，正如在图 9—6 中看到的那样，对第一张图片再现的不同，取决于它的标签是眼镜还是哑铃。同样地，对于第二张图片的回忆，也会受到给它的标签是一颗四季豆还是一艘独木舟的影响。由于形象常常是不完整的，并且有时是不准确的，因而当我们需要储存精确的、详细的信息——例如，需要记起 silhouette（剪影）和 hors d'oeuvre（开胃小菜）这样单词的正确拼写时，它就并不总是有用了。

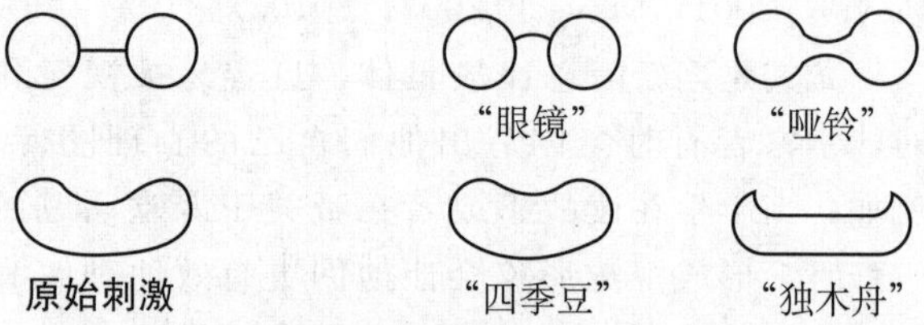

图 9—6　实验刺激和被试再现的例子

资料来源：Adapted from "An Experimental study of the Effect of language on the Reproduction of visually Perceived Form" by L. Carmichael，H. P. Hogan，and A. A. Walters，1932，*Journal of Experimental Psychology*，*15*，p. 80.

198 在我们刚刚介绍的这六种长时记忆储存过程中，最后三个——内部组织、精细化和视觉形象——本质上无疑都是建构性的，每一种都包含将新信息与长时记忆里已经存在的东西联系起来。当我们组织信息时，经常会采用一种相似的框架（可能是一种众所周知类别的结构层次），来赋予新材料一个有意义的结构。当我们精细化时，会同时利用新信息和已有知识，来建构某一事件的一种合理解释。当我们利用视觉形象时，经常会在我们所知道的某个东西典型形象的基础之上，为自己创造这些形象。

程序性知识如何获得

人们学习的一些程序，例如用手动挡开车、种花、排球扣球，基本上由外显的行为组成。其他的程序，例如写一篇文章、解 X 的代数方程、网上冲浪，同样也有明显的心理成分。许多程序都是由身体行为和心理活动组成。

程序性知识既包括相对简单的动作（如正确拿笔或者使用剪刀），也包括非常复杂的技能。复杂程序的学习通常不是一蹴而就的。相反，需要我们长时间、大量的练习才能掌握（Beilock & Carr，2003；Charness，Tuffiash & Jastrzembski，2004；Ericsson，2003；Meinz & Hambrick，2010）。

人们在学习身体程序时，主要是把它们作为实际行为，换句话说，就是将其作为特定的动作，通过练习，储存并渐渐提炼（Féry & Morizot，2000；van Merriënboer & Kester，2008；Willingham，1999；Willingham & Goedert-Eschmann，1999）。但是一些程序，特别是有心理成分的复杂程序，也可能当作陈述性知识学习，即，作为如何做某些事情的信息来学习（J. R. Anderson，1983a；Beilock & Carr，2003）。学习者在执行一个程序时（回想一下第 6 章中对自我指导的讨论），起初可能会利用这类信息做指导。然而，他们的动作往往缓慢又艰苦，需要集中大量注意力，占用大量的工作记忆容量。随着学习者持续地练习这个程序，其动作会逐渐变快、变容易、变更有效。在某个特定领域（比如花样滑冰或者弹钢琴）展现出非凡才能的人，通常需要大量练习，在 10 年或者更久的时间里每天至少练习 3～4 个小时（Ackerman，2007；Ericsson，1996）。

理论家尚未确定，在学习和长时记忆储存中，程序性知识的信息方面和行为方面是如何相互关联和交互作用的。一些理论家（例如， 199
J. R. Anderson，1983a，1987；Beilock & Carr，2003）认为，人们首先获得的是陈述性知识，通过练习，逐渐演变成程序性知识。另一些理论家（Willingham & Goedert-Eschmann，1999）提出，在学会一个新程序的过程中，人们同时学习着其信息性和行为性两个方面。他们以外显的陈述性知识的形式很快地学会信息性部分，而以一种更加渐进、内隐的方式掌握适当的行为。当行为仍然不完整、不一致时，人们可能会通过公开的或者默读的自我指导，利用陈述性信息帮助自身回忆起需要做什么。例如，学习打网球的新手可能会不断提醒自己"胳膊保持伸直"并且"眼睛盯着球看"。随着学习者逐渐地调整以及掌握了程序的行为方面，这样口头上的自我支持会变得越来越不必要。

我们讨论过的在掌握程序性知识中起作用的一些储存过程，在掌握陈述性知识时也起作用。例如，对动作技能的一系列步骤口头复述，会提高人们执行技能的能力（Weiss & Klint，1987）。对一个程序的说明或者现场示范也相当有用，可促进视觉形象加工（Kitsantas，Zimmerman & Cleary，2000；SooHoo，Takemoto & McCullagh，2004；Zimmerman & Kitsantas，1999）。实际上，想象自己正在实施一个动作（例如，完成一项体操技能或者投篮），就能强化对一个程序的掌握，尽管这样的想象行为很明显没有实际练习有效（Feltz，Landers & Becker，1988；Kosslyn，1985；SooHoo et al.，2004）。

某种程度上，程序性知识既有心理成分也有身体成分，例如，解数学应用题和进行科学实验就是如此。如果将其与解释某个程序为什么有效的相关陈述性知识结合储存，就能非常有效地掌握和提取（例如，Carr & Biddlecomb，1998；D. Kuhn & Pease，2008）。

新知识是否需要一段巩固期

正如刚才我们了解的，许多程序性知识都是随着时间而逐渐掌握的。但是，我也暗示了陈述性信息的长时储存有时能够相当迅速。例如，想象一下你面对一个有趣的新观点——注意对学习是必需的。你对这个观点进行精细化加工：“这解释了为什么在看电视的同时进行学习会记不住任何东西！”通过这样的精细化，你能够迅速地在长时记忆中储存这个观点，并能立刻“留存”。但是，这种留存是立即的吗？一些研究者并不这样认为。

一些研究者发现，新获得的陈述性和程序性知识的神经结构需要一些**巩固**（consolidation）时间——可能是几分钟，也可能是几小时，或者甚至更长（Bauer，DeBoer & Lukowski，2007；M. P. Walker，2005；Wixted，2005）。支持这种巩固的大量证据都来自于**逆行性遗忘**（retrograde amnesia）的研究：经历严重脑损伤的事故的受害者经常不能够记起当时导致事故的事件，有时也会忘记事故前的最近几周或者几个月的事件（D. J. Siegel，1999；Wixted，2005）。

在这点上，理论家只能对长时记忆储存的巩固所包括的过程进行推断，可能包括一些低层次、无意识的激活、复述或者对新形成联结的强化（Bauer et al.，2007；Rasch & Born，2008；D. J. Siegel，1999）。不论怎么说，夜里好好睡一觉似乎能进一步巩固新获得的记忆（Hu，Stylos- 200
Allan & Walker，2006；Massimini et al.，2005；J. D. Payne & Kensinger，2010）。

影响长时记忆储存的因素

许多因素会影响学习者如何将信息储存在长时记忆里。本部分将介绍认知因素——工作记忆、先前知识、先前错误概念和期望，以及行为因素——言语化、亲历、背诵和复习。

工作记忆

我们都已经知道，当新材料与已存在的知识有联系时，长时记忆储存经常会变得更加有效。当学习者要在新信息和已存在的信息之间建立联系时，必须意识到两者之间的关系。即，两者必须同时存在于工作记忆中（Daneman，1987；Kintsch & van Dijk，1978；Mayer，Moreno，Boire & Vagge，1999；Nuthall，2000）。海耶斯—罗斯和桑迪克（Hayes-Roth & Thorndyke，1979）的一个实验证明了这个观点。在这个实验中，学生们阅读两篇关于一座虚构村庄的文章。两篇文章中都会出现同样的信息，但是顺序不同：在一篇文章中，相关信息连续出现在句子中，而在另一篇文章中，却出现在单独段落中。当信息连续呈现时，学生们通常会在两个相关信息之间建立联系（因而可以根据它们进行推断），这大概是因为这两部分信息很有可能同时出现在了工作记忆里。

但是，人们并不一定要连续体验两种事物，从而在它们之间建立联系。许多情况下，新信息会让学习者想到一些他们已经知道的东西，引导他们将那些知识从工作记忆中提取出来。有时，一个明智的老师会指出新信息和先前学习过的材料之间的关系，鼓励学生提取相关的先前知识。

当然，学习者可利用的工作记忆容量越少，他们可以用来思考如何将各种信息组合在一起的“空间”就少。例如，当学习者执行多重任务时，他们的工作记忆一次要同时处理两种或者更多的任务，他们就不太可能有效地储存和回忆新信息（Sweller，2008；Vergauwe，Barrouillet & Camos，2010）。并且，在对所阅读的东西作推断时，与具有更大工作记忆容量的学习者相比，具有相对较“小”工作记忆容量的学习者做出更少的推断（Linderholm & van den Broek，2002；Oakhill，Cain & Yuill，1998）。

先前知识

人们只有具备与正在学习的东西相关的知识时，才能将新信息与先前知识联系起来。影响长时记忆储存的一个最重要因素就是学习者的先前知识（Ausubel，Novak & Hanesian，1978；Cromley，Snyder-Hogan & Luciw-Dubas，2010b；Haskell，2001；Shapiro，2004）。长时记忆中储存大量信息的学习者，有更多想法能够将新体验与之联系起来，也能更容易地参与到有意义学习和精细化的
201 过程。而缺乏相关知识的学习者，只能采取复述和其他无效的死记硬背的策略（Bandalos，Finney & Geske，2003；E. Wood，Willoughby，Bolger & Younger，1993）。换句话说，富者（知识）越富，穷者仍会一直穷下去。

我们关于这个世界的先前知识经常会影响到我们的编码能力，甚至编码最基本信息的能力。例如，当你看到人们正在远离你时，他们在你眼里的视网膜成像会逐渐变小，但是，你知道他们并不是真的变小了，仅仅是你们的距离增加了而已。如果你没有在不同距离感知人和其他东西的经验，会发生什么？人类学家科林·特恩布尔（Turnbull，1961）在研究居住在刚果雨林的茂密丛林里的部落巴布提俾格米人（Ba Mbuti pygmies）时，观察到这种情形。他们的居住环境没有开阔空间，从来没有机会看到多于几英里之外的东西。特恩布尔描述了一个事件：俾格米部落一个叫做肯吉的人，第一次旅行到一个空旷的草地上。肯吉发现很远处有一群野牛，他问“那些是什么昆虫”，特恩布尔回答那些实际上是在很远处的野牛，但肯吉毫不接受特恩布尔愚蠢的回答。过了一会儿，肯吉坐车接近了那群野牛，看到了野牛体型“长大”，他愈加地恐惧，害怕这是施加在他身上的魔法。

大量研究都表明先前知识对于编码和储存新信息的重要性（Ackerman，2007；Cromley et al.，2010b；E. Fox，2009；Hattie，2009）。例如，我的三个同事和我曾做了一个关于不同学科的人能在多大程度上学习和记忆地图的研究（Ormrod，Ormrod，Wagner & McCallin，1988）。我们让地理、社会和教育这三个学科的教员和学生研究两张地图，然后，根据记忆把它们再现出来。第一张地图是图9—7，描述的是与通常城市布置形式一致的一个城市，它的布置符合逻辑。注意，市中心商业区坐落在一个从不同方向都能很容易到达的位置（这是典型的），而工厂、伐木场、公共住房都位于铁路旁边（也很典型）。第二张地图是图9—8，比例尺更大，描述了几个政治区域（也可能是国家）。这张地图里的一些东西毫无意义；也就是说，它的布置是不合逻辑的。注意一下一条河流是如何发源于平原流向高山的，交通运输网络并不能互联，城镇并没有位于交通运输结点上。我的同事和我预测，与社会学者或者教育学者相比，地理学者对符合逻辑的国家地图能回忆更多，因为他们可以利用典型城市范式的知识，来有意义地学习这张地图。我们也预测，与其他学科人士相比，地理学者的表现在不符合逻辑的“国家”地图上并没有优势，因为地理学科在无意义的地图上非常不适用。我们的预测得到了证实：对于符合逻辑的城市地图，地理学者的回忆要比其他两组人员要好，而不符合逻辑的国家地图则无此结果。由于我们要求被试在学习地图时要“大声思考”，因而，也能探究他们所采用的策略。正如我们所料，地理学者比其他组的人以更有意义的方式学习地图，所有这三组的人对城市地图的学习都比国家地图要有意义。“非地理学者”采用基本的死记硬背策略，大部分都是简单的复述形式。

其他的研究也得到了相似的结果。例如，很了解蜘蛛的小孩，在读一篇介绍蜘蛛的文章时，要比本来就知之甚少的小孩记得更多（Pearson，Hansen & Gordon，1979）。对于棒球或者篮球所知甚多的孩子，要比相对不那么了解这些运动的

孩子，记住更多的有关这些运动的新事实以及特定比赛中所发生的事（V. C. Hall & Edmondson，1992；Kuhara-Kojima & Hatano，1991；Spilich，
202 Vesonder，Chiesi & Voss，1979）。对于很了解美国历史的八年级学生，在读一本历史故事时，要比历史知识欠缺的同班同学采用更多的精细化加工，例如，他们更可能对材料进行总结、做出推论、解答未解的问题（Hamman et al.，1995）。

尽管年长的儿童和成人通常比年幼儿童更容易学会大部分东西，但有时也相反，即当低龄儿童有更多的主题知识时。例如，专家象棋手的儿童比那些初学象棋的成人能更好地回忆起棋子在棋盘上的位置（Chi，1978）。同样地，在读一篇关于足球的文章时，很了解足球的 8 岁儿童，比对足球了解非常少的 12 岁儿童记住的东西更多（Schneider，Körkel & Weinert，1990）。

由于每个人都对这个世界有不同的知识，学习者很有可能会以不同的方式对同样的信息进行

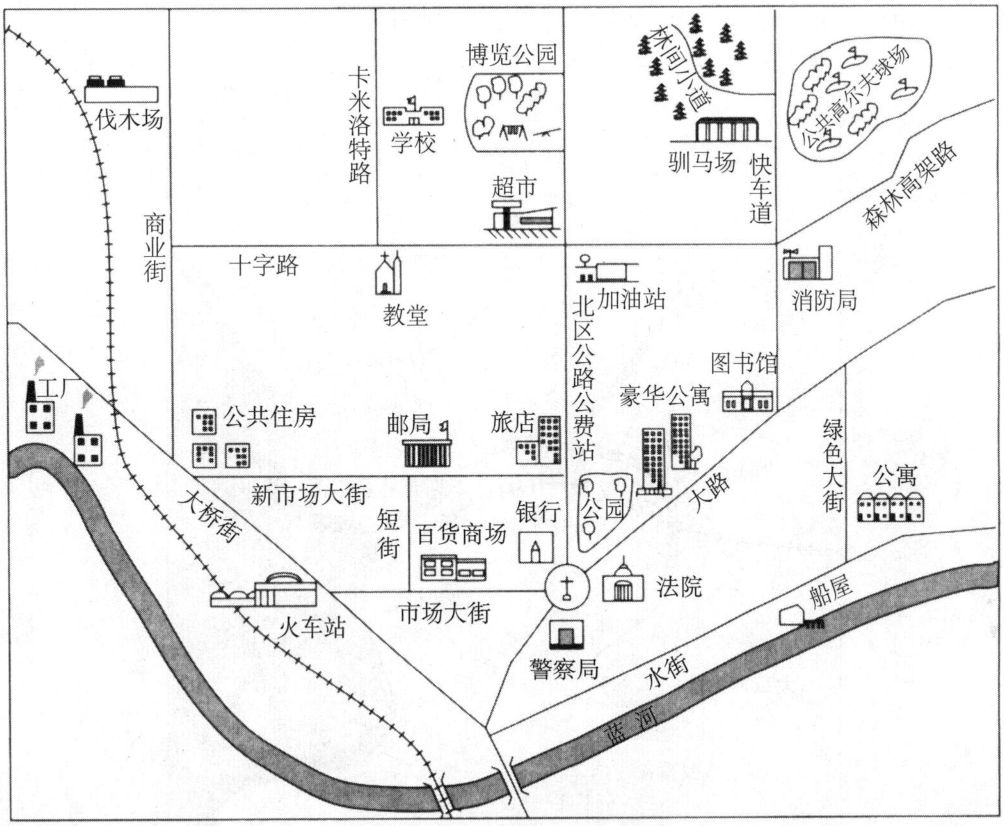

图 9—7 符合逻辑的城市地图

资料来源：Rprinted from "Reconceptualizing Map Learning" by J. E. Ormrod，R. K. Ormrod，E. D. Wagner & R. C. McCallin，1988，*American Journal of Psychology*，*101*，p. 428. Reprinted with permission of the University of Illinois Press.

精细化加工，并最终学会不同的东西。例如，你如何解释这则报纸的标题？

VIKINGS CREAM DOLPHINS

203 你的解释可能取决于更熟悉美式足球还是斯堪的纳维亚早期的菜肴（Leinhardt，1992）。看看下面取自安德森、雷诺兹、莎勒特和格茨（Anderson，Reynolds，Schallert & Goetz，1977）所做的一个研究的一段文字：

洛基缓缓地从垫子上爬起来，计划逃跑。他犹豫了一会儿，思考了一下，发现事情进展并不顺利。最困惑他的是他还被束缚着，尤其是自从针对他的控告变轻了之后。他考虑了自身的现实处境，对他的束缚很牢固，但他想他能挣脱它。但是，他知道时机必须要成熟才行。洛基意识到，由于自己先前的粗暴，他受到了严厉的处罚——比他所认为的处罚要严厉得多。情况正变得令人沮丧，压力已经折磨他很长时间了。他正在被残忍地骑在头上。洛基现在变得愤怒起来。他感

觉他准备好要逃离了。他知道他的成败都将建立在他在接下来的几秒会做什么。(R. C. Anderson et al.，1977，p. 372)

这是一个关于摔跤比赛的故事吗？还是一个越狱的故事？再读一遍文章，你会发现哪个都可以。安德森和他的同事发现，学生对这个故事的理解建立在他们的专业基础之上：体育教育专业的学生更多地把它看作一个摔跤比赛，而音乐教育专业的学生（他们中的大部分对摔跤知识所知很少，或者一无所知）更可能将其理解为一场越狱。

然而，在我们学习某一主题的新信息时，即 204
使已经有关于这个主题的知识，也完全有可能发挥不出其作用。正如前面提到的，只有当“新”和“旧”同时存在于工作记忆中时，学习者才能在两者之间建立联结。从记忆的双重储存模型转到激活模型，我们可以说新的和旧的都必须同时激活。我们在本章后面会考虑教学策略，找出教师通过激活学生的先前知识，来促进学生的有意义学习和精细化的一些方法。

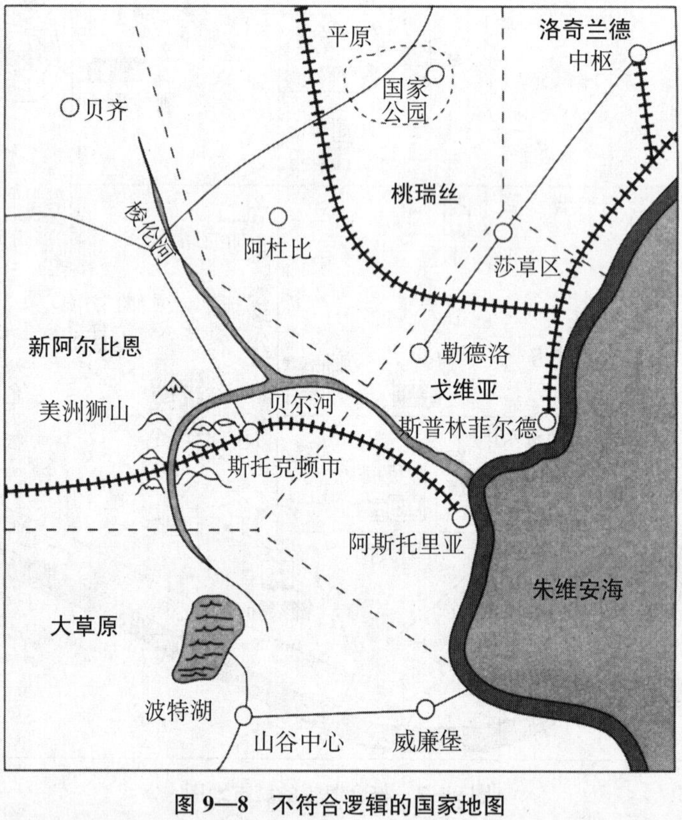

图 9—8　不符合逻辑的国家地图

资料来源：Rprinted from “Reconceptualzing Map Learning” by J. E. Ormrod，R. K. Ormrod，E. D. Wagner & R. C. McCallin，1988，*American Journal of Psychology*，*101*，p. 429. Reprinted with permission of the University of Illinois Press.

先前错误概念

人们进行精细化时，会利用对某一主题的了解进行扩展，以更好地理解新信息。但是，当人们利用不准确的“知识”，即**错误概念**（misconceptions）①，去精细化时，会怎样呢？如果人们认为，基于自己对世界的信念，新信息明显是有错误的，他们可能会完全忽略这个信息。或者，他们可能会将这个信息进行扭曲，以与自己的“知识”保持一致，结果他们学习到的东西与实际上所看到、听到和读到的大有不同（P. K. Murphy & Mason，2006；Porat，2004；Sneider & Pulos，1983；Vosniadou，2008）。有时，持有一个主题的错误概念比无任何相关知识更为不利。

我们看到巴特莱特（Bartlett，1932）在研究

① 一些理论家用朴素信念或者朴素概念来反映这种不准确性，尽管与当代科学理解并不很相称，但却是一个学习者从自身的早期知识和经验中得出的合理结论。

《鬼之战》时出现过这样的错误学习例子：许多学生将这个故事曲解，使之与英语文化一致。另一个例子是伊顿、安德森和史密斯（Eaton，Anderson & Smith，1984）进行的一个研究。五年级学生在科学课上花费几周来学习关于光的一个单元。前测表明，许多学生都对光持有一种特别的错误观念：他们相信人们能看到东西，仅仅是因为光照射到物体上面，使物体变亮了。在这一单元中，关于人类视觉的正确解释是：光从物体上反射回来，进入人的眼睛，人眼探测到光之后，就产生了视觉。尽管读到和听到过这条信息，大部分学生在本单元课结束之后的测试中，还是保留着关于视觉的错误观念。只有 24%～30%的学生写出了答案，即光的传播线路不仅仅是从光源到物体，也从物体到眼睛。

在大学水平，先前的错误观念也会造成严重破坏（D. E. Brown & Hammer，2008；Evans，2008；Kendeou & van den Broek，2005）。例如，学生在一堂心理学课程中学习视觉本质，持有光必须从物体传到眼睛这个观点的大学生，在这堂课结束之后，仍相信视觉之所以产生是因为一些东西从相反方向，即，从眼睛传向物体（Winer，Cottrell，Gregg，Fournier & Bica，2002）。同样地，上教师教育培训的学生可能会无视一个教授对某些概念的定义，他们会坚持自己对这个概念先前的、经常是非常不同的理解，并且很可能会忽略与自身“好的教学”信念相抵触的任何教学实践方面的建议（Holt-Reynolds，1992；V. Richardson，2003）。在我自己的本科教师教育课上，我已观察到这种现象。例如，对于负强化和
205 精细化这样的概念，即使我一再强调心理学家对这些词的定义与外行人的定义不同，但是一些学生仍坚信他们已有的定义。并且，尽管我向他们展示了有意义学习有效性的证据，一些学生仍然固执地坚信机械学习是一种更好的方式。

教师在向学生呈现信息时，常会带着这些信息能够纠正学生的错误信念这一假设。不幸的是，事实却常常相反，学生们顽固地抓紧对这个世界的固有概念，歪曲新信息使之适应那些概念。第10章将讨论个人理论的特征，我们会深入探究儿童和成人可能具有的各类错误信念。

期望

读下面这句话：

> I pledge allegiance to the flag of the United Stetes of American，and to the Republbic for which it stends，one nation，under God，indivsible，with liberty and justice for all.（我宣誓效忠美利坚合众国国旗及其所代表的共和国，在上帝庇祐下，此一国家不可分割，全体人民均享有自由与正义。）

你可能会注意到这句话里有一到两个印刷上的错误。但是你都找到了吗？总共有五个错误，在下面的句子里用斜体字标出：

> I pledge allegiance to the flag of the United St*e*tes of America*n*，and to the Repu*l*bic for which it st*e*nds，one nation，under God，indi*v*sible，with liberty and justice for all.

如果你并没有注意到全部错误，当然许多人也没有，那么，你对哪些单词会出现在那儿的期望会影响到你对这句话的理解。如果你和我一样，已经多次看到和听到这句美国效忠誓词，你会知道“I pledge allegiance…”这句短语后面的一系列特定的词语，这样你可能就看到你期望看到的东西。

我们经常会对将要看到的和听到的东西形成期望，这些期望建立在我们已有的关于这个世界通常情况下是如何运转的知识和信念上，它们能够影响到我们如何将新信息编码和储存于长时记忆中（Kaiser，McCloskey & Proffitt，1986；Schacter，1999）。许多情况下，当我们事先对所要接收的信息有很好的了解时，就会更加快速地理解和学习某些东西，这可能是因为长时记忆的相关部分已经被激活了（回想一下第 8 章对启动的讨论）。阅读的过程就是一个很好的例子。新手读者会对读到的每页的每一个字母都密切注意，结果是阅读得非常缓慢，理解得也少。较成熟的读者不会很仔细地看每一页。相反，他们会基于上下文、句式句法、关于某一主题的先前知识以及对作者试图表达的内容的预期，对这页的内容做出匆忙但通常是正确的结论。因为成熟的读者经常会快速做出结论，因而他们能够很迅速和有效地阅读（Dole，Duffy，Roehler & Pearson，1991；R. E. Owens，1996；Pressley，2002）。

但是，这种有效的阅读方式有一个潜在的缺点：读者很容易得出错误的结论，并且对每页内

容产生错误的理解和解释。他们可能很难正确地校对，正确地“看出”那些实际上拼写有误的单词，他们也可能很难学会如何拼写阅读过程中遇到的许多新词汇（例如，psychology，environment，reinforcement）（Frith，1978，1980；Ormrod，1985，1986a，1986b，1986c）。例如，人们经常会将我的名字Jeanne Ormrod错认为“Jeanne Ormond”，这个错
206 误令我十分困扰。但是我们要面对它：Ormrod是一个不同寻常的名字，而Ormond却很常见。一个人不能责备读者在看到Orm…时，会假定单词的剩余部分是…ond。利用一个单词的前几个字母确定这个单词是阅读中的一种常用策略（Lima，1993）。

在本章的前面部分，我介绍了模糊刺激这个概念，它是一种能以不止一种方式解释的刺激。模糊刺激更有可能通过与人们的期望相一致的方式进行编码（Eysenck & Keane，1990；J. W. Sherman & Bessenoff，1999）。例如，当我在课堂上向学生展示人—鼠图片时（见图9—3），事先看到一张清晰啮齿动物图片的学生会将其期望为一个非人类的动物，最后大部分人的确看到了一只老鼠。同样地，事先被引导将其期望为一个人的学生就会看到秃头男人。注意一下，你对人们典型行为表现的期望是如何影响你最初对事物的理解的。以下面对话中第一句话的理解为例（源自Gleitman，1985，p. 432）：

> “我们准备去和我奶奶一起吃感恩节晚餐。”
>
> “是吗？好的，我们要去吃火鸡了。”

他人的行为经常会受到许多不同的理解，模糊刺激的启动例子也会如此。例如，如果你看到我在对你微笑（我的行为），你可能会得到许多可能的结论：我很高兴见到你，我并不喜欢见到你而仅出于礼貌，我厌恶你但需要装成赞赏，我觉得你穿的衬衫很可笑，等等。人们对他人行为的理解往往与自己的期望一致（Brugess，Wojslawowicz，Rubin，Rose-Krasnor & Booth-LaForce，2006；Crick & Dodge，1996；Ritts，Patterson & Tubbs，1992；M. Snyder & Swann，1978）。他们希望从一个喜欢或者赞赏的人身上看到期望的行为，这样很有可能会将人的行为往积极方向去理解——这就是**光环效应**（halo effect）。与此相似的是，他们期望从不喜欢的人身上看到不适宜的行为，他们对那个人行为的知觉也是有偏差的——这就是**触角效应**（horns effect）。例如，想象一个老师有两个学生，叫做玛丽的学生在功课上一直都表现优秀，另一个叫做苏珊的学生功课做得往往很草率且完不成任务。假如这两个女孩的作业平均质量相同，这个老师很可能会高估玛丽的表现而低估苏珊的表现。

许多因素会影响人们对另一个人行为的期望以及之后的理解。例如，人们会认为穿着干净、打扮很好的人比衣着肮脏、头发凌乱的人有更高的工作绩效，这就是“穿出成功”的格言。教师会预期乖巧的学生比行为不良的学生能获得更多的学业成功，因此，教师对一个学生的学业成就的判断，会受到这个学生在教室中的表现的影响（Bennett，Gottesman，Rock & Cerullo，1993）。对不同性别、民族、种族背景和社会经济地位的人的刻板印象也有同样的效果（C. Reyna，2000；J. W. Sherman & Bessenoff，1999；Stephan & Stephan，2000）。达利和格罗斯（Darley & Gross，1983）所做的一个实验就证明了这一点。告诉大学生他们正在参加一个有关教师评价方法的研究，让他们看一段四年级学生汉娜的录像。实验安排了两个版本的录像，以让被试对汉娜的社会经济地位产生两种不同的印象；一段包括她的衣着、玩耍的游乐场类型以及关于她父母职业的信息间接地向一些学生传达了她的低社会经济地位背景，而向其他学生则传达她的高社会经济地位背景。然后，所有学生观看汉娜正在参加一 207
个口语成绩测试（与其年级水平相当），要求学生在几个特征上对汉娜进行评定。被引导相信汉娜来自富有家庭的学生对她的能力的评定高于年级水平，而相信她生活于贫穷环境的学生对她的评定则低于年级水平。两组学生在她的学习习惯、积极性、社会技能和总体成熟度方面的评定也不同。

言语化

言语化（verbalization）是将先前发生的或正在发生的经历讲出来或者写下来，这是一种能明显促进长时记忆储存的活动。儿童经常会向他们的父母和老师谈论过去发生和现在发生的事件，他们对这些事件的记忆也因此得到巩固（Fivush，

Haden & Reese，2006；McGuigan & Salmon，2004；K. Nelson，1996）。对于年长的儿童和成人，言语化也可采用**自我解释**（self-explanation）的形式，学习者自言自语，以试图理解困难的问题。例如，阅读一篇有挑战的课文章节时，学生可能会将理解的部分进行改述，对于难以理解的部分则加以标注（如“这部分令人疑惑”），从呈现的观点中作出推论，并对读到的内容进行总结。当学生在学习一些东西时，若被鼓励公开地自我解释，那么他们更可能会对其进行精细化，从而更好地理解和记忆所学内容（R. K. Atkinson，Derry，Renkl & Wortham，2000；de Bruin，Whittingham，Hillebrand & Rikers，2003；deLeeuw & Chi，2003；McNamara & Magliano，2009）。

书写是另一种能够促进长时记忆储存的言语化形式。例如，当学生写下在课本中所读到的东西时，比如回答学习问题、将材料与已知的东西联系起来、分析不同的观点等，他们更有可能采用有意义学习、内部组织和精细化这样的储存过程（S. L. Benton，1997；R. E. Burnett & Kastman，1997；Greene & Ackerman，1995；T. Shanahan，2004）。

亲历

亲历（enactment）就是实施能反映所学内容的明显的心理动作行为，实际做一些事。在前面的章节中，亲历的重要性已经通过不同的化身表现出来了：在对行为主义的讨论中（第3～5章），我们强调了积极反应在学习中的作用；在对社会认知理论的讨论中（第6章），我们强调了动作再现在模仿学习中的作用。

各种各样的身体动作都能促进长时记忆的储存。当年幼儿童能够通过玩具将一个故事表演出来时，他就能更加容易记住这个故事；当他们确实能够画出几何形状时，也就能更加容易记住它们（A. M. Glenberg，Gutierrez，Levin，Japuntich & Kaschak，2004；Heindel & Kose，1990）。物理专业的大学生通过实际的滑轮进行实验而学会滑轮如何工作，比仅仅通过看不同滑轮系统的图示，能够更好地使用滑轮（Ferguson & Hegarty，1995）。

208 当然，当人们学习复杂的动作技能，获得程序性知识时，身体亲历会尤其有用。这时，当人们能从正在做的事情中经常获得反馈时，他们的学习会最有效（R. M. Gagné，1985；Proctor & Dutta，1995）。有时成绩本身就是这样的反馈。例如，一个网球新手能看到他击中的每一个球；如果一个开车新手每次试着开车时，手动挡发动机都会熄火的话，她就知道她需要更多地练习换挡。然而有时候，当更高水平的个体（比如教练）给予正确方法的指导，或者给予建设性的意见时，人们的学习会更有效（Kladopoulos & McComas，2001；Kluger & DeNisi，1998；J. V. Stokes，Luiselli & Reed，2010）。

正如我们在第4章讨论的，行为主义者认为反馈是一种积极强化。第6章我们提到，社会认知理论者认为反馈会影响学习者的自我效能感。这里，我们找到了反馈的第三个作用：它是能够帮助学习者提高成绩的一种信息源。教师应该尽可能地给学生即时反馈，以让他们能够回想自己刚刚做的事同时储存在工作记忆中（J. R. Anderson，1987；Shute，2008；J. V. Stokes，Luiselli & Reed，2010）。

背诵和复习

我们已经知道，在提高长时记忆储存上，复述是一种相对无效的方式。但是与这种短暂复述相反的是，在几周、几个月或者几年的周期性间隔中对信息和程序的复习和练习，会提高记忆和成绩。这个道理对于所有年龄段的人，甚至婴幼儿，都是适用的（Dempster，1991；Péladeau，Forget & Gagné，2003；Proctor & Dutta，1995；Rohrer & Pashler，2010；Rovee-Collier，1993）。

其实，近来的研究者验证了早期的语言学习理论者的发现，认为过度学习会促进记忆。第二语言学习也与此相关：当人们学习时留出间隔，也即采用分散练习而不是集中练习时，额外学习和练习往往更加有效果（H. P. Bahrick，Bahrick，Bahrick & Bahrick，1993；Dempster，1991；Kornell，Castell，Eich & Bjork，2010；Pashler，Rohrer，Cepeda & Carpenter，2007）。用当代认知心理学的语言来说，这种现象叫做**间隔效应**（spacing effect）。

需要注意的是，当学习随着时间分散时，有时会变得有些缓慢。如果我们看重长时记忆而非初始学习的速度，它的好处就明显地体现出来了（H. P. Bahrick et al.，1993；M. C. Linn，2008；

Rawson & Kintsch，2005）。例如，在网上进行的一个研究中（Cepeda，Vul，Rohrer，Wixted & Pashler，2008），居住在全世界不同国家的成人志愿者学习了32个晦涩的琐事，例如“哪个欧洲国家的人吃非常辣的墨西哥食物”（p. 1097）。在1天至4个月后，被试再次学习这些琐事。最后，在第三个时段——延迟少则一周，多则一年后，对他们进行琐事测验。最后的测验阶段延迟时间越长，两个学习阶段的最佳间隔就越长。如果我们确实想长远地记忆信息，那么我们应该在长时间的间隔下周期性地复习它们（参见 Pashler et al.，2007；Rohrer & Pashler，2010）。（满足一下你的好奇，挪威人特别偏爱辛辣的墨西哥食物。）

209 但是，仅仅接触信息还是不够的，不论多久一次。对于大部分学习来说，一个人最少要关注信息。例如，在一个经典实验中，向美国大学生展示15种不同版本的林肯便士图片，尽管这些学生已成千上万次看过并用过，但相当一部分学生不能够指出正确的版本（Nickerson & Adams，1979）。当搜索便士时，美国人不需要通过微小细节将它们与其他硬币区分开来，因为它们的颜色（褐色而非银色）本身就是一个准不会错的指标。

通过一段时间对学习过的东西的复习和练习，我们可能会收获不少。第一，我们进行了额外加工——这种加工允许我们采用新的方式对学习过的信息进行精细化，以更全面地理解它（Dempster，1991；McDaniel & Masson，1985）。第二，通过重复复习同样的信息，特别是在不同的背景中，我们与记忆中的其他信息形成了更多和更强的联结，因此，在未来需要的时候，我们能够更加快速地回忆起信息（J. R. Anderson，2005；Calfee，1981；M. C. Linn，2008）。持续地练习似乎还能起到第三个作用：促进自动化。

自动化的发展

施耐德和谢夫林（Schneider & Shiffrin，1977；Shiffrin & Schneider，1977）曾经区分过两种信息加工类型：控制加工和自动化。**控制加工**（controlled processing）要求学习者的大量注意，很可能会占用学习者最多或者全部的工作记忆容量。换句话说，控制加工要求有意识的思考和努力。例如，学习开车时需要认知加工。我仍能记起多年前的一个夏日夜晚，我爸爸试着教我开我家的1951年款手动挡福特敞篷汽车（我并非像汽车的年代那样老，当时，这款车几乎是一个古董）。在努力驾驶车往正确方向行驶时，还要控制速度，协调好变速杆和离合器，这消耗了我全部注意力和工作记忆容量。实际上，我的工作记忆容量一定超载了，因为我一直忘记了踩离合，车子最后摇摆着前进，几乎要把我爸爸甩出去了。（第二天早上，爸爸就让我在驾驶员培训班登记报名了。）

与此相对应地，**自动加工**（automatic processing），也称为**自动化**（automaticity），需要很少或者不需要有意识注意或努力，且占用很少的工作记忆容量；某种程度上，它是“不加思考的”。控制加工会通过重复和练习变得逐渐自动化（J. R. Anderson，2005；Beilock & Carr，2003；Cheng，1985；Pashler et al.，2007）。随着我不断地开那辆1951年款福特，技术渐渐变得熟练了，并且，我能够在开车任务中付出越来越少的心理资源。几个月的坚持练习后，我和我的朋友就在缅因街上开着车漫游，手指则随着收音机里的披头士早期音乐打着节拍，而且还大口吃着麦当劳的炸薯条（那时是12美分一包），扫视着人行道上我感兴趣的异性同学。尽管我的车是手动挡，但对我来说，开车已成为了一项自动化活动。

许多学习任务需要差不多同时完成几项子任务。为了让这些多重子任务不至于使工作记忆崩溃，一些子任务大部分情况下应该是自动化的。想一下阅读过程。理解一个人所读的内容经常是一项包含控制、有意识努力的困难任务。如果学习者想要理解所读的东西，像字母和单词识别这样的基本阅读过程，就必须自动进行了。实际上，在这一点，研究是很清楚明白的：一个学生识别单词所花费的精力越多，他对于一篇文章的理解就越糟糕（B. A. Greene & Royer，1994；Klauda & Guthrie，2008；LaBerge & Samuels，1974；Lervåg & Hulme，2009）。

写作也是一个多层面的过程，很容易超出工 210
作记忆的限制，除非一些过程是自动化的（Berninger，Fuller & Whitaker，1996；Flower & Hayes，1981；Graham，2006；McCutchen，1996）。优秀的作者将大部分注意力放在写作的交流方面，

例如，用一种清晰、有逻辑和组织化的方式表达他们的观点（K. R. Harris，Santangelo & Graham，2010）。很显然，这些个体已经足够透彻地了解了写作技术（拼写、语法、标点符号等），可以自动化地运用它们。相反，差劲的作者将相当多的注意力放在了写作技术上，对清晰地交流自己的观点却考虑很少（Birnbaum，1982；Pianko，1979）。因此，如何成为一名优秀作者至少部分上是使基本技能自动化的问题。人们只有不滞留在对主谓一致或者心理学这个单词的正确拼写上时，才能够全身心投入清晰的自我表达这项任务中。

同样地，数学运算的某些方面，特别是基本的数学知识，需要成为人的第二天性（R. M. Gagné，1983；Hecht & Vagi，2010；Mayer & Wittrock，2006）。例如，在我教授教育测验这门课程的那些日子里，在有效理解智商（IQ）分数之前，我的学生已经能够解下面的问题了：

$$\frac{70-100}{15}=?$$

为了轻松地解这样一个问题，学生们必须具有某些很熟练的算术知识；在这种情况下，他们必须快速地从 70 中减去 100，自动化地得出－30，然后将其除以 15，得到－2。难以这样运算的学生经常会忽略要完成的整体任务。

本章前面部分，我强调了有意义学习的重要性。对于基本知识和技能，有意义学习相当重要。学生们必须尽可能地理解简单的事实和程序，将其与关于这个世界的其他已知知识联系起来。同时，对于需迅速和自动化回忆的事物而言，有意义学习还不够。这些事物还要经常足够的重复和练习，以成为第二天性。

但是自动化也有它的弊端。对于一件事情，人们可能会表现出习惯化的动作，甚至不假思索，以至于他们自己都不记得是否做过这件事（Reason & Mycielska，1982）。例如，某天，我偶尔会怀疑在我离开家门后是否已将车库门锁上，这让我十分烦躁不安而不得不回家确认一下，事实上也确实关了。自动化的一个更严重的缺点是，它增加了一个人迅速回忆起某个想法或者执行某个程序的可能性，而此时，其他的、较不自动化的想法或者程序更为有用（Killeen，2001；Langer，2000；LeFevre，Bisanz & Mrkonjic，1988）。当没有自动化地僵化于一个特定的反应形式上时，人们是非常灵活的，因而，更有可能发现查明情况的独特方法或者解决问题的独创性方案。在第 15 章的问题解决中讨论心理定势时，我们会重新考虑这个问题。

211 促进有效的储存过程

我经常听到教育者和教育心理学家对教学中的教师中心和学习者中心两种取向进行区分。所谓教师中心教学法，是指教学者直接将要学习的材料呈现出来的一种教学方法，如通过讲课、解释、课本和教学录像。由于教师中心教学法对信息的呈现基本上与学生希望学习的方式相同，因此，有时也称为**讲解性教学**（expository instruction）。相反，学习者中心教学法虽然也在计划活动内容范围内进行，某种程度上也在教师的指导下，但它鼓励学生建构自己的知识和理解。发现学习、全班和小组讨论、合作学习和小组问题解决活动都是学习者中心教学法的例子。

在我看来，教师中心和学习者中心这两个术语用词不当。在任一教学形式中，学生大概都处于中心，因为教师设计的是学生学习的课程，而不是老师自己在头脑中的学习。关键的区别不在于关注的一方，而在于控制的一方：与教师中心取向相比，学习者中心取向的学生在更大程度上主导着学习过程。因此，我们应该使用略有不同的术语。在**教师主导教学**（teacher-directed instruction）中，教师更多地发号施令，选择要讲授的主题，主导学习过程等。在**学习者主导教学**（learner-directed instruction）中，学生在学习内容和学习方式上有很大的话语权。

从历史上来看，大部分教学都是教师主导型。但是一些早期的心理学家对教师主导型教学提出了批评，特别是它的上课方式，因为这种上课方式不允许活跃的学生参与应答和亲自实践（例如，Bruner，1961a，1961b；B. F. Skinner，1968；B. F. Skinner & Epstein，1982）。最近几年，许多教育者和教育心理学家支持学习者主导取向，特别是学生在大型或者小型团体中的互动。这些基于小组的教学取向非常有效，但是，在讨论完维果茨基的认知发展理论后，我们将能够站在一个更好的角度来理解它的价值。因此，第 13 章将更深入地对此进行讨论。

同时，我们应该注意的是，当代认知理论家中有很多教师主导式教学法的提倡者（例如，Heal，Hanley & Layer，2009；Mayer，2004，2010a；Pressley，1995；Rittle-Johnson，2006；Weinert & Helmke，1995）。这些理论家认为，在听老师解释或者讲课时，尽管学生经常必须安静地坐着，但他们的认知也可能很活跃，认真地注意着和有意义地理解着所听到的内容。从根本上来说，这两种教学法最重要的问题并不是教师主导还是学生主导，而是它如何提高储存过程的有效性。

不幸的是，一些教育者似乎忘记了这个基本原则。因而，常常是，班级教学和评价方法都强调以一种一字不差的方式来学习课堂内容，对它潜在的意义关注很少或者毫不关注（Mac Iver，Reuman & Main，1995；L. Shepard，Hammerness，Darling-Hammond & Rust，2005）。许多课本同样有过错，它们向学生呈现了一连串事件，但却不呈现这些事件之间的关系，或者不考虑学生对于这个主题都了解了些什么，或不了解什么（I. L. Beck & McKeown，1994，2001；Berti，1994；Brophy，Alleman & Knighton，2009；Chambliss，Calfee & Wong，1990）。为了理解学生在课本中都会遇到什么，请读下面一段课文：

> 1367 年，Marian 及其定居地结束了和 Langurian 及 Pitok 之间长达 7 年的战争。战争的结果是，Langurian 被驱逐出了 East Bacol。Marian 将管理 Laman 和曾属于 Lan-
> 212 guria 的其他土地。
>
> 这给 Bacolian 移民带来了和平，这些移民不再害怕遭受到 Laman 的侵袭。Bacolian 也很高兴在 1367 年成为 Marain 的一部分。12 年之后，同样的这些人将会为了独立而与 Marain 战斗，或者不受 United Marain 的统治。这场战争叫做自由之战或者 Bacolian 革命。一场革命改变了一个政府，或者改变了思考方式，并用另一种方式取而代之。(I. L. Beck & McKeown，1994，p. 239)

困惑吗？这段课文来自真实的美国历史课本，但是有所改动：

- 1763 改成了 1367。
- Britain（英国）改成了 Marain。
- 殖民地改成了定居地。
- 法国人改成了 Langurian。
- 印第安人改成了 Pitok。
- 北美改成了 East Bacol。
- 加拿大改成了 Laman。
- 独立战争改成了自由之战。
- 美国人改成了 Bacolian。

当我向你展示这篇原文时，如果你生长在美国，或者由于其他原因已经对法国—印第安人战争和美国革命有所了解，那么你会很容易地理解它。但是，对于许多五年级的美国学生来说，这篇原文几乎会像刚才呈现的修改版那样使人困惑，因为这些学生对于课文中描述的这个国家和事件所知甚少（I. L. Beck & McKeown，1994）。

若教学、课本、作业和评估方法忽视了通过有意义的方式来学习课堂内容的重要性，结果可能会导致学生经常的机械学习（D. E. Brown & Hammer，2008；Newstead，2004；Novak & Musonda，1991；Prawat，1989）。但是，即使是十分强调教师主导的课程也能提高有意义学习和其他有效的储存过程。在不考虑是教师主导还是学习者主导的情况下，以下是一些应该用来引导教学实践的原则：

◆ *当能激活和基于学生的先前知识时，教师指导更有效*。即使学生已经具有了能够与新材料建立联系的原有知识，他们也不总能有意识地去联系（Paris & Lindauer，1976；Spires & Donley，1998；Spires，Donley & Penrose，1990；Stodolsky，Salk & Glaessner，1991）。因此，有效的教师指导教学包括**先前知识的激活**（prior knowledge activation）：它以学生已经知道的知识为开端，不断地让学生回忆起那些能和要学习的内容相联系的已知东西。例如，在学生开始阅读任务之前，教师和学生可以在班里讨论一下这个任务主题（Hansen & Pearson，1983；P. T. Wilson & Anderson，1986）。当先前学习的内容对于理解新内容很重要时，教师就可以带领学生快速地复习一下。

当学生几乎没有关于一个主题的先前知识时，

教师可以提供些实际经验，使随后的教学得以建立。例如，想一下“无代表不纳税”，这是 18 世纪革命之前困扰着美国殖民地居民的一个政策。许多成人都会将这种纳税形式与他们自己对高税收的失望联系起来，但是大部分五年级学生在理解那些殖民地居民的处境时，只有很少或者并不具有相关经验。为了帮助学生对于殖民地居民的生活处境产生同理心，教师可以组织一个活动，要求学生将有价值的东西交给同学（只是暂时
213 的），而不考虑他们自己希望得到的回报。我自己就经常采用这种创造性体验策略，不仅仅在课堂中，还在我的书中；之前让你们阅读的有关 Langurian 和 Pitok 战争的课文就是我使用的一个例子。紧随其后，我就将要学习的新概念和原理与学生或者读者刚刚获得的体验联系起来。

另一个有效的策略是进行类比，将课堂主题与相似的概念和情境联系起来（Bulgren，Deshler，Schumaker & Lenz，2000；Donnelly & McDaniel，1993；Pinker，2007；Zook，1991）。图 9—9 列举了针对众多课堂主题的有效类比案例。类比帮助学生更有意义地学习和更容易地提取信息，尤其是当这个主题对于学生来说较新，或者这些材料相对抽象时。同时，教师必须谨慎地指出正在比较的两种东西的不同之处。否则，学生可能会类比得太远而得出错误结论（Duit，1990；Sfard，1997；Zook & Di Vesta，1991）。

- ◆ 如果我们把地球的历史想象成一天 24 小时，人类只在那天存在了最后一分钟（Hartmann，Miller & Lee，1984）。
- ◆ 冰川的增长就像放在煎锅里的薄烤饼面糊。越来越多的东西加入到中间，边缘越来越扩展开来。
- ◆ 人类的循环系统就像包裹传送系统。“红细胞像货车一样工作，将所需要的材料从中央配送点运送到全身。动脉和静脉像道路，扮演着将货物送达不同点而所途经的路线。心脏就像仓库，或者车辆装载和派发以及空车返回装载的中心。”（Stepich & Newby，1988，p. 136）
- ◆ 蠕动是一种将食物移动到消化系统的过程，就像“将番茄酱从一次性包装袋里挤压出来。你会顺着边角挤压包装袋，并将你的手指沿着包装袋向其他角的开口处移动。这样，你将番茄酱汁集中在手指前端，沿包装袋向一个方向挤，直到它从开口出来”（Newby，Ertmer & Stepich，1994，p. 4）。
- ◆ 任何一个水平面，例如一张桌子，都在对它承载的物体有力的作用。你可以将桌子想象成一个弹簧，放在它上面的东西会将其压缩。进而，弹簧会将这个物体向上推（D. E. Brown & Hammer，2008）。
- ◆ 打一个布林结的过程就像一个兔子看守着自己窝附近的领域一样。垂直地拿着绳子，朝中间附近打一个环。环就是兔子洞，绳子的上端是树，下端是兔子。兔子向上走出洞，来到树边，然后又回到洞里（D. A. Hayes & Henk，1986）。
- ◆ 记忆的双重储存模型就像你在家中使用的信息选择和储存系统。一些东西（如垃圾邮件）一送达即被丢弃，其他的东西（如账单）会简单地处理一下，还有一些东西（如驾驶证）常会用到因而长时间保存着（见本书第 8 章）。
- ◆ 从长时记忆中提取信息，就像在一间大型而黑暗得仅有微光透过的房间中找东西一样。你每次只能只看一个小点，实际上，你也不可能看到每一个地方（Lindsay & Norman，1977；参见本书第 11 章）。

图 9—9　促进新旧知识联结的类比策略案例

◆ *当明确鼓励学生进行有意义学习时，他们更有可能这样做。*学生必须以他们能理解的态度去接近新信息，也就是说，学生必须以**有意义学习心向**（cmeaningful learning set）去接近新信息（Ausubel et al.，1978；M. A. Church，Elliot & Gable，2001）。当老师强调理解而不是逐字背诵——例如，学生知道教师期望他们用自己的话理解概念而不是复制课本定义时，学生更有可能具有这种态度。但是最根本的是，学生必须对自己能够理解新材料有信心。在过去学习中，那些学习过某些令人困惑或者费解题材的学生，更有可能采用死记硬背式的方法（Ausubel & Robinson，1969；Bandalos et al.，2003）。

◆ *在判定学习哪些东西最重要上，学生经常需要指导。*当教学提供了大量信息时，学生可能很难判定哪些东西对于教学目标是最重要和最相关的（Dole et al.，1991；McCurdden & Schraw，2007；Naumann et al.，2007）。例如，学生可能将注意力放在了有趣、相对不重要的细节上，而忽略了那些不够有趣但更重要的想法，或者他们可能用科学证明的方式看待方程式，而忽略了关于这个方程式的任何语言讲解（P. A. Alexander & Jetton，1996；Dee-Lucas & Larkin，1991；Garner，Alexander，Gillingham，Kulikowich & Brown，1991）。

大量指向重要信息的**信号**（signals）有助于学生从讲解式教学中学到东西。例如，在黑板上写下关键知识点就是一种强调这些知识点的方法；对课文中的重要段落或者句子下面画线或写成斜体会使它们更加突出；制定出一门课程详细的教学目标会让学生知道他们应该关注什么东西。在一堂讲课、一段课文或者基于电脑的讲解式材料中，教师自始至终地贯穿一些问题，会将学生的注意力吸引到特定观点上来（Armbruster，1984；J. Hartley，Bartlett & Branthwaite，1980；Lorch，Lorch & Inman，1993；McAndrew，1983；McCrudden & Schraw，2007；McDaniel & Einstein，1989；Naumann et al.，2007；Niederhauser，2008）。

◆ *当教学帮助学生组织新材料时会更加有效。*许多策略可以帮助学生组织所学习的内容。一个广泛提倡的策略就是**先行组织者**（advance organizer），这是对新材料的概述，通常用来完成两个
214 或任意一个目标（Ausubel et al.，1978）。说明式组织者对新材料进行粗略的概述或勾勒，描述它要呈现的大概主题及其与另一种材料之间的关系；因此，它提供了一种内部组织性图式的开始。比较式组织者展现新材料是如何与学生的先前经验，或者之前在学校学习的信息，或者他们学习这些新材料时的目的相联系在一起的，换句话说，它激活了学生的先前知识。

研究一致表明了先行组织者在促进学习方面的有效性，尤其是当新材料组织得不清晰，以及学生对于新材料很难组织和理解的时候。许多形式如综述、概要、类比、举例和启发思考的问题，
215 似乎都是有效的，尤其是当它们相对具体时（L. Alexander，Frankiewicz & Williams，1979；Corkill，1992；Glynn & Di Vesta，1977；Mayer，1979，1984；Mayer & Bromage，1980；Naumann，Richter，Flender，Christmann & Groeben，2007；Zook，1991）。在一些情境中，一个先行组织者甚至可能会以图表的形式而不是严格的语言形式出现。例如，当介绍矿物这一单元时，一个与图9—5相似的分层图会有助于视觉上的宏观把握，这是一种说明式先行组织者。

一旦说明式教学进行顺利，它应该用学生储存在记忆中的基本组织形式来呈现新信息（Dansereau，1995；Niederhauser，2008；Wade，1992）。例如，教师的策略，包括以一种逻辑序列的方式呈现观点，找出存在于概念中的层级关系和明确因果关系，都会有助于学生的学习。对于缺乏相关背景知识或者具有学习困难史的学生来说，向他们展现材料应该如何组织和相互关联是尤其重要的（deLeeuw & Chi，2003；Krajcik，1991；Mayer，2010a；Niederhauser，2008）。

另一个有效的策略是**概念地图**（conecpt map）或者**知识地图**（knowledge map），这是由一个单元中的概念或者主要观点（通常用圆环来表示）以及它们之间的关系（用线和联结两个概念的词语或者短语来表示）组成的一种图表形式。例如，图9—10呈现了一个概念地图，教师可以用它组织古埃及艺术这门课的一些关键概念。它也可以向学生展示如何建构概念地图，帮助他们将学习内容组织起来。教师和学生建构的组织化地图，如果并不是很详尽，没有占据学生太多工作记忆容量的话，往往会促进学习（Hofman & van Oostendorp，1999；Novak，1998；O'Donnell，Dansereau & Hall，2002；Stull & Mayer，2007）。

◆ *当教学鼓励学生对所学内容进行精细化加工时会更有效。*许多班级活动能潜移默化地提高学生对课堂内容的精细化加工。例如，让学生在课堂讨论或者合作学习活动的背景下谈论一个主题，肯定会迫使他们对学习材料做一些心理上的加工（关于此观点，参见第13章）。提一些需要学生对所学内容作出推断的问题——也可以让学生自己提出和回答这样的问题，也会有用（Croninger & Valli，2009；A. King，1994，1999；McCrudden & Schraw，2007）。当学生在非常熟悉的课堂主题上辅导自己的同学时，他们也可以在更高的理解水平上进行学习（Inglis & Biemiller，1997；O'Donnell，2006；Roscoe & Chi，2007；Semb，Ellis & Araujo，1993）。

但是教师必须牢记，精细化有时会导致学生获得一些错误观念，特别是当学生已经具有了当下主题的错误概念时。教师必须不断地监控学生对课堂材料的理解，可以问问题，可以安排日常家庭作业，或者可以偶尔进行下小测验，然后采取步骤纠正学生从回答中表现出来的任何错误理解。一些错误概念可能很顽固，不易改正；改变这样的错误概念的策略会在第10章的概念改变中进行讨论。

◆ *视觉帮助强化长时记忆储存。*正如我们看到

的，视觉形象可以成为一种高效的信息编码方式，当与有意义学习或者精细化等其他储存过程联合使用时，会尤其有价值。以视觉形式呈现信息，如通过实物、图片、地图、表格、曲线图、生动例子等，经常会对语言材料起到有益的补充作用（Carney & Levin，2002；Garry & Gerrie，2005；Mayer，2010a；
216 Verdi & Kulhavy，2002；Winn，1991）。尽管你可能会认为给语言材料增加视觉辅助会使容量有限的工作记忆负担过重，但是实际上，视觉化会减轻工作记忆的压力，这是因为它们提供了一种储存学习者试图理解的信息的外在的、工作记忆之外的储存方式（Butcher，2006；R. Carlson，Chandler & Sweller，2003）。

对于正在学习的概念和原理，由学生创建自己的图解也是有效的。例如，学生可以通过画一个神经元图解来展示神经系统是如何工作的，或者可以用一个过山车图片来图解重力、摩擦力和动能（Edens & Potter，2001；Schawmborn，Mayer，Thillmann，Leopold & Leutner，2010；Van Meter，2001）。

大部分情况下，视觉辅助应该是简单、简洁和 217
清晰的，只呈现主要观点，不让学生淹没在细节中（Butcher，2006；P. Shah & Hoeffner，2002；Vekiri，2002）。彩色图像比黑白图像似乎更能让人难忘，因为颜色也是学习者要编码的一种必要成分（I. Spence，Wong，Rusan & Rastegar，2006）。除了提高视觉形象之外，许多视觉辅助有助于学生明白重要观点是如何与另一个观点联系起来并且对其产生影响的；因此它提供了许多种帮助学生组织信息的方式（Levin & Mayer，1993；Schwamborn et al.，2010；Winn，1991）。

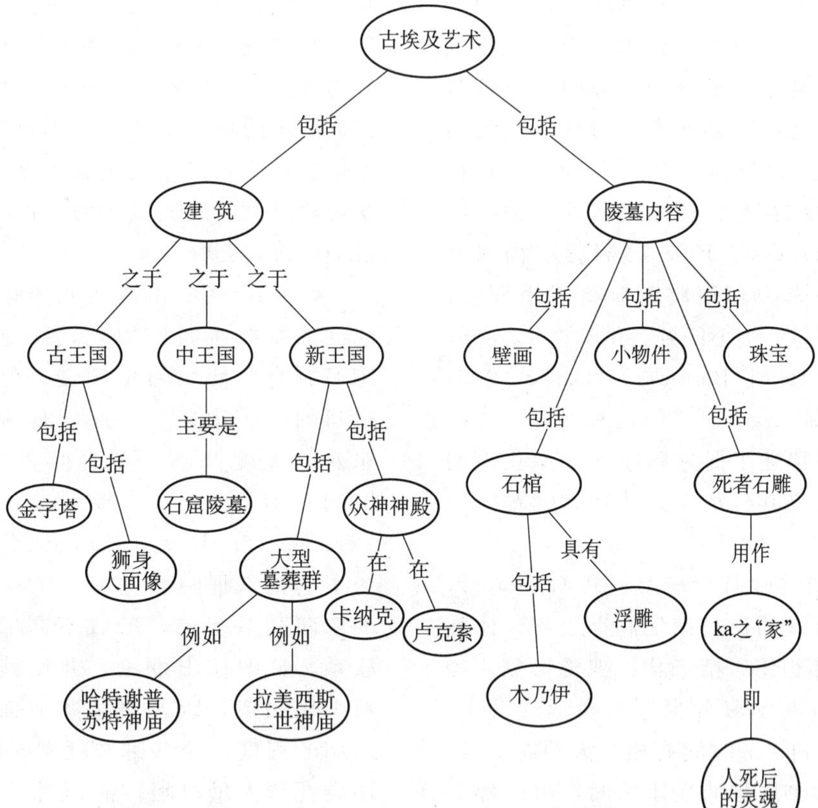

图9—10　一堂古埃及艺术课的概念地图

但重要的是，图片和其他视觉辅助要与学生正在学习的材料有关联。书中和其他印刷材料中出现的不相关图片和表格，只会增加材料的吸引力，有时会分散学习者对于需要学习的信息的注意力（Carney & Levin，2002；Samuels，1967，1970；Sweller，2008）。

◆ *教授程序性知识的最有效方式某种程度上取决于要学习的程序的性质。*当一个新技能几乎全是行为成分，认知参与很少或者不参与时，那么图解、现场演示、相关步骤的言语复述和练习后即时反馈等方法都是相当有效的（Shute，2008；SooHoo et al.，2004；J. V. Stokes，Luiselli & Reed，2010；Vintere，Hemmes，Brown & Poulson，2004；Zimmerman & Kitsantas，1999）。录制学习者的活动，随后进行分析，将表现的优缺点反馈给学习者，也很有用（Bear，Torgerson & Dubois-Gerchak，2010；LeBlanc et al.，2003；J. V. Stokes，Luiselli，Reed & Fleming，2010）。

当程序和技能涉及相当多的心智活动时，例如解答数学问题、修理汽车发动机、玩策略性网球游戏，就需要额外的策略了。在这类情境中，程序教学必须手把手进行，并要帮助学生理解这样的程序的道理所在，也就是说，程序性知识和陈述性知识必须协力来学习。例如，教学者可以将自己的想法语言化，显示活动过程中的心理过程及其合理性（回想一下第6章中对认知示范的讨论）。同样地，也可以提问学生，让学生对正在做的事和为什么这样做作出解释（deLeeuw & Chi，2003；Dominowski，1998）。当程序相当复杂和层次较多时，教师可以将其分解成小任务，先让学生单独练习每一个小任务（J. R. Anderson，Reder & Simon，1996；Beilock & Carr，2003；van Merriënboer & Kester，2008）。

第14和15章描述了促进程序性知识获得的其他策略，特别是当其分别与元认知和问题解决相关联时。

◆ *当学生有足够时间对新材料进行加工时，学习会更有效。*有效的长时记忆储存过程，比如有意义学习、内部组织、精细化、视觉形象，经常需要花费时间。在学习者主导的教学活动中，学生对于如何花费自己的时间有相当大的支配权，因此，当他们需要彻底想清楚事情时，可以停下来思考。但是在教师主导的教学活动中，教师很大程度上控制着进度，就必须确保给学生所需要的加工时间。例如，在教师讲课时，可能会花8或10分钟，然后，给学生2分钟的休息时间交换意见，并将课堂主题与其他主题澄清开来（Rowe，1987）。

◆ *课后总结有助于提高学习和记忆力。*在前面对先行组织者的介绍中，我们知道当学生先行关注将要学习的东西时，学习会更有效。学生往往也会从一堂口头讲课或者书面课文的结尾总结中获益：当他们听到或者读到刚刚学的信息的概要总结时，学习会更有效（J. Hartley & Trueman， 218
1982；Lorch et al.，1993；Naumann et al.，2007）。总结对学生所起的作用很多，可以帮助学生复习材料，判定学习过的许多观点中哪个是最重要的，以及整合关键知识点到一个更加紧凑的组织结构中。

◆ *有效教学提供复习和实践先前学习的知识和技能的机会。*我们都知道，短时间内（如少于1分钟）对信息的复述将信息储存在长时记忆中，是一种相对无效的方式。但是，在较长时间内，如几天、几周或者几个月，间或重复学习过的信息确实会加强储存和记忆。因此，教师可以通过将材料整合到新课文情景中，让学生在整个学期复习和实践重要的学习材料。重复对于学生每天必需的常识和技能尤为重要，如基本的数字常识、经常使用的单词的拼写、标点符号规则等等。基本信息和技能当然应该以尽可能有意义的方式去学习，但也应该加以练习，直至学生能够迅速和自动地将其提取出来。

◆ *快速学习并不总是意味着学得更好。*在前面的章节中我们提到，相比集中练习，分散练习有时会使学习更缓慢，但往往也会提高对材料的长久记忆。更广泛地说，学生学习某些东西的速度并不一定是学得好的指标（Phye，2001；Rohrer & Pashler，2010；Salomon，1979/1994；R. A. Schmidt & Bjork，1992）。为了真正掌握一个主题，学生必须将其与已知的东西联系起来，形成不同部分间的许多相互联系，从中作出推论，并用其他方式对其进行精细化加工，以及将某些方面学习到能够自动运用的程度。这些都要耗费时间，某些情况下，还会耗费大量时间，但是对于重要主题和技能，时间花费得很值。

而且，尽管一定量的反馈对于学习是必需的，但是，对一个人成绩的偶然反馈，比起持续反馈，更可能长久地提高成绩，即便起初可能提高得比较缓慢（R. A. Schmidt & Bjork，1992）。学习者不仅仅在完成特定任务时需要练习，在提取每一个任务的相关知识和自我反馈时，也需要进行练习（R. A. Schmidt & Bjork，1992；Schute，2008）。当学习者一直犯错，在获得了如何发现和改正错误的指导后，他们会对偶尔性的错误更加接纳，从长远来看，也表现得更好（Keith & Frese，2005；Mathan & Koedinger，2005）。

对长时记忆储存的评价

在我们结束对长时记忆储存的讨论之前，我们应该指出几个关于储存过程的总结性的一般观点：

◆ *长时记忆储存是一种特质。*在同样情境下，任何两个人储存的信息都不相同，原因有几点。第一，他们注意情境的不同方面，因此，储存在工作记忆中的信息不同。第二，信息编码的方式不同；例如，一些人更多地基于语言形式储存，
219 而其他人则更依赖视觉形象（Mayer & Massa，2003）。第三，他们将自身的独特经验融于情境中，因而，他们的理解完全是个人的。

◆ *储存的新信息有时也会对先前学习的信息产生影响。*与精细化过程一致，学习者有时会扭曲材料，以适应自己已有的信念。但是，在一些情境中，新信息可能会帮助学习者认识到他们先前储存的信息是不准确的，或者先前学习的两个信息是以他们之前未认识到的方式联系在一起的。

◆ *人们储存新信息的方式既影响所拥有知识的特性，也影响之后提取知识时的灵活性。*在接下来的两章里，我们会讨论与长时记忆有关的另外两个主题：知识的性质（第 10 章）和提取过程（第 11 章）。在论述这些主题时，我们会不断发现，长时记忆储存过程不可避免地要与我们已知的知识和未来回忆的难易度联系起来。

总结

许多理论家相信，长时记忆储存过程本质上是建构性的。我们储存的通常要比感知到的少，因为我们的工作记忆并不能容纳感觉登记临时记录的所有输入。但同时，我们储存的也会比感知到的更多，我们可以用接收到的不完整数据对遇到的物体和事件建构出一种有逻辑的理解。

长时记忆储存涉及一系列认知过程。选择是一种把将来要加工的信息和与自身需要无关的信息区分开来的过程。复述是以一种相对无意义（机械）的方式反复重复内容，它在提高长时记忆储存的有效性方面还值得商榷。有意义学习是将新材料与已经储存在记忆中的相似观点联系起来，换句话说，这是一种赋予材料意义的过程。内部组织是一种整合过程，将不同方面的新信息整合成一个紧密结合、相互关联的整体。精细化是用先前获得的知识和信念对新信息进行润饰。视觉形象是以心理“图片”的形式对信息进行编码，某种程度上获取了信息的物理特征。

大部分观察长时记忆储存过程有效性的研究都会涉及陈述性知识（如常识、概念、原理）。但是这些储存过程也可能会在程序性知识（动作技能、问题解决策略）的获得中起到作用，部分是因为陈述性知识能演化成程序性知识，并且也能在一个新技能获得的早期阶段支持学习者的努力。相似的陈述性和程序性知识长时储存的神经基础的巩固可能需要一些时间，可能是几分钟或者几小时，也可能甚至更长。

有几个认知因素会影响长时记忆储存。只有当新材料和已有知识同时存在于工作记忆中时，学习者才可能将二者联系起来。大量的关于某一主题的已有知识（假如是准确的）通常会促进长时记忆储存。预期将要看到或者听到什么往往也会产生更加快速和有效的学习。但是，那些有关正在考虑中的主题的错误概念和不准确的预期， 220
有时会扭曲将学习和记忆的内容。

外显行为也能够影响长时记忆储存。对正在学习的信息和技能进行讨论、书写或者以动作表演出来常常是有用的。而且，尽管在几秒或者几分钟的时间里重复信息（复述）通常并不是最开始储存信息的一种非常有效的方式，但是从长远来看，在一段长时间里对信息的间或重复会让信息更容易记住。许多情况下，经常使用的知识和技能应该再三练习，直到学习到自动化水平，也就是说，直到这些知识和技能可以迅速和毫不费力地被提取和利用。

当代心理学家对教师中心教学和学习者中心教学做出了区分；这两种取向最好描述为教师主导教学和学习者主导教学。尽管一些理论家坚称，一种取向要好于另一种取向，但实际上，每种取向的有效性建立在它鼓励学生参与的认知过程上。不管使用的教学方法，教师可以采用各种各样的方式提高长时记忆储存过程的有效性；例如，可以唤醒学生对于一个主题的先前知识，可以帮助学生组织和整合新材料，可以提示学习和记忆什么是最重要的，可以鼓励学生进行推论和以其他方式对观点精细化，也可以提供大量的练习和复习的机会。

第 10 章

长时记忆Ⅱ：知识的性质

本章主要内容

知识的分类
陈述性和程序性知识
外显和内隐知识
长时记忆中知识是如何被编码的
以自然特征进行编码
以动作进行编码
以符号进行编码
以意义进行编码
不同的编码形式不是互斥的
长时记忆的组织性
长时记忆是有等级规则的
长时记忆是网络系统
平行分布加工
概念
概念学习理论
促进概念学习的因素
先验图式和脚本
个人理论
个人理论与现实
促进理论发展
世界观
概念改变的挑战
促进概念改变
专业知识的发展
知识性质的归纳
总结

221 花一点时间回答下面的问题：

（1）你昨天干了什么？

（2）当你9岁的时候，你住的是哪种房子或公寓？

（3）名词是什么？

（4）机械学习和有意义学习有什么不同？

（5）你住的城镇哪种交通模式最好？

（6）在接下来的20～30年里，哪些杰出人物会是领导你国家好的候选人？

（7）你怎么骑自行车？

（8）什么时候在超市里买东西，你如何决定在哪个付款处结账？

（9）人们备置马匹的理由有哪些？

（10）为什么有些人喜欢在前院铺设草地而不是碎石？

这些问题问了你10个不同的主题，但是，我怀疑你能否轻松地回答大部分问题。即使你经常在常识问答游戏上失败，并且从来没有梦想成为电视节目《危险边缘》（*Jeopardy*）中的选手，然而，你的长时记忆中储存着大量的信息。你知道的一些事与你的个人生活经验有关（如问题1和2），但更多的是关于世界的一般知识。你从老师那儿和教科书上获得过一些知识（如问题3和4），但多年来，你靠自己也获得了大量的知识。你的一些“知识”不一定是事实，但是却反映了你个人的信仰和偏好（如问题5和6）。此外，你不仅仅了解和相信那些关于你个人的过去及周遭的事，
而且，也知道如何做许多事情（如问题7和8）。 222
你会应用一些你所知道和相信的来更全面地理解为什么这个世界是这样的（如问题9和10）。

理论家已经从许多不同角度对人类知识可能的性质进行了描述，我们根本不可能将他们所有的观点全都包含在本书中。但是我们可以区分不同种类的知识，推测知识可能的编码形式，检验长时记忆可能的不同组织形式——这些我们都将在本章中进行讨论。我们还会探讨学习者获得的知识的总体质量以及与特定领域或学科有关的专业知识如何随时间而发展。

知识的分类

在第8章中，我总结长时记忆时，向你介绍了在长时记忆中知识的多层面性，并对其进行了两种概括性区分：陈述性和程序性知识，以及内隐和外显知识。这里，我们更具体来了解这两种知识。

陈述性和程序性知识

就像我在第8章里所讲的那样，**陈述性知识**（declarative knowledge）关注事物的过去、现在和未来的性质。这些知识使你能够解释你所看到和听到的事情，认识你生活中重要的人物和地方，回忆过去的事件。许多理论家认为陈述性知识至少有两种不同的形式：**情景记忆**（episodic memory）——个人生活经历的记忆[①]和**语义记忆**（semantic memory）——独立于那些经历的关于世界的一般知识（例如，Barsalou，2009；Bauer，2006；S.K.Johnson & Anderson，2004；Tulving，1983）。陈述性知识的两种形式在许多重要方面都是不同的。例如，我们记住个人已经历的事件（情景记忆），但了解关于这个世界的事情（语义记忆）。我们常能回忆当一个特定事件发生在我们身上时的情形（情景记忆），但是，通常不能回忆在什么时候我们获得了关于世界的特定事实（语义记忆）。当我们身处于特定的生活事件发生的同一个地方时，会引发我们回忆起它，然而无论我们在什么时间和地点，我们都能记起关于世界的一般信息。我们的语义记忆在头脑里保持的时间要长于情景记忆；例如，我们更可能记起在特定的快餐店里某特定菜单的信息（语义），而不是记起一年前某周二在这个餐厅里我们点了什么（情景）。并且在某种程度上，情景和语义记忆涉及不同的大脑区域（Buckner & Petersen，1996；Davachi & Dobbins，2008；Prince，Tsukiura & Caberz，2007）。

与陈述性知识相反，**程序性知识**（procedural 223
knowledge）涉及知晓如何做什么。例如，你可能

① 当理论家讨论一个人生活之中重要事件的记忆时（他们有时候使用长期自传体记忆；例如，参见Bauer，2006；Eacott，1999；M.L.Howe，2003；K.Nelson，1996）。

知道如何骑自行车、打包礼物、57 和 94 的加法运算。为了成功地做这些事情，有时，你必须使你的行为适应多变的情境；例如，骑自行车时，若看到路上有障碍物，你必须能左右转方向，并且，当你到达目的地时，你必须能够停止。因此，我们在后面讨论产生式（productions）时会提到，程序性知识包括在不同条件下如何反应的信息，也就是说，它包括**条件知识**（conditional knowledge）。

你可能会猜测，情景、语义和程序形式的知识是相互联结在长时记忆中的。例如，当我想到狗是什么样时（语义知识），我可能想起我之前养的狗 Anna 曾经吃了块剩的巧克力蛋糕，那是蒂娜在麦当劳过完生日后我拿回家的（情景性知识），并且我也可能会想起如何将小型雪地靴穿在狗 Tobey 的脚上，这样，它就可穿着靴子踏在厚厚的雪地上了（程序性知识）。那么，Anna 是如何得到巧克力蛋糕的？为什么 Tobey 需要靴子在雪地里走？为什么以某种方式穿靴子要好于其他的方式呢？我们把其中一些陈述性和程序性知识整合成**概念性知识**（conceptual knowledge），其反映我们一系列的理解，包括对特定事件为什么发生、为什么某些事物是那样的和为什么某些程序是有效的而其他的却不是（J. R. Anderson，2005；L. W. Anderson et al，2001；Byrnes，2001）。不要让概念这术语糊弄你，因为我不是在谈论简单的概念。而是，概念性知识涉及将不同概念加上其他陈述性知识——有时也是程序性知识——整合成对某些情境和现象的一般理解。在本章随后涉及的先验图式和脚本、个人理论和概念改变的相关部分中，我们将着重谈论概念性知识。

外显和内隐知识

你如何将一小包花种培育成鲜花？你可能会相当准确地描述出过程，解释你首先需要把种子种到土里，确保充足的光照，定期浇灌等等。但是，当你骑自行车时，是如何保持平衡呢？当你跨越时，如何移动双腿呢？当你说话时，你会做什么来说出语法正确的句子？的确，这些问题太难回答了：即使这些活动就像是你的第二天性，但当你做的时候，你也不能确切地指出你在干什么。

许多理论家区分了**外显知识**（explicit knowledge）（我们容易回忆和解释的知识）和**内隐知识**（implicit knowledge）（我们不能有意识回忆和解释但却会影响我们行为的知识）（例如，Frensch & Rünger，2003；Graf & Masson，1993；C. A. Nelson，Thomas & de Haan，2006；Roediger，1990）。有时候，人们可能没有意识到他们已学会了某些知识，即使这些知识清楚地影响了他们的行为。例如，那些脑损伤的人就是这样的（Bachevalier，Malkova & Beaure，1996；Cermak，1993；Gabrieli，Keane，Zarella & Poldrack，1997）。还有证据表明，当我们学习第一或第二语言时，我们获得了一些内隐知识：我们能够产生语法正确的句子，即使我们不能解释我
们是如何做到的（Chomsky，2006；N. C. Ells，1994；Reber，1993）。[①] 224

有时候，知识很模糊，以至于以微妙的方式影响着我们。例如，9 岁大的孩子看其学前班同学的照片时，有些同学在意识层面他们可能想不起来了，但是，他们的生理反应表明在某种程度上认识这些孩子（Newcombe & Fox，1994）。另一个例子，当大学生被问到众所周知的文化形象的简单左—右方向问题时（如英国的学生被问到伊丽莎白女王的头像在 10 便士硬币上朝左还是朝右，日本学生被问到卡通人物 Hello Kitty 鞠躬是向左还是向右），他们几乎不能回答。然而，当被强迫在正确方向和其镜像中作选择时，他们的猜测正确率为 65%～80%——很难说是好成绩，但是这也肯定要好于偶然几率（Kelly，Burton，Keto & Akamatsu，2001）。

长时记忆中知识是如何被编码的

现在，花一分钟想象一朵玫瑰。想到了什么？也许是一些词语涌入了你的头脑，如花、红色、漂亮、细长的或昂贵的。也许，您会在脑子里描摹一幅玫瑰图，或者记起它的香味。甚至，当想

① 外显知识的获取可能依赖于海马——我在第 2 章提到过海马状大脑边缘系统的一部分。其他脑结构（例如，小脑扁桃体），似乎更多地参与获得内隐知识。

象自己伸手用剪子去把玫瑰从枝上剪下时，你可能会感觉到刺扎到你手指的感觉。知识以不同的方式在长时记忆中进行编码。有时候它以反映事物的物理特征来储存；例如，一朵玫瑰有某种外形和特殊的气味。有时候，它又以身体动作来储存；例如，一个人知道从枝上剪下玫瑰的必要程序。知识编码的第三种形式是符号性的，在记忆中通过词语进行表征（如“玫瑰是红色的，紫罗兰是蓝色的”），或者是数理表达和其他的符号系统。最后，知识经常以抽象意义的形式存在，其超越了特定的自然特征、动作和符号；例如，“玫瑰是花”的事实可能是作为一种抽象观念而储存的。接下来，我们具体来看每一种编码形式。

以自然特征进行编码

用来解释所看到、听到、闻到的事物的那些大脑区域协助我们编码和记忆我们所观察的事物（Barsalou，Simmons，Barbey & Wilson，2003；Behrmann，2000；Speer，Reynolds，Swallow & Zacks，2009）。这些基于感知的编码形式经常被叫做形象化。我们能够形成和记忆的形象大部分（可能全部）基于我们的感觉模式——视觉、听觉、嗅觉、味觉、触觉等等（Minogue & Jones，2006；Palmiero et al.，2009；Reisberg，1992）。[①]

225 研究和理论已经强调了视觉形象，因此，这将是我们关注的重点。

尽管有时候你可能读到人们有“图像记忆”（在心理学中是遗觉像），但总体上来说，视觉形象不是具体的心理快照（Chambers & Reisberg，1985；Nersessian，2008；S. Reed，1974；Sadoski & Paivio，2001）。[②] 在有些例子中，视觉形象包括想象运动，如心理上“看见”一匹奔驰的马，“浏览”图片的各部分，或“转动”一个几何图形（Nersessian，2008；Sadoski & Paivio，2001；D. L. Schwart & Heiser，2006）。

视觉形象有时候有一个空间成分，个体能够想象物体是如何被操作、组织或在空间上重组的——一个明显涉及工作记忆和长时记忆的过程［例如，回顾我描述的谢帕德和梅泽勒在1971年的研究，描述见第8章的169～170页（边码）；也可见图8—4］。这样，它经常被叫做视空间形象化。研究者已经观察到人们视空间形象化的编码能力有很大差异——这种能力尤其在数学、科学和工程学等领域很重要（Nersessian，2008；Wai，Lubinski & Benbow，2009）。[③]

经常地，人们的姿势——尤其是当他们说话时活动手的方式——反映了他们试图去交流他们的视觉形象或空间关系知识。例如，我丈夫说话时，手嘴同时动，并且，当他谈论到某些事物时，经常运用特定的动作。无论什么时候他说道波浪形的事物（如草地上的蛇或有风的山路），他的手就会像蛇一样运动。无论什么时候他说起一个物体的大小和形状，他就会用手去表示物体的轮廓。（当他在科罗拉多山脉上驾车时，我曾经要求他去描述某个物体的维度。这真是个错误的举动！当他描述物体时，他将双手离开了方向盘来做手势，最后，我们居然没有翻车，这真实一个奇迹。）姿势好像常代表了视觉或空间编码的某些方面，但这不会必然反映到我们说话的方式中，并且，在一些情况下，他们通常是交流内隐的而非外显的知识（Bassok，1997；Goldin-Meadow，2006，2009；Koschmann & LeBaron，2002；Krauss，1998；W.-M. Roth，2001）。

以动作进行编码

尽管姿势有时反映了视觉形象或空间关系，但有时，他们可能反映了心智运动行为的知识——包括胳膊、手、腿、脖子等特定运动的心理表征。总的来说，研究者逐渐发现：知识经常根据我们在特定情境或对特定事物身体上如何行动来进行编码的（An- 226
dres，Olivier & Badets，2008；Goldin-Meadow，Cook & Mitchell，2009；Spunt，Falk & Lieberman，2010；Willems，Hagoort & Casasanto，2010）。这

① 一个认为早期的和有影响力的视觉图像存在且其作为一个独特的编码形式的主张者是阿兰·佩维奥（Allan Paivio）。你可能偶尔会看到佩维奥的双重编码理论，它提出了人的信息的储存至少有两种不同的方式：言语的和视觉的（例如，J. M. Clark & Paivio，1991；Paivio，1971，1986；Sadoski & Paivio，2001）。不要把双重编码理论和在之前章节中描述的关于记忆的双重储存模型混淆。双重编码理论对长期时记忆中的两种编码形式进行了区别，而双重储存模型区分了工作记忆和长时记忆。

② 一些患有阿斯伯格综合征的轻度自闭的人被报告存在遗觉像（例如，参见 Milbrath & Siegel，1996；Ratey & Grandin，1992；Rubinyi，2007）。

③ 空间编码并不总是拥有一个可视化组件；例如，它反而可能是基于学习者通过听觉或者触觉感知到的（W. L. Thompson & Kosslyn，2000）。

种编码甚至包含在陈述性知识中——表面上看，这类知识不确切包含身体的动作。例如，在最近一项研究中（Speer et al.，2009），大学生被要求阅读有关名叫雷蒙德的男孩的故事，故事中，雷蒙德忙于各种行为（快走、摇头、弄皱纸张等）。脑活动扫描结果显示，学生们会参与执行上述行为的大脑区域相当活跃，即便学生仅仅是想了想那些行为。

基于动作的编码当然在程序性的知识中更加重要，至少当知识涉及心智运动技能时——例如，投篮、开车、敲键盘等等。例如，想象你正在按步骤做花生奶油三明治，你能够感觉到在拧花生奶油酱的盖子，把刀放进花生奶油酱里，并舀出一块花生奶油酱吗？你能够感觉到正在松开能使袋里的面包保持新鲜的金属捆扎线，拿出两片面包，并再把面包包好吗？你能够感觉一手拿着一片面包，另一只手把花生奶油酱抹在上面吗？当你想象在做这些事情时，你甚至能够感觉到手指已抽动了一下吗？

一些理论家建议当程序性知识包括条件知识时——当它包括知道在不同条件下做什么时——它也以**产生式**（productions）进行编码（J. R. Anderson，1983a，1987，1995；E. D. Gagné，1985）。产生能被描述为 IF-THEN（如果—那么）规则。例如，骑自行车的程序包括如下规则：

（1）如果我想加速，那么我要快速踩踏板。

（2）如果我想减速，那么我要慢速踩踏板。

（3）如果我想向右转，那么我要以顺时针的方向转把手。

（4）如果我想向左转，那么我要以逆时针的方向转把手。

（5）如果一个物体挡在我的前面，那么我必须向左或向右转。

（6）如果我想停止，那么我必须捏紧把手上的刹车。

产生式也包含在有明显认知成分的程序中。例如，两个两位数相加的程序包括这些规则：

（1）如果“个位数”的总和等于 9 或者小于 9，那么我在答题部分个位栏写上个位数的总和。

（2）如果个位数的总和等于 10 或者大于 10，那么我在答题部分个位栏写上和的个尾数，并在“十位数”上加 1。

（3）如果十位数的总和等于 9 或者小于 9，那么我在答题部分十位栏写上和。

（4）如果十位数的总和等于 10 或者大于 10，那么我答题部分十位栏写上和的个尾数，并在“百位数”上加 1。

正如你所见，产生的“如果”部分明确了一个特定行为的发生条件，“那么”部分明确了行为的实际内容。

以符号进行编码 227

一个符号代表一个物体或事件，经常没有太多其所代表事物的外形。作为人类，我们可能用符号代表我们的大量的经验——如词语、数字、地图、图像等等（DeLoache，1995；Flavell，Miller & Miller，2002；Salomon，1979/1994）。

毫无疑问，一些信息以真实的词语进行储存，也就是**言语代码**（verbal codes）（Chiu，Leung，& Kwan，2007；J. M. Clark & Paivio，1991；Kray，Eenshuistra，Kerstner，Weidema & Hommel，2006；Salomon，1979/1994）。[①] 支持这个想法的证据既来自日常的人类经验，也来自一些理论观点。首先，人们对生活中的许多物体和生活事件有言语标签；例如，你把你正在读的东西叫做书。其次，有时候，人们一字不差地学习信息；哈姆雷特的独白（“生存还是毁灭……”）以及“铃儿响叮当”的歌词是人们典型逐字学习的例子。再次，人们经常自我对话，作为引导自己完成新任务和程序的方式（回顾我们在第 6 章中讨论的自我引导，第 13 章中维果茨基的自我对话概念也反映了这个观点）。最后，人们使用语言去帮助自己联系记忆中的信息。例如，英语中“狗”这个单词在法语中的表示是 chien；我通过想象“狗链”来记住这个法语词。许多语言学习研究中的原则（如系列学习曲线）基本适用于言语代码储存的信息。

以意义进行编码

尽管言语代码的价值巨大，但长期来看，人们更倾向于记忆他们所看或所听的一般、潜在的意思——要点。在研究中，如果信息呈现后，立刻要求被试记忆，被试常能逐字地记住信息。当回忆被延迟时，他们确切记住输入内容的能力会快速下降，然而，他们会继续准确地记住输入的意义（Brainerd & Reyna，1998，2005；Kintsch，1997；J. D. Payne &

① 我们在第 6 章中的社会认知理论讨论部分遇到了这个观点。当时，我们用班杜拉的术语，把单词作为一种记忆代码形式来讨论。

Kensinger，2010）。例如，想想你之前阅读的形象化部分，你想起了什么？也许你不能记起你读到的特定词语，但是，你应该能够回忆这部分的大意（如果你不能，返回再读这部分）。

一些理论家（J. R. Anderson，2005；van Dijk & Kintsch，1983；Kintsch，1998）提出意义是作为**命题**（propositions）储存的。命题是关于事物联系的知识小单元。约翰·安德森（Anderson，2005）认为命题是知识的最小单元。这表明：（1）命题可以是独立的陈述或断言；（2）命题能被判断为或真或假。为了举例说明，请思考下面的句子：

玛丽尊敬的叔叔有一辆红色的法拉利。

我们可以把这句复合句分成四个小的断言，每一部分包含部分意义：

（1）玛丽有一个叔叔。
（2）玛丽尊敬叔叔。
228 （3）叔叔拥有一辆法拉利。
（4）法拉利是红色的。

每个断言可能正确，也可能错误。如果其中一个断言是错误的，整句就是错误的。这四个断言是对抽象命题的粗略语言模拟，可能是句子的记忆储存形式。

任何命题都有两个成分。第一，它包括一个或多个**论点**（arguments），可能是物体或事件，它们是命题的主题。第二，它包含简单**关系**（relation），是一个论点或多个论点的联系性的描述。例如，断言“玛丽有一个叔叔”包括两个论点（“玛丽”和“叔叔”）以及一个关系（“有”）。论点通常用句子中的名词和代词表示，而关系通常由动词、形容词和副词表示。

非语言的视觉信息也会部分地以意义的方式进行储存（Mandler & Johnson，1976；Mandler & Parker，1976；Mandler & Ritchey，1977）。由曼德勒和约翰逊（Mandler & Johnson，1976）主持的实验很好地证明了这个观点。在实验中，大学生看包括许多物体的线条画。例如，一张图片呈现的是教室情景，包括老师、学生、课桌、书架、旗帜、钟表、地球仪和大地图。然后，学生看另一组图片，问每一幅图片是否与之前的图片相同还是有一些变化。学生更可能注意到反映了一般意义变化的图片（如一个老师在谈论学生的绘画而不是世界地图）的变化，而不是反映了无意义变化的图片（即老师的衬衣和发型的不同）中的变化。

不同的编码形式不是互斥的

我刚描述过的不同编码形式在某种程度上是有重合的。例如，我们获得的一般的抽象的意义可能来源于更具体的经验，也许包括我们对自然特征（形象）和对特定物体、事件所执行的身体动作的回忆（Andres et al.，2008；Barsalou et al.，2003；Pinker，2007）。此外，有时候，我们同时以两种或者更多不同的方式来编码一些信息，可能是词语（符号）和潜在意义（命题）共同编码，也可能是词语和图像的共同编码。当我们以两种或多种不同方式来编码相同信息时，我们通常把这些编码储存在长时记忆中（Heil，Rösler & Hennighausen，1994；Rubin，2006；Sadoski & Paivio，2001；Sporer，1991）。例如，在佩兹德克（Pezdek，1977）的一个实验中，大学生通常搞混他们在图像中看到的信息和在句子中的信息。例如下面这个例子。一些学生首先看到一辆车停在一棵树旁的图片，然后读到句子“树旁的车上有滑雪架”。这些学生就将有滑雪架的车的图片当做是他们之前看到的，即使原图片并没有包括滑雪架；因此，他们可能以视觉和语言两种方式储存了相同的信息。类似地，在前面章节提到的卡迈克尔、霍根和沃尔特（Carmichael，Hogan & Walter，1932）的一个研究中，被试根据不同的标签来“记住”图片（如依据“哑铃”记住“眼镜”，通过“独木舟”记住“四季豆”，见图 9—6）。

当然，长时记忆也包括关于不同事物的知识的无数的相互联结。我们马上进入这个主题。

229 长时记忆的组织性

当代的长时记忆理论是**观念联合论**（associationistic）：假设储存在长时记忆中信息的不同片段是直接或间接地与其他相关联的。为了理解我的意思，拿一张纸并且试一试。一会儿之后，你将会读到一个普通而日常的词语。只要你读到它，就立马写下第一个进入你脑海里的词。然后，写下那个词使你想起的又一个词。继续，写下第一个词之后再进入你脑海的相继的每个词，直到你写了 10 个词语。

准备好了吗？这是让你脑子连续运转的词：

海滩

一旦你完成了你的 10 个词语列表，认真地检查。它会让你明白一个想法与你长时记忆中的其他想法是相联系的。

这里是我使用了相同程序和自己长时记忆来构造的词语列表：

沙子
城堡
国王
女王
伊丽莎白
英格兰
伦敦
剧院
头发
裸体画

一些联想词可能与你的相似。例如，海滩—沙子和国王—皇后是普遍的联想词对。其他的可能是我独一无二的。例如，我的列表的最后 5 个词语反映了我大学时去伦敦的经历，当时我每天晚上去看不同的戏剧。对此，印象最深的是音乐剧头发，剧里的一些演员是裸体的——在 1969 年，这是不可思议的。

不同的学习者关联和组织其长时记忆的方式是有些奇特的，因为，他们过去的经验是各不同的。然而，人们多样的组织图式可能拥有一些共同的特征。长时记忆组织至少有三个模型假设：等级模型、网络模型和平行分布加工模型。

长时记忆是有等级规则的

一个早期的长时记忆组织观点认为信息的储存是有等级的，一般来说，上级的信息在顶部，而更具体的、下级的信息在底部（Ausubel，1963；Ausubel & Robinson，1969；A. M. Collins & Quillian，1969，1972）。一个等级的例子是我自己关于动物王国的知识，其一部分描述在图 10—1 中。请注意最概括的类别——动物——在等级的顶端。接下来是两个主要的类别——脊椎动物和无脊椎动物——之后是不同水平的下属类别，最后是一个类型的特定例子（例如，Rin Tin Tin、Tinppy 和 Anna 都是德国牧羊犬）。你能看到，我的部分等级（如脊椎动物的纲）与生物学家的类似，但 230
是其他的是我独一无二的。

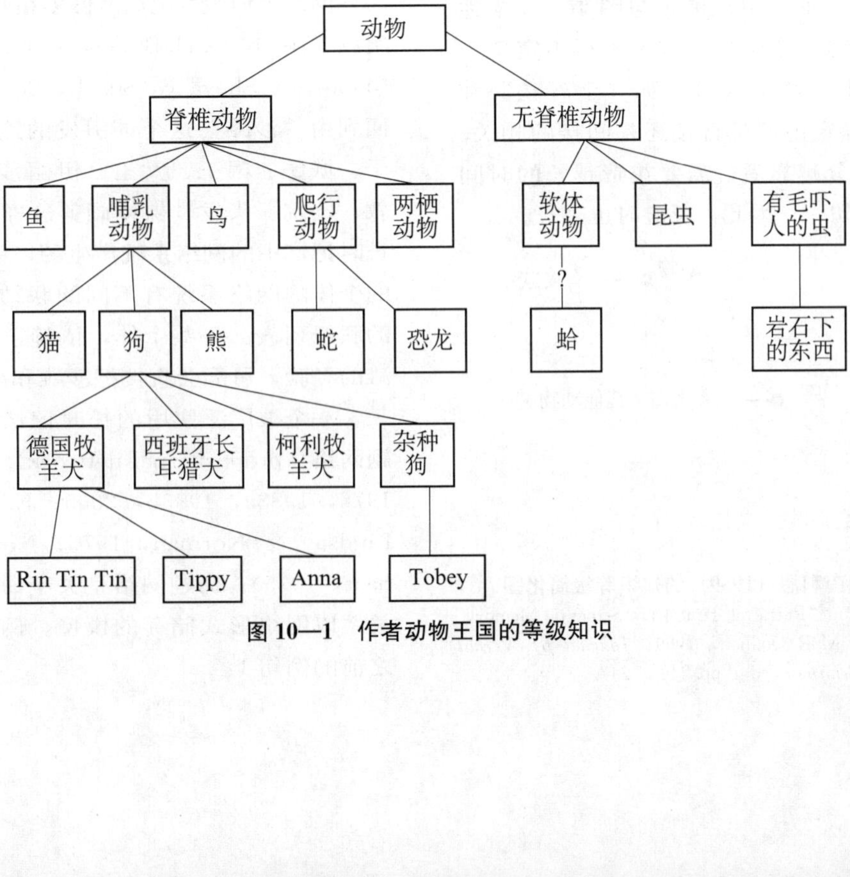

图 10—1　作者动物王国的等级知识

在一个经典研究中，柯林斯和奎利恩（Collins & Quillian，1969）证明长时记忆是如何进行等级组织的。给予成人许多陈述句（如“金丝雀能唱歌”），并且要求他们指出正确还是错误；记录他们确认或拒绝陈述句的反应时。下面是正确陈述句和其大概反应时的例子：

关于类别成员的陈述	**反应时（毫秒）**
金丝雀是金丝雀	1 000
金丝雀是鸟	1 160
金丝雀是一种动物	1 240
关于特征的陈述	**反应时（毫秒）**
金丝雀能唱歌	1 300
金丝雀能飞	1 380
金丝雀有皮肤	1 470

注意一下对关于类别成员的三个句子的反应
231 时是如何增加的：被试确认金丝雀是金丝雀反应最快，而确认金丝雀是一种动物反应最慢。现在再注意关于金丝雀特征的三个陈述句的不同反应时：被试发现关于唱歌的句子最容易，发现有皮肤的句子最困难。柯林斯和奎利恩认为两组句子实际是平行的，因为大多数人直接把唱歌和金丝雀联系在一起，然而，他们把飞和鸟、有皮肤和动物联系在一起。

柯林斯和奎利恩认为个体关于类别和类别特征的知识是以等级形式组织的，与图 10—2 描述的类似。为了证明这个陈述，被试不得不定位于长时记忆中陈述的两个成分（如“金丝雀”和“皮肤”），并且确定他们是直接还是间接的相关。等级中的两个成分越靠后，需要花费越长的时间去确认一个陈述句——因此，反应时也越长。

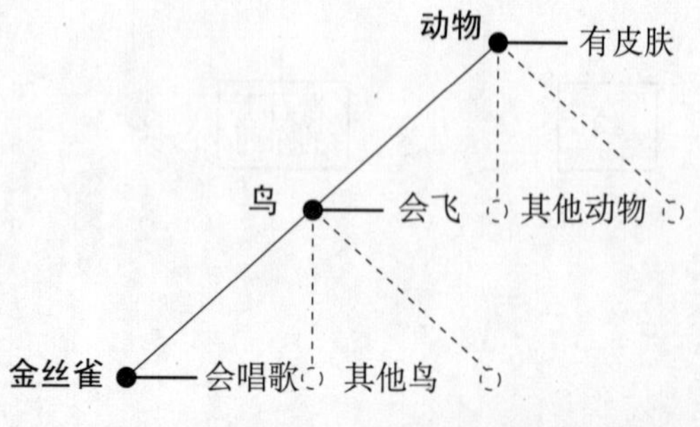

图 10—2 柯林斯和奎利恩（1969）的知识等级简化图

资料来源：Based on “Retrieval Time from Semantic Memory” by A. M. Collins & M. R. Quillian，1969，*Journal of Verbal Learning and Verbal Behavior*，*8*，pp. 240 - 247.

我们把一些类别纳入其他更一般的类别是正确的，这样做能够促进有意义学习（Ausubel，Novak & Hanesian，1978；Chi，2008）。例如，学生更喜欢学习叫小蜥蜴的动物的有意义信息，如果他们被告知“这是一种看起来像蛇的蜥蜴”，而不是被告知“它们有鲜艳的色彩，或是一种胆小而罕见的生物”。在之前的一个例子中，学生在更一般的概念蜥蜴之下能够储存概念小蜥蜴；在后两个情境中，他们不能确定储存在什么地方。

然而，严格的长时记忆等级模型已经很大程度上不存在了。一方面，我们学习的许多信息并没有等级性。另一方面，信息等级性组织的预测不总能被证实。例如，就像人们确认金丝雀是一种鸟比金丝雀是一种动物更快一样，我们就应该期待人们认同这个命题“柯利牧羊犬是一种哺乳动物”快于命题“柯利牧羊犬是一种动物”，因为，在动物的逻辑等级中，柯利牧羊犬离哺乳动物要近于动物。然而，相反的观点也是正确的：人们确认柯利牧羊犬是一种动物的反应时要低于柯利牧羊犬是一种哺乳动物（Rips，Shoben & Smith，1973）。一般来说，尽管长时记忆中的一些信息可能以等级的形式进行组织，但大多数信息可能是低系统化的。

长时记忆是网络系统

网络模型假设记忆由许多相互联系的信息片段组成（例如，G. H. Bower，2008；Hills，Maouene，Maouene，Sheya & Smith，2009）。例如，我们回到由“沙滩”这个词引发的连续关联列表：沙 232
子、城堡、国王、女王、伊丽莎白、英格兰、伦敦、剧院、头发、裸体画。这样的列表可能是由长时记忆中的网络系统产生的，如图 10—3。不同的个体的网络系统有不同的联结，并且产生不同的联想列表。一些个体，依赖于他们过去的在沙滩的经验，可能会直接把沙滩和裸体联结起来。

一个被广泛使用的长时记忆组织模型就是**命题网络**（propositional network）（J. R. Anderson，1976，1983a，1983b，2005；E. D. Gagné，1985；Lindsay & Norman，1977；Norman & Rumelhart，1975）。命题网络是关于命题和它们之间的关系以网络形式储存的模型。例如，我们返回到之前的例句 1：

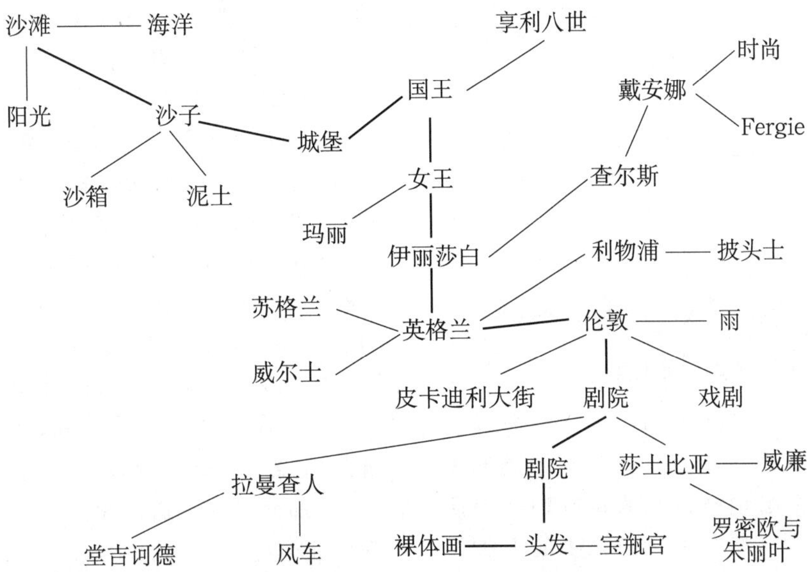

图 10—3　一个假设的长时记忆网络系统

玛丽尊敬的叔叔有一辆红色的法拉利。

它的四个断言为：

(1) 玛丽有一个叔叔。

(2) 玛丽尊敬叔叔。

(3) 叔叔拥有一辆法拉利。

(4) 法拉利是红色的。

四个断言能被图解为命题，如图 10—4。这些图解使用了安德森（2005）的模型，每一个显示了一个命题（用椭圆表示），并包含了一个关系和多个论点。

图 10—4 中的四个图解共同拥有三个具体的实体（论点）：玛丽、叔叔和法拉利。每一个至少出现在两个命题中。这种共性允许命题在网络中相互联结；如图 10—5 中的例子。长时记忆的命题网络模型明显比等级模型更灵活，因为它能轻
233 易地包含广泛的关系——不仅是类别和下级类别，而且是拥有者和拥有物、物体和特征、物体和位置，等等。

网络模型经常被概念化为命题（意义）和以其他方式进行编码的信息（如形象或产生式）。例如，对和玛丽的叔叔及红色跑车在储存上有联结的法拉利，你可能有视觉形象。与驾驶汽车相关的产生式可能在同一网络中，距离不太远。使用长时记忆的命题网络模型，我们可以将有意义学习的特征视为一种在网络模型中用相关命题储存新命题的过程。例如，我们假设你已经以一种类似于图 10—5 所示的方式将关于玛丽叔叔和红色法拉利的命题储存下来了。接着，你读到下面的句子：

叔叔叫查尔斯。

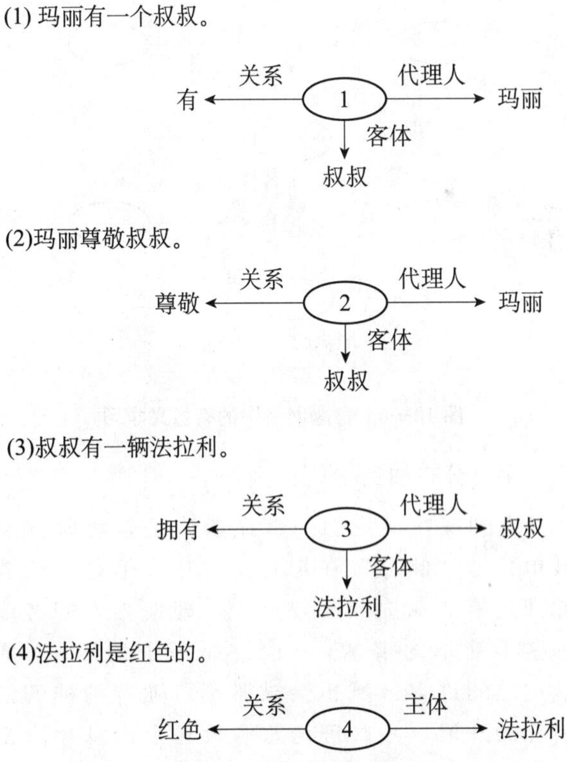

图 10—4　单独命题的图解

你可能将这个命题与你已存的关于叔叔的命 234
题相联结，或者可能与关于你所知道的另一个查尔斯——英国王子查尔斯的命题相联结，如图 10—6 所示。

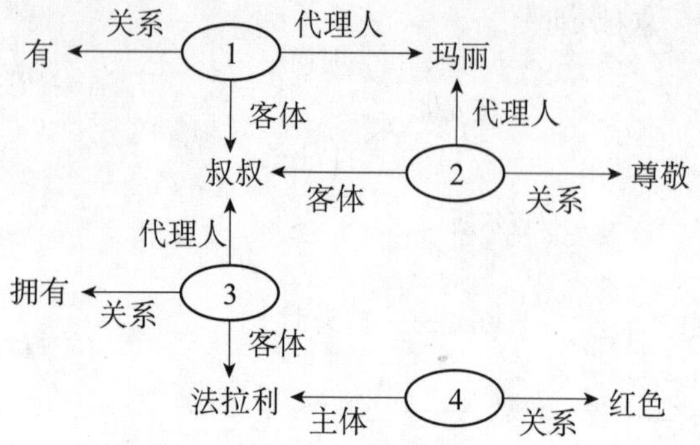

图 10—5 命题网络模型

尽管相比于严格的等级模型，记忆的命题网络模型带给我们更大的灵活性，但是，命题的黑和白性质——每一个必须被定义为正确还是错误的——是很麻烦的。储存在长时记忆中的人类经验的很多方面，例如对莎士比亚戏剧的解释，或者对艺术作品的情绪反应，不能被简单地分类为正确还是错误的。

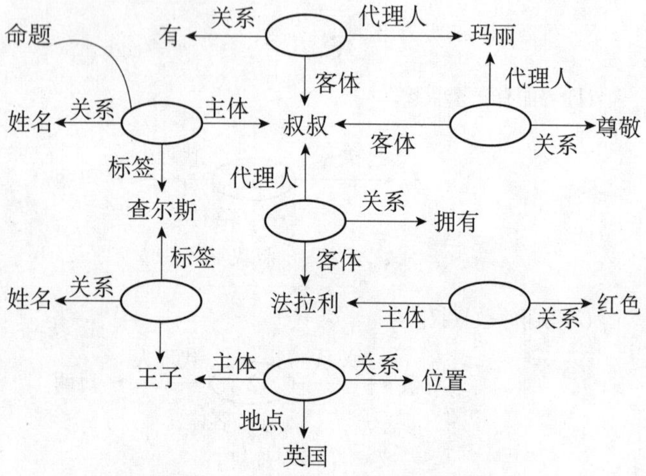

图 10—6 命题网络中的有意义学习

平行分布加工

直到现在，我们一直在谈论是否每段信息被单独地"储存"在长时记忆中。但是，让我们回到第2章提及的要点上：即使当人们考虑一些很简单的事情——也许是一个词语——大脑皮层的许多区域也会被激活。随着精神脑的研究的开展，一些理论家假设每个信息片段都以整合的实体集的形式［叫做**节点**（nodes），且定位于长时记忆中］来储存。任何单个节点可与许多不同的信息相关联。你储存在长时记忆中的每个想法的表征，不是作为单个节点，而是作为一种独特的互联节点群的网络系统。当一个想法（网络）被激活时，其他共享一些节点的想法也会被激活。

这种长时记忆观点被叫做**平行分布加工**（Parallel distributed processing，PDP）：信息片段分布式地储存并遍及在长时记忆中，并且无数的节点同时进行加工——平行加工（J. L. McClelland & Rumelhart，1986；O'Brien，1999；Plunkertt，1996；T. T. Rogers & McClelland，2004；Rumelhart & McClelland，1986）。平行分布加工常作为**联结主义**（connectionism）而广为人知，但其不应与桑代克的联结主义（见第4章的描述）混淆。

即使是理解最简单想法的多维性，平行分布 235
加工模型也很有用（Rayner，Foorman，Perfetti，Pesetsk & Seidenberg，2001；Rueckl & Seidenberg，2009）。例如，当看到词语

沙滩

我们可能同时提取词语意义、发音、发音时的口型和典型沙滩的模样。当刺激不完整时，平行分布加工模型也帮助我们理解我们是如何填补空缺信息的：一个想法的足够多的节点被激活时，整个网络系统就被激活。

然而，平行分布加工模型远不够完美。它试图把学习描述为一种渐进的巩固和削弱联结的过程，这样也就不能解释我们有时候是如何快速学习某事的，如何能在看似无关的情境间作类比以及如何能在面临矛盾信息时快速修正某些信念（Opfer & Doumas，2008；Ratcliff，1990；Schacter，1989）。此外，一些简单和高度自动化的认知任务似乎发生在大脑的特定区域（Besner，1999；J. S. Bowers，2002，2009）。并且，尽管平行分布加工模型的发展与脑功能的研究结果一致，但它与脑解剖的关系是一种不牢固而推测性的关系（J. L. McClelland，2001；Siegler & Alibali，2005）。

无论长时记忆是如何组织的，清楚的是，它肯定是有组织的。在某种程度上，人类把他们长时记忆中所有的信息都关联起来。更广泛的程度上，他们把关于非常特定的客体、事件和主题都相互关联起来。现在，我们看看人们组织经验的一些特定的方式：概念、先验图式、脚本、个人理论和世界观。

概念

多年前 5 月下旬一个晚上，我当时 4 岁大的儿子杰夫，问了我一个问题：

杰夫：春天和夏天什么时候到来？

我：春天已经来了。难道你没有注意到天气很暖和，树木长出了叶子，而鸟儿也在鸣叫吗？

杰夫：喔，那夏天什么时候到来？

我：嗯，你还有一个星期就放假了，然后，几个星期之后，夏天就到了。

杰夫：夏天就是我们游泳的时候，对吗？

我：[我停顿并思考如何回答] 是的。

很明显，杰夫只能模糊地理解春天和夏天的**概念**（concept）——例如，夏天只是游泳的时候。

一般而言，一个概念就是一种在某方面相似的物体或事件的心理组合。一些概念是**具体概念**（concrete concepts），很容易通过物理外形来区分；牛、圆形和游泳就是例子。相反，**抽象概念**（abstract concepts）有潜在的相似性，不易从表面快速观察到；例如，表兄弟、个人魅力和社会学。

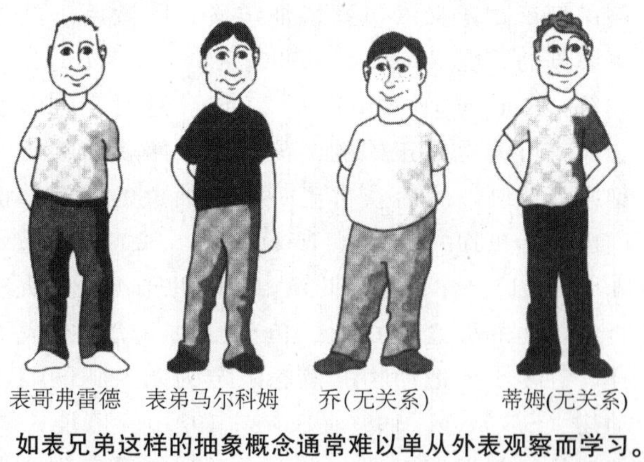

如表兄弟这样的抽象概念通常难以单从外表观察而学习。

236 人类倾向对他们的世界进行分类；即使是两个月大的婴儿也显示能够形成类别帮助他们组织经验（Mandler，2007；Quinn，2003；Quinn & Bhatt，2006）。人们经常首先学习一个具体形式的概念，然后，再获得更抽象的理解（Liu，Golinkoff & Sak，2001；Quinn，2007；Rakison，2003）。例如，对于许多小孩子，夏天意味着热、游泳和不用上学，这些是易观察到的特征。后来，在学校里，他们可能获得关于夏天更抽象的观念：夏至和秋分间隔 3 个月。孩子一开始会根据他们实际看到的事物，而不是关系的性质来对各种家庭成员（表兄弟、叔伯等等）进行概念化。下面一个实验者（E）和一个孩子（C）之间的对话就是很好的例子。

E：这个同你爸爸岁数相同的人爱你和你的父母，经常拜访你家，同时也带着礼物，但是，他和你的父母没有亲戚关系。他不是你爸爸和妈妈的兄弟或姐妹或任何这类的人。他可能是你的叔叔吗？

C：是的。

E：叔叔是什么？

C：叔叔就是在圣诞节给你买礼物的人。

E：还有什么？

C：叔叔就是他让你去他家的人。

E：我是你的叔叔吗？

C：不，因为我不认识你。

E：如果我认识你并给你带礼物，那么我是你的叔叔吗？

C：是的。（Keil，1989，pp. 71，76）

直到学习者能够正确地识别概念的所有正反例，他才完全掌握了这个概念。**正例**（positive instance）就是概念的特殊例子。例如，你和我是概念人的正例，并且你现在读的东西是书的正例。**反例**（negative instance）是概念的非实例。你和我是概念牛的反例，这本书是概念铅笔的反例。

学习者经常对概念的理解并不完全，因为他们不总是能区分为正例或反例。一个强烈地否认吉娃娃是狗的孩子并没有完全掌握狗的概念。同样地，一个叫邻居家牛为“狗狗”的孩子也是这 237
样。否认“吉娃娃”是狗——**概况不足**（undergeneralization）——反映了不能识别所有的正例。把牛当做狗——**过度概念化**（overgeneralization）——反映了不能识别所有反例。心理学家提供了各种概念学习理论，来帮助我们理解这种情况是如何存在的。

概念学习理论

在概念学习研究中，研究者提出了两个核心问题：（1）人们通常学习概念的什么？（2）人们如何学习概念？第一个问题涉及概念的知识的性质；第二个问题涉及掌握概念的认知过程。

人们学习概念的什么

在某种程度上，我们关于概念的知识包括知道某种**特征**（features）对正例是重要的（Bourne，1982；Horst，Oakes & Madole，2005；P. G. Neumann，1974，1977；E. E. Smith，Shoben & Rips，1974；Ward，Vela & Haas，1990）。最中心的是**定义特征**（defining features），在所有的正例中都具有的特性。我们也可能知道**相关特征**（correlational features），常在正例中被发现，但对于概念成员而言不是必需的。例如，我的狗 Tobey 有许多显著的特征，包括这些：

> 四条腿。
>
> 毛茸茸的。
>
> 系着红领结。
>
> 可能会冲着不是奥姆罗德家的人厉声吼叫。
>
> 现待在我办公室地板上。

这些特征里面，有两个定义特征，即四条腿和毛茸茸的，是鉴定 Tobey 为狗的两个基本特征。两个相关特征是它的领结和对他人吼叫的能力：大多数狗会吼叫和有领结，但是这些特征不是所有狗的特征。Tobey 现待在我的办公室地板上是一个**无关特征**（irrelevant feature）——它与狗类没有任何关系。

然而，许多真实世界的概念很难严格地确定其特征。例如，绿松石略为蓝色还是略为绿色？我的丈夫坚持认为绿松石是绿色的，但我更认为是蓝色的。此外，物体和事件可能缺乏重要的特征，却仍然被认定为特定概念的正例。例如，尽管狗通常有四条腿和毛，但你可能看见过那些在事故中失去一条腿的狗，最近，一些无毛品种的狗已经出现了。

头脑中带着这些疑问，一些理论家提出人们关于概念的知识也可能包括**原型**（prototype），或者概念的典型例子（Cook & Smith，2006；Rosch，1973，1978；S. A. Rose，Feldman & Jankowski，2007；G. E. Walton & Bower，1993）。例如，现在，请在你头脑中想象一只鸟的形象。进入你大脑的可能是一个小型生物，具体可能是知更鸟或麻雀的体型和大小。你不可能想象一只企鹅或者鸵鸟，因为这些动物不是像知更鸟和麻雀这样的典型鸟类。相 238
似地，再想象一种交通工具。你可能想象一辆小轿车或者一辆卡车，而不是独木舟或者热气球，因为小轿车和卡车是更常见的交通工具的例子。现在，想象红色。你可能会想象一种近似于你5岁时用的红色蜡笔的颜色，而不是褐红色或者鲜粉色。

但是当特征很难确定以及概念成员与特殊原型不相像时，我们怎么办呢？在这种情况下，了解一个概念可依赖于概念的许多例子，或者**范例**（exemplars）（Cook & Smith，2006；Kornell & Bjork，2008；Medin，Unsworth & Hirschfeld，2007；B. H. Rose & Spalding，1994）。范例让学习者产生多样感，这是他们在物体或事件的各种类别中易于看到的。例如，水果的概念让许多不同的事物进入大脑：苹果、香蕉、覆盆子、菠萝和椰子都可能出现。如果我们遇到一个新的水果例子，比如黑莓，我们可把它与我们已储存的不同例子进行对比，并发现一种与它非常相似的水果（可能是覆盆子）。

原型或范例可能被用于确定明确情境中的正例；而正式定义（包括特征定义）则被用于其他更模糊的情境（Andre，1986；Glass & Holyoak，1975；Rouder & Ratcliff，2006）。这对于许多概念而言可能也是正确的，孩子一开始就依赖于原型或者范例，然后获得更一般、抽象的理解，也许也包括正式的定义（Horst et al.，2005；Liu et al.，2001）。作为学前儿童，我的儿子杰夫坚决地否认动物的概念包括人、鱼和昆虫。就像杰夫那样，许多小孩把动物的概念限定为四条腿的哺乳动物（S. Carey，1985；Saltz，1971）。可能杰夫的动物原型类似于他在乡下常看到的看家狗或者耕牛。当他在学校里开始学习动物王国时，他学习了基于生物学的动物定义，该定义囊括了一些主要特征：一种从其他有机体获得食物的生命形式，迅速对周围环境做出反应，能够移动身体。这时，杰夫承认人、鱼和毛毛虫归为动物是合理的。（然而，如果他继续深入地学习生物，他可能了解到生物学家对动物的定义没有达成一致，并且正确的概念定义特征很难确定。）

人们如何学习概念

早期的行为主义学家对概念学习持完全非认知的观点。与他们关注刺激和反应相一致，他们不是把概念描述为心理实体，而是对不同刺激的共同反应（例如，Hull，1920；Kendler，1961）。学习一个概念可能涉及在刺激的特定方面和对刺激的特定反应之间建立各种联系。学习概念“马奇”（mudge）的练习有助于你了解我说的意思。第一步，拿出两张索引卡或者大小相似的纸片。然后，用一张卡覆盖图 10—7 的右边。现在，拿出第二张卡盖住左边，只露出第一条水平线的上部。而你将会看到两个物体，其中之一就是马奇。大胆猜测一下，看看你是否能挑出马奇。做出选择后，将纸从左边的栏目往下移动至下一条水平线，露出正确答案。在这部分，你会看到两个以上的物体；选择你认为是马奇的一个。在纸上持续往下移动你的卡片，每次一部分，在每次得到反馈的情况下，然后，从下一个物体中选择可能的马奇。在右边也继续这个过程。

你可能了解到马奇是“大”。从行为主义的观点来看，你在选择大方块时，总能得到强化，选择小方块从未被强化，并且一半时间后，你选择黑色、白色、左边或者右边方块都得到了强化。因为每次都被强化，选择“大”的反应就应该是 239
你最强的反应，你因此应该更可能再次选择大方块，无论它的颜色和位置。

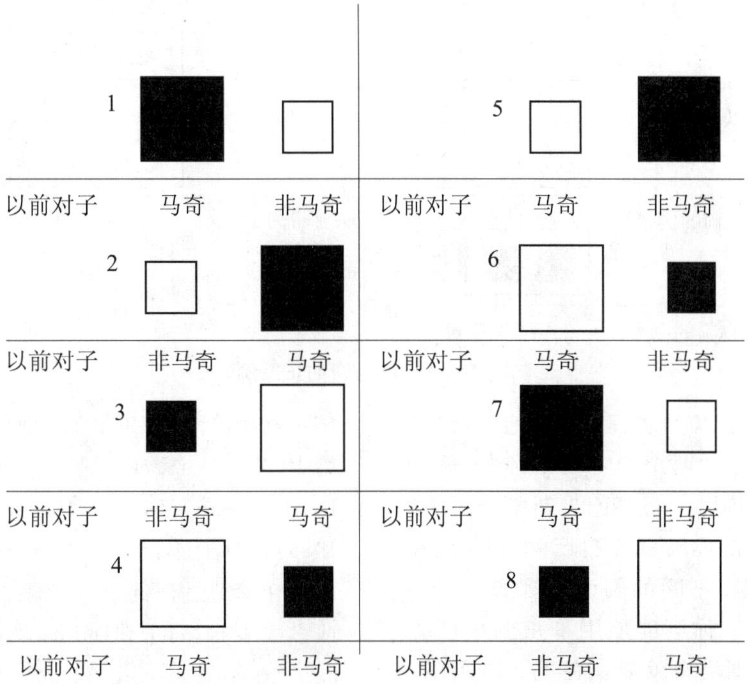

图 10—7　认出每对中的马奇

尽管当代心理学家大部分放弃了简单的刺激—反应联结模式来解释人类学习，但是，许多人承认联结的相对被动建构可能构成了一些概念的基础，尤其是对婴儿和小孩子而言（Gelman & Kalish，2006；Mandler，2007；Rakison & Lupyan，2008；Younger，2003；Kendler & Kendler，1959）。1 岁之前，儿童表现出一种探测周遭世界共同发生模式的能力：他们意识到某些特征倾向于联合在一起而其他的特征则不。从某种意义上说，婴儿是崭露头角的统计学家，无意识地绘制他们观察到的特征的频率图，并探测它们之间的关系。这种能力奠定了婴儿对母语词语的早期理解（Saffran，2003）。

相比被动的联结建立模式，在学习一个概念的定义特征时，大一些的儿童和成人经常（尽管不总是）会认知激活。在一些例子中，学习者可能对概念的意义形成不同假设，然后使用正反例去确认或拒绝每个假设（Bruner，Goodnow & Austin，1956；Levine，1966）。为了理解这个过程，花几分钟，使用马奇练习的两张索引卡，来学习图 10—8 所示的概念“斯塔奇”（studge）。用一张卡片盖住图的右边，另一张卡片盖住左边除顶部外的所有部分。露出左上部，你将会看到含三个灰色圆的矩形；大胆猜想并决定这个矩形是不是一个斯塔奇。一旦你确定了你的猜测，把左边的卡片移到下一条水平线上，露出正确答案。在这部分，你也会看到第二个矩形，包含一个灰色正方形；确定它是不是一个斯塔奇。继续沿着图的左边移动卡片，一次一个部分，每次得到反馈，然后再确定下一个矩形是否为一个斯塔奇。 240
对图右边的矩形，继续这个过程。

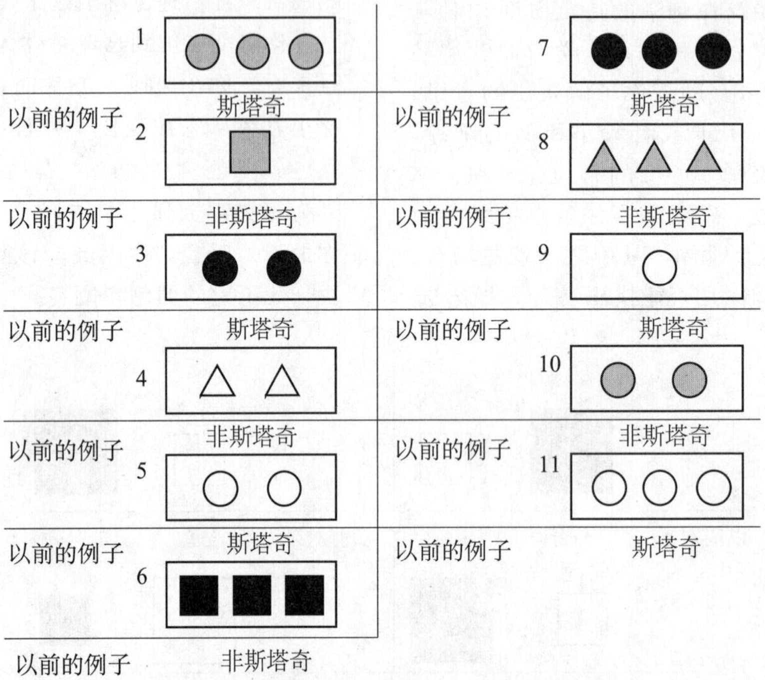

图 10—8　斯塔奇的正反例

现在你已经完成了以上过程，我希望你已经学到了概念斯塔奇就是“两个或者三个圆”。形状和数目是概念的定义特征，而颜色与斯塔奇无关。在学习斯塔奇时，可能你发现你自己对什么是和不是一个斯塔奇形成了不同的假设。例如，第一个例子是一个斯塔奇。你可能使用了正例来产生一个或多个假设——斯塔奇就是灰色的、圆形的、三个、三个灰色圆等。在第二个例子时你排除了“灰色”的假设，第三个例子时排除了“三个”的假设。最后，你可能留下唯一正确的“两个或者三个圆”的假设。

早期词汇学习研究表明儿童倾向于先偏好某些假设。例如，当他们听到一个新词——wudge，也许——依赖一组物体中特定某个物体，他们更可能认为物体的形状（而不是大小或者颜色）是一个定义特征（Diesendruck & Bloom，2003；Gershkoff-Stowe & Smith，2004）。儿童另一个共同的倾向是假设一个新词指向于说话者看到的任何物体——即使是两岁的儿童也会这样做（Golinkoff & Hirsh-Pasek，2006）。当然，人们学习新概念时存在第三个更明显的方式：一些人 241
给出定义（Best，Dockrell & Braisby，2006；R. M. Gagné，1985；Tennyson & Cocchiarella，1986）。对于不同年龄的群体、不同种类的概念，以及在学习过程的不同阶段，概念学习的不同方法或多或少有帮助（Feldman，2003；Gelman & Kalish，2006；Reisberg，1997）。

促进概念学习的因素

小孩子似乎渴望学习新概念。听到一个新的词语会提示他们：在他们的团体中，其他人发现了这个词——以及词语所代表的概念——在日常生活中相当有用（Goldstone & Johansen，2003）。当儿童遇到一个新的、不熟悉的物体，他们可能会问“这是什么”并迫切地寻求关于这个物体起什么作用的信息（Kemler Nelson，Egan & Holt，2004）。

下面的原则表明了影响概念学习的重要因素，并产生了帮助所有年龄学习者获得新概念的策略。

◆ 当定义特征比相关或无关特征更显著时，概念更容易学习。概念的定义特征越明显，越能快速抓住学习者尤其是小孩子的注意力，概念越容易掌握（Mandler，2007；Rakison，2003）。但是因为小孩子通常把更多注意力放在明显的特征上，他们早期的概念理解倾向于建立在这些特征基础上。例如，在德弗里斯（DeVries，1969）的一个研究中，3～6 岁的儿童和一个天性温和的名叫 Maynard 的猫玩了一小会儿。然后，实验者把一只看似凶猛的狗面具戴在 Maynard 头上并问道："现在，这是什么动物？"许多 3 岁的小孩子认为 Maynard 现在是一只狗，并拒绝宠爱它。相反，6 岁的孩子能忽略狗面具，认为面具不能改变 Maynard 是猫的事实。随着孩子的成长，他们开始不太注意显著特征，更多关注抽象性质（Keil，1989；Quinn，2007；Rakison，2003）。

在概念学习的早期阶段，显著相关特征经常很有帮助，部分原因是他们使正例更易于识别。例如，概念鸟相对容易学习，因为许多特征——羽毛、翅膀、鸟嘴、小型和瘦腿、爪子——或者为定义特征或者为相关特征。但是，过度依赖相关特征的学习者有时候会犯错。尤其是，他们可能会过度概念化（例如，把实际上不是的某物识别为一个概念的一个例子）或概况不足（例如，忽视一个概念的真实例子）。例如，概念动物对许多儿童是不同的，因为正例的许多显著特征——皮肤、四肢的性质和数量、面孔特征、体型和大小——是相关特征而不是定义特征。因此，对概念艺术的正确理解也可能是困难的。关于特定艺术品很突出的事物是一系列特征，如形状、颜色、媒介（例如，油画还是泥土）及主题（例如，人物还是物体），然而这些特征只是与什么是艺术边缘相关。

加强概念学习的一个合理策略是强调概念的定义特征，而忽略它的相关和无关特征。例如，一个创造了用线条画来举例说明概念昆虫的科学老师可能会通过画黑粗线来突出昆虫的关键特征
242（例如，六条腿、身体分为三部分）。相似地，一个想帮助学生学习 3/4 节拍的音乐老师，可能会要求学生听华尔兹和其他有 3 拍的歌曲时，用鼓槌或者手指打节拍。

◆ 定义促进概念学习（Best et al.，2006；Fukkink & de Golpper，1998；Tennyson & Cocchiarella，1986）。一个好的定义不仅包括定义特征，而且依据学生已熟悉的其他概念来描述这个概念。而当概念涉及特别不显著的定义特征或者拥有"或者这个或者那个但不一定"的特性时，定义和其他明显的描述可能特别有用。

◆ 许多和各种正例有助于举例说明概念。靠前的例子应该简单而直接，并尽可能具有少的无关特征。随后的例子就应该更复杂，呈现更多无关而显著的特征。最后，例子应该阐明概念的所有范围，以便学生不产生概况不足；例如，概念哺乳动物应该以鲸鱼和鸭嘴兽以及猫、狗作为例子来阐释（C. A. Carmichael & Hayes，2001；D. C. Clark，1971；Kinnick，1990；L. Perry，Samuelson，Malloy & Schiffer，in press；Tennyson & Cocchiarella，1986）。

通过遇到许多和各种的概念例子，学习者能够形成概念的原型和范例。事实上，在一些情况下，比起下定义，提供一个最好的例子更加有帮助。为了证明这个假设，帕克（Park，1994）使用了两种教学方法教高中学生基础的心理学概念（如正强化和负强化）。对于一些学生，教学指导关注概念的定义特征；而对于另一些学生，则关注举例。强调学习定义特征的学生能够更好地在教学中归类新例子。然而，在教学结束后，给予概念例证的学生能更多地记住所学的内容。当然，理想地来说，定义和例子应该一起呈现，事实上，比起单纯一种方法，两种方法的结合产生了更有效的概念学习（Dunn，1983；Tennyson，Youngers & Suebonthi，1983）。

◆ 反例有助于证明概念不是什么。例如，在学习狗时，给学生出示长相类似的非狗动物，如猫、山羊和牛，以便将狗与其他动物区别开来。反例——尤其是当他们近似混淆于概念时——在定义概念的界限和阻止概况不足时是有帮助的（D. C. Clark，1971；R. M. Gagné，1985；Merrill & Tennyson，1977；Tennyson & Cocchiarella，1986）。

◆ 同时呈现正反例更有效。日常生活中，人们通常通过**连续呈现**（sequential presentation）来学习概念：在数周、数月或者多年的一段时期里，以一次一个例子的频率，他们遇到一系列的正反例，在这个过程中，他们可能了解到什么事物是抑或不是概念的例子。但是，更快学习概念的方法是**同时呈现**（simultaneous presentation），即人们能够同时或者在很短的时间间隔内看到许多正反例（Bourne，Ekstrans & Dominowski，1971；R. M. Gagné，1985；Kornell & Bjork，

2008）。效率不同的一个可能原因是在连续呈现过程中，学习者必须将每个例子所学到的储存到长时记忆中，并且在一个例子过渡到下一个的过程中，信息会被遗忘。同时呈现时，从正反例中获得信息更可能同时有用，对记忆的需求更少。

每一个都是狗。

没有一个是狗。

通过同时呈现正反例，概念学习最好。

243 ◆ 课堂评价任务能够增强和监督概念学习。学生是真正理解一个概念，还是仅仅以死记硬背的、无意义的方式记忆定义？为了弄清这些问题，老师可以要求学生从许多可能的例子中选择概念的正例（Kinnick，1990；Merrill & Tennyson，1977；Tennyson & Cocchiarella，1986）。一个教育家称这种策略为eg搜索，“e.g.”（例如）的戏谑式变化（Thiagarajan，1989）。而且，老师可能要求学生产生他们自己的概念例子和应用。通过这样做，老师鼓励学生检查并完善他们目前的理解（H.C.Ellis & Hunt，1983；Watts & Andereson，1971）。没有完全掌握概念的学生将不能正确地识别所有正反例，尤其是模糊的例子。

概念可能是我们组织周围世界的最简单方式。但是我们也把概念组织为更大的、内涵更广的概念，并经常以等级的方式把内涵更广的概念组织为内涵再进一步深入的概念，等等（Gelman & Kalish，2006；Mervis，Pani & Pani，2003；Rosch，Mervis，Gray，Johnson & Boyes-Braem，1976）。儿童逐渐灵活地组织概念，可依据当前情境，认为一块松饼在某种情境下是一种面包，在另一种情境下却是一种早餐（Nguyen & Murphy，2003）。此外，儿童和成人都可能将他们的概念整合为更复杂和更综合的对世界的理解。接下来，我们的谈论主题是先验图式和脚本，它们也是关于我们如何整合众多概念的例证。

先验图式和脚本

在当代的认知理论中，先验**图式**（schema）这一术语经常指的是与特定物体或事件相关的一组紧密联结的想法（包括概念）（例如，Dansereau，1995；Derry，1996；Rubin，2006；Rumelhart & Ortony，1977；Schraw，2006）。例如，你可能有一种什么是教员办公室的先验图式：通常是一间小的房间，包括一张桌子、一把或者多把椅子、堆
244 着书的书架和其他有助于进行教学任务的物体。你也毫无疑问地会形成关于物理物质性质的先验图式——这个先验图式包括下列观念：

◆ 物质有位置：特别是，它是在某处。

◆ 物质是稳定的：它不会没有原因地出现或消失。

◆ 物质对重力敏感：如果没有支撑，它会掉到地上。

◆ 物质能够运动：例如，它能被推动。（Reiner，Slotta，Chi & Resnick，2000）

我们的先验图式经常影响我们如何感知和记忆新的情境。例如，你的教员办公室先验图式可能会歪曲你后来一个特定办公室实际怎样的记忆（Brewer & Treyens，1981；Lampinen，Copeland & Neuschatz，2001）。在一个研究中（Brewer & Treyens，1981），30个大学生被依次带到一间房间里，他们认为这间房是实验者的大学办公室。在办公室等了不到1分钟，他们就被带到另一个房间，并要求写下他们所记住的关于房间的一切。大多数学生正确地记住了一般人期望在房间里找到的事物（如一张桌子、一把椅子和书架）。相对较少的人记住了那些不可能是办公室先验图式部分的物体（如骷髅头、小丑状的开关、一副网球拍）。30个学生中有9个“记得”根本不存在的书。

人们经常形成关于事件和物体的先验图式。事件先验图式有时候被叫做**脚本**（scripts）（G.H.Brewer，Black & Turner，1979；M.Cole &

Cagigas，2010；Dansereau，1995；Schank & Abelson，1977）。下面的情境提供了一个例子：

> 约翰今天感觉很糟糕，因此他决定去看家庭医生。他询问了医生的接待员，然后浏览了几本在椅子旁桌子上的医学杂志。最后，护士来叫他脱下衣服。医生对他非常友好。他最后给约翰开了一些药。然后约翰离开诊所并径直回家去。（G. H. Brewer et al.，1979，p. 190）。

你可能完全理解这段话，因为你曾经独自去过诊所，有去医院经历这些流程的脚本。因此，你会填充这段话没有告知的许多细节。你可能推断约翰一定是去过那家诊所，尽管故事省略了这关键的一步。同样地，你可能得出结论，即约翰在检查室脱下衣服，而不是在候诊室，即使这个故事没有提及约翰在哪儿脱的衣服。个人对事件的心理脚本将影响个体从给定的事件例子中“学到”的信息。在鲍尔和同事（Bower et al.，1979）的一个研究中，大学生读你刚读的那段话。实验中的学生“记得”读过许多活动，而它们很可能是看医生过程的一部分（如到达诊所），而实际上他们并没有读到。

一些研究对先验图式和脚本影响学习者加工、储存和记忆新信息的观点提供了进一步支持。例如，人们能更轻松地记住与他们文化有共性的事件，这可能是因为这些事件与脚本一致（Lipson，1983；Pritchard，1990；R. E. Reynolds，Taylor，Steffensen，Shirey & Anderson，1982；Steffensen，Joag-Dev & Anderson，1979）。进一步考虑下面关于两个逃学男孩的故事：

> 这两个男孩跑到车道。马克说：“对吧，我告诉过你今天是逃学的好日子。”“在星期四，妈妈从来不在家。”他又补充道。只见高高的篱笆隔开了房子和道路，随后，他们俩悠闲地穿过那精致的庭院。“我从来不知道你
> 245 的家这么大。”皮特说。“对呀，而且自从爸爸把新的石头壁板用来做壁炉后，现在它就比以前更漂亮了。”
>
> 房子里有前后门和通往车库的侧门，而车库很空，除了停着三辆自行车。他们走进侧门，马克边解释说侧门总是开着的，万一他的小妹妹们比妈妈回家早的话，他们就能进去。
>
> 皮特想参观房子，因此马克领着他从卧室开始参观。如楼下的其他房间一样，卧室刚刚刷过油漆。马克打开立体声音响，而噪音使皮特很担心。“别担心，最近的房子离这里都有 25 英里。”马克叫道。当发觉这里到很远都看不到房子时，皮特感到更加舒坦了。
>
> 餐厅到处都是瓷器、银器和玻璃杯，而没有地方玩，因此两个男孩又换到厨房去做三明治。马克说他们不能去地下室，因为自从装了新的水管后，地下室很潮湿而还发着霉（Pichert & Anderson，1977，p. 310）。

你可能记得这个故事的不同细节，这基于你是否从一个潜在的房屋购买者还是窃贼的角度来读（R. C. Anderson & Pichert，1978）。而在购买者和窃贼之间上演着不同的先验图式和脚本。

就像我们在第 8 章提到的那样，人类记忆系统通常会遇到超出处理限度的信息。先验图式和脚本提供了一个减少信息的超负荷的方式：他们帮助人们把注意放在重要的事情上，忽视不重要的事情（Ramsay & Sperling，2012；Schraw，2006；Sweller，1994）。先验图式也有助于人们理解不完整的信息。因此，个体可能“记住”他们不常遇到的事情，并且会使用他们既存的先验图式和脚本将那些事件填补完整（Farrar & Goodman，1992；Huttenlocher & Lourenco，2007；Kardash，Royer & Greene，1988；P. T. Wilson & Anderson，1986）。

作为一种帮助我们理解我们如何组织过去经验和使用我们所学习的知识来预测和解释未来经验的方式，先验图式理论有着直觉吸引力。但是，它的模糊性受到批评；例如理论家没有精确或连贯地定义什么是先验图式和脚本（Dansereau，1995；Mayer，2008；R. E. Reynolds，Sinatra & Jetton，1996）。此外，尽管我们有理由假设人们依据他们遇到的特定物体和事件来形成和修订先验图式和脚本，但是，发生这种学习的认知过程并不清楚。

先验图式和脚本通常与特定物体和事件相关。另一个概念——个人理论——在更广泛的程度上，能够帮助我们理解人们如何组织他们的知识和信念。

个人理论

许多心理学家假设人们对于周围世界的许多方面，如物理现象、生物现象、社会关系、政治实体和心理事件会形成一般的理论，这是包括因果关系的有条理的信念系统（例如，D. E. Brown & Hammer，2008；Flavell，2000；Inagaki & Hatano，2006；Torney-Purta，1994；Wellman & Gelman，1992）。为了区分于科学家基于大量研究证据而构想的理论，我把它们叫做**个人理论**（personal theories）①。

这种人们如何组织知识的观点有时候被叫做 246
理论的理论（theory theory）。不，你并没有看到重复。我们在讨论关于人们日常理论的理论观点。为了举例，花一分钟来读图10—9的两个场景，并回答每个场景下的问题。

（1）医生拿出一个这样的咖啡壶：

他们锯下把手，盖上盖子，拿下顶部的旋钮，关上并密闭喷口。他们也锯掉底部，又加了一块扁平的金属。他们加上了一小条金属，从里面开了一口窗，并且用鸟食填充这个金属容器。当一切就绪后，它就成了这样：

问题：操作完成后，这是一个咖啡壶还是喂鸟食器？

（2）医生带来这只浣熊：

开始修剪一些皮毛。他们把浣熊剩下的皮毛染成黑色。从浣熊的背中央开始到尾部，用漂白剂染出一条白色的条纹。然后，对其做手术，他们在浣熊的体内植入一个气味（就如臭鼬身上的）很难闻的液囊，当一切完毕后，这个动物就成了这样：

问题：经过这个过程，这是一只臭鼬还是浣熊？

图10—9 医生做了什么

资料来源：Based on Keil，1989，p. 184.

你可能得出的结论为咖啡壶变成了喂鸟食器；但是不管其根治手术，浣熊仍然是浣熊。即使四年级的学生也能得出这些结论（Keil，1986，1989）。现在，咖啡壶变成完全不同的东西，而浣熊怎么可能没有变呢？

人们形成的概念部分受到他们已有的关于世界运行理论的影响（Gelman & Kalish，2006；Keil，1994；Medin，1989）。例如，小孩，甚至是婴儿，似乎都能基本区分人造物体（如咖啡壶和喂鸟食器）和生物实体（如浣熊和臭鼬）（Gelman & Greif，Kemler Nelson，Keil & Gutierrez，2006；Mandler，2003）。此外，小孩似乎 247
以根本不同的方式来概念化这两个：人造物体主要根据它们的使用功能来定义（如热咖啡或者喂鸟）。而生物实体主要根据它们的起源来定义（如生它们的父母或者它们的DNA）。因此，当咖啡壶里装的是鸟食而不是咖啡时，它就成了喂鸟食器，因为事实上，它的功能改变了。但是，当浣

① 一些理论家称之为民族理论（民间理论）或替代架构（例如，Brewer，2008；Halldén，Scheja & Haglund，2008；Inagaki & Hatano，2006）。

熊做手术变得看起来像臭鼬时，它仍然来自浣熊父母和其 DNA，因此，它不可能是臭鼬（Keil，1987，1989）。沿着相似的思路思考，如果你有一只黄雀，你将其涂成蓝色或给其穿一件蓝知更鸟的外衣，甚至学前的儿童都会说你不能将一只黄雀变成一只蓝知更鸟（Keil，1989）。

儿童在几个月大时，远早于儿童在学校学习正式的科学理论之前，世界理论就出现了。例如，在第 2 章我们讨论核心知识时，我们看到证据显示 3～4 个月的婴儿已经开始形成一个或多个有关物理世界的理论：他们惊讶于固体能被悬挂在半空中或者直接穿过其他物体。由此可见，他们早期的物理理论明显地包括对重力的基本理解，以及对在特定时间仅有唯一物体占据一个特定位置的原理的理解（Baillargeon，1994；Spelke，1994；Wynn & Chiang，1998）。

人类，事实上许多动物物种，似乎对学习周围世界的因果关系有着强烈的兴趣（Gelman，2003；Keil & Newman，2008；Waldmann，Hagmayer & Blaisdell，2006）。因此，随着年龄增长，人们遇到许多新的经验和大量新的信息，他们会逐渐扩展和修订他们关于物理世界、生物世界、人类的社会性和心理方面的理论。当他们识别正在学习的概念的潜在定义特征时，他们关于世界的个人理论引导着他们（Gelman & Kalish，2006；Gelman & Koening，2003；Keil，1987，1989；McCauley，1987）。例如，如果你正在试图学习什么是马，你有的"它是一只动物"的知识将引导你得出结论：它的位置（在马厩、牧场、商场还是任何地方）是一个无关特征。相反，如果你正在试图学习什么是赤道，知道它在地图或者地球上的某处，这将会引导你猜想位置是最重要的特征。

更概括地说，个人理论帮助人们组织和理解个体经验、课堂主题和其他新的信息。尽管理论的理论一直备受批评，因为它仅对个人理论的性质、结构和起源提供了模糊的描述（K. Nelson，1996；Siegler & Alibali，2005）。然而，在帮助我们理解人们为什么有时候会曲解世界时，它非常有用。下面我们来探究这方面问题。

个人理论与现实

一些心理学家和教育学家认为我们从来不能完全地理解什么是"真实的"或者"正确的"世界，因为知识和推理过程是构造的，而固有的人造实体也是这样的（例如，Lakoff & Núñez，1997；von Glasersfeld，1995）。① 即使如此，理解世界的一些方式一定比另一些方式更有用，因为它们与系统的科学研究相一致，并能够使我们以极高的准确率来预测未来事件（Chinn，1998； 248
P. K. Murphy & Alexander，2008；Tobin & Tippins，1993）。

儿童形成的个人理论并不总是与特定领域的专家形成的理论相一致。例如，什么是雨？这里是一个 7 岁的儿童解释的：

> 乌云觉得太热了，有一天，它们开始流汗。我猜它们开始流汗，然后，汗水掉下来。（Stepans，1991，p. 95）

雨点落在其上的地球是什么形状？一些五年级的学生可能告诉你"它是圆的，像一块厚的煎饼"，或者像一个中空的球体，而我们就住在里面（Brewer，2008；Vosniadou，1994）。

即使是成人也并不总是直接获得事实（Brewer，2008；Chi，2008；Losh，Tavani，Njoroge，Wilke & McAuley，2003）。例如，我的丈夫（以前是一位地理学教授）告诉我在大学地理课上，一些学生认为河流总是从北流向南（毕竟，水总是"向下流"），并且，北美五大湖是咸水湖。我也在我的大学课堂上发现了错误概念，例如，学生认为负强化包括厌恶刺激的呈现（见第 4 章的正确解释），也相信机械学习比有意义学习更有效（Lennon，Ormrod，Burger & Warren，1990）。许多成人，即使他们学过物理，也认为为了使物体在空间持续运动，个体必须持续对物体施加力的作用，这个观念与物理学原理惯性不一致（Chi，2008；diSessa，1996）。

图 10—10 列出了研究者观察到的儿童和一些情境下的成人所拥有的一些错误概念。人们关于世界的错误概念可能有各种来源。有时候，错误概念来源于事物看似所表现的样子：例如，我们的观念认为生存在地球的表面，太阳看起来绕着地球旋转，而不是相反的情况。有时候，错误概念是由语言中的通俗表达造成的：例如，我们经

---

① 这个有时被称为激进建构主义视角。

常说太阳“升起”和“降落”。有时候，人们在两个事件之间错误推理因果关系，仅仅是因为事件经常同时发生，这是将相关关系曲解为因果关系的问题。也许，童话故事和流行的电视卡通在促成错误概念方面也发挥了作用。例如，在卡通“反派”跳下悬崖之后，他们通常悬在空中直到他们意识到没有坚实的东西可以支撑。不幸的是，有时候学生从教科书和老师那里获得错误概念。例如，几何学课本经常把矩形画得又长又细，平行四边形是倾斜的，即使一些矩形是方形的，一些平行四边形是矩形（A. C. Butler，Zaromb，Lyle & Roediger，2009；Byrnes，1996；diSessa，1996；Glynn，Yeany & Britton，1991；Marcus，2008；Masters et al.，2010）。

当学生对一个特定现象有极少的错误概念时，帮助他们获得更加复杂的关于这一现象的理论是一个非常直接的过程，我们在下一个部分会讨论这个问题。然而，当学生对主题有更多根深蒂固的错误概念时，帮助他们获得科学而可接受的理解就更困难，正如我们在后面讨论的概念改变。

249 **生物学**

◆ 植物用它们的根从土壤里吸收“食物”（如水、营养物质）（K. Roth & Anderson，1988；Vosniadou，Vamvakoussi & Skopeliti，2008）。（从生物学的观点来看，植物通过光合作用产生自己的食物。）

◆ 视觉是从眼睛向外移动到被看见的物体（Winer & Cottrell，1966；Winer et al，2002）。（事实上，反过来才是正确的：光线将物体反射到眼睛里。）

天文学

◆ 太阳围绕地球转。它早晨“升起”，傍晚“降落”。此时，它“到达”地球的另一面（Vosniadou，1991；Vosniadou & Brewer，1987）。

◆ 地球形如一个圆而平的盘子，而人们就居住在它的顶部，或者像一个中空的球体，而人们就居住在它中间的一个水平面上（Brewer，2008；Vosniadou et al.，2008）。

◆ 空间有绝对的“上”和“下”；站在南极的人会从地球上掉下去（Sneider & Pulos，1983；Vosniadou et al.，2008）。

气候学

◆ 四季是地球远离太阳的结果；夏天的时候离太阳近些，冬天的时候要远些（V. R. Lee，2010）。（事实上，与离太阳的距离大多无关，季节是太阳光线以不同的角度照射到地球不同表面的结果。）

物理学

◆ 物体的存在是有目的的。例如，有些岩石很尖锐，这样，当住在附近的动物发痒的时候，它们就能够来摩擦身体（Kelemen，1999，2004）。

◆ 任何运动的物体都有力作用在它的上面。例如，扔在空中的球继续被扔的力向上推直至它开始下落（Chi，2008；diSessa，1996）。（事实上，当去改变物体的方向和速度时才需要力的作用；否则，惯性在起作用。）

◆ 如果一个宇航员在外太空旅行时打开机舱，他或她会被空间的真空吸出（Haskell，2001）。（事实上，宇航员将会被宇宙飞船内的空气吹出。）

数学

◆ 乘法运算通常生成更大的数字（De Corte，Greer & Verschaffel，1996）。（这个原理只有在乘数大于 1 时才是正确的。）

◆ 除法运算通常生成更小的数字（Tirosh & Graeber，1990；Vosniadou et al.，2008）。（这个原理只有在除数大于 1 时才是正确的。）

◆ 矩形的宽必须不同于长（而不是四条等长的边）；平行四边形必须是斜的（而不是有直角）（Masters et al.，2010）。

地理学、历史学和社会研究

◆ 国家或州的边境线在地球上是标示的（H. Gardner，Torff & Hatch，1996）。

◆ 侵蚀主要发生在过去；例如，大峡谷就不再侵蚀（Martínez，Bannan-Ritland，Kitsantas & Back，2008）。

◆ 早期的人类居住在恐龙时代（Brophy，Alleman & Knighton，2008）。

◆ 哥伦布是第一个相信地球是圆的而不是平面的人（Hynd，2003）。

◆ 人们贫穷仅仅是因为他们没有足够的钱买下一个工作。给一个穷人少量的钱就会使这个人变富裕（Delval，1994）。

◆ 人们能通过外表的改变从一个社会阶层进入另一个阶层，也许是通过将破衣烂衫变成漂亮的衣服、皮毛和珠宝（Delval，1994）。

图 10—10　常见的错误概念例子

促进理论发展

因为个人理论（像所有的理论一样）是整合的知识组织，增强这种整合的长时记忆储存过程——如有意义学习、内部组织和精细化——当
250 然能丰富这些理论。心理学家和教育者也提出了额外建议：

◆ *物理模型能帮助学习者把各种想法联系到一起。*在一些情境中，学习者的个人理论包括反映了外部现实的结构的**心理模型**（mental models），这是特定概念和原理如何相关联或特定系统如何工作的表征（Clement，2008；Mayer，2010a）。教育者可通过呈现模型的物理版本，也许以流程图的方式来展示电脑程序的步骤，或一个图表来说明滑轮是如何帮助人们举起重物的，或一个三维的双螺旋来解释 DNA 的结构，再或者一个电脑模拟来还原电动机是如何工作的，来促进精确模型的形成（Carney & Levin，2002；Mayer，2010a；Reiner et al.，2000）。

◆ *团体互动能增强学习者的理论理解。*通常，当学习者讨论一个观察到的现象，交换观点并建立另一个想法时，他们会获得更加深刻而精细的理解（例如，O'Donnell & King，1999；C. L. Smith，2007；Vosniadou et al.，2008）。我们将在第 13 章更仔细地讨论团体互动的性质和益处。

◆ *即使一些个人理论和心理模型并不完全正确，也是有帮助的。*有时候理论和模型即使不能精确地反映专家相信的事件真相，也能帮助学习者理解和预测现象。例如，在第 8 章，我呈现了记忆的双重储存模型，并且我继而指出工作记忆和长时记忆是不同的实体。研究发现不断揭示出双重储存模型过度简化了人类是如何认知和记忆的（见第 8 章“对双重储存模型的挑战”部分）。然而，区分工作与长时记忆是有用的举措，能够帮助我们预测学生在课堂上可能怎样学习和表现。相似地，热流模型认为热的物质加热冷的物质是因为热量从一个物体传导至另一个物体，这并没有准确抓住热的分子性质：热物质的分子运动要快于冷物质。然而热流概念经常能帮助学生对气温做出合理而准确的预测，并且，当学生只有有限能力去抽象思考热量性质时，尤其有用（M. C. Linn，2008；M. C. Linn & Muilenburg，1996；Reiner et al.，2000）。

然而，这个观点也是有限的。当学习者理论和模型基本不同于专家观点时，它们会严重破坏新的学习。在这种情境下，概念改变就很必要，下面我们会考虑这个问题。

世界观

人们的个人理论与特定领域的特定现象有关，例如，他们可能与人类记忆是如何工作或者物理物体是如何在空间交流的基本理解有关。相反，**世界观**（worldview）是关于现实的信念和假设的一般集合，是关于事物是怎么样的和应该是怎么样的，这会影响对很多现象的理解（Koltko-Rivera，2004）。以下是一些例子：

251 ◆ 生命和宇宙的形成是自然的随机作用的结果，或是神的计划和目的的一部分。

◆ 物体（例如岩石、树等）本质上有某种程度的意识或者不能进行意识思维。

◆ 人类受到自然力量的支配，或者说必须学会与自然和谐相处，抑或说力图掌控自然力量。

◆ 通过依靠科学原理和逻辑推理过程，或者通过寻求在科学和逻辑思维之外的指导和支持，个人的幸福感最易获得。

◆ 人们在生活中的成功和失败来源于他们自己的行为或神的干预或命运或者随机事件。

◆ 人类世界是公平和公正的（例如，好的行为最终带来奖赏，错误的行为最终被惩罚）或者不一定公平和公正。（M. Cole & Hatano，2007；Furnham，2003；Koltko-Rivera，2004；Medin，2005）

在很大程度上，这些信念和假设是文化传播的，不同文化通过成人间和成人与儿童间的日常互动交流着不同的信念和假设（Astuti，Solomon & Carey，2004；M. Cole & Hatano，2007；Koltko-Rivera，2004；Losh，2003）。不同宗教团体的沉浸也会产生影响。例如，有些人坚定地相信人类是神的计划和目的的一部分，拒绝人类的进化起源，认为这是愚蠢的（Evans，2008；Losh，2003）。

世界观常是人们日常思考的整合部分，人们

认为其理所当然，并且不常意识到它们。在许多情景中，世界观会包含内隐的而非外显的知识。然而，他们影响了学习者对日常事件和课堂主题的解释。考虑以下这些例子：

◆ 1992年夏天，一场猛烈的飓风席卷了南佛罗里达州之后，许多四和五年级的学生把飓风归因为自然因素，但是，一些已经从家庭成员、邻居和教堂人员那里听过其他解释的学生则相信人们的行为或者超自然的力量对飓风的来源和破坏性起着重要作用（O. Lee，1999）。

◆ 当美国高中学生谈论美国历史时，欧裔美国人倾向于把历史事件描述为产生了公民的自由、平等和民主。非裔美国人更倾向于把历史事件描述为造就了或者维持了种族主义和压迫的态度和经历（T. Epstein，2000）。相似地，美国成人对早期土著人和欧裔、墨西哥裔美国人之间的对抗持有很不同的观点。从阿帕切人的观点来看，殖民者是野蛮人，他们没有忏悔之心地猎取人类；但是，从欧裔、墨西哥裔美国人的观点来看，早期的土著人是没有法律意识的民族，他们毫无羞耻之心地掠夺他人的私人财产（Jacoby，2008）。

◆ 当美国高中学生读到关于祷告在公立学校的合适性的新闻报纸时，一些人认为远离祷告的趋向是一种向更大的宗教自由"迈进"的标志。但是，一些深信基督教的人则将这种趋势视为一种"后退"：这反映了国家对宗教传统的抛弃（Mosborg，2002）。

在一些情景中，学习者不同的世界观可以并必须适应课堂课程和活动的情景。但是，在一些情景中，某个世界观可能阻碍学习者对重要课堂主题的掌握。在这些情景中，对老师的挑战是引 252
导概念改变，这是我们的下一个话题。

概念改变的挑战

有时，用一个信念代替另一个信念是非常直接的。例如，如果你认为我的生日是1月1日，那么我会简单地告诉你，我的生日不是1月1日，那是我哥哥的生日，我的是8月22日，你会很好地做出心理调整。但是，当一个信念或者错误概念是更大的理论和世界观的一部分时，就需要做大检修。用另一个可能更加适合的个人理论或者信念系统来代替以前的理论或系统的过程被称为**概念改变**（conceptual change）①。在这儿。不要让术语概念误导你：我们主要谈论的是改变相互紧密联系的观念群而不是单个的、孤立的概念。

由于非正规经验和正规教学的结果，成长中的儿童和青少年通常经历了许多主题的概念改变（J. A. Dixon & Kelly，2007；Vosniadou，2008）。然而，课堂研究表明所有年龄的学习者非常顽固地坚持关于世界的某些错误概念和适得其反的信念，即使在大量教导明显地反驳了他们后，情况也是如此（Chambliss，1994；Chinn & Brewer，1993；Vosniadou，2008；Winer，Cotterll，Gregg，Fournier & Bica，2002）。为什么学习者的适得其反的信念难以改变？理论家给出了如下一些可能的解释。

◆ *学习者已有的信念影响了对新信息的解释。*得益于有意义学习和精细化过程，这种过程通常能促进学习，学习者更可能以与他们"已知的"世界知识相一致的方式来解释新的信息，因此，他们继续相信一些或者所有的信念（Brewer，2008；Kendou & van den Broek，2005；Porat，2004）。

◆ *大多数学习者有确认偏差。*所有年龄的学习者（包括大学生）倾向于寻找符合他们已有信念的信息，忽视或怀疑任何矛盾的证据，这种现象叫做**确认偏差**（confirmation bias）（Chinn & Brewer，1993；Kunda，1990；P. K. Murphy & Mason，2006；E. R. Smith & Conrey，2009）。例如，当学生在高中实验室观察到与他们期望相矛盾的现象时，他们可能抱怨："我们的器材不能正常使用"或者"我不是搞科学的料"（Minstrell & Stimpson，1996，p. 192）。

◆ *学习者已有的信念经常与他们的日常经验相一致。*对物理现象的准确解释（如物理学中普遍接受的原理或者理论）可能非常抽象，并难以

① 一些理论家使用术语概念改变来讨论单个信念或信念群被其他信念替换的任何情景，甚至是修正个人生日那样简单的情景。他们也会涉及更加广泛的改变，进行大检修，正如彻底的概念改变、重构、改造。

联系日常现实（P. A. Alexander，1997；D. B. Clark，2006；Wiser & Smith，2008）。例如，尽管物理学认为所有的物质有重量，但是，一小片聚苯乙烯泡沫塑料几乎感觉不到重量（C. L. Smith，2008）。尽管惯性定律告诉我们使物体产生运动需要力的作用，保持运动状态并不
253 需要，但我们从经验中发现如果我们想移动地板上一个很重的物体，我们必须持续推它，直至到达目的地（Driver，Asoko，Leach，Mortimer & Scott，1994）。想想牛顿第二定律：力是质量和加速度的产物（$F=ma$）。这个定律告诉我们力必须总是需要加速度，但许多人很难把自己的观察与这个观点联系起来。在学习大学物理导论课时，一位年轻女士这样表达了她的困惑：

> 我希望是正确的，但这是不可能的，你知道的……因为这些愚蠢的力的公式，我不知道为什么我开始怀疑我自己……我的意思是当我们在谈论这些公式时，我想让我认为合逻辑的与我学的和你会的之间讲得通。我意思是你学习这些公式并且把它们应用到所有的问题中。但是当你认为某事是正确的，我的意思是说，它对我而言是如此合理，争论它是很疯狂的。你看，如果你施加一个持续的力来推它，你看到它移动，它没有开始加速运动。（diSeasa，Elby & Hammer，2003，pp. 275－276）。

◆ *一些错误信念整合为一个紧密的整体，许多相互关系存在于各种观点中。*这种例子里，改变错误概念包括改变一个完整组织的知识体系——整个理论和世界观——而不是单独的信念（Derry，1996；Koltko-Rivera，2004；P. K. Murphy & Mason，2006；Vosniadou et al.，2008）。例如，太阳围绕地球转的信念可能是一个更一般的地球中心论的一部分，也许还包括月亮、恒星和其他天体也围绕地球转。事实上，当然，月亮围绕地球转，地球围绕太阳转，并且，不管怎样，其他的恒星不是很明显地与地球相关。然而，地球中心论更容易理解和接受（至少，表面上是如此），一切都配合得很好。

◆ *学习者可能看不到新信息和他们已有信念之间的不一致。*在许多情景中，人们学习新信息时，不能抛弃已有的信念，以至于长时记忆同时容纳了不一致的观点（Keil & Silberstein，1996；Mintzes，Trowbridge，Arnaudin & Wandersee，1991；Ohlsson，2009；Winer & Cottrell，1996）。有时，这种情况发生是因为人们在机械的水平上学习新信息，没有与他们已知道的和相信的知识相关联（Chambliss，1994；Kendeous & van den Broek，2005；C. L. Smith，2007）。有时，已有信念是不能被意识到的内隐知识，也会发生这种情况（Keil & Siberstein，1996；Strike & Posner，1992）。在任何一种情景中，学习者都没有意识到他们所学的新事物与他们已有的信念相矛盾，在解释新情境时，他们会继续采用以前获得的信念（Champagne，Klopfer & Gunstone，1982；Hynd，2003；Luque，2003）。

◆ *学习者可能对他们已有的信念有个人的或情绪的投入。*由于某种原因，学习者可能特别坚信某些信念，坚持认为："我坚信这个理论！没有人可以让我改变！"（Mason，2003，p. 228）有时，他们的信念可能是他们的宗教、生活方式和文化必不可少的一部分（Chambliss & Garner，1996；Porat，2004；Southerland & Sinatra，2003）。有时，学习者可能把对他们信念系统的挑战解释为对他们的自我效能、总体自尊和一般幸福感的威胁（Gregoire，2003；Feinberg & Willer，2011；Linnenbrink & Pintrich，2003；D. K. Sherman & Cohen，2002）。

◆ *有时候学习者已有的信念受到社会环境的支持。*如果学习者支持网络中的他者（如个体的家庭、同伴、宗教团体或者政党）拥有特定的信念集合，学习者将没有理由抛弃这些信念（Evans，2008；Hatano & Inagaki，2003；Porat， 254
2004）。我们甚至在受到良好教育的学术团体中也会看到社会环境的影响。例如，在 20 世纪初期，在北美心理学界占统治地位的行为主义鼓励大多数初露头角的心理学家采用"S-R"模型来学习，鼓励其坚决拒绝审视明显不可观测的现象思考的任何建议。

促进概念改变

当学生对特定主题的已有信念很少时，帮助他们获得更精细深刻的理解是相对容易的。但是，当他们对主题有许多天真的信念和错误概念时，帮助他们掌握与当前科学思维相一致的解释更加

困难。在后一种情境中，老师面临双重挑战：他们不仅要帮助学生学习新事物，而且要帮助他们不学习，或者至少抑制，一些他们已有的信念（Hynd，2003）。理论家和研究者提供了一些建议来使学生踏上概念改变之路：

◆ *在教学之前，老师应该确定，对某一主题，学生目前拥有什么信念和错误概念。*当老师知道这些信念是什么时，能更容易弄清楚学生适得其反的信念（P. K. Murphy & Alexander，2008）。因此，一节课应该以非正式提问或正式的预备考试开始，以探查学生对课堂主题的当前观点。下面的对话说明了如何合乎程序地进行探查式提问：

> 成人：雨是什么？
>
> 儿童：它是当云蒸发时从云里掉出来的水。
>
> 成人：“云蒸发”是什么意思？
>
> 儿童：那是指水上升到空中，然后变成云，然后当云在那里变得很重时，水就掉下来，他们就叫它雨。
>
> 成人：是水停留在空中吗？
>
> 儿童：是的，当下雨的时候就出来。云太重了。
>
> 成人：为什么它会变得很重？
>
> 儿童：因为那里有太多水。
>
> 成人：为什么会下雨呢？
>
> 儿童：因为水变得很重，然后就掉下来。
>
> 成人：为什么不是所有的都掉下来？
>
> 儿童：嗯，因为它就像是一个盐瓶，当你把它倒过来的时候，每次一点点地掉下来。它不是立刻所有的都掉下来，因为那里有小洞，它就会掉下来。
>
> 成人：空中的小洞是什么？
>
> 儿童：嗯，是在云里放水出来的洞。（源自 Stepans，1991，p. 94）

像“盐瓶”这样的云概念与怎样下雨和为什么下雨的科学上可接受的观点是很难一致的。

有时，有效的老师探查包括挖掘出学生未说出来的对主题的内隐信念。例如，初中生和高中生会把数字看作用来计数的独立实体（如，1，2，3…），而不是某种所有可能数量的连续体；这种
255 对数字的过度简单化理解会破坏学生理解和使用分数、小数和负数的能力（Vosniadou et al.，2008）。大学生可能把热、光和电等概念当作物理物质，而不是出现的动态过程（Slotta & Chi，2006）。在这种情况下，教学可能需要协调而持续的努力来帮助学生重构旧的、似乎熟悉的概念，从而使学生能够产生更灵敏和创造性的想法和学习——一种思维转换，如果你可以（Chi，2008；Clement，2008）。

◆ *学生应该以有意义的方式而不是机械的方式来学习正确的信息。*只有当学生试图去联系新旧信息时，他们才会注意到新信息和先前信念之间的不一致。用加工水平的术语来说明，如果学生遇到新资料时，深入地加工这些资料，也就是说，如果他们积极地参与学习，真正试图来理解呈现的信息，就最有可能修正错误概念。这样，当教学深度关注一些关键观念，而不是肤浅地覆盖许多主题时，最有可能鼓励有意义学习，促进概念改变（D. B. Clark，2006；diSessa，1996，2008；C. Howe，Tolmie，Greer & Mackenzie，1995；M. C. Linn，2008；Pintrich，Max & Boyle，1993；Slusher & Anderson，1996）。

在第9章中，我提到将类比作为一种潜在有效的方式来帮助学生把新观念与他们的已知联系起来。假如学生没有画出合适的平行线，仔细选择的类比常有助于引起概念改变（D. B. Clark，2006；Clement，2008）。例如，科学课上，如果学生对下面的观点存在抗拒，即桌子和放在上面的书相互之间有力的作用，桌子对书有向上的支撑力，书有向下的压力，老师可以首先将一本书压在一根弹簧上（此时，向上和向下的力体现得很明显），然后，将书放在泡沫垫上，再然后，将书放在一个细的、可弯曲的木片上，最后，将书放在一张硬桌上（Clement，2008）。

◆ *学生有时候能够基于已有理解来有效地建构事实的核心。*学生当前理解经常有种部分正确—部分错误的性质（diSessa，1996，2006，2008）。例如，在前面的关于雨的提问—回答部分，儿童正确地理解了云有水，蒸发会包括在水循环中，雨是悬浮在空中的水变得太重而下落的结果。这些知识为进一步教学提供了一个好的起点。例如，解释蒸发发生在水循环中的哪一阶段（即在云形成时）以及云实际上是水而不是调味瓶一样的水容器，都很重要。

◆ *当学生们相信修改是合乎程序时，更可能*

修改当前思维方式。许多理论家提出：当学习者遇到明显与他们当前所信相矛盾的证据时，概念改变最有可能发生。这些矛盾的证据能够造成一种心理不舒适感，一些理论家叫做心理失衡，一些人称之为认知失调（分别参见第 12 章和 16 章）。例如，一个一年级的老师想要挑战学生的信念，即岩石总是沉入水里。她给学生看两种石头，一小片花岗岩和一大片浮岩。浮岩是融化的岩浆冷却形成的，因为它有许多气囊，相对较轻，能够漂浮。老师在把石头放入水容器之前，要求同学预测结果，一个叫布丽安娜的女生预测两块石头都会下沉。结果，花岗岩的确下沉了，但是，浮岩却漂浮在水面。布丽安娜激动地叫道："不不
256 不，这不是真的！我不相信（学生双手抓着头），我不相信。"（M. G. Hennessey，2003，p. 121）

理论家为老师如何创造心理失衡并鼓励学生对付它提供了一些建议：

- ◆ 提出挑战学生当前信念的问题。
- ◆ 呈现给学生不能用已有的观点来充分解释的现象。
- ◆ 要求学生预测在不同情境中会发生的事情，考虑到他们已有的信念、所作的预测可能是错误的。
- ◆ 鼓励学生进行实验来检验各种假设。
- ◆ 要求学生对困惑的现象提供可能的解释。
- ◆ 让学生讨论各种解释的利弊。

展示现象或事件的一个解释如何比另一个更貌似合理（即更有道理）。（Andre & Windschitl，2003；Chinn & Malhotra，2002；Echevarria，2003；Guzzetti，Snyder，Glass & Gamas，1993；Hatano & Inagaki，2003；C. Howe et al.，1995；P. K. Murphy & Mason，2006；Pine & Messer，2000；G. J. Posner，Strike，Hewson & Gertzog，1982；K. Roth，2002；C. L. Smith，2007；Vosniadou，2008）

这些策略包含许多教育方法，例如证明、动手实验、老师阐释和学生讨论。当然，对于促进概念改变，没有单一的"最好的"教学方法。

◆ *学生必须明确比较他们的已有信念和其他解释*。如果学生同时考虑两种观点，则更可能用更准确的理解来代替错误概念，而不是接受准确理解的同时保留错误概念。换句话说，错误和正确的信念应该同时存在于工作记忆中。遗憾的是，许多教科书作者似乎不明白这点：当他们呈现科学或历史上的新观点时，忽视了指出这些观点可能与学生当前的信念不一致。结果是学生在面对矛盾信息时，经常没有抛弃他们的错误概念（deLeeuw & Chi，2003；Kowalski，Tayler & Guggia，2004；Mason，Gava & Boldrin，2008；McKeown & Beck，1990；Otero，1998；Southerland & Sinatra，2003）。

鼓励学生比较各种信念和解释的一个策略是让他们谈论每个观点的优缺点（P. K. Murphy & Mason，2006；Siegler & Lin，2010；C. L. Smith，2007；Vosniadou et al.，2008）。教科书也可以呈现各种观点的优缺点。一个有效的方式是**驳斥性文本**（refutational text），即呈现对特定解释的反驳，然后，再怀疑。以这种方式，学生被说服去相信更好的解释，以后也"免于"接受反驳的观点（Hynd，2003；Kowalski et al.，2004；Mason et al.，2008；C. Shanahan，2004）。

◆ *学生必须渴望学习正确的解释*。当学生有深层加工和有意义学习的动机时，更可能这样做（Evans，2008；O. Lee & Anderson，1993；Pintrich et al.，1993）。至少，他们必须对主题感兴趣，相信它会帮助他们获得个人目标，瞄准掌握，并有充分的自我效能去相信自己能掌握（Andre & Windschitl，2003；Gregoire，2003；Sinatra & Mason，2008）。此外，学生不可以将新的、矛盾的信
息，视作会威胁到他们的自尊或者一般幸福感 257
（Feinberg & Willer，2011；Minstrell & Stimpson，1996；D. K. Sherman & Cohen，2002）。理想地来看，课堂应该在社会性和情感性上支持概念改变（Hatano & Inagaki，2003；Sinatra & Mason，2008）。例如，学生必须感到自信，相信当他们表达出有逻辑但不正确的想法时，老师和同学不会取笑他们，他们必须相信课程的最终目标是去理解课程主题而不是仅仅在测验和作业中表现优秀。当我们讨论第 16 章和 17 章的动机主题时，我们将会确定成功完成这些事情的策略。

一些理论家提出，有时候帮助学生理解新的解释比让学生相信和接受这些解释更容易，尤其是当主题涉及进化、死刑或者流产等有争议的问题时（Eagly，Kulesa，Chen & Chaiken，2001；D. Kuhn，Shaw & Felton，1997；Sinatra，Southerland，McConaughy & Demastes，2003；Southerland & Sinatra，2003）。也许，处理矛盾问题最保守的方法是帮助学生理解各种观点背后的推理过程，并理解支持与反对每个问题的证据，但是，需承认的是学生必须最终获得与他们自己的道德、宗教信仰相一致的结论（Sinatra et al.，2003；Southerland & Sinatra，2003）。

◆ 整个课程中，学生对特别顽固的错误概念的理解应该被监控。由于人类有根据他们“已知”的信息来再解释新信息的自然倾向，尽管老师尽了最大的努力，一些错误概念仍可能会持续下去。这些错误概念有时候是明显不正确的，有时候可能是“有点但不完全”正确。为了说明后一种情况，让我们来看涉及人类视觉和透明物体的一次班级讨论。当你读这个讨论时，记住透明的常见定义，即“你能看穿的东西”，它错误地暗示视力产生于眼睛并且向外穿过透明的物体。透明更准确的定义为“光线能够透过的物体”。拉姆齐女士在开始上课前，在教室前面的屏幕上，显示一幅类似于下图的图片。

拉姆齐女士：为什么女孩在墙边看不到车？

安妮：那个女孩在墙边看不到，因为墙是不透明的。

拉姆齐女士：当你说墙是不透明的，你的意思是？

安妮：你不能看穿它，它是固体。

258 布莱恩：［叫道］光线是不能穿透墙的。

拉姆齐女士：我更喜欢这个回答。为什么它更好呢？

布莱恩：光线从车反射出来并到达墙。它们不能穿透墙。

拉姆齐女士：光线最初从哪里来？

学生们：太阳。

安妮：那个女孩不能看到车是因为她站得不够远。

拉姆齐女士：因此，你认为是她的位置使她看不到车。［她点击屏幕到下一张幻灯片］谁的答案更好？

学生们：布莱恩。

拉姆齐女士：［注视着安妮］如果她到墙的另一边能够看到吗？

安妮：能。

拉姆齐女士：为什么？

安妮：墙阻挡了她的视线。

拉姆齐女士：是它阻挡了她的视线吗？它阻挡了什么？

学生们：光线。

拉姆齐女士：光线在做什么？

安妮：如果那个女孩站到墙的另一边，那从车反射出来的光线就不会被阻挡。（K. Roth & Anderson，1998，pp. 129－130）

注意拉姆齐女士是如何不满意于安妮最初的回答的，即墙是不透明的。通过进一步的提问，渐渐清楚安妮对不透明的理解远离了靶子：她谈到女孩不能“看透”墙，而不是光线不能穿透墙。随着拉姆齐女士继续坚持用准确的语言，安妮最终开始把光线纳入她的解释中（K. Roth & Anderson，1998）。

为了真正地促进概念改变，对学生当前理解的评估不应该仅仅限于让学生吐露事实、定义和公式，这些可能是学生以机械的方式记住的。当老师要求学生使用和应用他们所学的知识，就像拉姆齐女士在对话中所做的一样，更可能探测到错误概念（D. E. Brown & Hammer，2008；D. B. Clark，2006；K. Roth，1990）。

在评价学生更精准深入地理解课堂主题的进步时，老师必须记住概念改变并不总是发生在一瞬间。相反，它经常在一段漫长时间里逐渐发生，尤其是当它涉及彻底革新关于复杂而多维度主题的个人理论时，例如物质性质、力和能量、太阳系、进化等等。直到学生新获得的理解非常牢固，他们才能每一次做出矛盾的解释（V. R. Lee，2010；P. K. Murphy，2007；Vosniadou，2008）。

正如我们所看到的，老师能够做很多事情来促进学习者的概念改变。然而，最终，学习者自己控制着认知过程（有意义学习、内在组织、精细化等），使他们能够理解新想法和获得更精确的理解。学习者熟练地管理自己的学习努力和对学习某事意义的理解，是他们能修正对课堂主题的思考的关键因素。因此，在我们讨论了第 14 章的元认知之后，我们将会再次探讨概念改变的主题。

通常——但不总是——当学习者获得某个主题的大量知识时，他们会抛弃错误和适得其反的信念。我们现在看看关于某个主题的知识性质如何随着时间而改变，并可能逐渐地演变为真正的专业知识。 259

专业知识的发展

很明显，人们长时记忆里获得的信息会随时间不断增多。许多人最终获得某个特定主题的大量信息，我们就能说他们是所在领域的专家。然而，专家并不仅仅比同龄人知道得多，他们的知识在性质方面也不同于其他人。尤其是，他们的知识倾向于紧密地组织，他们知道的事物间有众多相互关系，有许多抽象的概括化来统一更具体的细节。这种性质能使专家更容易地提取他们所需要的事情，更建设性地解释新的领域相关性情境，去发现在看似多元的情境间的联系，更创造性和有效地解决问题（J. M. Alexander，Johnson，Scott & Mayer，2008；P. A. Alexander，1998；Bédard & Chi，1992；Horm，2008；Peskin，1998；Proctor & Dutta，1995）。

在掌握特定主题相关的知识的过程中，帕特丽夏·亚历山大（P. A. Alexander，1997，1998，2003，2004）认为可能存在三个稍有不同的阶段。在称为适应的第一阶段，学习者熟悉新的内容领域，也许是通过学习生物、经济或艺术历史的基础入门课程。这时，他们获得倾向于单独储存的大量事实。由于这些“片段式”学习，他们在开始系统学习之前可能保留许多错误概念。

第二个阶段，亚历山大称为能力，学习者获得相当多的关于主题的信息，也获得了一些有助于信息整合的普遍原理。因为能力阶段的学习者在学习的事物之间建立了许多的联系，所以他们能改正许多以前形成的特定错误概念。然而，保留的错误概念仍会影响他们对主题的思考。在能力阶段，学习者对主题的整个方法开始类似于专家；例如，他们可能开始“像历史学家那样思考”或者从事一些自己的科学研究。只有当人们深入学习特定主题之后，也许是通过修读大学专业、研究生学位或者好几年的专业经验，他们才能获得能力。

在最后一个阶段，专业知识阶段，学习者已经真正精通了他们的领域。他们知道很多主题知识，并且把这些知识紧密地整合成一个整体。现在，他们能开展研究，提议新的看事物的方法，解决问题，以及创造新的知识。只有在特定领域中经过数年的学习和经验积累后，专业知识才能形成。因此，极少的学习者能达到这个阶段。

因为在能力和专业知识阶段的知识是高度整合的，在这两个阶段的错误概念可能特别难以改变（P. A. Alexander，1998）。例如，让我们回到 260
第 7 章中对言语学习的讨论。起初，言语学习研究者（其中大多数的人在心理学领域有建树）试图用行为主义的模式解释人类基于语言的学习，这在当时是主导性的理论观点。几十年之后，随着大量证据表明行为主义原则不能解释某些现象，这些研究者才抛弃了 S-R 的解释模型，而采用更多认知元素的方式。①

亚历山大指出专业知识的发展不仅依赖于知识的获得，而且也依赖于有效的学习策略和对主题的强烈兴趣（也可见 Schraw，2006）。我们将在第 14 章指出许多有效的学习策略，在第 17 章检验兴趣的特定益处。

① 一般来说，只有在大量的证据和讨论与辩论之后，这些学术团体中的范式转变才会发生。范式转变的经典讨论，请参见托马斯·库恩（T. Kuhn，1970）的《科学革命的结构》（*The Structure of Scientific Revolution*）。

知识性质的归纳

这章我们已经讨论了许多长时记忆中知识的编码和组织的观点。现在，我们来做一些归纳。

◆ *在信息储存时会有大量多余。*我在本章的前面部分描述各种长时记忆组织形式时，提到过里普斯和他同事的一个特别的研究发现（Rips et al.，1973）：一般来说，人们确定“牧羊犬是一种动物”比确定“牧羊犬是一种哺乳动物”更快。长时记忆“空间”更经济的使用是去仅仅记住牧羊犬是哺乳动物和哺乳动物属于动物；从这两条信息，个体能够逻辑推论出牧羊犬是一种动物。特地储存“牧羊犬是动物”这一事实会和长时记忆中的其他信息造成多余。但是，如果我们有足够的“空间”，为什么不用各种方式来储存相同的信息呢？这也便于我们以后需要时进行提取。

就像我们提到的，相同的信息可能以两种或者更多不同的形式进行编码，例如，词语和视觉形象编码（回忆例子：在树旁，有一辆带有雪橇架的汽车）。不同的编码形式促进对主题的不同思考（Eisner，1994；Saloman，1979/1994）。一张图片有时候能抵得上千言万语，因为它描述了任何其他形式无法捕捉的空间关系。然而，言语和意义更容易使我们用空间表征不能提供的方式（也许是通过它们的共同性质）来联系相似的想法。

◆ *我们大多数知识是经验的总结，而不是特定事件的信息。*我们大多数知识本质上是语义的，而不是情景的。在生活中，我们持续将我们许多特殊的经历整合到与经验相独立的关于世界的一般知识中。

261 概念就是我们如何总结遇到的物体和事件的一个好例子。例如，你可能已经形成了一个概念，它包括你已经看到的许多事物，有如下特征：

- 比大多数成人更矮和更宽。
- 被一种短的、有毛的物质覆盖。
- 一端附着外形类似于画笔的物体。
- 另一端附着凹凸的东西，有四个向上伸出的尖角（两个松软，两个坚硬而周围弯曲）。
- 从地上撑起四根细长的棍子，每头有两根。
- 通常在牧场和谷仓处可看到。
- 总是吃草。

毫无疑问你会给这些长得相似的物体贴一个特定的标签：奶牛。

总结我们所学的事物，概念有不少优点：

- 概念减少了世界的复杂性（Bruner，1957；Sokal，1974）。对相似的物体和事件进行分类，可使生活简单、易于理解。例如，当你驾车行驶在乡村路上时，你很容易想到“会有一些牛”，而不是想到“我看到一个棕色的物体，身上覆盖着毛，附着一根画笔和一个凹凸不平的东西，被四条棍子支撑着。噢，是的，我也看到了一个有黑白斑点的物体，身上覆盖着毛，附着一根画笔和一个凹凸不平的东西，被四条棍子支撑着。并且在那儿还有一个棕白色斑点的物体……”。
- 概念允许对环境的抽象（Bruner，1966；Ferrari & Elik，2003；Pinker，2007）。身上覆盖着毛，附着一根画笔和一个凹凸不平的东西，被四条棍子支撑着的物体是一个非常具体的事物。然而，概念“牛”则更加抽象，包含了如“雌性的”、“牛奶供应方”这样的性质，对奶农而言，是“经济资产”。概念和标签允许个体在想到它们时，不必考虑所有具体的物理特征。
- 概念增强了思考的力量（Bruner，1966；Oakes & Rakison，2003；Pinker，2007）。当你想到身上覆盖着毛，附着一根画笔和一个凹凸不平的东西，被四条棍子支撑着的物体时，你几乎想不到别的东西。用当代记忆理论来解释这点，就是你的工作记忆的容量已被塞满。但是，当你仅仅想奶牛时，你也能同时想起马、狗、山羊和猪。
- 概念促进了对新情境的推理和归纳（Halford & Anderson，2006；Mandler，2007；Sloutski，Lo & Fisher，2001；Welder & Graham，2001）。当我们学习一个概念时，我们把它与某些性质相关联。然后，当我们遇到一个新的概念例子时，我们就能利用关联特征的知识来做出假设并推论新的例子。例如，当你驾车行驶在乡村路上时，如果你看到一群牛，你会假设你正经过奶牛场或牧场，这取决于你是否在两条细长的棍子之间看到悬挂着的巨大的乳房。如果你买一盆盆栽花，你就知道你必须定期给它浇水，因为你已经了解过概念花：它需要水才能存活。幸亏有了概念，我们才不必在每一个新情境中摸爬滚打。

● 概念使我们更容易联系我们所知的事物（Bruner，1957；Goldstone & Johansen，2003）。一旦我们以概念的形式凝缩和提取了信息，我们
262 就能很容易将它们在长时记忆中联系起来。例如，我们能够以家族的方式将概念牛与概念公牛和牛犊相关联以及以等级的方式将哺乳动物、动物和生物相关联。

然而，我们必须记住我们对世界的总结有时候会让我们犯错。例如，当我们把一种新的刺激确定为一个特定概念的正例时，我们可能对其做出反应，就如我们对概念的任何其他例子一样。在这个过程中，我们可能忽视了特定刺激的独特性质。此外，如果我们错误地确定一个刺激，我们对它的反应就可能是不合适的。我想起当我是一个小孩时，曾试图去用方木块当四轮马车的轮子。称这些木块为轮子是一种不准确的分类，就像你想的那样，我的马车不能顺利地移动。最后，在一些情境中，我们可能对我们的经验进行过分分类。例如，当我们对特定群体（也许是特定性别、种族和文化背景的人）形成**刻板印象**（stereotypes）时，我们就可能对特定团体成员倾向于如何行为做出许多不准确的推论（Gelman，2003；Medin et al.，2007；L. J. Neson & Miller，1995；Oskamp，2000）。

◆ *在大多数情境中，整合的知识比片断的知识更有用。*当我们整合我们所知的事物时，我们更可能做出超越我们所学的特定事物的推论。此外，就像我们在下一章讨论的，组织化的信息比起未组织的信息更易于回忆（提取）。

许多当代的学习理论家强调比起仅仅教授孤立的事实，教授整合知识更重要，这些知识包括普遍原理、因果关系等等。例如，在数学课中，老师应该帮助学生一方面在数学的一般概念和原理间建立联系，另一方面在解决数学问题的特定步骤间建立联系（Carr，2010；Hiebert et al.，1997；Rittle-Johnson，Siegler & Alibali，2001）。当学生学习特定的数学步骤（例如，如何做长除法或者如何通过公分母相加两个分数）与总体数学逻辑的联系时，他们更可能合理地应用问题—解决的步骤，当他们获得了非逻辑的并且可能错误的问题解决办法时，会识别出来。

◆ *对一些主题的深入学习比对许多主题的表面学习更有益。*历史上，许多人认为学校可促进文化素养，帮助儿童学习“有教养的”人应该知道的知识（Hirsch，1996）。当西方国家的成年人听到很多孩子竟不知道法国首都，也不能列出太阳系的行星，或者不知道是谁写了《罗密欧与朱丽叶》时，常常很沮丧。

当然，某种程度上而言，学校教育应该帮助孩子获得他们生活的世界和文化的基本知识，能使他们更加全身心和有效地参与到社会活动中（参见 Hirsch，1996）。然而，如果学校只关注传递孤立的事实，整合的世界知识就不可能发展。近些年，许多专家已经建议老师应更加注重于深入教授一些主题，而不是表面地覆盖许多主题（例如，Brophy，Alleman & Knighton，2009；M. C. Linn，2008；Sizer，2004；G. Wiggins & McTighe，2005）。他们提倡**少即是多**（less is more）的观点：当学生接触学习更少的材料时，他们就能学习得更透彻、更完整，理解得更全面，当概念改变必要时更可能去改变概念。

263 总结

长时记忆包括各种各样的知识。陈述性知识是关于“事物现在、过去和将来会怎样”的知识，包括回忆个体过去的生活事件（情景记忆）和关于世界的一般信息（语义记忆）。程序性知识包括“如何做事情”，并且也经常包括各种行为需要的条件意识（条件性知识）。当学习者整合他们的陈述性知识和程序性知识来处理为什么问题时，例如，当他们理解为什么某些程序适用于某些问题是合理的，他们也有概念知识。长时记忆中的一些知识是外显的，人们能够意识到它并能够很容易地回忆和解释；一些知识是内隐的，很大程度上是在意识区和心理监测范围之外的。

人们可能以不同的方式编码信息，包含自然特征（如视觉形象）、行为（如产生式）、符号

（如言语代码）和意义（如命题）。一些信息可能以反映上下级类别的等级形式进行组织，但是，更多的信息可能以包括许多不同关系的网络（包含相关命题）形式进行组织。基于神经科学的研究，一些理论家提出任何单独的信息片段以分布式被表征在长时记忆中，作为一个具有分散的但同时激活的相互联结的节点的网络系统。

人们经常在心理上总结从经历中所学习的知识，总结形式表现为概念、先验图式、脚本、个人理论和世界观。概念是有一个或多个共同性质的物体或事件的心理集合。一些概念是具体的，很容易从物理外观进行确定；而一些概念更加抽象，很难从可观察的特征进行确定。学习一个概念包括学习决定哪些物体和事件是概念的成员（正例）以及哪些是非成员（反例）的特征，也包括形成典型正例的原型，并且/或者储存代表正例的变化性的范例。当教师利用促进概念学习的因素时，例如，提供定义、强调定义特征、同时呈现正反例、要求学生给出自己的样例时，可以帮助学生掌握概念。

先验图式是一套与特定物体或者事件相关的紧密联系的观念。总结了一个普通事件如何典型发生的先验图式（如一次看医生的过程通常是怎样的），有时候被叫做脚本。先验图式和脚本常常影响学习者如何加工、储存和记忆新情境。例如，它们允许学习者用关于世界如何典型运转的知识来填充缺失的信息。

一些储存在长时记忆中的知识是以个人理论的形式进行组织的，是包括了物理、生物、社会、政治和心理现象的因果关系的连贯的信念系统。个人理论通过给予学习者重要特征的重要线索来影响概念学习。然而，学习者的理论并不总是对世界的正确反映，因为它们经常被不完整或者不准确的理解所建构。

个人理论与特定领域的特定现象有关，而世界观包括人们对现实的一般信念和假设（“事情是怎样的和应该怎样的”），影响对各种现象的理解。尽管世界观经常很好地隐藏在意识之下，他们可能体现了内隐的而非外显的知识，但能够显著影响学习者如何解释日常事件和课堂主题。

当学生开始理解一个新主题，有最少的信息和极少的关于主题的错误概念，帮助他们获得对主题的良好理解会很直接。例如，老师可以呈现 264
描述结构或者因果关系的物理模型，鼓励学生以小组或者全班讨论的方式建立不同的想法。但是，当学生必须用更准确的解释代替已有的错误概念时，也就是必须经历概念改变时，老师的任务就更具有挑战性，部分原因是学生可能扭曲新信息来与他们当前的理解相一致，另一部分原因是学生在维持已有信念时有个人的、情绪的或者社会的赌注。理论家对促进概念改变提供了无数的建议；例如，老师应该鼓励对一些关键想法的有意义学习，而不是鼓励对许多事实的机械学习，他们必须帮助学生发现新解释是如何比当前的解释更加合理和有用的。

特定主题领域的专业知识的发展包括获得大量的知识，在知识基础中建立众多的联系，并最终将所学的知识整合为一个紧密的整体。只有经过数年的深入学习和实践，人们才能成为特定领域的专家。

第 11 章

长时记忆Ⅲ：提取与遗忘

本章主要内容

265 下面是四个英文单词的定义。你能识别它们指的是哪几个单词吗？

- The fluid part of blood
- A picture form of writing used in ancient Egypt
- A game whose object is to snap small plastic disks into a container
- A small，hard-shelled，ocean-dwelling animal that attaches itself to rocks and ships

你或许能够几乎不假思索地辨别出这里的一些词。但是很有可能你不能立刻将四个词全部提取。对于其中一个或更多的单词，你可能已经发现你在搜索自己的长时记忆——单词存储的“地点”，或许搜索一分钟，或许更久。为防止你无法全部提取这四个词，我在这里列出它们：plasma（血浆），hieroglyphics（象形文字写法），tiddlywinks（一种使小塑胶圆片弹起落入桌上容器中的游戏）和 barnacle（藤壶，附于岩石、船底、水中木柱上的甲壳动物）。①

提取来自长时记忆的信息，有时是容易的、自发的，有时是缓慢的、费力的，事实上有时甚至是不可能的。我们倾向于想起无需意识努力且频繁使用的信息。例如，我们能够快速提取邮件地址和亲朋好友的名字。对于不常用的信息则难以提取。比如在回想日常生活不常用的单词时常常很困难（如 hieroglyphics 和 barnacle）。在一些情况下，可能感觉到这些词就在嘴边，但仍然想不起来它们是什么（A. Brown，1991；R. Brown & McNeill，1996；R. Thompson，Emmorey & Gollan，2005）。类似地，我们在识别一些最近没有见面或不常见面的人时也是困难的（Yarmey，1973）。

在这一章，我们将了解——正如记忆理论家们所相信的——长时记忆如何提取，以及像储存一样，提取如何常常是一个建构过程。随后，将对有时我们认为已经学到这种事物却无法提取的
现象，也即遗忘的几种解释进行探索。最后，将 266
用有关记忆提取的知识分析记忆理论在教学实践中的特别启示。

如何进行提取

有时候，一些记忆已浮出表面，也就是说，我们无需有意地努力就能提取到这些记忆。然而，更为常见的是，提取是一个有意识的、需要努力的过程：当我们想提取某些与当前任务相关的信息时，会进行慎重的“寻找”（Berntsen，2010；Davachi & Dobbins，2008）。人类控制提取事物的能力部分地依赖于大脑成熟的脑区（特别是前额叶），所以它明显地促进婴儿和童年早期儿童提取能力的发展过程（Oakes & Bauer，2007）。

当大脑充分成熟并能够合理控制时，提取便有了可能。成功提取所知信息取决于大脑最初储存这些信息的程度，特别是人们是否以深思的、有序的组织方式进行了储存。与工作记忆的微小功能不同，长时记忆的功能非常强大以至于对此详尽的研究几乎是不可能的。因此，与长时记忆有关的研究必须是有选择性的，仅仅集中于某个“方面”。如果所探索的信息不是某一方面，就会失败，无从幸免。

为理解“组织”在提取过程中扮演的角色，让我们考虑一个类似的情境——曾祖母的阁楼。（之所以返回三代是因为当今典型的年轻家庭的房屋没有阁楼空间，很多祖父母现在似乎也住在公寓套房里。）曾祖母可能在她的阁楼上放了很多东西，有家具、书籍、旧衣服、不常用的厨具和节日装饰品等。她可能是一个非常有组织能力的女性，将所有的书籍放在一处，所有的衣服放在另一处，所有的饰品又放在另外的地方。另外一种情况是，她可能是非常随意的，将所有的东西乱扔在不常用的地方，一些厨具和书籍在一起，另外一些厨具和衣服在一起，还有一些厨具塞在旧碗柜里或者废弃的旧衣柜的顶上。曾祖母如何在她的阁楼里储存物品毫无疑问影响到她日后寻找到它们的能力。如果她有序地储存物品（书和书在一起，厨具和厨具在一起，等等），当她需要它

① 当然，一些读者，特别是以英语作为第二或者第三语言的读者，或许从来没有储存过这些单词。

们的时候就能够准确地定位。但是，如果她杂乱地储存物品，她可能不得不在每年夏天购买新的罐子，因为她无法找到 13 年来任何一年用过的旧罐子。

长时记忆也是如此。如果信息的储存与相关的信息有着密切联系，提取过程就是容易的，因为我们能够知道特定信息在什么位置。举个例子来说，请尝试回答之前的章节我提出的一个问题：

什么是辨别刺激？

你可能会快速而容易地回答这个问题，也可能不得不用一会儿时间搜索自己的长时记忆。你提取答案的能力部分地依赖于你对从前面章节中所获信息的组织。刺激这个词，理所当然地，引导你在你所储存的关于行为主义学习理论的信息当中寻找。辨别这个词可能会告诉你应该在关于差异的信息当中进行更具体的寻找。

如果你关于辨别的知识和关于先前刺激的知 267
识是储存在一起的（事实上也理应如此，因为这两个概念是相关的），你就会发现问题的答案。辨别刺激让你明白一个特定的反应可能被强化了，并为这种特定的刺激—反应相倚性发挥作用提供了可能。

有组织的长时记忆使信息更易提取。

你可能会认为：提取长时记忆就像在一个很大的、漆黑的房间里用一把小手电筒寻找东西（Lindsay & Norman，1977）。想象一下，在一个漆黑的、没有月亮的夜晚，曾祖母的屋子停电了。由于曾祖母不能再继续使用她的电动开罐器或者电灯，她拿着一把手电筒来到阁楼寻找去年 10 月份放在这里的手动开罐器。她打开手电筒开始寻找。不幸的是，这把手电筒不能一次照亮阁楼的整个空间。她必须一处一处地用手电筒锁定阁楼上的每一个位置，直到最终找到这个开罐器。如果曾祖母知道开罐器的准确位置（如在一个放有很多厨具的特定抽屉），那么她一次只查询一个位置将不是一个难题。但是，如果她并不清楚这个东西的位置，可能寻找一个晚上也是徒劳的。与此类似，长时记忆提取是一个在众多小的记忆“位置”上寻找的过程，一次只找一个位置。有逻辑地储存信息（如与相关信息相联系）将使其能够迅速被找到。死记硬背、杂乱储存的信息，会在大量搜索之后出现（如果能够出现的话）。

学习者储存信息所使用的思维，与先前存储信息时使用的思维类似，信息提取也会更容易。这种现象称作**编码特异性**（encoding specificity）（Hanna & Remington，1996；Tulving，1983；Tulving & Thomson，1973；Zeelenberg，2005）。

例如，玛丽安和奈瑟尔（Marian & Neisser，2000）对从俄罗斯或者苏联移民到美国的大学生进行了访谈，这些学生能流利地使用英语和俄语两种语言。访谈时，一部分学生用英语表达，另一部分用俄语表达，他们得到一些给定的词语，
268 要求其讲述由这些词回想起来的个人生活方面的故事。结果显示，访谈语言显著影响了对故事的回想：用俄语交流的学生，回想起更多来自出生国的事件；用英语交流的学生，回想起更多生活在美国的时间里所发生的事情。由此推测，在某种程度上，学生们是用交流时的语言对那些个人事件进行编码的。

让我们回到第8章描述的记忆激活模型。根据这个模型，所有储存在记忆中的信息处于激活或者非激活状态。激活状态的信息是我们所想到的存在于工作记忆中的信息，而非激活信息存在于长时记忆。记忆激活模型可以帮助人们很好地理解长时记忆的提取工作如何进行。从这个角度，我们认为长时记忆是由某种环境触发的。提取是**扩散激活**（spreading activation）的过程，即激活在储存的信息网络中多个联结之间流动（例如，J. R. Anderson，2005；A. M. Collins & Loftus，1975；类似解释参见 Marcus，2008）。这个信息网络每次只能激活其中的一小部分，这解释了能力的有限性，也即提取的“手电筒”特性。如果激活最终传输至网络中相关信息的位置处——如果相似的信息与这个网络紧密联系——就很有可能提取到所需要的信息。

一般来说，对于我们所熟知的信息，即常常练习、频繁使用的信息，特别是已经熟练到自动化的信息，提取就更为容易。这就好比我们到常去的“地方”时，根本不需要思考目的地、不需寻找就能到达一样。

另外，对于信息提取，特别是对于非自动化的信息，与焦虑的时候比较，当我们放松时提取更为容易（Ashcraft，2002；Beilock，2008；Zeidner & Matthews，2005）。焦虑对提取有负面的影响作用：当人们不能用一种开放的思维方式搜索长时记忆时，找到目标信息的机会就减少了。类似地，试想你将要在一个重要的会面迟到了，此时你在迫切寻找着你的车钥匙。当你开始恐慌时，你的搜索策略会变得越来越不奏效。你在同一个地方一遍又一遍地寻找，却无法想出钥匙可能潜伏的各种各样的地方。

提取线索

当我们很清楚要到长时记忆的哪个部分去“搜索”时，也即当知道要激活长时记忆的哪个部分时，提取明显是容易的。据此，寻找信息的位置线索——**提取线索**（retrieval cues）常常是有用的。基本上，提取线索更可能激活欲提取的信息片段在长时记忆中能够被寻找到的那个位置（见第8章有关启动的讨论部分）。

在第9章，你读过一个叫《鬼之战》的故事。你能对故事中的这个句子进行填空吗？

> 战士们划着舟，向上游驶去，赶到____对面的一个小镇上。

再继续往下阅读之前，看看你能否记起这座城镇的名字。

想起来了吗？如果没有，或许你能在下面的四个选项中识别出这座城镇的名字：Bisantir，Dormro，Muckaruck，Kalama。现在填空是否变得容易了些？应该是的。或许你现在已经正确地辨别 269
出 Kalama 就是答案。通过这个问题，我给出一种典型的提取线索的类型：**一致性线索**（identity cue）（Bourne，Dominowski，Loftus & Healy，1986），它与你努力提取的信息线索是一致的。再认任务（如多选测验）比常常回忆任务更为容易（Kelly，Burton，Kato & Akamatsu，2001；Semb，Ellis & Araujo，1993），这可能是由于再认任务提供了一致性线索。

现在请尝试完成这个练习。将下面的24个词语阅读一遍。我将请你尽可能快地回忆完这些词。

郁金香　铅笔　勺子　床　面包师
红宝石　帽子　山峰　医生　纸
雏菊　衬衫　椅子　叉子　钻石
峡谷　刀子　桌子　丘陵　军人
玫瑰　钢笔　鞋　绿宝石

现在你已经读完了24个词语，将这一页翻过去，用笔尽可能多地写出你回忆起来的词语。别看刚才的词语列表。

如果你不能全部回忆起来这24个词，看看这些词或者短语是否能帮助你：

服装　职业　餐具　书写用品　宝石
家具　花朵　陆地形态

这些分类名词应该对你回忆更多的词语是有益的，因为这 24 个词语都属于这些分类中的一类。这样的**关联线索**（associate cues）与你正在搜索的词语相联系，因此，它们可以引导你搜索长时记忆中相关的部分。

第三种提取线索是一种组织结构，或者**框架**（frame），它能够系统地引导长时记忆的搜索（Calfee，1981）。例如，在第 9 章，我描述了一个由鲍尔和他的同事们（Bower et al.，1969）带来的实验。在这个实验中，通过逻辑组织框架呈现词语（如图 9—5 的“矿物”层级）能够促进学习和回忆。完整的组织框架能够提供大量节省搜索精力的线索（例如，“哦，我现在已经记住了稀有金属和常用金属，我需要记合金了”）。我们在下面这个句子中发现另外一种框架的例子：

King Philip comes over for good spaghetti.

生物系的学生告诉我，他们常常使用这个句子来记忆生物等级系统的分类。具体来说，是使用这个句子的每个单词的首字母来记忆：界（kingdom）、门（phylum）、纲（class）、目（order）、科（family）、属（genus）、种（species）。通过记忆各种类别名字的首字母，这个句子将长时记忆的搜索聚焦到这些单词的首字母上。这个句子本质上是一种附加的有意义的结构，一种我将在第 14 章要描述的记忆术类型。

有时候学习某种东西的物理环境也会促进提取（Godden & Baddeley，1975；S. M. Smith，Glenberg & Bjork，1978），即这种环境提供了一种**环境线索**（contextual cue）。在关于这条原理的一项与众不同的证明中，戈登和巴德利（Godden & Baddeley，1975）让戴着水中呼吸器的潜水员们在这样两种环境之一——岸上或 20 英尺深的水下——学习 36 个不相关的单词。随后研究者让这 *270*
些潜水员处于与记忆单词时相同或相反的环境中去回忆这些单词。在一项自由回忆任务中，比起处于其他环境，潜水员处于与记忆单词时相同的环境时能够回忆起更多单词。即使环境本身并不是人们刚开始学习时的特定环境，只是暴露那个环境的某些特征，或许是同样的气味或者是同样的背景音乐——都能够帮助人们进行回忆（Balch，Bowman & Mohler，1992；Cann & Ross，1989；Holland，Hendriks，& Aarts，2005；Schab，1990）。[①]

当我们频繁地将提取线索和我们正在努力记忆的特定信息相联系时，提取是最有效的（Tulving，1968，1975；Tulving & Thomson，1971；Underwood，1983）。例如，在前面我给的含有 24 个单词的列表中，一旦你记住了桌子，你应该对记住椅子没有什么困难（反之亦然），因为这两个词在日常生活中常常一起出现。

提取线索的下降是指它们可能偶然地在我们搜索的长时记忆区域设置了边界。比如，在一项研究中（J. Brown，1968），研究者让实验组的大学生阅读给定的含美国 25 个州名的列表，控制组的大学生不阅读这个列表。随后研究者要求实验组和控制组尽可能地回忆美国 50 个州的名字。与控制组比较，实验组对先前列表上罗列出的州名回忆得更多，而对先前单子上没有的州名回忆得更少。这说明，当提取线索指向学习者长时记忆搜索的某一部分，而非含所需信息的全部时，提取线索阻碍了回忆。

提取时的建构

像长时记忆的储存一样，长时记忆的提取也可能包含建构的过程。人们常常只提取他们先前已经储存的信息的一部分，然后用与他们关于自我或通常世界的已有知识和信念相一致或者逻辑相通的东西来填补。例如，在第 9 章，我描述了一项由卡迈克尔、霍根和沃尔特斯（Carmichael，Hogan & Walters，1932）进行的研究。该研究绘制了人们的生育图，它用各种标签来标志，如使用眼镜或哑铃等标签（见图 9—6）。被试可能记住了这幅图的部分内容，其他部分就会基于已知的有关这些标签所代表的概念来填空。有关建构提取的例子还可以从目击者回忆犯罪现场的情形看出。目击者的证词并非必然是对真实发生的情况的准确表达（Brainerd & Reyna，2005；E. F. Lofus，1991，1992）。

---

① 物理环境甚至会影响经典条件反应的提取（解释参见 Bouton，1994）。

目击者对于犯罪的描述，可能大量掺杂了个体的先前知识，包括对这种典型情景发生时的期待以及随后的时间里额外呈现的信息等（我随后会对额外信息这一点进行简要说明）。

甚至非常生动的记忆也有部分的可能性是被建构起来的，因此也可能是不真实的。例如，回想2001年9月11日，当你第一次听到世贸中心被撞击的时候，你在哪里，在做什么？你可能会回忆起有关自己在哪里、在做什么的大量细节。但是你的回忆有多准确呢？除非你有当时第一次听到这个新闻时自己的录像，否则没有办法完全确定。

271 奈瑟尔和哈什（Neisser & Harsch，1992）研究了大学生对另外一场灾难，即1986年1月28日“挑战者号”航天飞机坠毁的记忆。（帮你恢复记忆：“挑战者号”在发射后很快垂直坠入海洋，7名宇航员遇难，包括克丽斯塔·麦考利夫，第一个航行太空的教师。）奈瑟尔和哈什请学生在灾难发生后的那个早晨和两年半后分别描述当时他们听到该新闻时的情形。甚至在两年半后，很多学生仍然对于他们记忆的事件非常自信。虽然他们是自信的，但是一部分学生还是扯远了。例如，一名学生这样描述了他听到灾难后的那个上午：

> 我在上宗教课，一些人走进来开始谈论[它]。除了知道它爆炸了，我不知道任何细节。学生们都看了那个如此悲伤的新闻，是的，我认为是这样。课后，我回到自己的房间，看了讲述它的电视，我才知道了所有细节。(Neisser & Harsch，1992，p. 9)

这名学生在两年半之后如此回忆：

> 第一次听到爆炸的时候，我和我的室友正坐在新生宿舍里看电视。电视正在播这个新闻快报，我们都完全震惊了。我非常伤心，走上楼告诉了一位朋友，随后我给父母打了电话。(Neisser & Harsch，1992，p. 9)

对于经历的或者听到的有意义的忘情（emotion-laden）的事件，我们往往有非常生动、详细的，似乎有快照般高品质的记忆。因此，心理学家称它们为**闪光灯记忆**（flashbulb memories）。但是，我们不应该让这样的生动性引导我们误入歧途：许多闪光灯记忆非常准确，但也有很多闪光灯记忆并非如此（Brewer，1992；Rubin，1992，Schmolck，Buffalo & Squire，2000；Talarico & Rubin，2003）。

虽然建构过程会使记忆出错，但建构常常也促进长时记忆提取。当对一项事件的记忆不够完整时，我们能够根据言之有理的东西填补细节。例如，一名美国学生可能不能迅速想起美国内战结束时——在阿波马托克斯，哪个将军投降了。然而，这个学生可能会合理地假定：由于南方军队失败了，而南方军队由罗伯特·李（Robert E. Lee）将军指挥，很有可能是李将军在阿波马托克斯投降的。类似地，一名正在努力回忆单词ascertain如何拼写的学生可能会猜测：由于这个词与单词certain的意思有关，它的拼法应该与之是相似的。

暗示的力量：随后呈现的信息的影响

人们的回忆，不仅受到与此回忆有关的先前知识的影响，有时也受到学习了某回忆信息之后所呈现信息的影响。一般来说，这是一件好事情：人们应该随着新信息的出现而不断更新知识和理解。然而，在一些情况下，比如，目击者证词——以错误的形式呈现的新信息或误导的问题都是有害的。

让我们来看一个建构过程在目击者证词中如何使人们误入歧途的例子。在洛夫特斯和帕尔默（Lofus & Palmer，1974）的一项实验中，五组不同的成年人观看一段描述车祸的电影，然后研究者向每组被试提五个有关这辆车的速度如何的问题之一。被试对车速的估计随着问题用词的不同发生了显著变化（见表11—1；楷体字突出了用词变化的部分）。

表11—1 被试随问题用词的不同对车速的估计

问题	车速估计（每小时英里数）
当这两辆车相互接触时，它们的速度如何？	31.8
当这两辆车相互轻碰时，它们的速度如何？	34.0
当这两辆车相互碰到时，它们的速度如何？	38.1
当这两辆车相互撞到时，它们的速度如何？	39.3
当这两辆车相互猛撞时，它们的速度如何？	40.8

272 正如你所看到的，被试对事故的重构，一定程度上受到问题中对撞击严重性进行暗示的影响。

让我们再来看一个已经成为经典的研究：儿童目击证词的例子（Leichtman & Ceci，1995）。一个叫“萨姆·斯通”的男人走进一个学前班的教室，他称赞了老师正在读给孩子们的故事，闲逛了教室一周，挥手告别后离开了。随后，一个成年人向孩子们提问：“萨姆·斯通把那只熊弄脏了，他是故意的还是无心的?”“当萨姆·斯通弄脏那只熊的时候，他是快乐的还是伤心的?”（p. 571）当问到这些问题的时候，虽然萨姆·斯通来教室时，根本没有接触填充玩具动物，但很多孩子回忆到萨姆·斯通弄脏了一只泰迪熊。对这种诱导性问题的敏感性，在三四岁孩子身上是常见的，而五六岁孩子则几乎不受暗示语的影响（Leichtman & Ceci，1995）。

刚刚描述的结果证明了**错误信息效应**（misinformation effect）：当人们在事件发生后接收到有关事件的错误信息，将可能对这件事情的记忆发生扭曲。显然人们将错误信息与原有的关于某个事件的认识进行了综合，重构了“应当”发生的事情（Brainerd & Reyna，2005；J. C. K. Chan，Thomas & Bulevich，2009；E. F. Loftus，1992；Principe，Kanaya，Ceci & Singh，2006；Zaragoza & Mitchell，1996）。

建构全新“记忆”

在某些情况下，提取完全是一个建构过程。建构时，人们会提供一些从未确切存储过的信息。例如，考虑一下这个算术问题：

$$1/2\times 0=?$$

虽然很可能你很久以前学过任何数乘以 0 等于 0，但可能你从未回答过这样一个特定问题。因此这时你可能会建构出正确答案：

$$1/2\times 0=0$$

建构提取使人们产生从未明确储存过的信息。但这样的建构需要时间。例如，在一项由斯塔奇克、阿什克拉夫特和哈曼（Stazyk，Ashcraft & Hamann，1982）进行的研究中，学生很容易就能提取出他们已经练习过很多遍的乘法运算，回答诸如 2×3 和 4×6 这样的问题时非常迅速。但当他们回答“0”问题时，诸如 2×0 和 0×6 这样问题，速度则较慢。很多学生可能仅仅储存了一条普遍的关于“0”问题的规则（任何数乘以 0 等于 0），因此每当这样的问题出现时，他们必然建构出这样的答案。当需要做出快速反应时，例如，273
当一个学习者需要用大量基础数学运算来解决复杂问题时，与一条学习更为普遍的规则相比，学习所需的特定信息或许对学习者更为有利。

偶尔，某些“记忆”几乎没有或不存在事实基础。在特殊情况下，这些记忆是人们对从未发生的事物的**错误记忆**（false memories）（Brainerd & Reyna，2005；E. F. Loftus，2003，2004）。例如，请人们描述一个想象的物体或事件，如果后来实际上也接触到该物体或经历了该事件，就会提高对此回忆的可能性。年幼的孩子在区分事实和幻想方面会经历一段非常困难的时期（Foley，Harris & Herman，1994；Gonsalves et al.，2004；Mazzoni & Memon，2003；J. Parker，1995）。当人们看到自己参与某件事情的照片，例如，当实验者用电子手段把一些人的脸放到一个参与热气球飞行的人的照片上，这些人有可能回忆自己也真实地参与了这件事情（Garry & Gerrie，2005）。

当刺激能合理地或者有逻辑地产生时，错误记忆是普遍存在的。例如，在一项单词学习任务中，被试可能“记得”看到过事实上从来没有看到过的单词，事实上他们只是看到过有关单词的近义词。人们推测这可能是因为没有看到过的单词在学习期间被激活了（Brainerd & Reyna，1998；Roediger & McDermott，2000；Seamon，Luo & Gallo，1998；Urbach，Windmann，Payne & Kutas，2005）。合理性也会增加没有经历过的事件的错误回忆。对于年龄较大的孩子和成年人而言，更是如此（D. M. Bernstein & Loftus，2009；Ghetti & Alexander，2004；Pezdek，Finger & Hodge，1997）。在一项由佩兹德克和他的同事们（Pezdek et al.，1997）进行的研究中，高中学生被问及在他们 8 岁时，某些事件是否发生过。部分事件是真实存在的，但是研究者伪造了另外两个事件，一件涉及对于天主教孩子而言的常规宗教仪式，另外一件涉及对于犹太民族孩子而言的常规仪式。就像你可能会猜到的一样，天主教学生更有可能“记得”天主教事件，犹太民族学生倾向于“记得”犹太事件，并且，他们本身对于这些事件的经历使得他们“回忆起”有关这些事件的大量细节。

记忆早期的回忆

在我先前描述的有关“挑战者”号灾难的记忆研究中（Neisser & Harsch，1992），许多学生在这场灾难三年后，也即在第二次访谈后的第6个月，接受了第三次访谈。这一次，绝大多数同学基本上重复了他们6个月前的故事。对于错误回忆当时场景的被试，研究者给了他们当时真实所在的地方和正在做的事情的暗示，这使他们对于接受先前的错误回忆遇到了困难；接着，研究者向他们展示了最初那个早晨他们自己的描述，这些学生非常惊讶。说明这些学生想起的不是真实发生过的，而只是先前说过的事情。

回想先前经历过的事件常常会影响后来对该事件的记忆，特别是如果口述了该事件，并且可能以某种方式进行了修饰（Coman，Manier & Hirst，2009；E. J. Marsh，2007；Mazzoni & Kirsch，2002）。事实上这些**叙述**（narratives）一定是进行了改造的。作家马里昂·维尼克这样描述这个过程：

> 有时候，我觉得童年的记忆就像沙子里的珍珠一样。你知道它是如何形成的：例如，拿出一张老照片，当时的记忆会迅速闪现，加上你听到的发生过的事情，然后一遍遍地讲述这个故事，直到你记住了所有的细节。反向还原成年人所形成的关于童年的记忆并不需要获得心理学学位。
>
> 274 即使我装扮了童年所有的记忆，也没有关系。我接受我相信的过往，即使它是错误的。（Winik，1994，p. 40）

很多孩子在两岁之前便获得了初步的叙述结构，这增强了他们对经历过的事情的记忆。随着孩子逐渐长大，叙述越来越详细，越来越完整。他们不仅开始讲述发生过的事情，也开始谈论特定人们的动机和意图。一些孩子比另外一些孩子建构了更为详尽的叙述，这部分地源于其父母鼓励这样的精细化，因此他们对事情的记忆更好一些（Bauer，2006；Fivush & Nelson，2004；Gauvain，2001；Leichtman，Pillemer，Wang，Koreishi & Han，2000；K. Nelson & Fivnsh，2004）。

提取时的自我监控

在第6章，我描述了自我管理的一个方面叫自我监控，它指人们观察和评估自身的行为。当人们从长时记忆中提取信息时，显然进行着更多认知类的自我监控。特别地，他们使用这样的认知资源来决策是否要准确或者不准确地回忆事物（Koriat & Goldsmith，1996）。例如，当一个回忆似是而非，却与人们对于自身和世界的常规了解相一致时，人们也会倾向于相信它是正确的。当一个记忆是生动的、详细的、容易提取的——好像它是从记忆中跳出来的——人们也倾向于对其准确性抱有很高的信心。同时，人们知道对很久以前的事情的记忆是相当朦胧的，经常认为童年早期没有回忆起来的事情，包括一些研究者伪造的事情——可能发生过。与你在第14章即将学习到的元认知一致，对记忆准确性进行自我监控时能够考虑这些因素的能力，在整个童年期间会逐渐提高（Ghetti，2008；Ghetti & Alexander，2004；Mazzoni & Kirsch，2002，Mazzoni，Scoboria & Harvey，2010）。

对提取进行自我监控的一个令人苦恼的方面是**来源监控**（source monitoring）——关于记忆实际上从何时或者在何地开始存在（M. Carroll & Perfect，2002；M. K. Johnson，2006；D. G. Payne，Neuschatz，Lampinen & Lynn，1997；E. J. Robinson & Whitcombe，2003）。例如，记忆专家唐纳德·汤姆森（Donald Thomson）曾经被指控他在进行有关记忆的电视访谈的同一时间强奸了一名女子（这很讽刺）。这位女性很详细地描述了汤姆森博士，很确信他就是对她的袭击者。事实上，她在被强奸前刚刚看完了这个访谈，在混乱的记忆来源中，他的脸成为她记忆中有关犯罪的一个完整部分（Schacter，1999；Thomson，1988）。

错误的来源监控是以人们错误记忆了想象过的而非真实经历过的事情为基础的（M. Carroll & Perfect，2002；Giles，Gopnik & Heyman，2002；M. K. Johnson，2006）。这也会导致人们无意识地剽窃另外一个人的想法。例如，在1976年，美国的法院注意到先前的披头士乐队成员乔治·哈里森（George Harrison）的歌“My Sweet Lord”与更早的一首雪纺合唱团（The Chiffons）的歌“He's So Fine”惊人地相似，认为哈里森犯有版权侵犯罪。哈里森回忆说他听过雪纺合唱团的歌，但是没有清醒地意识到这可能已经成为自己曲调的来源（M. Carroll & Perfect，2002）。

275 **探查人们记忆时的重要警告**

教师、临床医生、执法警官、律师和其他依靠人们的回忆开展工作的人必须时刻对长时记忆提取的建构本质有清醒的认识。有些时候人类的记忆毫无疑问是准确的，但另一些时候，可能严重扭曲甚至完全是伪造的。同时，人们对自己记忆的自信心并不总是其记忆准确度的良好指标。比如人们可以非常自信地认为见过其实从未谋面的人（M. K. Johnson，2006；Perfect，2002；Wells，Olson & Charman，2002）。

记忆的扭曲和伪造偶尔也会由专业人士所呈现的各类问题和反馈所导致（Gilstrap & Ceci，2005；G. S. Goodman & Quas，2008；Wells et al.，2002；Zaragoza，Payment，Ackil，Drivdahl & Beck，2001）。应该要不惜一切代价避免引导性问题，特别是当一个事件的大部分细节不为人知的时候。比如"当某某人袭击你的时候你在哪里"这个问题暗示了袭击发生，也暗示了某某人是这件事情的罪犯——这是一种未必反映出现实情况的暗示。相反，专业人士应该提开放性的问题，例如"你看到了什么"或者"接下来发生了什么"（例如，R. F. Holliday，2003）。应避免重复地提相同的问题，坚持让人们对不确定的问题提供推测性回答，或暗示某种反应是正确的，或以另一种方式是可以接受的（Hirstein，2005；D. J. Siegel，1999；Wells et al.，2002）。

虽然人们有时候能够"记得"从来没有真实经历过的一些事情，但更为常见的情况是，人们对于自己确实经历过的一些事情却无法提取出来。现在我们把注意转移到对于尝试提取并不总能成功的解释上来。

遗忘

在认知心理学发展中的前几十年，许多理论家认为一旦信息储存到长时记忆里，就将以某种形式永久地存在于此（E. F. Loftus & Loftus，1980）。一些证据表明长时记忆里的信息确实可以存在非常长的时间（H. P. Bahrick，1984；D. B. Mitchell，2006；Semb & Ellis，1994）。在一项研究中（H. P. Bahrick，1984），人们记得大量 50 年前在高中或者大学时候学过的西班牙语，尽管这些人从那时起从未再说过西班牙语。另外的证据来自有关人们重学先前学过但不能回忆或再认的信息方面的研究：对于同样的材料，学过这些信息的被试比没有学过的被试能更快地接收（C. M. MacLeod，1988；T. O. Nelson，1971，1978）。

神经外科医生怀尔德·潘菲尔德的观察（W. Penfield，1958，1969；Penfield & Roberts，1959）被用来作为长时记忆永久性的证明。潘菲尔德有时给局部麻醉的人做手术，有时给完全清醒的人做手术。在做手术的过程中，他发现用微弱的电流刺激大脑的部分区域可以唤醒患者很多生动的感觉。患者能够描述听过一首歌、接生过一个孩子，或者去过一个马戏团，就好像这些经历在那些特定的时刻真的发生过一样。他们的表现似乎让人们觉得他们正在重现生活中先前的事件。

不幸的是，潘菲尔德从来没有确认过他的患者"想起"的这些事情是否真的发生过。对长时记忆永久性观点的一个非常大的挑战在于：虽然 276
一些信息必然会持续很长时间，但研究者尚未证明——很有可能也无法证明——存在于长时记忆的所有信息都能够在个体的一生当中存在（Eysenck & Keane，1990；Willingham，2004）。

对于长时记忆，一件非常确信的事情是：随着时间流逝，人们对于自己经历过的事件和接收过的信息能够回忆起来的越来越少。理论家们已经提供了大量有关为何忘记所学知识的解释。我们先来看几种可能的解释，然后再考虑回忆早期经历为何会如此困难的原因。

衰退

越来越多的心理学家开始相信，信息会逐渐消失，或者**衰退**（decay），最终会从记忆中全部消失。当信息不常被使用或者完全不用的时候，衰退似乎是常见的（Altmann & Gray，2002；Byrnes，2001；E. F. Loftus & Loftus，1980；Schacter，1999）。

某些种类的信息明显比另外一些信息更容易消退。特别是，一件事情的确切细节，比如，逐字逐句的信息，就要比这件事情的基本意义或者主旨消逝得更快（Brainerd & Reyna，1992，

2002，2005；G. Cohen，2000）。当某些细节令人印象深刻，对个体有意义，或者从其他角度而言非常与众不同时（Davachi & Dobbins，2008；Hunt & Worthen，2006；Pansky & Koriat，2004），会出现这个一般原则的例外情况。同时，不突出的信息会被遗忘或者成为模糊信息。举例来说，我回想起我曾上过的美国历史的前几节课，记得美国独立战争背后的梗概：殖民地居民为从英国的统治中获得独立而战。我也记得一些有特色的细节，比如，邦克山战役是用一座我孩提时代去过两三次的山的名字作纪念，波士顿倾茶事件是殖民地居民不满英国税收政策的独特而鲜活的例子。然而，我已经忘记了其他很多事件的细节，因为，对于我幼时的大脑来说，这些细节是没有特色的人物和地方。

就像证明信息是否永久存在于长时记忆是不可能的一样，对信息从记忆中永久消失做决定性判断也是同样不可能的。例如，一个看起来遗忘了某个信息的人或许只是从未在正确的储存地址“寻找”而已。但很显然，不常用的记忆会随着时间慢慢弱化而变得不易提取。

干扰与抑制

在第7章，我描述了前摄抑制和倒摄抑制，它们都涉及对一系列言语材料的学习会对回忆另一系列的言语材料的学习产生干扰的现象。言语学习理论家们认为这样的抑制是忘记言语信息的主要原因（McGeoch，1942；Melton & Irwin，1940；Postman & Underwood，1973；Underwood，1948）。一些当代记忆理论家同意这种观点，虽然比起抑制，他们更常使用**干扰**（interference）这个术语（Altmann & Gray，2002；Dempster & Corkill，1999；Healey，Campbell，Hasher & Ossher，2010；Lustig，Konkel & Jacoby，2004）。如果干扰源从一系列的学习任务中排除了，单词任务的回忆率可以高达85%（Underwood，1957），这支持了干扰对于遗忘的解释。

277 遗忘的干扰观可以很好地被解释为一种混淆理论：一个人学习了大量的材料，并将它们混淆了。约翰·安德森（Anderson，1974）的一项实验帮助我们将干扰放到当代认知框架下理解。大学生被试学习了很长一列单主题句子，每个句子涉及一个人物和一个场所，如下所示：

一个嬉皮士在公园里。
一个嬉皮士在教堂里。
一个警察在公园里。
一个士兵在公园里。

人物和场所以不同的数量出现在句子中，一些项目（如警察）仅仅出现在一个句子中，而另外一些项目（如公园）则出现好几次。这些被试将这些句子学习到非常熟悉，更具体地说，直到能够百分百准确地回答很长的一列问题（如“谁在公园里”、“嬉皮士在哪里”）。这时候，研究者给他们一组新的句子，要求指出这些句子是否在前一列句子中出现过。结果表明，在第一组句子中，出现频率越高的人物和场所，如果在第二组句子中再出现，被试就要花费更多时间来判断（Anderson，1974，1983a，2005）。这样的结果被解释为：被试的判断时间是人物和场所出现频率的函数。例如，在原句子中，与嬉皮士有关的场所出现的频率越高，被试在新句子中就要用更多的时间去搜索这些场所与嬉皮士之间的关联，从而判断这个含有嬉皮士的新句子是否以前出现过。因此，一个概念的多重关联就延缓了与之有关的信息的提取时间，这种现象被安德森称为**扇形效应**（fan effect）。

现在让我们回到抑制这个术语。这次把它放在当代认知框架下去理解。虽然，提取一个记忆常常对提取与之相关的记忆有促进作用（再次参见第8章有关启动的讨论），但在另外一些情况下，相关记忆是被抑制的，这种现象称为**提取诱发遗忘**（retrieval-induced forgetting）（Bäuml & Samenieh，2010；M. D. MacLeod & Saunders，2008；Román，Soriano，Gómez-Ariza & Bajo，2009；Storm & Angello，2010）。特别是，当一个学习者可能有意想回忆某个信息而非回忆其他的相关信息时，他们就学会了抑制回忆。来看一个简单例子。假设你认为土耳其的首都是伊斯坦布尔。如果考虑到伊斯坦布尔是土耳其迄今为止最大最著名的城市，这当然是一个合理的结论。但事实上，土耳其首都是截然不同的另外一座城市：安卡拉。如果由于某些原因，你需要准确地记住土耳其首都，你必须提取“安卡拉”，并且抑制提取“伊斯坦布尔”的倾向。

压抑

在本章前面，我提到充满情绪的信息有时会导致闪光灯记忆，即当我们在经历或者学习一件特别有意义的事情时，所产生的对我们在哪里、我们在做什么的生动又详细的记忆。然而，在一些情况下，我们可能会有非常痛苦或情绪上非常悲伤的经历，以至于倾向根本不去记忆或者只记住一些分隔的碎片（Arrigo & Pezdek，1997；
278 Nadel & Jacobs，1998；Ray et al.，2006）。这种现象，常常称为**压抑**（repression）①，是由西格蒙德·弗洛伊德（Freud，1915/1957，1922）首次提出的。用当代记忆理论的术语描述压抑，即无论人们何时接触到长时记忆里的与痛苦信息相关的部分，都会产生焦虑。因为焦虑本身是令人不快的，所以记忆搜索将会避开长时记忆中焦虑唤起的部分。这样，痛苦的记忆，连同与之有密切关系的其他信息，都将无法搜索到，本质上它们“被遗忘了”（M. C. Anderson & Levy，2009；S. M. Smith & Moynan，2008）。

绝大多数创伤性事件的受害者能够神志清醒地回忆这些事件（Berntsen，2010；G. S. Goodman et al.，2003；S. Porter & Peace，2007）。然而，在临床上有时候压抑是存在的（Pezdek & Banks，1996；Schooler，2001）。在一系列疗程之后，或许在催眠（包括放松）的帮助下，患者能够逐渐回忆起零碎片段的创伤性记忆，最终能够想起事件的全部。不幸的是，许多可推测的压抑“记忆”从未得到过准确探测，它们可能建立在一些真实发生的事情基础上，也可能没有（Geraerts et al.，2009；E. F. Loftus，1993；McNally，2003）。例如，虽然催眠状态能够增加人们谈及以往事件的信心和意愿，但未必改善了对已发生事件的回忆（Brainerd & Reyna，2005；Dinges et al.，1992；Erdelyi，2010；Lynn，Lock，Myers & Payne，1997）。

当真实的压抑发生时——有时候确实如此——这很有可能是一种抑制：人们有意无意地极力不去回忆能高度唤醒焦虑的创伤性事件（M. C. Anderson & Green，2001；M. C. Anderson & Levy，2009；Ray et al.，2006）。然而，绝大多数的人没有压抑创伤性事件必然带来的痛苦信息（Bernsten，2010；G. S. Goodman et al.，2003；S. Porter & Peace，2007）。

提取失败

你可能会想到这样的情况：有时候你一时想不起来的事情，过一段时间想起来了。显然这个信息仍然在你的长时记忆中，只是你在第一轮的搜索中没有提取到它。

再次用闪光灯比喻。当人们没有“看”（look）到所预期的、已储存在长时记忆中的信息时，便会说提取失败了。这或许是当初储存的信息与人们目前正在考虑的观念的联系非常不同。也或许信息在储存时与其他观念之间本来就几乎没发生联系。因此，即使是很大范围的搜索也没能将激活过程聚焦，将“闪光灯”打到它上面。然而如果有恰当的提取线索，最终是能够找到要寻找的信息的。

提取失败也包括忘记在未来某个时刻需要做的某件事情——**前瞻记忆**（prospective memory）问题（Einstein & McDaniel，2005；S. A. Stokes，Pierroutsakos & Einstein，2007）。比如，在我非常年轻的时候，我常常在有雾的早晨开车到单位后忘记关掉车灯。我偶尔会忘记重要的会议。有时我会忘记携带讲义或其他课堂上需要的材料。是的，是的，我知道你在想什么：我当时正承受着令人神情恍惚的教授综合征的痛苦。

这并不是说我已经从长时记忆中丢失了这些信息。当我在一天结束后去停车场时，发现我的汽车电池没电了，我会立刻想起我在早晨打开了车灯。当我想起已经错过的重要会议，或者在课 279
堂上想到需要的讲义忘记携带时，我会想：“哦，是的，当然！”我的问题是我忘记在恰当的时间提取重要的信息。幸运的是，随着我对记忆有越来越多的了解，我已经找到了克服自己心不在焉的策略。关于这点，在这章的末尾，我会与你分享。

建构错误

我们已经知道建构过程能导致错误回忆。建构发生在储存（如学习者虚构储存的信息）或者

① 阿列戈和佩兹德克（Arrigo & Pezdek，1997）喜欢用心因性遗忘这个术语，它不用提供为何发生的“压抑”解释，描述了这个现象的本质。

提取（如学习者记得从未发生过的信息）过程中。当提取的信息有空缺时——可能由于衰退、干扰或者提取失败——提取过程的构建尤其可能发生。所以，像你可能期待的那样，对一个事件或学习过的具体信息的错误重构随着时间的流逝发生的可能性越来越大（R. C. Anderson & Pichert，1978；Bergman & Roediger，1999；Dooling & Christiaansen，1977；Lampinen，Copeland & Neuschatz，2001；Odegard，Cooper，Lampinen，Reyna & Brainerd，2009）。

储存或巩固失败

遗忘的最后一个解释是：一些信息从一开始就没有进行完整储存。或许学习者没有注意到这个信息，所以它没有进入工作记忆。或许可能学习者在这个信息进入长时记忆过程中没有充分地对其加工。即使它确实进入了长时记忆，或许一些外在的因素，比如严重的灾难，干扰了信息的巩固过程（见第9章）。

有些情况下，大脑只能以隐性知识的方式储存信息，而隐性知识是意识提取无法企及的。一些大脑受过伤的人就有这样的情形（J. R. Anderson，2005；D. J. Siegel，1999；Wixted，2005）。这也部分地解释了为什么人们对出生后前几年的事情有很少或者没有回忆，正如我们在下文中马上要见到的一样。

婴儿记忆缺失的例子

你可能对自己婴儿时期或者童年早期有很少的记忆。我记得几个片段。我记得一天早晨在父母醒过来之前我一直静静地躺在婴儿床里；我还记得有一天奶奶在花园里那样可爱地把我举起。但就我所知，这些“记忆”从来没有真正发生过。我当然也不记得1岁生日的时候父母给我办过聚会，虽然照片表明聚会一定有着欢乐的氛围。一般而言，人们很少或者完全不记得3岁以前发生过的事情，这种现象称为**婴儿记忆缺失**（infantile amnesia）。

事实上，儿童有某种记住早期童年，甚至是出生前的信息的能力（DeCasper & Spence，1986；Dirix，Nijhuis，Jongsma & Hornstra，2009）。在一项研究中（DeCasper & Spence，1986），在孕妇分娩前的最后六个星期，让她们大声读一段摘自儿童书籍（如苏斯博士的《戴帽子的猫》）的文章，每天两次。孕妇们分娩后不久，
她们的宝宝开始吃奶。这些宝宝的吮吸频率（无 280
论快或慢）受到他们听过的母亲在其出生前阅读故事或其他材料的录音的控制，甚至当宝宝只有2～3天的时候，便能调整其吮吸频率，为了能够听到那个熟悉的故事——他们以前曾在子宫里就听过的故事！

很小的婴儿也能够清楚地记得出生后的一些经历。例如，在婴儿的脚上用带子系上一个物体，即使两个月大小的婴儿也能很容易地学会踢腿使物体移动，并且可以将这种联系记住好几天。如果婴儿偶尔获得提示，可以记住更久（Rovee-Collier，1999）。6个月的时候，婴儿能够回忆和模仿24小时之前见过的行为，从这时起，他们对已观察到的行为的记忆时间持续增加（Bauer，1995，2006；Collie & Hayne，1999）。

婴儿学习和记忆的东西大多以内隐知识的形式存在——这种知识影响其行为，即使不能有意识地回忆它们（Nadel，2005；C. A. Nelson，1995；Newcombe，Drummey，Fox，Lie & Ottinger-Albergs，2000）。对于我们为何很少能有意识地回忆早期事件，理论家们已经提供了至少两种似乎合理的解释。第一，内隐知识需要的大脑结构，如海马和前额叶，在出生时没有完全发展，尤其是在出生后的几年里前额叶才逐渐成熟（Oakes & Bauer，2007；C. A. Nelson，Thomas & de Hann，2006；Newcombe et al.，2000）。第二，谈论经历能够提高对它们的记忆力（参见在第9章有关言语化的部分和这一章前面有关叙述的部分），但是婴儿和学步儿尚未掌握详细表述事件的语言技能。随着幼儿掌握语言，特别是当身边的人与他们交谈其经历时，其记忆显著提高。由此推测，对事件的谈论使幼儿对其以口语（以语言为基础）的形式进行了编码，这使得这些事件在随后的时间里更容易被提取（Eacott，1999；Fivush，Haden & Reese，2006；R. Richardson & Hayne，2007；Simcock & Hayne，2002）。

或许我前面呈现的所有解释对于全人类的遗忘问题都只解释了一部分。然而，遗忘未必是件坏事情。学过的很多事情在未来对于我们几乎没有用处（特别是在很久以后），我们也很少需要将事情按照原本经历的样子完全准确地记住。事实上，储存所获得的每一个信息碎片（你可能会把

这当成精神囤积）可能会让我们对提取需要的信息产生困难（J. R. Anderson & Schooler，1991；Ratey，2001；Schacter，1999）。再想想曾祖母的阁楼：如果她将每件曾经经手过的东西都放进去，阁楼会成为什么样子？

然而，在课堂情境中，学生有时候会忘记重要的教学科目内容。在本章的最后一部分，我们将把已经学过的提取和遗忘，以及更为一般的记忆，一起归在几个一般原则当中，以促进教学实践的开展。

教学活动中的一般提取原则

在前三章，我们已经分析了大量有助于课堂练习的记忆和知识方面的原则。以下是与学科内容的提取相联系的另外几个原则。

281 ◆ 信息的内部组织促进信息的提取。当材料以有组织的形式呈现——比如，当层次结构、因果关系等等非常明确时，学生更有可能用类似的组织网络对其进行储存。如果长时记忆的信息是有组织的，就能更容易地被提取。

我的一些学生发现：下面的类比对于帮助学生理解提取过程中的信息组织的重要性是有用的：

> 假设 10 000 个扣子散布在硬木地板上。你随机捡起两个扣子并将它们用线连接起来。现在放下这两个扣子，再随机捡起两个扣子并把它们用线连接起来。随着你继续这样做，开始，你几乎能够很确定你捡起的扣子是之前没有被捡起的。然而，再过一会儿，你很有可能在捡起一对扣子后发现其中一个已经被捡起过并与其他扣子连接成对。所以当你用线绳连接这两个新捡起的扣子时，你会发现三个扣子被连接在了一起。简而言之，随着你用线将一对对随机捡起的扣子连接在一起，这些扣子就开始被连接成更大的群组……（Kauffman，1995，p. 56）

最终你会建立一个巨大的纽扣群组。这时，你就可以提取到这堆纽扣中的几乎任何纽扣和随之而来的其他纽扣。现在将这些纽扣想成是与某个话题有关的一个个碎片信息，并用线连接它们，从而建立联系。最终你会为提取与这个话题有关的信息建立足够的联系，你也能够直接或间接地提取与之有关的、你已了解得更多的其他信息。①

◆ 信息的首次提取影响它后来的提取。正如我们已经了解的，提取中有很多建构。我们也已经看到，人们倾向于以同样的方式反复记忆事物。如果他们曾经错误地记忆了一些东西，那么很有可能在未来以同样错误的方式去记忆其他东西。

当学生不知道如何最好地建立所学知识之间的联系时，可能会用看似合乎逻辑，但未必正确的方式将它们放在一起（回忆第 10 章对理论的理论的讨论）。举例来说，当一个研究者问来自密歇根的四年级学生，为什么美洲曾经被叫做新大陆时，一个叫丽塔的女孩这样回答：

> 因为他们曾住在英格兰，是指英国人（the British），他们自己并不十分清楚……他们想去中国，那里有他们想要的东西——杯子或诸如此类，不，是皮毛。他们需要皮毛和类似的材料，就想有一条通向中国的更短路途，于是便取道前行，并在密歇根登陆，当时还不叫密歇根。我想到达密歇根的就是英国人（the British），他们是最初到达那里的人，所以就试图拥有那里的土地所有权，但由于某种原因没能实现，于是他们拿了些皮毛并带回英国（Britain）出售，但他们主要是为了皮毛才这么做。所以，后来英格兰人（the English）就居住在密歇根，且拥有了那里的土地所有权，他们想把那里变成一个州，就通过政府或别的什么人——大老板之类——获得了签署，就这样，这里开始变成了一个州，于是英国人（the British）来到了上半岛，他们以为可以在那儿生活一段时间。后来他们卷入了一场战争，然后那些农夫，他们其实只是志愿军，所以他们又不打了，努力再次将他们的家族聚在一起。（VanSledright & Brophy，1992，p. 849）

丽塔将她在学校学到的信息碎片拼凑在一起，

① 感谢我以前的学生贾森·科尔（Jason Cole）给我提供这样一个比喻。

组成了对她来说有意义的情节。这个过程中，她
282 确实建立了一些创造性的联系。比如，她将中国与杯子（毕竟，很多杯子是由中国制造的）和皮毛（最早的交易者确切来说来自美国西北部）联系在了一起。我们也注意到，丽塔如何坚持认为英国人（the British）发现了一条去中国的更短的路——一条经过密歇根的路。同时，丽塔建立了不止一条帮助她理解美国早期历史的重要联系——“英国人”（the “British”）和“英格兰人”（the “English”）是同一个地方的人。

尽管丽塔对于美国历史的描述中有真实的成分，但这些成分经过她的组合之后所形成的关于美国历史的整体知识足以让任何一位历史学家发生心脏衰竭。如果老师希望学生将课堂学科知识用特定方式联系在一起记忆，他们应该在一开始就让学生明确它们之间的恰当关联。

◆ *在特定情境下才能提取的信息理想上应该和那个特定情境一起储存。*当人们已经储存了与情境密切相关的信息时，才有可能提取到与这个情境相关的信息。由此，教师们应该给学生大量的机会将课堂材料和提取这种材料时所需的情境联系起来。例如，如果数学教师能够将涉及会计、测量、工程的问题结合到数学教学中，学生很有可能会去提取与会计、测量、工程相关的数学概念。类似地，一个学习强调应用的心理测验课程的学生，如果能够用学习时间思考大量心理学规律可以应用的情境，他（她）就能够为实践做更好的准备。再者，学生应该有机会将所学应用到真实世界的情境中去。我们将在第 13 章和第 15 章讨论这样的真实活动。

◆ *外部提取线索能够将提取失败减少到最小。*之前我提到前瞻记忆问题：忘记即将要做的事情。我发现解决这个问题的办法是建立**外部提取线索**（external retrieval cue）——记忆系统之外的外部物理提醒。一个经典例子就是绕着手指的绳子：将绳子打个死结，作为某些事情需要记住的提醒。①

结绳是非常古老的方式，其他的外部提取线索同样有效。这些年我发明了几种方式让我成为世界上最不马虎的人之一。我用传真照片做了一个周历放在桌上打开，将需要参加的会议、会见和日常生活中每周都要做的事情——周一晚上壁球、周五下午上瑜伽课等等——都写在里面。我把需要在特定的日子或者周末前要完成的事情做成笔记，并将它放在桌上目光所及的地方。如果我在去某个地方的时候必须带上某样东西，我就把它放在办公桌和办公室门之间的地板上，这样当我离开的时候一定会看到它。本质上，我做的这些是保证需要记住的事情能被正常提取。

在第 14 章我们将会看到：儿童和青少年对记忆如何工作（和不工作）的认识是很天真的，而老师是帮助他们学习更有效使用记忆的最好帮手。老师当然能够不时地提供提醒（例如，“别忘了明天将许可信带回来！”）。但最根本的是学生也应该 283
发展出如何建立自己的提取线索——纸质版或者电子版的日历、事情清单、自我提醒便利贴，等等，这样他们最终能够为自己的提取负责。

◆ *与先前学习材料有关的问题能够促进功课复习和进一步精细化。*在第 5 章有关教学问题的讨论中，我们区分了低水平技能和高水平技能。仅仅知道某事和用知识做某事（精神上）——如应用、分析、合成或评估——二者截然不同。我们可以看到**低水平问题**（lower-level questions）和**高水平问题**（higher-level questions）之间的差异：前者要求学生提取的是与记忆中的信息非常类似的信息，而后者要求学生将提取的信息精细化。

教师提问是一个应用广泛的教学技术，它有几个潜在益处。我在前面的章节已经说过两个可能的益处：提问可以帮助学生集中注意力（见第 8 章），也能警惕学生对一个话题的概念混淆（见第 10 章）。提问也能提供一个反馈机制，据此教师能够发现学生对当前课堂知识学习了多少，或者对之前的知识记住了多少；学生也是如此。当问题将学生的注意力集中到先前的学习材料上，便有助于材料的复习，可以促进今后对它们的回忆（S. K. Carpenter, Pashler & Cepeda, 2009; McDaniel, Anderson, Derbish & Morrisette, 2007; Wixson, 1984）。而且，高水平的问题对于鼓励学生超越信息本身，进行更丰富的理解有特殊的作

① 外部提取线索让人想起第 4 章的线索作用概念。行为主义者认为线索应该唤起需要的回答，而认知心理学家把它们看成对提取的促进。效果是相同的——一个需要的行为更有可能发生——但是对效果的解释却是不同的。

用（Aulls，1998；Brophy，Alleman & Knighton，2009；Mayer，2010a；Minstrell & Stimpson，1996）。下面列举了科罗拉多州一所中学自然课的老师可能会进行的提问（注：落基山国家公园的海拔在 1.5 到 2 英里之间）：

> 一组女童军在落基山国家公园登山。她们注意到比起在家乡登山，在落基山公园登山时呼吸更辛苦。登山期间，一个女孩打开一管从家乡买来的防晒液，当她打开它的时候，一小柱空气和防晒液喷了出来。
>
> ◆ 为什么这些女孩会呼吸困难？
>
> ◆ 为什么空气和防晒油会喷出管子？（Pugh，Schmidt & Russell，2010，p. 9）

◆ *低水平问题对教学目标进行分类有助于提醒学生按要求思考和运用所学的知识。*在第 5 章有关教学目标的讨论中，我们了解了布鲁姆早期的教学目标分类，它包含教师可能会鼓励和评估的六个复杂程度逐渐提高的行为（B. S. Bloom，Englehart，Furst，Hill & Krathwohl，1956）。就在最近，一个教育心理学家协作团队（L. W. Anderson et al.，2001）修订了这个分类，它在某种程度上反映了学习与认知心理学的理论进展。修订版是一个包含六个认知过程的二维分类，每个过程与四个不同类型的知识有潜在关联（见表 11—2）。这六个认知过程与布鲁姆原始分类中的六个水平相似（见图 5—5）。然而，认知过程是用动词而非名词进行描述的，而且最后两个过程——评价和创造，与布鲁姆的综合与评价两个水平的顺序相反。四种类型的知识包括两种陈述性知识，即事实性知识和概念性知识，也包括程序性知识和元认知知识（在第 14 章我们将进一步了解最后一种知识）。

表 11—2　　布鲁姆分类的二维修订版

认知过程	知识类型
1. **记忆**：再认或回忆先前学习并储存于长时记忆的信息。 2. **理解**：从学习材料或信息中建构意义（如推理练习、辨别新例子、提炼）。 3. **运用**：在类似的或者新的情境中使用知识。 4. **分析**：将信息分解成各个组成部分，辨别这些部分之间的内在关系。 5. **评价**：使用某种条件或标准对信息进行判断。 6. **创造**：将知识和/或步骤放在一起，形成一个连贯的、有结构的，或许独创性的整体。	A. **事实性知识**：了解的特定信息（如事实、术语）。 B. **概念性知识**：了解特定信息之间的更一般的结构和内在关系（如一般原则、模式、模型、理论）。 C. **程序性知识**：知道如何做事情（如使用按部就班的算法、使用科学研究方法），在选择要适用的步骤时可能会运用某种标准。 D. **元认知知识**：了解思维的本质和有效的学习策略，了解自己的认知过程。

注：这个修订版的分类包括六个认知过程，每个过程可能与四个不同的知识类型相联系。
资料来源：L. W. Anderson et al.，2001.

284 这两个分类版本代表着从简单到复杂的认知过程和知识类型的两种连续体。然而，这些连续体不是严格固定的。比如，一些概念性知识形式可能相当复杂和抽象，而一些程序性知识形式是非常简单和具体的（L. W Anderson et al.，2001；Marzano & Kendall，2007）。即便不是对上述认知过程或知识类型的分类鸡蛋里挑骨头，它们也确实比其他分类复杂。但这个协助小组认为修订版本分类更有用，它有利于提醒学生学过了哪些不同知识、可能会用到哪些不同方法，以及把这些方法如何用于新任务和新情境中。[①]

◆ *提取需要时间。*有时候提取是迅速的、容易的，特别是对于经常重复使用和可能自动化的材料。但有些情况下，搜索与特定问题或任务相关的长时记忆的信息需要花费相当长的时间。学习者甚至需要更多的时间将能够记得的所学知识放在一起做出新的推断、新的比较，产生新的应用，等等。

然而，在课堂上，期待学生能够在片刻间对高水平的问题表达出富有洞察力的、创造性的回

① 另外一种有用的分类是马尔扎诺和肯德尔（Marzano & Kendall，2007）的新分类法，这种分类还包含了态度和情绪以及不同水平过程的区别。这种方法非常详细，我实在不能在譬如这样一本书里公平对待去描述它。

285 答是不合理的。当老师问学生一个问题时，通常等待的时间是非常短暂的——常常是1秒钟或者更少。如果学生不能够在很短的时间内回答，教师可能倾向于对不同的同学再次表述同一个问题，或者转述这个问题，或者自己回答这个问题（Jegede & Olajide，1995；Rowe，1974，1987）。教师们在课堂上都不情愿让学生回答的问题或做出的评论占用过长时间。一般来说，他们在学生们对一个陈述做出反应或提问下一个问题之前只允许1秒或更短时间的沉默（Jegede & Olajide，1995；Rowe，1987）。

教师自己和学生所提问题与所做评论之后停顿时间的长短称为**等待时间**（wait time）。研究表明给学生很短的时间思考几乎毫无意义。相反，当教师留出至少3秒钟的等待时间，绝大多数学生，特别是更多的女生和少数族群成员会参与到课堂中来，学生们也能够开始回答另外的评论和问题。另外，学生们更有可能支持有证据或者有逻辑的论证，当他们不知道问题的答案时，也更有可能去进行猜测。再者，当学生学习课堂知识的积极性更强时，学习会更为努力，行为问题也会减少。这些变化部分地依赖于等待时间的延长，也依赖于教师行为的改变。教师们应该少提一些低水平问题（如需要回忆事实性知识的问题），多提一些高水平问题（如需要精细化的问题）。教师也要能修正讨论的方向以适应学生的评论和问题，并允许学生追求比原先预期的更为深入的话题。最后，教师对很多学生，特别是对成绩较差的学生的期待，开始增加（Castagno & Brayboy，2008；Giaconia，1988；Mohatt & Erickson，1981；Moon，2008；Rowe，1974，1987；Tharp，1989；Tobin，1987）。①

当课程的目标是回忆事实的知识时，学生需要非常迅速地提取才不至于使信息变“凉”，所以在提问与回答之间的等待时间要短。对学生应该学到的自动化技能进行火速训练是有直接益处的（Tobin，1987）。但是当课程包含很多复杂的思想和问题过程的时候，较长等待会给师生提供需要提取相关思想和进行思考的时间。

◆ 课堂评估显著影响储存和提取。在我的大学课堂上，我一般给本科生每2～3周一次常规测验，研究生至少每月一次常规测验。我也会给学生布置课外作业，要求他们将所学知识应用到个人生活和职业生活中去。我的评估，当然，有助于学生的复习，也有助于学生将课堂内容以新的方式反映出来。我的多选题测验也常常通过辨别新概念或使用有效学习与记忆策略去评估各种课程学习策略的方式，使学生能对所学知识进行评价。

当然，我的评估实践不仅反映学生在提取时的效果，也反映了学生如何开始学习课堂知识；换句话说，它们反映了学生的储存过程。由于我的学生从开学第一天起就知道我会对他们在我的课堂上所学东西的理解和应用进行评估，绝大多数学生会在他们听、说、读和研究的过程中关注有意义学习和精细化。极少数同学，唉，会一直按他们在其他课堂上的学习方式来学习——生搬硬套——他们通常会在我的测验和作业里做痛苦挣扎，直到他们来寻求我的帮助或者碰巧找到了更多有效的方法为止。

研究告诉我们，如果设计得恰当，课堂评估 286
能够通过几种方式提高学生的学习和记忆：

● 通过促进有效的储存过程。学生们倾向于根据所预期的测评方式进行不同的阅读和研究（J. R. Frederiksen & Collins，1989；N. Frederiksen，1984b；Lundeberg & Fox，1991；L. Shepard，Hammerness，Darling-Hammond & Rust，2005）。例如，学生如果相信一个测验可能需要逐字回忆，就可能会关注在生搬硬套的水平上记忆独立的事实性知识。当他们知道必须用自己的话表达所学知识时，就可能更努力地理解正在学习的知识，即有意义学习。而且，如果测验要求精细化，比如，如果他们知道必须对所学内容进行应用、分析和综合，则他们更有可能对课堂内容做精细化加工。

● 通过鼓励测评之前的复习。正如第9章所言，如果学生阶段性地复习知识，从长远看来他们就有更多的机会对这些知识进行记忆。为测验进行准备是一种复习课堂内容的方式。告诉学生要对课堂内容进行考试比仅仅告诉学生学习课堂内容，会使绝大多数学生更努力地学习并且学得更好（N. Frederiksen，1984b；Halpin & Halpin，

① 然而，需要注意的是，等待时间太长也是不利的，因为学生的注意力开始分散，使重要信息从工作记忆中消逝（Duell，1994）。

1982)。然而，我们也应该注意到，学生们花在他们认为会进行考试的内容上的时间显著高于他们看来不会考的内容（Corbett & Wilson，1988；J. R. Frederiksen & Collins，1989；N. Frederiksen，1984b)。

● *通过测评过程本身进行复习*。进行一项测验或者完成一项作业，过程当中或者本身就是一个提取和复习所学信息的机会。一般来说，完成一项课堂测验的过程可帮助学生更好地学习课堂内容（Dempster，1991；Karpicke & Roediger，2008；Pashler，Rohrer，Cepeda & Carpenter，2007；Roediger & Karpicke，2006；Rohrer & Pashler，2010)。但是，测验的性质在这里可能会产生不同的效果。比如，要求学生写出所学内容的任务（如简答题）比起仅仅要求再认事实性知识（如多选题）的任务，会带来更多的回忆（A. C. Bulter & Roediger，2007；S. H. K. Kang，McDermott & Roediger，2007)。比起仅仅要求回忆先前事实性知识的任务，要求学生超越所学材料本身（如举一反三）更为有效（Foos & Fisher，1988)。

● *通过提供反馈*。评估提供了一个实实在在的机制使学生了解已经正确掌握了，或错误掌握或没有完全掌握哪些知识。当学生在作文里得到了评语，如指出每个回答的优缺点，揭示哪些回答是模糊不清的或者不严谨的，提出如何更好地组织一篇文章或使文章更为完整的建议，等等，都会促进他们对课堂内容的理解和写作技能的提高（J. B. Baron，1987；Hattie & Timperley，2007；Krampen，1987；Shute，2008)。

当我们拿到一个典型的课堂测验，我们倾向于了解那些低水平技能的题目，如简单事实性知识。这或许是因为这样的题目是最容易编写的（J. R. Frederiksen & Collins，198；Newstead，2004；Nickerson，1989；Poole，1994；Silver & Kenney，1995)。如果教师想让学生做比记忆事实更多的事情，他们必须设计出鼓励学生用某些方式发展知识的测验。这种测验要求学生用自己的语言转述想法，产生自己的相关概念例子，将原则和步骤与真实生活情景相联系，用课堂知识解决问题，或者用批判的眼光检验想法等等。当然，有时候，结构化的测验题目能够鼓励这样的知识发展。然而，在许多情况下，老师可能想使用其他类型的测验任务——或许写故事，收集和综合数据，比较相互矛盾的文史资料，批判政府政策，创建档案——这样更容易让学生将课堂科目内容应用于新的问题和情境，包括他们自己生活中的问题和情境（DiMartino & Castaneda，2007；R. L. Johnson，Penny & Gordon，2009；R. S. Johnson，Mims-Cox & Doyle-Nichols，2006；L. Shepard et al.，2005)。 287

◆ *长时记忆可能永远都不会是对信息的完全可靠的记录*。长时记忆的储存和提取都是不可靠的建构过程。学生们的记忆永远都不会是对他们在学校或其他地方所学到的一种完整的、一字不差的保存。当然，学生同时也能够学习如何利用人类记忆系统的优点，如何补偿其缺点——我们将在第 14 章元认知部分深入讨论这一点。

总结

长时记忆的提取是一个搜索记忆内容的过程，一次一个“位置”，直到所需信息被找到。当先前所学信息的储存与许多其他信息相联系，当所学内容自动化，或者当相关提取线索呈现的时候，提取更为容易。理论上，观念、自动化和恰当的提取线索之间的内在联系会增加所需信息被激活的可能性。

提取常常是一个建构过程：一些信息碎片被直接提取到了，另外没有被提取到的细节是由一个有逻辑的、连贯的（即使有时候是错误的）回忆（建构）来填充的。信息和事件的回忆也会受随后呈现的信息或者错误信息的影响（如误导的问题）。有时候人们会“想起”从来没有具体学习过的东西，这或许是从所学内容中做出了合理推断，或许在学习过程中与之相关的长时记忆被激活了。用特定方式描述先前事件会提高学习者在未来的情境中以同样的方式回忆此事的可能性。某种意义上，人们对先前某件事情的回忆会跟事件本身的记忆一样多，甚至更多。随着儿童逐渐长大，他们日益能够回顾从长时记忆中提取的信息，并开始以生动性和可信性等类似指标来评估回忆质量。

理论家们为人们会“忘记”可能已经学过的东西提供了大量解释，包括衰退、干扰、抑制、压抑、提取失败、建构错误和储存或巩固信息失败。婴儿记忆缺失——对生命刚开始的几年里发生的事情没有记忆或者记忆甚少——可能是这些解释中的最后一种。遗忘并非是一件坏事：日常生活的琐碎细节对我们没有什么用处，我们也很少需要将重要的信息逐字记忆。

大量的教学活动能提高学生提取所学信息的能力。当学生以有组织的形式学习了新信息，并将它们和有用的背景相联系，且有潜在的实用性或益处时，它们更容易被提取。但是成功提取从来都是无法保证的，所以外部提取线索（如记笔记）能够确保重要的信息得以记住。老师的提问和测验活动能够鼓励提取和复习。低水平问题和任务促进复习和自动化，但是高水平问题——需要学生推断、应用、判断、解决问题等等的问题，能够鼓励学生将所学知识进一步精细化。 288

第五部分

发展和背景的视角

第12章

认知发展观

本章主要内容

皮亚杰认知发展理论

皮亚杰理论的核心观点

皮亚杰的认知发展阶段论

皮亚杰理论的当代观点

不同年龄阶段儿童的能力

经验与先前知识的影响

文化的影响

对皮亚杰阶段论的看法

新皮亚杰认知发展理论

凯斯的理论

皮亚杰与新皮亚杰理论的启示

总结

289 在第7章，我描述了认知理论家对学习的界定所采取的三个一般性取向：信息加工理论、建构主义及背景理论。前面四章有关记忆的讨论，主要引自信息加工理论，尽管有时也涉及建构主义的观点。信息加工理论根植于语言学习研究，而语言学习研究则受到早期行为主义S-R观点的影响。在20世纪头几十年，行为主义者一直统治着学习研究，但就在同时代，考察另一个不同主题——儿童发展——的其他研究者对学习性质得出了非常不同的结论。在这些研究者中，有一位是瑞士发展心理学家让·皮亚杰（Jean Piaget）。皮亚杰认为，儿童通过与物理及社会环境相互作用并对其进行思考，随着年龄的增长，儿童会逐渐自我建构起对环境的复杂的理解及推理能力。皮亚杰因提出这一主张而被视为个体建构主义的先锋。同时，苏联心理学家维果茨基（Lev Vygotsky）强调社会与文化对儿童发展的重要性，奠定了众所周知的社会文化理论这一背景观点的基础。

在这一章与下一章，我们将考察皮亚杰和维果茨基关于学习与认知发展的理论，以及受他们的启发而产生的当代理论观点。这一章我们集中讨论皮亚杰和追随他脚步的研究者们的观点，它们被统称为**认知发展理论**（cognitive-developmental theories），其关注的是儿童的思维过程如何随着年龄及经验的增长而发生质的变化。根据这种观点，儿童在其发展过程中扮演着一个主动的角色：他们寻求新的、有趣的经验，极力理解所看到和所听到的事物的意义，主动调和新信息与先前信息（这些信息曾被认为是可靠的）之间的差异。在做这些事情的过程中，儿童的思维逐渐变得更抽象、更系统。

皮亚杰认知发展理论

20世纪20年代，让·皮亚杰在瑞士开始了长达60年的研究计划，对当代学习与认知发展理论产生了巨大影响。皮亚杰作为一个受过训练的生物学家，对哲学也很感兴趣，尤其是对知识的起源，这一认识论（epistemology）的哲学分支特别好奇。为探究知识的起源及其发展形式，皮亚杰
290 和他的同事们针对儿童如何思考和学习周围世界等问题进行了一系列研究，提供了许多独到的见解（例如，Inhelder & Piaget，1958；Piaget，1928，1952b，1959，1970，1971，1972，1980；Piaget & Inhelder，1969）。

皮亚杰理论始于20世纪20年代，但它对西半球心理学思想的影响直到60年代才被广泛地知晓，这或许有以下几个原因。第一，皮亚杰是瑞士人，用法语写作，因此他的早期著作不易影响到说英语的心理学家。虽然他的作品最终被译成了英文，但他的思想在初期所获得的广泛推崇和知名度应该归功于美国心理学家约翰·弗拉维尔（John Flavell，1963）对其早期著作的总结。

皮亚杰的研究在初期影响力有限的第二个原因是他使用了非传统的研究方法。皮亚杰将它称作**临床法**（clinical method）：他给儿童呈现各种任务和问题，对每个任务和问题又提出一系列问题。他使用为儿童量身定制的访谈法来探究儿童对连续的任务所做出的特别反应，访谈时对每个孩子的提问都有所不同。这种程序与标准化的、严格控制实验条件的行为主义动物研究程序非常不同，因此不被与皮亚杰同时代的许多北美心理学家所接受。

但是，或许皮亚杰理论没能很快成为心理学思想主流的最关键原因是，该理论与直到60年代前始终占据学习领域主导地位的行为主义之间存在着哲学上的矛盾。皮亚杰关注心理事件，如逻辑推理过程及知识结构，这种心理主义在当时被很多学习理论家所拒绝，而60年代开始出现的认知主义心理学更容易接受皮亚杰的思想。

或许，正是因为皮亚杰有关智力发展的理论十分完整，其著作在今天才如此流行。他的理论涉及众多不同的主题，如语言、逻辑推理、道德判断及时间、空间、数概念等。另外，皮亚杰对儿童的独特研究因其巧妙设计的问题情境而对儿童思维的本质做了大量揭示。

皮亚杰理论的核心观点

皮亚杰理论的核心涉及以下几个方面的概念与原则。

◆ *儿童是学习的主动者与发动者。*皮亚杰认

为，儿童的天性是对环境充满好奇，他们会主动搜寻信息以促进对环境意义的理解（例如，Piaget，1952b）。儿童不是简单地对所接受的刺激进行反应，而是操纵刺激并观察其操纵的结果。看看皮亚杰对他 16 个月大的儿子劳伦特的观察就能说明这一点：

> 劳伦特坐在桌子前，我把一块面包皮放在他不能够到的地方。在他的右边，有一根 25 厘米长的小棍。最初劳伦特没有注意到工具而直接尝试拿面包，但是他放弃了。然后我将棍子放在他和面包之间。劳伦特又看了看面包，没有动，然后瞅了一眼棍子，突然抓住它并将它指向面包。但他抓着的是棍子的中间而不是一端，因此棍子太短没有办法够到物体。劳伦特放下棍子，再次将手伸向面包。没过多久，他再次拿起棍子，这次是握住了一端，然后拿到了面包。
>
> 一小时后，我放了一个玩具在劳伦特前面（他够不着），并放了一根新棍子。他甚至没用手去够玩具，而是直接握住棍子够到了玩具。（Piaget，1952b，p. 335）

291 在这一情境中，劳伦特显然在试验他所遇到的环境，并要弄明白他能达到什么结果。依据皮亚杰观点，儿童的认知发展正是这种努力探求世界意义的结果。

◆ *儿童能够组织从经验中学到的知识。*儿童不是对学到的事实进行储蓄，使之变成一串孤立的事件。相反，他们会对零散的经验进行整合，从而形成关于世界活动规律的完整观点。例如，当儿童观察到被抛出的食物、玩具盒或其他物品总是向下落时（绝不会向上），他们便建构了对万有引力的基本理解。当他们和家里的宠物玩耍、去动物园、看动物画册等等，在这些活动中便逐渐发展了对于动物的复杂理解。皮亚杰把学习描述为是一个重要的建构过程：儿童构建了（而不是简单地吸收）关于世界的知识。

依据皮亚杰的术语，儿童对事件的学习与操纵是由**图式**（schemes）来组织的。图式是一组被重复使用的、反映环境的相似的动作或思想。① 儿童最初的图式在性质上主要是行为的图式，但随着时间的推移，会逐渐变为心理的，最终成为抽象的图式。例如，如果一个婴儿有了抓握的图式，就会使用这个图式去抓能够抓的每一样东西——从瓶子到橡皮鸭玩具等。一个少年可能具有对各种社会的、政治的或道德的问题进行推理判断，即与逻辑思维相关的图式。

皮亚杰认为，儿童在熟悉的或新奇的情境中，会一再使用新获得的图式。随着儿童的发展，新图式不断出现，同时已有图式不断被重复使用，偶尔被修改，有时新旧图式相互整合，于是形成**认知结构**（cognitive structures）。皮亚杰的许多理论都集中在对逻辑推理具有支配作用的认知结构的发展上，皮亚杰称这种结构为**运算**（operations）。

◆ *与现实环境相互作用是学习和认知发展的关键。*儿童在与环境相互作用的过程中，日益发展和修改着图式。例如，在前面提到的关于皮亚杰儿子劳伦特的趣事，让我们看见幼儿如何通过主动操纵现实环境，更具体地说，操纵木棍与面包——而大概了解到某些物体可以被当作获得其他物体的工具。儿童通过探究与操纵周围的世界，用身边的物体进行小实验，于是便了解了诸如体积、重量等物理特征，发现了与力和引力相关的原则，获得了对因果关系的更好理解，等等。按照皮亚杰的观点，儿童就是小科学家，尽管他们还不能像成人科学家那样从复杂的科学推理过程中获益（关于这一点，后面还有更多讨论）。

◆ *与其他人互动也是学习与发展的关键。*虽然皮亚杰相信儿童关于世界的知识及其理解主要是通过自我建构完成的，但儿童也从与他人的互动中学到很多。例如，你很快会发现，学前儿童常常难以从他人的视角，而只是以自己的视角看问题。通过与社会进行积极的互动（如会话）或消极的互动（如在分享和比赛游戏中与同伴产生冲突），幼儿逐渐认识到不同的人对世界有不同的看法，而他们自己对世界的看法也不一定非常正确、合理。如果有人向小学儿童指出他们所说的

---

① 不要把皮亚杰的图式（schemes）与第 9 章中描述的先验图式（schemas）混淆，虽然这两个概念都是指对所学知识进行组织的方式。实际上，皮亚杰自己对图式（schemes）与先验图式（schemas）进行了区分（schemas 的复数是 schemata），他用先验图式概念指代的是不同于当代认知主义者的含义（参见 Piaget，1970，p. 705）。

292 和所做的并不一致，他们是可以认识到这种不一致的。通过与同伴或成人讨论社会与政治问题，中学生会逐渐修正自己关于人应该如何行事的理想主义想法。

◆ *儿童通过同化与顺应过程来适应环境。*皮亚杰认为，儿童通过两个不变的过程（他称它们为机能）与环境相互作用，即所谓的同化和顺应。**同化**（assimilation）指用与已有图式一致的方式对客体与事件做出反应或解释。例如，一个婴儿见到母亲带着闪闪发光的、晃来晃去的耳环，会运用抓握图式去伸手抓耳环，以后他会用同样的方式（图式）去抓握瓶子。一个两岁的幼儿发展了2只苹果加3只苹果等于5只苹果的图式，就可以应用这一图式去解决这样的情境——2美元加3美元等于5美元。

然而，有时已有图式无法应付新客体或事件，在这种情境下，**顺应**（accommodation）就会发生：儿童或者是修改原有图式以解释新物体或事件，或者是建立一个全新的图式以应对这些新物体或事件。例如，学会了爬的婴儿，当他遇到楼梯时，必须要调整爬的方式。一个儿童见到一条长的、有四条腿的、像蛇一样的动物，经过一番研究，就会拒绝蛇的图式（因为蛇没有腿），而形成一个新图式：石龙子（小四脚蛇类动物）。

同化与顺应是两个互补的过程。同化指修改人对环境的知觉以适应图式；顺应指改变图式以适应环境。根据皮亚杰的观点，这两个过程通常是并行的，儿童不仅能把新事件纳入已有知识背景中（同化），而且也可以改变原有知识背景以适应新的事件（顺应）。

正如你猜测的，学习主要是顺应的结果，即修改原有图式或形成新图式。然而，同化几乎总是发生顺应的必要条件，在你了解某个新事件之前，你一定会将这个新经验与你已经知道的经验相联系。正如你在第8章所见到的，已有知识与新信息之间联系的必要性不仅是皮亚杰理论也是当代认知学习理论的重要原则。

◆ *平衡过程促使复杂思维形式不断进步。*皮亚杰认为儿童有时处于一种**平衡**（equilibrium）状态，此时他们能够用现有图式对新事物进行解释和反应。但这种平衡不会永远持续下去。随着年龄的增长，他们经常会遇到用当前知识与技能不足以应对的情况，这时就产生了**失衡**（disequilibrium），这是一种心理上的不舒适状态，它激发儿童去探究所观察环境的意义。有时，最简单的做法就是直接忽略事情的复杂状态。但在另一些情况下，尤其是在相同的困惑现象反复发生时，就会驱动儿童修改已有图式。通过替换、改组或更好地整合图式，换句话说就是通过顺应，儿童最终能够更好地理解并处理先前令人困惑的事件。293
从平衡到失衡再回到平衡的运动过程被称作**平衡过程**（equilibration）。按照皮亚杰的观点，平衡与儿童对获得平衡的内在渴望促进儿童向更复杂的思维与知识水平发展。

◆ *不同年龄水平的儿童用不同质的方式进行思维活动。*皮亚杰理论的一个主要特征是他对认知发展四个不同阶段的描述，每个阶段都有其独特的思维模式，又都建立在前一阶段已完成的基础之上，因此，儿童的发展皆要经历这四个阶段，且顺序不变。在皮亚杰早期的著作中，他认为这些阶段具有普适性，即它们描述了全世界儿童的认知发展。

皮亚杰认为儿童四个阶段的发展受到神经成熟（即大脑的一般性的发展变化）的限制。换句话说，儿童只有在大脑完全成熟、可以使认知结构和思维过程与下一个阶段相联系时，才能从某一阶段进入到下一阶段。如我们在第2章看到的那样，大脑在整个童年期、少年期和成年初期持续发展。这种持续的神经发展，尤其是前额叶的发展，促使个体逐渐以更复杂的方式进行思维活动。虽然一些研究者已发现，当儿童处于皮亚杰所提出的从某一认知阶段向下一认知阶段的转变时，的确会发生显著的神经变化（H. Epstein，1978；Hudspeth，1985），但这种变化是否与皮亚杰描述的认知变化有显著的联系，还是一个悬而未决的问题。

在下文中，我们将发现，许多心理学家提出疑问：认知发展是否像皮亚杰所认为的那样是呈阶段式发展的，抑或是具有普遍性的？但不管怎样，皮亚杰的阶段论还是对不同年龄阶段儿童思维的性质提供了诸多有益的见解，因此，我们将仔细加以考察。

皮亚杰的认知发展阶段论

表12—1和图12—1对皮亚杰四个发展阶段进行了概括。表中所显示的年龄范围是平均年龄，有些孩子会早点进入某个阶段，有些孩子则会晚一点。也有的孩子从一个阶段过渡到下一个阶段时，

偶然同时表现出两个相邻阶段的特征。你也会注意到，儿童与青少年并不总能利用自己的高级认知能力，他们在日常活动中会表现出思维方式方面的多种变化（chapman，1988；piaget，1960）。表 12—1 描述了儿童经历四个阶段的顺序性与灵活性。

感知运动阶段（出生至 2 岁）

皮亚杰认为，新生儿的行为几乎全是反射，亦即对特定刺激做出生物学意义上的反应（例如，吸吮奶头），它为新生儿的生存提供保障。婴儿到第 2 个月，开始反复表现出一些随意行为，这反映着行为与知觉图式的发展，所以这个阶段称**感知运动阶段**（sensorimotor stage）。起初，婴儿的自发行为几乎全部集中于身体（例如，他们会不断地把手指放进嘴里），但他们的行为也会涉及周围的物体。皮亚杰认为，对许多 1 岁婴儿而言，其行为主要是自然的和无计划的。

表 12—1 **皮亚杰认知发展阶段**

阶段与年龄	一般描述
感知运动阶段 （出生至大约 2 岁）	图式主要是知觉与行为的图式，儿童对世界的理解主要基于用身体与客体相互作用。
前运算阶段 （2 岁至六七岁）	许多图式现已具有符号特性，因此儿童的思维及言语可以超越即时经验。儿童开始对事件进行推理，尽管不总是像成人那样按照逻辑的方式。
具体运算阶段 （六七岁至十一二岁）	儿童获得了按逻辑并像成人一样对具体的、基于现实的情境进行推理的认知结构，也认识到自己的观点不一定与别人的相同。
形式运算阶段 （十一二岁至成人）	儿童现在能对抽象的、假想的、与事实相矛盾的情境进行逻辑地思维。并获得许多对理解数字及自然科学都必不可少的高级推理能力。

第一年的后期，婴儿不断观察到某些动作导致了某些结果，于是逐渐获得有关周围世界的因果关系的知识。这时，他们开始按照所知道的可以带来期望结果的那种方式从事由**目标指引的行为**（goal-directed behavior）。
294
大约在同时，儿童获得**客体永恒性**（object permanence），即懂得了当客体不在眼前时它们仍然存在的道理。

皮亚杰认为，儿童在感知运动期间的大多时候，思维会受到当前环境中客体的限制。但到了第 2 年的后半期，儿童发展了**符号思维**（symbolic thought），这是依据内部的、精神实体或符号表征来思考客体与事件的能力。他们可以在心中对物体进行"实验"，首先预测如果对物体施加动作将会发生什么，然后将计划付诸行动。儿童也可以回忆和模仿曾经见过的其他人的行为，例如，对着玩具电话，假装与人"通话"。这种符号思维

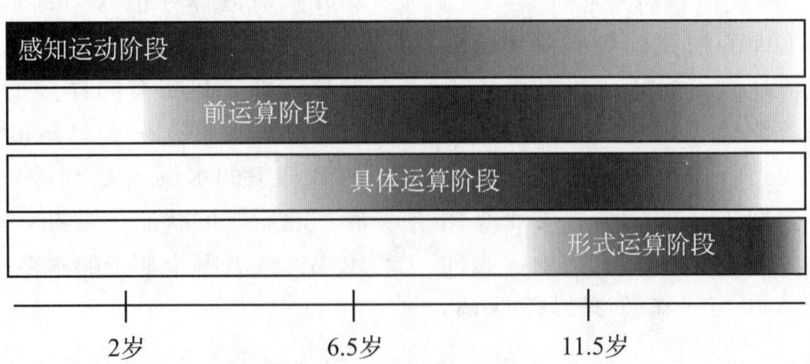

图 12—1 皮亚杰认知发展阶段与年龄

随着时间推移，儿童逐渐获得了与更高阶段相联系的能力，但不一定脱离了与前一阶段相关的特征。

资料来源：Adapted from CHILD DEVELOPMENT AND EDUCATION 4/E by T. M. McDevitt & J. E. Ormrod，2010，p. 199，Upper Saddle River，NJ：Pearson Education. Adapted with permission.

295 标志着皮亚杰所定义的真正思维的开始。①

前运算阶段（2岁至六七岁）

在心理上表征客体与事件的能力（也就是符号思维）使**前运算阶段**（preoperational stage）的儿童比感知运算阶段的儿童能更广阔地看待世界。符号的一个重要成分是语言，实际上正是语言的运用标志着前运算阶段的到来。儿童日益迅速增长的词汇，为新发展的心理图式提供了标签，也为超越距离与时间的限制而对客体进行思考提供了符号。最终，语言使得这时期的儿童能够用在感知运算阶段不可能的方式与他人进行沟通、接受来自他人的信息。

随着符号思维的出现，幼儿不再受到此时此地的限制，所以，思维和行动远比以前更具有灵活性。此时，他们能回忆过去，展望未来，开始将各种经验相联系，日益深刻地理解这个世界。

然而，前运算思维仍然具有很多局限，尤其是与后来出现的具体运算思维相比更是如此。例如，年幼的孩子倾向于将心理事件（如思维与情绪）与物理事件混淆，典型的例子是他们认为无生命的东西也有感情，妖魔鬼怪之类会藏在床底下。他们也会表现出**自我中心**（egocentrism），这是一种不能以他人观点看待问题的心理状态。② 他们很难理解不经意的语言会伤害别人的感情。他们可能在讲话时，不能从听众的角度考虑问题。例如，当他们陈述一个故事的时候，会遗漏关键点，而只说出一些听众难以理解的片断。从这里，我们明白了皮亚杰为什么说社会互动对发展如此重要。只有从他人那里不断地获得反馈，儿童才能知道别人的思想和感情是独特的、与自己不同的，而自己看待世界的方式也与别人不同。

想一想成人逻辑推理的形式，我们就知道前运算阶段的儿童还远没达到此种水平，其中一个例子是他们很难解决**类包含**（class inclusion）任务，它是一种能区分主类（大类）与次类（主类中所包含的各次类）之间关系的能力。皮亚杰用前面提到的临床法对一个儿童进行了访谈，为此提供了解释。一个成人在与一个6岁男孩谈话。他给男孩看一个盒子，里面装有12个木珠子，其 296
中两个是白颜色的，其余是褐色的。对话如下：

成人：盒子里的木珠子多，还是褐色珠子多？

儿童：褐色的多，因为有两个白色的。

成人：白色珠子是用木头做的吗？

儿童：是的。

成人：褐色的呢？

儿童：也是。

成人：褐色珠子多，还是木珠子多？

儿童：褐色的多。

成人：用木珠做的项链是什么颜色的？

儿童：褐色的和白色的。[这里表明儿童理解所有的珠子都是木制的。]

成人：用褐色珠子做的项链是什么颜色的？

儿童：褐色。

成人：哪个项链更长？是用木珠子做的，还是用褐色珠子做的？

儿童：用褐色珠子做的那一个。

成人：请为我把两个项链的珠子画出来。

儿童画了一串黑色的圆环代表褐色珠子的项链，又画了一串黑色圆环和两个白色圆环代表木珠子的项链。

成人：好的，现在哪个更长？褐色珠，还是木珠？

儿童：褐色珠项链。（源自 Piaget，1952a，pp. 163－164）

前运算思维的无逻辑特性的另一个例子是年幼儿童对**液体守恒**（conservation of liquid）问题的反应。想象有这样3个杯子：A、B两个杯子一
般高和细，并装有同样多的水。C杯短和粗，没 297
有装水。如图12—2显示的“之前”状态。现在把B杯里的水倒入C杯，如图12—2中显示的实验“之后”的状态。现在，A与C杯有同样多的水吗？或者哪个杯子的水多一点？

---

① 我在这部分描述的改变反映了6个亚阶段。对于这些亚阶段的讨论，见皮亚杰《儿童智能起源》(*The Origins of Intelligence in Children*，1952b）或约翰·弗拉维尔的著作《让·皮亚杰的发展心理学》(*The Developmental Psychology of Jean Piaget*，1963)。

② 不要把皮亚杰的自我中心与更一般意义上使用的自我中心混淆。我们说一个人的日常语言是自我中心的，通常意指这个人在说话时只关注自己的希望与需求，此时自我中心一词意指人格特征。然而按皮亚杰理论，自我中心是儿童的一种认知局限，而不是人格缺陷，指他们还没有能力以别人的视角看世界。

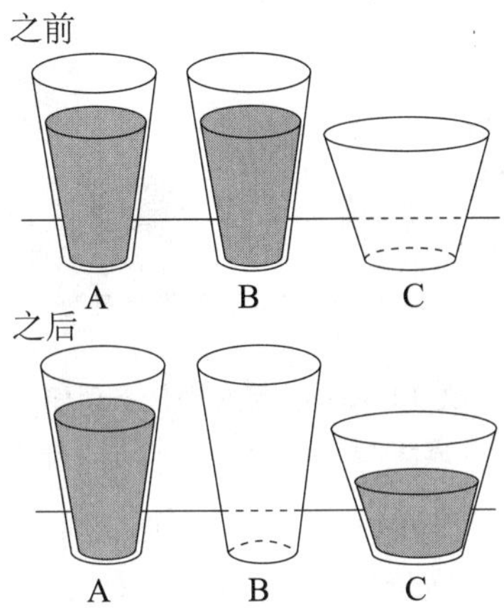

图12—2 液体守恒任务示例

杯子B（"之前"）中的水倒入杯子C中（"之后"）。杯子C中和之前杯子B中的水一样多吗？

一个成人会得出两个杯子有同样多的水的结论（排除在倒的过程中溅掉的一点水）。与此相反，前运算阶段的儿童，可能会说两个杯子的水是不一样的：多数儿童会说A杯水更多，因为它更高，尽管有少数孩子会说C杯水更多，因为它更粗。前运算阶段儿童的思维更多地依赖于知觉而不是逻辑，易受外部特征的影响：杯子看上去是不同的形状，所以装的水应该不一样多。

当儿童到达了前运算阶段的后期，四五岁时，便显现出逻辑思维的早期特征。例如儿童有时在解决类包含（如木珠问题）和守恒（如水杯问题）问题时可以得出正确结论。但他们的推理判断基于具体情境和直觉而非逻辑原则下的有意识觉知，因此，他们还不能解释为什么他们的结论是对的。

具体运算阶段（六七岁至十一二岁）

当儿童进入**具体运算阶段**（concrete operations stage），其思维过程呈现出逻辑运算的形式，这使儿童能够综合关于客体的各种性质与看法。这种具体运算思维给予儿童许多更高级的能力。儿童现在认识到自己的观点与感情不一定与别人相同，它反映的是个人意见而非真实情况。据此，儿童知道他们有时会犯错，开始探求内部思想的外部效度，提出诸如"你是怎么想的"及"我对这一问题的理解对吗"的问题。

处在具体运算阶段的儿童能够有多种形式的逻辑思维。他们表现出**守恒**（conservation）：理解了如果东西没有增加或被拿走，即使形状或位置发生变化，物体的数量也会保持不变。他们也能解决类包含问题——例如，认识到褐色珠子是木珠子的一部分。他们已经能解释类包含的原因，下面对一个8岁儿童进行的有关木珠问题的访谈说明了这一点：

> 成人：木珠多还是褐色珠多？
>
> 儿童：木珠多。
>
> 成人：为什么？
>
> 儿童：因为两个白珠也是木头做的。
>
> 成人：如果我做两个项链，用木头珠做一个，用褐色珠做一个，哪个更长？
>
> 儿童：哦，褐色珠就是木头做的，用木珠做的那个更长，因为它还多了两个白色珠子。（源自Piaget，1952a，p.176）

在整个具体运算阶段，儿童不断发展他们新获得的逻辑思维能力。随时间推移，他们逐渐能够解决复杂的守恒任务。六七岁儿童已能解决某些守恒任务，如图12—2显示的液体守恒。其他守恒任务则在几年后才能解决。图12—3是一个关于重量守恒的任务，成人给儿童看在天平上具有同等重量的两个泥圆球，然后将其中一个球从天平上拿走，并碾压成扁平状。问儿童，扁平泥球与圆泥球的重量是否相同。在儿童没有达到重量守恒时，他们还认识不

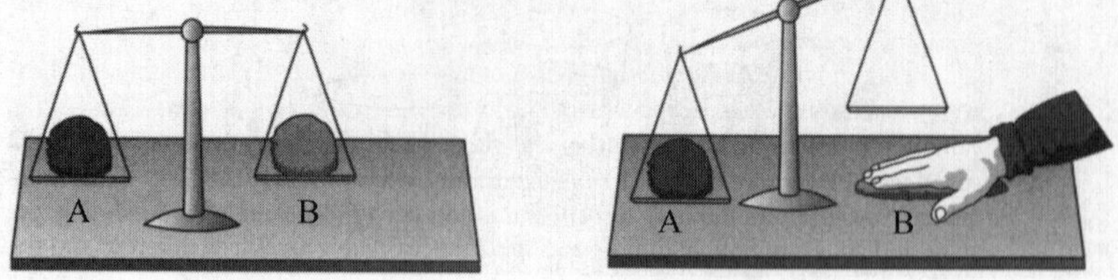

之前　　之后

图12—3　重量守恒任务示例

球A和球B一样重（“之前”）。当球B用手压成扁平状后（“之后”），球B和球A哪个重？

298 到变成扁平的泥球与没有变形的那个圆球的重量是相同的。这个问题，儿童直到具体运算阶段的末期才能解决。①

处在具体运算阶段的儿童，思维水平尽管有进步，但还有一个非常重要的局限：他们只对具体的、可观察的事物能够应用逻辑运算，因此皮亚杰用“具体”这一词标志这一阶段。他们还不能轻易解决抽象概念以及与他了解的现实相矛盾的假设性问题。例如，具体运算阶段的儿童轻易就会同意这种逻辑：

> 如果所有一年级的学生都是儿童，
> 所有儿童都是人，
> 那么所有一年级的学生都是人。

但这一时期的儿童却难以理解与上面这个问题类似但却与事实完全相反的命题，认为下面这种逻辑是对的：

> 如果所有一年级的学生是儿童，
> 所有儿童是河马，
> 那么所有一年级的学生是河马。

具体运算阶段的儿童不易区分逻辑与真实情况的区别，毕竟，一年级的学生不是河马。

形式运算阶段（十一二岁至成年期）

儿童大约到了青春期，便进入**形式运算阶段**(formal operations stage)。这时，他们能够对不以现实为基础的事件进行思考与判断，如抽象概
299 念、假设命题、与现实相矛盾的陈述等等。他们能够理解“转石不生苔”、“本末倒置”这类谚语的基本意思。能更好地理解数学、自然科学和社会科学中的抽象概念，如负数、无穷大、动量、夸克、共和、人权等等。

数学、自然科学推理等能力也在这时出现了。例如，儿童获得了**比率思维**（proportional thinking），它可使儿童理解各种比率关系（如分数、小数、比率等）。儿童能够**进行变量分离与控制**(separation and control of variables)：当检验在众多因素中某个因素导致了特定结果这样一种假设时，他们能够在检验这一因素的同时，使其他因素保持不变。让我们来看一个摆的例子——它是悬挂着的、前后不停摆动的物体（摇摇玩具和游乐场中的秋千是两个常见的例子）。摆的哪种特征决定了它的摇摆速度？关于摆的振动速度的基本原因你可能有几种假设：（1）摆底部物体的重量；（2）绳子、线或其他悬挂摆的材料的长度；（3）推动摆摇动的力；（4）初次将摆甩出去时的高度。为了决定这些假设哪个或哪几个是正确的，需要在检验一个特征的作用的同时，使其他特征保持不变。比如，你要检验重量决定了摆的速度不同这一假设，你就要试着改变物体的重量，同时使绳子的长度、每次推摆的力度以及甩出摆的高度都保持不变。类似地，如果你假设绳长是关键因素，那么你需要变化绳子的长度，同时让其他因素保持不变。假如你谨慎分离并控制了影响变量，你就会得出正确结论：只有绳子的长度影响摆的振动速度。

由于开始了形式运算，儿童便能考察自己的思维过程，评价思维的逻辑和品质。例如，儿童会说：“哎呀，我很矛盾，不是吗？”本质上，达到形式运算阶段的儿童能够运用心理运算进行

① 对于任何物质形式都有重量这一观念——不管体积多小——青少年似乎也搞不清楚（我想，许多成人可能也如此）。例如，虽然八年级的儿童承认一大块聚苯乙烯泡沫有重量，但他们可能认为从这大块中取出的一小块就没有重量（C. L. Smith，Maclin，Grosslight & Davis，1997；Wiser & Smith，2008）。

"其他"的心理运算——能对自己的思维进行思考认识。

由于能够进行形式运算推理，能够解决与事实相反的假设和问题，儿童就能够设想这个世界与实际上存在的情况有多么不同——或许比真实情况更好。因此，儿童起初对社会的、政治的、伦理的问题都非常理想化。许多青少年开始关心世界问题，把精力投入在有价值的问题上，如全球变暖、世界饥荒或动物权利等。然而他们所提出的解决问题的建议常常看似合理但却不现实。比如，他们会认为如果人们能够"彼此友爱"，种族主义一夜就会消失，或者他们会建议国家应该放弃武装力量，消除影响世界和平的所有武器。皮亚杰认为青少年的理想主义反映了他们不能将他人的观点与自己的观点加以区分，也不能将自己的认识与实际情况加以区分。① 只有通过经验，青少年最终才能在特定时间和有限资源的情况下，对自己的乐观主义与某种可能的现实主义进行调和。

300

皮亚杰理论的当代观点

或许皮亚杰对我们理解认知发展的最大贡献是他提出了儿童如何进行思维与推理这一研究问题，并尽力给予了回答。除此之外，还有一些重要观点也经历了时间的考验：如儿童主动寻求周围世界的信息，自己建构对世界的理解，并将新经验与已知经验相联系，遭遇困惑时能激发对理解的修正等等。

然而，皮亚杰对推进发展的过程的描述——尤其是对同化、顺应和平衡等概念的描述是很笼统和含糊的（Chapman，1988；diSessa，2006；Klahr，2001）。另外，"与人的物理环境相互作用"的观点，虽然有价值，但或许并没有皮亚杰所认为的那么重要。例如，有明显身体缺陷的儿童，不能主动作用于客体，但可以通过观察自己身边的客体发生了什么而了解到许多有关世界的知识（Bebko，Burke，Craven & Sarlo，1992；Brainerd，2003）。

皮亚杰理论激励人们对认知发展进行了大量研究。一般而言，皮亚杰提出的顺序观——儿童不同能力的发展是具有一定先后顺序的——已得到研究的支持（Chapman，1998；Flavell，Miller & Miller，2002；Ginsburg，Cannon，Eisenband & Pappas，2006）。例如，儿童抽象推理能力只有在已经能够对具体事物或客体进行推理以后才能出现。正如皮亚杰所报告的，儿童对各种守恒任务的掌握就是按照先后顺序发生的。但是当今研究者们对各种能力实际上出现的年龄段有所质疑。他们也发现儿童逻辑推理能力的差异主要依赖以前的经验、知识及文化背景。大多数当代研究者怀疑儿童认知发展是否符合皮亚杰的阶段论。

不同年龄阶段儿童的能力

婴儿显然比皮亚杰在感知运动阶段所描述的情况更有能力。例如，婴儿在两个半月时就初步显示出对客体永恒性的认知。在接下来的诸多月份，他会继续巩固这种理解（Baillargeon，2004；L. B. Cohen & Cashon，2006）。到了 12 个月，还没有获得语言的婴儿能够用非语言形式进行交流——显然也可以思考当时还没有感知到或没经验过的客体（Liskowski，Sschäfer，Carpenter & Tomasello，2009；Mandler，2007）。

学步儿与学前儿童也比皮亚杰在前运算阶段试图让我们相信的情况更有能力。比如，学前儿童并不总是表现为自我中心：如让学前儿童把绘画作品拿给我们看，他们会把画面冲着我们，使我们能见到，而不是冲着他们自己（Newcombe & Huttenlocher，1992）。在某些情况下，他们也能解决类包含和守恒问题（Donaldson，1978；Goswami & Pauen，2005；Morra，Gobbo，Marini & Sheese，2008）。偶尔，他们甚至还表现出初级的抽象思维，以及考虑与实际相矛盾的事情——这种情况，按皮亚杰的观点，要到青少年时期才能出现（S. R. Beck，Robinson，Carroll & Apperly，2006；Ginsburg，Lee & Boyd，2008；Mc-

① 按皮亚杰的观点，不能区分自己与别人的观点以及不能进行现实的思考是另一种形式的自我中心，这种自我中心是形式运算阶段的而不是前运算阶段的思维特征。

Neil & Uttal，2009）。

皮亚杰或许也低估了小学生的能力。例如，一二年级的小学生能够理解和简单应用比率概念（如1/2，1/3，1/4），这表明他们能把比率概念与日常接触的物体联系起来（Empson，1999；Van Dooren，De Bock，Hessels，Janssens & Verschaffel，2005）。一些小学儿童能比较和控制无关变量，尤其当要求他们在可能因素中作出选择或暗示控制
301 其余所有变量的重要性时更是如此（Barchfeld，Sodian，Thoermer & Bullock，2005；Lorch et al.，2010；Mets，1995；Ruffman，Perner，Olson & Doherty，1993）。然而，皮亚杰似乎高估了青少年所能做的事情。形式运算思维过程（如比率推理、变量分离和控制）是逐步加强的过程，甚至初中生也不一定经常运用形式运算思维（Flieller，1999；Schliemann & Carraher，1993；Tourniaire & Pulos，1985；Zohar & Aharon-Kraversky，2005）。实际上，即便成人也并不总是用逻辑手段（它标志着形式运算的特征）进行推理（X. Lin & Lehman，1999；Morra et al.，2008；Pascarella & Terenzini，1991）。例如，当成人对真实世界的事件进行推论并寻求结论时，会过度依赖对世界的原有知识，因此，在分离逻辑与真实方面，他们与具体运算阶段的儿童一样会面临相同的困难（D. Kuhn & Franklin，2006）。或许形式逻辑规则——你在哲学课上学到的——不能反映儿童或成人所具有的典型推理方式（Halford & Andrews，2006；D. Kuhn & Franklin，2006）。在某种程度上，皮亚杰的形式运算阶段体现的是人在理想状况下的能力水平，而不是通常状况下的日常推理过程（R. J. Sternberg，2003）。

经验与先前知识的影响

皮亚杰认为神经上的成熟对任何一个特定年龄阶段儿童的推理能力都有很大限制。虽然成熟确实对认知发展有作用（见第2章），但皮亚杰可能高估了它对逻辑思维的重要作用，尤其对较大儿童和青少年的逻辑思维是如此。与皮亚杰所描述的情形相比，外显训练和经验经常可帮助青少年更快地获得推理能力（Brainerd，2003；D. Kuhn，2006）。例如4、5岁的儿童在有了解决守恒任务的经验以后便获得了守恒，如果他们能积极操纵活动材料（任务工具，如瓶子等），并与已具有守恒概念的人讨论自己的判断，守恒表现就会更突出（D. Field，1987；Halford & Andrews，2006；Siegler & Chen，2008；Siegler & Lin，2010）。相似地，带有具体操纵的指导能帮助儿童掌握比率概念的性质（Fujimura，2001；Sarama & Clements，2009）。假如教给大约10岁的儿童问题解决的策略，比起没有学过这些策略的孩子，他们会更易解决涉及假设概念和逻辑的问题。当情境不断对他们提出要求时，他们就越来越擅长分离和控制无关变量（D. Kuhn & Pease，2008；S. Lee，1985；Lorch et al.，2010；Schauble，1990）。

皮亚杰承认，儿童获得了新的逻辑思维能力时，可能会将其应用于某个学科领域，但不一定能应用于另一个学科领域（Chapman，1988；Piaget，1940）。这种能力对所有年龄阶段的个体而言都是日益加强的。逻辑思维能力依情境不同会有不同表现，这种变化依赖于知识、背景经验、与情境任务相关的训练等等（Brainerd，2003；D. Kuhn & Franklin，2006）。例如，青少年可能在某个专业领域表现出形式运算思维，而在其他专业领域则使用较为具体的思维（Klaczynski，2001；Lovell，1979；Tamburrini，1982）。形式运算思维在物理学科中的出现比历史、地理等学科更早，或许因为后者较为远离学生的日常生活。一般地，青少年与成人倾向于在那些他们已有大量知识储备的问题上使用形式运算思维，而在不熟悉的问题上使用具体思维（Girotto & Light，1993；M. C. Linn，Clement，Pulos & Sullivan，1989；Schliemann & Carraher，1993）。

促进更高级推理的一种途径是正规教育。上 302
学及学校教育的某些特点性质与掌握具体运算与形式运算的任务相联系（Artman & Cahan，1993；Dias，Roazzi，O'brien & Harris，2005；Flieller，1999；Rogoff，2003）。例如，愉快地学习特定领域的大学课程（如学习心理学）会促进与该领域相关的形式推理能力（Lehman & Nisbett，1990）。

文化的影响

虽然皮亚杰最终承认不同文化群体会培养不同的思维方式，但实际上他对文化的关注只是将

它作为影响认知发展的一个重要因素（Chapman，1988）。新近研究揭示，认知发展过程因不同文化群体而发生不同变化（Maynard & Greenfield，2003；Morra et al.，2008）。例如，为了生活而熟悉制造陶器的墨西哥家庭的儿童，守恒技能的获得就早于那些不熟悉陶器制造的墨西哥家庭的儿童（Price-Williams，Gordon & Ramirez，1969）。显然，制造陶器要求这些儿童经常判断所需要的泥土和水的量，而泥土和容器里的水具有特别的形状或形式，因此这种判断一定要非常准确才行。在另一些文化群体中，特别是在儿童不上学的文化里，守恒显然要比西方文化中的儿童晚几年，他们的形式运算推理或许从未出现过（M. Cole，1990；Fahrmeier，1978）。在这样的文化背景中，某些逻辑运算技能几乎与人们的日常生活无关（J. G. Miller，1997；Morra et al.，2008）。

对皮亚杰阶段论的看法

鉴于所有证据，讨论这种认知发展的分离阶段还有意义吗？甚至皮亚杰也承认，任何特定阶段的那些特征未必要像一组不可分割的能力一样紧密相连（Chapman，1998；Piaget，1940）。大多数当代发展理论家认为，认知发展依据逐渐的倾向来加以描述可能更准确。例如，可以说逐渐增强了抽象思维倾向，而不用分离的阶段来描述思维（例如，L. B. Cohen & Cashon；2006；Flavell，1994；D. Kuhn & Franklin，2006；Siegler & Alibali，2005）。他们进一步提出，如果用儿童如何能够思维来描述皮亚杰的阶段论或许更好，而不是说他们如何进行思维，并且认知发展性质在不同背景不同区域及文化中有特别意义（Halford & Andrews，2006；Klaczynski，2001；Rogoff，2003）。

也有一些心理学家认为，完全拒绝皮亚杰阶段论是将洗澡水连同婴儿一起倒掉。现在让我们考察新皮亚杰主义的观点。

新皮亚杰认知发展理论

一些心理学家将皮亚杰的某些观点与信息加工理论中的一些概念相结合，建构了**新皮亚杰理论**（neo-Piagetian theories），用以阐述儿童的学习及推理能力如何随着时间而发展（例如，Case，1985，1991；Case & Okamoto，1996；Fischer & Bidell，2006；Fischer & Daley，2007；Morra et
303 al.，2008）。新皮亚杰理论家对不同年龄阶段儿童的思维性质及促进认知发展的机制不总持相同看法。他们的思考集中在如下表述上。

- *认知发展受到大脑信息加工机制成熟的限制*。新皮亚杰理论家们与皮亚杰的观点有共鸣：认知发展多多少少依赖大脑的成熟。让我们回忆一下工作记忆这个概念，它是人类记忆系统的有限容量成分，在这个系统里，产生着积极的、有意识的心理加工。随着儿童的年龄增长，这种髓鞘化的、组块的、不断复诵的和自动化的工作记忆加工程序必然会更加有效（见第 2、8、9 章）。工作记忆的实际“空间”或许也在增长（见第 8 章）。新皮亚杰理论家们认为，年幼儿童与年长儿童相比，有限的记忆容量会限制他们获得和使用高级思维与推理的能力。因此，短时记忆容量或许限定了特定年龄阶段儿童的能力所能达到的上限（Case & Muller，2001；Case & Okamoto，1996；Fischer & Bidell，1991；Morra et al.，2008）。

- *儿童通过无意和有意的学习过程获得新知识*。许多当代心理学家都同意儿童可能在几乎没有意识或努力的情况下学到某些知识。如对宠物问题的了解：“一般而言，猫和狗，哪个大?”即使儿童从没有意地想过这个问题，也能轻易回答“狗大”，因为他们已了解到与这两个动物相联系的许多特征（包括大小）。于是，儿童无意识地了解到，世界的特征就是一致性的模式和联系（见第 10 章有关学习的讨论）。

  然而，尤其是在生命的头一两年里，儿童大脑的成熟使得他们能逐渐地、积极地、有意识地思考自己的经验，并开始投入大量心理资源来建构对世界新的理解和解决每日所遇的小问题（Case & Okamoto，1996；Morra et al.，2008；Pascual-Leone，1970）。当儿童这样做的时候，会从已了解的（或许是无意识地）关于环境的知识中抽取出一般模式，同时也加强了对一般模式知识的认知。因此无意与有意的学习过程与儿童处理日常任务与挑战相伴随，并日益增强他们对世界的理解与适应（Case，1985；Case & Okamoto，1996）。

◆ 儿童获得的认知结构影响对特定内容领域的思维。如我们所见，儿童逻辑思维能力依赖专门知识、经验和与任务有关的教导，所以判断推理的复杂性主要因环境的不同而不同。考虑到这一点，新皮亚杰理论家们拒绝下述皮亚杰的这一观点：儿童逐渐发展了完整的心理加工（操作）系统，并能将该系统应用于广泛的领域和任务中。取而代之地，新皮亚杰家们认为，儿童获得更多的关于概念与思维的特定系统（**结构**，structures），它影响儿童关于特定主题或领域的思维及判断推理能力。

◆ 特定领域里的发展特征有时会由几个阶段来显示。新皮亚杰理论家们不同意皮亚杰的四个阶段表现了儿童认知发展的所有特征，但是他们认为特定领域的认知发展具有阶段的性质（例如，Case，1985；Case & Okamoto，1996；Fischer & Bidell，1991；Fischer & Immordino-Yang，2002；Morra et
304 al.，2008）。对新能力的获得标志着儿童进入了一个特别阶段，这一新能力是儿童随时间推移不断练习而逐渐掌握的。最终，他们把这些能力整合成为更为复杂的结构，这标志着他们已进入一个后续阶段的结构。因此正像皮亚杰阶段论所指出的，从结构上，每一阶段都是建立在前一阶段所获得的能力基础之上。

然而，在特别学科领域，认知发展不一定经历好似爬梯子似的几个阶段。在某些情况下，发展可能更像是沿着能力的"多重渠道"前行的，这些渠道犹如网状相互联结、结合或者分离（Fischer & Daley，2007；Fischer & Immordino-Yang，2002；Fischer，Knight & Van Parys，1993）。照此看法，儿童可以通过许多路径中的一条来获得某特定领域所需要的更高级能力。例如，当儿童在阅读上变得日渐熟练时，就会逐渐发展词语转换技能、理解能力等，并联合这些能力解决面临的问题。但每种能力形成的相对速度会因不同儿童而不同。

◆ 正规教育对认知发展的影响比皮亚杰所认为的更大。皮亚杰强调儿童与环境之间的非正式相互作用的重要性。新皮亚杰家们则认为，在神经成熟和工作记忆容量的限制下，正规教学无疑影响认知的发展（Case & Okamoto，1996；Case et al.，1993；Fischer & Immordino-Yang，2002；S. A. Griffin，Case & Capodilupo，1995）。新皮亚杰主义的杰出人物罗比·凯斯（Robbie Case），一直特别坚定地强调正规教育对于认知发展的价值。详细考察他的理论可以使你更了解新皮亚杰主义的研究取向。

凯斯的理论

罗比·凯斯是一位高产的新皮亚杰主义者，在多伦多大学任教直到2000年逝世。他理论的中心是有关**中心概念结构**（central conceptual structures）的观念，它是指认知过程和概念的综合网络，它构成儿童思维、推理和特定领域学习的基础（Case，1991；Case & Okamoto，1996；Case，Okamoto，Henderson & McKeough，1993）。随时间的推移，这些结构经历各种转变，每一个转变标志着儿童进入了下一个更高的发展阶段。

凯斯认为中心概念结构的本质涉及多个领域，包括数、空间关系与社会思想（Case，1991；Case & Okamoto，1996）。与数相关的中心概念结构是儿童推理能力及数学运算的基础。该结构反映了儿童对数概念和运算如数学、计算、加减是如何相互联系的综合理解。与空间关系相联系的中心概念结构是儿童诸如绘画、构造、使用地图、描绘几何图形和运动性等活动（如用草书写作，用网球拍击球）的基础。这个结构可以使儿童根据一个或多个参考点（如图中的X、Y轴）在空中排列物体。与社会思想相关的中心概念结构奠定儿童判断人际关系、了解脚本任务、理解虚构故事与作品等的基础。该结构包括儿童对人 305
类思想、愿望、行为的一般信念。凯斯的研究揭示这三个中心概念结构或许是在广泛的、不同的文化与教育背景中发展的（Case & Okamoto，1996）。

凯斯认为，从4岁到10岁，儿童在这三个领域的中心概念结构是平行发展变化的。这种变化反映儿童随时间而日益具有综合的和多方面的推理判断能力。下面以儿童理解数概念的发展为例来说明。

关于数的可能中心概念结构

根据凯斯的观点，4 岁儿童理解了多和少之间的区别，认识到往物体上加东西会使其更多，反之，减去则会使其更少。运用这些知识来计算苹果会像图 12—4 上半部分所显示的那样。进而，许多 4 岁儿童能准确地数一串小物体，并得出结论：他们数的最后那个数等于这串物体的总数。这个过程——用来数苹果——即是图 12—4 下半部分所显示的过程。因此，4 岁儿童实际上能够比较 5 个物体与 6 个物体的不同，并能说出后者包含更多物体，也能准确数到 5 或 6。然而他们 306
却不能回答这种问题：“5 和 6，哪个多?”该问题涉及多与少这两个概念的知识与计算。显然，儿童还没能把上述对数的理解纳入一个概念框架内。

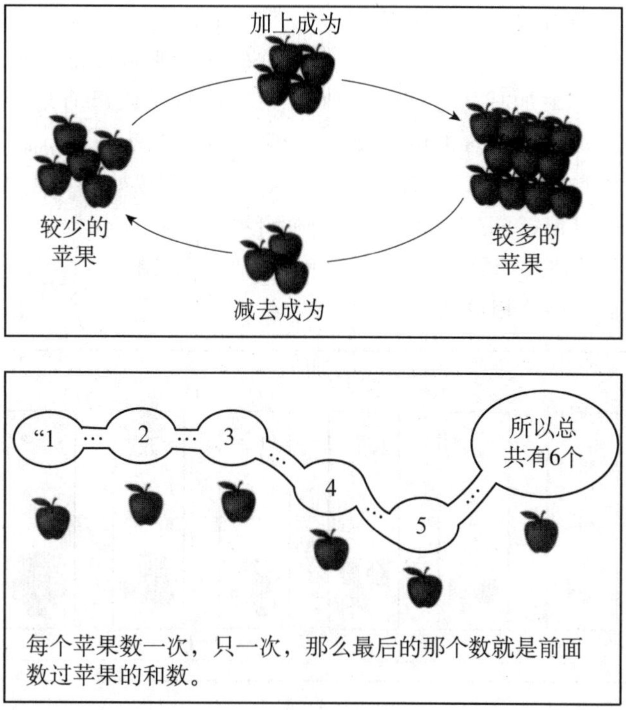

图 12—4　4 岁儿童可能的数概念结构

儿童到了 6 岁，则可以轻易地回答“哪个多”的问题。凯斯认为 6 岁儿童如图 12—4 所显示的两种情况已被整合成一个单一的、具有更广泛的数的结构中。这一结构包括几个关键成分：

◆ 儿童理解并能出声数“一”、“二”、“三”等等。

◆ 儿童认识书写的数字 1、2、3 等等。

◆ 儿童数物体是一个有规律的过程：对于一组序列数，他们会一边数一边用手指着。最后儿童可以在心理上（而不依赖用手指着数）“追随”（数着）每个物体。

◆ 儿童也会使用手指表征少量的物体（如用 3 个手指代表 3 个物体）。用手指数物体并表征物体数量是一个重要手段，由此，儿童把数及表征两个过程整合到一个概念结构中。

◆ 儿童会使用较大的数，如一些、较多、较大等概念使运算平衡。类似地，他们也会使用一点、较少、较小等。

◆ 儿童理解在某个系列里加上一个单元或再把它从这个系列中减去，这两个从一个数到另一个数的运动过程是相等的，与运动方向无关。

◆ 儿童认识到一个维度的任何变化（如从 3 到 4）一定伴随着另一个维度的同等的变化（如从第三到第四，或者从……到……）。

307 本质上，6岁儿童更广泛的概念结构构成了一个心理数字系统，儿童用该系统促进对数的理解，并进行加减运算和比较数量的多少（例如，见图12—5）。

凯斯认为儿童到了8岁就掌握了丰富的关于数的中心概念结构，能够同时使用两个数字系统解决数学问题。他们可以回答这样的问题："32和38这两个数哪个大?""21和18这两个数哪个更接近25?"这种问题需要儿童比较"个位"和"十位"，每次比较都发生于两个不同的心理数字系统之中。

另外，从理论上，8岁儿童对加减法运算的位次变化有了更好的理解，加满了，要向十位数上"进1"，不够减时，要向十位数上"借1"。

大约到了10岁，儿童可以概括两位数的关系而形成完整的数字系统。此时的儿童懂得了各种位数（个位、十位、百位等等）互相联系，并可以熟练地在各个位数之间借位和进位。

他们也能把回答数学问题看成是在自己心中进行的心理活动，所以能够回答这类问题："哪个数大？6和9，或者8和3有什么不同?"

凯斯只探寻了10岁以前儿童数的中心概念结构的发展。然而，他承认儿童对数的理解要持续发展到青少年。他指出青少年经常在回答"三分之一的一半是多少"这样的问题时会遇到麻烦，并认为这种麻烦是由于儿童还不能完全理解除法概念和由除法产生的结果（如分数）所导致的。

新皮亚杰理论家们对各个年龄阶段的儿童能力结构与性质没有达成一致，至少，他们并不完全同意皮亚杰的观点（例如，Morra et al.，2008）。虽然如此，皮亚杰的认知发展观点对教育者和实践者还是提供了许多启示，正如我们现在了解到的一样。

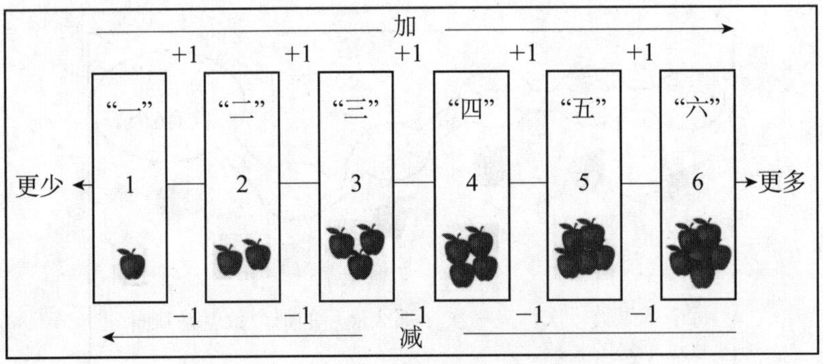

图12—5　6岁儿童可能的中心概念结构

皮亚杰与新皮亚杰理论的启示

皮亚杰理论及由此理论所引起的随后研究对教育家和其他专家都有重大的实践启示，正如以下原则所揭示的：

◆ 儿童和青少年通过实践经验会学到很多。他们通过对自然世界及人造世界的探究了解了很多事情（Flum & Kaplan，2006；Ginsburg et al.，2006；Hutt，Tyler，Hutt & Christopherson，1989）。在婴儿期，这种探究是对那些具有视觉和听觉吸引力的客体的试探，如能发声的东西、成对的杯子、可拉的玩具等等。学前期的儿童，会玩水、沙子、木制的或塑料的积木以及适合该年龄段的可操作的玩具。在小学期间，他们能够扔球、抓球、和泥巴、用水彩染料作画或者用冰棒棍搭积木等。尽管青春期以后，青少年的抽象思维能力在增强，但他们也会从对具体物体的操纵与试探中获益，如自然科学实验室的设备、食物、炊具、木头、制木或伐木工具等。图12—5显示出这个结构的某些要素，它可以再次用来说明目的。

在教育背景下，通过探究而进行的学习有时 308
被称做**发现学习**（discovery learning）。皮亚杰认为有效的发现学习应该主要是由儿童发动和定向的。然而，总的说来，研究者们发现学生会从有助于他们建构起某种适当解释的精心计划和有结构的活动中获益更多（M. C. Brown, McNeil & Glenberg, 2009；Hardy, Jonen, Möller & Stern, 2006；Mayer, 2004；McNeil & Jarvin, 2007；J. Sherman & Bisanz, 2009）。

发现学习的变式是**探究学习**（inquiry learning），这种学习除获得新知识外，主要以帮助学生获得更有效的推理判断过程为目标。例如，幼儿园老师可以教儿童如何针对客观世界的现象提问，接下来教他们：提出假设，收集和记录与假设相关的数据，得出结论（Patrick, Mantzicopoulos & Samarapungavan, 2009）。中学理科老师可以指导学生进行变量分离与控制的学习，可以设计和进行控制影响因素的实验，如摆的摆动速度或者球向下滚动的速度受哪些因素影响（例如，Lorch et al., 2010）。

有效的发现和探究学习课程不一定涉及实际的客体，它们可以用计算机模拟实验来替代。例如，儿童可以在计算机屏幕上通过模拟“教具”学习分数。青少年可以在电脑的虚拟世界里系统地检验影响地震或火山爆发的各种假设（D. Kuhn & Pease, 2010；Moreno, 2006；Sarama & Clements, 2009；Zohar & Aharon-Kraversky, 2005）。

究竟发现学习与探究学习活动应该如何组织，这依赖于学生当前的知识基础与推理判断能力。例如，如果中学生能够通过小心分离与控制变量检验各种假设，并拥有解释结果的适宜概念（力、动量等等），他们就能够从自己的经验和自我指导的实验中获益。而小学生和知识较少的学生在如何设计决定性实验和解释结果方面则需要更多指导（de Jong & van Joolingen, 1998；D. Kuhn & Pease, 2010；B. Y. White & Frederiksen, 2005；Zohar & Aharon-Kraversky, 2005）。

教师应牢记发现学习与探究学习的一个缺点，即我在第 10 章中提到的“证实偏差”现象。尤其学生可能会错误解释他们所观察到的现象，学习到错误的东西或加强了已有的错误概念（de Jong & van Joolingen, 1998；Hammer, 1997；Schauble, 1990）。例如巴里的案例。巴里是十一年级的学生，其物理课上正在学习物体质量与重量不影响物体降落的速度。教师要求学生设计和建造一个装鸡蛋的容器，并要使这个容器不能使鸡蛋从三层楼窗户滑落时破裂。学生被告知，当鸡蛋滑落时，他们要记录下它达到地面所需的时间。巴里确信越重的物体滑落速度越快，他就放了几根钉子在鸡蛋容器里。当鸡蛋下落时，他和同学们记录下的时间是 1.49 秒。这个时间与其他同学使用较轻容器的时间相似。就这个结果，巴里和教师进行了下面的讨论：

> 教师：你的时间是多少？
>
> 巴里：1.49 秒。这个时间不对，好像快了点儿。
>
> 教师：为什么？
>
> 巴里：因为我的容器比别人的重，所以应滑落得较慢才对。
>
> 教师：真的吗？你怎么得出的这个结论？
>
> 巴里：他们的计时应该不准确。（Hynd, 1998a, p. 34）

因此，教师严格地监控学生对所观察现象得出的结论是非常必要的。 *309*

◆ *困惑问题能够使儿童产生不平衡并激发他们获得新理解。*与儿童原有的理解相矛盾的事件与信息会使儿童产生不平衡，由此驱动儿童重评或修改那些他们曾“认为”是正确的信息（例如，Chouinard, 2007；M. G. Hennessey, 2003；Zohar & Aharon-Kraversky, 2005）。例如，儿童会认为“轻物体会漂浮，而重物体会下沉”，或者“木头会漂浮，而金属会下沉”。那么教师可能会举一个常见的反例：有很多吨重量的金属战船（当然它是漂浮的）。依据皮亚杰的观点，我们这里提到的是对已有图式的改变；而依据新认知心理学的观点，我们谈的是概念改变。

◆ *与同伴的互动也能够促进更高水平的理解。*正如前述，皮亚杰认为与同伴的互动有助于儿童认识到别人常常与自己看到的世界非常不同，自己的认识也并不总是合乎逻辑的或正确的。与同伴互动还会产生意见差异——**社会认知冲突**（sociocognitive conflict）——由这导致的不平衡可以激励儿童重评当前的认知。

许多新皮亚杰研究者同意皮亚杰的信念：社会冲突具有重要作用。与同伴互动有几个好处：第一，同伴之间的水平相当，所说的话易于理解。第二，儿童可能不与成人争辩就接受成人的观点，但他们更愿意反对或挑战同伴的观点。第三，当儿童从与自己的知识和能力相当的同伴那里听到与自己不同的观点时，更容易被驱动去调和矛盾（N. Bell，Grossen & Perret-Clermont，1985；Champagne & Bunce，1991；De Lisi & Golbeck，1999；Hatano & Inagaki，1991；D. W. Johnson & Johnson，2009b；C. L. Smith，2007；Webb & Palincsar，1996）。

◆ *当儿童从事熟悉的任务时更可能使用复杂的方式进行推理判断。*我曾提到当儿童解决熟知的学科问题时会表现出更高水平的推理技巧。我们来看普罗斯和林恩（Pulos & Linn，1981）的一项研究。在这个研究中，给13岁儿童看一幅画，如图12—6，并告诉他说：“有四个孩子每周都去钓鱼，有一个孩子赫布总能钓到最多的鱼。另外三个孩子不知道这是因为什么。”如果儿童看绘画就会明白赫布在许多方面与其他孩子不同，包括使用的诱饵种类、钓鱼竿的长度、坐在池边的位置等。喜欢钓鱼的学生跟前面说到的摆的问题相比，更有效地分离和控制了该情景的变量，而不喜欢钓鱼的学生们却与此相反。

◆ *皮亚杰的临床法可以洞察儿童的推理判断过程。*向儿童提供皮亚杰的有关具体运算和形式运算技能的各种任务——包括类包含、守恒、变量分离和控制、比率判断等等——观察儿童对这些任务的反应，教师就能够获得对儿童如何思考及推理判断的洞察（例如，diSessa，2007）。然而，教师也不需要固守传统的皮亚杰推理判断任务。相反，临床法可以广泛应用于学业领域和学科内容之中。为清楚地说明问题，教师可以展现各种地图（如宾夕法尼亚道路图、芝加哥地区图、山区的三维立体图等），并要求学生回答他们看到了什么。小学低年级儿童倾向于非常具体地解释地图上的许多符号。例如，他们会认为在地图上 310
用红色标志的道路，实际也是红色的；他们也会难以判断地图所示的距离，可能认为地图上的线不是路，因为“它不足以容纳两辆小轿车的行驶”；或者认为立体地图上的突起部分不是真实的山，因为“它不够高”（Liben & Myers，2007，p. 202）。判断地图上的量度概念需要有比率推理能力，这个能力要到青少年期才真正具备，所以低年级儿童做不到这一点不足为奇。

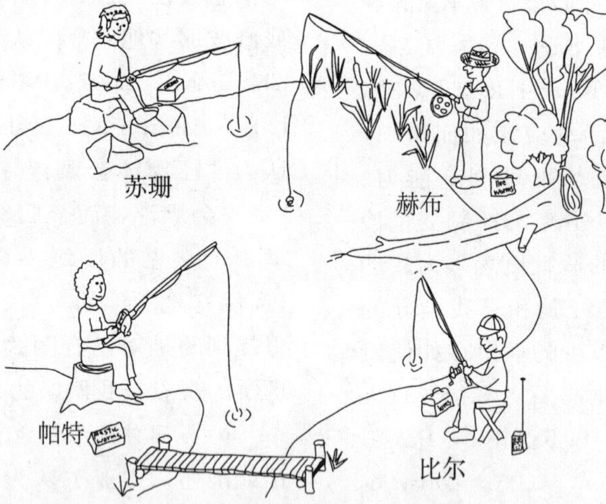

图12—6 普罗斯和林恩（1981）的研究里使用的钓鱼图片

◆ *皮亚杰的阶段论对理解儿童某种能力在何时出现提供了某些启发，但这些阶段不应该如此刻板。*正如我们所提到的，皮亚杰认知发展四阶段论并不总能准确描述儿童及青少年的思维能力。它们对儿童在各个年龄段可能有的推理判断能力仅提供了大致的描述（D. Kuhn，1997；Metz，1997）。例如，学前教师听到儿童说这样的话不要感到奇怪：由三块破碎的棒棒糖碎片组成的糖比同样大的完整棒棒糖多——这反映了儿童缺乏守恒概念。小学老师应该认识到小学生在使用比率概念（如分数、小数）、历史时间，以及数学的π等这类抽象概念时还存在困难（Barton & Levstik，1996；Byrnes，1996；Tourniaire & Pulos，1985）。从事青少年工作的教育者和专家或许期望听到针对皮亚杰的强烈批驳：皮亚杰的观点反映了他对社会应该如何运转的理想主义而非现实主义。

311 皮亚杰的阶段论为在不同年龄阶段使用不同的有效教学策略也提供了指导。例如，考虑到历史时间概念的抽象性，计划历史课的小学教师或许应该降低该课程的程度——如对过去的某一时间点要指出它的具体时期（Barton & Levstik，1996）。尤其对小学生，他们的能力水平比中学生和高中生都低，教师应该找到使抽象概念变得更具体的方法。

教师一定要牢记，大多数推理判断能力的出现不像皮亚杰阶段论所提及的那样，而是有一个逐渐发展的过程。例如，小学生虽然有了抽象思维能力，但到了初中仍然对思考某些抽象概念有困难，尤其对他们不了解的事物更是如此。小学生能够解决简单的比率问题（如 1/2，1/3），但到了小学中期和后期仍难以解决复杂的比率问题（如 15/27÷19/33）。

◆ 只有当儿童掌握了特定领域中的某些基本概念与技能时，他们才会在此领域里成功。知识的基本形式为大量的后继学习提供了基础。这种例子很多，包括与计算（回忆我们对数的中心概念结构的讨论）和在二维空间中对物体准确定位（回忆对空间系统的中心概念结构的讨论）有关的知识与技能。如果儿童没有这种知识和技能就来到学校，就会经历学业失败之路，除非教育者实施积极的干预。

正如前述的例子，关于数的中心概念结构可以在各种文化背景中出现。然而罗比·凯斯和他的同事发现，有些儿童或许因为他们几乎没有数和计算的经验基础，在学校里没能充分发展出在数学课程上能够正常进步的有效的数概念结构。对这些活动的说明和指导，如计数、将特定的数字（如“3”，“5”）与特定数量物体相连、对相对的数量做判断［如因为这排的点（···）比那排的（··）多，所以我们可以说“3”大于“2”］都能够促进儿童的行为表现。不仅在上述的任务中，在其他涉及量概念的任务中也是如此（Case & Okamoto，1996；S. A. Griffin et al.，1995）。

另一位早期的、影响深刻的发展心理学家列夫·维果茨基对促进儿童学习与认知发展的外显形式教学的重要性也充分表达了自己的见解。我们将在下一章转向对维果茨基观点的讨论。

总结

认知发展理论关注儿童随着年龄与经验的增长，其思维过程如何发生质的变化。一个经典的认知发展理论是由瑞士心理学家让·皮亚杰提出的。他从 20 世纪 20 年代开始就做了大量研究，一直持续到 20 世纪 70 年代。皮亚杰认为儿童是学习的主动者与发动者，通过两个过程与物理的和社会的环境相互作用，并逐渐适应环境。过程一，同化：用已有的图式解释并对客体或事件做出反应；过程二，顺应：修改原有图式或建立一个新的图式以应对新的客体或事件。皮亚杰认为儿童的认知发展受平衡过程的推动而到达某一水平：儿童遭遇到当前知识与技能不能应对之情形（这种情形产生不平衡）时就被激发去获得有助于他们达到平衡状态的新知识与技能。

312 皮亚杰用儿童所经历的四个阶段来描述其认知发展特征：（1）感知运动阶段（认知功能主要基于行为与感知）；（2）前运算阶段（有了符号思维和语言，但还不能像成人那样进行逻辑判断）；（3）具体运算阶段（逻辑推理能力出现，但只限于具体的事物和事件）；（4）形式运算阶段（思考抽象的、假设性的、与事实相反的事件成为可能）。

发展研究者们发现皮亚杰或许低估了婴儿、学前儿童、小学儿童的能力，而高估了青少年的能力。他们也发现儿童对特定任务的推理判断依赖于以前的知识、背景经验以及与这些特定任务相关的正规学校教育。现在大多数发展学家仍然怀疑：儿童认知发展特征能否用一系列阶段加以准确描述，以及在学习的不同领域里是否都存在这样的影响儿童思维的四个发展阶段。一些被称为新皮亚杰主义者的理论家认为，儿童可以获得与特定领域有关的更具体的概念系统和思维技能，而且这些系统与技能会以阶段的方式发生变化。而另一些学者则认为，儿童表现出各种能力逐渐发展的倾向。实际上，所有当代理论家都承认，皮亚杰的研究方法以及他关于动机、知识建构及认知发展会出现质的变化等观点都是很有价值的。

皮亚杰的影响在当代教育活动中随处可见。例如，发现学习与探究学习的运用与皮亚杰所强调的动手活动对于认知发展的重要性是相一致的。在课堂中呈现困难的任务、与同伴讨论具有争议性的问题等都能导致不平衡状态，并驱动儿童去获得更复杂的理解。皮亚杰的临床法也能够对儿童的推理判断过程进行深刻洞察。

第 13 章

社会文化理论及其他背景理论

本章主要内容

313 到目前为上，我们的许多讨论将学习描述为是个体的事情——发生在单个学习者内部的个体行为。然而人类的本性是非常社会化的，大量学习都涉及互动和从周围人那里获得知识与技能。比如，在所有文化中，上代成员（家长、教师等）都肩负着帮助成长中的儿童获得该文化所积累的智慧的责任。在20世纪20年代及30年代早期，苏联发展心理学家列夫·维果茨基（Lev Vygotsky）提出，社会和文化为儿童提供广泛的概念与策略，儿童在其发展过程中逐渐使用这些概念思考和解决日常活动与问题。维果茨基的研究与著作奠定了文化背景观的基础，被称作**社会文化理论**（sociocultural theory）。

这一章，我们将考察维果茨基理论的核心观点和建立在维果茨基工作之上的当代观点。正如我们所讨论的那样，我们将发现学习者所处的当时环境与背景能够显著地促进他们的思维与学习。稍后，我们对于其他文化背景观点的考察也会发现，人类的学习与认知受到学习者所处当时环境的紧密制约，也就是说，人类的许多思维过程，部分取决于大脑，部分取决于外部世界。最后，我们将考虑社会文化及其他文化背景观点在教学实践方面的启示。

维果茨基认知发展理论

列夫·维果茨基作为一个苏联人深深受到卡尔·马克思（Karl Marx）观点的影响。马克思认为社会历史的变化对人们的思维与行为有显著影响。与马克思的朋友弗里德里希·恩格斯（Friedrich Engels）一样，维果茨基十分重视工具的使用对推
314 动社会发展的作用（M. Cole & Scribner，1978）。然而，据维果茨基看来，除了实际的客观工具以外，概念、理论、问题解决策略——这些与认知有关的实体也是工具。

维果茨基的工作从19世纪20年代开始直至1934年因肺结核而英年早逝。在此期间，他在学生的协助下对儿童思维进行了大量研究。在他的主要著作中，他对其发现只做了一般性描述，对一些细节做了技术性保留，并只与同时代的少数苏联心理学研究者进行过交流（Kozulin，1986）。他在其著作《思维与语言》里指出他研究儿童认知发展的方法与皮亚杰及同时代其他心理学家非常不同。他不仅考察儿童单凭自己而成功解决各种任务的行为（如皮亚杰所考察的那样），还特别地考察儿童在成人的帮助下而完成各种任务的行为。例如，他曾描述两个8岁的孩子在无人帮助下能够解决典型的8岁孩子可以解决的任务。这时，他给这两个孩子呈现更难的任务，并提供一些帮助——或者提一个启发性问题，或者建议一个合理的开始步骤。在这样的帮助下，两个儿童都完成了仅凭自己几乎不能完成的困难任务。尽管这两个孩子在帮助下完成的任务的范围很不同，一个孩子展现出12岁孩子具有的能力，成功解决了12岁孩子能够解决的典型任务，另一个孩子只解决了9岁儿童能解决的典型任务（Vygotsky，1934/1986）。

直到20世纪后期，维果茨基的主要著作才被翻译成英文（例如，Vygotsky，1978，1934/1986，1987a，1997），并被西方的大多数心理学家们所熟悉。虽然维果茨基没有机会充分发展他的理论，但他的观点却在很多当代理论家们针对学习与发展的探究中获得明确证据。实际上，近些年皮亚杰的影响日渐衰弱（Bjorklund，1997），同时维果茨基的影响则日渐兴盛。

维果茨基理论的核心观点

维果茨基承认生物因素（如神经成熟）在发展中所起的作用。儿童天生具有的不同的某些特征与倾向使其对周遭环境的反应不同。进而，部分地由遗传特质影响的儿童行为就影响着儿童特有的经验（Vygotsky，1997）。维果茨基的主要关注点是环境的作用，尤其是儿童的社会与文化环境在促进其认知发展上的作用。下面是维果茨基理论的中心概念和原理：

◆ *某些认知过程是在各种物种身上都能见到的，而另一些认知过程则是人类独有的。*维果茨基区分了两类过程或机能。许多物种具有**低级心理机能**（lower mental functions），它只涉及对环境的基本学习方式和反应，如发现什么食物可吃，如何从一个地方到另一个地方去获得最好的食物等等。但人类具有并能运用独一无二的**高级心理机能**（higher mental functions），它是有意的、聚

焦性的认知过程，能够促进学习、记忆和逻辑推理判断。依据维果茨基的观点，获得低级心理机能的潜能是以生物学为基础的，而社会与文化则是高级心理机能发展的关键。

◆ *通过非正式的谈话和正规的学校教育，成人将其对世界的反应和解释文化的方式传递给儿童。*为促进高级心理机能，成人需要将自己对客体、事件等更一般地说是人类经验的意义的理解
315 与儿童共享。在这个过程中，成人改变或调节着儿童遇到的周遭环境，通过各种手段或工具来传递意义，包括语言（口头语言、书面语言等）、数学符号、艺术和音乐等等。

非正式谈话是成人把自己对文化情境解释的方式传递下去的一般方法。在维果茨基看来更重要的是正规教育，即教师在正规教育中，系统地向学生教授思想、概念和各个学科所使用的术语。虽然维果茨基跟皮亚杰一样重视儿童自己去发现，但他更强调成人将上一代的发现向下一代的传递。

当代发展心理学家逐渐认识到用文化塑造儿童认知发展有许多途径。社会文化确保新生代从上一代积累的智慧中获益。社会文化引导儿童的行为定向，鼓励他们注意某些特定的刺激（而忽略其他刺激），从事某些特定的活动（而不做其他活动）。社会文化提供了一个心理"透镜"，通过该透镜，儿童逐步对自身经验构建起具有文化意义的适当解释。

◆ *每种文化都传递着使日常生活更有效和更高效的物理的和认知的工具。*成人不仅把解释经验的特别方式教给儿童，而且还把能帮助儿童处理其遇到的各种情况与问题的特殊工具传递给他们。有些工具，如剪刀、缝纫机、电脑等等是物理工具；另一些工具是符号的，也是一种客观实在，如文字系统、符号系统、地图、印刷品等；还有一些工具没有任何物理基础，如学习课本的策略、对钱币的心理转换运算等。在维果茨基看来，获得那些至少部分具有符号或心理性质的工具——**认知工具**（cognitive tools）——会大大提高儿童的思维能力。①

不同的文化传递着不同的认知工具。因此，维果茨基的理论预期，儿童认知能力的多方面差异是他们所处不同文化背景的结果。例如，如果地图标出了儿童社区及家庭生活环境中的重要场所（如标出道路、地铁、超市），儿童就容易获得浏览地图的能力（Liben & Myers，2007）。儿童只有在具有精确的数量系统（以不同符号标识不同数量）的文化背景中才能学会数数与计算（如加法及与加法有关的多种应用）（M. Cole，2006；Pinker，2007）。

◆ *思维与语言在儿童生命的头几年是各自独立的。*语言是一种非常重要的认知工具。对于成人而言，思维与语言是紧密相连的。我们经常依据我们的语言所提供的特定词汇来思维，如当我们思考宠物时，像狗、猫这样的词就会在头脑中不断涌现。另外，当我们与别人谈话时，通常表达的是我们的思想，正如有时我们会这样说："我们叙述的是我们的思想。"

维果茨基认为，与成人的情况相反，婴幼儿的思维与语言是分离的，两者具有不同功能。在生命的早些年，思维独立于语言，并且当语言出现时，它主要作为交流的手段而被使用，而不是作为思维的工具。但到两岁左右，思维与语言开始交织：儿童开始用语言表达思想，并通过语言
进行思维。② 316

当思维与语言融合时，幼儿常常跟自己交谈，出现了像皮亚杰所描述的"自我中心"现象。依据维果茨基的观点，这种**自言自语**（self-talk）（也称个体言语）在认知发展中具有重要作用。儿童通过自言自语，学习对不同情况下的行为进行指导和应对的策略，而这些也是成人以前教过他们的。自言自语最终演变为**内部言语**（inner speech），即儿童在心中跟自己对话而不是出声地说。儿童虽然继续用语言指导活动，但别人却看不到也听不见。其实在这里我们谈论的正是自我调节——这个概念在第 6 章讨论过，它在第 14 章还会再次出现。

一些研究支持了维果茨基关于自言自语和

---

① 人类不是使用工具的唯一物种。例如，有些其他灵长类物种也被观察到利用自然环境中的工具，就像"乌鸦喝水"故事中的乌鸦那样（M. Cole & Hatano，2007；Emery & Clayton，2004）。

② 维果茨基在讨论词语、数字和其他象征时，有时使用符号（sign）这个词。一般来说，符号与所表征的物体、事件或思想没有或几乎没有相似性。（狗为什么被称作 dog，而不说 snuffleupagus？依据维果茨基的观点，符号为表达儿童经验提供了重要手段，所以促进了有效思维过程。）

内部言语观点的进步性和作用。儿童那种能被清楚听见的自言自语，其使用频率在学前和小学早期开始下降。但这种下降，起初伴随着叽叽咕咕的悄悄话及无声口唇运动的增加，从理论上来说，这反映着儿童由自言自语向内部言语的转变（Bivens & Berk，1990；R. E. Owens，1996；Winsler & Naglieri，2003）。进而，在儿童解决更具挑战性的任务时，即必须付出更多努力才能完成的任务时，自言自语就会增多（Berk，1994；Schimmoellller，1998；Vygotsky，1934/1986）。正如从你的经验中你所了解的那样，即使成人在面临新的挑战时，偶尔也会自言自语。

◆ *复杂心理过程的出现源于社会活动；随着儿童的发展，他们逐渐将在社会活动中使用的心理过程内化，并开始独立地使用这些心理过程。*维果茨基认为，高级心理机能根植于社会互动。儿童在日常文化活动背景下，当与成人或知识渊博的人讨论客体、事件、任务和问题时，逐渐把自己的思维方式与其周围的人谈论和解释世界的方式相融合，并开始使用词语、概念、符号和策略（亦即认知工具）这些文化的象征。

社会互动演变为内部心理活动的过程叫**内化**（internalization）。从自言自语到刚才描述过的内部言语的发展解释了这个过程：随时间推移，儿童逐渐内化成人的行为定向，以便最终对自己的行为进行定向。

然而，不是所有高级心理机能的出现都必须通过儿童与成人的互动。有些发展源于儿童与同伴的互动。例如，儿童经常互相争论各种问题——怎样最好地把活动贯彻始终，玩什么游戏，与谁玩游戏等等。在维果茨基看来，儿童的争论有助于他们发现相同情境中的不同观点。维果茨基认为儿童最终把争论过程内化，并获得独立地从各种不同角度考察情境的能力。

317 ◆ *儿童以自己特有的方式适当使用自己的文化工具。*儿童不一定准确地内化所看或所听到的一切。他们经常把思想、策略和其他认知工具转换，以适应自己的需要与目的。因此，维果茨基的理论具有对文化工具进行建构的成分。**适当**（appropriation）一词不仅指内化过程，而且也指为了自己的原因去吸收自己文化中的观点与策略。

◆ *儿童在比自己年长且更有能力的人的帮助下会完成更困难的任务。*维果茨基区分了两种能力水平，它们是儿童能力发展在任何特定时期都具有的特征。儿童的**实际发展水平**（actual developmental level）是指儿童在没有他人帮助的情况下所能独立完成任务的上限。儿童的**潜在发展水平**（level of potential development）是指在更有能力的他人帮助下，儿童所能完成任务的上限。维果茨基认为，为了真正了解儿童的认知发展，应该评定儿童独立完成任务的能力以及在他人帮助下完成任务的能力。

与儿童单独做事相比，儿童与成人合作能够完成更困难的任务。例如，有成人在场并指导儿童，儿童就能迅速学会如何挥动网球拍和垒球棒。如果成人帮助儿童在钢琴键盘上确定音符的位置或者告诉儿童哪个手指应放在哪里，儿童就能够弹奏复杂的钢琴曲。当老师帮助儿童澄清问题的关键成分和确认潜在有效的问题解决策略时，他们就能解决更困难的数学问题。儿童在学校的阅读小组比在家里独处能够阅读更复杂的散文。

◆ *挑战性任务促进认知发展最大化。*儿童不能独立完成，但在他人帮助与指导下能够完成的任务范围，用维果茨基的术语叫**最近发展区**（zone of proximal development，ZPD）（见图13—1）。一个儿童的最近发展区指那种刚刚开始出现并正在发展的学习及解决问题的能力——它处在不成熟的、“胚芽”的状态之中。自然地，任何儿童的最近发展区都会随时间而变化。当有些任务被掌握了，更复杂的任务就会出现，提供新的挑战。

维果茨基认为，儿童在自己独立完成的任务中学到的东西很少。儿童的发展主要源于与更有能力的他人进行合作而尝试解决难题，也就是说，是在最近发展区内尝试解决任务时而获得的。简单地说，最近发展区涉及那些在生活中促进认知发展的更具挑战性的任务，它们不能被轻易解决。

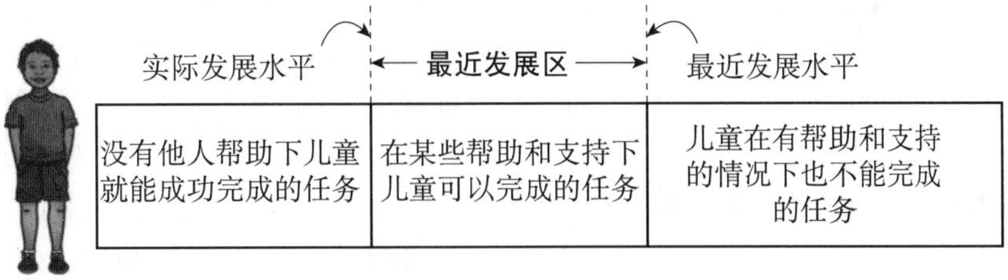

图 13—1 维得茨基的最近发展区（ZPD）概念

在儿童最近发展区（ZPD）的任务，会促进学习与认知发展的最大化。

318 挑战性任务虽然有益，但在已有知识结构和成人协助时仍无法完成的那种挑战性任务，无论如何对儿童是没有好处的（Vygotsky，1987b）。例如，要求幼儿园的孩子解代数方程中的 x 是没有任何意义的。一般来说，儿童的最近发展区是他认知学习能力能够到达的水平。

◆ *游戏使儿童认知得以“延展”*。我的儿子杰夫和他的朋友斯科大约在 5 岁时，有时会玩“餐厅”游戏。在我家地下室的角落里，他们布置了一个就餐区，摆了几个儿童桌和椅子。同时还布置了一个“厨房”，有玩具污水槽、炉子、塑料盘子和食品等。他们还有菜单，有时会问我一个词怎么拼写，但更经常的是让我猜某词怎么拼写。一次，这两个小家伙邀请双方家长去“赴宴”。我们到达后，他们在纸板上写下我们点的菜后便急忙去厨房准备。一切就绪后，他们端着食物返回来，有汉堡包、法式煎蛋、小糕点等——当然都是用塑料做的——加几杯牛奶。我们几个成人津津有味地吃着。

在这个餐厅游戏里，两个男孩扮演了几个成人角色（餐厅管理者、侍者、厨师），做出各种成人行为。在真实生活中，这样的场景当然是不可能的。5 岁的小男孩不可能具备管理餐厅所必备的能力，诸如做菜、阅读、书写、数学计算及组织等。然而，信任使他们完成了超越自己能力的任务。用维果茨基的话说，在游戏中，儿童总能超越所处年龄段的平均年龄，做出高于他平时的行为。游戏时，儿童是天才，超越了他自己（Vygotsky，1978，p. 102）。

儿童游戏时，其行为必须遵循某些标准或预期。在小学的头几年，儿童经常按照父亲、教师和侍者等的行为去行动。在有组织的群体游戏及紧随其后的体育运动中，儿童会遵循一套特定的规则。通过坚持这些行为规则，儿童学习提前计划、预期行为结果和自我约束——这些技能对于成功参与成人世界至关重要（参见 A. Diamond，Barnett，Thomas & Munro，2007；Pellegrini，2009；Saracho & Spodek，1998）。

游戏并不是对时间的浪费。相反，它为儿童加入成人世界提供了有益的训练基础。或许正是由于这个原因，游戏在全世界的儿童天地里喜闻乐见。

维果茨基与皮亚杰理论的比较

维果茨基与皮亚杰二人对儿童的思维与学习的性质都提出了开创性的见解，且对当代有关学习、认知和认知发展的观点都产生了深远影响。他们理论的某些共性继续存在于近期的认知发展理论中。然而他们之间也有重要的差异，这激发当代研究者更深入地探究儿童认知发展的机制。

共性观点

如果我们不去关注皮亚杰与维果茨基在其著作中所使用的不同的词汇，两人的共性观点有以下四个。

关于思维本质的质的变化 皮亚杰和维果茨基都指出，儿童随时间推移形成了更复杂的推理判断过程。皮亚杰用四个不同质的阶段来描述这种发展，维果茨基则用许多不同心理机能的内化来谈论这个问题。不管我们审视他俩谁的观点，319
我们都会得出相同结论：儿童的思维在不同年龄是不同的。

挑战 在维果茨基最近发展区的概念里，我们清楚地看到挑战的重要性：儿童只有在更有能力的他人的帮助下去解决任务，才会获得最多。虽然与维果茨基有点不同，但挑战也奠定了皮亚杰理论的核心：只有当儿童遭遇那种使用已有图式不能充分理解的现象时，换句话说，产生了不平衡时，儿童才能掌握更复杂的知识，发展更复杂的思维过程。

准备 根据二人的理论，任何儿童都要为认知发展做一些经验方面的准备。根据皮亚杰的观点，只有当某种同化转变已有图式成为可能时，儿童才能顺应新客体与新事件，即“新”与“旧”之间一定要有某种交叉。另外，皮亚杰认为只有当儿童进入了能适当应对经验并使经验概念化的阶段时，才能学习经验。

维果茨基也认为，在任何特定时期，儿童合理解决任务的能力都是有限的。随着儿童获得了某些能力，其他稍微高级的能力开始出现，当然起初它是一种不成熟的状态。儿童新形成的能力处在最近发展区里，要经过成人的帮助与指导才能显现。但还有一些能力是他们暂时无法达到的。

社会互动的重要性 在皮亚杰看来，儿童生活中的人们应该向其提供能创设不平衡的信息与观点，并培养儿童更深刻的观点采择。例如，当儿童与他人意见不一致时，便会认识到不同的人可能具有不同的但同样有效的观点。他们会逐渐摆脱前运算阶段的自我中心特征。

依维果茨基的观点，社会互动为思维过程提供重要基础。儿童逐渐内化他们与成人合作时初次使用的认知过程，直到最后自己能独立运用这些过程。此外，当有人对儿童的努力给予支持时，他们能够完成最近发展区里的任务。

理论的主要差异

下面的四个问题，反映了皮亚杰与维果茨基二人理论的显著差异。

语言对学习与认知发展重要到什么程度 皮亚杰认为，语言为儿童的许多概念和以前发展的图式提供言语标签。语言也是儿童获得人们对于不同情境和不同主题所持观点的主要手段。然而，依据皮亚杰的观点，许多的认知发展可以独立于语言。

对于维果茨基而言，语言是学习与认知发展必不可少的关键因素。本质上，儿童的思维过程主要是由言语的社会互动内化而成。通过两个基本的语言现象——自言自语和内部语言——儿童按照别人以前曾经指导他们的方式开始指导自己的行为。在与成人的对话中，儿童学会用自己的文化为特定事件赋予意义，并逐渐以适宜于自身
320 文化的方式去解释世界。

或者我们应该结合两者的观点来看，也许事情的真相刚好介于两者之间的某个地方。皮亚杰清楚地了解语言的重要性：儿童要获得对客观现象的复杂理解，不仅要与世界互动，而且（正如维果茨基认为的那样）还要了解别人是如何解释客观现象的。另一方面，维果茨基或许夸大了语言的作用，有些概念在儿童能用语言标签揭示它们之前就出现了（Fiedler，2008；Halford & Andrews，2006；Oakes & Rakison，2003）。此外，语言交流对于认知发展在某些文化中或许不如在另一些文化中那么重要。例如，危地马拉农村及印度的成人在教育和指导儿童时非常重视手势和示范，而不是语言指导（Rogoff，Mistry，Göncü & Mosier，1993）。

哪种经验促进学习与发展 皮亚杰坚持认为，儿童对客观世界独立的、自我驱动的探索构成了许多发展图式的基础，并且儿童经常在很少或没有他人的指导下建构发展图式。与此相反，维果茨基则强调，由更有能力的他人来解释和促进的活动更有利于儿童发展。他们的差别在于自我探索的学习与有指导的探索和教学。

几乎可以肯定，儿童会从两种经验中获益，即自己操纵与经历客观现实的经验和借鉴上代人智慧的经验（Brainerd，2003；Karpov & Haywood，1998）。在很大程度上，维果茨基或许更多地重视后者。一般来说，在有知识的年长者引导儿童的努力并协助其解释现象的情况下，他们似乎从亲身实践的、探索性的活动中获得更多（见第12章有关发现学习与探究学习的讨论）。对物理世界的知觉比对其操作更重要。正如第12章谈到的那样，有明显身体缺陷的儿童，尽管对客体的操控经验非常有限，但仍能发展起主要的认知能力（Bebko，Burke，Craven & Sarlo，1992）。不管怎样，如果儿童想更好地理解世界是怎样运行的话，必须要拥有关于客观世界的经验——接触各种物理现象（如压力、惯性、振动）、揭露因果关系等等。

什么样的社会互动最有价值 两位理论家都强调儿童与各个年龄段的人们的互动。然而皮亚杰强调与同伴互动的好处（同伴之间可以产生冲突）；维果茨基更重视与成人和有能力的个体的互动（他们可以协助儿童完成挑战性任务，帮助他们做适当解释）。

某种意义上，与同伴的互动和与成人的互动对儿童认知发展具有不同作用。当儿童的发展要

求他们放弃旧观点而采纳新的更复杂的观点时，在同伴中经常发生的社会文化冲突和从冲突中产生的各种观点或许更有利于这种变化的发生。但当儿童的发展要求他们学习新技能时，有能力的人的丰富的、耐心的协助常常更有利（Gauvain，2001；Radziszewska & Rogoff，1991；Webb & Palincsar，1996）。

文化有多大影响　皮亚杰的确没有阐述文化对发展的作用，但依据维果茨基的观点，文化在决定儿童所获得的思维能力方面有至关重要的作
321 用。显然维果茨基一直非常重视这一点。正如第 12 章所讨论的，儿童推理判断能力在不同文化中不一定出现于同一年龄阶段。事实上，有些推理判断能力——尤其是涉及形式运算思维技能的推理判断能力——可能从未出现。

我们要牢记，文化对认知发展的促进不能被理解成只有一个单一的“最好”或“正确”的方式（Rogoff，2003）。尽管抚养儿童的技巧和教学实践多种多样，事实上，所有文化都发展出了无数策略来帮助成长中的儿童获得知识和技能，它们是儿童成功参与成人社会所必需的。

很明显，皮亚杰和维果茨基既不是完全正确，也不是完全错误。实际上，二者的理论在某种程度上是相互补充的，前者有助于我们理解儿童怎样独立地进行推理判断，后者则提供了成人应如何帮助儿童有效地进行推理判断的观点。

维果茨基理论的当代观点

维果茨基更关注儿童发展的过程，较少关注特定年龄段的儿童可能具有的行为特征。他研究了发展阶段，但只是在最一般的意义上描述了这些阶段（例如，参见 Vygotsky，1997，pp. 214 - 216）。另外，维果茨基对发展过程的描述经常是笼统的、推测性的（Gauvain，2001；Haenen，1996；Moran & John-Steiner，2003；Wertsch，1984）。因为这些原因，对研究者们来说，维果茨基的理论要比皮亚杰的理论更难以检验，也更难以证实或反驳。

尽管有这些缺陷，许多当代理论家与实践家发现，维果茨基的观点不仅有见地，也很有益。虽然这些当代理论家在许多方面都接受了维果茨基的观点，但我们只通过以下几个方面来讨论他们的工作：意义的社会建构、支架作用、参与成人活动、学徒制、教学技能的获得和动态评价。

意义的社会建构

一些当代理论家详细阐述了维果茨基提出的帮助儿童将周围的客体与其意义联系起来的观点。成人反复与儿童讨论共同经历的客观现象会帮助儿童了解世界的意义（Crowley & Jacobs，2002；Eacott，1999；Fivush，Haden & Reese，2006；John-Steiner & Mahn，1996）。这种互动，有时候被称作**中介学习经验**（mediated learning experience），它鼓励儿童用特定的方式去思考外界现象和事件——为之添加标签，认识构成事物或现象存在基础的原则，并得出结论等。下面的例子是一个 5 岁男孩与妈妈在自然历史博物馆针对史前动物展而进行的交流和对话。

> 男孩：哇，酷！看。看，巨牙。妈咪，看它的巨牙。
>
> 妈咪：那牙看上去像军刀。你觉得它吃肉还是吃草？
>
> 男孩：妈咪，看它巨大的小牙，看它嘴里的牙，那么大。
>
> 妈咪：那牙看上去像军刀，对吗？你觉得它吃肉还是吃草？
>
> 男孩：哎哟，哎哟，哎哟。[指着尖牙] 322
>
> 妈咪：你想想它吃草还是吃肉？
>
> 男孩：肉。
>
> 妈咪：如何得出这个结论的？
>
> 男孩：因为它有尖利的牙齿。[发出咆哮的声音]（D. Ash，2002，p. 378）

即使没有母亲的帮助，这个男孩也几乎从这次参观中已了解到有军刀牙的老虎吃什么。然而，与儿子独自经历相比，妈妈的帮助会让儿子对经验有了更好的了解——通过用“军刀牙”这个标签，帮助儿子把牙的特征与食物偏好相联系。注意，妈妈在要求儿子将牙与食物相联系时是如何不断发问的：她不断地提“肉还是草”的问题，直到最后男孩正确地推测出有军刀牙的动物一定是肉食者。

除了与成人合作建构意义以外，儿童也常常与同伴讨论来获得事件的意义。同伴群体的讨论不仅可刺激在第12章里所描述的社会认知冲突，与单凭儿童个体能力相比，也会帮助儿童更好地弄懂情境的意义——这就是与我在第7章描述的情况相一致的社会建构主义的观点。下面是在一间教室里，学生们共同讨论建构意义的例子。在科尔曼的三年级学生中，正在讨论一个式子："－10＋10＝?"他们使用了下面的数字线图以帮助讨论。

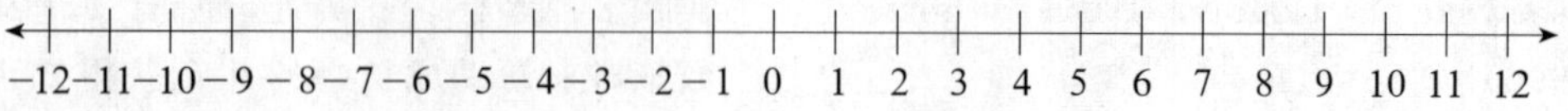

有几个学生，包括泰莎，认为答案是"0"，但不知道如何利用数字线图得到该答案。下面是泰莎与同学张之间讨论的节选（由科尔曼女士协助）：

泰莎：你必须往右数。如果你往右数，你就不会得0。或许你该往左侧数。

［科尔曼女士］：你能不能对你的话稍作解释？我不太确定我是否理解你说的……

泰莎：因为如果你那么数［指着右边］，那么你势必会得到一个更大的数。

张：我不同意她想表达的观点……泰莎说如果你往右数，那么数字会……这里我的确不懂。她说"如果你往右数，那么数肯定会变小"。我不懂她在说什么。－10加上＋10等于0……你说的往右数是什么意思？

泰莎：如果你从右边的10开始数，你不可能得到0。如果你从左边的10开始数，你有可能得到0。

张：哦，－10是一个负数，它比0小。

泰莎：我知道。

张：那么，你为什么说，如果你往－10——一个比0小的数上继续加，你不可能到0？

泰莎：啊！我明白了！这儿是正的……你必须往右数。

［科尔曼女士］：你是说，为了得到0，你必须往右数？从哪儿，泰莎？

泰莎：10。（P. L. Pererson，1992，pp. 165－166）

323 同学们继续认真讨论如何利用数字刻度解决这个问题。最后，泰莎提供了一个修正的、更彻底的解释。她指着数字线上的适当位置说："从－10开始数，然后往－10上依次加1，2，3，4，5，6，7，8，9，10。"每加一个数，她的手指便向右（从－10开始）移动一个数，当她加到"10"时，她手指达到了数字线上的零点，她下结论道："这儿等于0。"（P. L. Peterson，1992，p. 168）

支架作用

回顾维果茨基的观点，儿童在更有能力的他人协助与支持下成功完成的任务中——最近发展区中的任务——最有可能获益。当代理论家们提出了多种辅助性技术，它们能帮助学生完成教学中的挑战性任务，可统称为**支架作用**（scaffolding）。其中一个有效技术是向学生提出可以促使他们以适当方式进行思考的问题。见下面的对话：

教师：［在黑板上写出$6\overline{)44}$］44除以6。什么数乘6最接近44？

儿童：6

教师：6乘以6等于几？［写上6］

儿童：36

教师：36，你认为它是最接近44的数吗？［擦去6］

儿童：8

教师：6乘以8得多少？

儿童：64…… 48

教师：48。太大了。你能再想想吗？……

儿童：6乘以7等于42。（Pettito，1985，p. 251）

搭建支架可以采取各种形式。下面列出可能有的形式：

- 对正确操作任务给予示范。
- 把复杂任务分成几个较小的、较简单的任务。
- 为完成任务提供框架或指导大纲。
- 提供计算器、电脑软件（WORD、EXCEL等），或者其他能简化任务的技术。
- 促使学习者将注意集中在任务的相关方面。
- 提问，从而促使学习者以有效的方式思考任务。

◆ 经常对学习者的进步给予反馈。(A. Collins, 2006; Gallimore & Tharp, 1990; Rogoff, 1990; D. Wood, Bruner & Ross, 1976)

依据不同的知识与能力水平，不同年龄、不同年级的学生需要不同的支架帮助他们成功完成任务 (Lodewyk & Winne, 2005; Puntambekar & Hübscher, 2005; Rittle-Johnson & Koedinger, 2005)。随着学习者对新任务的不断适应，应逐渐地分阶段调整所提供的支架，以便学习者最终能完全独立地解决问题。然而提供超出学习者需求的太多支架会分散注意 (van Merriënboer & Sweller, 2005)。

各种形式的支架可以极有效地帮助学习者获得复杂推理、元认知和解决问题的能力。因此，在第 14 章和第 15 章，我们还会再讨论这一概念。

324 **参与成人活动**

所有文化都允许儿童——实际上通常是要求儿童——在某种程度上参与成人活动。童年早期的活动往往处于成人活动的边缘，其卷入程度受到有时被称作**引导性参与** (guided participation) (Rogoff, 2003) 的调节、支持和管理。维果茨基认为，逐渐卷入成人活动会增加儿童在最近发展区进行思考与行动的可能性，也有助于儿童将新获得的技能和思维能力与将来可能会使用这些技能及能力的特定情境联系起来。当儿童发展出更强的能力时，他们在特定活动中会逐渐扮演更为核心的角色，直至最终成为羽翼丰满的参与者 (Gaskins, 1999; Lave & Wenger, 1991; Light & Butterworth, 1993; Rogoff et al., 2007)。

甚至对于成人而言，从事新活动往往也是一个逐渐熟悉的过程 (Wenger, 1998)。想象你得到一份在一家大保险公司的工作机会，并且以前你从未做过保险业务，因此你必须要了解有关保险合同的一切，你也必须要了解公司是如何运行的，哪些人负责什么工作，不同情况的表格该如何填写，去哪里找各种问题的答案等等。公司老员工会帮助你逐渐掌握你需要知道的一切，到后来，你自己又会变成一个协助公司新员工的老员工 (Wenger, 1998)。

学徒制

指导性参与的一种特别彻底的形式叫**学徒制** (apprenticeship)，即新手（徒弟）与熟练的师傅长期在一起工作，学习如何完成特定领域的复杂工作。[①] 在学徒期内，师傅给徒弟提供广泛的结构与指导，随着徒弟能力的增强，会逐渐除去支架，让徒弟承担更多责任 (A. Collins, 2006; Rogoff, 1990, 1991)。许多文化将学徒制作为向儿童传授成人的特殊技能和手艺的一种途径，如纺织、缝纫和助产术等 (Lave, 1991; Lave & Wenger, 1991; Rogoff, 1990)。在乐器领域里，我们也常见学徒制，如教学生如何弹奏乐器 (D. J. Elliott, 1995)。

学徒学习过程中，不仅能学到行为，也能学到有关技能或手艺的语言 (Lave & Wenger, 1991)。当熟练的编织者把编织手艺教给徒弟时，便使用了该领域特有的一些词语，如拽线、接缝、编织等等。相似地，当老师指导学生做科学实验时，就会用假设、证据、理论等词语帮助学生评价实验程序和结果 (Perkins, 1992)。

学徒制能向新手展现专家对任务和活动是如何思考的，这被称作**认知学徒制** (cognitive apprenticeship) (J. S. Brown et al., 1989; A. Collins, 2006; 325
A. Collins, Brown & Newman, 1989; Dennen & Burner, 2008)。

一个例子就是大学教授与研究生之间的关系 (W. Roth & Bowen, 1995)。例如，我曾教授一门博士生课程，课程名叫做“认知与教学”。对于该课程，我布置给学生们大量的课外读物（包括需要读的文章、书籍等等，堆起来有两英尺高）。我花了两三个小时跟学生讲了在本学期课程中如何有效阅读这么多的学习材料。我讲了如何浏览、带着并牢记目的去阅读、把一个理论家的观点与另一个理论家的观点相联系等等阅读策略，同时我还向学生提出了一系列阅读时应该努力回答的重要问题。我要求学生在本学期末完成大部分研究计划，并定期与每个学生面谈，帮助他们梳理主题，确认可遵循的有效方向，组织思路，考虑可能的结论等。

虽然学徒制随情境的不同而有很大的不同，但具有以下某些或全部的共同特征 (A. Collins, 2006; A. Collins et al., 1989)：

---

① 有些理论家喜欢使用合理外围参与 (legitimate peripheral participation) 这一词，意思是说学习者可参与成人活动，但初期不能负责活动 (A. Collins, 2006; Lave & Wenger, 1991)。

◆ 示范：师傅亲自示范，并大声讲解过程，同时学习者观察与倾听。

◆ 教导与训练：学习者完成任务时，师傅经常提供建议、暗示和反馈。

◆ 搭建支架：师傅为学习者提供各种形式的支持，如简化任务，将任务分解为更小、更易处理的单元，提供不复杂的设备等。

◆ 联结：学习者解释做什么及为什么做；师傅对学习者的知识、判断和问题解决策略进行考察。

◆ 反思：师傅要求学习者把自己与专家的表现相比较，或者与如何完成某一任务的理想模式相比较。

◆ 增加任务的复杂性和多样性：当学习者变得熟练时，师傅要提供更复杂、更具挑战性和变化多样的任务让他们完成。

◆ 探究：师傅要鼓励学习者自己设计问题、扩展和精炼已获得的技能。

显然学徒制工作强度很大，正因为这样，课堂教学使用学徒制不总是实际的和行得通的（De Corte，Greer & Verschaffel，1996）。但教师可以使用学徒制中的示范要素帮助学生发展更高级技能。例如，像下面的示范性提示就有助于学生按专家写作的方式去思考写作（Scardamalia & Bereiter，1985）：

◆“我的目的是……”

◆“我主要的观点是……”

◆“这个例子……”

◆“我这样想的理由是……”

◆“为了生动，我将……”

◆“这不十分令人信服，因为……”

◆“我通过……把它们联系在一起……”

上述提示向学生提供了专业作家写作时使用的支架，它们有助于学生发展更娴熟的写作策略（S. L. Benton，1997；Scardamalia & Bereiter，1985；
326 Wong，Hoskyn，Jai，Ellis & Watson，2008）。

教学技能的获得

儿童从其生活环境中更有经验的成人那里获得新信息和技能以后，也开始把自己的新知识教给其他人（Gauvain，2001）。随年龄和经验的增加，儿童逐渐擅长将自己学到的东西教给他人。让我们看一个关于找赎游戏的例子。4个8岁的女孩正在玩一个游戏，一位老师对她们的对话进行了录音（Guberman，Rahm & Menk，1998）。一个叫卡拉的女孩的数学技能与经验都不足以应对这个游戏。游戏的第一轮，卡拉来到康涅狄格大道：

> 南希：你要买什么？
>
> 卡拉：嗯……［有一个长的停顿，在游戏者之间有些不相关的讨论］多少钱？1 200……
>
> 南希：120美元。
>
> 卡拉：120［她数着钱］……100［她指着一张10美元的钞票］……
>
> 萨拉：你给她这样的一张和这样的一张［萨拉从卡拉的钱包先拿出一张100美元的钞票，又拿了一张20美元的钞票］。（Guberman et al.，1998，p. 436）

注意南希和萨拉是如何为卡拉的购买行为搭建支架的。南希要求她思考买什么并告诉她物品的价格。显然卡拉不能计算120美元（她以为一张10美元就是100美元），萨拉给了她充分的指导，萨拉仅凭颜色就能辨认所需的钞票。当卡拉在后来的游戏中具备了更强的能力，其他女孩减少了对卡拉的支持。例如，卡拉这时来到弗吉尼亚大道，要购买价值160美元的物品：

> ［卡拉看着自己的钱，犹豫着该付多少。终于，她从自己手中的钱包拿了一张100美元的钞票，显然不确定还要拿多少。］
>
> 南希：再拿一张50美元和一张10美元。
>
> ［卡拉把一张50美元和一张10美元的钞票给了售货员。］（Guberman et al.，1998，p. 437）

当儿童或成人教导别人时，“教师”与“学生”常常有同样多的收获（D. Fuchs，Fuchs，Mathes & Simmons，1997；Inglis & Biemiller，1997；D. R. Robinson，Schofield & Steers-Wentzell，2005；Webb & Palincsar，1996）。当学生们带着要教导别人的预期时，便会被驱动学习某事物，也会发现该事物更有趣，并能详尽阐释它（Benware & Deci，1984；O'Donnell，2006；Roscoe & Chi，2007；Semb，Ellis & Araujo，1993）。再者，特殊技能相对较弱的孩子（与同伴相比）有机会指导更小的孩子，同时也会发展更强的自我指导能力，因为在教别人的时候，这些技能便被内化了（Biemiller，Shany，Inglis & Meichenbaum，1998）。

动态评价

如前所述，维果茨基认为既评定儿童的实际发展水平（凭自己能够成功完成任务的上限），也评定潜在发展水平（在更有能力的他人帮助下能够完成任务的上限），我们就能获得对儿童认知发
327 展的更全面的了解。然而，在评价儿童认知能力时，大多数教师几乎只关注实际发展水平：他们要求儿童在没有任何他人的帮助下接受测验、完成作业等等。为评定儿童潜在发展水平，有些理论家建议使用所谓的**动态评价**（dynamic assessment），它是指：（1）确认儿童初期不能独立完成的任务；（2）提供与任务有关的行为和认知过程的深度指导及练习；（3）确定每个儿童从教导中受益的程度（Feuerstein，1979，1980；Haywood & Lidz，2007；Kozulin & Falik，1995；Lidz & Gindis，2004；Tzuriel，2000）。

对儿童的认知能力，动态评价与传统测评相比，常常产生更乐观的结果，尤其可以用来评估不同文化背景下儿童的能力。另外，它也能对儿童接近新的学习任务提供丰富具体的质的信息（L. S. Fuchs et al.，2008；Haywood & Lidz，2007；Swanson & Lussier，2001；Tzuriel，2000）。

在信息加工理论中添加社会文化要素

在第 7 章，我简要阐述了“肥皂盒”观点，为了理解学习理论，整合各种学习理论比采纳单一理论要全面。与这一观点相一致，有些理论家们认为，社会文化理论与信息加工理论的整合是有益的。具体来说，信息加工理论会告诉我们随着时间推移发生了什么改变，而社会文化观点（包括调节学习经验、指导性参与以及类似的情况）有助于我们解释这些改变是如何发生的（Gauvain，2001；Greeno，2006；Leach & Scott，2008；P. A. Ornstein & Haden，2001）。

在此我们将在三个领域里考察信息加工与社会文化观点的融合：主体互识、记忆的社会建构、认知策略的合作使用。

主体互识

两个人之间的相互交流与沟通势必要建立在有共同理解的基础之上。例如，双方都要对另一方所看、所知、所想和所感具有某种知晓。这种相互的理解叫**主体互识**（intersubjectivity）（Newson & Newson，1975；Rommetveit，1985；Trevarthen，1980）。在约两个月的婴儿身上就能见到主体互识的萌芽。这时的婴儿与看护者已能够相互关注与互动：相互注视、微笑、发声等等（Adamson & McArthur，1995；Kingstone，Smilek，Ristic，Friesen & Eastwood，2003）。

大约到 9 个月或 10 个月时，也许更早，主体互识变得复杂起来，呈现**共同注意**（joint attention）现象。这时，婴儿与看护者能够关注一个单独的物体，双方中的每个成员都能监控另一方所注意的物体，并协调对那一物体的动作（Adamson & McArthur，1995；M. Carpenter，Nagell & Tomasello，1998；Mundy & Newell，2007；Trevarthen & Hubley，1978）。

婴儿在第二年早期，开始表现出**社会参照** 328
（social referencing）：以他人为线索对特别的物体或事件进行反应或感知（Feinman，1992；Klinnert，Emde，Butterfield & Campos，1986；L. Murray et al.，2008；S. R. Nichols，Svetlova & Brownell，2010）。儿童遇到新的或不确定的情境时最有可能使用社会参照。在一项研究中（Klinnert，1984），给 1 岁和 1.5 岁的婴儿三个新玩具，指导婴儿母亲用三种表情对待这些新玩具：高兴的、恐惧的和中性的。结果，大多数婴儿根据他们母亲的表情采取了与母亲一致的行为来对待每一个新玩具。如果母亲对玩具表现了愉快，他们就接近这个玩具；如果母亲是恐惧的，他们就回避（或远离）这一玩具。

正如信息加工理论告诉我们的，注意是学习与认知发展的关键。当我们用社会文化观点审视这一现象时，我们就明白“意识到另一方的注意”也很关键。例如，当一个成人使用了一个 18 个月学步儿从未听到的一个词，这个学步儿常常会立即看说话者的面部表情并以说话者的视觉线索作为参照来理解这一词。以这种方式，儿童了解到许多物体的标签（D. A. Baldwin，2000；Golinkoff & Hirsh-Pasek，2006）。一般地，当两个人共同关注同一事物并了解到对方与自己有相

同的关注，儿童就会从具有更多经验的另一方那里学到许多。由于主体互识对儿童形成向其周围具有更多经验的成员学习的能力如此重要，它显然是一种跨文化而存在的普遍现象（Adamson & Bakeman，1991）。

记忆的社会建构

在这一章前面“意义的社会建构”部分，我们了解到成人如何经常以他们与儿童共同经历的事件去帮助儿童建构意义。成人也可以帮助儿童重建以前曾与儿童共同经历的事件并将其储存在各自的长时记忆中。儿童长到几乎能够交流的同时，他们的父母就开始与其谈起过去事件，帮助建构叙述。这一点我在第11章谈到过（Fivush et al.，2006；Gauvain，2001；P. J. Miller，Fung & Koven，2007；Ratner，1984）。看一看下面的对话，6岁的凯丽和她的母亲谈到了最近看鲸鱼展的远足经历：

母亲：我们与谁一起去的，谁与我们一起去的？

凯丽：大卫。

母亲：大卫。还有谁？

凯丽：奶奶和爷爷。

母亲：还有谁？爸爸也去了，对吗？

凯丽：是的。

母亲：还有谁？

凯丽：就这些人。

母亲：哦，卡伦婶婶和皮特叔叔也去了，对吗？

凯丽：是的。

母亲：还有大卫的两个弟弟。

凯丽：嗯。

母亲：我们看了鲸鱼展，我想这真是一个大灾难，因为那里风浪很大，我们都晕船了。我们看到了鲸，但不像我们预期的那样好。

凯丽：我看到了一只鲸。

329 母亲：我也看到了它们。它们都很大，对吧？

凯丽：[点头]

母亲：有多少只？

凯丽：大约13只。

母亲：13只？只有两三只！

凯丽：是的，没有13只，它们来回游，好像有50次之多！（Hemphill & Snow，1996，p. 182）

这样的讨论，有时也被称作**共建叙述**（co-constructed narratives），它能帮助儿童更好地理解事件的意义，并使用标签来标识意义（如鲸鱼展、晕船等标签）。儿童以这种方式对事件进行编码以及更有效地记忆。

如我们在第11章发现的那样，谈论一个事件偶尔会导致对它的歪曲记忆，尤其是让儿童“回忆”起实际上并没发生的事情。但一般而言，与他人谈论过去的事情是相当有益的，这可有如下好处（Fivush et al.，2006；Gauvain，2001；K. Nelson，1996）。第一，如第9章对言语的讨论，儿童对曾谈过的事情能更好地编码和记忆。第二，因为成人关注了事件的某些方面而忽视另一些方面，儿童就会从中了解到什么是需要重要记忆的。第三，由于成人以特别方式去解释事件（如发现有些事情好笑，而有些事情没趣），儿童就获得了所处文化中的适当的观点与评价。例如，欧裔美籍母亲与其3岁的孩子回忆过去事件时，常常考虑的是参与者的想法和感受。与此相反，亚裔母亲更可能谈到社会的标准和预期，如某人应该做这个，不该做那个。这些差异是由于这些文化中的价值和优先权不同所导致的（MacDonald，Uesiliana & Hayne，2000；Mullen & Yi，1995；Q. Wang & Ross，2007）。

在某些情况下，在事件发生之后谈论它要比事件发生当时谈论它更有助于记忆（McGuigan & Salmon，2004）。或许延迟讨论给儿童提供了以自己的方式储存和巩固事件的机会，也提供了提取与恢复记忆的机会，因此能更好地记忆经验（McGuigan & Salmon，2004）。

认知策略的合作使用

在以前各章对认知观点的讨论中，我偶尔谈到心理加工策略——编码策略、学习策略、自我调节策略等等。有些认知加工实际上就是策略，人们有意地使用它们完成某些目标。有时儿童自己发展了这些策略。在另一些情况下，儿童则通过模仿成人或同伴对待问题的方式（回忆第6章关于认知示范的讨论）来学会有效的策略。信息加工理论与社会文化理论的结合为我们提供了第三种认识：儿童可以与成人合作来学习特定的策略。通过对策略的共同讨论和使用，特别是在初期成人对儿童的广泛指导和搭建支架，儿童逐渐地会内化这些策略并渐渐地独立使用它们（Freund，1990；Gauvain，1999，2001）。

作为“第三种认识”的例子，请看拉德齐泽斯卡和罗戈夫（Radziszewska & Rogoff，1988）的一项研究。该研究中，每个 9 岁或 10 岁的儿童，要么与一位家长合作，要么与一个同伴合作，在一张含有许多站点与商店的地图上画出一条最短的购物线路。要求每一对合作者想象一条可以
330 购得学校游戏所需用品（面具、服装等）的购物线路。给他们提供一张需要购买 10 项物品的购物单和一个假想的城镇地图（见图 13—2），要求他们画出最短路线（从学校出发，最后还回到学校）。在这条线路上，他们要买回全部 10 件物品。活动的参与者包括儿童—家长和儿童—同伴两种配对。总的说来，儿童—家长的配对比儿童—同伴配对画的线路更短（图 13—2 标志的线路最短）。因为这种配对，家长可以提供好的策略指导，成人与儿童配对的共同的决策优于儿童与同伴配对的决策。当每种配对都画出了路线以后，研究者又让每个儿童独立地画了一条路线。那些曾与成人组合的儿童比与同伴组合的儿童画的路线更短些。

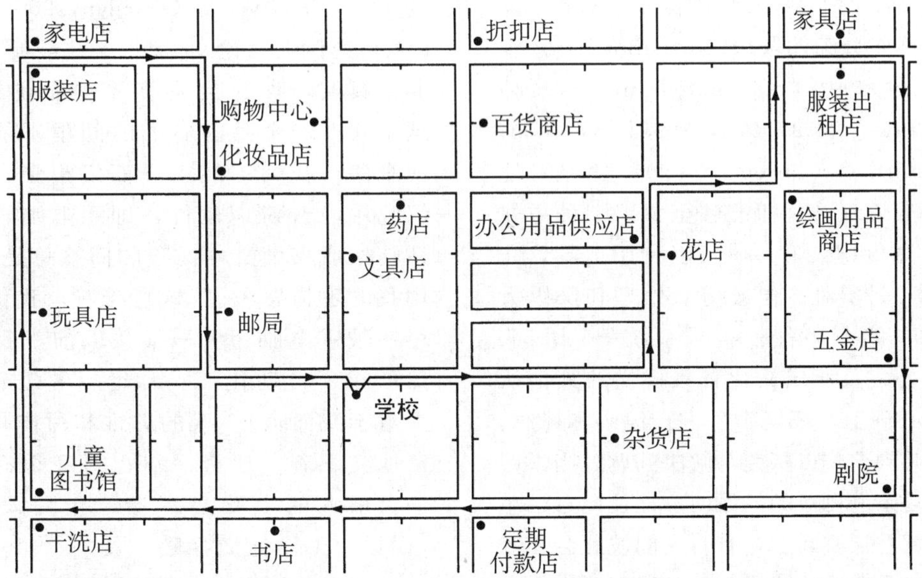

图 13—2　在拉德齐泽斯卡和罗戈夫（1988）的研究中使用的假想的城镇地图

资料来源：Reprinted from “Influence of Adult and Peer Collaborators on Chidren’s Planning Skills” by B. Radziszewska & B. Rogoff, 1988, *Developmental Psychology*, *24*, p. 842. Copyright 1988 by the American Psychological Association. Reprinted with permission.

背景框架的扩展

本章到此为止的许多讨论关注的是学习者的社会文化背景如何影响学习和认知发展。一些理论家越来越多地强调学习必然受制于学习的背景。他们使用各种词汇来描述这一观点，例如情境学习、分配性认知、交织等。理论家们所使用的不同词汇的含义相互之间似乎有所重叠，而且还与社会文化理论和社会建构主义的某些方面有所重叠（例如，Greeno，2006；Markus & Hamedani 2007；Robbins & Aydede，2009b；Vosniadou，2007）。但是， 331
在这里我还是准备冒险一试，努力梳理我所理解的这些术语在使用方面的微妙区别。

首先，一些认知理论家认为大量的学习与思维依赖于具体的背景，即它是“情境”的。在情境中，发生独特而具体的学习和思维活动。在某种情境中发展起来的技能也未必能在其他的、非常不同的情境中使用。思维与学习的这种情况常被称作**情境学习**（situated learning）或**情境认知**（situated cognition）（例如，J. S. Brown，Collins & Duguid，1989；Greeno，2006；Kirsh，2009；Lave & Wenger，1991；Robbins & Aydede，2009a）。例如，沿街叫卖糖果、口香糖和其他物品的儿童，可以很容易使用基本数学公式计算物品的总价格以及给消费者的找零，但他们在学校的数学课中却不会应用这些数学公式（Carraher，Carraher & Schliemann，1985；Schliemann & Carraher，1993）。同样地，在做木工的情境中，木匠可以学习并使用平衡与垂直（成直角的）等概念，但却认识不到这些概念也适用于其他的、非做木工的情境中（Millroy，1991）。

其次，对于有些人减少认知负担，将其转移到其他事或人身上时会更有效地学习与思考。这种观点有时被称作**分配性认知**（distributed cognition）或**分配性智力**（distributed intelligence）（例如，T. Martin，2009；Pea，1993；Salomon，1993；E. R. Smith & Conrey，2009）。学习者能够"分配"挑战性任务，即能够至少以三种方式减轻一部分认知负担：第一，可以利用工具，尤其是科技工具（计算器、电脑等）处理和操纵大量信息。第二，能利用各种符号系统——语词、图、表、数学公式及所属文化背景提供的其他认知工具——在心理上对环境事件进行编码和操纵。第三，与别人共同合作以探究与解决问题。当学习者合作解决更复杂和困难的问题时，往往比自己单独的思考更有智慧。实际上，有时人们彼此会相互传授思维的策略与方法，这样甚至可以帮助每个人在未来也能够进行更有效的思维（Applebee，Langer，Nystrand & Gamoran，2003；A.-M. Clark et al.，2003；Salomon，1993；Spörer & Brunstein，2009）。

最后，在某些情况下，人们当时所处的物理环境和对该环境的具体反应与人们的认知有着密切的、无法摆脱的相互联结——这一现象，被有些理论家称作**具身化**（embodiment）（例如，Mareschal et al.，2007；Marshall，2009；Prinz，2009；Spunt，Falk & Lieberman，2010）。例如，当我们想着投掷棒球时，会激活大脑中与投掷有关的控制手臂和手掌肌肉的脑细胞，即使实际上我们的手臂和手掌肌肉并没有活动（Spunt et al.，2010）。读书时我们虽然不能吸收和记住书中的所有内容，可我们还是吸收和记住了一些零星片段，因为我们需要对此建构出意义。（Mareschal et al.，2007；Myin & O'Regan，2009；回忆一下第 9 章对速读的讨论）。交织，在最近对我来说变得非常真实。我的腕关节并发症在最近发作了，这使我在一个月左右的时间里不能用电脑写任何东西。我为不能工作而发牢骚，几个朋友建议我用声音辨识软件，即用电脑软件把我说的话转换成书面文本。我的回答总是一个："我要用我的手指思考。"这意味着，我仍然要把我的思考敲进电脑里——很久以前，我便对敲打键盘形成了自动化——因此，在真正意义上（至少对于我而言），我的思维和写作与我的电脑紧密地交织着。还有一点也对我很有帮助：我有一台很大的电脑显示器，它大大扩展了我的（视觉）工作记忆容量。

这些观点（承认交叉）有这样一个相同的一般性结论：人类学习和生活的环境对人类的思维、长时记忆和短时记忆能力有巨大影响。 332

社会文化与其他背景理论的一般启示

维果茨基和因他的著作的启发所形成的当代背景理论对教学实践有着深刻启示。主要如下。

◆ *学习者如果获得了有关各种活动与学科的基本认知工具就会更有效地思维。*实际上社会的每个活动都涉及一些概念和思维方式，掌握它们可以使所有年龄段的学习者更有效地进行活动（Markus & Hamedani，2007；K. Nelson，1996）。例如，当人们能够识读乐谱，并理解了什么是键盘、和弦、第三音等时，他们就会成为更好的音乐人。当人们了解到如何解释设计图并理解了测量、直角等词，就有了木工的技能。同理，通过自然、数学、社会科学等学科，我们的文化传递着许多重要概念（如银河、直角三角形）、符号（如 H_2O、X^3）、原理（如勾股定理、供求关系）和视觉表征（如图片、地图等），这种传递有助于发展儿童对生活其中的物理与社会现实的解释、组织及成功应对的能力（例如，Davies & Uttal，2007）。

◆ *儿童谈论经验会学到更多也记忆得更多。*儿童谈论自己的经验几乎与他们开始说话同时发生。大约到了 2 岁或 3 岁，他们就经常这样做了（Fivush，Haden & Reese，1996；van den Broek，Bauer & Bourg，1997）。家长与教师应加入这个过程：正如我们所见，成人与儿童谈论共有的经验不仅可以提高儿童对所见所做的事情的记忆水平，而且也有助于他们以自己文化的适当方式解释自己的经验。

◆ *儿童应有机会从事成人世界里的且与成人十分类似的活动。*在工业化社会里，儿童与成人的工作场所分离，儿童成长为成人，几乎还没有经历过成人所从事的各种活动（Rogoff，2003）。因此，许多理论家建议教师应该经常利用**真实活动**（authentic activities），也就是使用与儿童在客观世界中遇到的活动类似或相同的任务帮助儿童（例如，Barab & Dodge，2008；Edelson & Reiser，2006；Greeno，Collins & Resnick，1996；Hickey，1997）。真实活动有许多好处。其一，学生们在自然环境下工作，利用该环境所提供的物理的、社会的资源（如工具和同龄人），比在人为的和非支架式的教室环境中完成的任务质量更高。其二，复杂而真实的任务有助于学生把在教室里学到的各种观点与技能之间形成有意义的联系。其三，由于真实的活动与真实世界中的任务和问题相似，所以有助于学生将从学校里学到的各种知识与校外的情形之间形成心理联系（这一点在第 15 章还会继续讨论）。

333 真实活动可以由学校中的任何课程来创设。例如，教师可以让学生：

- 写评论。
- 演奏。
- 参与评论。
- 计划家庭开支。
- 设计电路。
- 用外语对话。
- 做实验。
- 录像。
- 编电脑程序。
- 布置博物馆展览。
- 创编与分发班级时事通讯。
- 开发家庭网页。

在有些情况下，真实活动可采取**基于问题的学习**（problem-based learning）或**基于项目的学习**（project-based learning）的形式。当学生以这种学习解决了与外部世界相类似的问题或项目时，就能获得新知识和技能（Hmelo-Silver，2004，2006；Krajcik & Blumenfeld，2006；Polman，2004）。有时，真实的活动也指**服务性学习**（sevice learning），它们会直接或间接地提高人们在客观环境中的生活质量（Kahne & Sporte，2008；Tate，1995）。为有效促进学生的学习并让他们把学习看作是愉快与成功而不是挫折和失败的源泉，大多数复杂真实的活动需要教师的大量指导与支持（Edelson & Reiser，2006；Hmelo-Silver，Duncan & Chinn，2007；Mergendoller，Markham，Ravitz & Larmer，2006）。

然而，我们应注意，复杂、真实的活动没必要充斥学校的所有日程。其一，学生在与其他活动相对隔离的情况下进行练习时，往往能更有效地掌握其基本技能（J. R. Anderson，Reder & Simon，1996）。比如，学习演奏小提琴就要在加入管弦乐队之前掌握弹琴的指法；学习踢足球就要在进行比赛之前练习运球和传递球。其二，有些真实的活动任务太昂贵、太费时，以至于不能在课堂中得到有计划的运用（M. M. Griffin & Griffin，1994）。或许最重要的是，课堂任务要鼓励学生从事那些有意义学习、组织、思考等认知过程，这些过程比真实的任务更能促进学生的长时记忆及对课堂问题的应用（J. R. Anderson et al.，1996）。

◆ *儿童与成人在复杂任务上进行合作往往能获得更有效的策略。*虽然儿童通过与同伴互动可以内化许多重要技能，但当成人的协助多于同伴时，更可能获得高水平的策略，学习得也更快（Gauvain，1999；McCaslin & Good，1996；Radziszewska & Rogoff，1988，1991）。一般说来，成人应为儿童提出或示范更有效的策略，给予有益的指导，并在适当的时候让儿童完成更复杂的任务。

◆ *挑战性任务，尤其当这些任务具有丰富的支架时，能够最大限度地发展儿童的认知能力。*为促进认知发展，教师和其他成人必须为儿童呈现那些在协助之下可以成功完成的任务，亦即在儿童最近发展区内的任务。任何年龄段的儿童都有不同的最近发展区，所以需要呈现的任务也不同。换句话说，当任务是根据儿童独特的优缺点而量身定做时才是最有效的。

◆ *应在各种工作条件下评价儿童的能力。*为 334

更好地理解与促进儿童的认知发展，教师从根本上不仅要了解儿童能够或不能够做什么，而且还要了解在什么情况下他们最可能成功完成哪些任务。通过要求儿童在不同情况下工作——有时独立，有时与一个或更多同伴合作，有时有成人的教导与支持——教师能够对在儿童最近发展区的每个任务形成更好的理解（Calfee & Masuda，1997；Haywood & Lidz，2007；Horowitz，Darling-Hammond & Bransford，2005）。

◆ *团体学习活动有助于儿童内化认知策略。*正如我们已知晓的，维果茨基认为儿童易于内化那些在社会互动中独立应用，并首先使用的认知策略。团体学习、对文学的课堂讨论、对争议问题的辩论及合作式问题解决任务——所有这些都有助于儿童获得更有效的策略，在本章的最后部分，我们将会对它们进行讨论。

同伴互动教学策略

心理学家和教育学家逐渐认识到学生在一起工作对建构学科意义的价值——例如，以小团体或全班的形式去探索、解释、讨论和辩论某些问题。下面是学生以团体的形式解决新的课堂问题时所发生的情形：

> 一个三年级的班级正在课堂上解决下面的问题：兔八哥有75个胡萝卜。如果它每天吃5个胡萝卜，它能吃几天？大多数学生在解决这个问题时，是把一个个5相加，一直加到75，然后再数一下有多少个5。玛丽亚在解这个题时写了三个式子，即10×5＝50，5×5＝25和10＋5＝15。在这些解法呈现后，班级讨论针对玛丽亚与其他学生的解法为什么不同而展开。有些学生认为她的方法与其他同学解法基本相同，因为玛丽亚也是成群地加5。教师问玛丽亚为什么用10个5算，而不是用7个5。玛丽亚说她知道10×5更容易。班级讨论看上去意义不大，但它却对许多学生思考分类的方法产生了重要影响。讨论过后，很多学生通过寻找除数的倍数解决分类问题，经常选10的倍数或10的商。这种讨论对学生理解和使用更好的方法是重要的突破。（Hiebert et al.，1997，pp. 44－45）

当学生以相同方式共同工作时，基本上他们是在分配性认知。他们把学习任务分散在许多心理过程中，同时也吸收多种知识和观点。不同学生用工作记忆掌握了一个任务的不同部分，从整体看扩展了该群体的工作记忆容量（F. Kirschner，Paas & Kirschner，2009）。

学生很容易从与别人分享自己的观点和思想的各种途径中受益：

◆ 学生能很好地澄清、整理，并向别人解释和证明自己的想法。

◆ 学生往往会对所学到的知识精细化——如推断、假设、制定需要回答的问题等。

◆ 他们会向有更准确理解能力的人展现自己 335
的观点。

◆ 他们能够相互仿效对学科问题进行思考和研究的方法。

◆ 他们可以发现自己思维与他人的不同以及缺陷，并能确认理解上的差异（回忆第10章对概念改变的讨论及第12章对社会认知冲突的讨论）。

◆ 由于同伴的支持，儿童能够在复杂的学习和推理活动中获得实践，最终能够独自地运用这些技能（这是维果茨基所谓的内化）。

◆ 学生也能获得在各个学科领域中专家推进知识前沿所使用的论证技术——例如，提供支持结论的证据，考察各种观点的长处与不足等。

◆ 学生可以获得对于知识与学习性质的更复杂的认识。比如能认识到获得知识就是获得有关某一主题的完整观点，并且知识会随时间而逐渐演变（这被称作知识观；参见第14章）。（Andriessen，2006；Applebee et al.，2003；Asterhan & Schwarz，2007；P. Belll & Linn，2002；Bendixen & Rule，2004；Carr & Biddlecomb，1998；Chinn，2006；A.-M. Clark et al.，2003；Hatano & Inagaki，2003；K. Hogan，Nastasi & Pressley，2000；D. W. Johnson & Johnson，2009b；A. King，1999；D. Kuhn & Udell，2003；P. K. Murphy & Mason，2006；Nussbaum，2008；B. B. Schwarz，Neuman & Biezuner，2000；Sinatra & Pintrich，2003a；C. L. Smith，2007；Vygotsky，1978；Webb & Palincsar，1996）

许多学生发现互动的学习具有强烈的驱动力，这部分地由于他们在涉及了社会需要的同时也学习了课堂问题（Hacker & Bol，2004；Saville，Zinn，Neef，Van Norman & Ferreri，2006；Stevens & Slavin，1995）。下面是一个四年级小学生所描述的小群体讨论这种方式对自己的激励作用：

> 我喜欢辩论，因为我可以大声说话，我喜欢在班上把话讲完，我真的厌倦了举了半天手而得不到发言机会。此外，课间休息时的相互交谈也给了我们一个友好辩论的机会。（A.-M. Clark et al.，2003，p. 194）

然而需要特别注意的是，同伴互动教学法也有以下不足：

◆ 没有成人帮助，学生或许没有充足的专门知识完成任务或解决问题。即使有专门知识，他们也没有娴熟的教学与沟通技巧帮助别人理解和判断。

◆ 有些学生极害怕给同伴留下坏印象（例如怕听到别人说自己笨），以至于在整个讨论过程中难于集中精力。

◆ 有些学生小组难以有效地共同活动，难以坚持完成任务。

◆ 社会经济地位高的学生可能支配着讨论，其他学生只能默认他们的意见或建议。

◆ 如果学生感到讨论跑题了或无法达到预定目标，就会有厌烦或挫败感，会因此结束讨论。

336 ◆ 学生有时向同伴传达了错误的概念和不合逻辑的推理判断过程。（Andre & Windschitl，2003；Derry，DuRussel & O'Donnell，1998；Do & Schallert，2004；S. Ellis & Rogoff，1986；D. M. Hogan & Tudge，1999；K. Hogan et al.，2000；Levy，Kaplan & Patrick，2000；Stacey，1992；Wiley & Bailey，2006；Wittenbaum & Park，2001）

因为这些原因，当学生的学习采用同伴互动以及学习者间相互引导的教学形式时，在教师的指导和组织下进行或许更有效。我们会在下面讨论教师会采取的指导与组织的几种形式。

课堂讨论

课堂讨论适合于各种学科。学生可以讨论经典文学著作的不同解释，研究那些难度较大或没有确定的正确答案的问题。当他们在进行这种讨论时，更可能把所读内容与个人生活相联系，因而会产生更好的理解（Applebee et al.，2003；Eeds & Wells，1989；L. M. McGee，1992；S. M. Miller，2003）。对于历史课，学生可以研究和讨论与某个历史事件相关的各种档案记录，领悟到历史不一定像传统教科书所写的那样枯燥无味（Leinhardt，1994；Van Drie，van Boxtel & van der Linden，2006）。在社会研究中，讨论有争议的问题（如和平抵抗、公民反抗、死刑等）有助于学生理解所争论的不同观点或许都存在一定的合理性（D. W. Johnson & Johnson，2009b；D. Kuhn，Shaw & Felton，1997）。在自然科学课中，对观察到的某种现象的矛盾性解释的讨论有助于学生逐渐领会科学并非“死的事实”，科学是对世界的持续的、有生气的、不断推进的理解（Bereiter，1994；M. C. Linn，2008）。数学学习中，在课堂上讨论同一个问题的不同解答方法，可以促进对数学原理更有意义的理解和应用（Cobb et al.，1991；Hiebert & Wearne，1992，1996；Lampert，1990；Walshaw & Anthony，2008）。

虽然课堂讨论主要是学生们在发言，但教师也起着关键作用。研究者及有经验的教育者对教师如何促进有效课堂讨论提供了若干指导原则。

◆ *课堂讨论应该关注那些可能有多种观点、解释和解决方法的主题。*有争议的主题显然有几种益处：学生更可能表达自己的观点，寻找重新解答矛盾资料的新信息，重新评价自己的立场，发展对学科问题的有意义的、更完整的理解（Applebee et al.，2003；Andriessen，2006；E. G. Cohen，1994；D. W. Johnson & Johnson，2009b）。

◆ *学生应该有足够的知识来充分讨论某个主题。*这些知识既可以来自之前的课堂学习，也可以来自学生自己的个人经历。在很多情况下，它更可能来自对特定主题的深刻研究（Bruning，Schraw & Ronning，1995；Onosko，1996）。

◆ *课堂气氛应该有助于公开的辩论和对观点的建构性评价。*如果教师能支持学生对不同观点的表达，对反对意见也能友好接受并营造一种心理上的“安全”感，学生就更有可能去分享各种观点与意见。为促进这样的课堂气氛，教师应该：

● 传达一种信息，即在讨论的最后环节使学 337
生理解讨论的问题，比在讨论开始时就给出“正确”答案更重要。

● 传达一种信念，即提问应考虑学生的好奇心，争论时有不同意见是不可避免的，而且是有益的，对问题的意见发生改变是思维发生改变的信号。

● 鼓励学生尝试理解他人的不同的推理与解释。

● 建议学生只要有可能就要共同构建思想。

● 鼓励学生在赞同或反对别人时保持开放性，也就是说，“同意进行反对”，但是，批判态度应该是针对观点的，而非针对持有观点的人。

● 为了使学生的推理判断过程更客观，需要以第三方立场提出问题，例如可以这样问：“如果有人用这样的说法回应你的声明……”

● 偶尔要求学生以实际上与自己所持信念相反的立场进行辩护。

● 要求学生能够考虑反对者的观点而做出折衷的解决方案。（Cobb & Yachel，1996；Hadjioannou，2007；Hatano & Inagaki，1993，2003；Herrenkohl & Guerra，1998；K. Hogan et al.，2000；D. W. Johnson & Johnson，2009b；Lampert，Rittenhouse & Crumbaugh，1996；Perkins & Ritchhart，2004；Reiter，1994）

◆ *小组讨论鼓励大多数学生参与。*许多学生面对少数同伴听众而不是全体同伴时会更开放，尤其女学生更是如此（A. -M. Clark et al.，2003；Théberge，1994）。在某些场合，教师可以先让学生以小组形式进行讨论，在相对私密的情境中，使学生充分表达自己的观点，获得支持，然后再组织学生进行全班性的集体讨论（Onosko，1996）。

◆ *当班级讨论以某种方式进行组织时往往会更有效。*这种组织包括提出激励思考的问题，建立学生要达成的具体目标或者为不同班级成员分配不同角色——例如，让一部分学生评判所提供证据的质量，让另一部分学生评判结论的可靠性等等（I. L. Bech & McKeown，2001；Calfee，Dunlap & Wat，1994；Palincsar & Herrenkohl，1999；C. L. Smith，2007）。在做实验前，教师应该要求学生对事物的发生做出预期，并解释、辩论自己的预期之所以正确的理由。在学生观察了结果之后，教师应要求他们解释发生了什么，以及为什么会发生（Hatano & Inagaki，1991；Herrenkohl & Guerra，1998）。另一个有用的策略是遵循下面这个程序：

（1）把班级学生分成4个组，每组有4个学生，两人为一对。

（2）在小组内，每对学生研究问题的某一部分，并把这部分内容介绍给另两位学生。

（3）4个组的学生对问题进行公开讨论，给每个学生为自己的立场进行辩护的机会。

（4）每对组合尽可能诚挚而具说服力地介绍“反面”观点。

（5）小组应极力寻求整合了所呈现的全部证据而达成的一致立场。（Deutsch，1993；D. W. Johnson & Johnson，2009b）

◆ *在讨论的末尾应有某种结束的形式。*不管 338
学生最终是否对论题达成一致，班级讨论应该有某种结束形式，它有助于学生把各种思想相结合。例如我在我的班上对有争议的论题进行讨论时，我会在讨论的结尾花一些时间对学生提出的关键问题进行分类与总结。另一策略是要求学生解释该讨论如何帮助他们更充分地理解了论题（Onosko，1996）。

交互式教学

安玛莉·帕林萨和安妮·布朗（A. Palincsar & A. L. Brown，1984；Brown & Palincsar，1987）认为，有四种重要策略经常被好的阅读者使用，而差的阅读者却较少使用：

◆ *总结*：对所读的主要观点与要旨进行概括总结。

◆ *提问*：向自己提问，确定对所读内容是否已理解。

◆ *澄清*：对混淆或模糊的部分进行澄清，或许需要重新阅读，或者依赖自己的知识帮助理解其意义。

◆ *预期*：依据阅读材料的线索（如标题）和前面介绍的观点预期接下来的材料是什么内容。

这四个阅读策略主要是内部的认知过程，而不是可观察的行为。与维果茨基的内化概念一致，帕林萨和布朗推断，如果学生能够与同伴合作，很好地练习这些策略，就会更容易掌握它们。

在**交互式教学**（reciprocal teaching）中（A. L. Brown & Palincsar，1987；Palincsar，2003；Palincsar & Brown，1984，1989；Palincsar & Herrenkohl，1999)，教师与几个学生被编进同一组里，一起阅读材料，并定期地停止阅读进行讨论。开始时，教师引导着讨论，提出问题，以促进学生总结、概括、提问、澄清和预期。但逐渐地，学生会转变角色，变成“教师”，再去引导其他学生，进而由学生负责讨论、互相提问，像教师之前所示范的那样。最终，学生几乎能够不依赖教师而独立地进行阅读与讨论，共同建构意义，相互检验理解的程度或可能的误解。

作为一个例子，让我们来看一看一个交互式教学的场景：由 6 个一年级学生组成的小组正在阅读有关穿雪鞋的兔子的课文。在这个特别的案例里，教师分段阅读文章（对于高年级的学生，让他们自己轮流读）。每个部分读完后，教师停了下来，由学生讨论与总结。下面的对话，是学生总结、提问、澄清和预期的例证（每个策略至少有一个例子）：

> [儿童阅读了穿雪鞋的兔子的课文。这是在读过以后第 16 天的对话。教师已经读过描述小兔出生及母亲照顾小兔方式的段落。学生卡姆是对话的领导者。]
>
> 卡姆：小兔是什么时间出生的？
>
> 教师：这个问题问得好。叫一个人来回答这个问题。
>
> 339 卡姆：罗比？米利？
>
> 米利：夏天。
>
> 教师：小兔如在冬天出生会怎样？让我们想想。
>
> [有几个孩子说出了他们的想法，包括“小兔会很冷”，“小兔需要食物”，“小兔刚出生时没有毛”。]
>
> 卡姆：我还有一个问题，母兔怎样使小兔安全生存？
>
> 克里斯：它把它们藏起来。
>
> 卡姆：这可以，但还有别的……
>
> 教师：这是非常不一般的问题，我很好奇它怎么藏。我不知道。
>
> 特拉维斯：把它们藏在不同的地方。
>
> 教师：你是怎么想到它会这么做？
>
> 米利：或许因为我听过另一个故事，小兔子小的时候通常相互撕咬，或相互打架。
>
> 教师：也许是这样。那么山猫来了会怎样？
>
> [几个孩子说道那是所有小兔的末日。]
>
> 特拉维斯：如果我是母亲，我会藏好我的孩子。我会把它们都藏在一起。
>
> 克里斯：如果小兔们都藏起来了，那么妈妈要去看它们是如何记得住它们藏哪里呢？
>
> 教师：说得好！因为妈妈必须要再找到它们。为什么？是因为它生出它们的呀！
>
> 米利：它需要带食物给小兔。或许留下小树枝及别的东西。
>
> 教师：你认为它留下小树枝是要为藏身地做记号吗？
>
> [有几个孩子不同意这个说法，认为它可以用嗅觉找到小兔。一个孩子想起穿雪鞋的兔子在冬天里不全是白的，认为母亲可以用颜色辨识它们。]
>
> 教师：所以我同意母兔把小兔藏起来后用嗅觉找它们。卡姆，你能为我们总结一下吗？
>
> 卡姆：小兔在夏天出生……
>
> 教师：母亲……
>
> 卡姆：母亲把它们藏到了不同地方。
>
> 教师：它去看望它们……
>
> 卡姆：给小兔带食物。
>
> 特拉维斯：使小兔安全生存。
>
> 教师：结果怎样？
>
> 米利：母亲教小兔……如怎么蹦跳。
>
> 卡姆：小兔已经知道了怎么跳。
>
> 教师：那么，我们再读读看。

交互式教学提供了教师与学生互相示范有效阅读和学习策略的一种手段。这种形式为学生努力获得所读、所听材料的意义提供了支架。如果你回顾上面的对话片刻，你会注意到这位教师如何用心地为学生示范提出问题，并把学生已有的知识与新知识相联系（例如，“小兔如在冬天出生会怎样”，“你认为它留下小树枝是要为藏身地做记号吗”）。这位教师还为学生加工穿雪鞋的兔子的信息提供了一般性指导和偶尔的暗示（“卡姆，你能为我做个总结吗”，“它 340
去看望它们……”）。我们也需注意学生在对话中是如何相互支持、试图加工阅读材料的。请看下面的对话：

卡姆：我还有一个问题，母兔如何使小兔安全生存？

克里斯：它把它们藏起来。

卡姆：这可以，但还有别的……

交互式教学能促进各年级的学生形成更有效的阅读和听力理解技能——不论是对母语是英语的学习者，还是母语不是英语但用英语进行学习的学习者（Alfassi，2004；Johnson-Glenberg，2000；K. D. McGee，Knight & Boudah，2001；Palincsar & Brown，1989；Rosenshine & Meister，1994；W. H. Slater，2004）。看看交互式教学的第一个经典研究（Palincsar & Brown，1984）。该研究有6个七年级学生被试，他们过去都不能很好理解历史课，这些学生共上了20节交互式教学课程，每节课持续约30分钟。尽管这是相对短期的干预，但他们的阅读理解能力却有了显著提高，并能把这一新的阅读策略推广使用到其他课程上，有时还超出了同伴的成绩（A. L. Brown & Palincsar，1987；Palincsar & Brown，1984）。

我们不应该将交互式教学只当成阅读课老师所使用的策略。在科学课堂上也可以成功应用（教师可应用这一策略对理科教程做集体讨论）；在数学课上也可以用（教师可利用它帮助学生了解复杂数学问题的意义）（A. L. Brown & Palincsar，1987；van Garderen，2004）。另外，交互式教学课程可以在网络上在线进行，也可以在教室里进行（Reinking & Leu，2008）。然而，有效使用交互式教学也需要进行某种练习。它还需要教师与学生齐心协力以保证学生设计、建构出各种水平的问题（例如，Hacher & Tenent，2002）。

合作学习

在**合作学习**（cooperative learning）① 中，小组里的学生为达成共同目标而工作。合作学习的持续时间可以不同，这依赖于完成任务所需时间的长短。有时合作小组的时间较短，它完成的是一些具体的任务——或许研究一些新材料，或许解决一个问题，抑或完成一个指定的计划。有时，合作小组是要达成一个长期的课程目标。例如，**基础小组**（base groups）就是持续一学期或一学年的合作小组，它们为学生相互了解任务、交流课程观点提供了一种手段，也相互提供了某种意义上的课程支持（D. W. Johnson & Johnson，1991）。

经过了适当设计和组织的合作学习活动能有效 341
促进学习与学业成绩。一般说来，所有能力水平的学习者都会在合作学习中表现出更高的学业成就，而其中女学生、少数族群学生、具有学业失败风险的学生尤获益更大（Barron，2000；Ginsburg-Block，Rohrbech & Fantuzzo，2006；Lou et al.，1996；Qin，Johnson & Johnson，1995；Rohrbeck，Ginsburg-Block，Fantuzzo & Miller，2003；Stevens & Slavin，1995）。合作学习还有其他好处，例如，增强学业成功的自我效能感和更良好的同伴关系（D. W. Johnson & Johnson，1985；Lou，Abrami & Abrami & d'Apollonia，2001；Lou et al.，1996；J. D. Nichols，1996；Slavin，Hurley & Chamberlain，2003）。

然而，合作学习也有潜在的缺陷。有时学生可能对经过最少努力达成小组目标更感兴趣，因而对某个研究问题会比较关注得到一个正确答案，而不是关注小组所有成员是否理解了研究问题（Good，McCaslin & Reys，1992；Hatano & Inagaki，1991；M. C. Linn，Songer & Eylon，1996）。工作多和讲话多的学生比小组的其他成员学得更多，他们可能对付出较少努力或几乎没有付出努力的同伴怀有消极情感（Gayford，1992；Lotan，2006；Webb，1989）。学生们偶尔会赞同并使用某个小组成员提出的错误策略或方法。在某些情况下，学生们可能根本不具备有助于相互学习的能力（O'Donnell & O'Kelly，1994；Webb & Mastergeorge，2003）。

显然，合作学习并不是简单地将学生放进小组里，让他们为一个计划或任务而一起松散地工作的过程。要使合作学习成功进行，教师一定要以一定方式进行组织：要使合作学习不仅有助于学业成功，而且成为学业成功的必备条件（D. W. Johnson & Johnson，1991）。

① 一些研究者对 cooperative learning 与 collaborative learning 做了区分。不同理论家在使用它们时也略有不同（参见 Palincsar & Herrenkohl，1999；B. L. Smith & MacGregor，1992；Teasley & Roschelle，1993）。我怀疑出现这种情况的部分原因是 cooperative learning 这一词传统上与某些理论家、某种特别的教学策略联系在一起（例如，D. W. Johnson & Johnson，1991；Slavin，1983a，1990a）。这里我所用的 cooperative learning 更广泛，指让学生以某种有组织的形式来达成某个共同学习目标的教学方法。

下面列出了促进有效合作学习的几个特征。

◆ *小组成员要少，且由教师来分组。*合作学习小组应有 2～6 个成员，3～4 个成员尤其适宜（Hatano & Inagaki，1991；Lou et al.，1996）。多数情况下，分组应该由教师来完成，以保证学生的组合能有效地工作（D. W. Johnson & Johnson，1991；Lotan，2006）。一些合作学习的提倡者们认为，合作学习小组应该是异质的，每个小组应包括成就水平高低不同的学生，应该有男生和女生，也应该有不同民族背景的学生。但另一些人不提倡这样，他们认为小组异质程度太大会使学生之间的能力差异拉大，而这显然是不适宜的，因为会使能力低的学生失去勇气，阻碍他们的积极参与（Lotan，2006；Moje & Shepardson，1998；O'Donnell & O'Kelly，1994；S. E. Person，1993；Webb，Nemer & Zuniga，2002）。

关于异质合作小组的作用，研究获得了不同的结果。有些研究指出异质合作小组对能力高（通过向同伴解释知识来加强知识学习）和能力低（通过听取别人的解释而获益）的学生都有益（Lou et al.，1996；Stevens & Slavin，1995；Webb，Nemer，Chizhik & Sugrue，1998；Webb & Palincsar，1996）。另一些研究却指出，能力高的学生与能力低的学生一起合作并不一定总是获益，有时甚至会退步（D. M. Hogan & Tudge，1999；D. Kuhn & Pease，2010；Webb et al.，2002）。理想上来讲，合作小组应由具有各种才能与技巧的学生组成，他们对组内每个成员的成功都有独一无二的、实际的贡献（E. G. Cohen，1994；Esmonde，2009；Lotan，2006）。

◆ *小组有一个或一个以上共同的工作目标。*在合作小组的开始，每个小组对其需要完成的任务应有清楚而具体的认识（D. W. Johnson & Johnson，
342 1991；Slavin et al.，2003）。例如，在一基于项目的合作学习过程中，学生以需要解答的“驱动问题”开始（例如，“好朋友会让我头疼吗?”），然后由教师提供合适的支架和技术工具，对研究问题进行深入探寻（Krajcik & Blumenfeld，2006，p. 322；Mergendoller et al.，2006；Polman，2004）。

◆ *学生要有清楚的行动大纲。*如果没有对组员行为的合适指导，有些学生就会采取不合作态度。例如，他们会试图支配讨论，嘲笑别人的观点，或者以某种方式施加压力阻碍任务完成（Blumenfeld，Marx，Soloway & Krajcik，1996；Webb & Palincsar，1996）。下面的合作小组指导技术会促进合作而有效的组员行为：

- 有礼貌地、集中注意地倾听。
- 确保每个人有同等参与机会，最后都要达到对材料的理解。
- 当有人不明白时，应该提出清楚、简洁的问题。
- 鼓励别人，并提供所需要的协助。
- 提供那种具体的、有益的、建设性的反馈（例如，“我好奇你为什么选择这样的开始……”“你认为包括……?”）。
- 友善而建设性地探究意见上的差异。（Berger，2003，p. 94；E. G. Cohen，1994；Deutsch，1993；Gillies & Ashman，1998；D. W. Johnson & Johnson，1991；Lotan，2006；Lou et al.，1996；O'Donnell & O'Kelly，1994；Webb & Farivar，1994，1999；Webb & Palincsar，1996）

◆ *组员一定要相互依赖以取得成功。*理想上来讲，合作小组应建设成这样的形式：每个成员的成功都依赖于组内成员的积极参与和相互帮助。每个成员都必须相信，他（她）做得好的地方，组里其他成员也能做好（Ginsburg-Block et al.，2006；D. W. Johnson & Johnson，2009a；Lou et al.，1996；Slavin，1983a）。那些需要创意才能解决的，以及不止有一个正确答案的问题尤其能鼓励学生合作工作（Blumenfeld et al.，1996）。在有些情况下，每个学生对小组都具有独特的、必要的作用，他们可以担任小组领导、批评家、簿记员、矛盾调和者、总结者等等（Esmonde，2009；D. W. Johnson & Johnson，1991；Lotan，2006）。在另一些情况下，**拼图**（jigsaw）技术是适用的：新信息由小组所有成员均等承担，并一定要把自己的那部分信息传授给其他成员（E. Aronson，1997）。

◆ *提供组织结构可鼓励有效的学习行为。*当学生是合作学习的新手时，给他们提供某种互动的指导是有益的——可能是一系列步骤，也可能是要遵循的脚本（Fantuzzo，King & Heller，1992；Gilllies，2003；Ginsburg-Block et al.，2006；Webb & Palincsar，1996）。例如，在**脚本合作**（scripted cooperation）中，每对合作者一起阅读和学习说明文（Dansereau，1988；

O'Donnell，1999）。配对成员的一方充当“回忆”的陈述者，对教科书内容进行概括总结；另一方则充当“倾听者”，纠正“回忆者”的错误，并陈述需要补充的重要信息。在接下来的阅读中，两个学生互换角色。这种方法有助于促进学生掌握精细化、总结、检查理解等策略。

343 教师提供的特别指导对学生在学习过程中是否关注学习事实，或者能否运用高级思维能力都会产生影响。有一种途径被称为**引导同伴提问**（guided peer questioning）或**精细质疑**（elaborative interrogation），即给配对学生一种鼓励他们对学习材料相互提出高水平问题的结构（Kahl & Woloshyn，1994；A. King，1997，1999；A. King，Staffieri & Adelgais，1998；Ozgungor & Guthrie，2004；Woloshyn，Pressley & Schneider，1992）。更具体来说，教师会提出下列建设性问题以“引导”学习：

> 请用你自己的语言描述……
>
> 请解释这是为什么……
>
> ……和……之间的差异是什么？
>
> 如何将……应用在……中？（A. King，1999，p. 93）

用这样的问题提问可以促进合作者之间的理解。下面转载了两个五年级儿童在学习有关潮池和潮间带的材料时如何使用了“引导同伴提问”：

> 贾内尔：如果没有潮池和潮间带使某些水中的动物生存下来，你认为会怎样？
>
> 凯蒂：那么陆地与水中动物就会混合——所有捕食动物会吃掉本不该在陆地上生存的动物，这些动物就不能生存。这会引起食物链的断裂——因为在食物链顶端的动物会吃掉其他所有动物，食物链底端的动物无地方隐藏，不能受到保护。没有什么动物可以留给它们吃。
>
> 贾内尔：是的。那么，潮池和潮间带为什么能为动物提供藏身之处并养活它们呢？（A. King，1999，p. 95）

这节课的后半部，我们加入这两个女孩的讨论之中，这时，凯蒂提出了下面的问题：

> 凯蒂：上部潮间带和下部潮间带不同吗？
>
> 贾内尔：是的，上、下部潮间带有不同的动物。在浪溅区和上部潮间带，动物暴露于表面时就能够利用雨、沙坑、风和阳光——它们不需要太多的水，低部潮间带的动物也如此。
>
> 凯蒂：动物们都较柔软，它们不会被岩石撞击。
>
> 贾内尔：还有捕食动物。在浅水带有一些类似我们人类的捕食动物，以及能猎杀这些动物的其他各种生物，所以它们无法生存，但下部的潮间带却没有这么多掠夺者。
>
> 凯蒂：等等，动物在下部潮间带为什么能生存？（A. King，1999，p. 97）

很显然，贾内尔和凯蒂已能娴熟地提出并解答高水平的问题。第二段对话的末尾，我们看到，凯蒂提出了该讨论的基本假设——下部潮间带的动物能够生存。

◆ *教师主要充当资源提供者与监督者的角色*。在有效合作学习期间，教师应提供必要的协助与支架，以保证合作小组沿着达成目标的方向进行工作（S. M. Williams，2010）。教师也要监控每个小组，确保学生的互动是有效和适宜的（D. W. Johnson & Johnson，1991；Meloth & Deering，1999；Webb & Farivar，1999）。例如，当学生似乎就要吸纳同伴的有关论题的错误概念时，教师稍微干预一下就会使讨论转航，沿着更有效的方向进行（例如，“莉迪娅认为……你们都同意吗？”）。*344* 如果学生对同伴做出了有害评论，教师就要给出行为规则的提醒——有时需要道歉——这样才能使讨论正常进行。然而，太多的干预是无益的：当教师加入学生小组时，学生之间的交流就会少许多（E. G. Cohen，1994）。

◆ *学生要对自己的成就负责*。每个学生都要为掌握和完成小组目标展现自己的能力，比如，解一个难题，或负责小组最终成果的某一方面。当有些学生做得太多或承担了所有工作，而另一些学生只是乘免费车，个体责任就会降低（Ginsburg-Block et al.，2006；D. W. Johnson & Johnson，2009a；Karau & Williams，1995）。

◆ *为小组合作的成功而奖励学生*。除了对自己的学习与成就负责，对成功合作的小组成员要以某种方式给予特别奖励。群体奖励往往会促成团体获得更高成绩，这也许是因为学生们帮助他人学习的兴趣得到了利益方面的激励，从而齐心合力去帮助小组成员理解学习材料（Lou et al.，1996；Slavin，1983b，1990a；Stevens & Slavin，1995）。

然而，需要特别注意的是，不是所有研究者都认为小组奖励是有益的。特别当学生关注使用有效学习策略而不是获得小组奖励时，他们会学习得更好（Meloth & Deering，1992，1994）。总之，外部强化的作用好坏参半，正如你将在第 16 章发现的那样。

◆ *每个组在活动完成之时要对活动质量进行评价。*一旦合作小组完成了它的目标，就需要分析与评论（常常由教师协助进行）小组合作学习的运作方式是否有效，以及用什么方法可以改进（E. G. Cohen，1994；D. W. Johnson & Johnson，2009a）。

同伴教学

同伴教学（peer tutoring）①，即掌握材料的学生去教授没有掌握材料的学生。同伴教学常常创设了一种适宜的环境，使得学习困难的学生在不理解学习材料和不能得到关于成绩的及时反馈时，能够更轻松地提出他们的问题（J. R. Sullivan & Conoley，2004）。而教学者也往往获益，这部分地是因为他们得到了实践、进行了精细化、更好地内化了认知技能（见前面“教学技能的获得”部分）。因此，教学者与他们教导的学生都可以有显著的学业收获（Greenwood，Carta & Hall，1988；O'Donnell，2006；D. R. Robinson et al.，2005；Roscoe & Chi，2007；J. R. Sullivan & Conoley，2004）。

345 跟其他同伴互动形式需要指导一样，同伴教学也是在教师遵循某些指导方针时才更有效。以下是几点建议：

◆ *教师应该确保教导者已经掌握了要教的材料，并能使用正确的教学技术。*好的教导者应对要教的主题具有正确理解，并能提供那些关注意义的解释（而不是死记硬背）。还有，好的教学者会使用促进学习的教学策略，例如提问、暗示、必要的支架性反应和提供反馈等等（L. S. Fuchs et al.，1996；Lepper，Aspinwall，Mumme & Chabey，1990；Roscoe & Chi，2007）。

尤其对小学低年级学生而言，教学技能的外显训练是有益的。例如，应向学生教导者说明，如何与他们教导的学生建立良好关系，如何把任务分解成简单的步骤，如何以及何时提供反馈等等（Fueyo & Bushell，1998；Inglis & Biemiller，1997；Kermani & Moallem，1997）。

◆ *结构性互动可以提高同伴教学的有效性。*林恩和杜格拉斯·福克斯及其同事的研究揭示，为辅导课程提供结构能够帮助小学生有效地教给同伴阅读理解技能（例如，D. Fuchs et al.，1997；L. S. Fuchs et al.，1996；Mathes，Torgesen & Allor，2001；也可见 Spörer & Brunsein，2009）。在一项研究中（D. Fuchs et al.，1997），20 个二至六年级的班级参加了一个名为“同伴协助学习策略”（PALS）的研究计划。首先对每个班学生的阅读表现都进行评定，根据评定成绩将其分为两组：高分组和低分组。然后，将高分组成绩最好的学生与低分组成绩最差的学生配对，高分组成绩第二的学生与低分组成绩倒数第二的学生配对，以此类推，通过这一程序，配对组学生的阅读水平得到平衡且没有极端差异。每对学习者按较弱的学生水平去阅读材料，进行如下活动：

◆ *重复阅读：*由较高水平学生读约 5 分钟，然后较低水平学生也读相同段落。理论上，阅读材料是以前学过的，使较低水平的学生也容易理解。在两人都读完后，由较低水平学生描述刚刚读过的材料。

◆ *段落提炼：*两个学生同时读一段文字。然后，较低水平学生在较高水平学生的帮助下分析材料并提炼主要观点。

◆ *预期回答：*两个学生都读一页文字，然后，在较高水平学生的帮助下，较低水平的学生提炼材料，并对下一页会讲什么内容做出预期。接着，两个学生阅读下一页，看较低水平学生的预期是否正确，总结这一页，并对下一页做新的预期，等等。

与更传统的阅读教学相比，PALS 计划能够

---

① 一些理论家在谈到相同能力的学生对讨论主题相互提问的结构学习时使用“同伴教学”这一词。我已经在我前面的有关合作学习的讨论中，融进了同伴教学的相关文献。在这里我将“同伴教学”这个词主要限制在这种情境里使用，即一个学习者比另一学习者对某一问题有更多经验。

使学生的阅读能力取得更显著的进步，甚至在两者的阅读指导所用时间总数是相同的情况下也是如此。研究者们推测，PALS 中学生的优异表现或许源自于学生有更多机会去思考所读的是什么、对阅读成绩得到了更多的反馈，以及对有效阅读策略的巩固使用。

◆ *教师必须小心，由较高能力学生教导较低能力学生不要极端或过度。*正如我们所知晓的，教学者与他们所教的学生在教学课程中的受益往
346 往一样多。然而教师也应该有意识地监控同伴教学课程的效果，确保所有学生都能从中获益。

◆ *教师用同伴教学帮助那些有特别教育需要的学生。*同伴教学一直被有效地用来帮助有学习障碍、身体障碍和其他有特别教育需要的学生（Cushing & Kennedy，1997；DuPaul，Ervin，Hook & McGoey，1998；D. Fuchs et al.，1997）。在一项研究中（Cushing & Kennedy，1997），低成就的学生定期教同班的智力或身体具有中等或严重障碍的学生。结果表明，教学者从其教学任务中获得如下改变：他们变得更关注班集体，更经常地完成班级任务，更经常地参与班级活动。我认为，教授比自己能力低的同伴的机会可提升学生学习课程的自我效能，而这种自我效能又反过来鼓励学生从事促进学业成功（而不是妨碍学业成功）的行为。

◆ *同伴教学不一定限于同年龄组。*在许多情况下，一个年级的学生能有效地教导较低年级的学生，如四五年级学生可以教幼儿园或一年级学生，高中生可以教初中生（Biemiller et al.，1998；A. L. Brown & Campione，1994；Graesser & Person，1994；D. R. Robinson et al.，2005；J. R. Sullivan & Conoley，2004）。这种情况与维果茨基的理念相一致：较大的、更有能力的个体对促进较小儿童的认知发展具有不可估量的作用。当能力较低的学生将自己已掌握的内容教给更小的儿童时，他们就有机会去管理他人的学习，并且由于内化过程，他们自身也变得更擅长自我调节（Biemiller et al.，1998）。

学习者社区

同伴互动教学法的重要先决条件是团体意识——教师与学生拥有共同目标，相互尊重、相互支持，相信每个人都能对班级学习做出重要贡献（Hom & Battistich，1995；M. Watson & Battistich，2006）。建立这种团体意识的一个途径是把班级变成**学习者社区**（community of learners），在这个社区里，教师与学生合作，共同构建关于某一主题的知识体系，并互相促进对这一主题的了解。学习者社区的班级可能具有以下某些特征：

◆ 所有学生都是班级活动的积极参与者。

◆ 主要目标是获得关于特定主题的知识体系，这有赖于学生的互动及共同努力。

◆ 学生可利用众多资源，诸如书、杂志、互联网及他人，来努力学习。

◆ 应经常在两个或更多学生之间进行讨论和合作，这对学习具有重要作用。

◆ 应预料到学生在兴趣与进步速度上的差异，并尊重这种差异。

◆ 教师与学生的共同努力有助于相互学习；没有人可以在教授别人方面唯我独尊。

◆ 每个人都是他人的潜在资源，不同个体在不同场合可能是不同资源，这依赖于当时的问题和任务。有时，学生们专攻一个特定主题，并成为这个主题的专家。偶尔，班级外的他人也可与班级团体分享其技术专长。

◆ 教师为班级活动提供指导与方向，而学生 347
也可以这么做。

◆ 学生把所了解的知识与其他人分享这一机制应处于适当位置。

◆ 建设性地质疑及批判他人的工作是非常常见的。

◆ 在学习活动中，强调学习的过程与结果同等重要，甚至有时前者比后者更为重要。（Bielaczyc & Collins，1999；A. L. Brown & Campione，1994，1996；Campione，Shapiro & Brown，1995；A. Collins，2006；R. A. Engle & Conant，2002；Kincheloe，2009；Rogoff，1994，2003，Rogoff，Matusov & White，1996；Scardamalia & Bereiter，2006）

建立学习者社区基于这样的指导原则：学生与教师一样都致力于提高班级所有成员的集体知识、技能与理解。本质上，全班从事**知识建立**（knowledge building），真正地促进某个主题的团体知识，这与成人研究者在探究有关各种学术的、专业的客观知识时所付出的努力一样多（Bereiter & Scardamalia，2006；Bielaczyc & Collins，1999，2006；Scardamalia & Bereiter，2006）。在这个过程中，学

生们不仅创造出有形产品，而且也创造出人工**概念产品**（conceptual artifacts）——理论、模型、计划、问题解决策略和其他可运用的认知工具、评价等，而所有这些产品都会随着时间而不断地得到修正（Bereiter & Scardamalia，2006；Scardamalia & Bereiter，2006）。

在学习者社区如何组织的一个实例中（A. L. Brown & Campione，1994），学生们被分成若干小组去研究从属于一个大的一般性问题的小的分支性问题。例如，人口改变这一大主题下包括这些分支性问题：人口消亡、人口危机、人工授精、城市化、协作化等。每个小组都来研究一个分支问题并准备相关的教学材料。然后，再重新组成若干新的小组，新的小组里至少包括一名以前的小组成员。在新的小组里，学生们相互教授已经学到的知识。

学习者社区包含了各种互动教学策略，有班级讨论、合作学习、同伴教学和交互式教学（A. L. Brown & Campione，1996）。（刚刚描述的改变人口问题反映了在前面有关合作学习的描述中所提到的拼图技术。）另外，大一点的学生及有关问题专家偶尔也可以参加小组讨论，指导学生准备教学材料——例如，对于描述蝙蝠的材料，就可以向学生提出这样的问题："记住我们没有读过有关'回声'的问题，清楚了吗？"（A. L. Brown & Campione，1996，p. 298）

在学习者社区学习可以使学生意识到科学家或学者是如何进行前沿研究的：他们进行个体的、也进行合作的研究，分享观点，交流结果发现等等。实际上，参与这种社区学习显然能长远地促进复杂思维以及知识建立的过程（A. L. Brown & Campione，1994，1996；R. A. Engle，2006；R. A. Engle & Conant，2002；Scardamalia & Bereiter，2006；J. Zhang，Scardamalia，Reeve & Messina，2009），也能高度激发学生的内驱力，使其即使在生病时也坚持上学，并在暑假期间也不使计划落空（Rogoff，1994；Turkanis，2001）。

学习者社区有两个潜在缺点（A. L. Brown & Campione，1994；Hynd，1998b）。其一，学生学到的东西不可避免地受到已有知识及彼此共有知
348 识的限制。另外，学生偶尔会向同伴传递错误概念。显然，组织学习者社区的教师必须认真监控学生的互动以保证达成教学目的，使学生最终能对学习问题获得准确理解。

我为班级讨论和合作学习提供的很多原则和方针也都与学习者社区相关。如班级气氛就是其中之一。在这样的气氛中，学生能自由舒适地分享观点，相互争论，改变观点。学习任务的最终目标是清楚的，也就是指导学生的努力，并为他们搭建充分的支架以促使其达到学习目标。学生应认识到，帮助同伴学习最终会使每个人获益。

另外，如下的指导原则是有益的：

◆ *学生应关注需要解决的复杂问题。*理想上，学习者社区关注有重要意义的问题——那些对学生有个人意义并与社会完善也有潜在相关的问题（Brophy，2004；R. A. Engle & Conant，2002）。如前面提到的改变人口问题，很多学生都认为它对自己和社会都有重要意义。

◆ *学生应学会辩论与说服的基本技巧。*在学习者社区中，学生们经常会用不同思想与观点看待某一问题，因此他们必须学会陈述与捍卫自己立场的方法，以使他人信服。他们应该为自己的主张提出有力证据，必须能够批驳（机智地）反对意见（Cazden，2001；R. A. Engle & Conant，2002）。学生的这些技能只有在被鼓励、示范、提供支架和有规律地进行练习的情况下才最有可能得到发展（Andeiessen，2006；Halpern，1998；Klahr & Chen，2003；D. Kuhn & Udell，2003）。

◆ *学生必须要进行有效的工作——必须学会如何与所有同伴都能有效工作。*学生必然会把与同伴的关系现状，包括对同伴的不良觉知和情绪"包袱"带到学习社区。教师需要采取积极措施帮助学生发现每个成员对学习活动小组所具有的独特能力与优势（Brophy，2004；Cazden，2001；Esmonde，2009）。

基于技术的协作学习

学生之间的有效互动不一定要面对面。电子邮件、互联网聊天室、电子公告栏、班级或学校的局域网、电脑技术等手段都能促使学生与同伴沟通（无论是在近处，还是在远方），交流观点，头脑风暴，阐明彼此思想，有时也可让专家加入交谈（Bielaczyc & Collins，2006；Derry，2006；Gehlbach et al.，2008；G. Stahl，Koschmann & Suthers，2006；Winn，2002）。

多伦多大学创建的软件程序提供了一个基于

技术的学生互动和知识建构的例子。该程序，即
349 所谓的知识论坛①，能使学生们经常跨班级及跨学院的数据库进行沟通，实际上它是一个基于电脑的学习者社区（例如，Hewitt & Scardamalia，1998；S.-P. Lin & Hong，2010；Scardamalia & Bereiter，2006；J. Zhang et al.，2009）。

在这个电子环境中，学生通过向网络发送注释、小故事、报告、问题答案、描述科学现象的图表和流程图等来工作。他们的同伴通过提供相应反馈、建构思想、提供自己的不同观点或综合已了解的知识等方式进行回应。有时有关问题专家也参与讨论。这种基于技术的互动给了学生们仔细考虑对方观点的时间（回忆第11章有关等待时间的讨论），这尤其对那些害羞的学生，或在公开场合与同伴交流感到不舒服的学生是有益的（Hewitt & Scardamalia，1998）。

随着互联网日渐广泛地走进学习者的生活，教师与学生实际上拥有了与远方人们就一个共同感兴趣的话题进行交流与协作的无限多的形式。GLOBE计划（www.globe.gov）就是一个例子。通过该计划，来自全世界的学生小组对与环境和地球科学有关的话题进行协作探究，他们收集和分析关于环境问题的数据（如气候变化、流域动力等），撰写报告，与其他地方的学生和科学家分享发现。这种多国的学生与学生之间的合作，是让年轻的学习者们不仅以某个社区或国家公民的身份而且以一个全球公民的身份进行思考和行动的极好途径。

学生们一起工作，对问题进行探究，评价各种观点，综合各种发现，这会显著发展他们的认知（例如，Andriessen，2006；S.-P. Lin & Hong，2010；Miyake，2008）。如学生们经常会发现各种学科并不像他们所想的那样是割裂的、枯燥的、平淡的。为了说明，让我们看看在一个题为新世界史前人类学的单元学习中，学生们是如何学习的。学生有五年级的，也有六年级的，他们以3个或4个人为一组，在电脑上搜寻证据，进行研究，然后分享发现（Hewitt，Brett，Scardamalia，Frecker & Webb，1995）。有一组在研究了人类如何从亚洲移民到美洲的各种理论后，做出了如下报告：

> **我们已了解到什么**：我们知道关于这一问题我们已了解许多，但是了解得越多，反而越糊涂：区分不了什么是事实，什么是虚构。问题是，没有任何真实的证据来证明他们什么时候来的和如何来的。最令人相信的理论是白令海峡理论——史前人从亚洲徒步踏上了美洲大陆。另一个理论是说他们划着独木舟跨过两个陆地的距离。不幸的是，我们发现了种族主义理论，该理论是由那些仇恨跟自己不一样的人的种族主义者提出的：
> 新世界的人是那些为人类做出牺牲的人，而 350
> 且唯有这些人。
>
> 我们用发现的信息得到自己的看法，并极力理解它的意义。我们听到某些人说史前人来自星球外，但这个说法几乎是不可能的。我认为土著人或因纽特人也不愿意听到这种说法。
>
> 很多理论没能很好回答史前人如何来到美洲大陆，但白令海峡理论讲得通。（Hewitt et al.，1995，p.7）

请注意学生们是如何表明对史前人首次登上美洲大陆（如西半球）的已有理论的看法的。他们已发现，对一个问题的绝对答案并不总能轻易获得——正如我们在第14章讲到的那样——这是关于知识性质的非常复杂的认识论上的问题。还要注意学生是如何试图评价所面临的各种理论的可信性的，这反映的是批判性思维，也即是第15章的主题。

总结

社会文化理论关注社会与文化对促进学习和认知发展所具有的重要性及特殊意义。早期具有

① 这一软件程序的早期版本叫计算机支持国际学习环境，或叫CSILE。在知识论坛你会学到更多，其网址为：http://www.KnowledgeForum.com。

很大影响的社会文化理论是苏联心理学家列夫·维果茨基的理论。列夫·维果茨基在 20 世纪 20 年代和 30 年代初期对儿童的思维进行了大量研究。他认为，成人通过向儿童传授文化所赋予物体与事件的意义、传递简化日常生活任务与问题的物理的和认知的工具、协助儿童完成挑战性任务来促进儿童的认知发展。依照维果茨基的观点，社会活动往往是高级心理过程的先行者，并构成了高级心理过程的基础：儿童在与成人和同伴互动的初期使用新的技能，之后慢慢地把这些技能内化于心并进行修正，直至最终能独立地使用它们。

维果茨基的认知发展理论与皮亚杰的理论（第 12 章）有几个共同点，包括与质变有关的原则、挑战性任务、任务准备和社会互动。然而他们关于语言在儿童认知发展中所起的作用、自由的或有指导的探究活动的价值、与同伴的或与成人互动的重要性及文化的影响等问题的看法却有很大不同。

当代理论家在以下几个方面扩展了维果茨基的理论。例如，有人提出通过合作建构意义、指导性参与和认知学徒制可以帮助儿童从经验中获益。还有一些人建议，成人应该参与儿童所进行的真实的、与成人类似的活动，并在初期向儿童提供成功完成任务的丰富支架，随着儿童娴熟技能的增加可逐渐撤掉这些支架。另一些人指出，可以将维果茨基理论与信息加工理论进行有效结合，用以探究主体互识、记忆的社会建构和成人—儿童合作对于促进儿童学习与发展的作用。

近些年，理论家们又提出了继续扩展有关学习者的物理与社会文化环境如何影响学习者思维与学习的观点。比如在某种程度上，思维与学习是情境的，即它们与特定的背景密切关联，因此，学习者在特定的情境中学到的知识和技能就不能应用于其他的非常不同的情境中。另一流行的观点是分配认知：学习者将复杂任务的某些方面分配于某些客体或其他人之上，也利用本民族文化所创立的各种符号系统（如图表、公式等）来做到这种分配认知。

最近一些理论家提出了交织的观点：人类的认知是相互交织的，学习者的心理过程与学习者当时所处物理环境及对该环境的具体反应有着紧密的、无法分割的相互交织。这些观点中的任何一个都强调，学习者只有与所处环境密切互动和协作才能有效地思维。

社会文化与其他背景理论对教学实践产生了 351
巨大作用。维果茨基及他的追随者强调正规教育对于传递文化群体所创立的、为了更好理解与解释世界和对世界做出反应的（当人们经验这个世界的时候）重要认知工具（数学、科学和社会研究的概念和程序）所具有的价值。班级活动能够促进有效学习，使儿童顺利进入成人社会——只要这些活动类似于真实世界里的活动（例如，活动是在真实世界里进行的）并提供充分的支架以确保学生能够成功完成。适当的、有指导的同伴互动教学策略——班级讨论、交互式教学、合作学习、同伴教学、学习者社区和基于技术的协作学习，都能够有效帮助学生获得认知进步，并逐渐以更复杂的方式进行思维。

第六部分

复杂的学习和认知

第14章

元认知、自我调节学习及学习策略

本章主要内容

元认知知识与技能
自我调节学习
自我调节学习的基础
有效的学习策略
有意义学习与精细化
组织化
记笔记
辨别重要信息
提炼
理解监控
记忆术
元认知知识与技能的发展
知识观
知识观的发展及其文化差异
知识观的作用
有意图的学习者
为什么学生不是总能使用有效学习策略
促进有效的学习策略
总结

352 当我回顾我的中学时光，我想起了我是如何学习的，或者说，我是如何竭尽全力地学习的，这令我感到一阵战栗。虽然我是那种常规的好学生，但我关于如何能最好地学习的认识仍然是难以置信的浅薄。我记得有一晚，我坐在床上“读”历史课本：我的眼睛忠于职守地扫过每一页，也暂时地关注了每一行，但我的心却早已跑向了远方。[1] 在读完书以后，我常常不能记得读了什么，但我却痴狂地认为，这种虚构的历史“知识”在考试时可以奇迹般地浮现于脑海（事实并非如此）。我还记得在汉语课上学习词汇时的情景：我真的以为简单地一遍又一遍地重复就会让我记住那些词汇。回想起来，我唯一学得好的科目是数学，那是因为我能轻松地理解各种数学概念与原理的意义。

进入大学后，我继续自己的拙劣行径，把大量时间花费在“无心阅读”上。我记的那些笔记，到现在我也几乎不能理解（甚至不知道这些笔记对我有多大帮助）。在有了大量的学习经验和经历了大量的挫折与错误之后，我才开始认识到，在用眼睛的同时更要用头脑去关注课程材料，并且尽力领会所学材料是多么重要。

如果你正在阅读这本书，那么我希望你能了解到你该如何学习和记忆；或许你也一直在修正自己的学习方法。例如，你现在可以更专心地注意自己所读的教科书和在课堂上所聆听到的一切。你也可以更集中注意力去理解、组织和精细课堂内容。无论如何，我希望你不要用我以前阅读历史课本时的方法来阅读这本书。

人们对自己的思维、学习过程的意识和理解，以及对能促进学习与记忆的思维与学习过程的调节，称为**元认知**（metacognition）。[2]

作为一个在元认知上一无所知的高中生，
作者当时是这样阅读历史书的。

学生的元认知越高级，其学校学习和学业成绩 353
就可能越好（例如，J. Lee & Shute，2010；P. A. Ornstein，Grammer & Coffman，2010）。不幸的是，所有年龄段中的学生——甚至许多成年人——显然对有效学习和记忆策略几乎完全不了解。

元认知与我在第8章描述的中央执行器密切相关。你可以把它看作是个体学习的“管理者”或“教练”（Schoenfeld，1985）：它决定着信息加工，并监控各种策略是否被有效应用于任务的完成过程中。正如一个篮球教练可能有大量关于打篮球的知识，也可能有一些关于如何打好比赛的无效的内隐观念，学习者的元认知知识对学习过程的影响可能是有益的，也可能是一种障碍物。

在这一章里，我们将对研究者们已揭示的元认知的许多方面进行考察，也将分析可以帮助学生成为更深刻的元认知者，并由此促使他们从长远看能更好地学习并取得更好成就的教学实践。

元认知知识与技能

元认知包括如下所述的知识与技能：

- 知道什么是学习与记忆能力，知道人可以实际地完成什么学习任务（例如，知道在一个晚上要记住教科书中的200页是不可能的）。
- 知道哪些学习策略是有效的，哪些是无效的（例如，认识到有意义学习比死记硬背更有效）。

---

① 这种“无心阅读”相当普遍（Reichle，Reineberg & Schooler，2010）。

② 你偶尔会见到元记忆（metamemory）和超认知（hypercognition）等类似的术语。

354 ◆ 计划可行的完成新任务的方法（例如，找一个安静地方学习）。

◆ 使用不同学习策略以适应不同学习情境（例如，当记忆课堂内容有困难时，做详细的笔记）。

◆ 监控当前呈现的知识状态（例如，确认信息是否已经被成功学得）。

◆ 知道提取储存信息的有效策略（例如，思考某个信息可能在哪个情境中被学习过）。

实际上，元认知就是对思维的思维。正如你了解的，元认知涉及一些非常复杂的、抽象的观念与过程，而其中许多观念和过程在学校中是不会特意讲授的。因此，学生获得元认知知识与技能是一个相当缓慢的过程。对此，你应该不会感到意外。只有当学生拥有了许多具有挑战性的学习经验之后，才有可能完全获得这些知识与技能。①

来看一个例子：想一想学生学习教科书时会怎样？当然，他们的阅读必须超越对单词的简单辨认，也一定要弄懂正在阅读的内容的意义，以便将其有效储存在长时记忆中，并在以后可以提取，换句话说，他们一定要为学习而阅读。

为学习而阅读需要做什么？一个理解并能有效记忆所读材料的好的阅读者，通常会这样做：

◆ 确立阅读目的，采取适宜于目的的学习策略。

◆ 确定什么是最重要的学习与记忆内容，能对其集中注意并付出努力。

◆ 利用已有知识理解正在阅读的材料的意义。

◆ 利用实例、图表和其他视觉材料帮助理解。

◆ 对阅读内容做精细化处理，例如，进行推断、分析逻辑关系、做出预期、设想可能的实例或应用等。

◆ 针对所读材料，向自己提问，并试图回答。

◆ 定期检查，确保理解与记忆。

◆ 极力澄清看似模糊的观点。

◆ 对初期难以理解的知识坚持付出努力，直至最终理解。

◆ 了解概念的可能变化，换句话说，阅读时要认识到材料中的观念可能与自己目前已有观念不一致。

◆ 批判性地评价学习内容。

◆ 总结所读内容。（L. Baker，1989；C. Chan，Burtis & Bereiter，1997；Cromley，Snyder，Luciw & Tanaka，2008；Cromley，Snyder-Hogan & Luciw-Ddbas，2010a；Dole，Duffy，Roehler & Pearson，1991；E. Fox，2009；Graesser & Bower，1990；Hacker，1998b；Palincsar & Brown，1989）

上述策略不仅对阅读传统教科书很重要，而且对从互联网和其他基于电脑资源的媒介中获得信息都是很重要的（Afflerbach & Cho，2010；Azevedo & Witherspoon，2009；Leu，O'Byrne，Zawi- 355
linski，McVerry & Everett-Cacopardo，2009；Niederhauser，2008）。②

作者应该这样阅读历史书。

与此相反，不会阅读的人——对所读材料的学习和记忆有困难的人——很少使用上述所列的策略。他们几乎不能关注材料的目的与意义，很少做出推断或查找差异。一般说来，不会阅读的学习者似乎不能意识到应该阅读什么（L. Baker，1989；A. L. Brown & Plincsaor，1987；E. Fox，2009；McKeown & Beck，2009；Oakhill，1993）。看看下面的例子，两个低学业成绩的中学生描述他们是如何进行学习的：

> 我使劲注视着页面，再眨眨眼睛，然后睁开——用手指寻找着，啊，找到了［指着

① 我们人类不是唯一具有元认知技能的物种（参见 Foote & Crystal，2007；Kornell，2009；Kornell，Son & Terrace，2007）。

② 参见阿费巴赫和丘（Afferbach & Cho，2010）有关基于互联网学习需要的阅读策略的极好讨论。

标题］。

> 这很容易。如果［老师］说学习教材，我就把它读两遍。如果她说阅读教材，那读一次就可以了。（A. L. Brown & Palincsar，1987，p. 83）

不是所有的学生对元认知都那么无知。例如，9岁的伊蒙对他在科学学习中遇到新观念时的情形做了如下描述，他似乎对有意义学习和知识的动态性有很好的理解：

> 我尝试寻找一种契合。如果新观念与我头脑中的有些观念不相契合，我会放下这个观念，等待其他观念出现，然后再尝试将它们与我的观念契合在一起。也许这些观念跟我的观念一道消失了，但另一个观念会出现，然后我能使新旧观念契合在一起，于是我的理解就会不断扩展。观念通常是会契合的。（M. G. Hennessey，2003，p. 123）

显然伊蒙有关于思维过程的外显知识，他能 356
积极思考并描述这些思维过程。然而很多元认识或许是内隐的：人们常常对学习过程的调节处于无意识状态，好像就该那么做。①

元认知过程与社会认知理论家的自我调节概念相一致。它提供了一种机制，通过它，人们可以调节自己生活的某一方面，包括学习过程。现在我们来考察什么是自我调节学习。

自我调节学习

在第6章有关自我调节的讨论中，我们发现随儿童年龄的增长，大多数儿童开始为自己建立行为标准与目标，选择可以帮助自己符合标准及达到目标的行为，并评价行为的作用。

认知与社会认知理论家几乎以一种相似的方式描述了什么是有效的学习：能建立目标，选择能够帮助人们达成目标的学习策略，评价付出努力的结果。然而，逐渐地，理论家们开始认识到有效的学习还包括对动机与情绪的控制。因此，**自我调节学习**（self-regulated learning）包括下列多数或全部的条目：

◆ 建立目标。自我调节学习者知道阅读或学习的目的是什么——或许是学习特定事实，得到对材料的一般性理解；或许仅仅是获得丰富的知识，以便在学业考试时能做得更好（Muis，2007；Nolen，1996；Winne & Hadwin，1998）。特别是，他们能把近期学习目标与远期学习目标以及抱负相联系（Zimmerman & Moylan，2009）。进入大学后，他们能为自己规定截止时间，以保证不要将重要的学习任务遗留到最后时刻（Ariely & Wertenbroch，2002）。

◆ 计划。自我调节学习者计划学习目标，并有效利用时间以完成学习目标（Muis，2007；Zimmerman，2008；Zimmerman & Moylan，2009）。特别是，他们会投入较多时间在较困难的学习材料上；有时也复习那些容易的材料，确保它们得以巩固；有时也可能有意识地忽视那些太过困难以至于在有限时间里不可能掌握的材料（Kornell & Bjork，2008；Metcalfe，2009；Serra & Metcalfe，2009）。

◆ 自我驱动。自我调节学习者对完成学习任务的能力具有高自我效能感（Schunk & Pajares，2005；Trautwein，Lüdtke，Kastens & Köller，2006）。他们也表现出非常高的自律，先工作后娱乐，亦即延迟满足（Bembenutty & Karabenick，2004；Duckworth & Seligman，2005），能用各种策略坚持任务，如对枯燥的工作进行修饰、加工使之变得更有趣，提醒自己把重要的事情做好，向自己说一些增强自我效能的话（"我以前做得很好，所以现在我仍然能够做好"），或者跟自己约
定在完成任务后给自己一个奖励（Fries，Dietz & 357
Schmid，2008；Wolters，2000，2003a；Wolters & Rosenthal，2000）。

◆ 控制注意。将注意全神贯注于学习任务上。自我调节学习者极力关注正在进行的工作，排除潜

---

① 有些理论家提出元认知知识既包括外显的也包括内隐的，但另一些理论家则认为元认知知识只涉及人们有意识地对知识与过程的觉知（例如，Cornoldi，2001；diSessa et al.，2003；Hacker，1998）。我是在更广泛的意义上使用元认知这一词，既包含外显的，也包含内隐的知识。

在的分心思想与情绪（Cacioppo et al.，2007；S. Kaplan & Berman，2010；Wolters，2003a）。

◆ 利用有效的与目的相关的学习策略。自我调节学习者拥有大量可以随意使用的学习策略，并能依据学习目的的不同使用不同的策略。例如，当他们阅读杂志上的文章时，在消遣时光和应对考试两种不同目的下，就会有不同的策略（Linderholm & van den Broek，2002；Winne，1995；Wolters，2003a；Zimmerman & Moylan，2009）。

◆ 自我监控。自我调节学习者会持续地对学习过程进行监控，而且必要时会改变学习策略或修正学习目标（D. L. Butler & Winne，1995；J. A. Green & Azevedo，2009；Thiede，Anderson & Therriault，2003；Zimmerman & Moylan，2009）。

◆ 适当寻求帮助。自我调节学习并不总是独立进行的。自我调节学习者知道什么时候需要专家的帮助，以促成对知识和技能的掌握，并且能积极主动地寻求这种帮助（Aleven，Stahl，Schworm，Fischer & Wallace，2003；Karabenick & Sharma，1994；J. Lee & Shute，2010；Newman，2008）。

◆ 自我评价。自我调节学习者能够确定所学结果是否圆满达成之前所设定的目标（Andrade，2010；D. L. Butler & Winne，1995；Muis，2007；Zimmerman & Schunk，2004）。

◆ 自我反省。自我调节学习者能够评价学习策略成功或有效应用的程度，也能确认未来使用什么更有效的策略（D. Kuhn，2001b；Winne & Stockley，1998；Zimmerman & Moylan，2009）。

当学生成为自我调节学习者，会为自己建立更高的学习目标，能更有效地学习，取得更好的成绩（Bronson，2000；D. L. Butler & Winne，1995；Karmarski & Michalsky，2009；Winne，1995；Zimmerman & Risemberg，1997）。不幸的是，只有少数学生获得了较高水平的自我调节能力，部分的原因或许在于传统的教育实践几乎没能促进学生自我调节能力的发展（Paris & Ayres，1994；Zimmerman & Bandura，1994）。

自我调节学习的基础

某种程度上，对各年龄组的儿童来说，自我调节学习是从有机会从事独立的、适当的自我定向的学习活动中发展出来的（Coplan & Arbeau，2009；Corno & Mandinach，2004；Paris & Paris，2001；Zimmerman，2004）。经常接触自我调节的榜样——比如接触那些为自身行为制定高标准的并坚持完成任务的成人和同伴等等——都会有重要作用（Corno & Mandinach，2004；Zimmerman，2004）。

但如果我们考虑一下维果茨基的观点，会有理由认为，自我调节学习也根植于社会调节学习之中（Stright，Neitzel，Sears & Hoke-Sinex，2001；Vygotsky，1934/1986）。儿童学习的初期是在他人（如家长或教师）帮助下进行的：他们帮助儿童建立学习活动目标，引导儿童将注意集中在学习任务上，提出有效学习策略，监控学习 358
过程，等等。随着时间的推移，儿童逐渐可以胜任上述过程，开始自己设立目标，几乎不用他人激发就能将注意保持在任务上，分析有效策略，评定学习过程等。

儿童如何从他人调节学习向自我调节学习过渡？这个答案在前面第 13 章里有关“认知策略的合作使用”的讨论里已经给出。依维果茨基的看法，他人调节学习与自我调节学习之间的适宜桥梁是**共同调节学习**（co-regulated learning），即成人和一个或更多个儿童共同参与学习过程（Bodrova & Leong，1996；McCaslin & Good，1996；McCaslin & Hickey，2001；相关的观点还可参见 Volet，Vaura & Salonen 2009）。例如，成人与儿童建立达成一致的学习目标，或者成人提出学习成功的标准，儿童依据该标准来评价自己的表现。起初，成人为儿童的学习提供广泛指导或协助。依维果茨基的观点，在随后的儿童向更有效的自我调节学习者过渡的过程中，这种协助可逐渐撤除。本章后面，我们还会讨论，为促进不同年龄阶段学生的自我调节能力的发展，教师可以使用哪些策略。

有效的学习策略

前面的章节中所描述的认知理论，其实已经涉及学习、研究和解决问题等的策略。或许我们应该稍停片刻，来考虑一下策略这个词实际上意味着什么。有时，人们几乎没有意识到自己正在进行的活动，但也能将它们有效地储存在记忆中（Kinsch，1998；Stanovich，1999）。例如，在你读一本有趣的小说时，你会自动地把故事中的事件与自己生活中的相似情况相联系。但一般说来，当心理学家使用**学习策略**（learning strategy and study strategy）这样的词时，往往是指有意地使用一个或多个认知策略以完成学习的特定任务（P. A. Alexander，Graham & Haris，1998；Siegler & Alibali，2005；Pressley & Harris，2006）。①

接下来，我们将考察与有效学习策略有关的研究发现。前三个——有意义学习、精细化和组织化是长时储存过程，这在第9章已有阐述。另一些策略——记笔记、辨别重要信息、提炼、理解监控和记忆术——是辅助策略。教师们一致认为它们是完成学业任务的重要技巧。

有意义学习与精细化

在第9章中，我把有意义学习描述为将新材料与长时记忆中已经储存的知识相联系的过程；把精细化描述为用已有知识对新材料进行解释并
359 扩展的过程。这两个过程显然都能促进学习活动。例如，在范·罗苏姆和谢恩克（Van Rossum & Schenk，1984）的一个研究中，大学生们阅读并记录了一段历史信息，随后，接受了对这段信息的测试并回答自己是如何学习的。结果，约一半学生使用了死记硬背的学习方法：将学习目的看成是记忆事实（例如，“背诵每个事件”），并这么去做。另一半学生则使用了有意义学习和精细化的方法：极力理解、解释和应用所阅读的内容，正如一名学生所描述的那样：

> 首先我粗略地通读了材料，试图形成内容的整体印象。第二次，我便采用了精读，试着串起材料结构以便在段落与文字间有些小的联系。第三次和第四次，我不再看书，有逻辑地反复默诵主要观点。（Van Rossum & Schenk，1984，p. 77）

两组学生对材料中特定事件的回忆成绩是相同的，但使用有意义学习策略的学生在需要做推断的多重选择问题上的成绩更好。同时，在使用相同资料来写作的试题中，也表现出了更有综合性和质量更高的反应。

学生们常常在学习课程材料时有着明显不同的表现，这往往依赖于他们是要极力记住事实，还是要进行应用，换句话说，依赖于是否要对所学材料进行精细化（Muis，2007；Muis & Franco，2009）。在我的一个博士生罗斯·麦卡林（McCallin，Ormrod & Cochran，1997）做的一个研究中，要求注册了心理学课程的大学生们完成一个问卷，以此评定他们学习心理学课程的方法。结果，学生们对问卷的反应差异很大。有一些大学生报告说，自己是要在该课程中学习特别的教学技巧，换句话说，他们需要教师准确地告诉他们未来在课堂上应该怎么做。另一些大学生报告说，自己喜欢理解人类学习和行为的心理学原理，以便能设计出自己的授课方法。在课程的教育评价单元之后，麦卡林给学生提供一个该课程的概念表，要求学生画一个图（概念地图）来展现这些概念是如何联系的。那些具有“告诉我做什么”态度的学生倾向于描述概念之间的简单的实际或程序关系（例如，“原始分数被用来计算平均数”）。与此相反，那些具有“让我应用它”态度的学生，做出了更为复杂的反应，包括层次结构、因果关系和判断推理（例如，“信度影响测量的标准误”）。

组织化

在第9章，我们考察了内部组织的价值——发现新信息之间的关联和内部关系。有助于学生有效组织课程材料的技巧有很多种。一个普通的方法是为主题及观点制作一个大纲，这是促进学

① 斯诺曼（Snowman，1986）认为，我们应该对更一般的学习策略（完成学习任务的全面计划）和学习技巧（在学习活动中应用的更特殊的技术）进行区分。大体上，我在这一章里描述的策略属于具体的、技巧性的类型。

生课堂学习的方法（McDaniel & Einstein，1989；Wade，1992）。然而奇怪的是，高成就学生与中等成就学生相比，更少地制定大纲（L. Baker，1989）。这或许是因为高成就学生容易在头脑中组织材料，所以用纸和笔来制定大纲就没必要了。

第二个比大纲更有效的方法是用图表表征的
360 方式来整合材料，如地图、流程图、矩阵（R. K. Atkinson et al.，1999；Dansereau，1995；D. H. Robinson & Kiewra，1995；Scevak，Moore & Kirby，1993；Van Patten，Chao & Reigeluth，1986）。实际上，如果中学生用制作一张历史事件略图来表示每个事件发生的地点，对历史事件就会记得更好（Scevak et al.，1993）。再举一例，看一看学生是如何记忆各种历史事件的发生顺序的。若干年以前，我的儿子亚历克斯（那时他在读高中）和我在同一所大学听一门艺术历史课程。该课程的第一单元横跨 40 000 年，包括史前艺术（如石窟壁画）、美索不达米亚艺术（如伊什塔尔门）和古埃及艺术（如吉萨金字塔）。随着学习的进程，第一次测验到来了。亚历克斯和我很难记住那么多文化及其艺术风格的发展时间。最后，我们建构了一个时间表，如图 14—1 所示。该图对在什么时间发生了什么事件进行了组织，让我们免于受到一大堆数字的严重冲击。这个时间表不一定有助于我们更好地了解事件的意义，但有助于我们追踪历史事件和对所学内容进行视觉和言语编码。

用图表组织信息的另一个策略是创建概念图。在第 9 章，我将概念图描述为教师用来呈现课程及其单元的组织结构的一个方法。学生自己也可为课程建造概念图。图 14—2 是两个学生对教材中的大猩猩所建的概念图。请注意，两个学生的知识有多么不同，即使他们获得的是相同的信息。

学生自己建构的概念图之所以能促进自身的学习，或许有以下几个方面的原因（Haugwitz，Sumfleth & Sandmann，2010；Holley & Dansereau，1984；Mintzes，Wandersee & Novak，1997；Nesbit & Adesope，2006；Novak，1998）。通过关注概念间的相互联系，学生能更好地组织材料。他们也更可能注意新概念与已知事件的联系，因此更可能了解到材料的意义。与地图和历史时间表这类图表表征技术一样，概念图能帮助学生对信息进行视觉和语言的编码，以便使信息进入长时记忆。概念图尤其对低成就学生大有裨益，它给这些学生提供了高成就学生常用的一种加工信息的方法（Dansereau，1995；Haugwitz et al.，2010；Mintzes et al.，1997；Stensvold & Wison，1990）。

学生自己建构的概念图能够向教师和同学提供信息，特别是这些概念图能够揭示学生的理解与教材是否有差距或者是否产生了错误概念（Novak，1998；Novak & Musonda，1991）。例如，图 14—2 左边表明该学生对于大猩猩的知识水平不一、支离破碎，他有两个观念需要澄清。第一，与一般的刻板印象不同，大猩猩不会坐在树上摆动，虽然幼小大猩猩偶尔也爬上树以逃避危险。第二，大猩猩不是“凶猛的”动物。多数情况下，它们和自己的家庭成员非常安静地生活着，只有当不是大猩猩家族成员的人类，或者其他侵犯者威胁到它们的领地时，它们才表现出烦躁（例如，捶打自己的胸）。

记笔记

一般说来，对新信息进行记录与学习成绩成正相关（S. L. Benton，Kiewra，Whitfill & Dennison，1993；Di Vesta & Gray，1972；J. Lee & Shute，2010；Peverly，Brobst，Graham & Shaw，2003）。记笔记对学生至少有三个功能。第一，它帮助
学生将注意力集中在当前学习的内容上。第二，362
它促进对材料的编码：通过把信息写下来，看着纸上的文字，学生易于对信息同时进行语言的和视觉的两种编码。第三，笔记是对课堂呈现信息的具体的外部储存形式。考虑到长时记忆众所周知的不可靠性（见第 11 章），纸和笔提供了一种独立的、可选择的方式，以便日后复习和学习。

在我的课堂上，我经常观察到不同学生的笔记有很大不同，即使听的课程相同。有些学生记得很多，有些学生则记得非常少。有些学生极力捕捉授课内容或解释的全部主要观点，另一些学生只把我写在黑板上的字——大多数是术语和定义——抄录下来。一些学生的笔记有很多细节和例子，另一些则没有。你或许已猜到，学生笔记在质和量上的差异对学习和记忆有显著影响。一般说来，如果笔记相对综合，比如包括主要观点、辅助性细节及学生个人的精细化，并与课堂教学目标相一致时会更为

有用（J. E. Barnett，Di Vesta & Rogozinske，1981；S. L. Benton et al.，1993；Kiewra，1985，1989；Peverly et al.，2003，2007）。

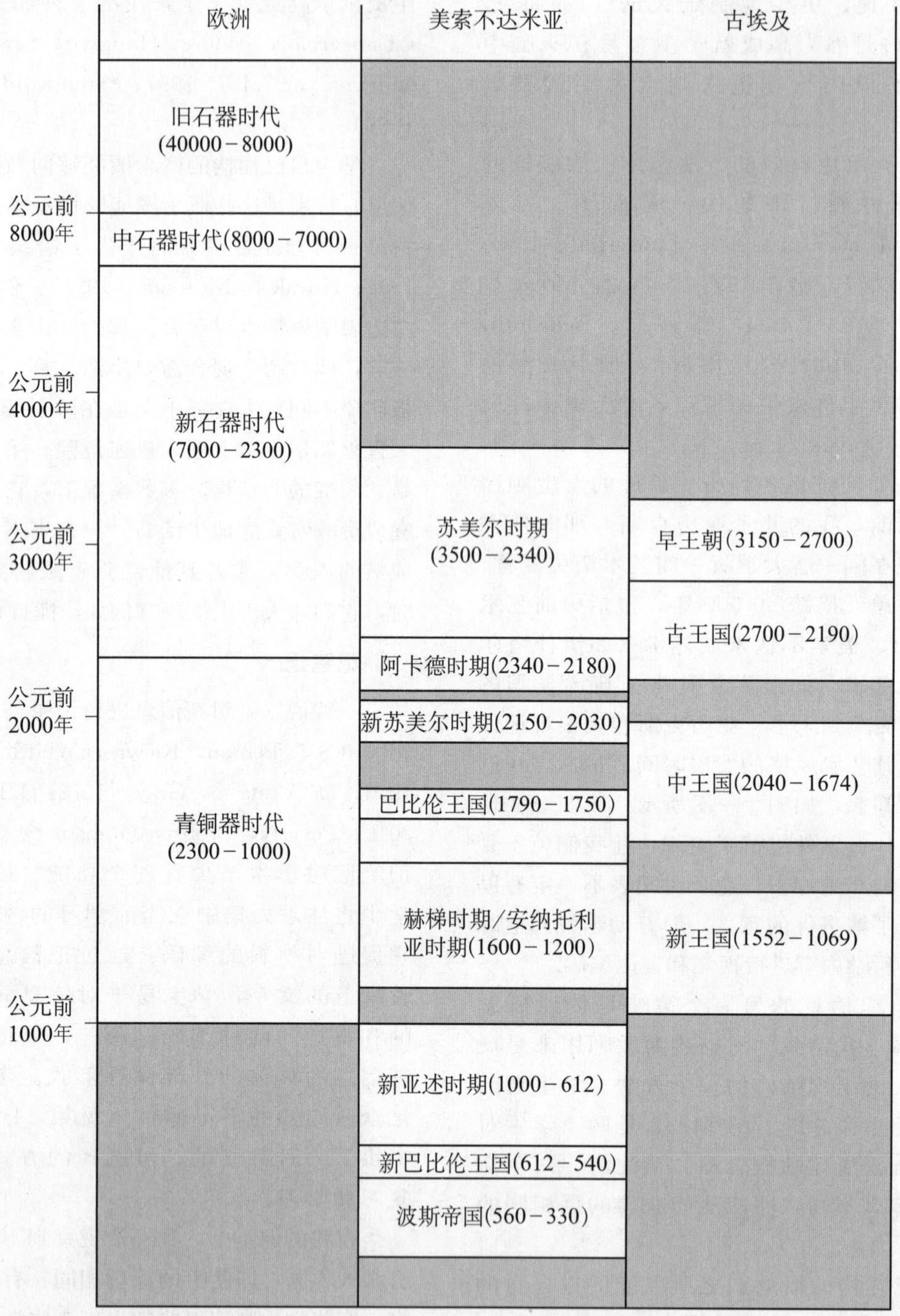

图 14—1　史前艺术、美索不达米亚艺术和古埃及艺术的时间图

另一个有效的技巧是对先前课程或阅读任务中所记的笔记进行组织和整理（Kiewra，1985；Shimmerlick & Nolan，1976）。尤其在课堂上，学生不能控制信息呈现的速度，或许也没有时间对笔记进行意义加工（Ku，Chan，Wu & Chen，2008）。在这种情况下，学生或许只能关注于记录课堂信息，课后再对其进行适当组织和编码。

教师可以做几件简单的事情以提高学生笔记的完成程度和质量。在黑板上写下重要观点是很

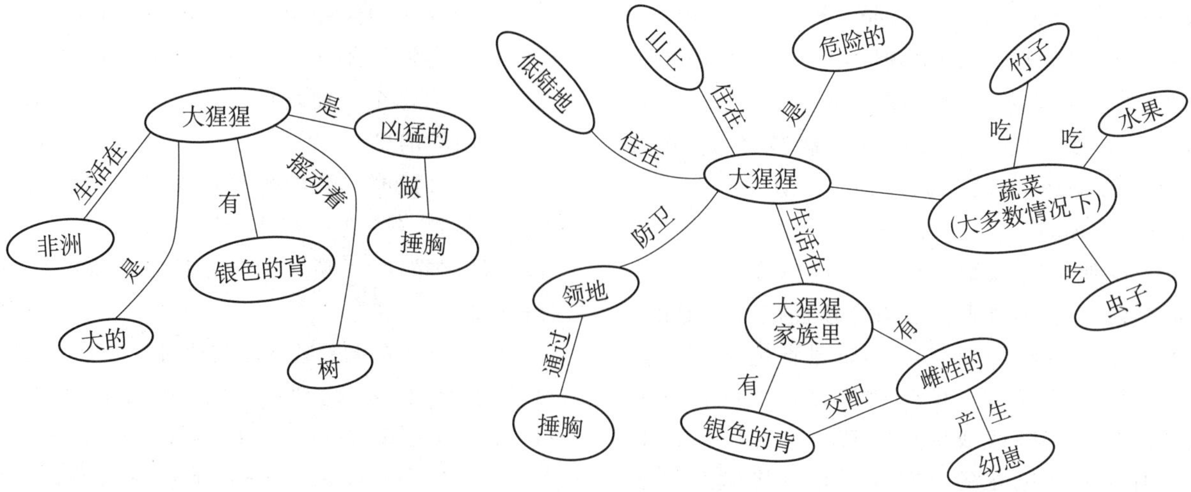

图 14—2　关于大猩猩的两种概念图

有益处的，因为学生更倾向于记录下教师所写的文字。强调重要观点（例如，通过重复重要观点）也能增强学生将这些观点记录在纸上的可能性。
363 此外，提供某种一般的组织框架，诸如梗概轮廓图、比较和对照矩阵，或其他类似形式，可促进学生形成以教师预期的方式组织信息的能力（S. L. Benton et al.，1993；Kiewra，1989；Pressley，Yokoi，Van Meter，Van Etten & Freebern，1997；Van Meter，Yokoi & Pressley，1994）。

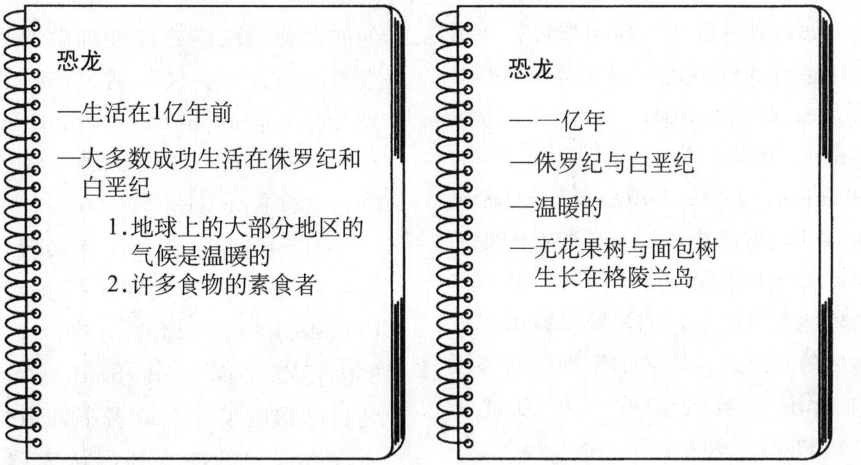

笔记的效用依赖于记笔记的形式。

辨别重要信息

学生们常常遇到很多信息，而在某一时间段里不可能把它们全部储存到长时记忆中。因此，他们必须要分析在学习与研究中哪些内容是最重要的，比如必须从琐碎的细节中分离出主要观点。这一工作常常很具挑战性，部分的原因在于不同信息的“重要性”最终是由教师决定的，而教师与学生常常对教学内容有不同的看法（P. A. Alexander & Jetton，1996；Broekkamp，Van Hout-Wolters，Rijlaarsdam & van den Bergh，2002；R. E. Reynolder & Shirey，1988；Schellings Van Hout-Wolters & Vermunt，1996）。

在课堂与教材里出现的各种信号（如课程目标、黑体字或斜体字、写在黑板上的观点等）能够帮助学生区分重要的和不重要的信息（回忆第 9 章对信号的讨论）。但是，有时学生会忽视或曲解这些信号，而有时信号会很少。学生不会利用信号时，尤其是当他们几乎没有相关主题的背景知识时，就常常难以辨认课程和阅读材料中的主要观点（Byrne，1996；Dole et al.，1991；Garner，Alexander，Gillingham，Kulikowich & Brown，1991）。许多学生选择应关注的主题时，使用的是较为表面的策略，如看每一自然段的第一个句子，或者专注于定义和公式，结果常常找不到重点（A. L. Brown & Palincsar，1987；Mayer，1984；Pallock & Surber，1997；Surber，2001）。

一旦学生可以娴熟地分析重要信息，那么在重要信息上画线或做强调符号是很有益处的，至少在自己的学习材料上（如课堂笔记、教科书等）可以这样做。我鼓励我的学生在教科书里对重要观点画线或做重点符号，这样做比对书本内容记笔记花的时间少，并可将信息置于更大的背景中保存。但是，只有针对主要观点和重要细节的画线与强调才是有效的（Snow-
364 man，1986）。强调整个页面的内容，好像用油漆辊给页面全部涂上了漆，则等同于几乎没有强调。

提炼

一般说来，当学生对新材料进行了提炼，学习与识记才更有效。如对材料进行压缩与整合、导出更抽象的表述、用适宜的标题进行标记等（L. Gil，Bråten，Vidal-Abarca & Strømsø，2010；Jonassen Hartley & Trueman，1986；A. King，1992；Mayer，2010b；T. Shanhan，2004；Wittrock & Alesandrini，1990）。发展出良好的提炼能力是非常困难的事情，因为学生必须能区分重要与不重要的信息，分析主要观点的陈述是否清楚，把关键要素组织成一个有联系的整体等。因此，许多学生难以对阅读和聆听的信息做出适当提炼就不足为奇了（V. Anderson & Hidi，1988/1989；S. Greene & Ackerman，1995；Spivey，1997）

研究者们提出了一些建议来帮助学生对课程内容进行良好提炼。

◆ 提供如下支架，来指导学生初始的努力：

这段话描述 ____ 和 ____ 。从一些角度来说，它们是类似的。__________ 。

从另外一些角度来说，它们又是不同的。__________ 。

◆ 当学生写提炼时，建议他们：（1）使用或设计一个主题句来标识每一段落或部分；（2）使用能包含更多具体观点的较抽象的上位概念或观点；（3）为每个主要观点找到论据；（4）删除琐碎和冗余的信息。

◆ 在开始时，让学生使用短的、容易的和好组织的材料（或许只有几个段落的长度）进行提炼练习，进而再逐渐介绍对更长和更难的材料进行提炼。

◆ 让学生对提炼进行比较和讨论，考虑提炼的观点中什么是重要的，以及为什么重要。（V. Anderson & Hidi，1988/1989；A. L. Brown & Day，1983；Rinehart，Stahl & Erickson，1986；Rosenshine & Meister，1992；J. P. Williams，Stafford，Lauer，Hall & Pollini，2009，p. 6）

电脑软件也可用来为撰写总结的过程提供协助（参见 Wade-Stein & Kinstsch，2004）。

理解监控

有效学习的学生通常要定期对自己进行检测，确定对聆听与阅读的内容是否真的理解和记住了。他们也会采取措施修复理解的难点，比如用提问或重读的方式。换句话说，好学生能做到**理解监控**（comprehension monitoring）① （L. Baker，1989；Hacker，Dunlosky & Graesser，2009b；Otero & Kintsch，1992）。

不幸的是，在每个年龄段，都有许多学生不 365
能在课堂上或阅读课本时仔细监控自己的理解（Dunlosky & Lipko，2007；Nokes & Dole，2004；Zhao & Linderhold，2008）。结果常常不清楚自己知道了什么或者不知道什么，抑或对实际上没有理解的内容却误认为理解了。换句话说，出现了**知识错觉**（illusion of knowing）。② 学生对当前课堂内容先前没有任何知识，或者遇到对他们来说较难理解的材料时，尤其容易出现知识错觉（Maki，1998；N. J. Stone，2000；Thiede，Griffin，Wiley & Redford，2009；Zhao & Linderhold，2008）。当学生对所“知”材料的含义有过于简单的想法时，知识错觉的存在更为普遍（对于这点，在即将到来的“知识观”一节中有更多讨论）。

当学生认为已经了解了课堂材料时会倾向于

① 理论家们使用元理解、自我调节理解、校准、学习判断和元记忆术评估等这类词时，表达的都是类似意思。

② 你也许见过这个词，即次级无知（secondary ignorance）。

停止学习。存在知识错觉的学生会过早地停止学习（Dunning，Heath & Suls，2004；Kornell & Bjork，2008；Schneider，2010）。因此，当他们在考试或完成作业方面表现不好时会更为困惑（Hacker，Bol，Horgan & Rakow，2000；Horgan，1990）。我的学生就曾向我表达过这种困惑，他们说他们已经非常“了解”材料了，为什么在考试时还是如此差劲。但当我就考试内容向他们提问时，发现他们根本没有真正领会。

在这章的前面，我已经描述过一些有效的策略，比如做图表和提炼，它们可帮助学生监控自己的理解（Dunlosky & Lipko，2007；Thiede et al.，2009；Van Meter，2001）。另一有效的策略是**自我提问**（self-questioning），理想状态下，学生在听课、阅读以前和在听课与阅读进程中，都可以拟定问题，然后在学习过程中对这些问题进行回答（Martinez，Bannan-Ritland，Kitsantas & 366
Baek，2008；Otero，2009；Rosenshine，Meister & Chapman，1996；Wong，1985）。

学生并不总能准确判断他们知道或不知道什么。

通过定期地向自己提问并作答，学生更可能了解什么时候知晓了该问题，什么时候没有知晓。理想的情况是，自我提问应该有精细化的过程——做出推断，考虑新例证，等等。教师应鼓励学生这样提问：

> 请解释为什么（如何）……
> 你怎样用……做……？
> 请对……举出新的例子。
> 如果……你认为会发生什么……？
> ……和……之间有何区别？
> ……和……是有哪些相似之处？
> ……和……的优势和劣势分别是什么？
> ……与我们早前研究的……有怎样的联系？（A. King，1992，p. 309）

理想状况下，学生应该能评定对课程材料理解的程度，不仅在当时而且在过了一段时间之后（比如几分钟、几小时或几天之后）。学习者在对听过或读过的材料所记住的数量进行判断时，经常过于乐观，不够准确（Dunlosky & Lipko，2007；Serra & Metcalfe，2009；Weaver & Kelemen，1997）。有一个简单例子可以说明（T. O. Nelson & Dunlosky，1991）。在一项研究中，让学生对每一配对词用 8 秒钟的速度去学习 60 对配对联想词（如海洋—树木）。然后，在 10 分钟内，要求学生对他们依据第一个词的线索能记起多少第二个词的数量的确信度做出回答。这种做法可以在学习过后立刻进行（即时条件），也可以过几分钟以后再进行（延迟条件）。当所有 60 对词都学习完了，检验学生回忆第二个词的数量。结果，即时条件比延迟条件下回忆起的第二个词更多，而延迟条件比即时条件下对第二个词回忆数量的预期更准确。在即时条件下，学生认为自己能够提取的数量比实际记得的数量多许多。研究者们推断，学了某种知识然后立即判断时，信息仍然在工作记忆中，所以容易提取。在理想情况下，学生还需要对长时记忆信息可以被提取出来的可能性做判断，这种判断需要他们对某种时刻之后（某件事情发生之后）也能进行理解监控了才能做到。

记忆术

到目前为止，我们讨论的多数策略都基于这样一个假设：材料有意义并可以按照逻辑的方式组织在一起。但如果你回想一下自己的受教育经历，就会想起许多对重要学习信息难以记忆的情形，因为这些信息不能以任何逻辑的形式连接在一起。这些麻烦的、难以学习的材料可能包括长串的项目清单、不熟悉的外语词汇，或语法、拼写、数学等特定规则等。**记忆术**（mnemonics）——记忆的技巧——是有效记忆许多难以学习的材料的手段。

例如，在我最近的一次远行当中，我发现好的导游经常会给说英语的旅行者一些记住非英语词汇的简单方法。一位摩洛哥导游告诉我，可以用“Golly gee”这个常用短语更容易地记住他的名字
367 “Ghali”。一个埃及导游跟我们说，只要想到“hat ship suit”，就很容易拼写和记住女王 Hapshepsut（哈特舍普苏特）的名字了。对于秘鲁的 Saqsaywaman Incan（萨克塞华曼印加）遗址，只要记成“sexy woman”（性感妇女）就可以了。

下面将考察三种常见的记忆术类型：语音中介法、视觉想象法和叠加意义结构法。

语音中介法

想象你要试图记住德语词 Handschuh，它是手套（glove）的意思。如果你利用这个词读起来的谐音，或许就可以通过把手套想成“手上的鞋”（shoe for the hand）来记住这个词了。这是**语音中介法**（verbal mediation）的一个例子，即用一个词或短语（语音中介）把两个词或观点联系起来，形成联想。下面给出一些其他德语词汇的语音中介的例子：

德语	**英语**	**语音中介词**
der Hund	dog	hound
das Schwein	pig	swine
die Gans	goose	gander
der Stier	bull	steer

我们看到，在每个例子中，语音中介词为德语和相对应的英语同义词中间架起了桥梁。你记住了中介词，也就建立了这两个词之间的联系。

语音中介词显然能够促进学习（例如，Bugelski，1962），其应用也不只限于学习外语词汇。例如，这是一个在拼写教学中有时会见到的记忆术：

> The principal is pal.（校长是我的好朋友。）

提取这句话能使学生记住学校行政长官（校长）的正确拼写是“princi*pal*”，而非“princi*ple*”。作为中学生的我的女儿，她在记忆金元素的化学符号 Au 时，是通过“*Ay*，*you* stole my *gold* watch!”（嗨，你偷了我的金表!）来记忆的。

视觉想象法

在第 9 章中我们已讨论过视觉想象是储存信息的非常重要、持久的手段，也是有效记忆手段的基础，包括位置法、字勾法和关键词法。

位置法　在古希腊和罗马帝国时代，演讲家们常使用特别的技巧来帮助自己记忆几小时的长篇演讲中的主要观点（在那个时代人们显然不常使用发言稿）。演讲家可能会想到他们常常走的熟悉道路（比如从家到广场的路线）和沿途的重要路标（可能是一座桥、一棵大树、一个妓院等等），然后，在准备演讲时，他们就把每个关键点转换成具体可见的途中的路标，并为沿途这些特定路标所代表的关键点建立起视觉想象。举个例子，假定一个演讲家的前三个观点是广场附近常
常出现交通拥堵、建立罗马市中心公众交通系统 368
的重要性，以及增加相应税收的必要性。他可以这样利用视觉想象来储存信息：（1）成群的马和行人都拥堵在桥上（桥是第一个路标）；（2）一个巨大的、能容纳 30 人的战车栖息在一个大树枝上（树是第二个路标）；（3）几个身穿宽松大袍的妓女从妓院（第三个路标）楼上的窗户向收税人扔钱币。这样，演讲时，演讲家在心理上去走那条他熟悉的路线，当他想起走过的每个路标时，就很容易地提取与那个路标相关联的事件的形象，而这些正是他要阐述的主要观点。用这样的方式，他能容易地记起他想要陈述的观点，以及正确的陈述顺序。这个**位置法**（method of loci，loci 是拉丁语中位置的意思）是非常有效的记忆术（Groninger，1971；Snowman，1986；A. Y. Wang &

Thomas，2000)，更有利于项目列表的储存和保持。

字勾法　**字勾法**（pegword method）是另一个有效学习项目列表和相关位置的记忆术（G. H. Bower，1972；Bugelske，Kidd & Segmen，1968；Carney & Levin，2001；Mastropieri & Scruggs，1992；A. Y. Wang & Thomas，2000）。它包括将熟知或者易学的项目列表作为一系列"木栓板"，上面垂挂着可以进行视觉想象的另外一个项目列表。下面的诗有时被当成"木栓板"来使用。

One is a bun.
Two is a shoe.
Three is a tree.
Four is a door.
Five is a hive.
Six is sticks.
Seven is heaven.
Eight is a gate.
Nine is a line.
Ten is a hen. (G. A. Miller，Galanter & Pribram，1960，p. 135)

这首诗很容易记，一行由一个数字构成，每个数字又与一个有类似韵律的名词相连接。现在假设，你要按一定顺序记忆一列项目。你择出项目列表中的第一个词，将它与 one 押韵的名词建立视觉图像联系（这里就是 bun)；然后，择出项目列表中的第二个词，将它与 two 押韵的名词建立视觉图像联系（这里就是 shoe)，以此类推。各种想象由此迅速形成，通常不需要练习就能记住。

考虑下面的食物链，我们把它作为你运用"One is a bun"这首诗来学习的例子：

Algae in a lake are eaten by（湖里的海藻是水蚤的食物）

Water fleas，which are eaten by（水蚤是小鱼的食物）

Minnows，which are eaten by（小鱼是大鱼的食物） 369

Larger fish，which are eaten by（大鱼是老鹰的食物）

Eagles.

用字勾法，你把 Algae（海藻）和 bun（甜面包）连在一起，并形成想象——也许是汉堡上覆盖着海藻。类似地，你把 Water fleas（蚤目昆虫）与 shoe（鞋）连在一起想象——或许鞋里装满了水，水蚤正在鞋的水面仰泳。食物链中的后三个动物，你可以想象成小鱼像水果那样挂在树上，一条大鱼塞满了锁孔的门，以及一只头顶蜂巢帽子的老鹰。

那么记忆这个食物链，也就是回想"One is a bun"，将 bun（甜面包）的图像和 algae（海藻）联系在一起，然后再想"two is a shoe"，提取 shoe（鞋）的想象，如此等等。①

关键词法　在先前关于学习外语词汇的策略描述中，对于语音中介法，我用来举例子的德语单词与其英语单词的词义非常类似。当外语单词与英语单词的词义没有明显关系时（事实上，常常没有)，**关键词法**（keyword method）可以有效替代语音中介法。这一策略，实际上是把语音中介与视觉想象相结合，涉及两个步骤：（1）辨认英语单词或短语（关键词）听起来是否与某个外文单词或短语相似；（2）对声音相似的、具有意义的英语单词形成视觉想象。我们可以用图 14—3 的例子记忆德语词汇。

德语	英文含义	关键词	视觉想象
das Pferd	horse	ford	A horse *driving* a *Ford*
das Kaninchen	rabbit	can on chin	A *rabbit* with a *can on* its *chin*
der Waschbär	raccoon	wash，bar	A *raccoon washing* with a *bar* of soap
das Stachelschwein	porcupine	stash，swine	A *porcupine stashing* nuts under a pig（*swine*）

图 14—3　记忆德语词汇示例

虽然实际上只有那些具体的物体才能被视觉化，但如果较抽象的词汇可以被具体实物来表征的话，关键词法也能适用。如，love（爱）的西班牙语——amor——可以想象成在胸口位置画的一颗红

① 我的表妹娜塔莉·鲍威尔在加劳德特大学工作多年，她给我提供了一个聋哑学生能够使用"One is a bun"进行记忆的例子：One is you，two is vegetable，three is rooster，four is football，five is paper，six is water，seven is smoking，eight is pumpkin，nine is Indian，ten is nut。每个数字都与一个在美国手语中有类似手势的词相匹配。

心（象征 love）的盔甲（amor）（关键词）来学习。如果有一些创造性，关键词法就可用来记忆更广泛的配对联想，如：名字与面孔、国家与首都、城市与城市产品、名人与他们的逸闻趣事的配对等，并且对外语和英语都适宜（R. C. Atkinson，1975；Carney & Levin，2000；Carney，Levin & Stackhouse，1997；M. S. Jones，Levin，Levin & Beitzel，2000；Pressley，Levin & Delaney，1982；Rummel，Levin & Woodward，2003）。

用一个关键词记住马是 Pferd。

当关键词法涉及辨认数字时有些麻烦。你可能难以确定与数字 239 或 1 861 发音相似的词。为解
370 决这一问题，洛拉尼和卢卡斯（Lorayne & Lucas，1974）建议用特定的辅音代替不同数字，然后再将这些辅音组成词。举例说明，比如你要记忆图 14—4 左边这幅画，该画由 Jean-Louis-Ernest Meissonier（梅索尼埃）于 1861 年所绘。为记住这位艺术家的名字，你可以用关键词 messenger（信使）。为记住日期，你可以用图 14—4 右边的数字—字母等价关系创造一个词。为了简化，假设你已经知道 Meissonier 生活在 1800 年代，所以你只要记忆这个年份的后两位数字。如果我们用 J 代表 6，用 T 代表 1，就能构成一个新的词，Jet（喷气式飞机）。现在，对这位大画家形成视觉想象：他是一个 messenger，刚刚从后面的 jet 上走下来。虽然这个方法复杂些，但事实上对于大学生们来说是很容易的。比起其他方法，它反而有助于大学生更容易地记住绘画作品中艺术家的名
字及年代（Carney & Levin，1994）。 371

当教师鼓励学生使用基于视觉想象的记忆术时，必须记住三件事。第一，许多年龄小的儿童靠自己不能产生有效的生动的视觉想象，所以教师需要为他们提供相关视觉图像（Mayer，1987）。第二，为使想象成为记忆两个项目联系的有效手段（例如，树—公共交通系统、love 与 amor），这两个项目必须放置在同一幅视觉图像上（G. H. Bower，

数字—字母等价关系

1= T or D
2= N
3= M
4= R
5= L
6= J，soft G，SH，or CH
7= K，hard C，or hand G
8= F or V
9= P or B
10= S，Z，or soft C

为记住这幅由 Jean-Louis-Ernest Meissonier（梅索尼埃）在 1861 年完成的杰作，你要形成一个视觉形象，他是一个 messenger（信使），刚刚从 jet（喷气式飞机，J 代表 6，T 代表 1）的台阶上走下来（Carney & Levin，1994）（数字—字母等价关系源自 Lorayne & Lucas，1974）。

图 14—4　用关键词法记忆艺术作品的作者及年代

资料来源：*A Cavalier*：*Time of Louis XIII*，1861，Jean-Louis-Ernest Meissonier. By kind permission of the Trustees of the Wallace Collection London.

1972；Dempster & Rohwer，1974）。因此，想象盔甲上衣的胸口处有一个心是有效记忆西班牙语 amor（爱）的有效途径，但如把心放在盔甲的旁边就没有作用了。第三，正如第 9 章所述，想象的形象往往不能很好地保留细节，因此它不能帮助人们记忆特别准确的信息，如心的准确形状或盔甲上衣上的凹痕等。

叠加意义结构法

我生活中最生动的记忆之一来自对一门大学心理学课程的学习。该课程让我们学习 12 根脑神经：olfactory（嗅神经），opitic（视神经），oculomotor（动眼神经），trochlear（滑车神经），trigeminal（三叉神经），abducens（展神经），facial（面神经），auditory（听觉神经），glossopharyngeal（舌咽神经），vagus（迷走神经），spinal accessory（副脊神经），hypoglossal（舌下神经）。令人无比痛苦的不仅仅是要记忆这些神经本身，还要按正确顺序来记忆。对于把这串清单储存在我愚笨的脑中，我没有任何好办法（我用了费力又不可靠的死记硬背的方法），直到有一个朋友告诉我如下的记忆术：

> On old Olympus's towering top，a Finn and German viewed some hops.（在老奥林帕斯山高耸的顶部，一个芬兰人和德国人看到一些啤酒花。）

注意，这句话的前几个字母与 12 根脑神经的前几个字母相同：在这一串神经列表里，前三个词都是以字母 O 开始的，接下来两个词是以字母 T 开始，等等。这句话，虽然有些奇怪，但却很容易记忆，因为它提供了顺序性强又比那一长串神经词汇押韵的结构。

"On old Olympus" 这句话是用来举例说明我称作**叠加意义结构**（superimposed meaningful structure）的记忆术。① 该记忆术相当简明：学习者对要学习的具体信息施加一个简单的结构。结构可能是一个句子、一个故事、韵律节奏、首字母缩略词或任何其他容易记忆的材料。例如，我在一次英国旅行期间，无意中发现了一首朗朗上口的关于记忆英格兰国王和女王的诗，以 King William Ⅰ（威廉一世国王）开始，以 Queen Elizabeth Ⅱ（伊丽莎白二世女王）结束。在网上的搜索看到几个不同版本，下面是其中一个最主要的版本：

> Willie，Willie，Harry，Steve，
> Harry，Dick，John，Harry three.
> Edward one，two，three，Dick two，
> Harrys four five six，then who?
> Edwards four，five，Dick the Bad，
> Harrys twain and Ned the lad.
> Mary，Bessie，James the vain，
> Charlie，Charlie，James again.
> William and Mary，Anna Gloria，　372
> Georges four，William，Victoria.
> Edward seven，Georgie five，
> Edward，George，and Liz. ②

图 14—5 列出了叠加意义结构的另一些例子，有些是陈述性知识，有些是程序性知识。这些记忆术促进记忆那些难以记忆的项目列表（G. H. Bower & Clark，1969；Bulgren，Schumaker & Deshler，1994）。

应该清楚的是，一般说来，记忆术是极有裨益的学习助手。正如你可能已经注意到的，这些记忆术的有效性在于储存和提取过程中的几个重要原则之间具有一致性。第一，它们常为学习材料赋予有意义的结构或组织。第二，它们帮助学习者把新信息与已储存在长时记忆里的信息相联系（例如，与数字系统或熟悉的诗的韵律相联系）。第三，提供提取线索（例如，在第 11 章描述的联想的线索和框架），能帮助学习者在后来找到信息。

---

① 我也见过这样一些词，即语言阐释、离合组词（相同长度的词排列，无论横读竖读都是一样的词），它们说的都是此法。

② 由于翻译成汉语会失去原有韵律和韵味，也不能表达出作者要表达的意思，所以此处保留了英文原文。——译者注

记忆术	它代表什么
	陈述性知识
ROY G. BIV	[光谱：red（红），orange（橙），yellow（黄），green（绿），blue（蓝），indigo（青），videt（紫）]
HOMES	[五大湖的名称：Huron（休伦湖），Ontario（安大略湖），Michigan（密歇根湖），Erie（伊利湖），Superior（苏必利尔湖）]
Every good boy does fine.	（高音谱号线：E G B D F）
Edgar ate dynamite; good-bye, Edgar.	（吉他弦：E A D G B E）
While watching hippos, wear waterproof white hats.	[西方音乐大音阶中的全音或半音节奏，whole（全音），half（半音），half（半音），whole（全音），whole（全音），whole（全音），half（半音）]
Campbell's ordinary soup does make Peter pale.	[古生代地质时间周期：Cambian（寒武纪），Ordovician（奥陶纪），Silurian（志留纪），Devonian（泥盆纪），Mississippian（密西西比纪），Pennsylvanian（宾夕法尼亚纪），Permian（二叠纪）]
When the "mites" go up the "tites" go down.	[stalagmites（石笋）与 stalactites（钟乳石）的区别]
A "boot"	（意大利版图形状）
A "bearskin rug"	（法国版图形状）
George Ellen's old grandmother rode a pig home yesterday.	[geography（地理）这一词的正确拼写]
I before E, except after C.	（含有词根"ie"或"ei"单词的正确拼写，如 believe，receive）
Thirty days has September...	（每月的天数）
	程序性知识
Righty, tighty; lefty, loosy.	拧螺丝（顺时针是拧紧，逆时针是拧松）
BEEF	[投篮的正确姿势：balance（抓稳球），elbows in（用肘挡），elevate the arms（举臂），follow through（上篮）]
FOIL	[数学表达式（$ax+b$）（$cx+d$）的展开程序：括号里的第一项（first）ax 与 cx 相乘，然后第靠外的项（outer）ax 和 d 相乘，然后靠内的项（inner）b 和 cx 相乘，然后剩下的项（last）b 和 d 相乘，最后再把 4 个得数相加]

图 14—5　叠加意义结构法的例子

373 在前面，我指出什么是有效的学习策略。其中，如列大纲、记笔记、写提炼是**外显策略**（overt strategies），是实际看得见的行为。另一些，如辨别重要信息和理解监控是**内隐策略**（covert strategies），是往往不能看见的内部心理过程。在学生利用学习策略加工新信息的过程中，或许是内隐策略最终决定着他们学习和记忆的有效程度（Kardash & Amlund，1991）。

元认知知识与技能的发展

发展心理学家已观察到儿童元认知发展的几个趋势：

◆ 儿童逐渐意识到思维的本质。第 10 章中，我们考察了理论的理论，一个关注儿童对世界的各个不同方面形成自己认识的理论。理论家们提出，儿童不仅对物理世界及人文社会，而且还会对内部的心理世界形成自己的理论。具体地说，儿童发展了**心理理论**（theory of mind），即对自己和别人的心理状态，包括思维、信念、观点、情感、动机等等的复杂理解（例如，Flavell，2000；

Lillard，1998；Wellman，1990）。

幼儿对于考察自己的思维和知识的能力是有限的（Flavell，Green & Flavell，2000）。虽然许多学前儿童会说知道、记得和忘记这些词汇，但却不能完全掌握这些词汇所涉及的心理现象的本质。例如，3 岁儿童使用“忘记”一词，只是简单地指“不知道”——不管他们早前是否知道（Lyon & Flavell，1994）。教给四五岁儿童一条新信息，他们会说早就知道了（M. Taylor，Esbensen & Bennett，1994）。

小学和中学的儿童与少年能更好地考虑自己的思维过程，因此增强了对思维和学习本质的觉知（Flavell，Miller & Miller，2002；P. L. Harris，2006；Schult，2002）。在某种程度上，成人可以通过与儿童谈论心理活动来培养儿童的这种能力。例如，跟儿童说“再多想一想”，或描述人的心理处于“恍惚”状态（Adrián，Clemente & Villanueva，2007；Wellman & Hickling，1994）。

◆ **儿童是逐渐认识到自己记忆的能力和局限的**。起初幼儿对自己记忆数量的估计非常乐观。随着年龄的增长，他们接触到更广泛的学习任务，便开始认识到有些事情比其他事情更难以学习（Bjorklund & Green，1992；Flavell et al.，2002），也开始认识到自己的记忆是不完美的，自己不可能记得所听所见的全部事情。在弗拉维尔、弗雷德里希斯和霍伊特（Friedrichs & Hoyt，1970）的一个研究中，发给 4 个年龄组的儿童（从学前到小学四年级）一些纸条，上面画有 1 到 10 个物体，要求儿童预测在看过纸条后，自己能记住多少物体（这是一项工作记忆任务）。然后测试他们实际上所记住的物体数量。所有四个年龄段的儿童都倾向于高估自己的记忆能力，但年龄
374 大的儿童的估计更切合实际。幼儿园的儿童预期能记住 8 个物体，但实际上只记得 3.6 个。与此相反，四年级的学生预期能记住 6.1 个，实际上记住了 5.5 个，非常接近于预期。

◆ **儿童逐渐意识到并能使用有效学习与记忆策略**。幼儿几乎没有关于有效策略的元认知意识。他们虽然能在口头上描述哪些学习与记忆策略是有效的，但却倾向于使用相对无效的策略。反之，年龄大一些的儿童有更多的学习策略，并能广泛与灵活地应用，也能了解应该在什么场合应用（P. A. Alexander et al.，1998；Flavell et al.，2002；P. A. Ornstein et al.，2010；Schneider & Lockl，2002）。看一看如下的研究结果：

- 当要求六七岁儿童学习与记忆大量信息时，他们会随意地分配学习时间，不考虑任务难度。反之，9 岁或 10 岁的儿童能将自己的努力放在更困难的任务上（Masur，McIntyre & Flavell，1973；Schneider，2010；Schneider & Lockl，2002）。学前儿童很少复述，但在整个小学阶段，复述的频率及有效性会逐渐增加。七八岁的儿童倾向于以一种与其他项目相分离的方式复述，仅仅单独地重复需要记忆的每个项目。到了 9 岁或 10 岁，儿童开始使用累加的复述，背诵完整的列表，并不断向这个列表添加新的项目（Gathercole & Hitch，1993；Kunzinger，1985；Lehmann & Hasselhorn，2007）。

- 儿童逐渐能通过分类对学习材料进行组织。他们也能更灵活地使用组织策略，尤其是到了青少年时期（Moely，1977；P. A. Ornstein et al.，2010；Plumert，1994）。

- 在整个求学阶段，精细化策略不断得到增强（Flavell et al.，2001；Kail，1990；Schneider & Pressley，1989）。六年级儿童往往能对所读材料举一反三，而一年级儿童则很少这样做（C. K. K. Chan，Burtis，Scardamalia & Bereiter，1992）。十年级儿童比八年级儿童在记忆配对联想材料（如医生—机械、橡树—浴缸）时，更多地使用精细化策略（Waters，1982）。

上述倾向的产生，部分地源于儿童不断增长的各种学习经历。但是正如我在第 8 章谈到的，儿童工作记忆容量的增加和中央执行神经的逐渐成熟也对上述倾向具有重要作用（Borkowski & Burke，1996；Pressley & Hilden，2006）。

◆ **随着儿童年龄的增加，他们会更多地理解监控**。小学儿童常常在实际上还不清楚一些事情时，就认为自己已经知道或理解了。结果，他们了解到的信息常常比应该了解的信息少。当他们获得了不完整或困惑的信息时，也常常不会提出问题（Dufersne & Kobasigawa，1989；Flavell et al.，1970；Markman，1977；McDevitt，Spivey，Sheehan，Lennon & Story，1990）。监控理解能力

在整个求学阶段不断发展。儿童是逐渐地认识到何时真正理解了信息的（Schneider，2010；Schneider & Lockl，2002；van Kraayenoord & Paris，1997）。然而，许多大学生也难以准确评定自己的知识，往往过高估计自己在考试中过去的以及未来的表现（Dunlosky & Lipko，2007；Dunning et al.，2004；Hacker et al.，2000；Zhao & Linderhold，2008；Zimmerman & Moylan，2009）。

375 ◆ *一些学习过程在初期可能被儿童无意识地和自动地加以运用，但随着儿童的发展，学习过程逐渐变得更有意识、更深思熟虑。*我们常常看到年幼的儿童在组织或阐释学习材料时不能意识到自己在做什么（Bjorklund，1987；Flavell et al.，2002；M. L. Howe & O'Sullivan，1990）。比如，年幼儿童会自动地按照自己的记忆方式对材料进行分类，只是到后来才能试图按照学习需要进行分类（Bjorklund，1987）。随着年龄的增长，儿童的学习过程变得更有意识，也会更多地利用策略。

在某种程度上，学生使用某些特定的学习策略依赖于他们对所学知识的性质及对学习性质的认识。这就是我们接下来要讨论的主题：知识观。

知识观

在这章的前面，我曾提到我在中学时认为，即使我在想别的事情，我也确实是在阅读历史教材。我还以为，只要多次重复，就能记住中文词汇。显然我对什么是学习的认识非常天真幼稚：认为学习是一个相对无心的过程，总会神奇地发生，而与我投入多少脑力活动无关。

那时我对"知识"是什么也有着非常不稳定的观念。我认为我学的学科——历史、自然、文学等——几乎是一成不变的，它们有一种明确的、非对即错的看待事物的方式。我还认为，其实专家也不一定知道一切，比如他们仍然没有弄明白如何治愈普通的感冒，但这些知识就在"外面"某个地方，最终会被发现。那时作为学生，我的工作就是尽可能多地获得事实。我不十分确定我与这些学科之间有什么关系，只是深深地知道，它们会让我成为一个更优秀的人。

我们每天都在学习新东西，都具有对知识和学习是什么的认识——这种认识被称作**知识观**（epistemic beliefs）。[①] 在许多情况下，这些观念凝聚在一起，形成一套个人关于人类学习和认知的理论，虽然它们不一定准确（B. Hofer & Pintrich，1997；D. Kuhn，2000；Lampert，Rittenhouse & Crumbaugh，1996；Muis，Bendixen & Haerle，2006）。这些理论中包括如下观念：

◆ *知识的确定性：*知识是固定的、不变的、绝对的真实（真理），还是试验性的、生动可变的、随时间推移而不断演进的一种存在。[②]

◆ *知识的简明性与结构：*知识是一些不具体的、独立的事件的集合，还是一系列复杂的、相关联的思想的组合。

◆ *知识来源：*知识来源于学习者的外部（如来自于教师或其他权威人物），还是来自于学习者自己的推导与建构。

◆ *确定真理的标准：*某个观点能否被当作真 376
理接受，是看它是否由权威传授，还是看它是否基于确定的证据，通过逻辑评价而获得。

◆ *学习速度：*知识是迅速获得的（在这种情况下，学习者对知识的理解是一种全或无的状态），还是在一段时间内逐渐获得的（在这种情况下，学习者能部分地理解知识）。

◆ *学习能力的本质：*人学习的能力是天生固有的（如遗传），还是随着时间推移，通过利用良好学习策略而发展起来的。（Bendixen & Rule，2004；

① 这本书的以前版本，我使用的词是 epistemological beliefs（认识观），但现在使用的词 epistemic beliefs（知识观）更普遍。你也许见过类似的词：个体认识论、直觉认识论、知识的认知、认识方式、元理解和本体论认知。

② 由学者专家们确定的终极"真理"，有时被叫做逻辑实证主义（logical positivism）。激进建构主义（radical constructivism）反对这一观点，而坚持认为，离开了人所建构的理解和信念，不存在所谓的"真实"（reality）。

Elder，2002；J. A. Greene，Torney-Purta & Azevedo，2010；Hammer，1994；B. Hofer，2004；B. Hofer & Pintrich，1997；P. M. King & Kitchener，2002；M. C. Linn，Songer & Eylon，1996；Schommer，1994a；Schommer-Aikins，Duell & Hutter，2005；P. Wood & Kardasch，2002）

要牢记的是，知识观不像我刚才描述的是一种非此即彼的状态。上述观念中的绝大多数甚至所有可能都是一个连续体（continuums），而不是严格的二分状态（Baxter Magolda，2002；J. A，Greene et al.，2010；P. M. King & Kitchener，2002；D. Kuhn & Weinstock，2002；Marton & Booth，1997）。

人们对知识与学习的各种认识，不管是在连贯性上，还是以什么方式连在一起以形成完整的认识系统上，都有相当多可争论的方面，这部分地是受到所使用的研究方法的影响。研究关于学习者所持知识观的信息主要来自于访谈和问卷。然而，有些理论家怀疑，学习者真实的认识是内隐的，不是外显的，因此是远离意识的觉察的（diSessa，Elby & Hammer，2003；Hammer & Elby，2002；Schraw & Moshman，1995）。另外，测量与统计方法似乎也影响着研究者们确立这些认识属于哪种观念及它们之间有何关系（J. A. Greene et al.，2010；Schraw，Bendixen & Dunkle，2002）。

越来越多的理论家们认识到，人的知识观至少部分地与情境和环境有关（Buehl & Alexander，2006；Muis et al.，2006；Schommer-Aikins，2004）。即使你我都可能认为人类的科学知识将会随时间而不断演化、知识的确具有一定的不确定性，但我们也知道，还是有些知识是非黑即白的。2+2=4，法国在欧洲，哥伦布于 1492 年首次扬帆跨过大西洋，这些事实不可能在可预见的未来发生变化。此外，学习者的知识观可能对于特定的领域内容来说又是不尽相同的。如下述的例子：

◆ 许多学生认为知识在某些学科比另一些学科更确定。比如，数学、自然科学和历史就是非常确定的知识，而某些社会学科，如心理学就是比较不确定的（De Corte，Op't Eynde & Verschaffel，2002；D. Estes，Chandler，Horvath & Backus，2003；J. A. Greene et al.，2010；Haenen，Schrijnemakers & Stufkens，2003；B. Hofer，2000；Schommer，1994b）。

◆ 许多学生认为学习数学和物理学意味着记忆程序和公式、找到一个正确的答案，并且，通常来说，正确答案以及正确解法都是唯一的（De Corte et al.，2002；Hammer，1994；Muis，2004）。

◆ 许多学生认为当解数学题时，要么在几分钟内就能解答，要么根本不能解决。许多学生还认为，当数学问题的答案不是一个整数时，很有
可能就是错误的（Muis，2004；Schoenfeld， 377
1988）。

知识观的发展及其文化差异

学习者的知识观常常随时间而变化。例如，幼儿通常相信知识是确定的。在几乎所有主题上，他们都倾向于认为有绝对的真理，它一定隐藏在某个地方（Astington & Pelletier，1996；B. Hofer & Pintrich，1997；D. Kuhn & Weinstock，2002）。随着他们进入初中和高中，他们当中的一些人，但绝不是全部，开始认识到知识是主观的实体，对一个主题的不同观点可能都是有道理的（Belenky，Clinchy Goldberger & Tarule，1986/1997；D. Kuhn & Weinstock，2002；Perkings & Ritchhart，2004；W. G. Perry，1968；Schommer，Calvert，Gargliettii & Bajaj，1997）。儿童进入高中，知识观还会发生一些其他变化。例如，十二年级的学生比九年级的学生更可能相信，知识包含着复杂的相互关系（而不是分离的事件），学习知识是一个缓慢的进程（而不是快速的），学习能力可以通过练习来促进（而不是天生固有不变的）（Schommer et al.，1997）。一般来说，学习者的知识观随年龄和年级的升高逐渐具有领域特殊性（Buehl & Alexander，2006；Muis et al.，2006）。

对于某些人，尤其那些追求高等教育的人，其知识观到了成人还在进一步演化。他们逐渐将知识和所谓的真理看成是假定的、不确定的实体。尤其是如果他们进入研究生阶段的学习，便逐渐有了使用逻辑的和坚实的证据来分析与评价他人（哪怕那些人是专家）立场和观点的需要（Baxter Magolda，2002，2004；B. Hofer & Pintrich，1997；J. A. Greene et al.，2010；D. Kuhn，2001a；Muis et al.，2006）。

虽然抽象思想的获得几乎是形成更加高级的知识观的先决条件，但环境因素也对知识观的发

展起了重要作用。甚至幼儿可能也听过成人相互矛盾的观点，如教师与家长在一个问题上发生的矛盾，因此幼儿会思考不同权威人物的可信度（B. Hofer，2004）。到了青春期早期，儿童的知识观表现出广泛的可变性，很明显，其部分原因在于他们接触到了其他人对于知识的确定性与起源及相关问题的理解（Haerle，2004；D. Kuhn，Daniels & Krishnan，2003）。

研究者们也揭示了学习者知识观的文化差异。例如，从初中开始，美国学生比远东地区国家的学生更可能质疑权威人物的观点。与此相反，远东国家的学生（如日本和韩国）则倾向于认为知识是现成的，从权威人物那里才能获得（D. Kuhan & Park，2005；Qian & Pan，2002）。然而亚洲学生，也包括亚裔美国学生，却有另一个优势：与欧裔美国学生（他们有时期望少付出而多收获）比较，他们更相信掌握复杂的学业知识常常是缓慢的、需要付出艰辛的过程，如需要勤奋、坚持、机械学习与有意义学习相结合等（Dahlin & Watkins 2000；Li，2005；Morelli & Rothbaum，2007；Schommer-Aikins & Easter，2008；Tweed & Lehman，2002）。西方文化内也存在一些差异。例如，爱尔兰大学生更倾向于把学习知识看成是一个复杂的、建构的过程，正是建构导致了知识理解的不确定性；而美国大学生则更倾向于把学习看成是需要认真注意所呈现的信息并记忆那些独立事实的过程（McDevitt，Sheehan，Cooney，Smith & Walker，1994）。

378

知识观的作用

学生的知识观影响他们的学习和研究。下面列出了各种知识观的具体作用。

◆ 关于知识的确定性的信念：如果学生认为某一主题的知识是固定的、确定的，就倾向于对所接收的信息贸然断定并得出不正确的结论。与此相反，如果学生认为知识是不断演进的，不一定有完全正确或错误的答案，就会倾向于喜欢在认知上具有挑战性的任务，并能进行意义的和精细化的学习，批判性地阅读教程，必要时改变观念，承认某些问题是有争议的、不易解决的（DeBacker & Crowson，2008；Kardash & Howell，2000；Kardash & Scholes，1996；Mason，Gava & Boldrin，2008；Muis & Franco，2009；Patrick & Pintrich，2001；Schommer，1994a）。

◆ 关于知识的简明性与结构的信念：认为知识是分离事件的集合体的学生，在学习中倾向于运用死记硬背的学习策略并坚持已有的错误概念。他们还倾向于认为，如果能回忆起基本事实和定义，就是“了解”了所学材料。与此相反，认为知识是相关且复杂的学生，在学习时更可能进行有意义的和精细化的学习，更可能依据对知识的理解与应用的程度去评价付出的努力是否会取得成功（Hammer，1994；B. Hofer & Pintrich，1997；Mason，2003；Muis & Franco，2009；Purdie & Hattie，1996；Schommer-Aikins，2002）。

◆ 关于知识来源的信念：认为知识来源于学习者外部并由权威人士直接传递的学生，倾向于被动地学习。当课程涉及探究性活动及班级讨论而不是讲授的时候，他们或许只会安静地聆听，而不去区分混淆的观点，或付出很少努力。与此相反，认为知识最终是自我建构的学生，倾向于更有意识地从事学习活动，建立不同观点间的内在联系，批判性阅读与聆听，极力理解矛盾信息的意义，允许自己的观念发生改变（C. Chan et al.，1997；Haseman，1999；K. Hogan，1997；Kember，2001；Schommer，1994b；Schraw & Bruning，1995）。

◆ 关于确定真理的标准的信念：相信知识只要来源于某些专家就是真理的学生，倾向于毫不怀疑地接受来自权威人士的知识。但是，认为知识应根据逻辑和科学价值（而不是它来源于哪里）加以评判的学生，倾向于根据可靠的证据批评性地评价新知识（P. M. King & Kitchener，2002；Moon，2008；Schommer-Aikins & Easter，2005）。以下的访谈可以说明后者的知识观。该访谈是针对到底是埃及人还是早期文明人或外星人建造了吉萨金字塔这一问题而进行的：

> 访谈者：你能说，你已确切了解了这一问题了吗？
>
> 学生：这很难说，什么情况都是可能的。
>
> 访谈者：你能指出哪个是对的或者是错的吗？ 379
>
> 学生：用对和错对这一问题进行分类是不恰当的。每个观点或多或少都有合理之处，也都有一些证据加以支持。（源自 P. M. King & Kitchener，1994，p. 72）

随着学生年龄的增长，尤其是在他们接受了更高水平的教育后（如研究生），会越来越善于区分思想和观点的优点与不足（D. Kuhn，2001a）。

◆ 关于学习速度的信念：当学生认为学习是以全或无的状态而快速发生的时候，会倾向于在只读完一遍教科书、尚未真正掌握时就相信自己已经学会了课程内容。当面对失败时，他们倾向于很快就放弃，并表现出气馁或不喜欢所学的知识。与此相反，认为学习是需要花时间和努力而逐渐掌握的学生，更可能在学习中使用广泛的学习策略，坚持追寻材料的意义，直到弄明白为止（D. L. Butler & Winne，1995；Kardash & Howell，2000；Ricco，Pierce & Medinilla，2010；Schommer，1990，1994b；Schommer-Aikins et al.，2005）。

◆ 关于学习能力的性质的信念：正如你猜测的，学生的学习能力观与其对学习的坚持性密切相关。如果他们认为学习能力是固定不变的，那么当他们面临困难任务时就容易立刻放弃。与此相反，如果认为学习能力是可以控制的，他们就会寻找各种有效学习策略，努力，再努力，直至掌握（K. Hartley & Bendixen，2001；Ricco et al.，2010；Schommer，1994a，1994b）。

不必惊讶，发展了更先进的知识观的学生，例如，那些认为知识是复杂的、不确定的，学习往往是缓慢的、逐渐的过程的学生，在学业上会有更高成就（Buehl & Alexander，2005；J. A. Chen & Pajares，2010；Kardash & Sinatra，2003；Muis & Franco，2009；Schommer，1994）。此外，更高的学业水平可能会带来更先进的知识与学习的视野（J. A. Greene et al.，2010；Schommer，1994b；Strike & Posner，1992）。这些学生更能超越基础知识，在学科上走得更远——无论是自然、数学、历史、文学或其他领域；他们也会发现，学习是获得整合的、连贯的思想，即便专家也不能知晓某个主题的全部，关于世界是如何运行的真正完整与准确的知识或许是一个无法企及的目标。

需要特别注意的是，学生不是唯一具有相对不成熟的知识观的人群。一些教师显然也有不成熟的认识。有些教师认为，有些学科的知识是固定的、界定明确的实体，学生需要一点一滴地对这些知识进行吸收，学习是一种不需要动脑筋的记忆和复述的过程（Dweck & Molden，2005；Feucht，2010；B. Hofer & Pintrich，1997；Patrick & Pintrich，2001；Schommer，1994b）。这样的认识会影响教师的教学方式以及评定学生的方式。持有这些认识的教师，在其教学活动中，如教学目标、课堂教学、布置作业和学科测验上，更可能去关注较低水平的技能（Feucht，2010；Grossman，1990；B. Hofer & Pintrich，1997）。幸运的是，伴随着教学经验的增加，教师常常会获得对知识的更深刻的认识（Corkill，Bouchard & Bendixen，2002）。

380

有意图的学习者

在前面，我将学习策略描述为有意图地使用某些学习的认知过程的手段。显然，真正有效的学习是**有意图的学习**（intentional learning），即学习者主动地、有意识地进行认知并能具体指导思考与学习的元认知活动（Bereiter & Scardamalis，1989；Hacker，Dunlosky & Graesser，2009a；Sinatra & Pintrich，2003a）。① 有意图的学习者对要完成的学习任务有具体的目标，并能利用多种自我调节策略达成预定目标。行为主义时代早期，研究者们曾认为人们只是环境刺激的机械反应者，这一观点早已消失。现在取而代之的观点是：学习就像学习开车，驾驶员拿着旅行指南、交通地图，并准备了大量关于如何驾驶的知识。

毫无疑问，有意图学习既涉及自动的过程，也涉及控制的过程。学习的许多基本过程经过练习可以达到自动化水平，如提取意义词汇，把新信息与储存在记忆里的相似信息相联系等。因此，学习者在进行这些活动时几乎不用思考或付出努力。然而对这些过程的监督，却需要是非常有意识的。有目标导向的个体在必要时要充分调动各种学习策略：决定关注的焦点，澄清材料的模糊涵义，对自己的生活环境做推断等等（Cornoldi，

① 用心学习（mindful learning）、用心（mindfulness）（Langer，1997，2000）等概念与该概念相似。

2010；diSessa et al.，2003；Kinstsch，1998；Sinatra & Pintrich，2003b）。

当学习者需要检查对当前问题或材料是否理解时，换句话说，必须承受概念的变化时，有意图的学习是非常重要的（Bendixen & Rule，2004；Inagaki & Hatano，2008；P. K. Murphy & Mason 2006；Sinatra & Pintrich，2003a）。有意图的学习对概念变化过程发挥着几种作用。第一，有意图的学习者主动注意和思考新信息，因此更可能注意到当前观念与已有观念的差异。第二，有意图的学习者渴望获得，所以会尽最大努力了解知识的意义。第三，他们能选择各种学习和自我调节的策略——精细化、自我驱动、自我监控等等——最大可能地修正自我认识，使其与听过或读过的观念保持一致。除这些过程以外，有意图的学习者还必须使自己的认识观念跟上已发生变化的观念。特别是一定要相信，知识是随时间的推移而不断演化和发展的，要很好地掌握某种材料常常要耗费大量时间、努力和耐力（Southerland & Sinatra，2003）。

有意图的学习是学习的理想情况。不幸的是，学生并非总能经常地、一贯地和主动地使用有效学习和自我调节策略。现在我们来看看原因何在。

为什么学生不是总能使用有效学习策略

如我们所见，许多学生在其整个学业生涯中，持续使用无效的学习策略（如死记硬背的记忆）。如果你现在已经了解了什么是元认知，那么能对学生如此做的原因产生某些假设吗？以下是有效
381 学习策略出现缓慢的几个可能原因；你可能会发现其中有一些正是自己的观点。

◆ 学生没有获得或错误地获得了有关有效策略的教育。我们应该清楚的是，许多学生对达到高目标需要做什么似乎一无所知。例如，在一个对低收入城市市区中学生的研究中（B. L. Wilson & Corbett，2001），发现许多学生对职业生涯有很高的渴望（如医生、律师、教师等），但在课堂上却表现不佳，经常不完成作业，还常常逃课。他们几乎没有“怎样才能在学习中做得更好的观念”。从下面对一个男孩的访谈中可见一斑：

> 访谈者：你达到你的目标了吗？
>
> 学生：没有。我需要多多学习。
>
> 访谈者：你怎么知道要多多学习？
>
> 学生：从我的分数上知道的。
>
> 访谈者：为什么你认为上了高中你要做得更好些？
>
> 学生：我不能退步，我还要上大学。
>
> 访谈者：要得到好的分数，你将需要做什么？
>
> 学生：只有多多地做，多多地学。学校放假时，我才能休息。（源自 B. L. Wilson & Corbett，2001，p. 23）

像访谈中的这个学生一样，一些学生认为，要学得更好，就是要付出更多努力，竭尽全力，而不去关注如何在内心加工信息。

学生不具备有效学习策略知识的关键原因在于，学校很少去教这些策略。在小学和中学阶段策略教学尤其匮乏（Hamman，Berthelot，Saia & Crowley，2000；Nokes & Dole，2004；Pressly & Hilden，2006；E. Wood，Motz & Willoughby，1998）。学生凭自己去发现并获得这些有效策略通常相当缓慢。有些学生发展了适得其反的错误概念（Pressley & Hilden，2006）。有时，甚至是教师培养了学生的这些错误概念，比如教师会说：“只要大声朗读三遍，抄写三遍，你就永远记住了。”（Matlin，2004）

◆ 学生的某些知识观导致他们低估或歪曲学习任务。如果学生认为学习任务是容易的，或者学习成就与其投入了多少努力无关，他们就不会使用有效学习策略（Blackwell，Trzesniewski & Dweck，2007；D. L. Butler & Winne，1995；Muis，2007）。正如我们已经看到的，如果学生认为知识无非是不相干的事件的累加，他们就不会使用有意义学习、组织和精细化等策略。

◆ 学生误认为自己已经使用了有效策略。由于不能监控自己的理解，也或许由于用某种过于简单的方式看待学习，许多低成就学生错误地认为自己当前的学习和研究方法是正确的（D. Kuhn，2009；Loranger，1994；Starr & Lovett，

2000)。有时，关于没有掌握的反馈会激励学生采取更有效的策略，至少短期内是如此（Starr & Lovett，2000)。但有时，学生会把不良表现归因于外部因素，比如糟糕的教学，或“挑剔”的测验等（在第 17 章将要讨论这些归因的性质和作用)。

382 ◆ **学生缺乏相关的能够加以利用的背景知识。**一般而言，使用无效的学习策略的学生，与使用有效策略的学生相比，对所学材料和客观世界的了解较少。比如，他们对一个话题知之甚少，以至于不能区分什么是重要的或不重要的。他们也很少拥有把材料进行有意义联系的概念和经验。他们虽有一些组织和图式，但往往会把它们施加于一连串不相干的事件上（P. A. Alexander，& Jetton，1996；P. A. Carpenter & Just，1986；McDaniel & Einstein，1989；Pressley & Hilden，2006；Schneider，1993；Woloshyn，Pressley & Schneider，1992)。

◆ **分配的学习任务不适合学生使用高级的学习策略。**在某些情况下，教师分配给学生的任务，要么不适宜使用有效策略，要么会产生适得其反的效果。例如，当教师给学生布置的是只能用低水平技巧完成的任务时，比如那种只能逐字逐句地去学习事实或定义的任务，学生就不可能去使用有意义学习和精细化等策略（J. W. Thomas，1993a；J. C. Turner，1995；Van Meter et al.，1994)。如果教师期望每次考试都要掌握大量材料，那么学生在有限的时间里只能致力于对材料获得一般的表面印象，而不能发展深度的理解和整合（J. W. Thomas，1993b)。

◆ **学生持有与有效学习不一致的目标。**学生并不总是对所学内容的理解感兴趣。取而代之的是，他们可能只对那些能保证考试顺利通过的内容感兴趣，或者可能只想用尽可能最短的时间和最少的努力完成作业。有效学习策略基本上与这样的动机不相关（关于这一点的更多讨论可见第 17 章的成就目标)。

◆ **学生认为高级的学习策略需要付出太多，因此不值得这样去做。**认为某些策略需要花太多时间和努力的学生不太可能使用它们，不管它们如何有效（Gredé & Kuncel，2008；Palmer & Goetz，1988；Pressley et al.，1990；Winters，Greene & Costich，2008)。在许多情况下，学生似乎没有意识到一些简单的策略对学习和记忆课题材料有多么重要（Pressly，Levin & Ghatala，1984；Zimmerman，1994)。在另一些情况下，学生没有使用某种策略的经验，因此这些策略很少或几乎不能达到自动化。可见，有效使用策略需要付出极大努力才行（P. A. Alexander et al.，1998；D. Kuhn & Pease，2010；Siegler & Alibali，2005)。

◆ **学生在学业情境中具有低自我效能感。**有些学生，尤其是有过学业失败经历的学生，可能形成这样的认识：不管如何做，都不可能学得好。这些学生可能（错误地）相信，没有什么策略能够带来学业成就的明显提升（P. A. Alexander et al.，1998；Borkowski & Burke，1996；Klassen & Usher，2010；Palmer & Goetz，1988)。

促进有效的学习策略

随着学生经历各个年龄段的学习，从小学到初中或高中，甚至最后到大学，学习任务越来越复杂，越来越具有挑战性。学生必须记忆更多信息，并以更抽象的水平进行理解。要做的事情也更多，如要对信息进行评判分析，或将之应用于新情境和新问题中。因此随着时间的推进，学生对高级的学习策略会有更大的需求。

然而，许多学生没有独立发展出有效的学习策略，因此有关如何学习与研究的指导对促进学业成功就显得非常关键。外显策略指导对学业困难的学生，即那些有学业失败经历和在毕业之前很可能掉队的学生，尤为重要。许多研究结果揭示，对所有年级的学生，不管其能力水平怎样，只要教给他们有效的学习策略，就能促进其记忆、课堂行为和学业成就（L. Baker，1989；Edmonds et al.，2009；Fletcher & Bray，1996；Haller，Child & Walberg，1988；Hattie，Biggs & Purdie，1996；C. C. Kulik，Kulik & Shwalb，1983；Lange & Pierce，1992；Mastropieri & Scruggs，1989；Meltzer，2007；J. P. Williams & Atkins，2009)。

研究者们已经确认了大量能促进学生高级元认知和技能发展的实践活动。下述的指导准则需要牢记：

◆ *在特定的学科领域和正在进行的学习任务中进行学习策略教学会更有效*（Hattie te al.，1996；Meltzer & Krishnan，2007；P. A. Ornstein et al.，2010；Paris & Paris，2001；Pressley，Harris & Marks，1992）。当学生学习具体的学科内容时，应该同时学会学习方法。例如，教师在展示课堂信息时，可以：（1）建议学生如何记笔记；（2）为难以记忆的材料建议记忆术；（3）请不同的学生总结所呈现的观点；（4）当教师布置需要在家阅读的材料时，可以建议学生在阅读之前就考虑对相关话题有哪些了解；（5）要求学生使用标题和小标题对接下来的内容进行预测；（6）给学生提供一些问题，要求他们通过阅读来解答。

◆ *只有当学生具备一定知识基础，并能把这种知识基础与新材料相联系时，才能使用高级学习策略*。在第9章曾讨论过一个观点：影响有意义学习和精细化等过程的最重要因素之一是学习者已经具备的知识。正如在这一章前面的一节里所揭示的，学习者的已有知识影响他们从琐碎的事件中抽取主要观点和进行有效的理解监控的能力。也许工作记忆的有限空间在这里发挥着作用：学生在一定时间里只能做那么多，如果对正在学习的材料一定要竭尽全力才能初步了解其意义的话，就没有“空间”使用高级学习策略（参见Demetriou & Kazi，2001；Lehmann & Hasselhorn，2007；Waters & Kunnmann，2010）。因此，只有当学生掌握了丰富的前提性知识和已经真正理解的技能时，教师才能谨慎地提供较难加工的材料。

◆ *学生应该学习适宜于各种不同情境的不同策略*（Jetton & Dole，2004；Nist，Simpson，Olejnik & Mealey，1991；Pressley，Harris & Marks，1992；C. E. Weinstein，Goetz & Alexander，1988）。不同的策略只对不同情境是有用的。对于一般的学科原理，有意义学习更有效；但对难以记忆的配对材料和项目列表，记忆术更有效（例如，见图9—5）；而对另一些材料用两维的矩阵来组织更适宜（例如，见图4—2）。有些学生不仅在组织信息方面，还在应该做什么方面需要协助。例如，许多学生需要被明确地指导如何记笔记，如何写作业，如何记录预约和到期时间，如 384
何确定优先学习内容，等等，这样他们才能从中学到学习策略（Belfiore & Hornyak，1998；Meltzer，Pollica & Barzillai，2007）。

◆ *有效策略应该通过各种任务进行持续的练习*（A. Collins，Brown & Newman，1989；Nokes & Dole，2004；Pressley，El-Dinary，Marks，Brown & Stein，1992；Pressley et al.，1990）。如果学生只针对一个特定的学习任务去学习策略，那么在另一任务中就不大可能去使用它。但当他们在很长一段时间里能够将相同的策略应用于不同的任务，他们可能就会认识到策略的价值，并将之应用于新的情境。有效策略指导不可能一蹴而就。

◆ *教师可以通过说出对材料的思考过程来为学生示范有效策略*（Brophy，Alleman & Kinghtion 2009；McKeown & Beck，2009；P. A. Ornstein et al.，2010）。当教师在课堂上对所学材料的策略进行有声思维，即边想边说时，就给了学生如何有效加工信息的特定的、具体的示范（例如，“我记Au是金属金的符号时是这样记的：‘*Ay*，you stole my gold watch!’”或者：“Hmm…it seems to me that Napoleon's military tactics were similar to those of the ancient Assyrians”）。

◆ *学生也可以通过反思和描述当前学习策略而受益*。即使到了大学阶段，低成就的学生也没有太多元认知内省力使其了解如何进行课程学习。教师如果经常鼓励学生思考他们是如何了解知识、怎样进行学习、应该怎样更加有效地学习，就会帮助学生挖掘内隐元认知策略，以便仔细核查和思考（Cornoldi，2010；May & Etkina，2002；S. Miller，Heafner & Massey，2009）。教师引导学生向同学叙述自己发现的有用策略，也是大有裨益的（McGovern，Davis & Ogbu，2008；Meltzer et al.，2007）。

◆ *教师应该在学生试图使用新策略的初期为其搭建支架，待学生娴熟应用策略以后，再逐渐撤掉支架*。在这章我们讨论的许多元认知活动（如记笔记、理解监控和提炼）确实都有一定难度，教师为促进元认知技能而提供支架显然是必要的。我们已见到教师为学生学习策略搭建支架的若干例子。例如，提供一般组织框架，引导学生记笔记；向学生提出可以用来监控阅读的问题（例如，“解释为什么……”或“……的新例子是什么”）。教师也可以给学生提供发展良好提炼能力的指导（例如，“确立或撰写一个主题句”或“为每一个主要观点找到支持论据”）。这些支架对学生目前难以理解的，但使用恰当策略就能理解的学习内容可能非常有效（Pressley，El-Dinary，et al.，1992）。

如第 13 章所指出，教师可以经常使用计算机工具——WORD/EXCEL 和诸如此类的工具为复杂的教学任务搭建支架。研究者们近几年发现，为适应计算机教学和在线学习而设计的软件也能为学生的学习策略和自我调节学习搭建支架（Azevedo，2005；Koedinger，Aleven，Roll & Baker，
385 2009；B. Y. White & Frederiksen，2005）。例如，当学生用超媒体程序——一种允许学生在多种可能途径和信息来源之间进行选择的工具——研究一个课题时，软件能够不时地鼓励学生建立学习目标，并要求其分析概念间的因果关系（Azevedo & Witherspoon，2009；Graesser，McNamara & VanLehn，2005）。当学生在互联网上搜索与特定主题有关的信息时，计算机软件也会针对他们的研究目标给予提醒，同时提醒他们应该用何种标准去评价特定网站的内容（Afflerbach & Cho，2010；Quintana，Zhang & Krajcik，2005）。

◆ *学生通过与同伴一起协同工作往往更能学到有效策略。*正如第 13 章所述，同伴互动指导策略能促进学生运用高级认知加工过程。学生在向他人解释自己的思维与判断时，就能够使自己的思想对于自己和他人都变得清晰可见，因此更有利于核查、反思和示范。指导学生从事复杂的认知活动时，合作学习更能促进学生元认知的发展，例如，指导学生在何时相互提出具有较高水平的问题（见第 13 章关于互动教学和引导同伴提问的讨论）。

◆ *学生一定要理解新策略为什么是有用的。*当学生不仅学习了有效策略，还学习了如何及为何它们促进了学习和记忆时，策略指导才更为成功（Hattie et al.，1996；Paris & Pairs，2001；Pressley & Hilden，2006）。我在课堂上偶尔通过实验来证明记忆术的价值：我给学生提供难以记忆的信息，然后向一部分学生提供一些记忆术，而对另外一部分学生却不提供这种指导。接下来，我会将学生们的“测验”（test）分数写在黑板上（当然，我给他们打的低分不会伤害任何有潜在脆弱自我的学生），并比较两组的表现。两个分数的差异是如此之大，以至于学生们非常乐意地承认我教给他们的记忆术是非常有用的。

前面我提到，学生经常不能认识到当前使用的策略为何失效。在一些研究中，普莱斯利和他的同事教给儿童和成人如何使用关键词法来记忆词汇（Pressley，Levin，et al.，1984，1988；Pressley Ross，Levin & Ghatala，1984）。虽然这些被试掌握了这个策略，但其中许多被试在后来类似的任务中却选择不使用这些策略。让人们考虑“我学过的关键词法如何帮助了我的学习”这种问题，会有助于人们把该方法应用于新的情境。教师偶尔需要运用某种方式（比如一个不计分的测验）向学生展示说明，若使用当前这种无效策略，学习和记忆的东西是多么微乎其微，而用另一种不同的方式，学习到的东西可能会多很多。

◆ *学生应该持有与有效策略相一致的知识观。*正如我们所见，学生的知识观影响他们对学习策略的使用。学习策略的训练，本来就可能会改变某些知识观，不过这也并不一定绝对会发生（Muis，2007；Schraw & Moshman，1995）。因为学生对学习和知识的认识常常是以内隐的而不是以外显的形式存在，因此这可能会阻碍改变的发生（Schraw & Moshman，1995）。

知识观不仅会影响学生发生概念改变的能力，而且修正中的知识观本身就是一个概念转变的过程。为推动学生日益向着复杂知识观的方向发展，教师必须要鼓励学生反思学习策略，也要反思知识与学习本质的基本观念（B. Hofer，2004）。教 386
师还应创造情境让学生有理由对自己当前的观念产生怀疑和不满。皮亚杰称这种不满意为失衡；近年来，它则被称作**认识怀疑**（epistemic doubt）（Bendixen，2002；Bendixen & Rule，2004）。

改变学生知识观的一个可能途径是：就“知识与学习本质”这一问题，与学生进行明确的交谈。比如，把学习描述为发现观点间的相互联系，并最终构建自己关于世界的理解的一种能动且持续的过程（Schommer，1994b）。但也许最有效的途径是给学生提供学习经验，通过这种经验学生会发现知识一定是动态而非静态的存在，认识到成功的学习有赖于努力与坚持。比如让学生探究没有确切对错的议题或问题，教给学生收集数据、检验竞争假设的策略，让学生对特定现象的几种解释

进行比较，思考支撑每种观点的证据的有效性或优势，等等。教师还可以向学生提供那种令人费解的问题，即不仅学生目前还不能理解，有时即使该领域的专家也尚未充分理解的问题（Andre & Windschitl，2003；C. Chan et al.，1997；P. M. King & Kitchener，2002；D. Kuhn，2009；Muis et al.，2006；Schommer，1994b；van Sledright & Limón，2006）。

然而，对于这些教学策略应该在何种程度上被运用，教师要有所考量。对于那些坚决认为学习仅仅是获得只有从专家那里才能得到的事实的学生，在强调对不同观点进行比较和提供较少固定答案的学习课程中，几乎不会有什么发现，也不会有什么收获（Andre & Windschitl，2003）。

◆ *学生应该获得监控和评价学习的方法。*如前所述，自我调节学习者在整个学习过程中会对学习过程进行监控，并能对所学材料的掌握程度做出评价。理想的境况，他们应该能对已经掌握和尚未掌握的知识做出评价。相比较而言，他们也许能对学习材料进行逐一核查（“是的，我能正确举出负强化与惩罚的例子，但我还不能理解比率强化与间隔强化之间的差异”），但可能不能做出概括性的判断（“我认为，我终于理解了学习材料”）（Dunlosky & Lipko，2007；Zhao & Linderhold，2008）。

除了教给学生自我提问这个促进理解监控的策略外，研究者提供了几个教师帮助学生进行自我监控和自我评价的建议：

● 明确学习欲达到的结果；如明确如何评估自己的学习（Andrade，2010；Otero，2009；Serra & Metcalfe，2009；Thiede et al.，2009）。

● 请学生为学习建立具体的目标，然后描述与每个目标相关的结果（Eilam，2001；Mithaug & Mithaug，2003；Morgan，1985）。

● 要求学生对行为表现做持续的记录，并以书面作业、日记或作品集的形式来反映自己的学习成果（Belfiore & Hornyak，1998；Meltzer et al.，2007；Paris & Paris，2001；N. E. Perry，1998）。

● 向学生提供用于评判的标准，包括已经拥有评判标准的学生（Andrade，2001；McMillan，2010；Paris & Ayres，1994；Windschitl，2002）。

● 给学生提供能够用于评价课程材料理解程 387
度的自我测验（Dunlosky，Rawson & McDonald，2002；Nietfeld & Cao，2004；Zimmerman & Moylan，2009）。

● 在某些情况下，教师可以实施延迟反馈，为学生创造进行先行评价的机会（D. L. Biter & Winne，1995；Schroth，1992）。

● 鼓励学生实事求是地评价自己的表现，且对其进行强化（McCaslin & Good，1996；Nietfeld & Cao，2004；Schraw，Potenza & Nebelsick-Gullet，1993；Zuckerman，1994）。

教师也可以鼓励五六岁的幼儿对自己的行为和学习过程进行反思，比如，用这样的提问：“我们在做什么值得自豪的事情？”“对于以前没做过的事情，我们现在能做什么？”（Mithaug & Mithaug 2003；N. E. Perry，VandKamp，Merceer & Nordby，2002，p. 10）通过频繁地进行自我监控和自我调节，学生最终会发展出适当的行为标准，并能经常将这些标准应用于要完成的任务中——这才是自我调节学习者真正的特征。

◆ *学生一定要相信，有效的努力和适当的策略会帮助他们学习和理解挑战性材料。*策略指导一定要使学生对学习能力形成适宜的自我效能感，也一定要给学生指明，成功的学习实际上与所使用的具体策略密不可分（D. L. Butler & Winne，1995；Palmer & Goetz，1988；Pressley，El-Dinary，et al.，1992；Shapley，1994；Zimmerman & Moylan，2009）。学生一旦相信他们能够成功地学习学业课程，便更可能产生学习愿望，我们将在第16章讨论个中缘由。

通过教给学生在学习挑战性任务中所需的元认知知识和技能，教师不仅能帮助学生更有效地学习材料，还能帮助他们在持久的学习中逐渐成为更加高效的学习者。教师必须为学生的未来做准备。

然而即使拥有有效学习、自我调节的技能甚至高自我效能感，学生也不一定会成为有意图的、“有思想的”、能从经验中获得最大收益的学习者。从终极的意义上来说，激励学生的学习动机与帮助他们如何学习具有同等的重要性。因此，在第16章和第17章中即将分析的动机策略，是对本章讨论的指导策略的重要补充。

总结

人们具有的关于自己思维和学习过程的知识以及对它们的调节被称为元认知。对元认知知识与技能掌握得较好的学生，在课堂教学中能取得较好的成绩。

大多数学业成功者都是自我调节的学习者：他们能建立行为目标，计划如何最好地利用学习时间，如何将注意保持在需要完成的学习任务上，选择和使用有效的学习策略，必要时能寻求帮助并持续地监控上述所有过程。某些自我调节学习技能是凭自我发展起来的，但多数自我调节技能是由于他人的示范或与经验更丰富的学习者共同调节某些学习任务时而发展起来的。

有效的学习策略包括有意义学习、精细化、组织化、记笔记、辨别重要信息、提炼、理解监 388 控和使用记忆术去记忆难以记忆的材料。最重要的是，学生可以使用内部心理过程（即内隐策略）。任何可观察到的策略（即外显策略）只有建立在内隐策略的基础之上才可能是有效的。儿童随着年龄的增长以及学业经验的增多而逐渐表现出更为复杂的元认知。但尽管如此，在中学和大学里，仍有许多学生对如何更好地学习和研究一知半解，或有误解。

学习者的知识观是他们对于知识与学习性质的认识信念。知识的性质涉及知识是静态的还是动态的，是独立的事件还是相互联系的思想的联合体，是来源于外部权威还是最终来源于人们自己的评判与建构。学习的性质涉及学习是快速还是缓慢发生的过程，是更受遗传影响还是更受努力和策略的影响，等等。学生的知识观影响他们解决学习任务的途径和对成功学习的判定标准。知识观在整个求学生涯中不断发展，但那些特别复杂而全面的知识观直到大学或研究生期间才会明显出现。

理想上，学生应该是有意图的学习者，即他们应该积极地、有意识地投入学习之中，确立完成学习任务的目标，在不同情境下使用适宜的学习策略和自我调节策略。当学生为了真正理解课程内容而必须经历大量概念的改变时，有意图的学习尤为重要。

学生在学习课堂知识时不能有效地使用学习策略的原因很多。例如，学生没有接受过使用有效策略的指导，或者对于什么是"知识"仅具有过于简单的观念。他们也可能缺乏足够的相关背景知识，因而不能进行有意义学习和精细化；或者课堂任务本身不能让学生使用有效策略。学生也可能对掌握课堂知识不感兴趣，可能认为不管做什么对掌握知识都无济于事。

研究指出，有效学习策略的训练可以显著提高学业成就。研究者们提出诸多促进更复杂元认知知识与技能发展的建议。例如，关于有效学习策略的教学指导，如果是在特定学科内容的背景之中进行，会比只是为某个单独主题而进行能取得更好的效果。如果学生有大量机会检验学习策略，同时教师与同伴能在初期时给予帮助，有效学习策略的教学效果也会更好。学生必须具有与有效学习策略相一致的知识观，必须掌握一定的监控与评价学习努力的方法，最终定能发现，通过足够的努力和适当的策略，能够学习并掌握具有挑战性的课堂材料。

第 15 章

迁移、问题解决和批判性思维

本章主要内容

389 我在大学从教多年，主要是给那些致力于成为教师的本科学生教授教育心理学。在课堂上，我向学生们介绍当代记忆理论、操作性条件作用、认知发展、动机、课堂管理以及教育评估等方面的知识。多数学生都能够很好地吸收这些知识：他们在课堂上积极讨论，在作业和考试中可以很好地理解和应用所学的知识。但我很想知道他们在完成我所讲授的课程以后会怎么做。从我的课程中所学的知识最终会影响他们自身的教学吗？他们会运用我所传授的概念来施教吗？教育心理学的原理和理论能够帮助他们解决教育中的实际问题吗？

我在教育心理学课程中强调的另一个主题是心理学和教育学研究在指导教学实践中的重要性。正如你在阅读本书时可能猜到的，在一个学期当中，自始至终我不断援引各种研究结果。但是，当我的学生们结束正式训练而成为教师之后，他们必须继续了解一些新的研究结果。那么，他们能够分清哪些是设计良好的研究，而哪些研究在构思和实施上都欠缺考虑吗？他们能够确定研究者们得出的结论是有效且重要的，或是完全错误的吗？

在第一段我所陈述的问题是迁移和问题解决；第二段则主要与批判性思维有关。在这一章节，我们将审视以上三个过程并思考如何促进其在课堂环境下应用。

迁移

当你在一种情境下学习的某种知识影响到你在另一种情境下的学习或表现时，**迁移**（transfer）就发生了。迁移是日常生活的一部分。人们不断遇到新的情况，并运用之前获得的知识或技能来处理它们。事实上，迁移是人类机能的重要组成部分。如果没有迁移，每当面对新环境时，人们的应对行为都将从误打误撞开始，也会花费更多的时间在试误学习上。

390 回顾第 3 章和第 4 章中我们对经典条件作用和工具性条件作用的讨论，你可能会意识到我们已经涉及迁移的概念。在那些章节，我们讨论了泛化现象：在生物体学会以某种特定反应方式应对某种刺激时，以后遇到类似的刺激就会做出相同的反应，而这一类似刺激不一定必须是之前遇到过的。

在大多数教学情境中，迁移都是非常重要的一部分。大多数学校教授给学生知识和技能以相信学生会以某种方式将他们学到的知识和技能应用到外部世界为前提的。然而人们从学校学到的东西并不总是会被迁移到新的情境中。多数成年人不会利用基本的加减法去平衡他们的收支。一些教师在课堂之上会错误地强化不当行为，完全忘记应用那些在他们本科心理学课程上所学的基本的行为主义原理。许多学习理论家认为，在一般情况下，大量学校学习的结果似乎是产生了**惰性知识**（inert knowledge），所谓惰性知识，即学生无法将其运用在课外之外的知识（例如，Carr，2010；Haskell，2001；Perkins & Salomon，1989；Renkl，Mandl & Gruber，1996；van Merriénboer & Kester，2008；Whitehead，1929）。

迁移的类型

迁移可能发生在陈述性知识和程序性知识各自内部，也可能发生在陈述性知识和程序性知识两者之间。例如，由北美五大湖名称的首字母组成单词 HOMES，有助于人们记住这些湖泊的名字。一个陈述性知识能够帮助你回忆其他的陈述性知识。再例如，你可以用投掷棒球的技巧去扔钓鱼线，这就是通过你已有的程序性知识协助你完成对新程序的学习。陈述性知识也可以引导你去完成某一新程序，就像当你理解了满十进位之后，你可以用借位做减法计算。迁移也可以发生在相反方向上，即从程序性知识到陈述性知识的方向上，以我曾经尝试的滑水运动为例：在我十几、二十几岁的时候，我经常去滑水，并且幻想自己将会成为一个技艺超群的滑水者。此后我中断了滑水运动多年，当我再次尝试滑水运动时，我已经 50 多岁了。船非常艰难地拉着我出发了，它必须以较高的速度行驶才能让我不掉进水里，而这种速度快得令我不适。唉，在不滑水的这些年，我的体重已经增长了 30 磅。我新获得了一项陈述性知识：若体重越高，速度必须更快才能保持漂浮状态，它刺激我再次痛下决心，拒绝摄入垃圾食品。

除了认识到迁移可以发生在不同类型知识之间以外，理论家还发现了各类型迁移间的几个特质：正与负、纵向与横向、特殊与一般。

正迁移与负迁移

当某种情境下的学习有助于其他情境的学习或表现时，**正迁移**（positive transfer）就产生了。阅读练习有助于学习拼写，反之学会拼写也对阅读有所助益（N. J. Conrad，2008）。学习操作性条件作用原理和自我调节的知识有助于教师在课堂上将学生的注意力集中在学习任务上。我们所熟知的两个长时记忆过程：有意义学习和精细化处理，都是正迁移的实例，因为这两个记忆过程都通过已获得的信息去理解和记忆新的知识（Ausubel，Novak & Hanesian，1978；Brooks & Dansereau，1987）。“旧”知识可以通过不同方式促进有意义学习和精细化处理，如：“旧知识”可以充当
391 一个概念框架使新知识可以依附其上；在新知识意义模糊或不完整时，“旧”知识也可以帮助学习者填补这些知识漏洞；“旧”知识还可以提供一个具体的类比，帮助人们更好地理解抽象概念。

与正迁移相反，当某一情境下的知识阻碍了另一情境下的学习或表现时，**负迁移**（negative transfer）就产生了。例如：当一个开惯了手动挡汽车的人，在驾驶自动挡汽车时，可能用脚去踩并不存在的离合器。当人们学习第二语言时，在口语上容易受到母语语言特征的影响，这就使其说话带有母语口音；人们也可能错误运用母语的拼写方式（Fashola，Drum，Mayer & Kang，1996；R. A. Schmidt & Young，1987；Sun-Alperin & Wang，2008）。习惯了在其他课程上死记硬背一些事实的学生，通常在我的应用定向测验中表现不佳。

处理小数数学问题时，经常会发生负迁移：学生会错误地套用整数的数学规则去进行小数运算。例如：当被问到 2.34 与 2.8 哪个小数大的时候，学生们也许会应用“位数多意味着更大”这一原则得出 2.34 比 2.8 要大（Behr & Harel，1988）。另一个错误迁移到小数运算中的整数规则是：（正）整数除以（正）其他整数的商比自身小。甚至大学生也可能发生这种负迁移。例如，当被问到 5÷0.65 这个算式时，很多人会想当然地认为这个算式的结果是一个比 5 小的数（Tirosh & Graebar，1990）。其实这个除法算式的结果是 7.69，它大于被除数 5。

正如你所看见的，迁移有的时候是好事情，有的时候则不然。

纵向迁移与横向迁移

在某些学科领域，各种主题按由浅到深分层划分，这样学习者就必须在清楚掌握一个主题后才能学习下一个更深层次的主题。例如，一个小学生必须要掌握加法运算才能学习乘法运算，因为乘法运算是加法运算的延伸。相似地，一个医学学生要想学习外科手术必须先要具有专业的人体解剖学知识，如果都找不到阑尾在哪里，又如何做阑尾切除手术呢？**纵向迁移**（vertical transfer）是指这样的情况：学习者获得新的知识或技能是以掌握许多基本的信息与过程为基础的。

在其他情形中，对某些主题的学习可能会影响到对另一个主题的学习，即使前者不是后者的先决条件。例如：学习西班牙语不是必须先学会法语知识，但懂得法语知识会有助于西班牙语的学习，因为这两种语言的很多单词是相似的。当先前所学主题对于后面主题的学习有所帮助但又并非必需时，**横向迁移**（lateral transfer）随之发生。

近迁移与远迁移

近迁移（Near transfer）发生在表面特征以及内在关系都很相似的情境或问题之间。例如，考虑以下问题：

> 汽车工程师设计了一辆能在 5 秒内加速到每小时 50 英里时速的汽车。那么当汽车用 5 秒钟加速到每小时 50 英里时速的时候，汽车的加速度是多少？

让我们假设你已学会了如何利用公式 $v=a\times t$ 392
（速度＝加速度×时间）解决这类问题。接着你又遇到了这一问题：

> 一个汽车销售人员告诉顾客一款特别型号的汽车可以用 8 秒钟加速到每小时 40 英里的时速。那么这款车 4 秒钟达到每小时 40 英里时速的时候，其加速度是多少？

这两个问题都有类似的表面特征（都是关于汽车的）和类似的内在结构（都涉及速度、时间、加速度三者的关系）。但是请设想，如果在解决了

第一个问题之后，你遇到的是却是以下这个问题：

> 一个动物学家据观察报告，一只猎豹奔跑时可以每秒增加 6 公里/小时的时速，请问猎豹需要多长时间才可以加速到 60 公里/小时?

虽然总体结构像之前遇到的问题一样（同样适用公式 $v=a\times t$），但我们更换了主题（由汽车换成了猎豹）、计量单位（从英里每小时变成了公里每小时）、未知量（从加速度变成了耗时所需时间）。**远迁移**（far transfer）是指两个情境在内在关系上存在一处或多处相似，但在表面特征上是不同的。迁移的一个更“远”的例子是，将前面提到的 $v=a\times t$ 这一公式运用到课堂以外的所有地方，即运用到真实世界的问题中，诸如高速公路或田径比赛中。

特殊迁移与一般迁移

近迁移与远迁移都是**特殊迁移**（special transfer）的实例，在这种迁移中，最初的学习任务与迁移任务在某些方面有重叠。例如，对一个兽医专业的学生来说，学习人体解剖学对学习狗的解剖有帮助，因为这两个物种具有一些相似的解剖结构特征。一个懂西班牙语的学生很容易学会葡萄牙语，因为这两种语言具有相似的词汇与语法。

在**一般迁移**（general transfer）中，原任务与迁移任务具有不同的内容和结构。例如，拉丁文知识可以帮助学生学习物理，或者学生在物理课上获得的学习习惯有助于对社会学的学习，那就是一般迁移在起作用。

近迁移比远迁移更常发生，特殊迁移比一般迁移更常见（S. M. Barnett & Ceci，2002；Bassok，1997；Di Vesta & Peverly，1984；W. D. Gray & Orasanu，1987；Perkins & Salomon，1989）。事实上，关于一般迁移是否发生这一问题的争论已经持续了许多年。接下来让我们来看早期及当代的迁移理论，这些理论对于迁移是什么以及迁移在什么情况下发生的观点有很大的分歧。

迁移理论

迁移是怎样发生的？让我们先看看关于迁移的早期观点——其产生时间早于 20 世纪的学习理论，然后再听听行为学家与认知主义者讲述迁移是怎样以及何时发生的。

一种历史视角：形式训练

在过去，严肃的学者经常研究一些严格、困难的学科，例如，拉丁文、古希腊语、形式逻辑学等，这些学科在当代已经不再被如此频繁地研究了。虽然这些学科知识在日常生活中没有明确适用性，但学者们认为掌握这些知识可以提高人们在日常生活中各方面的表现。在 20 世纪中叶，393 学生们频繁练习记忆有关内容——例如诗歌，显然，这被视为提高一般学习能力的方法。这种练习反映了**形式训练**（formal discipline）这一概念：就如同你通过锻炼肌肉来增加力量，通过锻炼思维来提高学习效率和更有效地应对新情境。

形式训练强调了一般迁移的重要性和可能性。其观点认为，无论两种情境多么不同，一种情境里的学习都会改善另一种情境里的学习和表现。然而，随着学者们开始系统地研究人类的学习，他们很快就抛弃了将大脑类同于肌肉的观点。例如，在 1890 年威廉·詹姆斯①描述了的一项研究，在连续几周的课上，他每天都背一首新诗歌，按照预期，这样的练习应该会提高他学习诗歌的能力。然而，他学习诗歌的能力并没有得到提高。如果一定要找出一些区别的话，那就是学习后面的诗歌的速度要比前面的慢。随后，学者们则发现，学习计算机编程（一项需要对逻辑序列事件有精确细致思考的技能）对与计算机使用无关领域的逻辑思维并没有影响（Mayer & Wittrock，1996；Perkins & Salomon，1989）。

大多数当代理论家的共识是，严格地按形式训练的角度来描述，一般迁移可能并不会发生（例如，Haskell，2001；Salthouse，2006）。但需要注意的是，我说的是大多数的当代理论家。近期一些有趣的研究发现认为，一般智力训练可能确实会产生大范围的迁移效果。例如，在一个被流行媒体广泛传播的研究中，大卫·斯诺登（D. Snowdon，2001）曾经调查过一个老年修女修道院，那里的老人通过参加研讨会、辩论会，玩智力游戏和写日记等来使自身思维状态保持活跃，

---

① 在第 8 章我们已经谈到过威廉·詹姆斯，100 多年前詹姆斯（1890）提出人类记忆由三部分组成的观点非常类似于现在流行的双重储存模型。

直到她们90多岁。许多老修女都慷慨地为科学研究捐献了遗体中的大脑，死后的尸体解剖显示，她们的大脑比其他90多岁典型老人的大脑有更多的轴突与树突。斯诺登的研究没有得出令人信服的因果关系，也许是进修道院的修女最初就都非常聪明。但是，其他近期的研究表明，某些类型的智力训练似乎拥有广泛的好处。例如，当孩子们练习使用计算机遥控杆在屏幕中快速移动卡通猫之后，他们得到增强的注意技巧会迁移到其他很不相同的情境中，这可能表明他们的中央执行能力得到了增强（M. I. Posner & Rothbart，2007）。对于成年人来说，每天练习做一些简单的基于计算机的记忆任务似乎可以提高其他不相似情境下的记忆能力，至少在短期内是可以实现的（Jaeggi，Buschkuehl，Jonides & Perrig，2008）。就个人而言，我对上述所有观点持观望态度：在我们对一般性智力训练的价值做出定论之前，这些发现是需要被重复验证的。

早期的行为主义理论：桑代克的共同因素说

让我们来看看另一位早期心理学家爱德华·桑代克的研究，他对迷笼中的猫的观察为行为主义者关于强化和惩罚的观点奠定了基础。桑代克认为，只有当原任务与迁移任务之间具有共同元素时，迁移才会发生，即两项任务包含相同的某种刺激—反应联结。在早期一项支持桑代克观点的研究中（Thorndike & Woodworth，1901），被试接受了大量的估计矩形面积的训练，这项训练提高了他们随后估计矩形和其他二维图形（如三角形和圆形）面积的能力，但对于非矩形图形的
394 面积估计的影响很小，这可能是因为非矩形图形与矩形之间既有共同元素也有不同元素。在之后的一项研究中，桑代克（1924）考察了高中学生学业成绩与不同学科之间的相互关系。结果发现，只有当两门学科有相似之处时，一门学科成绩才会对另一门学科成绩产生积极影响。比如，学生的数学成绩和他们在簿记课上的表现存在相关，但和对拉丁文的熟练程度不存在相关。桑代克由此得出结论：学习特殊知识的价值不在于脑力训练所带来的好处，而在于通过这些知识能够获得"特殊的信息、习惯、兴趣、态度和理想"（Thorndike，1924，p. 98）。

后期行为主义观点：刺激和反应的相似性

在桑代克之后的研究中，行为主义者将研究重点集中在迁移是如何受原情境与迁移情境中的刺激与反应特性的影响的。举例来说，注意这四个列表中的成对的联合：

列表1	列表2	列表3	列表4
lamp-shoe	lamp-sock	rain-shoe	lamp-goat
boat-fork	boat-spoon	bear-fork	boat-shop
wall-lawn	wall-yard	sofa-lawn	wall-rice
corn-road	corn-lane	book-road	corn-fish

假设你先学习了列表1中的单词，现在将要学习列表2中的单词，那么对列表1中单词的学习会不会有助于对列表2中单词的学习呢？根据言语学习研究的结果，答案是肯定的（J. F. Hall，1966，1971）。在这两种情境下，刺激是相同的，反应是类似的，所以正迁移将会发生。

现在假设先学习列表1中的单词，然后学习列表3中的单词，那么之前对列表1中单词的学习有助于学习列表3中的单词吗？答案仍然是肯定的（J. F. Hall，1966，1971）。虽然刺激单词不同，但反应单词相同，也就是说列表3中的反应单词在列表1中被学习过了，只是需要把它们联结到新的刺激。

但是现在，假设学习了列表1中的单词，然后去学习列表4中的单词。在这个例子中，呈现与列表1中相同的刺激，但需要学习与列表1中截然不同的反应。对列表1中单词的学习很可能使得学习列表4中的单词变得更困难，因为有时候你会记起列表1中的反应单词而不是列表4中的反应单词（J. F. Hall，1966，1971），这时负迁移就会发生。

一般来说，迁移的刺激—反应观点有三个核心原则（Osgood，1949；Thyne，1963）：

◆ 当两种情境中的刺激和反应都相似的时候，会发生最大正迁移。

◆ 当两种情境中的刺激不同但反应相似的时候，会发生一定程度的正迁移。

◆ 当两种情境中的刺激相似但反应不同时，会发生负迁移。

作为第一条和第二条原则的一个例子，你可能也已经发现，在一个计算机应用程序中所做的一些反应，如文字处理程序中的"剪切"和"粘贴"，这些反应在其他计算机应用程序中仍然起作用，如邮件或电子表格中。作为第三条原则的一

395 个例子，我想起了我还是高中生时，有一年我的课程中包括第二阶段拉丁语和第三阶段法语。与英文单词“and”对应的那个单词（et）在这两种语言里的拼写是相同的，但发音完全不同（在拉丁语中读“et”，在法语中读“ay”），因此满足了负迁移的条件（刺激相似，反应不同）。在第三阶段的法语课上我好几次脱口说出“et”，显然这是一个令我的法语老师不满的反应。

随着学习理论家在迁移理论上放弃了行为主义观点而转向了认知观点后，他们越来越少地谈论特定的刺激与反应的关联，但他们仍然同意，当学过的事物与一个新情境中的学习要求之间存在相似之处时，迁移发生的可能性会大大增加。

信息加工视角：信息提取的重要性

在信息加工理论看来，迁移的关键可以归结为一点：当之前学过的事物可能对当前学习有用时，学习者能否将它们重新提取出来（例如，Cormier，1987；Haskell，2001；S. M. Lane，Matthews，Sallas，Prattini & Sun，2008；Rawson & Middleton，2009）。为了使当前情境和之前任何具有潜在相关的知识联系起来，学习者必须使以上两者同时处于工作记忆中。鉴于特定信息被提取出来的概率很低，而且工作记忆容量有限，所以大量潜在的相关信息与技巧不能迁移到它们可以发挥效用的情境中。

在迁移情境中，提取线索的存在与否会决定哪些相关信息将被提取到工作记忆中。当一个新事件的某些方面与解决此事件所需的信息在长时记忆中密切相关时，这个新事件更有可能唤起对之前学习过的信息的注意。这里有个例子可以说明：如果学习者第一次储存信息的时候就预测了信息的迁移情境，那么当此迁移情境出现时，学习者就很容易提取出该信息。

语境的视角：情境学习

就像我们在第 13 章中发现的，一些认知理论家认为，人们所学的很多知识都是针对具体情境的，即这些知识存在于它所产生的环境中。**情境学习**（situated learning）不太可能在新情境中发生迁移，特别是不太可能迁移到那些与初次学习情境截然不同的新情境中（J. S. Brown，Collins & Duguid，1989；Greeno，Moore & Smith，1993；Kirsh，2009；Lave & Wenger，1991；Light & Butterworth，1993；J. F. Wagner，2006）。

即使同在学校，学生们从一个课堂学到的知识和技能也不一定能迁移到另一个课堂。塞尔乔和温德姆（Saljo & Wyndham，1992）的研究为此提供了一个注解。高中生们被要求回答特定重量的邮包所需的邮资是多少，同时他们会得到包含他们所需信息的邮资表。当在社会学课堂上给学生们布置这项任务时，绝大多数学生使用邮资表来找答案。然而，当在数学课上给学生们这项任务时，绝大多数学生忽略了邮资表，而是试图用某种方法来计算邮资，有时候甚至计算到了小数点后好几位。因此，社会学课堂上的学生更有可能正确地解决问题。作为一名曾经的社会学老师，我猜想在社会学课堂上，学生很习惯于从图表中寻找信息。相反，很多数学课上的学生更倾向于利用他们在数学课堂中所学的策略（运用公式和进行计算），以至于忽略了更有效且精确的方法。

这里要注意的很重要的一点是，并不是所有 396
的认知主义者都认同学校学习的情境性观点（例如，参见 J. R. Anderson，Reder & Simon，1996，1997；Bereiter，1997；Perkins，1992）。例如，在非学校情境中，社会中的大部分个体都会使用他们可能在学校中学习过的两种技能——阅读和简单的数学计算。当然，这里有一个关键因素，那就是学习者应该在某种程度上感知到一个领域的内容也适用于广泛的其他领域（R. A. Engle，2006；M. C. Linn，2008；Mayer & Wittrock，1996；R. J. Sternberg & Frensch，1993）。例如，在烤饼干的时候，一个 11 岁的孩子问父母一个问题：“两个四分之一相加等于四分之二吗？我知道在数学上是相等的，但是在烹饪上也是吗？”（Pugh & Bergin，2005，p. 16）幸运的是，可能是因为老师要求学生把数学法则应用到宽泛的情境和问题中，所以大多数学生最终都知道数学具有广泛的应用情景，然而其他科目未必会这样。比如，虽然大学生经常把他们从代数中学到的技能迁移到物理学中，但是他们却很少向相反的方向迁移，也就是把物理学中的技能迁移到数学中去（Bassok，1997）。

一般迁移的当代视野：学会学习

我们已经看到了两个关于迁移的极端观点。

形式训练说的倡导者们认为，学习那些严谨的、严格的主题在实质上会促进未来所有的学习任务，因为这类学习会锻炼，进而增强脑力。而在另一观点中，桑代克则认为只有当两种学习情境中的元素具有某种程度的相似性时，一种情境中的学习才会迁移到另一种情境中。关于一般迁移的现代观点则介于这两个极端之间：一般迁移并不像特殊迁移那样常见，但如果在学习的过程中，学习者学会了如何去学，那么在某一时间内发生的学习就能促进另一时间里的学习。

在早期关于学会学习的研究中，哈利·哈洛（H. Harlow，1949，1950，1959）发现猴子和儿童在辨别学习任务中会变得越来越快。近些年，很多研究证明了元认知知识和技能的迁移价值。如我们在第 14 章中提到的那些有效学习策略和习惯，它们常常可以推广到各种学科中去（S. M. Barnett & Ceci，2002；Bransford & Schwartz，1999；Bransford et al.，2006；Cormier & Hagman，1987a；De Corte，2003）。

超越知识的迁移：情绪反应和动机也可能产生迁移

不管分歧有多大，所有关于迁移的观点在一点上是相同的：只要两个任务中至少有一些所需信息或技能发生重叠，哪怕任务中所需要的技能是一般性的元认知技能，而不是具体的学科技能，仍然存在着从一个情境向另一个情境发生迁移的可能性。然而，迁移并不一定限制在认知和元认知的范围之内。例如，回忆一下我们在第 3 章所讨论的经典条件作用。小阿尔伯特把他对小白鼠的恐惧泛化（迁移）到了其他毛茸茸白色的东西上。就像情绪反应可以迁移到新的情境中一样，动机也可以迁移到新的情境中。例如，在一项学习任务中，学生们为自己设定的各种目标（可能是真正掌握学科内容，也可能是靠死记硬背而通过学习任务或小测试），会随着学生从一个课堂迁移到另一个截然不同的课堂（Pugh & Bergin，2005，2006；Pugh，Linnenbrink，Kelly，Manzey & Stewart，2006；Volet，1999）。在某些情况下，学生们会应用他们在课堂上学到的知识，因为他们已经有了一种迁移精神。如果你愿意的话，这种迁移会在后续的教育情境中不断出现（Haskell，2001；Pugh & Bergin，2005，2006）。

迁移的影响因素 397

当学习者怀着明确的应用意图去完成学习任务时，他们更可能使所学知识发生迁移。除了这一因素之外，其他一些因素也会影响迁移发生的可能性：

◆ *有意义学习比无意义学习（死记硬背）更有可能促进迁移*。前面章节中我们已经谈到，相比无意义学习，有意义学习（将新知识与已有知识联系起来的学习）能够使长时记忆的储存和提取更有效率。现在我们来看有意义学习的另一个优势：它能提高正迁移发生的几率（Brooks & Dansereau，1987；Mayer & Wittrock，1996；Schwamborn，Mayer，Thillmann，Leopold & Leutner，2010）。例如，在一项实验中（Mayer & Greeno，1972），设置了两种关于某一概率计算公式的指导语，参加实验的大学生会拿到其中一种。第一组被试拿到的指导语会提示他们关注公式本身，而第二组被试的指导语则提示被试关注这一公式与他们已有知识间的联系。实验结果表明，第一组学生能够将公式应用到与指导语所提示内容类似的问题中，而第二组学生则能够将公式应用在指导语未明确指出的方面，也就是说，他们将公式迁移到了更广泛的情境中。

◆ *知识学习越透彻，迁移到新情境中的可能性就越大*。已有研究明确显示，学生对某一知识理解得越好，迁移越有可能发生（J. M. Alexander，Johnson，Scott & Meyer，2008；Cormier & Hagman，1987a；Haskell，2001；Voss，1987）。

当然，精通某一门知识和技巧是需要花费时间的。实际上，有些情况下，在学习的最初阶段学习进程慢且费力，但从长远来看，这既有利于知识的保存也有利于迁移。例如，在学生的练习阶段通过指导语增加任务的变化性：给学生提供多种不同的任务或同一任务提供多种变式。这么做虽然最初会降低他们的表现，但最终将会提高他们将所学知识迁移到新情境中去的能力（Z. Chen，1999；Kornell & Bjork，2008；R. A. Schmidt & Bjork，1992；van Merriënboer & Kester，2008）。

那么显而易见，在简便和迁移之间存在一个权衡的问题。较之在短时间内讲授大量知识，少而精的讲解更易促进迁移的发生，此即第 10 章中提到过的“少即是多”原则。

- *两种情境越类似，那么在一个情境中所学的知识迁移到另一情境中去的可能性越大。*行为主义学家认为，刺激或反应之间的相似性是迁移发生的必要条件。认知主义者则认为，迁移的发生需要在恰当的时间提取相关的信息，因此，感知到两个情境之间的相似性（而非两者之间实际的相似性）对于迁移来讲至关重要（Bassok & Holyoak，1993；Di Vesta & Peverly，1984；Haskell，2001；Voss，1987）。无论如何，相似性提高了迁移发生的可能性。

- *原理比具体知识更易发生迁移。*一般原理及规则比具体知识和信息的应用性更强（S. M. Barnett & Ceci，2002；Gick & Holyoak，1987；Judd，1932；M. Perry，1991；Singley & Anderson，1989）。比如，如果你读过第 4 章内容，你可能会回想起操作性条件作用的实质：在反应之后，如果伴有强化物，那么这一反应便可能再次发生。这一原理很容易迁移到其他广泛的情境中，而在同一章节中提到的具体知识（例如，谁在什么时
398 间做了怎样的研究）则不会发生类似的迁移。同样地，在学生理解革命、国际战争诸如此类的事件时，历史的一般性原理（例如，当双方无法达成相互满意的状态时，战争就会爆发）比第二次世界大战的具体知识更实用。当新情境和先前经验在表面上并没有相似之处，但内在结构和概念类似的时候，一般的、抽象的原理更易产生迁移，此即所谓的远迁移（J. R. Anderson et al.，1996；Perkins，1995；Perkins & Salomon，1989）。①

随着学生年级的不断提升，他们习得了一种能力：将一般原理应用到与之前所学知识有很大差异的内容上去。例如，在一项研究中，五年级学生和大学生都面临一项任务：制订提高当地秃鹰（当地一种濒临灭绝的物种）数量的计划（Bransford & Schwartz，1999）。两组学生之前都没有学习过秃鹰保护的方法策略，且他们最终提交的计划都有很大的不足。但是在形成计划的过程中，大学生比五年级学生提出了更多较为复杂的问题。具体来说，五年级学生关注秃鹰本身（例如，秃鹰有多大，他们吃什么食物），而大学生关注的则是更宏观的方面（例如，怎样的生态系统支持秃鹰生存，捕捉秃鹰及小秃鹰的捕食者是怎样的状况）（Bransford & Schwartz，1999，p. 67）。因此，大学生运用了他们经过多年在自然课中学到的一个重要原理：当生物的栖息地支持而不是威胁它们时，这些生物才更可能存活下来。

- *大量且多样化的事例以及练习的机会能够提高将信息和技巧应用到新情境中去的能力。*情境学习理论家告诉我们，新知识通常是与其获得时的环境相联结着储存在记忆中的，因而重返当时的环境能够增加提取知识的几率。一般来讲，在学习知识和技能的过程中，例子越多、练习机会越多，未来产生迁移的可能性就越大（J. R. Anderson et al.，1996；Cormier & Hagman，1987b；B. D. Cox，1997；Perkins，1995；R. A. Schmidt & Bjork，1992；例外参见 Bassok & Holyoak，1993）。例如，当学生学习基本的数学运算原理时，老师可能会要求他们运用这些原理进行杂货店中的最佳购物决策，在朋友之间均分物品，或者经营卖柠檬水的摊子等。在长时记忆中，数学运算就会和这些情境联系在一起，在需要决定哪家便利店的商品物美价廉时，相关的数学运算程序就会轻而易举地被提取出来。

- *随着初始任务和迁移任务之间时间间隔的延长，迁移发生的可能性会降低*（S. M. Barnett & Ceci，2002；Gick & Holyoak，1987）。399
另一个有关知识提取的原理是：新近学习的信息比一段时间之前学习的知识更有可能被提取出来（回想第 11 章关于衰退的讨论）。

- *当文化环境鼓励和期待迁移发生时，迁移出现的几率会提高。*不仅行为主义学家、信息加工理论主义者和情境学习理论家认为迁移具有重大意义，社会文化理论学者也针对迁移提出了自己的观点（R. A. Engle，2006；Haskell，2001；Pea，1987；Rogoff，2003）。他们认为，如果教师和专家经常在看似不同的任务和情境之间指出它们的相似性，而且对迁移的重要性予以强调，这些行为将提高学习者将所学知识运用到新情境中的几率。在工作场所中也存在这一现象：老板

① 珀金斯和所罗门（Perkins & Salomon，1989）指出了低通路迁移和高通路迁移的区别。从表层来看，新情境中的低通路迁移与优先经验很类似，例如有关知识和技能已经准备好被提取。然而，高通路迁移却需要人们有意识、慎重地将新情境与先前经验相联系，这种联系间一般以深层次的原理做基础。换而言之，低通路迁移主要发生在有近迁移存在的新情境下，而高通路迁移则与新情境下的远迁移有关。

希望新员工能将新学到的陈述性和程序性知识运用于广泛的工作情境中（Haskell，2001；Wenger，1998）。在一些课堂上也会出现这种情况，但并没有我们预期的那么普遍。很多时候，学生会被告知学习某种课程的各种莫名其妙的原因（例如，“在大学里你需要学习这些课程”或“在以后的生活中经常会用到这些知识”），但却很少说明何时、以何种方式会用到这些知识。

问题解决

当人们说到**问题解决**（problem solving）时，指的就是运用过去学到的知识和技能（即迁移它们）来解决一个没有答案的问题或困难情境。下面是一些例子：

（1）3 354 除以 43 等于多少？

（2）一位 60 多岁的教育心理学家如何才能控制自己吃垃圾食品的习惯？

（3）如何才能让两个在政治或宗教信仰上完全不同且缺乏互相信任的团体减少军备竞赛，实现合作及和平共存？

世界上存在各种各样的问题，其中有一些如问题 1 一样简单直白：所有必要的信息都是已知的，而且答案非对即错。其他一些类似问题 2 的问题，则需要知道一些额外的信息才能得到解决（例如，这位教育心理学家喜欢运动吗？还是她整天都待在屋子里读悬疑小说、看电视节目？），而且这样的问题可能有两个或更多的答案（例如，通过自我强化改变饮食习惯，在一个没有便利店的热带岛屿待上 6 个月）。剩下一些像问题 3 一样非常复杂，可能即使经过大量的研究和创造性的思考之后，仍然没有答案。不同的问题需要不同的解决步骤和解决方案，问题解决的多样化特点使问题解决的理论研究工作充满了挑战性。

任何一个问题都至少由三种成分组成（Glass，Holyoak & Santa，1979；Wickelgren，1974）：

- 目标：想达到的最终状态——最后想要达成什么样的解决方案。
- 已知信息：在问题中已经给出的各种信息。
- 操作：接近或完成目标需要采取的步骤和行动。

400 操作通常会以“如果……那么……”的形式出现：如果我做到了……和……，那么接下来我要做的是……和……（回想第 10 章里对产生式的讨论）。

根据上述这三方面具体、明确程度的不同，所组成的问题也相应有很大不同。其中一个极端是**结构良好问题**（well-defined problem），想要达到的目标状态非常明确，所有需要的信息也都是已知的，且经过一系列操作步骤就会得到正确的答案（如果操作正确的话）。另一个极端是**结构不良问题**（ill defined problem），目标状态是模糊的，一些必要的信息是缺失的，且没有一种确定的方法达到目标状态。结构良好问题通常只有一个正确答案，而根据不同的相对正确性和可接受度，结构不良问题却可能存在多种答案。3 354 除以 43 这一问题属于结构良好问题，而裁军问题则属于结构不良问题（例如，“合作及和平共存”这个目标就是模棱两可的）。[1] 正如你所想到的，相比结构良好问题，结构不良问题更难解决，需要更为复杂的问题解决策略。

遗憾的是，研究者们更为关注的是结构良好问题（通常是一些人为的问题），而不是生活中经常出现的结构不良问题。在我们讨论问题解决的过程中，你可能会注意到这一偏向。尽管如此，接下来我所要呈现的大多数理论和原理对两类问题都应该是适用的。并且实际上，在后续章节中我们将会发现解决结构不良问题的一个策略就是：将这个问题界定得更为具体详细，换句话说即让他们变为结构良好问题。

问题解决理论

关于人类和其他物种的问题解决，行为主义和认知主义心理学家提出了各自的理论。这里我们简要叙述一下早期行为主义和认知主义心理学家对于问题解决的观点，之后主要介绍现代研究更多的信息加工理论的一些解释。

① 各国间关于结构不良问题更详细的讨论，参见 Voss，Wolfe，Lawrence & Engle，1991。

早期行为主义观点：试误学习和反应层级

在第 4 章，我们谈到桑代克（1898）的经典迷笼实验。为了解决问题（逃出迷笼），猫对迷笼的各个部分进行探索，最终触碰到了开关，并打开了迷笼。接着可怜的猫又被放入迷笼里，再次进行各种尝试直到打开迷笼。多次尝试之后，猫打开迷笼的速度加快，同时也因做出正确的反应而得到奖赏。猫打开迷笼的方法主要是一种试误法。

试误法在儿童的问题解决行为中较为常见。比如，许多年幼儿童在玩拼图游戏时，他们会试着将不同组块的拼图放在同一个地方，而不考虑每一块的形状和颜色，直至最终发现适合的那一块拼图。这种策略只有在解决方案非常有限的情况才能奏效。

在试误学习的过程中，人类和其他物种会发现通过多种尝试可以使问题得以解决，其中一些方式成功的可能性更大，这些方式也会得到更多的强化。最终，构成问题情境的刺激和某些反应建立起了联结，其中一些联结强于另一些（例如，G. A. Davis，1966；Hull，1938；Shabani，Carr
401 & Petursdottir，2009；B. F. Skinner，1966a）。这种**反应层级**（response hierarchy）可被描述如下图（箭头越粗表示联结越强）：

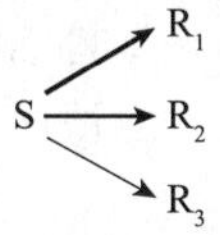

举一个例子，在我女儿蒂娜成长的过程中，她总是有这么一个问题：获准去做一些我和她父亲不想她去做的事情。对于这一问题，她通常会以相同的顺序尝试三种反应。首先，她会露出甜美的笑容并向我们叙述她多么想做这件被禁止的事情（显然，这个反应与当前这个特定的问题情境之间的联系是极其紧密的）；如果这种策略不奏效，她便会愤怒地指责我们什么事都不允许她去做；最后的方法，就是跑回自己的房间，摔上门并吼叫着说我们讨厌她。蒂娜一直不明白一个道理：有些事情我们是绝对不会让她做的。

虽然试误说和反应层级理论有时有助于我们理解问题解决行为，然而现代绝大多数心理学理论家都放弃了类似行为主义理论的解释，更为关注问题解决中所涉及的认知过程。与此趋势一致，接下来我们的讨论也将暂时搁置行为主义理论，而主要从认知定向的角度进行接下来的讨论。

早期认知主义观点：顿悟和问题解决的阶段

在第 7 章，曾提到格式塔心理学家苛勒（1925）对黑猩猩在问题解决情境下的行为观察，他几乎没发现黑猩猩具有桑代克此前发现的试误行为。而是发现黑猩猩会仔细地观察问题情境的各构成部分（例如把东西抓起来），将各个部分在头脑中不断地进行各种组合，直到发现一种可行的方法。在顿悟的那一刻，黑猩猩会马上采取行动，有目的地做出一连串反应去解决问题。因此，苛勒认为，问题解决是一个在心理上对问题情境进行重构，直至出现顿悟的过程。

有关问题解决的另一种认知派学说则侧重问题解决过程所经历的心理阶段（可能包括顿悟阶段），如瓦拉斯（wallas，1926）提出问题解决过程包含四个阶段：

（1）准备阶段：界定问题，搜集相关信息。

（2）酝酿阶段：从事其他活动的同时，在潜意识水平下对问题进行思考。

（3）顿悟阶段：灵光一闪，突然发现解决问题的方法。

（4）验证阶段：检验解决方法是否确实是正确可行的。

然而，瓦拉斯认为，问题解决的某些过程是超出个体意识注意之外的。进而波利亚（Polya，1957）提出的四个阶段强调意识和可控的心理活动：

（1）理解问题：找出问题的已知条件和未知条件，如果可以的话，尽量采用适当的符号（如数学符号）表征问题。

（2）制订计划：确定解决问题所需采取的步 402
骤和行动。

（3）执行计划：实施计划并检验其有效性。

（4）回顾总结：评估计划的总体有效性，思考以后遇到类似问题应如何解决。

遗憾的是，瓦拉斯和波利亚对于问题解决的描述多来源于内省和非正式的观察法，而非实验控制法，而且他们并没明确指出学习者是如何完成每一步骤的（Lester，1985；Mayer，1992；Schoenfeld，1992）。因此，这些早期有关问题解决阶段的理论在促进问题的成功解决上所起的作用是有限的。

尽管如此，早期的认知主义观点对问题解决的现代解释还是产生了一些影响的。后面我将马上会提到，问题解决有时涉及有意的、可控的心理过程（与波利亚描述的类似），有时候则会涉及不那么意识化的过程（就像瓦拉斯所假定的那样）。此外，学习者有时还会对令其百思不得其解的问题进行重构，并可能在此过程中突然发生顿悟，使问题得以解决。

信息加工理论

大多数现代理论家更多地关注于问题解决的具体认知过程。在接下来的部分，我们将要介绍的是信息加工理论的主要观点。

问题解决中的认知因素

成功解决问题的能力依赖于人类信息加工系统的几个方面：工作记忆容量、编码过程、长时记忆的提取、与问题相关的已有知识和元认知。对这些因素的考察会使我们发现，某一特定领域中的问题解决专家和新手之间存在一些差异，而这些差异揭示了为什么同样的问题对于有些人来讲轻而易举，而对另一些人来说却极其困难甚至根本无法完成。

工作记忆容量

正如你可能回想起来，工作记忆是记忆的一个组成部分，在工作记忆中发生着积极的、有意识的思考。但是这种记忆在同一时间只能容纳、处理一小部分信息。如果问题解决所需的信息量或加工量超过了工作记忆的容量（或者无关的想法消耗了工作记忆的容量），此时问题就不能得到解决（例如，Hambrick & Engle，2003；Salthouse，1991；Swanson，Jerman & Zheng，2008）。

问题解决者可以克服工作记忆容量的局限性，方法有以下几种：第一，我们可以采用外部方法将那些对解决问题所必需的信息储存起来（比如写在纸上）或进行外部加工（比如使用计算器）。第二，正如前面第9章所谈到的，有些问题解决的技巧应该进行充分的练习，使其达到自动化的程度，于是就只需要占用很小的工作记忆容量了。

问题编码

思考一下这个经典的儿童谜题：

在我去艾夫斯街的途中，
403 我遇见了一个男人和他的7个妻子。
每个妻子有7个麻袋，
每个麻袋里有7只猫，
每只猫有7个箱子。
箱子、猫、麻袋、妻子。
在去艾夫斯街的途中共有多少个事物？

许多人在解决这个问题时会进行逻辑运算：1个旅行者＋1个男人＋7个妻子＋7^2个袋子（49）＋7^3只猫（343）＋7^4个箱子（2 410）＝2 802个事物在去艾夫斯街的路上。用这种方式解决问题的人对问题的编码是不对的，尤其是他们忽略了谜语的第一行，即“在我去艾夫斯街的途中”。题目并没有告诉我们这位有多个妻子的男人要把他的妻子和动物们带到哪儿，也许是艾夫斯街，也许不是。

对问题进行编码的最关键因素是明确问题的哪些方面与解决方案有关而哪些无关。其次，要知道相关因素是怎样进行编码的（K. Lee，Ng & Ng，2009；Mayer & Wittrock，2006；Ormrod，1979；Whitten & Graesser，2003）。例如，思考以下表征同一情境的两种不同方式：

有5只鸟和3只虫子。鸟比虫子多几只？

有5只鸟和3只虫子。有几只鸟将吃不到虫子？

一年级学生经常会纠结于第一个问题，但他们却能够很轻松地解决第二个问题（Hudson，1983）。第一个问题需要学生储存关系信息，即一个事物与其他事物相比如何。关系信息的编码似乎更有难度，即使对于成人来说也是如此（Mayer & Wittrock，1996）。例如，在一项研究中（Mayer，1982），大学生被试被要求记住类似下面的一些问题：

一辆卡车在下午1点钟离开洛杉矶开往圣弗朗西斯科，第二辆卡车于下午2点钟离开圣弗朗西斯科开往洛杉矶，两辆车走的路线相同。假设两个城市距离465英里，并且两辆卡车在下午6点钟相遇。如果第二辆卡车的速度比第一辆车每小时快15英里，那么这两辆车的速度分别是多少？（Mayer，1982，p. 202）

学生在回忆关系问题上（例如，一辆卡车比另一辆卡车的行驶速度快15英里/小时）所犯的错误是简单地回忆基本陈述句（例如，两个城市距离465英里）所犯的错误的3倍。

人们是如何对问题进行编码以及如何解决问题的，这在一定程度上取决于最初人们是如何对问题进行归类的。在问题归类时，他们会倾向于使用头脑中各种各样的**问题图式**（problem schemas）（图式是指以特定方法解决特定问题的相关知识）（G. Cooper & Sweller，1987；L. S. Fuchs et al.，2004；Mayer & Wittrock，2006）。例如，思考以下问题：

> 安娜去购物，她花了 3.50 美元，在回家后她数了一下她的钱，还剩余 2.35 美元。那么安娜在一开始时候有多少钱？（Resnick，1989，p. 165）

如果在你读这个问题的时候提取并尝试用加法图式，你将会得出正确的答案 5.85 美元。但是，如果“剩余”一词使你将问题归为减法（因为许多减法问题都以“还剩下多少”的形式进行提问），你将会得到错误的答案 1.15 美元（Resnick，1989）。

在解决社会问题的过程中问题归类也会起作用，思考以下情境：

> 在九年级学生爱丽丝的社会学习课堂上，
> 404 学生们会以两人一组的形式共同完成一项家庭作业，老师说完成得最好的一组会得到奖励。爱丽丝现在正和她的妹妹露依莎抱怨她的同伴梅格不愿和她继续在一组，因为梅格认为爱丽丝太过专横。露依莎建议她最好的解决办法是与梅格全力以赴共同完成家庭作业，这样他们才能得到奖励。但是，爱丽丝考虑的是，自己应该和梅格谈谈，并向她保证自己不会再那么专横。（基于 Berg & Calderone，1994）

露依莎和爱丽丝以不同的方式对问题进行了归类，并得出了不同的问题解决方案。在露依莎看来，当前的问题是如何完成作业。而爱丽丝的看法却完全不同，她认为当前的问题是如何解决人际冲突（Berg & Calderone，1994）。

某一领域的专家和新手会对问题进行不同的归类（Anzai，1991；Chi，Glaser & Farr，1988；De Corte，Greer & Verschaffel，1996）。专家通常基于抽象概念、深层原理和模式对问题进行归类，他们好像具有了一套发展完善的问题图式用来表征不同类型的问题。而对于新手来说，他们通常将注意力集中于问题的具体方面，因此倾向于只提取与这些具体方面相关的信息。如同这个例子一样：舍恩菲尔德和赫尔曼（Schoenfeld & Herrman，1982）在一个实验中比较了数学教授和学生对各种数学问题进行分类的方式。教授依据与问题解决相关的抽象原理来进行分类，如使用类比法解决问题的被归为一类，使用反证法解决问题的被归为一类等。与之相比，学生对问题进行归类时依据的是问题更表面的特征，如它们是否包含多项式运算或几何图形。但在学生修完数学课程之后，再让他们重新做归类任务，他们运用的归类方法开始变得与教授相似。

当专家在面对结构不良问题时，在解决之前也会花大量的时间对问题进行界定（J. B. Mitchell，1989；Swanson，O'Connor & Cooney，1990；Voss，Tyler & Yengo，1983；Voss，Wolfe，Lawrence & Engle，1991）。举一个例子：

> 想象一下现在是 1983 年，你是苏联农业部的部长。近年来农作物产量持续走低，人民处于饥饿状态。你将采取什么措施以提高农作物产量？（基于 Voss，Greene，Post & Penner，1983；Voss，Tyler，et al.，1983）

用几分钟时间记录下你的一些想法。

你会花多长时间界定问题？有可能你根本不会花时间去界定问题，而是直接思考问题的解决方法。但是，如果你是一位专门研究苏联的政治学家，在提出解决方法之前你将会花费大量的时间来界定问题的各个方面，比如苏联的政治政策、可耕种的土地数量等（J. B. Mitchell，1989；Voss，Greene，et al.，1983；Voss，Tyler，et al.，1983）。

编码时的思维定势　人总是会倾向于采取特定的方式对问题进行处理和编码，这种现象我们称之为**思维定势**（mental set）。① 以下事例说明了思维定势带来的危害：

> 如何扔网球才能使球走一小段距离然后停下来，然后转向相反的方向？你可能不会想到将球对着地面弹，也不会想到将它与其他物体捆在一起（如绳子）。（基于 M. Gardner，1978）

我曾经将这一问题拿到一节硕士生的学习理 405
论课程上，35 个人中只有少数人给出了正确的答案。多数人都假定球只能沿着水平方向抛出（有一些同学甚至说他们以投球手的视觉印象来编码这个问题）。其实你一旦打破了这种思维定势，答案就非常简单了：你可以将球向上抛。

① 格式塔心理学家提出了这一观点，并将其称为“定势”。

以下是另外一个思维定势的例子：

> 有一块被固定在墙上的公告板。你的任务是将一根细长的蜡烛平行向上放置在这块距离地板4英尺的公告板上。你不想让蜡烛接触到公告板（火灾隐患），而是要使蜡烛和公告板之间相隔1厘米的距离。请问你如何运用图15—1中的材料完成这一任务？（基于Duncker，1945）

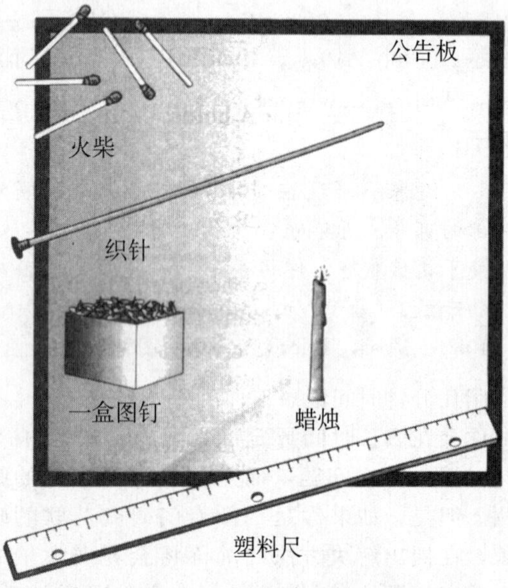

图15—1

运用图中的一些或所有材料，怎样才能将蜡烛竖直放置在公告板旁从而能够安全点燃蜡烛？

在继续阅读之前，请先给出一个解决问题的方案。

在研究生课堂上，我把这个问题当做一个需要动手的活动要求学生来完成，学生想出的解决方法主要有以下三种。第一种方法，用织针穿过蜡烛将其固定在公告板上，这种方法破坏了蜡烛和公告板；第二种方法，利用尺子形成一个平面，然后用图钉将其固定在公告板上（也可以是织针），将蜡烛放在它上面。这样做有一个问题：随着放入蜡烛数量的增加，尺子由于不稳固会掉到地上；只有第三种方法是有效的：将图钉移出盒子，用图钉将盒子订到公告板上，然后将蜡烛固定在盒子的上面（用融化后的蜡或者图钉）。其实答案很简单，但多数人只把盒子当做容器，忽视了盒子的其他功能。

这种把物体的功能单一化，而忽视了其他可能用途的倾向是思维定势的一种，我们称之为**功能固着**（functional fixedness）（Birch & Rabinowitz，1951；Duncker，1945；N. R. F. Maier & Janzen，1968）。个体功能固着的程度在一定程度上取决于情境。如果把图钉放在盒子外面，降低 406
盒子被编码为容器的可能性，问题更容易得到解决（Duncker，1945）。如果将盒子贴上“BOX”的标签，问题也更容易得到解决，因为这样做会让人们意识到这个盒子可以被用来解决问题（Glucksberg & Weisberg，1966）。

思维定势和功能固着在一定程度上是由过去经验造成的：如果过去经验验证了某一种解决问题的方法是有效的，那么个体在以后碰到类似的问题就会继续使用这种解决方法，并可能使其达到自动化的水平。之后，即使在不适用或者没有必要使用的情况下可能仍然采用该方法，且这一过程的发生通常是“无意识的”。（回想我们在第9章里关于自动化的弊端的讨论部分。）

卢钦斯的经典实验——取水问题（Luchins，1942；Luchins & Luchins，1950）很好地诠释了过去经验对当前的问题解决具有多么强烈的影响。想象一下，你有三个不同大小的罐子：

> A罐子能装20盎司（1盎司约为28克）的水。
>
> B罐子能装59盎司的水。
>
> C罐子能装4盎司的水。

你现在需要31盎司的水，假如水资源使用不受限制，你如何使用三个罐子恰好得到31盎司的水？在进一步阅读之前请先仔细思考，想出一个解决方法。

水罐子问题的解决方法如下：

（1）装满B罐子，得到59盎司水。

（2）将水从B罐子倒进A罐子直到装满水，此时B罐子还剩下39盎司水。

（3）将水从B罐子倒进C罐子直到装满水，此时B罐子还剩下35盎司水。

（4）把C罐子中的水倒出，然后用B罐子中的水将C填满，此时B罐子里的水正好是31盎司。

用数学公式表示，解决方式即B－A－2C。

卢钦斯（1942）给出了一系列类似这样的问题，答案都是同样的：B－A－2C。然后他又给出了以下三个问题：

A 罐子容量：	B 罐子容量：	C 罐子容量：	最后得到容量：
23	49	3	20
15	39	3	18
28	76	3	25

几乎所有人在解决前两个问题时都采用了之前解决问题所用的公式：B－A－2C。但他们在解决第三个问题时遇到了困难，因为这一标准公式不再适用了。但是你留意一下就会发现，这三个问题都可以通过更简单的方法得以解决：第一个和第三个问题的解决方法是 A－C，第二个问题的答案是 A ＋ C。卢钦斯研究中的被试（他们都是教授和硕士生——几乎都是智力高手），都是由先前经验造成的思维定势的受害者。

在许多情况下使用类似的方法解决相似问题是有助于问题解决的。但是，思维定势会影响问题在记忆中编码的方式，这种编码方式转而又会影响长时记忆系统（寻找潜在相关信息和程序的记忆系统）。如果问题编码使得个体循着错误的方向在长时记忆中搜索信息或程序，这就会使问题 407 解决过程受阻（Bilalic，McLeod & Gobet，2010；N. R. F. Maier，1945；Mayer，1992；Stein，1989）。

从长时记忆中提取信息

想要利用以前学到的知识解决问题，人们必须在思考问题的时候从记忆中提取出这些知识。因此，那些有利于个体提取长时记忆的因素（有意义学习、新观点的组织与整合等）也会有利于问题的顺利解决。

当人们在长时记忆中搜索与问题相关的知识时，他们会先从关注逻辑“位置”开始。首先他们会检索出熟悉的观念，然后，从中识别出新颖的或不同寻常的问题解决办法，例如，考虑“（将图钉）拿出盒子外”（Bourne，Dominowski，Loftus & Healy，1986；Storm & Angello，2010）。人们也更易于提取那些与当前问题情境看起来联系密切的信息，例如，如果他们之前学习了包括蜡烛—盒子这一词语配对的“配对联想列表”（paired-associates list），那他们就能更轻松地解决蜡烛问题（Bassok，2003；Weisberg，DiCamillo & Phillips，1979）。那些能提供重要提取线索的提示也会有所帮助，但前提是人们能察觉到这些提示与线索之间的关系（Bassok & Holyoak，1993；Gick & Holyoak，1987）。

正如我在第 11 章中提到的，焦虑通过限制部分长时记忆的搜寻，从而影响、干扰信息的提取过程。因此，当问题解决的方法不是那么显而易见的时候，焦虑个体将会在解决问题的过程中遇到困难（Glucksberg，1962；B. Hoffman，2010）。例如，在一项早期的研究中（Glucksberg，1962），研究人员让大学生们解决一个类似图 15—1 所示的蜡烛问题。其中一些学生分别得到图钉（在盒子外）和盒子（问题较易条件），而另一些学生则得到的是装着图钉的盒子（问题较难条件）。与此同时，在每种条件下，都有部分学生被告知：如果他们能快速地解决这一问题，将可以获得 25 美元的奖赏（在 1962 年这是一笔可观的收入），这一奖赏条件显著地增加了学生解决这一问题时的压力水平。下面列出的是四个不同问题解决组的平均反应时间（以分钟为单位），数字越大表明问题越难解决：

	较易条件	较难条件
低焦虑	4.99	7.41
高焦虑	3.67	11.08

当盒子是空的时，将它作为烛台的用途较为明显，此时焦虑促进了问题的解决。但当盒子被作为容器使用时，焦虑就使得这一问题的解决变得更为困难了。

当人们知道在长时记忆中的何处进行搜索时，焦虑对于问题解决的影响好像被减小甚至是消除了。虽然在问题解决任务中，高焦虑的个体明显比低焦虑的个体表现得更差，但是如果提供一些能够促进有效提取的线索，两组的表现相差就不大了（Gross & Mastenbrook，1980；Leherissey，O'Neil & Hansen，1971）。

潜伏期对长时记忆提取的价值　在瓦拉斯早期关于问题解决的四阶段理论中（Wallas，1926），**潜伏期**（incubation）是一个关键性的阶段：让问题“酝酿”一会儿（可能是处于无意识水平），与此同时去从事其他事情。许多同时期的认知理论也肯定了潜伏期的重要性，特别是在解 408 决困难问题时。首先，许多妨碍问题解决的因素（例如，疲劳、焦虑、消极的思维定式）可能在潜伏期消失。此外，在此阶段，个体可以在长时记忆中进行更大范围的搜索，这可能仅仅是一种在各个领域的“漫无目的的漫游”（不必有什么特定的目标和意图），但是却可能会出乎意料地“偶然遇见”一些潜在的有用信息。当碰巧发现这些新信息时，人们或许会发现它与之前未解决的问题之间存在联系，此时人们便会以新的方式来对问题进行编码（即对问题进行重组），进而采用不同的方法来处理问题。有时，再编码会让问题得到一种突破式的解决方法，也就会引起前面我提到过的顿悟现象（I. K. Ash & Wiley，2006；Davidson & Sternberg，2003；Dijksterhuis & Nordgren，2006；Kounios & Beeman，2009；Strick，Dijksterhuis & van Baaren，2010；Zhong，Dijksterhuis & Galinsky，2008）。

以我编写教科书的经历来说，我认为潜伏期是一种高效的策略。我在写作时遇到的最大的问题可能是，如何想出最好的方式来组织那些不断拓展的与学习和动机有关的研究发现。随着我所研究的领域的不断成熟与发展，我发现在这本书之前的版本中所使用的许多组织结构已不再适用于最新的版本。因此，我开始尝试其他的组织方式。当然我的脑瓜每天似乎只能应对细微的范式改变。通常，我能做得最好的事情就是在下午3点左右关上电脑，出去走走，看看电视里的有奖竞猜节目。本质上来说，这就是让我的“思维尘埃”沉淀下来。当我第二天早晨打开电脑时，我经常会有一些之前未曾出现过的全新构想。

知识基础

一般而言，成功的（专业的）问题解决高手们对于他们要解决的问题有着非常完整、系统的知识基础。在自己所擅长的领域里，他们还拥有更多关于特定问题解决策略的知识。比如，一旦他们将一个问题划分到某一特定类别，或者将其与某种问题解决图式相对应起来，他们就很容易运用特定的程序去解决它。另外，他们往往已经学会将基本的解决问题的程序自动化。然而，问题解决新手不具备像专家那样丰富的知识基础，他们更可能会采用无效的问题解决策略，比如采取试误的方法，坚持无效的程序，做出毫无根据的假设，或者以一种生搬硬套且毫无意义的方式来应用程序和方程式（Anzai，1991；Bédard & Chi，1992；Carr，2010；Chi et al.，1988；Lawson & Chinnappan，1994；Perkins & Simmons，1988；S. K. Reed，1993）。

元认知

元认知常常在问题解决中扮演着关键角色。成功的问题解决者尤其需要具备以下特点：

◆ 相信他们有能力成功地解决问题。

◆ 意识到某些问题可能需要大量的时间和努力才能完成。

◆ 制订一个全面的关于行动步骤的计划。

◆ 灵活考虑潜在的相关问题解决策略，并从中做出恰当的选择。

◆ 监控问题解决的进展，在必要时调整解决策略。（Carr，2010；Davidson & Sternberg，1998；Delclos & Harrington，1991；Dominowski，1998；
B. Hoffman & Spatariu，2008；Kirsh，2009；Les- 409
gold & Lajoie，1991；Mayer & Wittrock，2006；Schoenfeld，1992；Zimmerman & Campillo，2003）

为了说明这些因素如何起作用的，让我们来看看这个与特定问题有关的思维序列：

> 我在做一些事（解决某种特殊问题）的时候会比较马虎；我最好做得慢一点。问题毕竟是复杂的。我应该谨慎地按部就班地做。这种方法没用，我会试试别的。我需要出声地说出我正在做的，以确保每一步都能正常完成。我需要将这些步骤写出来。（Lester，1985，p. 63）

显然，这个人不是个问题解决的老手，他通过采用一些有益的元认知技巧来处理问题。比如，承认放慢解决问题速度以及更仔细的必要性，觉察到当策略无效时，找出特定的可能有助于问题解决的行为。

不幸的是，有时候学生所具有的一些知识观妨碍了问题的有效解决。以数学领域为例，许多学生相信：（1）成功的问题解决大多取决于运气；（2）一个问题只能有一个正确答案；（3）只有一种方法可以解决某些问题；（4）一个问题要么可以在几分钟之内被解答，要么就根本解决不了（De Corte et al.，1996；Geary，1994；Schoenfeld，1992）。当学生们对一个学科领域的本质，或者更广泛地说，对知识本身具有非常幼稚的认识时，比如，认为几乎任何问题都只有唯一的正确解答，他们可能就会在解决结构不良问题时遇到麻烦（P. M. King & Kitchener，2004；Schraw，

Dunkle & Bendixen，1995）。

问题解决策略

在之前的许多地方，我都已经谈到了适宜的问题解决策略对于解决问题的必要性。这些策略可以分为两类：算法和启发式。

算法

正如前文所提到的，结构良好问题通常可以使用一系列特定的操作来解决。比如，你能够用两种方法来解决“3 354 除以 43”这个问题：使用规定的长除法，或者按照适当的顺序在计算器上按键。两种方法都能得出正确的答案：78。同样，如果你按照食谱上所写的原料、方法和烤箱温度来做，你就能做出好吃的南瓜派。这种明确的、一步一步地解决问题的流程可以叫做**算法**（algorithms）。算法通常具有领域特定性：它们在解决特定领域的特定问题时很有用，但在其他问题上就很少能发挥作用了。

小孩子在解决数学问题时可能会使用几种算法中的某一种，举个例子：

> 如果我有 2 个苹果，你又给了我 4 个，那么现在我一共有几个苹果？

即使孩子们没有经过正式的加法训练，通常也都能解决这个问题，（T. P. Carpenter & Moser，1984）。早期的策略是先伸出 2 根手指，再伸出 4 根，然后把所有的手指数一遍，就能得到正确答案“6 个苹果”。后来，孩子们逐渐可能会开始使用最小策略，他们从较大的加数开始（在上面的问题中就是先数 4），然后再把小的加数一个一个加上去（例如，数苹果，“4 个苹果……然后是 5 个，6 个……一共是 6 个苹果”）（Siegler & Jenkins，1989）。

410

再后来，孩子们学习了基本加法（例如，“2+4=6”），这使他们不用再将数字全部数一遍就能回答简单的加法问题。起初，孩子们可能无法有效使用新的策略，因此他们可能仍会沿用之前那些低效却更可靠的方法。最终，当他们充分掌握了新方法，就能轻松地抛弃效率低下的策略了（Siegler & Alibali，2005）。

有时候，当一个简单的算法不足以解决问题时，许多算法的组合可能就能顺利解决问题了。但是将算法组合起来可不像看起来那么容易（例如，Mayer & Wittrock，1996）。有时，人们可能需要通过正式的班级课程教学或者非正式的经验来学习组合算法的方法。例如，在一项研究中（Scandura，1974），研究者先教会小学生如下规则：

n 块焦糖＝（n+1）个玩具兵

n 个玩具兵＝（n+2）支铅笔

之后，要求这些儿童完成涉及以上两条规则的交易（例如，将焦糖换成铅笔）。然后，将无法完成该任务的儿童挑选出来，并对其中一半的儿童进行关于规则结合的特定训练。随后，所有受到训练的儿童都能有效地结合两条交易规则（其中一个需要先进行额外的训练），而未经训练的控制组中却没有人能完成任务。

启发式

不是所有的问题都能通过算法来解决。例如，能解决垃圾食品成瘾或者维护世界和平的万全算法是不存在的。而在另一些情况下，算法可能因为太浪费时间而不那么实用。例如下西洋跳棋时，有一个有效但却不够实用的算法：先考虑到每一种可能的下法，然后考虑对手对每一个下法的所有应对招数，之后再考虑自己的每一个反制招数，如此反复思考，直到胜利者计划好了所有可能的全套走法（Samuel，1963）。这种算法要么得依靠资深的计算机程序员来实现，要么得让棋手奉献毕生精力。

当一个问题的算法不存在或不实用时，人们就会运用**启发式**（heuristics），它是一种更为普遍的问题解决策略，但不是总能得出正确答案。下面是一些例子。

对自己说一遍问题　在第 9 章，我描述了自我解释对提升长时记忆容量的价值。自我解释往往也会有助于问题解决。如果这些自我解释是适当的，那么，对自己说出欲解决的问题和解决问题的步骤，通常会提升个体识别出有效方法或监控问题解决进程的能力（Berardi-Coletta，Buyer，Dominowski & Rellinger，1995；Berthold & Renkl，2009；Carr，2010；Crowley & Siegler，1999；例外参见 S. M. Lane & Schooler，2004）。

头脑风暴　在头脑风暴中，个体起初被要求尝试提出大量的问题解决方法而不用考虑方法的真实性及可行性。只有当产生了很多可能的方法

之后（或许包括许多看起来稀奇古怪的想法），我
411 们才去评估它们潜在的价值和效果。这种延迟评估增加了人们对长时记忆进行更广泛搜索的可能性，因此，可能碰巧会找到一个不同寻常的、有创意的问题解决方法（Halpern，1997；Osborn，1963；Runco & Chand，1995）。

手段—目的分析 在手段—目的分析法中，个体将一个问题拆分成两个或两个以上的子问题，然后成功地解决每一个子问题（Z. Chen，Sanchez & Campbell，1997；Newell & Simon，1972；Sweller & Levine，1982）。例如，想象一下婴儿看见一个有吸引力的玩具，这个玩具在他所能触及的范围之外。玩具上有一条绳子，绳子的另一端系在离手更近处的一块布上。在布和婴儿之间有一个泡沫橡胶障碍物。许多1岁左右的婴儿可以把前两者（玩具、绳子）和后两者（绳子、布）结合起来看，并认识到，要实现这一目标（得到玩具），必须首先做一些其他的事情，于是，他们移开障碍物，将布拉向自己，抓住绳子，通过收线把玩具拿到手（Willatts，1990）。

逆推法 在某些情况下，从问题目标开始，反向地一步一步退回到问题初始状态，对问题解决是有帮助的（Chi & Glaser，1985；Newell，Shaw & Simon，1958；Wickelgren，1974）。逆推法常常适用于解决代数和几何证明问题。问题的初始状态被呈现给学生，比如一个公式或特定形式的几何图形，要求他们通过一定的数学逻辑步骤去证明，另一个公式或者另一形式的几何图形也一定是正确的（目标）。有时候从目标状态有逻辑地逆推到初始状态更加容易，而且在数学上也是正确合理的。

视觉图像法 在第8章，我们提到工作记忆可能包括一种视觉空间模板，它使人们能够短期地储存和操纵视觉材料。同时，在第9和第10章中，我们发现，视觉图像是在长时记忆中储存信息的一种潜在的有力手段。因此，当问题能够被很容易地视觉化，或者有一个明显的空间结构时，人们有时会使用视觉图像来解决问题（L. D. English，1997；Geary，2006；Hegarty & Kozhevnikov，1999；Kosslyn，1985；Ormrod，1979）。

类比法 看看你能否解决下面这个问题：

> 假设你是一个医生，面对一个胃部有恶性肿瘤的病人。你无法给这个病人动手术，但如果不消灭这个肿瘤病人就会死掉。有一种射线可以用来破坏肿瘤。如果以足够高的强度照射肿瘤，一次就能杀死它。不幸的是，这种强度的射线不但可以杀死肿瘤，也会破坏其经过的通道上的健康组织。较低强度的射线对健康组织是无害的，但却也不会影响到肿瘤。怎样才能使用射线杀死肿瘤并且同时避免破坏健康组织呢？（Gick & Holyoak，1980，pp. 307 - 308）

如果你难以解决以上这个问题，考虑一下这种情景：

> 一位将军想攻占位于国家中部的一个要塞。有很多条路从这个要塞通往四面八方。所有的路都被埋了地雷，所以，一小队人可以安全通过这些路，但若是大部队就会引爆地雷。因此，不可能进行直接全面攻击。将军的办法是将他的部队化整为零，每个小分队走不同的路，让所有的小分队同时在要塞集结。（Gick & Holyoak，1980，p. 309）

现在，让我们回到肿瘤的问题上来。那名将军在攻占要塞时用到的策略可能已经给了你如何破坏肿瘤的启示：你可以从不同的方向发射许多
低强度的射线，并让它们同时在肿瘤上汇聚。之 412
前读到过关于要塞问题解决方法的大学生更有可能解决这个肿瘤问题。因为两个问题有着类似的解决方式（Gick & Holyoak，1980）。

在当前问题与之前解决过的问题之间进行类比，有时可能会为如何解决当前问题提供灵感（A. L. Brown，Kane & Echols，1986；L. D. English，1997；Mayer & Wittrock，1996；Schultz & Lochhead，1991）。例如，一个学生可以通过已学习过的类似的、已解决的问题，来解决一个新的数学问题（R. K. Atkinson，Derry，Renkl & Wortham，2000；Mwangi & Sweller，1998；Reimann & Schult，1996）。再举一例，看看古希腊科学家阿基米德（Archimedes）在大约公元前250年遇到的问题：

> 希罗王（King Hiero）让金匠为其打造一个金王冠，并给了金匠打造王冠所需的黄金。当国王拿到做好的王冠时，他怀疑金匠

> 用一些比较便宜的白银代替黄金做成王冠欺骗他。唯一能证明金匠是否诚实的方法是比较王冠的重量和体积。当重量一定时，任何金属都有其特定体积，每种金属重量与体积的比值又都不同。王冠的重量很容易测量，但是怎样测量它的体积呢？

一天，阿基米德带着这个问题迈进浴缸。他注意到浴缸中的水在上升，通过类比分析（也可能是视觉图像法），他立即想到了解决这个问题的方法：可以将王冠放入一个装水的容器内，这样王冠的体积便可以通过它的排水量来测得。

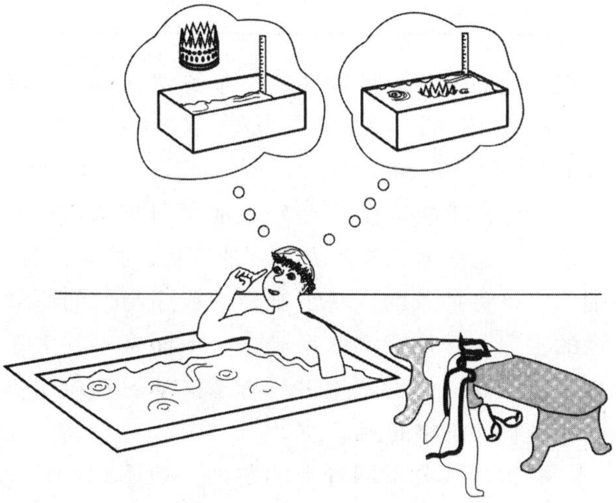

类比法有时会有助于问题的解决。

尽管如此，使用类比法并不能保证答案的正确性：问题解决者可能做出不正确的类比，或找到一个不恰当的类比（Bassok，2003；Mayer &
413 Wittrock，1996；Novick，1988）。一个更值得注意的阻碍是，如果没有专家的指导，检索和识别出有用的类比的机会非常渺茫。无论哪个年龄段的人都很少使用类比来解决问题，除非类比对象具有与问题很相似的表面特征（Bassok，2003；Gick & Holyoak，1980；Holyoak & Koh，1987；Mayer & Wittrock，1996）。

使用问题内容的外部表征　工作记忆有限的容量，不可避免地限制了人们在处理一个问题时可以在头脑中完成的任务数量。然而，人们可以通过将问题的某些方面储存在外部来增强工作记忆的容量，例如绘制图表，列出问题要素，或记下潜在可行的解决方案。问题的外部表征，也可以帮助人们对问题进行更具体的编码，同时更清晰地帮助人们澄清各种元素之间的相互关系（Anzai，1991；Fuson & Willis，1989；Kirsh，2009；Prawat，1989；Schultz & Lochhead，1991）。

因为很多问题的解决方案并没有正确错误之分，所以也就不存在一个解决问题的最佳策略。总之，不同的策略适用于不同的情境。但有时人们会将策略运用在错误的情形中，这往往是因为他们对策略的学习停留在死记硬背、无意义的水平上。我们接下来就来探讨这些情况。

无意义与有意义的问题解决

再继续往下阅读之前，先看看你能否解决这样一个问题：

> 一个人拥有 25 美分硬币的数量是他拥有的 10 美分硬币数量的 7 倍。10 美分硬币的总金额比 25 美分硬币的总金额多 2 美元 50 美分。这个人拥有多少 10 美分硬币，多少 25 美分硬币？（Paige & Simon，1966，p. 79）

对于这个问题，如果你发现了答案——随便什么答案——那么你一定忽略了一个关键要点：25 美分硬币比 10 美分硬币值钱。如果 25 美分硬币比 10 美分硬币多，10 美分硬币的总金额不可能比 25 美分硬币多。这个问题是无意义的，因此也是无法被解决的。（如果你试图用代数法去解决这个问题，正如我一开始所做的，你可能会困惑地发现 25 美分硬币和 10 美分硬币的数量都是负值。）

当人们以死记硬背、机械的方法学习了算法而没有理解其背后的逻辑时，有时候，他们可能就会不假思索且不恰当地应用算法（Carr，2010；De Corte et al.，1996；Prawat，1989；Walkington，Sherman & Petrosino，2010）。结果他们就会获得无逻辑的，或者实际上不可能的结果。让我们来看看下面这些无意义的解决数学问题的例子：

- 一个学生被问到这样一个问题：一个农夫养了 21 只动物，它们一共有 60 条腿，他养的鸡和猪各有多少只？这个学生将 60 和 21 相加，他的理由是，因为问题里提到了“一共有多少”，所以加法就是合理的解答（Lester，1985）。
- 一个学生只要在问题内容里遇到 left 这个词就使用减法来进行计算——即使这实际是个加法问题。例如，“约翰离开（left）房间去拿更多的苹果”(Schoenfeld, 1982)。

414 ◆ 让中学生回答，欲载540人去看棒球比赛需要多少辆承载量是40人的公共汽车。大多数人给出的答案是个分数，而没有意识到，在公共汽车这个例子中，只有整数才是合理的(Silver, Shapiro & Deutsch, 1993)。

情况往往是这样的，学校在教授问题解决的时候，往往将精力集中于教授如何用算法去解决结构良好问题，却忽视了帮助学生去理解算法为什么会起作用以及如何在现实情境中使用这些算法(Carr & Biddlecomb, 1998; Cooney, 1991; A. Porter, 1989; Silver et al., 1993; Walkington et al., 2010)。例如，你可能会记得曾经学习过如何解长除法，但你可能想不起为什么在你的回答中你要把每一个数乘以除数，并且把结果写在被除数下面的特定位置。或者说，你可能学过解决文字问题的“关键词”法，比如“总计”这个词意味着加法，而像“剩下”这样的词代表减法。这种方法实际上是毫无意义的，而且往往会得到不正确的解决方法。

促进课堂中的迁移与问题解决

正如本章前面提到的，学生往往不能将其在学校学到的东西应用到随后的学业任务或校外问题中。因此，正式教育的一项主要目标(正迁移)并没有实现其应有的作用。然而，学生有时却可能会错误地将他们学到的东西应用到不恰当的情境下，这种就是负迁移。

关于迁移和问题解决的复杂过程，学习理论家们还有许多需要研究的。尽管如此，这两个领域的理论和研究已经为教育实践提供了很多建议。

◆ *学生应该进行有意义学习，并将知识掌握透彻。*在绝大多数情况下，成功迁移并解决问题的必要条件是对问题的主题具有扎实的理解。在理想的状况下，这些理解中的大部分是我在第10章中提及的概念知识：概念和观点构成了一个统一的整体，这个整体包括因果关系以及其他意义性的关联原因。学校课程如果涉及的是一份冗长的，因而仅能肤浅传授的学习主题的名单的话，这份名单的长度当然难以缩减(Brophy & Alleman, 1992; N. Frederiksen, 1984a; Haskell, 2001; Hecht & Vagi, 2010; M. C. Linn, 2008; Perkins, 1995)。

◆ *学生也应该以一种有意义的方法来学习问题解决的策略。*在绝大多数情况下，学生学习问题解决的算法时，往往将其与之前在现实生活中学到的知识相分离。例如，他们是在一种完全与日常所接触的真实世界相分离的条件下学数学(比如数学符号、原理、步骤等)的。当学生以一种无意义、死板的模式学习算法时，他们很可能就会机械地、不假思索地使用它，而且常常会犯错误。他们也不太可能知道这个算法在哪些情境下是适用的(Carr, 2010; Greeno, 1991; Hiebert & Wearne, 1993; Resnick, 1989)。

学生们不应该仅仅是死板地学习算法，他们应该理解这样做就能解决问题的原因。换句话说，他们应该将抽象的、基于符号的程序与他们所知道的主题和具体现实联系起来。下面是一些关于 415
教师应该如何帮助学生进行有意义学习和应用不同问题解决策略的例子：

● 讲授区分不同种类问题的一般图式，并让学生在大量不同背景下练习使用这些图式(L. S. Fuchs et al., 2003b, 2004; Gerjets & Scheiter, 2003)。

● 在向学生展示一个特定的策略的同时，要让他们解释这个策略为什么好(Calin-Jageman & Ratner, 2005; Renkl & Atkinson, 2003; Rittle-Johnson, 2006)。

● 在讲授一个复杂的数学公式和程序时，最好用文字、符号和例子的方式来呈现，这有助于在这些公式、程序与学生已经熟悉的事物之间建立联系(R. K. Atkinson, Catrambone & Merrill, 2003; J. R. Stone, Alfeld & Pearson, 2008)。

● 帮助学生掌握并比较解决任何单一问题的多种不同方法(Rittle-Johnson & Star, 2009)。

◆ *在学习问题解决技巧中，发现活动和说明指导都扮演着重要的角色。*显然，小孩子在他们早期的游戏活动中会经历许多试误的过程。通过这些活动，他们可能会发现大量客观事物的特性，而这些发现提高了他们在后来使用这些事物解决问题的可能性（Christie & Johnsen，1983；Pellegrini，2009；P. K. Smith & Dutton，1979）。

一旦儿童遇到与学业主题有关的问题，那种能独立发现解决问题策略的偶然机会同样也是非常重要的。特别是，重视引导发现的教学方式有时会促进问题解决技能向新情境迁移（Hiebert et al.，1997；Mayer & Wittrock，2006；McDaniel & Schlager，1990；Shymansky，Hedges & Woodworth，1990）。发现学习在以下情况下可能是最有用的：（1）学生有很好的自我调节技能和扎实的知识作为基础；（2）老师帮助学生解读自己的发现并监测他们对发现的理解（Doyle，1983；N. Frederiksen，1984a；D. L. Schwartz & Martin，2004）。

然而即使有老师的引导，学生们也并不一定总能独自获得问题解决的合适策略。对于那些不太熟悉特定主题的学生而言，在那种能用特定策略解决的结构良好的问题中（特别是那些起初超出了学生工作记忆容量的问题），明确的算法指导往往更加有效（N. Frederiksen，1984a；P. A. Kirschner，Sweller & Clark，2006；Rittle-Johnson，2006）。

◆ *学生应该具有迁移所需的思维定式*。正如我们已经发现的，问题解决中的思维定势——以特定方式解决问题的倾向——有时会妨碍问题的成功解决。然而，迁移学校知识的一般思维定势——一种运用课堂上学到知识的倾向——却是非常有用的。教师们可以通过创造一个**迁移的氛围**（culture of transfer）来促进这种思维定势的产生，在这种学习环境下，学生把学到的东西应用到新领域、交叉学科、现实问题中是合乎预期且平常无奇的（R. A. Engle，2006；Haskell，2001；Pea，1987）。例如，老师们应该经常告诉学生如何将学业内容应用到学校内外的多种情况下。同时，他们也应该鼓励学生在听、读、学的过程中，不断思考"我该如何应用这些信息"（B. D. Cox，1997；M. C. Linn，2008；Perkins，1992；Stein，1989；R. J. Sternberg & Frensch，1993）。

416 ◆ *某些必备的技能应该不断练习直到它们能够达到自动反应的水平*。记住，问题解决发生在工作记忆中，而对于在某一特定时间段保存并加工的信息，工作记忆的容量是有限的。从某种程度上来讲，如果学生能够自动加工问题中简单而又熟悉的方面，他们就能够腾出更多的"空间"给问题中困难和新颖的方面（Geary，1994；Gerjets & Scheiter，2003；Mayer & Wittrock，2006；Perkins & Salomon，1987）。

◆ *练习不一定能够使问题解决得完美，但确实能提高成功迁移和问题解决的几率*。大量的各类例子和实践机会能促进长时记忆中的新信息和大量相关情境的联系，因此，在随后需要被用到时，信息更容易被提取出来。另外，在某种程度上，学生每次都应以略微不同的方式运用这些概念和程序，这样他们更可能对其建立起一种一般性的（也可能是抽象的）理解，这种理解不必依赖于情境的显著表面特质，而且，学生不太可能发展出限制他们灵活应用概念和程序的思维定势（Bransford & Schwartz，1999；Carr & Biddlecomb，1998；Z. Chen，1999）。试着去解决下面作为例子的各个问题：

> 玛丽要在离墙 6 英寸的地方放置一个木质火炉。她没有尺子。但是，她有三根棍子，其长度分别为 15 英寸、7 英寸、2 英寸，那么利用这些棍子，她如何才能测量出恰当的距离（6 英寸）？
>
> 约翰要把正好 20 杯化肥洒在他的院子里。他有一桶化肥但只有 3 个罐子，容量分别为 9 杯、8 杯、3 杯。那么他如何得到 20 杯化肥？
>
> 史密斯厨师需要 7 盎司面粉来烹饪。但只有一个天平和三个砝码，三个砝码的重量分别为 9、5、3 盎司。那么，他如何精确地得到这 7 盎司的面粉？（三个问题都来自 Z. Chen，1999，p. 715）

你可能已经发现，上面这三个问题都可以用同样的一般性策略（卢钦斯取水问题中用到过）来解决，具体来说，通过对三个已知的数量进行某种加工，比如加减法，就能得到需要的第四个数量了。但是请注意，以上每个问题都有着截然不同的表面特征，这些特征包括不同的称量方式（长度、体积、重量）和不同的条件及目标（放置一个火炉，测量花园所需的化肥数，称出烹调所需面粉的重量）。进一步讲，每一个问题都需要不同的方案来解决（A－B－C，A＋B＋C，A－B＋C）。通过解决这样几个不同的问题来学习问题解决策略，要比通过解决相似问题（例如，解决一系列的取水问题）来学习问题解决策略花费更多时间，但是学习者随后可以更广泛、更灵活地运用所学到的这一问题解决策略（Z. Chen，1999）。

有时候，教师应该以一种混合的顺序呈现问题（而不是让学生解决一系列需要相同步骤的题目），这样就能让学生在解决问题之前先练习对问题进行分类（Geary，1994；Mayfield & Chase，2002；Rohrer & Pashler，2010）。理想条件下是，学生有机会将新学到的策略应用到现实生活问题中，而不只是解决传统的文字题目（De Corte et al.，1996；Lave，1988，1993；M. C. Linn，2008）。

◆ *学生应该拥有自己识别问题的经验。*教师往往会给学生提出一些他们想要学生解决的问题。但是，在课堂以外——例如在家里、在成人的工作场合中——人们必须经常自己识别并定义他们所面对的问题。一些理论家认为，要是学生能更早开始在课堂上**寻找问题**（problem finding），他们将会受益匪浅（S. I. Brown & Walter，1990；Eisner，1994；Hiebert et al.，1996；A. Porter，417 1989；Resnick，Bill，Lesgold & Leer，1991）。例如，在数学课上，学生可能会得到描述食品杂货店中的物品的数量和价钱的数据，并被要求回答一些可以利用这些数据计算得到的问题。再比如，在历史课上，可能呈现给学生一个美国内战中的场景，并要求他们要找出南方军队和北方军队各自所面对的问题，同时要求他们给出可能的解决方案。

◆ *为了将负迁移最小化，应重视两个观念间的差别。*昆虫和蜘蛛是相似的刺激，它们都是拥有外骨骼的小型节肢动物，而且都是爬虫类，因此学生会把对其中一种爬虫的认识不恰当地迁移到另一种上面。对于相似的刺激，如果重视其差异而不是相同点，负迁移就可以被减少（R. J. Sternberg & Frensch，1993）。例如，昆虫和蜘蛛在很多方面都是不同的（例如，6条腿还是8条腿，3节身体还是2节，有触须还是没有触须），如果对它们之间的这种差异给予足够的重视，就会减小一个概念到另一个概念的负迁移。此外，如果能预计到两个概念之间易发生负迁移，那么在不同的环境下讲授不同的概念将会减小负迁移的发生（Bilodeau & Schlosberg，1951；Greenspoon & Ranyard，1957），例如，在教室里教学生昆虫的知识，而在自然历史博物馆的实地考察课程上教学生有关蜘蛛的知识。

◆ *传授一般问题解决的技能（认知的和元认知的）也会有助于问题解决。*正如第14章里谈到的，对学习技能的训练是有效的，它能明显促进课堂学习和提高学习成绩。类似地，教授一般问题解决策略能够提升学生成功解决问题的能力。但是，我们还要意识到，正如学习策略总是在与特定学习内容背景相结合时才更容易学会，同样地，许多一般问题解决策略也是在与它们可以被应用的内容领域相结合时更容易习得（Kramarski & Mevarech，2003；Mayer & Wittrock，2006；Resnick，1987；Schoenfeld，1979，1992；Schoenfeld & Herrmann，1982；H. A. Simon，1980）。

我们前面阐述过的许多关于问题解决的启发式（对自己说一遍问题、头脑风暴、酝酿、画图表等）都可以被迁移到更广泛的问题情境中。对元认知和自我调节的问题解决策略（如识别个体最终目标、监控目标定向行为等）的专门学习能够提升成人和儿童问题解决的效率（Cardelle-Elawar，1992；Carr，2010；Desoete，Roeyers & De Clercq，2003；L. S. Fuchs et al.，2003a；B. Hoffman & Spatariu，2008）。

◆ *学生应该学习一些解决定义为结构不良问题的策略。*在课堂上呈现出来的多数问题都是结构良好的（N. Frederiksen，1984a；R. J. Sternberg et al.，2000）。比如，识别出故事里的主角和反派，使用词典去找出风的两种不同发音，或者算出18块糖要分给6个男孩，每个人能得到几块。与此相反，现实中的问题往往是结构不良的。例如，人们需要找到切实可行的家庭理财方案，需要决定购买哪种人寿保险（如果需要购买），需要与讨厌的同事保持友好且有益的人际关系。

结构不良问题常常需要个体去搜索外部资源，进而找到有潜在帮助的相关信息。因此，学生应该熟练掌握通过图书馆、计算机数据库和互联网资源搜寻信息的技能。他们也应该学习一些能更精确定义那些结构不良问题的技术。例如，一种有用的技术即将一个较大的问题拆分成一系列子 418 问题（可以参照前面讲过的目的—手段分析），并对每一个问题进行定义和限制（Chi & Glaser，1985；W. R. Reitman，1964；H. A. Simon，1973）。最后，如果学生在某种程度上拥有与所涉及主题相关的扎实知识作为基础，他们将能更好地定义所遇到的问题（Bédard & Chi，1992；N. Frederiksen，1984a）。

◆ *学生在刚开始解决困难问题时应得到支持和帮助*。在第14章，我们注意到为学生在最初尝试使用复杂元认知策略时给予帮助的重要性。适当的支持也能够促进问题解决（R. K. Atkinson，Renkl & Merrill，2003；Kirsh，2009；Mayer & Wittrock，2006；N. E. Perry & Winne，2004；Rittle-Johnson & Koedinger，2005）。在学生最初开始尝试有挑战性的问题时，教师可以做很多事情去帮助他们：教师可以简化问题，提供减轻工作记忆负担的工具（例如计算器），示范问题解决方案（例如展示解决方案的例子），提一些能引导学生正确思维方向的探究性问题，指出可能会犯的错误，使学生受到的挫折维持在合理水平上等。他们也可以给学生一些问题让学生在解决问题的过程中向自己提问；以下一些提问的例子：

> 你（确切地）在做什么？你能精确地描述它吗？你为什么要做这件事情？它是不是与你的解决方案相适？（Schoenfeld，1992，p. 356）

当学生能够越来越熟练地解决问题以后，这些帮助就可以逐步被淘汰了。

◆ *通过问题解决合作小组解决问题，将有助于发展有效的问题解决策略*。许多理论家指出，小组讨论和合作学习行为往往有助于学生获得有效解决问题的知识和策略。举个例子，让我们看看隆巴德女士所带的四年级学生，他们正在学习分数。隆巴德女士从未教过学生如何用分数去除一个数。然而，她给了学生下面问题，这个问题可以用20除以3/4来解决：

> 妈妈在做小苹果馅饼，每个小馅饼需要用3/4个苹果。她有20个苹果，那么她能做多少个小苹果馅饼？（Hiebert et al.，1997，p. 118）

隆巴德女士让学生们分小组讨论如何解决这个问题。其中一个小组有四个女孩子——珍妮特、莉斯、克莉和尼娜，她们做了一段时间之后得到了诸如15、38、23之类的答案。我们在中途加入了她们的讨论，当时她们已经一致认为可以用每个苹果的3/4来做20个馅饼：

> 珍妮特：每一个苹果都还会剩下1/4。因为每1个苹果都剩下1/4，所以你已经使用了这20个苹果，你已经做了20个馅饼，并且你还有20个1/4没有用，然后——
>
> 莉斯：所以，你还剩下20个1/4。
>
> 珍妮特：是的……20个1/4就相当于5个苹果，所以5个苹果除以——
>
> 莉斯：6，7，8。
>
> 珍妮特：但是3/4等于需要3个（苹果）。
>
> 克莉：但是她不能只做3个苹果馅饼！
>
> 珍妮特：不，你已经有20个了。
>
> 莉斯：是的，你有20个1/4，如果你有20个1/4就对了。 419
>
> 珍妮特：我写给你看。
>
> 莉斯：不用了，我已经把它们全画好了。
>
> 克莉：你有多少个1/4？20个？
>
> 莉斯：是的，5个苹果都由一个1/4组成，用5个苹果做5个苹果馅饼，这样一共就能做出25个苹果馅饼，然后她还有，等等，1，2，3，4，5个1/4，她还有1，2，3，4，5个1/4……
>
> 尼娜：我已经有更好的方法了……
>
> 克莉：是吗？
>
> 莉斯：26个1/4同时还剩1个1/4。（Hiebert et al.，1997，p. 121）

这个讨论和偶尔的争论还在继续着，但是姑娘们在最后得出了正确的答案：妈妈可以做26个馅饼并且还剩下半个苹果。

小组问题解决活动看起来有几点益处。通过讨论与问题相关的概念和原理，学生可以识别出更多事物之间的相互关系，可以去了解和澄清他们原本困惑的事物。通过对如何解决问题进行出声思考，他们可以对自己的思维如何运作有更好的了解。通过观察别的同学们使用更为有效的策略，他们可能自身也开始采用这些策略，从而抛弃他们原有的低效策略。以小组的形式去处理有挑战性的、结构不良的问题，能够帮助学生获得他们在独自解决类似问题上所需要的技能（Brenner et al.，1997；Carr，2010；Hiebert et al.，1997；Hung，Jonassen & Liu，2008；M. Kapur，

2008；Lampert，Rittenhouse & Crumbaugh，1996；Qin，Johnson & Johnson，1995；Silver，1985）。

◆ *真实活动能够提升学生向现实环境迁移知识、技能和问题解决策略的可能性。*在第13章，我们讨论了真实活动——与现实生活任务相似的活动——能够帮助学生将学校的科目内容与校外生活有意义地联结起来。很有可能，真实活动可以帮助学生打破情境学习的惯例。也就是说，它们可以帮助学生意识到，在学校学到的信息和技能在学校以外是有用且可以被应用的（A. Collins，Brown & Newman，1989；Rogoff，2003；Walkington et al.，2010）。

研究者发现，真实活动能够提升问题解决的技能。例如，学前儿童看完儿童电视节目《蓝色斑点狗》[①]，当他们真正参与到一个现实的问题情境中时，他们便获得了并会使用新的问题解决策略（Crawley，Anderson，Wilder，Williams & Santomero，1999；Gladwell，2002）。如果课堂任务要求他们将这些原理应用到现实问题中——例如，设计节能房，计划一次长途露营旅行，或是排除引擎故障（Bransford，Franks，Vye & Sherwood，1989；M. C. Linn，2008；Mayer，2010a），大龄儿童和青少年更可能将科技原理（例如，热传导、营养学、电动机）迁移到现实生活中。

在一些教育情境中，大量的学习是在问题解决的背景下发生的。在**基于问题的学习**（problem-based learning，PBL）中，学生要处理一些复杂的现实问题（通常是以小组的形式），并且必须获得新的知识和技能才能解决它们。基于问题的学习主要在本科和研究生阶段使用，特别是在医学院校，但是这种方式偶尔也用在K－12（幼儿园至十二年级）阶段。对于PBL的评估获得了不同的结果。从积极的一面看，虽然PBL在帮助学生掌握基础知识和技能方面不一定比传统方式
420 更有用，但是它能帮助学生将学到的东西关联起来，也有助于学生将这些知识迁移到新的情境中（Capon & Kuhn，2004；Gijbels，Dochy，Vanden Bossche & Segers，2005；Hung et al.，2008；H. G. Schmidt，van der Molen，te Winkel & Wijnen，2009）。从消极的一面来看，PBL活动中所用到的复杂问题可能超出了学生的工作记忆容量，导致学生没有心理“空间”去真正学习当前的新材料（P. A. Kirschner et al.，2006）。在某些情况下，学生可能将新概念仅仅与他们当前所处理的特定问题联系起来，因而将促进而不是削弱情境学习（Bereiter & Scardamalia，2006；P. A. Kirschner et al.，2006）。这表明，基于问题的学习最可能成功的情形是，学生的努力得到充分支持，并能将其努力引导到正确的方向上，同时帮助他们认识到成功的问题解决是完全可以达成的（Hmelo-Silver，2006；Hmelo-Silver，Duncan & Chinn，2007）。

近年来，技术的进步已经能够让学生接触到更多样的真实问题解决活动。例如，在经典系列片《杰斯帕·伍德巴瑞历险记》（*The Adventures of Jasper Woodbury*）中，学生必须应用学科知识来帮助银幕角色解决一系列的现实问题（Cognition and Technology Group at Vanderbilt，1990；Learning Technology Center at Vanderbilt，1996）。在其中一集“雪松湾之旅”中，杰斯帕只购买了一艘旧船，并希望在同一天开船回家。因为这艘船没有行驶灯，所以他必须计算出自己是否能在太阳落山之前到家。另外，由于他已经花得身无分文，他必须知道自己有没有足够的油可以将船开回家。贯穿整个影片，所有学生解答问题所需的信息都包含在影片真实背景中（例如，海上广播播报太阳落山的时间，河流沿岸有很多里程标），但是学生必须过滤掉许多不相关的信息从而找到那些有用的信息。

自20世纪90年代开创性的杰斯帕系列之后，出现了许多软件包和网络资源，它们提供了能让学生处理真实任务的真实环境。部分程序是商业运营的［例如，你可以在网上找到关于《疯狂机器》（*Gary Gadget*，*Crazy Machines*）和《动物医院》（*Animal Hospital*）的相关信息］。许多网站也提供适合于儿童和青少年的传统的和真实的问题解决活动（例如，参见 www. nsf. gov 和 www. smithsonianeducation. org）。

◆ *课堂评估练习应该包括对迁移和问题解决的测量。*如第11章提到的，传统的课堂练习太过

① 名叫Blue的蓝色斑点狗会将自己的脚印放在三个不同的线索上，斯蒂夫减少线索来帮助电视机前的孩子们发现Blue的真实需要。该剧从1996年9月8日上映，到2006年8月6日一直持续了10年。——译者注

重视对具体事实和程序的学习。当然，基础知识和技能当然是重要的，不管怎么说，它们构成了更复杂的知识获得的基础。但是，当教师的教学目标包括迁移和问题解决时，学校的评估任务就应该要求学生展现将课堂知识应用到不同情境中的能力（Darling-Hammond & Bransford，2005；Foos & Fisher，1988；R. L. Johnson，Penny & Gordon，2009；R. J. Sternberg & Frensch，1993）。这种练习有助于促使成功的迁移及问题解决成为常规现象而非罕见事件。

批判性思维

正如迁移和问题解决涉及将信息和技能应用到其他方面，在某种意义上，批判性思维所涉及的是将其他方面——尤其是一个或更多的评价标准——应用到新的信息之中。不同的理论家对批判性思维的定义是有差异的，但是基于我们当前
421 的需要，我们将**批判性思维**（critical thinking）定义为：对信息和推理的精确度、可信度与价值的评价。批判性思维是深思熟虑的、有逻辑的、讲求证据的。它也具有目的性这一特质，也就是说，学习者进行批判性思考是为了获得特定的目标（Beyer，1985；Halpern，2008；Moon，2008）。

根据具体情况的不同，批判性思维可以有许多不同形式。下面我们举四个例子：

（1）秋天，天气变得越来越寒冷，你在网上看到了这则广告：

> 你是否整个冬天都在为鼻塞流涕而烦恼？总为自己无法保持最佳状态而烦恼？想要拥有没有感冒的冬天，赶快选择 Eradicold 片吧！（R. J. Harris，1977，p. 605）

你是否该出去买一盒 Eradicold 片呢？

（2）你花了数千美元买了一辆运转正常的破旧老爷车。你可以以 1 500 美元的价格将其卖掉，或者再花上 2 000 多美元来修理，之后将其以 3 000美元的价格出售。你应该怎么做？（仿照 Halpern，1998）

（3）你正在掷一个典型拥有六个面的骰子（就是一对骰子中的一个）。你知道骰子重量是均匀的——它不会有某一边更重的情况。然而，在刚掷过的 30 次里，4 点一次都没出现。请问下一把你掷出 4 点的可能性有多大？

（4）艾蒙德·埃默（Edmund Emmer）博士在 1994 年美国教育研究协会的年会上报告了这个发现：

> 在教学时感到快乐的老师带出来的学生也会彬彬有礼。

如果你是一个教师，这个发现是否是在告诉你，你应该在每个早晨开始上课时都试着感到快乐？

在以上每个情境下，你不得不对信息进行评估，并做出某种评判。在例 1 中，我希望你们不会被引诱去购买 Eradicold 片，因为这个广告并没有提供任何此药能缓解感冒症状的证据。这则广告除了探讨令人厌烦的症状，就只包括一个“选择 Eradicold 片”的建议，这种策略在具有诱导性的广告中很常见。在哈里斯（Harris，1977）的一项研究中曾提到，人们读到这则短文后非常容易上当，他们认为 Eradicold 片能够防范感冒，就跟读到对 Eradicold 药效的明确因果说明一样确信。

至于例 2，现在就把车卖掉最为合理。如果你花了 2 000 美元维修然后再卖 3 000 美元，与直接卖掉相比，其实你还损失了 500 美元。许多人错误地认为，他们过去的投资肯定能带来更多收益，而事实却是过去的投资与当前事情的状态根本无关（Halpern，1998）。

在例 3 中，对于一个质地均匀的骰子，投出 4 点的概率是 1/6，而与之前的结果无关，因为每一次的投掷都是相互独立的。但是当 4 点在 30 局中一次都没出现过，很多人相信这属于迟迟未至，所以就会过高估计它出现的概率——一种被称为“赌徒谬误”的错误想法。

现在再来看看教师在每天上课之前试着让自己快乐起来这件事（例 4）是否正确。人们在解释研究结果时常犯的一个错误是：认为若两个事物之间有相关就意味着其中一个的发生一定能导致
另一个的发生。但是如果你学过研究方法的课程，*422*
那么你一定明白两者之间的相关关系不等于因果关系。可能教师的快乐会直接影响学生的课堂行

为，但是，也有可能是学生良好的行为让老师感到快乐，又或者是感到快乐的老师使用了更有效率的教学技术使学生在任务中拥有更好的表现（Emmer，1994）。

上面的四个例子表明，批判性思维可能有多种形式（Halpern，1997，1998，2008；Nussbaum，2008）：

◆ 言语推理：出现在口语和书面语中，关于理解和评价的说服技术。你在决定是否购买 Eradicold 药片的时候使用的就是言语推理。

◆ 论证分析：对支持和不支持结论的理由进行区分。当你在考虑关于花 2 000 美元修车的正反两方面的理由时，你就是在进行论证分析。

◆ 概率推理：判断不同事件的可能性和不确定性。当你在判断骰子 4 点出现的可能性时，就是在进行概率推理。

◆ 假设检验：基于获取数据和结果的方法及其与特定结论之间的相关性而评定数据及研究结果的价值。当假设检验包括批判性思维时，就需要对如下问题进行思考：

（1）是否运用了某个适当的方法来衡量结果？

（2）是否可能忽略了其他的解释或结论？

（3）在一种情况下获得的结论能否被合理地推广到其他情境？

你在评估埃默博士关于教师快乐方面的发现时所采用的就是假设检验。

在不同领域里，批判性思维的本质是不同的。在写作领域，它意味着阅读议论文的初稿，并找出逻辑推理上的错误，或者找出并不足够合理的观点。在科学领域，它意味着修正现有理论和观点使之能解释新的迹象，也就是说，它意味着概念的改变。在历史领域中，它意味着基于历史文献做出推论，试图判断这些事件确实是以某种特定的方式发生，还是仅仅只是可能而已。

批判性思维的发展差异、个体差异和文化差异

正如你所想，批判性思维的相关技能是在童年和青春期阶段逐渐出现的（Amsterlaw，2006；D. Kuhn & Franklin，2006；Metz，2004；Pillow，2002）。但是，往往所有年龄的学习者（甚至是大学生）都仅仅只能看到他们在教科书、媒体报道、互联网网站和其他地方所获得的信息的表面意义。换句话说，他们对于看到和听到的东西很少甚至是根本没有进行批判性的分析。

从某种程度上来讲，学习者是否进行批判性思考的倾向取决于他们的人格特质：一般来说，批判性思考者思维开放，乐于接受有关智力的挑战，在情感上能够接受自己偶尔在某些问题上犯些错误（Halpern，2008；Moon，2008；West，Toplak & Stanovich，2008）。另外，学习者的认 423 知信念也会起作用。如果学习者认为专家对某一课题的理解仍会通过新证据的积累而改进，那么他们更可能运用分析和批判的眼光看待新的信息。相反，如果学习者认为知识是绝对的、不变的实体，他们就不太可能进行批判性思考（Kardash & Scholes，1996；P. M. King & Kitchener，2002；D. Kuhn，2001a；Muis & Franco，2009；Schommer-Aikins，2002）。

另一个影响因素是个体的文化背景。例如，如果在一种文化中对尊重长者或者特定的宗教权威给予非常高的评价，那么它更可能会培养出这样的认知信念："真理"是一成不变的实体，它最应该从权威人士那里获得（Delgado-Gaitan，1994；Losh，2003；Qian & Pan，2002；Tyler et al.，2008）。此外，一种重视维持群体和谐的文化可能会阻碍孩子们保留彼此观点上的不同，而这正是批判性思维产生的条件（Kağitcibasi，2007；D. Kuhn & Park，2005；Moon，2008）。在以上各因素的作用下，某些群体中批判性思维很少出现，例如，某些非常传统的亚洲人、美洲土著群体，以及某些宗教极端主义团体（D. Kuhn，Daniels & Krishnan，2003；D. Kuhn & Park，2005；Tyler et al.，2008；例外参见 Heyman，Fu & Lee，2007）。

在课堂中培养批判性思维

为了鼓励批判性思维，有时候教师必须采取折衷的办法，一方面要教学生批判性地评价那些有说服力的论证和科学证据，另一方面也要教学生表达适当的尊重，并在他们的社区和文化中维护团体的和谐。但是，即便存在着特定文化规范和实践的约束，成人和儿童通常都会从批判性思维技能的学习中得到好处（Abrami et al.，2008；Bangert-Drowns & Bankert，1990）。

可能因为批判性思维包含很多种类的认知技能，所以，促进它的策略也有很多种。一些促进

元认知、迁移和问题解决的因素同样适用于对批判性思维的教学。特定学科背景中思维技能教学的嵌入、大量批判性思维的练习机会、合作小组任务、真实活动——这些因素都能帮助学习者提升批判性思维能力（Abrami et al.，2008；Derry，Levin，Osana & Jones，1998；Halpern，1998；Monte-Sano，2008；Nussbaum，2008）。下面是一些基于研究的建议：

◆ 鼓励理性的怀疑态度——例如，鼓励学生去质疑和挑战他们所看到和听到的东西，并传递这样的信念：每一学科的知识及对其的理解是随着时间而不断改变的。

◆ 演示批判性思维——例如，在分析学术报告时进行出声思考。

◆ 讲授论辩推理的具体成分，让学生对有争论的话题进行说服性论证。

◆ 偶尔要求学生为他们所反对的观点进行辩护。

◆ 帮助学生理解：批判性思维需要大量的思维努力，但是在对重要问题进行深入思考时，它是必要的。（Chinn，Anderson & Waggoner，2001；Ferretti，Lewis & Andrews-Weckerly，2009；Halpern，1998；Heyman，2008；Kardash & Scholes，1996；D. Kuhn，2001a；D. Kuhn & Weinstock，2002；Nussbaum，2008；N. J. Stone，2000）

教师可能还会要求学生在阅读印刷资料或从网上得到信息时考虑以下的问题： 424

◆ 这篇文章或网页的作者是谁？作者在这一领域有可靠的（与之相反的是自封的）专业背景吗？作者可能有什么偏见或倾向吗？

◆ 作者使用了什么样的说服技巧？这种技巧正当吗，还是会误导读者？

◆ 什么证据或理由支持这一结论？什么证据或理由不支持这个结论？

◆ 这一信息与你从其他渠道获得的信息是否一致？如果不一致，在哪些方面不同？你如何调和这种不一致？（这些问题是基于以下研究者的建议而提出的：Halpern，1998；S. A. Stahl & Shanahan，2004；Wiley et al.，2009）

这是一个有着大量信息源的时代，其中部分是真的，部分值得怀疑，还有一部分完全是假的，因此，现在培养批判性思维技能就变得更为关键了。

总结

迁移是将在一个情境中学到的信息和技能应用到其他情境的学习和表现中的过程。虽然绝大多数的迁移都是有益的，但是有时某一次学到的东西会对后来的学习和表现产生负面的影响。多年以来，关于什么会发生迁移以及何时会发生迁移的观点发生了相当大的变化。历史上有很多教育者曾将思维类比于肌肉，这种观点认为任何严谨的有关学科内容的学习都会强化思维，因此都对未来的学习和表现有所帮助。然而，早期的行为主义者则认为，相似的刺激或反应（或者两者都有）对于迁移的发生而言是必不可少的。近来，认知学家认为，如果人们处在被鼓励提取潜在、有用的先前获得的知识的条件下，或者如果他们获得了几乎所有学习任务中都会用到的一般学习策略、动机和倾向，那么，他们很可能应用他们学到的东西。无论从哪一种理论视角来看，当两个情境具有某种共同点，或者需要学习者具有相似的技能或观点时，从一个情境到另一个情境的迁移，最有可能发生。促进迁移的因素包括：对主题进行有意义和透彻的学习、对一般原理的关注多于具体的事实、大量的实例和练习机会，以及鼓励迁移的一般课堂气氛。

问题解决是迁移的一种形式，在问题解决的过程中，之前学过的知识被用来处理未解决的问题或困难情境。可能跟你的预期一致，行为主义者在问题解决理论中关注的是学习者应对问题的外显反应。然而，现代的问题解决理论很大程度上是认知主义者的理论，这些理论关注的是问题解决的一些内部因素，比如工作记忆、编码、提取、之前的知识基础和元认知。许多问题可以通过特定的算法来解决，这些步骤能保证最终得到正确的结果。但还有一些问题就只能通过更为一般化的启发式来解决，这种方法不能保证可以成功得到结果（例如对自己说一遍问题、使用问题

425 部分的外部表征、头脑风暴等一系列的方法）。当人们理解了问题解决程序背后的逻辑时，他们会更为有效、更适当地运用问题解决程序。

理论和研究给出了大量在课堂环境下促进正迁移和问题解决的建议。例如，学校规定的课程应该能够让老师把少量的内容透彻并有意义地教授给学生，而不是以死记硬背的方式教学生许多表面的知识（这就是“少即是多”的观念）。学生应该具有迁移的思维定势，也就是说，他们应该抱着在未来某些场合可能会用到这些知识的想法来学习学校的科目内容。在某些情形下，例如，当学生的努力得到了适当的组织和支架支持时，发现学习、小组问题解决任务和真实活动等技术能够促进有效的问题解决技能的发展和迁移。理想的情况是，教师应该不仅仅讲授迁移和问题解决的知识，还应该在评价实践中去强化它们。

批判性思维涉及对信息和推理过程的精确性、可信性和价值的评价。它有很多种形式，比如分析或建构有说服力的论据，对可能性进行推理，以及对观点和证据是否能支持特定结论进行识别。一般来说，随着年龄的增长，学习者会越来越精通于运用批判性思维。但是，人格特质、认知信念和文化背景也对学习者是否易于运用批判性思维产生影响。研究证明，直接教学以及鼓励对概念进行深入分析的课堂气氛都能提高学生运用批判性思维的能力。

第七部分

动　机

第 16 章
动机与情感

本章主要内容

426 这些年我学会了很多事。例如，怎样教学，怎样撰写心理学论文，怎样在超市中找到自己喜欢的零食，怎样在电视节目表中找到自己喜欢的比赛，怎样在委员会会议中控制谈话内容和情绪，怎样修剪草坪、申报个人所得税、煮青豆以及整理车库。

可是我并非出于同样的原因完成上述事情。有些事我是出于喜爱而做，如写心理学论文、吃零食、看电视比赛节目。另一些（如在委员会会议中表现自己、填写纳税申报单和修剪草坪）是因为事件能够带来我喜欢的附加价值，例如和同事之间的良好关系、美国国税局的退税、整洁的院落，而不是因为我喜欢做这些事。当然，也有些事我很少去做，因为它们既无趣又没有附加价值。例如，我很少煮青豆（令人讨厌的小东西）或整理车库（反正汽车是不会介意的）。此外，还有一些事情我从来没有学过，因为这些事情对我没有任何意义，如职业棒球选手的击球率、西尔斯百货商场里“小号”女装的位置、赤脚走在炽热火炭上的技巧等。

动机（motivation）是以上行为的关键因素。所谓动机，是能够唤醒人类行为，并使之朝向特定方向，维持个体参与特定活动的一种内在心理状态。即使我们能够很好地学会某些事情，就好比我肯定能够学会在西尔斯百货商场找到任何型号的女装，但是，动机决定了我们是否要学习某种行为以及会学习到何种程度，尤其是当学习所需的行为及认知过程是自主的、受意识控制的时。而且，一旦学会了怎样做某事，动机在很大程度上决定着我们是否要坚持做下去。

在前面的章节中，我们已经谈到了动机的重要性，例如，我们讨论过的强化（第 4 章）、榜样学习（第 6 章）、概念改变（第 10 章）和自我调节学习（第 14 章）。本书的最后两章将深入探讨动机的本质。本章中，我们旨在从一般意义上揭示动机如何影响行为、认知和学习，并探索关于人类基本需要的各种理论。之后，我们会将注意力转移到与动机密切相关的内容上——情感（情 427
绪），并探讨情感是如何影响学习和行为的。

如上所述，请记住学习者大多都是受到某种动机驱使的。例如，学生之所以出现在一个典型的六年级课堂上就可能存在许多种学习动机（O. Lee & Anderson，1991）。有些学生确实想要学习所教的知识，而有些学生感兴趣的可能是取得好成绩、超过其他同学、取悦老师或家长，或者只是想要尽可能快、尽可能轻松地完成任务。这些动机都有一种趋近的特征：其本质是期望获得特定结果的愿望。当然，也有些学生是为了回避某种特定情境：或者是被分配的一项艰难的任务，或者是自己会受欺负的那种社会情境。总而言之，教师不应质疑学生是否有学习动机，相反，教师应努力确定学生拥有哪种学习动机。

值得注意的是，尽管学生是带着特定动机进入课堂，但某种程度上动机是学习环境的产物——例如一种被称为**情境动机**（situated motivation）的现象（Paris & Turner，1994；Rueda & Moll，1994；J. C. Turner & Patrick，2008）。课堂中的很多因素都会影响学生的动机：教学材料的性质（如教材是否有趣、是否具有挑战性、是否和学生的生活有关）、学生需要和他人合作或竞争的程度、学生接受评估的方式等等。总之，我希望你们能明白，动机不仅仅是一个人们能够随意“打开”或“关闭”的“按钮”。动机是在众多因素影响下产生的结果，它一方面受学习者本人的控制，但更多是受学习者过去和当前环境影响的。

动机的一般效应

儿童和成人一样，并不是总能意识到推动自己行为的具体动机（Immordino-Yang & Sylvan，2010；Pintrich，2003；Schultheiss & Brunstein，2005）。但动机总是会通过对行为和学习的影响揭示其自身：

- 动机使得行为朝向特定目标。
- 动机能够提高追求目标的努力和能量。
- 即使在偶尔面临干扰和挫折时，动机仍能够保证特定行为的发起和维持。
- 动机影响认知过程，如学习者应注意、思考什么，以及应付出多大努力。
- 动机决定何种结果会受到强化，何种结果又会受到惩罚。（Ladd & Dinella，2009；Larson，2000；Maehr & Meyer，1997；Pintrich，Marx & Boyle，1993；Pugh & Bergin，2006）

因此，学习者的动机会从某种活动中的个人投资、认知、情绪和行为投入反映出来。总而言之，动机能够延长**任务时间**（time on task），而这是影响特定领域中的学习及成就的一个重要因素（Fredricks，Blumenfeld & Paris，2004；Ladd & Dinella，2009；J. Lee & Shute，2010；Maehr & McInerney，2004；M.-T. Wang & Holcombe，2010）。

但是，我们接下来会看到，不同类型的动机对人类学习和表现的影响是不同的。

428

外部动机与内部动机

本章开始时指出，我参与某些活动是因为它们会带给我附加价值（外部强化），而我参与的其他活动则让我乐在其中。正如行为主义者区分了外部强化和内部强化，动机理论学者将其区分出了外部动机和内部动机。

当动机来源于个体和任务之外时，此为**外部动机**（extrinsic motivation）。例如，我之所以每年申报个人所得税，是因为这样能获得税费返还，还因为如果不这样做则可能受到惩罚（如罚款）。我曾经多年参加大学委员会会议，因为这是我职责的一部分，并且我要依赖于每月工资以维持生计（谢天谢地，我现在很少被要求参加这种会议了）。我之所以在准备派对的时候彻底打扫房间，是因为不想让朋友们发现我是个懒鬼。

相反，当动机来源于个体和任务本身时，即为**内部动机**（intrinsic motivation）。个体认为任务本身有趣或者有价值。例如，我经常阅读人类学习和动机方面的书籍，是因为能从其中不断找到闪光的知识点，而这些对我非常具有吸引力。我观看电视娱乐节目是因为我喜欢作为场外观众一起参与其中。我爱吃零食是因为它很美味（不幸的是这致使我不需要知道西尔斯商场里小号女装的摆放位置）。

外部动机能促进成功的学习并增加建设性的行为（Cameron，2001；Hidi & Harackiewicz，2000；C. S. Ryan & Hemmes，2005；也可见第 5 章）。但在课堂中，外部动机也具有一定缺陷：受外部动机驱使的那些学生，只会付出成功完成任务所需的最少的行动和认知努力（有时这可能意味着抄袭同学的作业），并且一旦强化停止他们就有可能终止行为（Brophy，2004；Flink，Boggiano，Main，Barrett & Katz，1992；O. Lee，1991；Reeve，2006）。

内部动机在很多方面优于外部动机。面对具体任务时，受内部动机驱使的学生倾向于表现出以下特点：

- 根据个人意愿进行任务，不需要威逼利诱。
- 从事任务时存在认知参与（如将注意力集中在任务上）。
- 乐于从事任务中较有挑战性的部分。
- 努力真正理解学习内容（如进行有意义学习而非机械学习）。
- 理由充分时会改变自己原有的概念。
- 能创造性地完成任务。
- 面对失败时也能坚持不懈。
- 做事时乐在其中。
- 主动寻找额外机会完成任务。
- 成就水平较高。（Becker，McElvany & Kortenbruck，2010；Brophy，1986；Corpus，McClintic-Gilbert & Hayenga，2009；Csikszentmihalyi，Abuhamdeh & Nakamura，2005；Csikszentmihalyi & Nakamura，1989；Flink et al.，1992；Gottfried，1990；B. A. Hennessey，1995；Maehr，1984；Pintrich et al.，1993；Reeve，2006；Schweinle，Meyer & Turner，2006）

内部动机有一种尤其强烈的表现形式，叫做**沉浸体验**（flow），其典型特征是使人在挑战性活动中能够全神贯注、注意力集中、专心致志，甚至废寝忘食并完全忽略其他任务（Csikszentmi- 429
halyi，1990；Csikszentmihalyi et al.，2005；Shernoff & Csikszentmihalyi，2009）。显然，内部动机是教学过程中的一种理想状态。但同时，我们并不认为外部动机和内部动机是非此即彼的关系。在很多情况下，学习者同时具有外部和内部动机（Hidi & Harackiewicz，2000；Lepper，Corpus & Iyengar，2005）。此外，即使单一的动机也可以同时拥有内部和外部两个方面。例如，学生努力取得好成绩不仅仅是为了获得好成绩带来的外部奖励，也是为了证明自己确实掌握了课程知识（Hynd，2003）。正如在第 17 章关于内化动机的讨论中发现的，有些动机拥有内外动机共存的特性。

人类的基本需要

多年来，研究者提出了各种不同观点用以解释人类普遍存在的需要。本节我们关注早期的观点（驱力、唤醒需要、马斯洛需要层次理论）以及近期和教学环境相关的观点（胜任需要、自我价值需要、自我决定需要、关系需要）。显而易见，一些观点阐明了培养内部动机的条件。

驱力降低

驱力理论的基础是人类和其他动物（有机体）都具有维持生理动态平衡的倾向，亦即，他们努力使机体保持最佳功能状态（例如，Freud，1915/1949；Hull，1951，1952；Woodworth，1918）。**驱力**（drive）是一种内部的需要状态：个体发挥最佳功能所必需的某些刺激（如食物、水、充足的休息）的缺失。当驱力存在时，有机体就会采取行动从而满足需要并维持机体平衡。例如，饿了吃、渴了喝、累了休息。如果不能立刻采取可以满足需要的行动，有机体会就表现出活动水平的整体提升，而这些活动可能最终使有机体遇到能降低驱力的刺激。

尽管许多不同流派中早期的心理学家都发现了驱力概念的价值，但驱力理论的进一步发展主要依仗的是行为主义者的工作。从行为主义的角度来看，强化在某种程度上是有效的，它能满足需要，从而降低驱力。如个体饿的时候，食物是有效强化；渴的时候水是有效强化。在此之后，当相同需要再次产生时，能够满足需要的行为——被强化的那个行为——就很有可能再次出现。

关于驱力理论，被引用最多的是行为主义学家克拉克·赫尔（C. Hull，1943，1951，1952）的理论。赫尔起初提出驱力是基于生理需要而产生的，如饿、渴等。所有这些需要促成了个体的一般驱力状态，这种一般驱力状态并不指向某种特定需要。但赫尔后期提出，行为的力量（或行为强度）是习惯强度（某种习得的刺激—反应联结程度）和驱力的函数：

行为强度＝习惯×驱力

在这一乘法关系中，习惯（早期习得经验）和驱力必须同时存在。

如果其中之一为零，则行为强度，即行为发生的可能性也就为零了。 430

赫尔在其两个学生的实验基础上，提出了“习惯×驱力”的概念（Perin，1942；S. B. Williams，1938）。在这些实验中，将老鼠放入斯金纳箱，并训练老鼠通过按压杠杆获得食物奖励。不同组老鼠的训练量不同，研究者假设强化越多则习惯强度也越大。接着，将不同组分别进行3小时食物剥夺（低驱力组）和22小时食物剥夺（高驱力组）后，再次将老鼠放进斯金纳箱，并记录在无奖励（废除奖励）条件下老鼠按压杠杆的次数。结果发现，越饿的老鼠按压杠杆的次数越多；同时发现，接受训练较多的老鼠按压杠杆更频繁。低驱力（3小时食物剥夺）且低习惯强度（5个训练过程）组的老鼠平均只按压一次杠杆。

后期，赫尔从两个重要的方面对其理论进行了修改。首先，他观察到个体的一些行为没有明显的生理上的目标。因此，他提出了**获得性驱力**（acquired drives）：当中性刺激和驱力减少刺激（如食物）相联结时，中性刺激便变成了获得性驱力。例如，当他人的赞赏与糖果或其他食物奖励产生联结后，个体可能发展出获得他人赞赏的需要。从这一角度，强化来自于驱力的减少，而非满足特定心理需要。

此外，赫尔考虑了柯莱斯彼（Crespi，1942）和其他研究者关于强化影响表现而非学习过程的研究。（我们在第4章阐述了柯雷莱彼的研究：老鼠跑下跑道去获取食物，当强化量增加时，老鼠跑得更快；而当强化量减少时，老鼠跑得更慢。）据此，赫尔在其理论中增加了诱因这一变量，即认为行为会受到目标对象的特征影响，如跑道尽头食物的数量。诱因成为行为发生的第三个必要因素，公式如下：

行为强度＝习惯×驱力×诱因

当三因素——习惯强度、驱力或诱因——中任一因素不存在时，行为便不会发生。

其他研究者后来发展了赫尔的理论，将目标

事物（诱因）的特征视为行为的驱动力（Mowrer，1960；Overmier & Lawry，1979；K. W. Spence，1956）。在他们看来，**诱因动机**（incentive motivation）作为刺激和反应之间的中介变量（M），会影响个体选择对哪个刺激做出反应。我们将这种关系形象地表述为：

$$S \longrightarrow M_{\text{诱因}} \longrightarrow R$$

例如，在无食物状态下写了几个小时书以后，我会发现一大包奇多也是那么的美味，因此导致了我把手伸进袋子抓了满满一大把的行为反应。但是如果在感恩节晚餐过后，我吃饱了火鸡、土豆泥和南瓜派，如果出现同样一包奇多则不会引起我的任何反应。

毫无疑问，诱因在人类动机中起重要作用。正如柯莱斯彼的老鼠在知道跑道尽头有大量食物时会跑得更快，同样，当诱因更有吸引力时人类明显会更勤奋地工作。当追求特定目标的过程暂
431 时受阻时，人们会更加努力。如果过程被永久中断，个体可能会表现出不成熟行为或侵犯行为（Bandura，Ross & Ross，1961；Berkowitz，1989；Dollard，Doob，Miller，Mowrer & Sears，1939；Klinger，1975，1977）。

在动机研究中，诱因是一个一直被热议的可能因素（参见第 6 章中关于社会认知理论的讨论），行为主义者认为，不同目标或客体产生的强化作用的高低，取决于有机体在任何重要时期里是否被剥夺了这种刺激（McGill，1999；Michael，1993，2000）。但由于某些原因，研究者们在动机研究中将驱力排除在外。首先，很多人类行为的目的是完成长期目标而不是满足短期需要和驱力（在第 17 章我们将针对目标进行详细讨论）。再者，有时个体行为方式实际上是提高了他们的驱力水平（Olds & Milner，1954；Rachlin，1991；Sheffield，1966a，1966b）。例如，有时人们通过看恐怖片、读悬疑小说、坐过山车来主动提高驱力水平。甚而，有些人还是**感觉寻求者**（sensation seekers），他们常常将自己置身于冒险或危险的境地，以体验这种情境所带来的生理紧张（Joseph，Liu，Jiang，Lynam & Kelly，2009；M. Zuckerman，1994）。感觉寻求可能是一种更基本的需要（唤醒需要）的极端形式。

唤醒

心理学家用**唤醒**（arousal）这一概念形容个体当前的内部能量水平。处于低唤醒水平的有机体会感到放松、无聊或者困倦；处于高唤醒水平的有机体则是能量充沛的，甚至达到某一高点时可能使个体感到焦虑。一些研究表明，人们存在对于刺激的基本需要，也就是说，他们存在着**唤醒需要**（need for arousal）。①

以赫伦（Heron，1957）的经典研究为例。给男大学生一天 20 美金（这在 20 世纪 50 年代是一个相当有吸引力的诱因）让他们尽可能长久地待在无聊的环境中，的确是非常无聊的环境。除了短暂的进餐和解决其他生理需要的时间，学生都待在狭小、没有什么设备的隔间里，这里唯一的声音就是空调的嗡嗡声。他们都戴着塑料护目镜，看到的只是模糊的光线（使他们变得功能性失明）；同时他们还戴着厚厚的手套和硬纸板做的套袖，无法感受不同的形状和质地（使通过触觉所获得的信息最小化）。可以想象，很多学生刚开始时将参与实验看作是补充睡眠。在最初比较清醒的几个小时内，学生思考大学功课、个人问题、过去经验等等。最后，他们想完了所有的东西，就让思维简单的无目的地乱想。随着参与实验的时间越来越长，认知功能开始崩溃：注意力无法集中，知觉过程出现扭曲（例如，房间好像在动，物体的大小和形状也改变了），总体来说就是变得无所适从了。甚至有些人开始产生幻觉：看到一堆卡通人张着嘴，或一队肩膀上有袋子的松鼠在迁移，还有的听到教堂唱诗班的声音或音乐盒在播放音乐等。还有人报告了触觉或动觉感受，“有一个学生报告被一个迷你火箭船中的子弹击中了 432
胳膊”（p. 54）。可见，在一段时间的感觉剥夺后人类感知觉几乎无法正常运作（Solomon et al.，1961）。

一些理论学家认为，人们不仅有对刺激的基本需要，还追求特定的最佳唤醒水平（E. M. Anderman，Noar，Zimmerman & Donohew，2004；Berlyne，1960；Hsee，Yang & Wang，2010）。太少的刺激让人不愉快，太多也一样。例如，你很享受看一场电视竞猜比赛或者听音乐，

① 有一个学生误将这一概念认为是性活动的需要。然而其实，唤醒需要是一种针对任何类型刺激的基本需要。

但你可能不会希望你的客厅里有三台电视机、五部CD机以及一个现场摇滚乐队同时在发出声响。不同人有不同的最佳唤醒水平：有些人是感觉寻求者，而另一些人偏好更安静的生活方式。例如我，偏好稍无聊点的事情。尽管我有时很享受悬念神秘的小说，但你一定不会看到我坐过山车或去蹦极。

近几年，在动机的文献中很少涉及唤醒需要，但这一简单的概念确实能够解释课堂上发生的一些事情。例如，这解释了为什么当教师在一个无聊的话题上唠叨了太长时间，学生会开始自娱自乐（可能传纸条或者互相开玩笑）（Pekrun，Goetz，Daniels，Stupnisky & Perry，2010）。（大学期间，在一节社会学课上，坐在我旁边的女同学一直在记录教授清嗓子的次数。我们乐此不疲，且很幸运没被逮到，因为教授显然不会觉得这有趣。）再者，对人格特征的描述反映了不同水平的唤醒需要——特别是刺激寻求和认知需要——在本章后面关于气质的讨论中将涉及。

马斯洛的需要层次

另一个动机的早期研究者是亚伯拉罕·马斯洛（Abraham Maslow，1943，1959，1973，1987）。马斯洛的理论是20世纪60和70年代兴起的**人本主义**（humanism）思潮的代表。人本主义来源于咨询心理学，它关注个体如何习得情绪、态度、价值和人际技巧。尽管早期如马斯洛的人本主义研究更多植根于哲学而非实验研究，然而它在人类动机方面仍提供了有益的解释［人本主义基于研究的、较为新近的一个版本是所谓的**积极心理学**（positive psychology）；例如，Gilman，Huebner & Furlong，2009；C. Peterson，2006］。

马斯洛试图对通过非正式观察获得的人类行为进行整合，据此提出人类有五种不同的需要：

（1）*生理需要*。人们在驱力作用下，满足与当前生存相关的需要——如对食物、水、锻炼、休息等的需要。马斯洛的生理需要和赫尔早期的驱力理论在本质上是相同的。

（2）*安全需要*。人类对在环境中感到安全和稳定的需要。尽管人们可能享受偶然的惊喜，但一般来讲，人们更偏好有组织、有规律和可预测的生活。

（3）*爱与归属的需要*。人们寻求和他人的情感联结，并希望自己隶属于某一社会团体并被其接受。

（4）*尊重的需要*。人们需要对自己感觉良好（**自尊的需要**，need for self-esteem）并且需要相信他人对自己有积极的评价（**他人尊重的需要**，need for esteem from others）。为了发展积极的自 433
尊，个体努力获取成就并掌控环境。为了获得他人的尊重和尊敬，人们会以可获得认可、欣赏和威望的方式行事。

（5）*自我实现的需要*。人们有**自我实现**（self-actualize）的需要——成为他们所能成为的人（也可见C. R. Rogers，1951，1961）。努力追求自我实现的个体会寻求新活动来拓展自己的视野，并会仅仅为了获取知识而学习。例如，追求自我实现的人可能因为好奇心而学习某个领域的一切东西，热爱芭蕾舞的人既会把它作为锻炼肌肉紧张度的手段，也会把它视为创造性的自我表达的方式。

马斯洛提出了一个由五类需要形成的层次关系，如图16—1。当两种或多种需要未满足时，人们倾向于以特定的顺序满足需要。他们从最低层次的需要开始，首先满足生理需要，其次是安全需要，以此类推，高级需要只有在较低级需要得到满足时才会出现。例如，有释放被压抑能量需要（一种生理需要）的男孩，即使被老师责备过度活跃（因而，来自他人尊重的需要并没有得到满足），可能依旧要在课堂上表现得过度好动。如果某个女孩最要好的朋友告诉自己中级代数是为傻瓜和弱智者准备的，那么爱与归属的需要未得到满足的女生就不会去选择这门课——即使这门课能满足她对数学知识学习的需要。我曾经见到一个住在费城贫民区的男孩，他对学习有很浓厚的兴趣，但是，为了躲避街上的暴力枪战，他常常待在家里不去学校。这名男孩对安全的需要优先于其他任何高级需要。

马斯洛认为，需要层次理论中的前四个需要——生理、安全、归属以及爱与尊重需要——来源于个体所缺失的东西。因此，马斯洛将这四种需要称为**缺失性需要**（deficiency needs）。首先，只有外部资源——环境中的人或事件——能满足缺失需要。其次，这些需要一旦被满足，其产生的驱力就会消失。相反，自我实现是一种**成长性需要**（growth need）：这种需要不是为了寻求个体生活中的缺失，而是为了促进个人成长和发展，因此它很少能完全得到满足。自我实现行为通常是内部驱动的：人们因为发自内心的快乐以及活动满足了个体学习和成长的需要而参与到这类活动中。

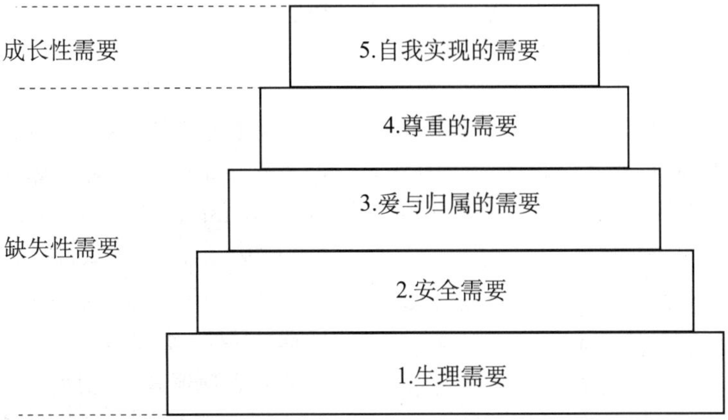

图 16—1 马斯洛的需要层次理论

434 大多数时候，被满足的需要对行为的影响很小。例如，当前社会很多人都能够获得生理和安全需要的满足。很多时候，爱和归属的需要却没有满足；因此，人们大都努力发展自尊并获得他人的爱和尊重。只有所有四个缺失性需要都至少部分满足时，个体才有可能努力进行自我实现。但是，如果人们经常性地关注自我实现，有时就会忽视一些基本需要，比如有可能废寝忘食，或者在追求更高尚的目标时将个人安全置之度外。

在马斯洛看来，自我实现的个体有很多显著的特征。例如，他们很独立、天真率直、有创造性，并且对困境中的他人富有同情心。他们以客观、现实的眼光看待自身和他人，对自身有较强认同感。生活中他们通常有某种使命——某个需要专心致志解决的重要问题。马斯洛认为，很少有人能够达到自我实现，这个比例可能低于总人口的 1%，并且只有在晚年时才能达到。

马斯洛的需要层次虽然具有直观的吸引力，但也受到了几点批评。首先，没有充分的证据表明人类动机有层级上的性质。马斯洛的理论来源于他对其认为“自我实现”了的朋友的非正式的主观观察，以及出版物对于历史人物如托马斯·杰弗逊（Thomas Jefferson）和亚伯拉罕·林肯（Abraham Lincolin）的描述；这也使得其他研究者无法证明马斯洛所提出的这些个体具有他所定义的特质。其次，自我实现者是极少的，因此需要层次可能无法对普通大众进行精确描述（Petri，1991）。最后，人类动机纷繁复杂，很难将其全部纳入这不多的几种基本需要里（Pintrich & Schunk，2002）。（本章下文以及下一章会详细介绍动机的多种分类。）

但不可否认，马斯洛的理论在某些方面有其优势。首先，这一理论很好地解释了人们在寻求其他社会需要的满足之前，首先考虑的是生理幸福感和个人安全需要的满足（例如，Kenrick，Griskevicius，Neuberg & Schaller，2010）。[①] 其次，很多人看起来非常渴望知识或者创造性的自我展现，这和马斯洛的自我实现观点一致（Kesebir，Graham & Oishi，2010；C. Peterson，2006；C. Peterson & Park，2010）。最后，当代的自我价值和关系理论很明显反映了马斯洛的尊重的需要以及爱与归属的需要的概念——下一节我们将进行探讨。

胜任和自我价值

马斯洛不是唯一一个认为人类应该积极看待自身的心理学家。1959 年，罗伯特·怀特（Robert White）指出，人类（也有其他物种）有**胜任**

① 肯里克及其同事（Kenrick et al.，2010）认为，人类进化史决定了人类基本动机有层次性，包括马斯洛的四种缺失性需要和另外三种需要（寻觅配偶、求偶和养育子女），以确保种族的繁衍和保存。他们认为，越高层次的需要出现和发展得越晚，它与较低层次的需要有所重叠，但又不能完全取代较低层次的需要。

(competence）的基本需要——相信自己能够有效应对环境的需要。其他理论家也认同这一观点，认为胜任是一种基本的人类需要（例如，Boggiano & Pittman，1992；Connell & Wellborn，1991；Reeve，Deci & Ryan，2004；R. M. Ryan & Deci，2000）。

435 为了获得胜任感，儿童花费了大量时间来探索并试图控制世界。让我们再看一下第12章中所描述的例子：让·皮亚杰的儿子劳伦特试图拿到一个在伸手可及范围之外的面包：

> 劳伦特坐在桌子前，我把一块面包放在他不能够到的地方。在他的右边，有一根25厘米长的小棍。最初劳伦特没有注意到工具而直接尝试拿面包，但是他放弃了。然后我将棍子放在他和面包之间。劳伦特又看了看面包，没有动，然后瞅了一眼棍子，突然抓住它并将它指向面包。但他抓着的是棍子的中间而不是一端，因此棍子太短没有办法够到物体。劳伦特放下棍子，再次将手伸向面包。没过多久，他再次拿起棍子，这次是握住了一端，然后拿到了面包。(Piaget，1952b，p. 335)

只有16个月大的劳伦特就已经有了掌控部分环境的内部愿望。怀特（White，1959）认为，胜任需要具有重要的生物学意义，并且它是随着人类物种的进化而出现的，它推动人们发展出应对环境条件的更有效的手段，也因此提升了人类生存的概率。

马丁·科温顿（M. Covington，1992，2004）指出，维护个体的胜任感——他称之为**自我价值**(self-worth）——是个体活动的首要因素（也可见 Mezulis，Abramson，Hyde & Hankin，2004；Sedikides & Gregg，2008；T. D. Wilson & Gilbert，2008）。显然，获得成功是维持甚至提高自我价值的有效方法。但是人们不可能总是成功，尤其是当人们在面对有挑战性的任务时。在这种情况下，维持自我价值的另一种方法就是避免失败，因为失败给人们一种能力较低的印象（Covington，1992；Covington & Müeller，2001；Urdan & Midgley，2001）。避免失败有很多方式，例如，个体可能拒绝参与某种活动，降低其重要性，对成绩设置较低的自我期待，或者在遇到明显矛盾的证据时拒绝放弃已有观念[①]（Covington，1992；Harter，1990；A. J. Martin，Marsh & Debus，2001；Rhodewalt & Vohs，2005；D. K. Sherman & Cohen，2002）。

但是，某些情况下，人们不能避免那些看起来无法胜任的任务，所以他们会使用替代策略来保护自我价值。有时个体会为糟糕的表现寻找借口（Covington，1992；Urdan & Midgley，2001；T. D. Wilson & Gilbert，2008）。有时个体甚至也有可能做一些会降低成功概率的事情，这一现象被称为**自我妨碍**（self-handicapping）。自我妨碍有多种表现形式，包括：

- *设置无法达到的高目标*：朝着最有能力的人也无法达到的高目标努力。
- *承担过多*：承担多到没有一个人可以全部完成的责任。
- *制造障碍*：制造阻力或额外的要求，使得任务变得几乎无法完成。
- *拖延*：拖延任务直到成功变得几乎不再可能。
- *减少努力*：付出的努力程度明显不足以获得成功。
- *学业作弊*：抄袭他人成果。
- *摄入酒精或药物*：使用会降低表现的物质。 436

(E. M. Anderman，Griesinger & Westerfield，1998；Covington，1992；Hattie，2008；E. E. Jones & Berglas，1978；Rhodewalt & Vohs，2005；Riggs，1992；Urdan，Ryan，Anderman & Gheen，2002；Wolters，2003a)

想要成功的人表现出以上行为似乎是荒谬的。但是，如果个体相信在特定任务上不可能成功，他们就会以在这种情况下不太可能成功为由，更多地为自己的失败进行辩护，并据此来维系自我价值。有趣的是，即使在成功率很低或任务属于非重要领域任务时，有些人仍会尽自己最大努力且不太会表现出自我阻碍行为地去完成任务（Covington，1992；Urdan et al.，2002）。因为在这些情况下，失败不是低能的象征，因此并不会威胁个体的自我价值感。

---

① 因此，保护自我价值的需要可能是人们拒绝概念改变的原因之一。

至今，大多有关自我价值理论和自我阻碍的研究关注的都是学业任务和学业成就。然而有的理论家认为，学业成就不一定是影响自我价值感的最重要因素；对一些人来说，社会成功或外貌特征才更重要（Harter，1999；L. E. Park & Maner，2009）。研究还发现，有时个体保持一致的自我感知会感觉更好，即使这些自我感知是消极的（Hattie，2008；Hay，Ashman，van Kraayenoord & Stewart，1999）。不过在大多数情况下，我们会优先考虑积极的自我感知。

一般而言，随着年龄增长，个体的胜任感、自我价值和对自我的总体感觉渐趋稳定（D. A. Cole et al.，2001；Harter，1999；Wigfield，Byrnes & Eccles，2006）。总的来说，这种稳定性是有益的，使得学生能够泰然自若地面对偶然的失败（Heppner et al.，2008）。① 如果学生将自我价值感更多地建立在一时的成败上——这被称为**偶然的自我价值感**（contingent self-worth）——那么他们的情绪会如过山车一样，今天感觉很有胜任力，明天则信心不足（Assor，Roth & Deci，2004；Crocker，Karpinski，Quinn & Chase，2003；Dweck，2000；Smiley，Coulson，Greene & Bono，2010）。

与自我效能感的关系　表面看来，胜任力和自我价值感与第 6 章所探讨的自我效能感概念是相似的。但理论上来说，胜任和自我价值需要与自我效能感有两个重要区别。第一，如上所述，胜任和自我价值感是基本的人类需要。然而，社会认知学者虽然认为自我效能感是有益的，但并未指出其是人类必要的本能驱力。第二，胜任和自我价值感是相对普遍的、蕴涵于自我感知中的——总体上自己如何看待自身——而自我效能感更多是和特定任务相关的。

但胜任力、自我价值感和自我效能感也有联系。某种程度上，总体的胜任感影响特定任务上的自信心，从事某项工作时的自我效能感能够促进总体的胜任感和自我价值感（Bong & Skaalvik，2003；Schunk & Pajares，2005）。此外，在阅读动机文献的过程中，我发现研究者在讨论特
437 定的任务或情境时会采用胜任感（或其他类似术语），而在描述相对一般的自我感知时则使用自我效能感这一术语（例如，Bandura，1997）。

研究者们已达成共识的是，自信心既影响特定任务的完成又影响生活中对各种事情的处理，因此它是影响动机，尤其是内部动机的重要变量。相反，无胜任感会导致动机和参与程度的降低（Boggiano & Pittman，1992；Harter et al.，1992；MacIver，Stipek & Daniels，1991；Reeve et al.，2004；R. M. Ryan & Deci，2000；E. Skinner，Furrer，Marchand & Kindermann，2008）。

在第 6 章介绍自我效能感时，已经指出有很多变量能帮助学生相信他们能够胜任某一任务，如鼓励信息、同伴的成功，以及最重要的自身的成功（不论是个人的或是作为群体一员的成功）。以上最后一个因素——真正的成功——显然是最有效的。有时学习者的成功是明显的，比如自行车比赛中获得冠军，根据示例做出一个坚固的书柜。但有时成功是不明显的，这时反馈就有很大的帮助。令人好奇的是，学业分数与其他外部强化物也能够显著提升内部动机，从而导致成功的表现，并因此而增强学习者的自我效能和整体的胜任感（Cameron，2001；Deci & Moller，2005；Hynd，2003；Schunk & Zimmerman，1997）。

自我决定

个体不仅有胜任感的需要，而且还有**自我决定**（self-determination）的基本需要，也就是说，在所从事的事情和生活的方向上，个体想要有自主感。例如，当个体认为“我想要这样做”或者“我认为这样做有价值”时，就有较高的自我决定感。相反，当个体认为“我不得不做”或“我应该做”时，个体会认为他人或其他事在帮自己做决定。即使是刚刚学步的儿童有时也会拒绝让家长控制他们的行为，使得有些家长将孩童学步时期称为“可怕的两年”（d'Ailly，2003；deCharms，1972；Deci & Ryan，1992；Dix，Stewart，Gershoff & Day，2007；Reeve et al.，2004；R. M. Ryan & Deci，2000；Vansteenkiste，Zhou，Lens & Soenens，2005）。

有些动机研究者认为，当学习者对当前环境有自我决定感时，学生更有可能被内部动机所驱使。例如，如果当前条件和事件给予了学生自我决定感，他们倾向于：

- 在活动中感到愉悦，并自愿长时间参与到

① 这一观点会让你想起社会认知理论中关于弹性自我效能感的概念（见第 6 章）。

活动中。

◆ 有意义地、创造性地思考任务和问题。

◆ 敢于迎接挑战，从而获得最大化的长期学习与发展。

◆ 取得好的成绩。

◆ 继续学业而不辍学。（Amabile & Hennessey, 1992; Deci, 1992; Deci & Ryan, 1985, 1987; Hagger, Chatzisarantis, Barkoukis, Wang & Baranowski, 2005; Hardré & Reeve, 2003; Reeve et al., 2004; Standage, Duda & Ntoumanis, 2003; Vansteenkiste, Lens & Deci, 2006）

相反，当环境信息和事件使得个体认为自己无法决定生活进程时，他们可能被外部要求所推动，但不可能有较高的内部动机——因此也不可能在所从
438 事的任务中投入较多努力。通常，这样的个体会感到无聊或压抑，并伴随着自我价值感的降低（Deci & Ryan, 1987; Pekrun et al., 2010; E. Skinner et al., 2008; Vansteenkiste et al., 2006）。

很多因素会以不同方式影响个体的自我价值感，接下来我们将一一阐述。

选择 第5章提到：儿童和成人一样，似乎更喜欢对任务中的强化刺激拥有选择权。从自我决定论的角度来看，这个发现非常有意义。一般来说，当人们在合理的限制条件下，能够对所从事的事情以及所追求的目标做出选择时，将会有较高的自我决定感——也更多地被内部动机所驱使（Deci & Ryan, 1992; Morgan, 1984; Patall, Cooper & Wynn, 2010）。例如，当学生对于参与活动拥有一定的选择权时，他们会对作业表现出更浓厚的兴趣和更高的参与度，并较少表现出分心行为（Dunlap et al., 1994; Foster-Johnson, Ferro & Dunlap, 1994; Morgan, 1984; Patall et al., 2010; Powell & Nelson, 1997; Vaughn & Horner, 1997）。

但是，我们必须从多个角度来验证选择的效应。首先，只有真正的选择才可能提升自我决定感，也就是，在两个或多个可能的活动中真正地进行选择。如果选择受到高度限制，其对于动机的影响则是有限的，例如，老师让学生在两个或三个乏味的任务中“选择”一个（Reeve, Nix & Hamm, 2003; Stefanou, Perencevich, DiCintio & Turner, 2004）。其次，选择在重要性上具有文化差异。具体来讲，美国儿童在自由选择时具有较高动机，而亚裔美国家庭的儿童则偏好让自己信任的人帮自己做选择（Bao & Lam, 2008; Iyengar & Lepper, 1999）。这可能是因为后者认为值得信任的他人能够做出明智的选择，从而最终会带来更高水平的学习和更强的能力。

威胁和截止日期 威胁（如“做这件事!”）和截止日期（如“1月15号是截止日期——没有任何例外!”）是典型的控制他人行为的表现。因此，这些也会降低自我决定感，削弱内部动机（Deci & Ryan, 1987; Reeve, 2009）。

控制性表述 他人说的某些事情——即使没有威胁——仍然会传达出他人控制着我们命运的信息，因此也会降低自我决定感（Amabile & Hennessey, 1992; Boggiano, Main & Katz, 1988; Reeve, 2009）。例如，在一项实验中（Koestner, Ryan, Bernieri & Holt, 1984），要求一年级和二年级的学生画一栋自己想住的房子。给学生必要的材料——画笔、一套水彩颜料、两张纸和一些纸巾——并告诉他们一定的规则。对一组儿童（控制性限制条件组），规则限制他们能做什么和不能做什么，如下：

> 在开始前，我要告诉你们一些必须要做的事情。这些事情是画图过程中的规则。首先必须保持画面整洁。你只能在这张小纸上作画，所以不要将任何颜料溅到大纸上。在换新颜色作画前，必须把画笔洗干净并用纸巾擦干净，这样才不会把颜料混在一起。总而言之，我希望你们做一个不把颜料弄乱的好男孩（女孩）。（Koestner et al., 1984, p. 239）

对另一组儿童（信息性限制条件组），规则只 439
是作为信息而呈现，如下：

> 在开始前，我要告诉你们一些关于在这里画画的事情。我知道有时把水彩弄得到处都是很有趣，但我希望同学们为其他将要来画画的同学着想，保持材料和房间整洁漂亮。小纸是用来作画的，而大纸则要保持干净。水彩也要保持干净，因此在换颜料前要把画笔洗干净并用纸巾擦干净。我知道有些同学不喜欢始终保持整洁，但现在需要大家保持整洁。（Koestner et al., 1984, p. 239）

每个儿童有10分钟的作画时间。时间到后，主试将儿童所画的画拿到另一个房间，并告知被试他过一会儿回来。在离开前，主试又将两张纸

放在儿童的桌子上，并说："如果愿意你们可以在这张纸上接着画，或者你可以玩那边桌子上的玩具。"主试离开后，秘密观察儿童的反应，并记录其作画时间。信息性限制条件下的儿童画画的时间更长——很明显受到更多内部动机的驱使——并且他们的画更有创造性，而控制性限制条件下儿童的作品则更写实。

外部奖励　在第 5 章已经指出，外部强化会削弱活动本身带来的内部强化。当个体将这些外部动机视为对自身行为的控制或操纵，而不是为他们提供进步的信息时，外部强化更有可能产生这种消极影响。[1] 因此，从长期看来，当个体将外部强化视作诱惑或对自由的限制时，这种外部奖励是没有益处的（Deci，Koestner & Ryan，2001；Lepper & Hodell，1989；Reeve，2006；R. M. Ryan，Mims & Koestner，1983）。对这一原理的解释，部分是由于外部奖励传达着任务本身并不值得去做的信息（B. A. Hennessey，1995）。

如果学生把对期望行为的奖励理解为是在奖励自己很娴熟或者很有能力，奖励就不会产生消极影响（Cameron & Pierce，2005；Cameron，Pierce，Banko & Gear，2005；Reeve et al.，2004）。当奖励是意料之外的，例如，科学家因为突破性的研究发现而获得诺贝尔奖，或者奖励与特定行为无关联时，均不会削弱个体的内部动机（Cameron，2001；Deci et al.，2001；Reeve，2006）。[2]

监督和评价　知道自身的行为将接受评估的个体会有较低的自我决定感，因此内部动机的水平也较低。尤其是当前任务比较困难时更是如此（Deci & Ryan，1992；Harter et al.，1992；B. A. Hennessey，1995；Reeve et al.，2004）。实际上，仅仅存在一名可能的评价者就会降低内部动机（Deci & Ryan，1987）。例如，虽然我五音平平，我仍然喜欢唱歌并总在无人时唱歌（如我 440
在修理草坪或独自驾车时）。但当听力范围内有其他人时，我唱歌的内部动机就会消失。

当情境中不存在潜在评估者时，自我决定感和内部动机更强。

在第 11 章已经指出，正式的课堂评估（如作业和测验）通常能促进有效的长时记忆储存。相比于其他奖励，评估能激励学生更系统地梳理课堂材料，更彻底地进行信息加工。但是正式评估也有缺点，它可能会降低学生学习的内部动机（Grolnick & Ryan，1987；Hatano & Inagaki，2003；L. Shepard，Hammerness，Darling-Hammond & Rust，2005）。例如，在一项研究中（Benware & Deci，1984），大学生分别在两种条件下学习一篇脑功能的文章，一部分学生提前被告知学习结束后会有测试，另一部分学生则被要求在学习结束后向其他人讲授文章中的知识（假设的非评估性情境）。相比测试组的学生，教学组学生

① 在我看来，研究者没有明确谈到惩罚所传达的信息性和控制性信息，但从逻辑上我们可以看出其间存在着相似的模式。惩罚以两种方式存在：作为一种控制手段存在，或作为传达恰当行为信息的一种资源而存在。如第 5 章中所述，当惩罚与"为什么受惩罚的行为是不可接受的"这一信息共同呈现时，惩罚更加有效。

② 非相倚强化（noncontingent reinforcement）所具有的潜在风险是，它有时会导致迷信行为（见第 4 章）。

更加享受学习过程，也认为学习材料更有趣，也进行了更多的有意义学习（而非机械学习）。在五年级学生中也得到了相似的研究结果（Grolnick & Ryan, 1987）。

值得注意的是，如果我们没有胜任感，即使再大程度的自我决定感也不会让我们产生内部驱动力。例如，有研究考察了写作胜任感不同的七年级学生（Spaulding, 1992, pp. 54 - 55）。所有学生被要求将过去一年里在英文课上学到的知识写成一篇论文。一部分学生被要求写给老师看，由于老师是会评估其作业的人，因此，这组学生体验到的是低水平的自我决定。另一部分学生被要求写给研究者看，以便研究者告诉老师学生在英文课上学到了什么知识；由于没有被评估作业的危险，可以假定这部分学生会体验到相对较高的自我决定感。结果表明，认为自身胜任力更强的写作者在高自我决定条件下（写给研究者时），对任务的参与度更强，内部动机更强。相反，在写给教师的低自主决定条件下，胜任感较低的学
441 生对任务的参与度更强。可见，在没有感知到胜任感的条件下，自我决定不会提升内部动机。①

控制环境的积极意义

有时候环境可能会超出人们的控制范围，此时尽管他们的自由受到一定限制，但他们仍然会想办法去掌控生活的某些方面，从而对环境进行应对。由于他们无法改变他们的环境，于是他们转而去改变自身，从而更好地适应环境——这种现象被称为**次级控制**（secondary control）（N. C. Hall, Chipperfield, Perry, Ruthig & Goetz, 2006; N. C. Hall, Goetz, Haynes, Stupnisky & Chipperfield, 2006; Rothbaum, Weisz & Snyder, 1982）。

一种常见的次级控制策略是对讨厌的事情进行重新解读，并相信它最终能引起人们的兴趣——正如谚语所说："黑暗中总有一线光明。"另一种策略是采取有前瞻性的策略来提升环境，以获得更多控制权。例如，大学生可以将一次较难的考试中的低分理解为努力学习或寻求他人帮助的"警钟"。精神障碍儿童的家长可能会成为某种组织（如美国抑郁症协会或国家精神疾病联合会）中活跃的、有创造性的一员。次级控制策略能够部分帮助个体维持自我决定感，提升在学校或其他地方的动机，也能维持总体的心理健康（J. E. Bower, Moskowitz & Epel, 2009; N. C. Hall, Chipperfield, et al., 2006; N. C. Hall, Perry, Ruthig, Hladkyj & Chipperfield, 2006）。

关系

某种程度上，我们都是社会生物：我们和其他同伴一起生活、工作、玩耍。一些研究者认为，各个年龄段的个体都有感受到社会联系以及寻求爱与他人尊重的基本需要。换句话说，个体都有**关系需要**（need for relatedness）（Connell & Wellborn, 1991; A. P. Fiske & Fiske, 2007; A. J. Martin & Dowson, 2009; Reeve et al., 2004; R. M. Ryan & Deci, 2000）。从进化的角度看关系需要和胜任需要一样重要：生活在和谐、合作的社会群体中的个体比与世隔绝的个体更容易生存下来（Wright, 1994）。

在课堂上，学生的关系需要以多种行为表现出来。很多儿童和青少年都很看重和朋友之间的互动，有时甚至以不能完成课堂作业为代价（Dowson & McInerney, 2001; Doyle, 1986; Wigfield, Eccles, Mac Iver, Reuman & Midgley, 1991）。他们也很注重塑造正面的公众形象——看起来聪明的、受欢迎的、爱运动的或者看起来酷的形象（Juvonen, 2000）。也有学生通过关心他人或帮助同伴完成课堂作业的方式来表现自己的关系需要（Dowson & McInerney, 2001; Ford, 1996）。在中学阶段，学生的关系需要尤其强烈（B. B. Brown, Eicher & Petrie, 1986; Juvonen, 2000; A. M. Ryan & Patrick, 2001）。青少年会过度关注他人的想法，喜欢参与关系紧密的社团，并非常容易受到同伴影响。

当涉及关系需要时，个体倾向于在内部动机 442
的驱动下完成新任务。例如，当学生认为教师真正关心并支持自己的学习时，他们会更愿意参与课堂活动、掌握学业知识（H. A. Davis, 2003; Furrer & Skinner, 2003; Roeser, Eccles & Sameroff, 2000）。当学生的学习受到同学支持时，也会提升学生在课堂上的动机（见第13章，尤其是关于学生团体的讨论）。他人的爱和尊重也

① 使用着不同的术语，社会认知理论家也讨论胜任感和自我决定之间的相互作用。具体来说，当个体有较高的自我效能感和较好的自我调节技能时，个体会体验到较高的个体自理性（personal agency）（Bandura, 2008; Schunk & Zimmerman, 2006; Zimmerman, 2010）。

能够直接或间接地提升学生的内部动机——特别是，通过传达对成绩的较高期待，或以其他方式增强总体的胜任和自我价值感（L. H. Anderman, Patrick, Hruda & Linnenbrink, 2002；Newberg & Sims, 1996；Patrick, Anderman & Ryan, 2002）。

有时关系需要会和自我决定需要相冲突。如果个体想要获得他人的赞赏（能提升人际关联感），有时就需要和他人的期望或需要保持一致（会降低自主感）。在特别强调对团体成就（而非个人成就）的认同与义务的文化中——如许多亚洲文化——个体通常会认为关系感比自我决定要重要得多。在一定程度上，这会激发上文提到的积极方面，和他人的意愿和目标保持一致将为整个社会带来益处（Heine, 2007；Rothbaum & Trommsdorff, 2007；Savani, Markus, Naidu, Kumar & Berlia, 2010）。

在第 17 章，关系需要在成绩目标、社会目标和印象管理等概念中均有所涉及。尽管关系需要在某种程度上是一种普遍现象，但有些人比其他人有更强烈的关系需要（Kupersmidt, Buchele, Voegler & Sedikides, 1996）。接下来，我们将探讨这点以及其他动机上的个体差异。

动机的个体差异

前文已经讨论了每个个体可能都具备的需要。但一些研究者认为动机也在不同程度上涉及个体相对稳定持久的人格特征。例如，前文提到，有些人是感觉寻求者，而另一些人则并不偏好这样冒险的生活方式。研究动机上相对稳定的个体差异的理论被称为**特质理论**（trait theories）。

研究者们对个体归属、赞许和成就需要的个体差异的关注由来已久。近年研究者开始更深入地探讨特质，即个体特定的思考或学习方式的倾向性。在本章中，我们将探讨这四种个体差异，在第 17 章中，将探讨兴趣、目标和归因等其他方面的个体差异。

归属需要

归属需要（need for affiliation）是个体需要和他人建立友好关系的程度（Boyatzis, 1973；Connell & Wellborn, 1991；C. A. Hill, 1987；D. C. McClelland, 1984）。例如，我的两个较大的在上高中的孩子，他们无法忍受周末晚上“独自”（也即是说，与父母一起）在家，因此经常和朋友一起找些事儿做。即使周末晚上在家，他们也会和朋友聊很久的电话，以至于有时作业也没有按
443 时完成。相反，较小的孩子，杰夫却经常能在家里自己一个人学习，或独自开心地玩耍好长时间。

学生的归属需要常通过其在校期间的选择反映出来（Boyatzis, 1973；French, 1956；Sansone & Smith, 2002；Wigfield, Eccles & Pintrich, 1996）。例如，低归属需要的学生偏好独自学习，而高归属需要的学生则通常偏好小组学习。在选择学习伙伴时，低归属需要的学生会选择他们认为能够胜任某项指派任务的同学；高归属需要的会选择朋友，即使朋友胜任力相对不足。在高中，低归属需要的学生偏好选择符合自身兴趣和志向的课程，而高归属需要的学生倾向于选择能和朋友在一起的课程。由此可见，高归属需要有时会阻碍课堂学习和成就的最大化（Urdan & Maehr, 1995；Wentzel & Wigfield, 1998）。

赞许需要

另一种有个体差异的需要是**赞许需要**（need for approval），是一种获得他人认可和积极评价的愿望（M. Bartlett, Rudolph, Flynn, Abaied & Koerber, 2007；Boyatzis, 1973；Crowne & Marlowe, 1964；Urdan & Maehr, 1995）。小学生获得教师赞赏的需要很强烈，而初中时，学生更想获得同伴认可（Harter, 1999；Juvonen & Weiner, 1993；Urdan & Maehr, 1995）。

高赞许需要的个体自尊水平通常较低。他们可能为取悦他人而改变行事方式，有时会为了恰当的行为表现而向自己的原则让步。他们主要是为了获得表扬而参与并坚持学校任务的，并且可能在自认为会表现不好的活动中表现出自我阻碍行为。尤其在青少年中，高赞许需要的个体因为担心被拒绝，迫于同伴压力比较容易妥协。但这类努力通常适得其反。这也许是因为高赞许需要的个体太努力想要被喜欢，然而这样的学生相对不易受欢迎，还经常成为被欺负的对象（M. Bartlett et al., 2007；Berndt & Keefe, 1996；Boyatzis, 1973；Crowne & Marlowe，1964；H. A. Davis，2003；S. C. Rose & Thornburg，1984；Wentzel & Wigfield，1998）。

有些青少年非常看重同伴的赞许，以至于将自我价值感主要建立在同伴如何看待自己上——或者至少是建立在他们认为同伴是如何看待自己上（Dweck，2000；Harter，1999；Harter，Stocker & Robinson，1996）。由于这种基于社会而产生的不稳定的自我价值感依赖于同伴的近期评价，因此这样的青少年会表现出情绪上的明显波动（Burwell & Shirk，2009；Larson，Clore & Wood，1999）。

成就需要

成就需要（need for achievement），有时也称**成就动机**（achievement motivation），是力争优秀的需要，而不是为了任务完成所带来的任何外部奖励（J. W. Atkinson，1957，1964；J. W. Atkinson &
444 Feather，1966；D. C. McClelland，Atkinson，Clark & Lowell，1953；Vernon，1969；Veroff，McClelland & Ruhland，1975）。例如，高成就需要者会为了保持4.0的平均学分绩点而勤奋学习，为成为专业的篮球运动员而长时间训练。

高成就需要者对于自己所能完成任务的认识是现实的，他们所坚持的任务具有一定的挑战性但有实现的可能性。他们很少满足于既有的成就；相反，当他们达到当前的标准后为了精益求精会给自己设立更高的标准。他们愿意并能够做到延迟满足，也就是放弃较小的、眼前的利益，而选择长时间努力所带来的更大奖励（French，1955；Vernon，1969；Veroff et al.，1975）。

约翰·阿特金森及其同事较早提出了成就动机理论并被广泛引用（例如，J. W. Atkinson & Birch，1978；J. W. Atkinson & Feather，1966；J. W. Atkinson & Raynor，1978；也可见Covington & Omelich，1991）。这些研究者指出，努力获得成就的倾向是两个相关需要的函数：这两个相关需要是**追求成功的动机**（motive for success或M_S，做好并实现目标的欲望）、**避免失败的动机**（motive to avoid failure或M_{af}，担心不能达到目标并不愿参与到可能失败的活动中）。对于一些人来说，这两种需要中的一种比另一种更强烈，而成就行为就取决于哪种需要占主导地位。

追求成功动机较强的个体倾向于选择和解决中等难度水平的任务，也就是既有一定的挑战性又有可实现性的任务，他们并不担心可能会出现错误或可能面临障碍。相反，避免失败动机较强的个体通常会放弃冒险，而追求一种确定性。他们通常会选择肯定能够成功且较容易的任务。奇怪的是，高M_{af}的个体偶尔也会选择特别难、不太可能成功的任务。当任务失败时，他们有现成的解释——毕竟，任务是不可能完成的——因此他们能轻易地将失败合理化。选择不可能成功的困难任务的倾向会让你想到前文所谈到的自我阻碍现象。

一项经典研究验证了这一倾向（J. W. Atkinson & Litwin，1960），男大学生首先需要完成一个测试，这样研究者就可以将他们归类为高M_S个体或高M_{af}个体。然后让学生玩一个套圈游戏，即投掷圆环类的东西使其套在垂直的木桩上。学生被告知，可以站在离木桩15步内的任何地方，然后投掷10次，每次投掷一个圆环。大部分高M_S学生都选择站在离木桩8～12步的地方（中等挑战性）。在高M_{af}学生中，只有一半人站在8～12步的范围内；另一半则或站在7步内（任务因此变得很简单），或站在13步外（任务变得很难）。伊萨克森（Isaacson，1964）在大学生选课过程中发现了类似的模式：高M_S个体倾向于选择中等难度的课程，高M_{af}个体则选择很容易或很难的课程。

在早期，成就动机被认为是一种在多种领域的活动中较稳定的一般心理特质。然而，近年很多研究者则提出，这种需要与特定任务和环境有关系。当代心理学家大多将成就动机视作特定成就目标的反映，对此我们将在第17章进行系统论述。

特质 445

特质（disposition）是以特定方式应对学习和问题解决情境的相对稳定的一般倾向。① 特质是目的性的而非偶然的，它包含认知、动机和个性特征。下列是研究者提出的与创造性有关特质的示例：

◆ *刺激寻求*：为了新体验和新知识，迫切希望与个体的物理和社会环境相关联。

◆ *认知需要*：常常寻求并参与有挑战性的认

---

① 研究者提出了类似的概念：思维习惯（*habits of mind*）。

知任务。

◆ 对知识有好奇心：迫切希望获得多个领域的知识。

◆ 责任心：始终以仔细、专注和负责的方式参与任务。

◆ 习得性勤奋：即使需要不懈努力时也能一直坚持。

◆ 开放性：灵活考虑可选择的观点和多种证据，经过一段时间思考后再作出判断而不是直接得出结论。①

◆ 批判性思维：一直以精确的、合乎逻辑的和可信的态度评价信息或争论，而不以表面价值接受信息。

◆ 寻求一致性：综合不同角度的观点，并且不认为不同角度的知识是互斥的。

◆ 前瞻性：能预测并考虑各种活动的长期后果。(Bembenutty & Karabenick，2004；Cacioppo，Petty，Feinstein & Jarvis，1996；DeBacker & Crowson，2009；Eccles，Wigfield & Schiefele，1998；Eisenberger，1992；Giancarlo & Facione，2001；Halpern，2008；Hampson，2008；Husman & Freeman，1999；M. J. Kang et al.，2009；Kardash & Scholes，1996；Onosko & Newmann，1994；Raine，Reynolds & Venables，2002；Simons，Vansteenkiste，Lens & Lacante，2004；Southerland & Sinatra，2003；Stanovich，1999；Toplak & Stanovich，2002；Trautwein，Lüdtke，Schnyder & Niggli，2006；West，Toplak & Stanovich，2008；J. S. Wiggins，1996)

这些特质通常和学生的学习、成就呈正相关，很多研究者也认为这些特质在学生学习内容和学习程度上起因果作用。实际上，特质有时比智力对长远成就的影响作用更大（Dai & Sternberg，2004；D. Kuhn & Franklin，2006；Perkins & Ritchhart，2004）。例如，迫切寻求生理和社会刺激的学前儿童，今后在学校中的阅读成绩会更好并会取得更好的成绩（Raine et al.，2002）。还有，责任心强的青少年的自我调节能力更强；例如，他们更可能完成家庭作业（Hampson，2008；Trautwein，Lüdtke，Kastens & Köller，2006）。前瞻性较强的个体更有动力参与到能帮助自己达 446
到长期目标的活动中（Bembenutty & Karabenick，2004；Husman & Freeman，1999；Simons et al.，2004）。高认知需要的个体能从阅读中学到更多，也更有可能通过可靠的证据和逻辑推理得出结论（Cacioppo et al.，1996；Dai，2002；P. K. Murphy & Mason，2006）。批判性对待新证据并对不同观点持开放态度的个体会表现出高超的推理能力，也更有可能在需要时接受概念的转变（Matthews，Zeidner & Roberts，2006；Southerland & Sinatra，2003）。

研究者没有系统探讨不同特质的来源。经遗传获得的气质差异（如刺激寻求）可能是原因之一（Raine et al.，2002）。认识信念——例如，认为知识是固定不变的，或不断动态发展的——也有可能起重要作用（P. M. King & Kitchener，2002；D. Kuhn，2001b；Mason，2003；Schommer-Aikins，Hopkins，Anderson & Drouhard，2005）。教师在课堂上的行为——例如，是否鼓励针对课堂话题进行探索、冒险和批判性思考——可能有着更大的影响（DeBacker & Crowson，2009；Flum & Kaplan，2006；D. Kuhn，2001b，2006）。如下面的课堂互动中，教师实际上阻碍了关于课堂材料的分析、批判性特质的发展：

> 教师：写下这个……记住这种转换模式就可以了。米、厘米、毫米。例如……写下米、厘米、毫米。接下来我们让长度的度量标准保持一致。如果我给出一个小数，例如 0.234 米（对，写下来）。为了把 0.234 米转换为厘米，只需要移动小数点即可。怎样移动小数点呢？向右移动两位。（杰森，请坐好。）如果向右移动两位，0.234 米看起来会是怎样的呢，丹尼尔，以厘米为单位时？阿什丽，结果看起来是怎样呢？
>
> 阿什丽：23.4 厘米。

---

① 开放性可以和封闭需要对比来看，封闭需要是学习者努力想要快速得出关于什么是真什么是假的结论。有封闭需要的学习者的大都拥有较为简单的认知观念（例如，知识可以从权威人物那里获得，是事实的累积），并以相对表面的方式加工信息（DeBacker & Crowson，2006，2009；Kruglanski & Webster，1996）。

> 教师：23.4。很简单。为了从厘米转换为毫米，还需把小数点向右移动。但是，同学们，这次只需要移动一位。那么，如果向右移动一位小数点，得到的以毫米为单位的结果是多少呢？（源自 J. C. Turner et al.，1998，p. 741）

毫无疑问，这位教师目的很明确：她想让学生学会测量单位之间的转换。但是请注意她的态度："写下这个……记住这种转换模式就可以了。"

情感及其影响

动机的一个亲密伙伴是**情感**（affect）——包括学习者在学习任务中产生的体验、情绪，以及一般心境。① 例如，较早的章节中曾提到，被内部动机驱动的个体通常会在他们所做的事情之中发
447 现乐趣。然而太强烈的动机——或许是因为太想得到什么—— 将引起焦虑和其他不愉快的情绪。愉快、焦虑、兴奋、骄傲、抑郁、愤怒、内疚、厌烦等都是情感的形式。

情感时常伴随着可测量的躯体反应，例如血压、心率、肌肉紧张度和一般能量水平的变化。情感还以各种方式与动机、学习以及认知相互关联，正如我们即将揭示的。

情感与动机的关系如何

从进化的角度看，大脑对特定事件的即时情绪反应——如万般恐惧地飞奔至毒蛇的攻击范围之外，或者对一个以暴力相威胁的邻居表示愤慨，这些情绪反应都帮助人类生存并繁衍了多个世纪（Damasio，1994；Öhman & Mineka，2003）。除此之外，情感在人类动机的计划、思考方面也起着重要作用。一般而言，人们感觉如何取决于他们的需求是否被满足以及他们的目标是否被实现（E. M. Anderman & Wolters，2006；Goetz，Frenzel，Hall & Pekrun，2008；A. J. Martin & Dowson，2009）。当人们在决定追求什么时，他们同样会考虑自己随后容易有怎样的感受——特别是，成功时感觉有多好（例如，让他们快乐或自豪），而失败时感觉有多糟（例如，让他们悲伤或羞愧）（Mellers & McGraw，2001）。

一些被称为**自我意识情绪**（self-conscious emotions）的情绪与人们的自我评价密切联系，因此也与他们的自我价值感相关联（M. Lewis & Sullivan，2005；Pekrun，2006）。当人们认为自身的行为和成就与自身文化所认可、接受的行为标准相一致时，他们倾向于感到自豪。相反，当他们认为自己没有满足这些标准时——例如，当他们由于粗心而伤害他人时——他们倾向于感到内疚和羞愧。

不愉快的情绪有时也有益处；例如，羞愧会激励个体了解并改正当前的缺点，对不公正、不公平待遇的愤怒会促使个体去做正确的事情（Eid & Diener，2001；Tamir，2009）。但是一般而言，人们会以让自己快乐、舒服的方式代替让自己悲伤、难过或生气的方式行事（Isaacowitz，2006；Tsai，2007）。人们想让自己感受到多大程度的开心和舒服，这在某种程度上是一个文化问题。欧洲和北美文化背景中的个体喜欢让自己处于一种高度唤醒、快乐的情感状态（例如，一种兴奋的感觉），而亚洲文化中的个体更偏好一种安静、平和的状态（Mesquita & Leu，2007；Tsai，2007）。

如果在教学中学生处于一种好的情绪状态，他们更有可能从认知上关注新的材料并努力理解它（Linnenbrink & Pintrich，2004；Pekrun，Goetz，Titz & Perry，2002）。但是在学习过程中，他们的信念可能与当前的观点相冲突。这些冲突将导致相当程度的心理不适——皮亚杰将这种状态称为失衡，而当代理论家则称之为**认知失调**（cognitive dissonance）。这种冲突通常会促使学生尝试以某种方式解决它——可能是修正已有信念（因此经历概念改变），也可能是忽略或质疑这些新信息——这样他们就能回到一种更满足的心智状态（Harmon-Jones，2001；Marcus，2008；Pintrich et 448
al.，1993；Sinatra & Mason，2008）。

---

① 一些理论家经常交换使用情感（affect）和情绪（emotion）这两个术语。但也有理论家提议，情绪仅适用于短期的状态，而情感在更广泛的意义上既包含短期的状态也包含长期的心情和倾向（Forgas，2000；Linnenbrink & Pintrich，2002；Rosenberg，1998）。

情感与学习、认知的关系如何

从历史的角度看，学习的社会认知观以及认知派学者的显著缺陷在于他们普遍忽视心理加工过程的情感部分（Dai，2005；Hidi，Renninger & Krapp，2004；Pintrich，2003）。然而情感与学习和认知密切相关。例如，在学习如何执行一项任务的同时，我们也同时认识到自己是否喜欢执行这项任务（Goetz et al.，2008；Zajonc，1980）。当我们享受自己所做的事情时，问题解决就会变得很容易，而且，在学习和问题解决过程中，成功的尝试常常带来兴奋、愉快、自豪的感觉（E. M. Anderman & Wolters，2006；C. S. Carver & Scheier，1990；Pekrun，2006；Shernoff & Csikszentmihalyi，2009）。而任务中失败的尝试通常会使我们感到沮丧、焦虑，尤其是当任务很简单时，于是我们就会形成对这项任务的厌恶（C. S. Carver & Scheier，1990；Shepperd & McNulty，2002；Stodolsky，Salk & Glaessner，1991）。

当我们在思考、学习或者记忆一些东西时，我们的思维和记忆可能具有情绪意义，此即所谓的**热认知**（hot cognition）现象。通常我们所学习的材料本质会引起热认知，其进而影响认知加工。如果信息是饱含情绪的，我们就更可能注意到它（Edwards & Bryan，1997；Phelps，Ling & Carrasco，2006），也更可能继续琢磨、不断地对其进行精细的加工（G. H. Bower，1994；Heuer & Reisberg，1992；D. J. Siegel，1999）。但是，有时我们从热认知中得出结论以及做出合适反应的能力也可能会受到妨碍，至少相比于我们关于非情绪话题的逻辑思考能力是这样的（Blanchette & Richards，2004；Damasio，1994；Marcus，2008）。

我们储存在长时记忆中的情绪特征可能会影响我们后期对它的提取。尽管有时候我们可能会压抑极端痛苦的记忆（见第 11 章），但一般而言，相对于非情绪信息，我们更容易提取出那些具有丰富情绪内容的信息（G. H. Bower，1994；Kensinger，2007；Phelps & Sharot，2008；Talarico，LaBar & Rubin，2004）。举个例子，回忆一下第 11 章有关闪光灯记忆的讨论。再如，让我们思考一下霍伊尔和瑞斯伯格（Heuer & Reisberg，1990）的一个实验。让大学生看一系列图片，这些图片描述了两个故事中的一个，两个故事都包含一个男孩和他的妈妈去看望工作中的爸爸。一部分学生（情绪内容组）看到的故事中，爸爸是一名外科医生，正在处理事故中的伤患；这些学生看到的是手术过程的图片（能看到内部器官的全貌），以及严重受伤孩子的双腿。另一部分学生（中性内容组）看到的故事中，爸爸是一个汽车技工，正在修理一辆出故障的汽车，这些学生能看到汽车的内部构造，包括严重损坏的一部分。两星期后，所有学生都接受了一项关于之前观察到的内容的无预期测验。那些看到充满情绪内容图片的学生不仅记得故事的梗概，还记得图片中的很多微小细节，这些记忆远比那些中性内容组学生的记忆准确。事实上，虽然情绪内容组的学生没有预料到我们要对其看到的内容进行检测，但相比中性内容组，他们记住的东西更多，而后者曾明确被告知要记住故事的情节和细节。情绪内容组学生的更佳记忆可能不仅仅是因为逼真的血腥的视觉材料，还因为一个人处于痛苦的环境（参见 Cahill & McGaugh，1995）。

一般的情绪状态也能影响学习和记忆。当我们情绪好时（如当我们感到快乐、兴奋，而不是
厌烦或沮丧时），我们更有可能关注一些信息，将 449
这些信息与我们已知的信息联系起来，并尽可能对其进行精细加工（Bäuml & Kuhbandner，2007；Fredrickson，2009；Pekrun，2006；Pekrun et al.，2010；N. Schwarz & Skurnik，2003）。好的情绪还能帮助我们提取之前储存在长时记忆中的信息（Oatley & Nundy，1996）。而除此之外，当提取信息时的情绪与信息最初储存时的情绪一致时，我们更容易从长时记忆中提取到这些信息——这就是**情绪依存记忆**（mood-dependent memory）（G. H. Bower & Forgas，2001；Eich，1995；Pekrun et al.，2002）。

一些认知学派的学者曾提出，对事物和事件的情感反应是组成长时记忆的网络联结的必备部分。① 就像人们能很容易地根据概念或图表将事情

① 神经学证据支持了这一观点。与情绪有关的脑区（如边缘系统）与那些导致“冷”认知系统（如额叶皮层）有规律地联系在一起，而且当一个潜在的重要刺激依据得到及时的注意时，这些区域就会发出警报（Benes，2007；Forgas，2008；Schupp，Junghöfer，Weike & Hamm，2003）。

归类，人们也能很容易地根据情感将其归类——例如什么事情使他们快乐、悲伤、愤怒等等（G. H. Bower & Forgas，2001）。事实上，情感反应可能是与当前对象或事件相关的背景知识的一个重要信息来源（Clore，Gasper & Garvin，2001；Minsky，2006；N. Schwarz & Skurnik，2003；C. A. Smith & Kirby，2001）。例如，阅读一本好书将是快乐的源泉，而在粗俗不堪的读物上浪费时间则不是，了解这一点非常有用。

人们往往可以记住更多的包含情感冲击力的信息。

在有些情境中，一段记忆的情感成分如此强烈，以至于它们很容易被提取，甚至于是很难被忽略，而且也不可能与其他记忆相混淆（Berntsen，2010；G. H. Bower & Forgas，2001；Schacter，
450 1999）。① 而在另一些情境中，情感成分可能是非常细微的，以至于学生没有意识到它们的存在。也就是说，它们是内隐而不是外显的知识（G. H. Bower & Forgas，2001；Ito & Cacioppo，2001；Winkielman & Berridge，2004）。有时候人们可能会对那些完全没有发生有意识回忆的刺激产生生理反应，在这种情形中，对这些刺激的先前情感反应似乎是保存在记忆中的唯一内容（Nadel & Jacobs，1998；Zajonc，2000）。

焦虑或许是学习和教学领域中得到最广泛研究的情感形式。行为主义学者已经发现焦虑会受到经典条件作用的影响，有时候还能导致回避学习（第 3、4 章）。认知学派学者已经证明了焦虑对长时记忆提取和问题解决中的认知加工过程的消极影响（第 11、15 章）。焦虑还具有其他作用——一些是积极的，一些是消极的，如下所示。

焦虑

焦虑（anxiety）是指面对一种情境，尤其是结果不确定的情境时产生的不安和忧虑的感觉。恐惧和焦虑是相关联的概念，两种都位于唤醒连续体的极高端。但一个关键差异将两者区别开来：恐惧是对确定威胁的反应，而焦虑则是模糊的、相对弥散的。例如，人们会对特定的事情感到害怕，但人们通常不能确切知道自己对什么感到焦虑（Lazarus，1991）。

焦虑包含两个不同的成分：担忧和情绪性（R. Carter，Williams & Silverman，2008；Hong，O'Neil & Feldon，2005；Tryon，1980）。**担忧**（worry）是焦虑的认知方面，涉及与个体应对某种情境的能力相关的令人不安的想法和信念。而**情绪性**（emotionality）是焦虑的情感方面，涉及的是一些生理反应，如肌肉紧张（例如胃里“翻江倒海”）、心跳加速、出汗，以及坐立不安等行为反应。

心理学家发现区分两种类型的焦虑很有用。**状态焦虑**（state anxiety）是一种短暂的状态，是由特定刺激引发的。例如，当你置身于一个出了名的问题班级，需要解答一个极具挑战性的数学问题，或想到一场即将到来的考试时，都可能会体验到状态焦虑。相反，**特质焦虑**（trait anxiety）是一种相对稳定的状态，这种个体在特定情境中长期焦虑。例如，你可能具有普遍的数学焦虑或考试焦虑，只要你遇到数字或者想到考试就会焦虑。

焦虑的影响

早期研究关注焦虑对学习和表现的影响。之后由于认知主义的出现，研究开始关注焦虑对认知过程的影响。让我们分别来讨论相关的证据。

对于学习和表现的影响　前面我提到过，人们可能力求达到唤醒的最佳水平——这种令人舒适的区域位于太少与太多之间。但是什么水平是最佳水平，不仅取决于个体也取决于眼前的任务。早期研究者发现，唤醒以一种曲线的形式（“倒U”曲线）影响学习和表现（Broadhurst，1959；D. W. Fiske & Maddi，1961；Hebb，1955；Yerkes & Dodson，1908）。具体来讲，低程度的唤醒

---

① 用第 11 章的术语来说，强烈的情绪记忆不太可能受到其他记忆的干扰（G. H. Bower & Forgas，2001）。

（如低水平的焦虑）有助于学习和表现。在任务容易时，高程度的唤醒（如高水平的焦虑）有助于学习和表现，而在任务困难时则产生抑制作用。
451 对于任何一个任务，都存在一个唤醒的最佳水平（在倒 U 形曲线的顶端），此时学习和表现达到最优化（见图 16—2）。

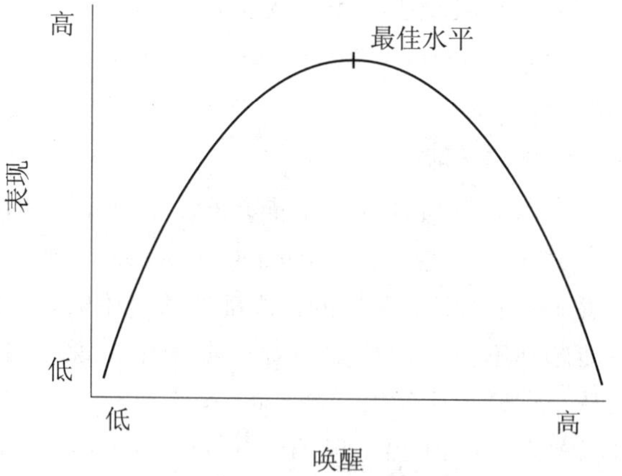

图 16—2　倒 U 曲线，描述了唤醒和表现之间的曲线关系

耶克斯和多德森（Yerkes & Dodson，1908）用小老鼠做的一项经典实验为唤醒水平和任务难度的交互影响提供了明确的说明。每只老鼠被放在一个房间里，它能从其中一扇门（一共有两扇门）中逃出去。门对面的墙会慢慢移动从而使房间越来越小，直到老鼠最终被迫通过一扇门或者另一扇门逃离该房间。一扇门通向一个安全舒适的"窝"，而从另外一扇门出去则会有电击。实验员会提供一条线索告诉老鼠哪扇门通向哪里：通向安全窝的门的颜色要比通向电击的门更亮一些。

当小老鼠走错门时，实验员给每组小老鼠的电击量不同——轻微、强烈，或者居于两者之间的，从而区分不同的唤醒水平。他们通过变化两扇门颜色的相似度来区分任务难度：一些老鼠是在白和黑门之间选择（简单任务），一些老鼠要在浅灰和深灰之间选择（中等难度的任务），还有一些老鼠要在相似色调的灰色门之间选择（能够完成但非常困难的任务）。

如果小老鼠连续正确选择了 30 扇门，则说明其成功学习到了两扇门间的差异。图 16—3 显示了每种条件下老鼠平均的学习尝试次数；由于 y 轴代表表现的质量（学习速度），所以需要较少次数就达标的组的线要高于需要较多次数的组。简单任务组的小老鼠在高度唤醒（强烈电击）条件下表现最好。中等任务难度组的小老鼠在中度唤醒（中等程度电击）条件下表现更好。极难区分任务中的小老鼠在电击和唤醒较低的时候表现最好。

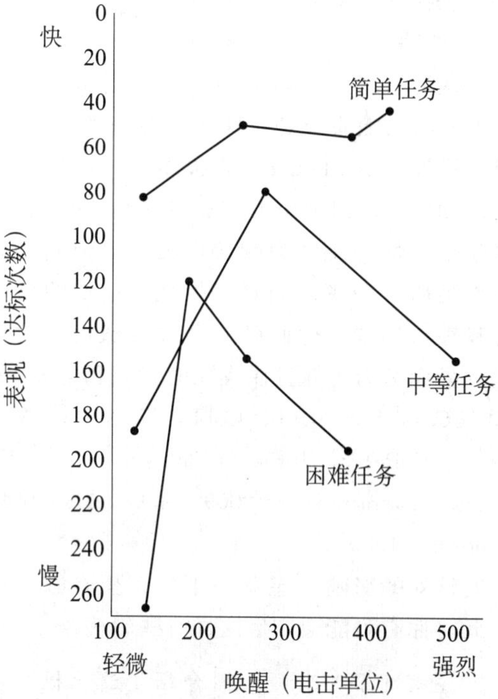

图 16—3　唤醒水平和任务难度交互影响不同任务中的最佳唤醒水平

资料来源：From data reported in "The relation of strength of stimulus to rapidity of habit-formation" by R. M. Yerkes and J. D. Dodson，1908，*Journal of Comparative Neurology and Psychology*，*18*，pp. 459-482.

较高水平的唤醒有助于完成容易的任务，低或中等水平的唤醒更有助于稍微困难任务的完成，该原则被称为**耶克斯—多德森定律**（Yerkes-Dodson law）。该原则不仅适用于小老鼠，也适用于人类行为。一般来说，高水平的焦虑能够提高熟练掌握的、自动化行为的表现，我们称为**促进性焦虑**（facilitating anxiety）。但是在有挑战性的新任务中，高水平的焦虑却可能会妨碍表现，这种情况下，我们将其称为**阻碍性焦虑**（debilitating anxiety）。例如，人们一般在高度焦虑时跑得更快——因为奔跑是一种习得程度达到自动化的技能，但高水平的焦虑会妨碍较复杂的运动技能，如打高尔夫（Beilock & Carr，2001；Gladwell，2005）。尽管对 452
眼前考试的些许焦虑有助于刺激学生勤奋学习，但是考试过程中的高度焦虑则会产生反作用

（Cassady，2010b；Kirkland，1971；Spielberger，1966）。

在这一内容下，对威胁与挑战间差异的区分是有很用的（Combs，Richards & Richards，1976）。**威胁**（threat）是指这样一种情境，在其中学生认为自己几乎没有机会能获得成功，也就是说他们将失败看成是一种几乎无法避免的结果。相反，**挑战**（challenge）是这样一种情境，即学生相信如果自己足够努力就有可能会成功的情境。如果学生将情境感知为威胁性的，那他们很有可能产生阻碍性焦虑。而对于挑战，他们的反应就更为积极，例如，他们可能会被强烈地驱动去尽自己的最大努力，并且在成功时表现得非常兴奋、满足（Cassady，2010b；Cobb，Yackel & Wood，1989；N. E. Perry，Turner & Meyer，2006；Shernoff & Csikszentmihalyi，2009；A. G. Thompson & Thompson，1989）。

对认知的影响 想象一下你正坐在教室里考试，此时你有可能会产生这样一些想法：

> 太好了，老师上周介绍了这个概念，是关于……
>
> 有些东西我们在课堂上没有详细讨论。让我想想能否将其与我们讨论过的内容联系起来……
>
> 453 这道题的最好解法是……
>
> 这些题目越来越难了……
>
> 糟糕，我只剩下10分钟，我可能做不完了……
>
> 如果这次考试我不及格怎么办？这个考试是我的培养计划中要求必须完成的……

前三种想法与当前任务密切相关，它们将会有助于你在考试中有最好的发挥。相反，后三种与当前任务无关：你正在把时间和思维浪费在担心上，而不是思考如何回答考试题目。回忆一下第8章中关于注意和工作记忆的讨论，人们一次仅能注意并加工少量的信息。如果越多的时间和注意被放在对考试的担心上，用于处理考试本身的精力就会越少。

焦虑会妨碍个体对任务的注意。此外，由于令人不安的想法会占据一定的工作记忆容量，焦虑还会妨碍有效的认知加工。当前任务很困难时——如任务包含解决问题——以及需要从长时记忆中提取相当多的信息时，这种影响更普遍（Ashcraft，2002；Beilock & Carr，2005；Beilock，Kulp，Holt & Carr，2004；Pekrun et al.，2002；Tobias，1980）。

总的来说，焦虑的阻碍性作用会分散注意力：当执行一项困难的任务时，高度焦虑的个体更可能被无关刺激吸引，思考无关的事情，做出无关的反应（Ashcraft，2002；Beilock et al.，2004；Fletcher & Cassady，2010；Wine，1980）。

焦虑的一般来源

人们会因为各种事情而焦虑。例如，人们会担心其个人表现（N. J. King & Ollendick，1989）；当进入一个新的、未知的、混乱的情境中时，人们可能感到不安全，例如，对于青少年来说，当他们从小学升入中学时（Benner & Graham，2009；Eccles & Midgley，1989；Phelan，Yu & Davidson，1994；Tomback，Williams & Wentzel，2005）。当发现当前观点与之前所相信的有所不同时，人们也可能会感到不安；请回忆先前我们对认知失调的讨论（Bendixen，2002；Harmon-Jones，2001）。一般来说，当人们感到自我价值感和自我效能感受到威胁时，可能就会感到焦虑，例如，当他们知道或认为自己正在被成年人或同伴评价时（Cassady，2010a；Covington，1992；Eccles et al.，1998；Zeidner & Matthews，2005）。

两种形式的特质焦虑——数学焦虑和考试焦虑——是很多研究的焦点。下面我们看看这些研究告诉我们一些什么。

数学焦虑 相比其他学科，一些学科往往更能引发焦虑。例如，一些学生在科学或外语课上尤其焦虑（Britner，2010；Goetz，Frenzel，Pekrun，Hall & Lüdtke，2007；Horwitz，Tallon & Luo，2010）。但是对于学校的所有科目而言，没有哪一门会像数学一样使那么多的学生产生那么高的焦虑。数学焦虑同时包含担忧和情绪性两种成分。首先，对数学感到焦虑的人坚定地认为他们不可能在数学任务中获得成功；换句话说，他们在数学上有较低的自我效能感。其次，他们对数学有消极的情绪反应：他们非常害怕且不喜欢数学（B. Hoffman，2010；Jain & Dowson，2009；Jameson，2010；Wigfield & Meece，1988）。

454 学生对数学感到焦虑的一个原因可能是，数学课程经常在学生的认知还没做好准备时就开始引入了数学概念和程式。例如，发展心理学家发现，理解比例、处理抽象概念的能力是在儿童向青年的过渡过程中逐渐出现的（Schliemann & Carraher，1993；Tourniaire & Pulos，1985；参见第 12 章）。而学校经常希望学生能在小学晚期和初中早期就能处理数学比例以及抽象概念，如分数、比率、负数，以及 π。如果要求学生处理他们不理解的概念或任务，那么很多学生肯定会遭遇挫折、失败。如果学生经常将失败与数学联系起来，我们就可以预测，他们会变得不喜欢该科目，并相信自己不能学好数学。

正如你预料到的，具有高数学焦虑的学生比低数学焦虑的学生在数学上表现更差。此外，高数学焦虑的学生更不太可能自愿参加额外的数学班，或者从事数学以及相关领域的工作（如科学、技术）。即使高数学焦虑和低数学焦虑学生在之前的数学课上表现得一样好，这些差异仍然存在（Ashcraft，2002；Chipman，Krantz & Silver，1992；Eccles & Jacobs，1986；Jameson，2010；Meece，Wigfield & Eccles，1990；Zeidner & Matthews，2005）。

考试焦虑 我们中的大多数人都会对考试具有一定程度的焦虑，如前所述，少量的焦虑实际上能帮助我们更好地完成考试。但是一些学生在考试情境中极度焦虑，他们的得分通常会比那些低焦虑同学的低（Cassady & Johnson，2002；Chapell et al.，2005；Hembree，1988）。这些学生似乎主要关注的是考试的评价方面：他们非常担心他人（如老师）对他们产生负面评价（Harter，Whitesell & Kowalski，1992；B. N. Phillips，Pitcher，Worsham & Miller，1980；Zeidner & Matthews，2005）。考试焦虑不仅会妨碍考试过程中的提取，还会在准备考试时阻碍信息的编码以及储存（Cassady，2010b；Zeidner & Matthews，2005）。因此，高度考试焦虑的学生不只是在“考试”时表现不好，在学习时表现也不好。

很多小学高年级以及初中学生都有考试焦虑，这些焦虑不利于他们在考试中的表现，尤其是在参加一些高风险考试中更是如此，也就是那种会决定其晋级、毕业以及其他重要结果的考试（Chabrán，2003；R. M. Thomas，2005）。少数族群的学生以及有学习障碍的学生的阻碍性考试焦虑尤其普遍（R. Carter et al.，2008；Putwain，2007；Whitaker Sena，Lowe & Lee，2007）。

焦虑可能源于**刻板印象威胁**（stereotype threat）在这一现象。这一现象中，来自刻板印象中的低成就群体（如女性、特定少数族群）的那些个体，如果他们意识到他们的群体传统来说的确做得更差，那么他们会真的在测验中表现得更差（J. Aronson & Steele，2005；Steele，1997）。当人们意识到不良刻板印象的存在时，尤其是当他们知道即将执行的任务反映了某种重要领域的能力时，不安的想法就会进入工作记忆，心率及其他与焦虑有关的生理特征就会上升，而表现就会下降（Cadinu，Maass，Rosabianca & Kiesner，2005；Inzlicht & Ben-Zeev，2003；Krendl，Richeson，Kelley & Heatherton，2008；Schmader，2010；G. M. Walton & Spencer，2009）。当人们不把任务 455
表现解释为能力、才智以及在同学中的地位的指标时，刻板印象威胁的消极效应就不大可能发生（Josephs，Newman，Brown & Beer，2003；McKown & Weinstein，2003；Osborne，Tillman & Holland，2010；Régner et al.，2010）。

为了使学生在课堂上的表现达到最优化，应该激发学生尽最大努力发挥而不是过度担忧其表现。在本章的最后一部分，我们将讨论一些通用策略，这些策略能增强学生完成学业成就的动机，也能将焦虑和其他情绪保持在一个有益的水平。

营造一个充满积极性的课堂环境

我经常听人（包括一些教师）抱怨学生“就是没有动力”去学习。但是，应该清楚的一点是：学习课堂内容的动机不一定全是学生带到学校来的，它也是老师使学生逐渐习得的一种品质（回顾之前关于情境动机的讨论）。

本章中我们所提到的一些理论和原理为教学实践如何提升动机提供了很多建议。

◆ 当学生是因为内部动机而不是外部动机去

学习、实现目标时，他们的学习将更有效，也将表现出更多富有成效的课堂行为。我们的社会常常关注学业成就的外部优势。孩子取得高分就会得到父母的金钱奖励或其他奖励。学校的体育部门为参与体育活动者颁发证书。教师以及学校领导从长远的经济成就角度强调高等院校毕业证的重要性。但是正如我们所看到的，学生只有被激发内部动机而不是外部动机时，他们才更可能表现出主动性、参与性以及有意义学习，并且享受学业活动，也才更有可能取得高水平的成功。然而不幸的是，学生学习以及取得学业成就的内部需要随着年级的上升，尤其是从小学到中学的转变而下降（Gottfried，Fleming & Gottfried，2001；Lepper et al.，2005；Wigfield et al.，2006）。

研究者已经提出了多种策略来激发学生学习课堂内容的内部动机。一个有效的方法是：在进行课堂活动时多强调内部动机少谈外部动机。例如，可以这样说："得高分当然很好，但是，理解你所学的，并享受这个过程才更重要。"（Amabile & Hennessey，1992；Graham & Weiner，1996；Urdan & Turner，2005）成年人若为学习者树立内部动机的榜样——例如，展示他们对活动的热情，也能促进观察者对同样的活动产生内部动机（Frenzel，Goetz，Lüdtke，Pekrun & Sutton，2009；Nolen，2007；Radel，Sarrazin，Legrain & Wild，2010）。另外，将课堂内容与学生的生活、经历、需求以及体验联系起来，这将会增加学生真正地想要学习这些内容的可能性（A. Kaplan & Flum，2009；Urdan & Turner，2005；M.-T. Wang & Holcombe，2010）。

◆ **当学生自信自己能够完成课堂任务时，他们更可能产生内部动机。**本书中我一直在讨论可以提高学业成就的各种策略。但并不是所有的成就都能提高学生的胜任感。下面这个练习能够说明我的上述观点，请试着做一下：

看看10秒内，你能否在纸上写下1～10。

456 你做到了吗？如果做到了，这种成功让你感觉如何？我在4秒内完成的，但是我没有任何理由感到特别骄傲。毕竟，我才刚过60岁；如果我现在就不能准确迅速地写下这些数字，一定是自己出了什么严重的问题。

尽管确信自己在容易任务上一定会成功，但是这丝毫不能提高自我效能感以及总体胜任感。当然，我们一定能做到的，别人也能。但是艰巨的挑战就不会这么容易被实现了：或许我们曾经尝试过但没有成功，或许我们知道他人曾经失败过。当我们成功地完成了一项挑战，显然，我们是非常有能力的人。因此，从挑战中获得的成功就会让学生产生满足感，而这在简单任务中是不可能有的。此外，因为困难情境中的成功能够提高他们的能力感，所以也提高了他们的内部动机（Deci & Ryan，1992；Dweck，2000；Urdan & Turner，2005）。

但是过于困难的挑战则会令人沮丧。如果能将这一点谨记于心，教师就应该帮助学生树立关于什么是成功的合理观念——例如，进步需要日积月累，一贯的完美是不现实的。老师还要对学生的错误进行合理归因——例如，让他们将错误视为通往成功之路的不可避免的小障碍，而且让学生明白，尽管存在这些错误，但如果他们努力坚持并采用适当的方法，最终一定会成功。当学生不再为做与不做、做得好与不好而烦恼，而是将注意力集中在掌握眼前的任务时，他们最终将取得最大进步（Brophy，2004）。

◆ **当学生在课堂活动中拥有一定程度的自主性时，其内部动机也会提高。**无论是出于教学还是逻辑方面的原因，学生通常对学校里发生的事情几乎没有什么控制权。例如，社会需求及学校课程通常就决定着学生必须掌握哪些知识和技能。许多不同的学生使用着相同的设施和资源，于是就必须遵循特定的安排。而且，为了让学生将注意力放在学习任务上，教师必须维持课堂秩序。

然而，一定程度的课堂自主性对于提高学生的自我决定感和内部动机是非常必要的（例如，Hardré，Crowson，DeBacker & White，2007；Hardré & Reeve，2003；Prout，2009）。教师能通过很多小事情让学生对课堂活动产生自我决定感。例如，教师可以提供给学生独立学习的机会，可以通过小组学习或者计算机辅助教学（Stefanou et al.，2004；Swan，Mitrani，Guerrero，Cheung & Schoener，1990）。教师在解释有些活动从长远来看大有裨益时，也可以承认这些活动可能是单调乏味的（Jang，2008；Reeve，2009）。当评价活动有助于促进学业进步时，教师可以提供某种机制（如一份检查清单），让学生可以进行自我评价（McCaslin & Good，1996；Paris & Ayres，1994）。

如前所述，影响学生自我决定感的一个关键因素是使其能够选择要做什么。对于自己选择的活动，学生更可能产生一种主控权（Schraw，Flowerday & Lehman，2001）。当然，做选择的机会应该是在合理的范围内，并且要考虑学生在做出恰当决定方面是否具备了发展上的准备性（Brophy，2004；K. Lane，Falk & Wehby，2006）。例如，当某一目标可以通过两种或多种方法实现时，教师可以让学生选择能取得最好效果的开展方式，或让他们选择用哪种方法展示优势（Clani，Middleton，Summers & Sheldon，2010；B. A. Hennessey & Amabile，1987；Stefanou et
457 al.，2004）。当运用外部强化物鼓励学生执行枯燥但必要的任务时，如果他们能完成这些任务，那么教师可以让其选择某种强化物从而维持其自我决定感（Geckeler，Libby，Graff & Ahearn，2000；Spaulding，1992；Tiger，Hanley & Hernandez，2006）。

给学生自主性并不意味着要取消所有的课堂活动结构（Clani et al.，2010；H. A. Davis，2003；Jang，Reeve & Deci，2010；M.-T. Wang & Holcombe，2010）。有些结构——例如，以支架的形式激励学生努力学习，对于提升学生的自我效能感和胜任感非常重要。此外，某些结构能够提升学生的自我决定感。例如，如果教师清楚地表达了对其学业表现的期望（如提前公布评价标准），学生就会清楚地知道他们必须做些什么才会成功（Reeve，2006）。教师可以提前告知学生最后期限是什么时候，这样学生就会据此安排他们的时间（Spaulding，1992）。教师还可以设定一些规范、程序，要求学生在学习过程中必须遵循，从而最大限度地减少为每次任务都提供详细指导的必要性（Spaulding，1992）。

◆ *外部动机也能促进学习。*尽管拥有内部动机是最理想的状况，但外部动机也不一定总是坏事，无论如何总比没有学习动机要好。通常学生既被掌握课堂知识的内部需要所激发，也被掌握这些知识所带来的外部奖赏所激发，如好的分数、公众的认可、梦寐以求的教育和工作机会等等（Cameron，2001；Covington，2000；Daniels et al.，2008；Hidi & Harackiewicz，2000）。此外，很多学生需要花时间去做各种事情，因此他们必须优先考虑某些活动，而这些活动能给他们带来好的分数以及其他对于未来发展非常重要的结果（M. Hofer，2010；C. S. Ryan & Hemmes，2005）。

如前所述，当使用其他方法显然不能导致期望行为的出现时，外部强化可能是最有用的。学生起初可能觉得新活动是枯燥的、困难的、令人沮丧的，此时就需要外部的激励使其坚持下去（Cameron，2001；Deci et al.，2001；Hidi & Harackiewicz，2000）。这时教师不仅仅要强化做的过程，还要强化好的结果，也就是说，要强化那些从长远来看能使成就最大化的行为和认知过程（Cameron & Pierce，1994；Eisenberger & Cameron，1996）。经过不断的练习，学生的能力和技能都会有所提高，最终他们会发现这些活动是能带来内部奖励的。

同时需要提醒的是，学生学习课程材料的内部动机不是突然生成的，而是随着时间逐渐培养的，尤其当学生已经习惯把外部强化当作对努力的奖赏时更是如此。在教导那些持外部动机的学生时，一个合理的方法是加强对其学习的内部奖赏，同时逐渐减少其对外部强化的依赖（Covington，1992；Lepper，1981；Stipek，1996）。

◆ *反馈和其他外部强化形式能够维持或提高学生的胜任感和自我决定感。*在第 4 章，我们说过积极反馈是一种强化；从操作性条件作用的观点来看，反馈对行为有直接的影响。在第 6 章和第 9 章，我们也提到，反馈也能通过向学生提供一些有关如何改善的信息从而间接提高其表现。在本章中，动机理论家提出，反馈对行为具有其他间接影响：反馈能提高表现，从而加强个体的胜任感、自我价值感。458

但是，在以下情况中，积极反馈不可能有益：（1）积极反馈削弱了个体的胜任感；（2）积极反馈传达了一种控制个体行为的企图，进而削弱了个体的自我决定感（P. Burnett，2001；Deci & Moller，2005；Reeve et al.，2004）。例如，当我的孩子在说下面这些话时：

> 妈妈，你做的这些核仁巧克力非常好吃。（提高能力的一种陈述）
>
> 妈妈，你终于烤出点什么了，是件好事。

我同学的妈妈一直都会做这个。（控制性的一种陈述）

我会更亲切地回应前种说法。我总是喜欢赞扬我的话。但是像“好”父母应该是什么样子之类的话通常会让我感觉，我在自己家里不能做主。而且，我也并不想让自己的孩子来告诉我该如何做。

即使是消极反馈，如果能够提升能力感和自我决定感，那么它也是有效的（Narciss，2008；Reeve，2006；Sedikides & Gregg，2008）。如果消极反馈提供的是关于在未来如何进行改进的信息，从而也就是暗示着个体最终能成功，它就可能会提高内部动机。相反，如果消极反馈传达的信息是学生是无能的，或者强加给学生一种外部控制的感觉，它就会削弱学生继续执行任务的内部动机。

◆ **当学生的非学业需要都得到满足时，他们更可能关注学业**（Brophy，2004；Fredricks et al.，2004）。在前面关于驱力的讨论中，马斯洛的需要层次以及唤醒和归属需要都认为，学生可能具有一些非学业的需要。某些情况下，学生可能具有生理需要，例如，他们会饥饿、口渴、疲倦、不安。他们对课堂、校园、来往学校的路上将要发生什么感到不确定、不安。很多学生还有强烈的愿望要与他人互动——像同学和老师，以及得到他人的赞赏、尊重和友谊。实现自我价值的需要也具有非学业成分，因为学生对自己的评价并不仅仅依赖于他们能做什么，还依赖于别人如何对待他们以及对他们的行为如何反应。

教师可以通过很多简单的事情来确保学生的生理需要得到满足。例如，他们可以帮助学生加入免费午餐计划，协助那些有明显疾病的学生到院就医，批准使用卫生间的合理要求。如果学生具有锻炼身体、释放压力的机会，学生更可能专注于课堂任务——这样就适度满足了他们对唤醒的需要（Pellegrini & Bohn，2005；Tomporowski，Davis，Miller & Naglieri，2008）。

为了满足学生对安全感的需要，使其对学习任务、活动的焦虑保持在一个有益的水平，教师必须创造一种整齐有序且温暖、富于支持性的环境（Brophy，1987；Fletcher & Cassady，2010；D. K. Meyer & Turner，2006；Pekrun，2006）。例如，教师应该清楚地表达出对学生学业表现和课堂行为的期望，以公平、规范的方式处理不端行为，并为学生提供提问、表达观点的机会。教师还要积极应对恐吓以及其他会损害学生身心健康的境况。

学生对爱、归属、接纳、认可的需要——简 459
而言之，对关系的需要——可以通过很多方法得到满足。由于各自的本质特点，师生关系某种程度上是事务性的，毕竟，教师和学生都有各自的事情要做。然而，教师可以通过日常生活中的很多小事表达出对学生的兴趣和情感——例如，知道学生的生日和一些特别需要，认真考虑学生的观点和意见，当学生感到愤怒或抑郁时提供支持性的、非评断性的倾听。教师还应创设有利于学生间交流的机会——例如，运用以小组为定向的教学技术，如小组讨论、合作学习、交互教学、角色扮演等。总之，当学生相信教师、同学喜欢他们，并认为自己是班级的一员时，他们更可能获得学业成功，也更可能留在学校而非辍学（Certo，Cauley & Chafin，2003；Hymel，Comfort，Schonert-Reichl & McDougall，1996；Osterman，2000；Patrick，Turner，Meyer & Midgley，2003；M. Watson & Battistich，2006；Wentzel，Battle，Russell & Looney，2010）。

为了帮助学生获得他人的尊重以及自我价值感，教师要承认学生在课堂内外的成就。教师为学生安排活动时，要使他们能够展现其在校内某方面或者校外某件事上特有的优势（Bracken，2009；Jenlink，1994；A. J. Martin，2008）。教师要以巧妙的方式突出学生的成就，例如，将学生的艺术作品展示在墙上，在家长会上汇报学生重要的成就，偶尔将学生优秀的成绩报告单寄给家长。但最重要的是——可能这里听起来像是我在反复讲同样的话——教师必须对学生表现持有较高的期望，并为帮助学生实现这些期望而做所有力所能及的事情（L. H. Anderman et al.，2002；Roeser，Marachi & Gehlbach，2002）。

◆ **那些会导致对学习内容进行积极深入思考的特质，从长远来看应该能促进更有效的认知加工和学习**。到目前为止，相对于如何促进某些个性特点，研究者更关注的是学生之间在个性特点上具有怎样的差异。但是我们有理由相信，那些鼓励并示范有益的个性特征的教师，给了学生一个良好的开端，比如，这些老师会提一些能够启发思维的问题，让学生评价科学证据的优缺点，让学生用正确的证据为自己的观点辩解，为能提出有建设性的、辩证性的论点教授相关策略，始终如一地展现他们对不同观点的接纳（J. B. Baron，1987；Derry，Levin，Osana & Jones，1998；Gresalfi，2009；Halpern，1998；D. Kuhn，2001b；Nussbaum，2008；Perkins & Ritchhart，2004）。

◆ *学习是，也应该是，既涉及认知也涉及情感的一件事情*。学业问题不一定是枯燥的、没有情感的。相反，如果学生对自己所学习的东西产生情感，他们可能记得更多。例如，一项科学发现应该是令人兴奋的，而社会不公的现象会让学生感到愤怒。诗歌或协奏曲可以传达安静、平和。

尽管学生偶尔会对某些历史事件或当前社会现象感到愤慨，但总体来说，他们应该将愉快等积极情感与课堂活动联系起来。例如，尽管教师不一定让学生感觉所有的学业都是好玩的，都可以被当成游戏，但是，他们偶尔可以把一些游戏特色加入课堂任务、活动中来（Brophy，1986，
460 2004）——例如，在复习环节采用电视竞猜节目的形式（该策略也满足了社会需要），或者让学生扮演探险家来解释史前古物。总之，教师必须确保学生对所有任务或课题的体验都是积极的、不具威胁性的，尤其是早期经验。

◆ *当学生认为课堂评价是提高未来成就的方法，而不是对能力、价值的判断时，课堂评价会更有效*。在适宜的环境中，测验等其他课堂评价的形式能充当学习的促进因素，虽然这些动因是外部的。一般而言，当告知学生他们会有测验或者其他方式检测学习内容，而不是仅仅告诉他们好好学习时，学生就会进行更多的探究、更有规律地复习，以及更好地学习（Dempster，1991；N. Frederiksen，1984b；Halpin & Halpin，1982）。另外，如何对学生进行评价与是否对学生进行评价同等重要。当评价与重要的指导性目标相联系，并且能激发学生努力做好的意愿时，评价就是一种非常有效的促进因素（Mac Iver，Reuman & Main，1995；Maehr & Anderman，1993；L. H. Meyer，Weir，McClure & Walkey，2008）。学生的自我效能感影响其对挑战的理解，他们应该相信，只要付出适度的努力并使用正确的策略，他们就能取得成功。

但是如前所述，有些学生在考试情境中会产生阻碍性焦虑。针对如何将学生对课堂评价的焦虑维持在一个有利的水平，研究者提出了一些建议：

- 帮助学生掌握课堂内容，有效学习各种策略，从而在课堂评价中有成功的表现。
- 制定较少的考核内容，让学生能够在规定的时间内轻松完成。
- 鼓励学生要尽自己最大努力，不要为不好的结果而杞人忧天。
- 提供适度的支持（支架），从而帮助学生成功完成任务——例如，练习时给予前测、反馈，或者在传递一些需要记忆但又没有内在规律的信息时，允许学生使用笔记或其他资源。
- 在不产生有害结果的前提下，给学生一定的冒险、犯错的空间。
- 通过各种数据来源（如各种小的评价）考核学生成绩，而非仅仅通过一两次考试。
- 最小化或者尽可能消除学生与同学比较成绩的机会。（Brookhart，2004；Brophy，1986，2004；Cassady，2010b；Covington，1992；Gaudry & Spielberger，1971；Gaynor & Millham，1976；K. T. Hill，1984；K. T. Hill & Wigfield，1984；Kirkland，1971；Leherissey，O'Neil & Hansen，1971；Naveh-Benjamin，1991；I. G. Sarason，1980；J. W. Thomas et al.，1993；Usher，2009）。

总之，教师和学生都要将适当情境中的测验及其他课堂评价形式视为促进学习和长期成就的一种手段，而不是对学生的能力和价值做出判断的一种手段。

461 总结

动机是激发、指向并维持个体活动的一种内部心理状态。动机决定着我们在多大程度上展示自己的所学所获；它还影响着我们是否以及如何加工所接收的信息。内部动机从根本上来说比外部动机更有益。例如，由内部动机激发的个体主动做事，将注意力维持在任务上，有目的地加工

信息。然而，内部和外部动机并不是完全相斥的。学习者经常同时被内部动机和外部动机所驱动。

很多理论家探讨了人类基本、普遍需要的本质。早期的驱力理论家认为很多物种（包括人类）成员的行为是为了满足其生理需要、维持内在平衡。之后有理论家引入了诱因这个概念，修正了驱力理论。他们认为，目标事物的特征在刺激和反应之间具有中介作用，因而会影响个体要对哪些刺激做出反应以及反应程度如何。此外，为了维持内在平衡，个体还具有被刺激或被唤醒的需要：长时间不能接触到环境刺激的个体表现出明显的认知、思考紊乱。根据马斯洛的需要层次观点，个体具有五种不同的需要（从生理需要到自我实现），这些需要的实现遵循着特定的顺序。

近期一些研究者发现，个体具有一种相信自己有胜任力的需要，但有时个体可能会为了保护其自我价值感而降低自身的成就。个体还具有自我决定的需要——从某种意义上说，即对于自己生命进程拥有自主权和控制。当前研究文献中还提及一种基本需要，即关系的需要——与他人交流、心理上与他人具有联系的需要。一些动机理论家认为，当所有的这些需要——胜任力、自我价值、自我决定、关系——被足够满足时，学习者就更有可能基于内部动机的激发而去学习新信息和新技能。

特质理论家发现在人类动机中存在个体差异。例如，不同个体对归属、接纳和成就的需要是不同的。此外，一些学习者具有一些特质能够促进其认知投入和学习成就，这些特质是指以某种特定方式处理学习和问题解决情境的一般倾向。

与动机密切相关的是情感——个体在执行任务时产生的体验、情绪、心境。情感影响动机，例如，个体对活动的选择部分是基于他们认为自己在成功或失败后的感觉如何。情感也影响学习，例如，相对于回忆非情绪信息，个体一般更容易储存和提取包含情绪含义的信息。在情感的各种形式中，焦虑得到了充分研究。在容易的任务中，焦虑能够促进表现；而在困难的任务中，高水平的焦虑会抑制表现，通过干扰有效的认知加工，或以其他方式让学生分心。

关于人类动机和情感的理论及研究产生了很多促进课堂学习和学业成就的建议。例如，教师应该强调学习的内部动机方面，但也应该记住在必要时外部动机也是有效的激励手段。在课堂上，满足学生对胜任和自我决定的需要可以促进内部动机，而满足身体健康及支持性的人际关系等非学业需要，也可以达到这一目的。教师还应该谨记，有些情绪（如愉快、兴奋，以及某些情况下的愤怒）能促进课堂学习，而有些情绪（尤其是恐惧和焦虑）则经常不利于学生的专注和表现。

第 17 章
动机的认知因素

本章主要内容

兴趣

兴趣的作用

促进兴趣的因素

期望和价值

期望和价值的作用

影响期望和价值的因素

目标

成就目标

工作—回避目标

社交目标

职业目标

协调多重目标

归因

归因的作用

影响归因性质的因素

解释风格：掌握定向 vs 习得性无助

动机、情绪和自我调节

动机和情绪如何影响自我调节

自我调节如何影响动机和情绪

内化动机

鼓励激发动机的认知

动机策略的 TARGETS 记忆术

总结

462 在过去几十年中，心理学家已经从根本上改变了研究人类动机的方法。尽管生理需要和驱力必定会影响人们的行为，但是对这类需要和驱力的探讨已经越来越少了。相比于20世纪六七十年代，具体的、外在的强化物在人类学习和行为范畴上的重要性正在逐渐降低。许多当代理论家将人类动机描述为一种认知过程，这一过程包括解释事件、形成对未来成功的期望，以及设定努力的目标等。正如在第16章中指出的，动机不仅仅会影响认知，在许多方面动机本身就是一种认知。

在第16章中，在关于能力、自我价值以及自我决定的讨论中，我们已经了解了这些认知因素，尤其是人们对自我的认知和对其所处环境的认知，是如何成为人类动机的关键成分的。在本章中，我们将会进一步探讨其他的认知因素，包括兴趣、期望、价值、目标以及归因。之后我们会讨论学习者如何变得越来越擅长对自身的动机和情绪进行自我调节，我们将会阐述，有些起先是外部激励的行为可能会随着时间而发生内化，从而最终使得学习者能自由自愿地投身于这些行为之中。

兴趣

当我们谈到人们对特定主题或活动感**兴趣**（interest）的时候，我们想要表达的是，他们发现这个主题或活动很有趣并且很诱人。这时，兴趣就是内部动机的一种形式。积极情绪与兴趣相伴相随。例如，人们从事那些他们感兴趣的任务时，能体会到诸如享受、兴奋和喜欢之类的感受（M. Hofer，2010；Renninger，2009；Silvia，2008）。

理论家们将兴趣区分为两种类型。其中，有些兴趣是学习者自身带有的；人们在他们追求的
463 主题和参与的活动方面有不同的偏好。这种**个人兴趣**（personal interests）① 相对稳定，并且会随着时间的流逝表现出选择上的一致性。例如，我的丈夫对橄榄球有很强烈的兴趣，因此，在周六、周日以及9月至1月的晚上，你总能在电视机前找到他。（幸运的是，这些时间与我喜欢的娱乐节目直播时间没有冲突。）我的三个孩子从很小的时候就表现出独特的个人兴趣。蒂娜长大后，她的时间都花在了和男生聊天或者谈论男生上，作为一名大学生，她住在男女合住的房子里，也就是所谓的“友爱屋”（fraternity），里面男女的比例是三比一。许多年以来，亚历克斯对小昆虫一直都十分喜爱，当他还在学步的时候，他就对蚂蚁非常着迷了，在他的整个中小学期间，他对各种各样的爬行动物（蜥蜴、蛇、恐龙）产生了强烈的兴趣。杰夫一直都是乐高玩具玩家，他小时候将自己所有的零花钱都用来购买乐高游戏组合，并且在地下室花费许多时间来搭建他的建筑奇观。现在他已经成年了，他的兴趣转变成了木工手艺，简单来讲就是另外一种搭建东西的方式。

与个人兴趣相反，**情境兴趣**（situational interest）是由环境中的一些东西所诱发的，这些东西可能会很新颖、与众不同或者令人惊奇（Hidi & Renninger，2006；M. Hofer，2010）。例如，多年以前的某一天，当我驱车穿过科罗拉多州东部平原时，我眼睛的余光看到了一只像美洲驼的动物，当然，我非常清楚科罗拉多州平原是牛和马的故乡，而不是美洲驼的故乡，因此我放慢速度来使我能更近地观看，最终确认了这个不可能的美洲驼假设。在接下来的几分钟，我对确认我所看见的奇怪生物比到达目的地更感兴趣。与此相似，你也许会被路边的一起交通事故激起暂时的兴趣，或者被报纸上一件奇怪却真实的小道消息激起暂时的兴趣，抑或被写着你名字的巨大闪亮的礼物包裹激起暂时的兴趣。

兴趣的作用

通常，兴趣能够促进更加有效的信息加工。对某个主题感兴趣的人会投入更多的注意并且会为此进行更多的认知卷入。他们更可能采用有意义的、有组织的和精细的形式来加工信息，例如，在观念之间进行联想、推断策略、引用自身做例子和识别潜在的可用性。并且，他们不会太执着

① 你也许同样会看见个体兴趣（individual interests）这个概念。

于用特定的视角来审视一个主题，当他们遇到与自己已有理解相矛盾的信息时，他们更可能会发生概念改变。正如你现在所猜测到的，对所学内容感兴趣的学习者更可能长期记住这些知识并且表现出更高的学业成绩（Harackiewicz, Durik, Barron, Linnenbrink-Garcia & Tauer, 2008; Hidi & Renninger, 2006; K. E. Johnson, Alexander, Spencer, Leibham & Neitzel, 2004; McDaniel, Waddill, Finstad & Bourg, 2000; Renninger, Hidi & Krapp, 1992; Schraw & Lehman, 2001; Sinatra & Mason, 2008; Sinatra & Pintrich, 2003a）。

但是，不同的兴趣类型无疑会产生不同的结果。情境兴趣有时是“引发”型的：它在短时间内吸引你（正如美洲驼吸引了我），但是你很快就将注意转移到其他地方，因此认知过程和学习都是有限的。但有时情境兴趣也可能是“保持”型的：你在长时间内（比如一小时或更长）做着同
464 样的任务或主题。从根本上来讲，保持型的情境兴趣和持久的个人兴趣比引发型的情境兴趣更加有利。尽管后者能临时地抓住学习者的注意，而前者，尤其是个人兴趣，则能够从根本上为参与一项活动提供长期的动力（P. A. Alexander, Kulikowich & Schulze, 1994; Durik & Harackiewicz, 2007; Flowerday, Schraw & Stevens, 2004; Harackiewicz, Barron, Tauer, Carter & Elliot, 2000; M. Mitchell, 1993）。

促进兴趣的因素

从幼年开始，人类似乎天生就对周围的世界感到好奇，这一点从孩子提出的许多个为什么中就能反映出来（Chouinard, 2007; Frazier, Gelman & Wellman, 2009; Geary, 2008; 也可见第 12 章中的皮亚杰理论）。研究人员已经发现了许多可能促进情境兴趣的因素。人类似乎对某些主题天生就充满兴趣，例如，死亡、毁灭、危险、浪漫和性。新颖的、与众不同的或出乎意料的事情常常会引起兴趣，伴有高活动水平或强烈情绪的事情也会引发兴趣。儿童和成人都容易被那些与人文（例如，疾病、暴力、假期）、自然（例如，恐龙、气候、海洋）、时事（例如，电视节目、电子游戏、流行音乐）有关的主题所吸引。当虚构和幻想作品（小说、短篇小说、电影等）包含人们熟识的主题和人物时，就会更具有吸引力。如果非虚构作品的内容是具体的且容易理解，并且各个观点之间的关系清晰明确，也会更具有吸引力。挑战性的任务往往会比简单任务更有趣，正如维果茨基所说，挑战是能够促进认知提高的（Ainley, 2006; J. M. Alexander, Johnson, Leibham & Kelley, 2008; Hidi & Renninger, 2006; M. Hofer, 2010; Schraw & Lehman, 2001; Shernoff & Csikszentmihalyi, 2009; Zahorik, 1994）。

许多持久的个人兴趣可能来自于人们对不同主题和活动的先期经验。例如，对事物最初的情境兴趣也许为最终持久的个人兴趣提供了一粒种子（Hidi & Harackiewicz, 2000; Hidi & Renninger, 2006; Nolen, 2007）。有时候父母和其他成人也会通过提供相关的书籍和体验来培养儿童的兴趣萌芽（Leibham, Alexander, Johnson, Neitzel & Reis-Henrie, 2005; Renninger, 2009）。学习者或许最终会发现，在某个领域获得更多的知识和技能会增加他们的自我效能感和胜任感，这就产生了内部动机（M. Hofer, 2010）。在某种程度上讲，兴趣和知识是能够彼此促进的：针对某个主题的个人兴趣会促进对该主题的更多探索，而增长的知识反过来又会促使产生更强烈的兴趣（P. A. Alexander, 1997; Hidi & Renninger, 2006）。

期望和价值

许多理论家提出，完成任务的动机由两个主观变量所决定。首先，个体对成功必须要有很高的预期或**期望**（expectancy）。这个概念与社会认知理论家的自我效能感概念交叠，但还考虑到了诸如任务难度和环境支持这样的外部因素。其次，另一个同样重要的因素是**价值**（value）：个体必须
相信执行任务会有直接或间接的收益（Dweck & 465
Elliott, 1983; Feather, 1982; Wigfield, 1994; Wigfield & Eccles, 2002; Wigfield, Tonks & Eccles, 2004）。

期望和价值的作用

在幼儿园和小学早期的儿童常常会从事他们觉得有趣和令人愉快的活动，他们不会考虑自己对成功的期望（Wigfield，1994；Wigfield et al.，2004）。但是，年龄稍大的儿童以及成人，只有在高期望和高价值同时都具备的情况下，行为才会被内在地激发。例如，作为20世纪70年代的一名教育心理学博士生，我发现人类学习理论很有价值，并且对于能够掌握它具有很高的期望，因此这激发了我想要尽可能多地了解人类如何进行学习的兴趣。我认为音乐也很有价值，但是我对于成为一名音乐家只有很低的期望（尽管我学习了五年，但我还是没有学会基本的钢琴演奏，更别提熟练演奏了），因此，对于音乐我并没有非常努力地学习，也没有花费过多的时间。我烹调利马豆比我弹奏钢琴要好，但是我从来不去烹调它们，因为食用它们没有任何价值。对我而言，还有许多事情是低期望和低价值的，我能想到的就包括玩暴力电子游戏以及赤脚在热炭上走动。

从某种程度上讲，期望和价值关联着学习者的行为和表现的不同方面。价值影响学习者的决策，例如他们选择哪些课程、追求怎样的职业道路。相反，尽管价值必定会影响学习者对他们所学内容的理解程度，但是，学习者真正付出的努力以及他们所达到的水平通常与他们对成功的期望相关更加密切（Durik，Vida & Eccles，2006；Eccles，2005；Mac Iver，Stipek & Daniels，1991；R. B. Miller，Greene & Dillion，2010；Simons，Vansteenkiste，Lens & Lacante，2004；Wigfield & Eccles，2002）。

影响期望和价值的因素

人们的期望很可能是多种变量共同作用的结果。首先，以往在特定领域的成功和失败经历会对期望产生影响。例如，学习者在经历过一系列的失败之后会降低他们的期望。但是其他因素同样会影响期望，包括感知到的任务难度、指示的清晰度、可用的资源和支持、所需努力的程度、男性与女性“擅长”和“不擅长”的刻板印象。通过这些因素，学习者会做出一个关于成功可能性的结论，这个结论可能正确也可能不正确（Dweck & Elliott，1983；Dweck，Goetz & Strauss，1980；Ford & Smith，2007；Jacobs，Davis-Kean，Bleeker，Eccles & Malanchuk，2005；Mac Iver et al.，1991；Wigfield & Eccles，1992）。

为什么价值会有高有低？期望—价值理论家们已经提出了四个关键原因：重要性、实用性、兴趣和成本（Eccles，2005；Wigfield & Eccles，1992，2000）。① 有些活动被赋予价值是因为它们和理想的个人品质有关，也就是说，它们被认为很重要。例如，一个男孩想要变得聪明，他认为在学校中表现很好的聪明人会取得学业成功。其他活动有很高的价值，是因为它们被看作是达成理想目标的途径；也就是说，它们具有实用性。 466
例如，尽管我女儿蒂娜发现数学非常复杂、非常令人沮丧，但是她还是认真地学习了四年高中数学，就因为许多大学要求你掌握这么多的数学知识。另外，还有一些活动被赋予价值仅仅是因为它们能带来快乐和愉悦，换句话说，它们很有趣。例如，看电视娱乐节目不会帮助我达成任何长期目标，但是我很享受成为一个家庭观众的乐趣以及偶尔了解一些古怪的琐碎小事的过程。

与此同时，成本因素也许能够解释为什么一个人会认为某个活动没有价值。例如，我确信通过课程和练习能够提高我的钢琴弹奏技能，但是现在有更重要的事情需要我投入时间和精力。还有些其他活动也许和太多的糟糕感受有关联。例如，我不敢想象滑翔运动或蹦极，因为我对高度怀有致命的恐惧。同样，任何可能威胁到个人自尊心的活动也是“必须”要避免的（Eccles，2005；Wigfield，1994）。例如，你也许知道，那些很少和别人交往的个体一直很担心被拒绝。②

除了重要性、实用性、兴趣和成本因素之外，文化无疑也同样影响着价值，特别是通过每天与身边人的交流和活动来对价值产生影响——他们不断地向我们传达着他们自己所认为的哪些事情值得去做的信念（Eccles，2005，2007；Hickey &

① 另一个关于价值的性质与起源的观点，参见 Brophy，2008；D. Kuhn，2009；C. Peterson，2006。

② 在第5章中，我提到过，学习者在决定是否执行某些有潜在收益的行为时，有时会进行成本—收益分析。这个分析与期望/价值框架非常契合。特别是，我们能够预测，如果人们认为自己要成功的话，就必须要付出更多的努力，相反，假如他们认为这个活动和结果没有价值，他们就不会去执行这些行为。

Granade，2004；Hufton，Elliot & Illushin，2002）。当我们在之后的章节中阐述内化动机的时候，我们会确认一个可能的机制，通过这一机制儿童会采纳周围人价值观。

期望和价值同样会互相影响。特别表现在那些不期望在特殊领域有优异表现的人会找理由来贬低它。同样，认为某个活动没有价值的人更不可能努力参与其中，因此他们对自己的表现也只有很低的期望。随着儿童的成长，他们会对那些他们期望成功的活动和那些能帮助他们达成长期目标的活动赋予价值。与此同时，他们开始贬低自己不擅长的事情的价值。悲哀的是，在学校期间，学生对许多与学校相关领域（例如，数学、英语、音乐和体育）有关联的期望和价值都会明显的下降（Archambault，Eccles & Vida，2010；Eccles，2009；Eccles et al.，1998；Jacobs，Lanza，Osgood，Eccles & Wigfield，2002；Wigfield et al.，2004）。

目标

在动机理论中，目标是一个关键的因素。在我们前一章关于动机一般作用的讨论中，我们提到，动机围绕着某些特定目标的实现，这些目标既影响着人们所做出的选择，也影响着他们从中获得强化的结果。人们的目标同样影响着他们的认知过程。例如，目标影响着学习者在特定任务中的认知参与程度以及学习时所采用的认知策略（E. M. Anderman & Maehr，1994；Brickman，Miller & Roedel，1997；Locke & Latham，2006；R. B. Miller & Brickman，2004；Nolen，1996）。此外，目标达成会带来相当大的自我满足感，增强自我效能感，并激发未来更高水平的表
467 现（Bandura，1986，1989；Zimmerman，2010）。但是，我们必须注意，只有在目标可完成的情况下才会有收益。如果它们不切实际——例如，学习者期望达成零失误的完美表现——那么持续的失败会导致过度的压力、挫折或沮丧（Bandura，1986；Blatt，1995；F. A. Dixon，Dungan & Young，2003）。

研究者已经确定了人们可能拥有的种类广泛的目标，包括：

- 获得身体上的舒适和个人幸福。
- 得到外在的、具体的奖励。
- 在学校表现优异（例如，获得优异分数）。
- 掌握新的主题或技能。
- 获得对世界的更好理解。
- 获得和维持胜任感和自我价值感。
- 寻找新奇性和冒险。
- 进行需要智力或艺术方面的挑战及创造性的活动。
- 建立良好的人际关系。
- 实现职业理想。
- 获得物质财富。
- 为他人福利或社会的整体改善做贡献。
- 获得心灵理解或和谐感。（A. P. Fiske & Fiske，2007；Ford & Smith，2007；J. Q. Lee，McInerney，Liem & Ortiga，2010；Schutz，1994；Urdan & Maehr，1995）

这些目标中有的能够被意识充分觉察。其他目标则在表面之下、意识之外，但是依然影响着学习者的行为（Eitam，Hassin & Schul，2008；Gollwitzer & Bargh，2005；J. Y. Shah，2005）。

大多数人力求实现上述那些目标。例如，我通过偶尔吃奇多食品来达到某种程度的物质享受，我通过独自在家看娱乐节目来努力维持我较高的自我价值感，当我尝试在滑雪道上滑雪时，我努力给家人和朋友留下好印象（至少努力让自己看起来不像一个完完全全的笨蛋）。但是我们大多数人都拥有**核心目标**（core goals），也就是那些在任何时间对我们而言都具有相当优先权的普遍目标，它似乎是我们所作所为的主要推动力（Schutz，1994）。例如，我这么多年的首要目标是成为对社会有用的人，或者说让世界变得更美好，因此，我的大多数行为都以此为目的，例如，努力培养具有社会责任感的孩子，帮助朋友度过困难时期，写书帮助教师和其他专业人员理解和运用心理学原理，等等。

这里我们将关注几种不同类型目标的研究成果：成就目标、工作—回避目标、社交目标和职业目标。

成就目标

正如我在前一章提到的，对成就的需要（就是所谓的成就动机）最初被定义为人们在各类任务和诸多领域中所表现出来的一般特性。但是，很多当代心理学家提出，成就动机是在特定情境下形成的，并且根据不同的情况它会表现出几种
468 不同的模式。为了说明，让我们考虑下，在体育课第一天的篮球环节，三个女孩都会怎么想：

> 简：这是我向所有女孩展示我是一个多棒的篮球运动员的机会。如果我一直停留在篮筐附近，琼和朱恩就会不停地传球给我，我就能得很多分。我会给教练和朋友留下很好的印象。
>
> 琼：唉，我希望别把这事搞砸了。如果我投篮没中的话，我会看起来像个真正的笨蛋。也许我应该待在三分线外，不停地给简和朱恩传球。
>
> 朱恩：我希望成为一个更出色的篮球运动员。我不明白为什么我不能获得更多的分数。我得让教练给我一些反馈，告诉我怎样提高我的篮球技术。也许我的一些朋友也能给我一些建议。

三个女孩都想打好篮球，但是原因却不同。简考虑最多的是她的表现，也就是在她的教练和同学面前看起来很优秀，因此她想尽可能多地在球场上展示自己的技能。琼同样考虑的是她给别人留下的印象，但是她仅仅只是想要确保自己不要看起来很差劲。与简和琼不同，朱恩完全没有考虑自己展露在别人眼前的表现。相反，她的兴趣点主要在于提高自己的技能、掌握打篮球的技能，她并不期望自己在第一天就成为一名篮球专家。对于朱恩来讲，犯错误是学习新技术必不可少的部分，而不是尴尬和丢脸的来源。

朱恩学习篮球的方法阐释了**掌握目标**（mastery goal）[1]，这是一种想要通过获取额外知识或掌握新技能来获得能力的渴望。相反，简和琼都设置了**成绩目标**（performance goal）[2]，这是一种想要在别人眼中展现自己很有能力的渴望。更特别的是，简拥有的是**成绩—趋近目标**（performance-approach goal）：她想要看起来很优秀，并且获得他人赞许的评价。而琼拥有的是**成绩—回避目标**（performance-avoidance goal）：她希望自己看起来不那么糟糕，并且不要获得令人不愉快的评价。从本质上讲，掌握目标关注的是任务，相反，成绩目标关注的是自身。成绩目标常常包含社会比较的因素：学习者关心自己的成绩和同伴相比怎么样。但是，在掌握目标中，他人的表现仅仅被用作为判断什么是掌握状态的一种标准（Elliot & Thrash，2001；Elliot，2005；Grant & Dweck，2003；Midgley et al.，1998；Nicholls，1992；Régner，Escribe & Dupeyrat，2007）。[3]

掌握目标、成绩—趋近目标和成绩—回避目 469
标并不必然是互相排斥的。人们可能同时拥有两种目标，甚至全部三种目标（E. M. Anderman & Maehr，1994；Daniels et al.，2008；Hidi & Harackiewicz，2000；J. Q. Lee et al.，2010）。例如，回到刚才的篮球例子，我们可以想象还有第四个女孩，她叫珍妮，她想要提高自己的篮球技术，同时希望在同伴的眼中看起来很优秀，并且不希望自己给别人留下笨手笨脚的印象。

成就目标的作用

众多研究表明，掌握目标是最理想的情况。事实上，关于掌握目标以及成绩—回避目标的研究成果和追求成功动机以及回避失败动机的研究成果非常相似（见第16章）。正如表17—1阐明的，拥有掌握目标的学生倾向于参加能够帮助他
们学习的活动：他们将注意力放在课堂上，信息 470

---

① 当理论家谈到学习目标、任务目标、任务卷入或任务定向时，指的都是类似的概念。心理学家有时候喜欢坚持某种特定的专业术语来表明他们的特定理论传统（P. K. Murphy & Alexander，2000）。但是，术语中的矛盾会令刚刚踏入这个领域的新人们备受挫败，因为它干扰了阅读文献时对文献进行综合的能力。在这部分，当我呈现研究结论时，我将基于多个研究项目来抽取结论，而忽略那些理论家们在特定术语上的细微差异。

② 你可能会看到能力目标、自我卷入或自我定向这样的概念。

③ 理论家们逐渐指出，掌握目标和成绩目标一样，在本质上都有趋近定向和回避定向（L. H. Anderman & Anderman，2009；Elliot，1999，2005；Elliot & Murayama，2008；Jagacinski，Kumar & Boe，2003；Madjar，Kaplan & Weinstock，2010；Linnenbrink & Pintrich，2002；K. E. Ryan，Ryan，Arbuthnot & Samuels，2007；Witkow & Fuligni，2007）。但是，关于这个差异的研究还很有限，结论也不是很一致，因此我们在这里就不考虑了。

加工的方式是为了促进有效的长时记忆，并且他们能从错误中学习。此外，拥有掌握目标的学生对学习、努力和失败等都有健康的观念：他们意识到学习是努力尝试的过程，并且在遇到暂时的挫折时能坚持不懈。因此，这些学生能从他们的课堂经历中学到更多东西。

表 17—1　　掌握目标学习者和成绩目标学习者的特点

掌握目标学习者	成绩目标学习者（尤其是成绩—回避目标）
更可能积极参与课堂活动并且对课堂学科的学习有内在动机	更可能存在外在动机（即行为受外在奖惩预期而驱动），并且更可能通过作弊来获得好分数
相信能力可以通过不断的练习和努力得以提高；面对困难时能坚持不懈	相信能力是稳定的特质（人们要么是天才要么不是）；认为有能力的人不需要非常努力；面对困难时很快就放弃
表现出更多的自主学习和行为	表现出更少的自律
采用能够促进理解的学习策略和复杂的认知过程（例如，精细化、理解监控、转换）	采用机械学习的学习策略（例如，重复、抄写、逐字记忆）；可能会拖延任务
选择能学习机会最大化的任务；寻求挑战	选择能最大化展现能力的任务；回避那些可能让他们显得无能的任务和行动（例如，求助）
当面临与已有信念相矛盾但令人信服的证据时，更可能完成概念改变	不太可能发生概念改变，在某种程度上是因为他们不太可能注意到新信息和已有信念之间的差异
对简单任务的反应是感觉无聊或失望	对简单任务成功的反应是自豪或轻松
寻求能够准确描述他们能力和帮助他们提高的反馈	寻求使他们高兴的反馈
当与同伴合作可能会提高学习时，乐意与同伴合作	只有在与同伴合作能够帮助他们看起来有能力或提高社会地位时，才会和同伴合作
根据自己的进步来评价表现	根据自己与他人的比较来评价表现
对失败的解释是，它说明自己需要付出更多努力	对失败的解释是能力低，并且是对未来失败的一种预测
将犯错视为学习过程中正常的和有用的一部分；用错误来提高表现	将犯错视为失败和无能；运用自我设限（self-handicapping）来为错误和失败提供表面理由
如果他们努力过并取得进步，他们就对表现很满意	只有当他们成功的时候才会对自己的表现满意；当他们失败时容易羞愧和沮丧
将老师视为帮助他们学习的资源和向导	将老师视为评判奖惩的人
对测验和课堂任务感到较为平静	常常对测验和其他任务非常焦虑
对学校活动较为热情，并积极地参与其中	对学生来讲，很有可能远离学校环境；有可能经历长期的沮丧
获得较高水平的成就	获得较低水平的成就

资料来源：Ablard & Lipschultz，1998；E. M. Anderman et al.，1998；E. M. Anderman & Maehr，1994；L. H. Anderman & Anderman，2009；Bandalos，Finney & Geske，2003；Cao，2010；L. H. Chen，Wu，Kee，Linn & Shui，2009；DeBacker & Crowson，2006；Dweck，1986，2000；Dweck，Mangels & Good，2004；Gabriele，2007；Gabriele & Montecinos，2001；Grant & Dweck，2003；Hardré，Crowson，DeBacker & White，2007；Jagacinski & Nicholls，1984，1987；A. Kaplan & Midgley，1999；Lau & Nie，2008；Levy，Kaplan & Patrick，2004；Liem，Lau & Nie，2008；Linnenbrink & Pintrich，2002，2003；Locke & Latham，2006；McGregor & Elliot，2002；Meece，1994；Middleton & Midgley，1997；Newman & Schwager，1995；Nolen，1996；Pekrun，Elliot & Maier，2009；Poortvliet & Darnon，2010；Pugh，Linnenbrink，Kelly，Manzey & Stewart，2006；Rawsthorne & Elliot，1999；A. M. Ryan，Pintrich & Midgley，2001；Senko & Harackiewicz，2005；Shernoff & Hoogstra，2001；Shim，Ryan & Anderson，2008；Sideridis，2005；Sinatra & Mason，2008；Sins，van Joolingen，Savelsbergh & van Hout-Wolters，2008；Skaalvik，1997；Southerland & Sinatra，2003；Tossman，Kaplan & Assor，2008；Urdan，2004；Wolters，2004.

相反，拥有成绩目标的学生，尤其是拥有成绩—回避目标的学生，他们也许会因为任务的挑战性而远离这些本来能够促进他们掌握新技能的任务。此外，这些学生常常会在测验和其他课堂任务中体验到阻碍性焦虑。成绩—趋近目标则鱼龙混杂：它们有时候具有非常积极的效果，能够激励学生去达成更高的水平，特别是与掌握目标和高自我效能感相结合时（Hardré，Crowson，DeBacker & White，2007；A. Kaplan，Middleton，Urdan & Midgley，2002；Liem，Lau & Nie，2008；Linnenbrink，2005；Senko & Harackiewicz，2005）。但是，就成绩—趋近目标而言，它不如掌握目标那么有 471
利：为了实现它们，学生可能会采用相对浅层的学习策略（例如，机械记忆），仅付出实现目标所需的最小努力，运用自我设限，也许还会在测验中作弊。此外，拥有成绩—趋近目标的学习者比拥有掌握目标的学习者在自己所做的事情中发现的乐趣更少。在学生小时候（例如，小学），他们在学科领域的能力相对较低，对课堂任务的自我效能感也相对较低，此时成绩—趋近目标最具有决定性（E. M. Anderman，Griesinger & Westerfield，1998；L. H. Chen，Wu，Kee，Linn & Shui，2009；Daniels et al.，2008；Hidi & Harackiewicz，2000；Midgley，Kaplan & Middleton，2001；Muis & Franco，2009；Pekrun，Elliot & Maier，2009）。

有些学习者似乎总是一贯地选择掌握目标而不是成绩目标（L. H. Anderman & Anderman，2009；Senko & Harackiewicz，2005；Senko & Miles，2008；L. A. Turner & Johnson，2003）。这些人被认为拥有强烈的**学习动机**（motivation to learn）——这是一种在学习活动中发现意义和价值，并因此而努力从学习过程中获得最大收益的倾向（Brophy，2004，2008；McCombs，1988）。这个概念为成就动机补充了一种新的理解：人们想要从事能够导致成功学习的认知过程，以及从事那些能够导致可见成就的行为。

成就目标的起源

在某些情况下，掌握目标来自于内部。当人们对一个主题或活动有很高的兴趣（也许这是他们自我认同的一个重要的部分）并且对学习有很高的自我效能感时，他们更可能持有掌握目标（Harackiewicz et al.，2008；A. Kaplan & Flum，2009；P. K. Murphy & Alexander，2000；C. R. Snyder et al.，2002）。例如，我儿子亚历克斯12岁的时候对蜥蜴很感兴趣，这使得他在成年之后开始订阅爬虫学杂志，并且从头到尾地阅读每一期。与此相似，对老爷车感兴趣的人也许会鼓捣福特T型汽车引擎，直到他们对引擎的里里外外了解通透。而那些对体操感兴趣的人可能会花费一大部分空闲时间在健身房，不断地练习、练习，再练习。

然而教学环境同样能激励掌握目标（M. A. Church，Elliot & Gable，2001；A. Kaplan et al.，2002；Newman，1998）。[①] 例如，老师可能会描述学习技能的内在好处，也可能帮助学生将关注点聚焦于自身的进步，或者通过交流——让学生明白学习的目标是理解而不是机械记忆。事实上，坚持让学生理解，也就是**强调理解**（press for understanding）也许特别有用（Danner，2008；Fredricks，Alfeld & Eccles，2010；Middleton & Midgley，2002；J. C. Turner et al.，1998）。例如，教师可能会不断地让学生解释和证明他们的推论，他们会拒绝接受那些缺乏思考和努力的不达标的工作。

但很不幸的是，在今天的学生当中，尤其是在那些中游学生中，成绩目标似乎比掌握目标更加普遍（Blumenfeld，1992；Bong，2009；Elliot & McGregor，2000；M. Lee，Lee & Bong，2010）。大多数学生，如果他们具有在学业上获得成功的动机，他们首要考虑的是获得好的分数，而且更偏好短期的、简单的任务，而不是长期的、挑战 472
性的任务。成绩目标在团体运动中也很常见，团体运动中关注的焦点常常是获得胜利和社会认可，而不是不断地发展和提高新技术（Roberts，Treasure & Kavussanu，1997）。

在某些情况下，学生将成绩目标作为避免失败、保护自我价值感的一种手段，或者如果他们的关系需求很高的话，也可以将其作为增强同伴关系的一种手段。在另外一些情况下，学生之所以采用成绩目标，是因为他们意识到高水平的表现（特别是得高分）对他们将来获得教育及职业机会非常关键（L. H. Anderman & Anderman，1999；Covington，1992；Covington & Müeller，2001；Elliot & McGregor，2000；Urdan & Mestas，2006）。

许多普通的教学及训练实践也可能促使成绩目标的形成。比如，将"最好"的试卷贴在墙上，将测验分数做成曲线图，将注意力放在超越其他学校和团队上，提醒学生高分是进入大学的重要敲门砖。尽管这些策略无疑是用心良苦的，但是它们都鼓励学生关注"看起来很好"而不去关注学习本身（L. H. Anderman & Anderman，1999；M. A. Church et al.，2001；A. Kaplan et al.，2002；Lau & Nie，2008；Roberts et al.，1997）。

即使单纯地上学也会提高学生对成绩目标的

① 许多动机理论家们针对源于内心的目标采用成就目标定向的概念，针对通过教学环境而表现或鼓励的目标采用成就目标结构的概念（例如，Midgley，2002；Wolters，2004）。

关注。在孩子很小的时候，他们最先关注的似乎是掌握目标（Bong，2009；Dweck & Elliott，1983）。不过当他们在五六岁开始上学的时候，两件事情的发生让他们开始关注成绩目标（Dweck & Elliott，1983）。第一，他们突然有了许多能够用来比较自身行为的同伴，因此，他们对成功的定义开始更多地依据比同学做得好，而不是对任务的掌握。第二，以往他们处理的都是躯体任务（例如，学走路、系纽扣和骑自行车），现在他们开始被要求解决一些智力的和抽象的任务（例如，学习阅读、书写和解决字谜问题）。这些学校任务的价值对他们而言不是那么容易被意识到的，他们完成这些任务所做的努力也许因此看起来是不必要的努力。此外，他们很难对这些任务上的进步做出评价，因此他们必须依赖于他人（例如，老师）来对自己的能力进行判断。到他们成长到青春期，又会出现另外一个因素：他们很可能会比前几年更加担心他人如何看待自己（Hartup，1983；Juvonen，2000；Midgley，1993）。

但是学校不是唯一会影响获得各种成就动机的环境。一方面父母会鼓励他们的孩子尝试并坚持那些具有挑战性的活动，而另一方面孩子们的糟糕表现也会无一例外地招来父母的惩罚（L. A. Turner & Johnson，2003）。此外，通过惩罚或者不鼓励某些行为和价值观，不同的文化也可能会使儿童偏向于某些目标。例如，有强烈竞争元素的文化会导致儿童着眼于成绩目标，在北美和西欧的一些国家就是这样。有些文化会给儿童灌输一种给自己和家人带来羞耻的恐惧，这就会导致儿童采用成绩—回避目标，例如亚洲的一些家庭就是这样（Elliot，Chirkov，Kim & Sheldon，2001；Freeman，Gutman & Midgley，2002；A. Kaplan et al.，2002）。

最近几年，在教育研究杂志［例如，《教育心理学杂志》（*Journal of Educational Psychology*）］关于动机的讨论中，成就目标理论占据着很大的比例。在如此强烈的关注下，心理学家们既发现了它的优势，也发现了它的劣势。许多理论家坚持认为，掌握目标和成绩目标是异质的维度，并且包含着许多更具体的目标，比如完成特定结果、与同伴进行比较、建立胜任感等（Brophy，2004，
473 2005；Grant & Dweck，2003）。不同目标的实际效果依赖于特定任务的性质和周围的环境（Elliot，Shell，Henry & Maier，2005）。此外，学生的成就目标和他们课堂成绩的关系往往是最弱的，这可能是因为学生有许多并非成就一定向的目标，这些目标同样影响着他们的课堂表现（Boekaerts，de Koning & Vedder，2006；Brophy，2004）。并且事实上，当仅要求学生来描述他们想要在学校完成什么时（而不是回答研究员编制的报告和问卷），许多学生似乎更关心工作—回避目标和社会目标，而不是成就目标（Brophy，2005；Dowson & McInerney，2001；Tobias & Everson，2009；Urdan & Mestas，2006）。这些目标就是我们接下来要讨论的主题。

工作—回避目标

正如我们刚才所提到的，有时候学生想要避免在执行课堂任务的时候看起来很糟糕。但是在其他时候，他们甚至想完全回避课堂任务，或者至少尽可能少地付出努力。换句话说，他们可能持有的是**工作—回避目标**（work-avoidance goal）（Dowson & McInerney，2001；Gallini，2000；Jagacinski，Kumar，Lam & Lustenberger，2008；Nicholls，Cobb，Yackel，Wood & Wheatley，1990）。

拥有工作—回避目标的学生会采用各种策略来尽量减少他们的工作量。例如，他们会从事可以分心的任务，在简单的任务和问题上寻求帮助，做事时即使理解也要假装自己不理解，对有挑战性的任务怨声载道，在可以选择的情况下选择最不费力的方案（Dowson & McInerney，2001）。他们很少采用有效的学习策略，也很少在小组活动中尽力（Dowson & McInerney，2001；Gallini，2000）。大学能够给予学生相当大的自由，以供他们考虑如何来安排自己的业余时间，在大学阶段，拥有工作—回避目标的学生常常会将任务一直拖延到最后一分钟（Cao，2010；S. W. Park & Sperling，2009；Wolters，2003b）。

在某些情况下，同伴会激励和塑造工作—回避行为（Nolen，1996）。但是，更常见的是，如果学生发现学业科目没什么乐趣和价值，并且他们对学习这些科目持有很低的自我效能感，同时认为掌握它们不会有长期的收益，这时学生很可能就会采取工作—回避目标（Fletcher & Cassady，2010；Garner，1998；Jagacinski et al.，2008；Wolters，2003b）。换句话说，当学生对完

成教学目标既没有内部动机也没有外部动机时，他们是最有可能持有工作—回避目标的。持有工作—回避目标的学生也许会成为教师最大的挑战，老师们不得不采用各种各样的动机策略（很可能包括外在强化）来让学生参与到重要的学业主题和技能学习中，从而让他们最终能够掌握。

社交目标

在第16章中我们提到，大多数学生将社会关系放在最优先的位置。事实上，几乎所有的人都可能对社会关系存在一定的需要。学习者常常有各种各样的社交目标，例如下列各项：

◆ 获得他人的赞同。

◆ 发展并维持同伴关系。

◆ 寻找一个搭档或长期的伙伴。

474 ◆ 发展有效的社交技能。

◆ 在同辈中获得地位和声望（例如，成为“最受欢迎的孩子”之一）。

◆ 获得权力和对他人的控制。

◆ 成为有凝聚力的、互助的团体中的一员。

◆ 履行社会义务并信守承诺。

◆ 做一个“好公民”（例如，遵守课堂规则，不让同伴在分配的任务上分心）。

◆ 帮助和支持他人，确保他们的安全。

◆ 成为家人及社会的光荣和骄傲。（Dowson & McInerney，2001；A. P. Fiske & Fiske，2007；Ford，1996；Ford & Smith，2007；Hinkley，McInerney & Marsh，2001；Kiefer & Ryan，2008；Li，2005；Patrick，Anderman & Ryan，2002；A. M. Ryan & Shim，2008；Schutz，1994）

学生社交目标的性质明显地影响着他们的课堂行为和学业表现。如果学生想要获得老师的关注和认可，他们就倾向于去争取高的分数并且用其他方式来提高他们在课堂上的表现（Hinkley et al.，2001）。如果他们要寻求与同学的友好关系或考虑他人的利益，那么他们可能热切、积极地参与到诸如合作学习和同伴辅导这样的活动中。对他人利益的考虑也可能会培养掌握目标（L. H. Anderman & Anderman，1999；Dowson & McInerney，2001）。

当然，并不是所有的社交目标都是有用的。例如，如果学生特别关注他们的社会地位，那么他们只有在这样做能够维持或提高自己在同伴眼中的地位时，才会愿意和同伴合作（Levy，Kaplan & Patrick，2004）。如果学生只想要获得低成就同伴的认可，他们可能就不会在学习中尽力，并且很可能采取工作—回避目标（B. Brown，1990；Ford & Nichols，1991）。如果学生想要获得对他人的权力感，那么他们可能会倾向于欺负弱小的同学（Kiefer & Ryan，2008；Pellegrini & Long，2004）。

职业目标

许多儿童和成人的长期目标中都包含了职业目标。幼小的孩子设置这些目标时几乎是不假思索的，而且会频繁地修改它们。例如，一个6岁的孩子在某个星期想要成为一名消防员，在接下来的一个星期他又想成为职业篮球运动员。在青春期晚期，一些人（尽管不是所有人）就已经有了初步的和相对稳定的关于追求何种职业道路的决定（例如，Lapan，Tucker，Kim & Kosciulek，2003；Marcia，1980）。

许多年轻人尽管有很高的抱负，但他们还是倾向于将自己限制在性别刻板印象的职业中，特别是那些在相对传统文化中成长起来的人更是这样。即使那种某些行业“适合”男性或女性的传统界限正在逐渐消失，大多数进入工程类行业的大学生依然是男性，而大多数女性则会进入教育行业。当然，性别刻板印象不是唯一影响学习者职业目标的因素。自我效能感、期望、价值和社会目标同样会对其有影响。例如，通常来讲，女性比男性对助人行业更感兴趣，他们更多考虑的是应对工作单位的要求和抚养家庭（Diekman，Brown，Johnston & Clark，2010；Eccles，2005；Hemmings，2004；Olneck，1995；Weisgram，Bigler & Liben，2010）。

协调多重目标 475

在任何时候，人们都倾向于拥有多个目标。例如，在学校，学生可能同时关心学习和理解课堂内容，获得进入大学所需的优异分数，加强与同伴的社会关系。

同时处理多重目标是一项非常有挑战性的任务。人们用各种各样的策略来应对他们不同的目标（Covington，2000；Dodge，Asher & Parkhurst，1989；M. Hofer，2010；McCaslin & Good，1996）。他们可能参与那些允许他们处理多重目标的活动。例如，参加一个学习小组可以同时满足成就目标和社交目标。或者，他们可能在追求某些目标的同时需要将其他目标先搁置一旁。例如，学生会为了课堂成绩而完成任务，同时暂时忽略更有诱惑力的事情。同样，当我在致力于完成这本书的同时，我将脏盘子都扔在水槽里，由此，我忽略了拥有一套整洁的房屋这个次要目标。人们同样会修改他们关于实现特定目标意味着什么的想法。例如，当我这几年越来越忙碌于我的专业写作时（我希望因此来满足我想让世界变得更好的愿望），我对整洁屋子的定义已经迅速下降，从一尘不染、玛莎·斯图尔特（Martha Stewart）式的家变成了一个仅仅将散乱无章的东西成堆摆放的地方。

当人们的多重目标沿着相同方向指引他们时，他们是最成功、最能体会到积极情绪的（M. Hofer，2010；Locke & Latham，2006；Schultheiss & Brunstein，2005；Wentzel，1999）。但是在某些状况下，实现一个目标就不能实现另一个目标。例如，在课堂上获得好成绩会阻碍与不重视学业成绩的同伴建立良好关系。在这样的情况下，人们几乎没有任何选择的余地，只能放弃一个而偏向另一个，至少暂时需要这样做（Boekaerts et al.，2006；McCaslin & Good，1996；J. Y. Shah，2005）。在这里，人们的进化遗传很可能发挥着作用，它引导人们放弃文化的“奢侈品”（例如，学习阅读）而选择更基本的需要（例如，与他人维持社会关系）（Geary，1998）。

尽管我们已经确认了许多影响动机的认知因素，我们还是忽略了一个非常重要的因素：人们将自己所做的和发生在他们身上的事情联系起来的程度。当然，当人们认为他们的行为会帮助他们实现目标时，他们会更渴望去采取行动。但是许多个体不能意识到他们的行为和结果之间存在的关联。哪些东西是人们对生活中的事件进行归因的来源？当他们成功的时候将归功于什么东西？当他们失败的时候将归咎于什么东西？接下来我们即将讨论的归因就会解释这些问题。

归因

你肯定在课堂考试中获得过很多次优异的成绩（A）。在那些时候，你认为你为什么做得那么好？是你学习非常努力吗？还是那些测验很简单？是你运气不错，猜对了自己几乎不了解的主题？或者仅仅是因为你是个极其聪明的人？

476 现在让我们考虑下那些你做得很糟糕的考试。你将失败归咎于什么呢？你是不是没有花时间学习？或者你复习的内容是错误的？是考试太难了？还是问题的表达方式让你产生了误解？你太累，或者生病了，以至于不能清晰地思考？或者只是你还不具备成功的条件？

人们对成功和失败的各种解释，或者说，人们关于某事导致了某事的信念，就是**归因**（attributions）。人们常常渴望确认那些发生在他们身上的事情的可能原因，当这些事件是意料之外的时候，尤其如此，例如，人们认为自己做得很好，结果却在课堂任务上获得了一个低分。归因是人们试图更好地了解世界的众多途径之一（Stupnisky，Perry，Hall & van Winkel，2006；Tollefson，2000；Weiner，1986，2000）。在归因这种途径中，人们尝试去确认那些发生在自己身上的事件的因果关系。

人们倾向于用不同的方法来解释事件。例如，在课堂中，孩子们会将他们的成功和失败归因于这样一些因素，譬如努力、能力、运气、任务难度、健康状况、情绪、外貌特征以及老师或同伴的行为（Schunk，1990）。归因是对现实的感知，因此，它们常常受到歪曲，而与个体先前关于自身以及世界运作的信念相一致。例如，你在考试上的糟糕表现很有可能是因为你采用了无效的学习策略，和许多学生一样，你也许尝试用机械的、无意义学习的方式来学习课堂知识（很明显，你还没有阅读过这本书）。但是，由于你认为自己是一个聪明的人，并且相信自己已经充分地学习了，因此你可能会将自己的低分归咎于试题太难或太“生僻”，或者是老师的评分随意而不合理。

人们的归因似乎在三个关键维度上有所不同：原因源、稳定性和可控性（Weiner，1986，2000，2004）。①

① 在早期的作品中，韦纳提出了两个额外的维度：跨情境的一致性（整体 vs 特异）和意向性（有意向 vs 无意向）。但是，后来他主要关注的是原因源、稳定性和可控性（例如，Weiner，2004，2005）。

原因源（“位置”）：外部 vs 内部 有时候我们将事件归因于内部的原因，也就是我们自身的因素。例如，认为好分数是你努力工作的结果，而糟糕的分数是自己能力不足的结果。另一些时候，我们将事件归因于外部的原因，也就是我们自身以外的因素。例如，认为自己获得奖学金是因为幸运，而将朋友的愁眉苦脸归结为她心情很糟糕（而不是由我们的所作所为而导致）。

许多理论家将“原因源”维度称为控制点。然而，韦纳（Weiner，1986，2000）指出，原因源和控制点很可能是归因的两个明显不同的方面。例如，一个人的歌唱能力也许是内部的，但是许多人认为它并不能被完全控制。

暂时的稳定性：稳定 vs 不稳定 有时候我们认为事件是稳定因素所导致的，也就是那些在近期内不会改变太多的东西。例如，如果你相信自己在学校的优异表现是遗传的结果，或者你认为自己交友困难是因为自己有一个滑稽的鼻子，你就是将事件归因于稳定的、相对不会改变的原因。但是，有时候我们认为事件是不稳定因素的结果，也就是那些会随着时间而改变的东西。例如，认为获得网球比赛的胜利仅仅是一种侥幸，获得糟
477 糕的测验成绩是因为自己误解了题目的要求。

可控性：可控 vs 不可控 很多情况下，我们将事件归因于可控的因素，也就是那些我们（或其他人）能够影响和改变的东西。例如，如果你认为某个同学邀请你去吃午饭是因为你常常对她笑并且对她很友好，或者你认为你在某个测验上失败是因为你没有学到正确的知识，那么你对这些事件做了可控归因。在其他情况下，我们将事件归因于不可控的因素，也就是那些我们和他人都不能影响的东西。例如，如果你认为自己被选为《罗密欧和朱丽叶》中的主角是因为自己有一张“合适的脸”，或者认为你打了场糟糕的篮球赛是因为自己得了感冒，那么你对这些事件做了不可控归因。

归因理论的可控性概念和自我决定概念有重合，但是也有几分不同（Deci & Ryan，1987）。归因中的可控因素涉及的是我们能影响和改变周围事件和环境的信念。相比，自我决定涉及的是我们能够自主选择我们行为和命运的信念。换句话说，可控归因反映了对周围环境的控制，而自我决定反映了对自身行为的长期控制。

可控性维度可能有两个亚成分（Weisz & Cameron，1985）。第一，个体必须相信行为和结果之间存在关联。换句话说，某个行为能够引起某个事件的发生。第二，个体必须要有胜任感（例如，自我效能感），有能力去表现所需的行为。缺少任何一个成分，个体都倾向于相信事件是不可控的。例如，一个学生也许知道在课堂上做出正确的回答能获得优异的分数，但是并不认为自己有能力做出这些回答。在这种情况中，存在关联感但是却没有胜任感（Weisz，1986）。举另一个例子，来自少数族群的人对实现特定目标也许有很高的自我效能感，但是他们却感到来自他人的种族偏见和歧视会让成功变得不可能。在这种情况中，存在胜任感但是没有关联感（Pintrich & Schunk，2002；Sue & Chin，1983；Weiner，2004）。

我们可以用刚刚描述的三个维度来分析几乎任何归因。例如，将任务的成功视为遗传能力的结果，这是一种内部、稳定和不可控的归因。认为任务的失败是运气所致，这是一种外部、不稳定和不可控的归因。表17—2在这三个维度上分析了八种常见的归因。

正如表17—2所示，你可能会认为“能力能通过练习所改变，因此是一种不稳定和可控制的因素”，或者你可能会认为“教师对学生的态度常常依赖于学生在课堂的表现，因此认为教师的态度是学生可控制的因素”。也许你是正确的，但是请记住，影响后继行为的，是人们关于原因源、稳定性和可控性的信念，而非现实状况本身（Dweck & Leggett，1988；Weiner，1994）。

那么努力（努力或不努力）和运气（好运或霉运）又是怎样的呢？它们是暂时的状态，还是会持久地庇佑或困扰我们？人们偶尔会认为努力和运气有相对稳定、持久的性质。例如，他们会认为人们会始终走运或不走运（Weiner，1986）。但是，根据诸多归因理论文献的一致看法，在我 478
们的讨论中，我们将努力和运气都看作不稳定、暂时的因素。

表 17—2　　依据三个维度分析不同的归因

将成功和失败归因于	原因源	稳定性	可控性
遗传能力	内部	稳定	不可控
个性	内部	稳定	不可控
努力	内部	不稳定	可控
健康状况	内部	不稳定	不可控
精力水平	内部	不稳定	不可控
任务难度	外部	稳定	对自己而言不可控；对教师可能可控
教师态度	外部	稳定	对自己而言不可控；对教师可能可控
运气或机会	外部	不稳定	不可控

智力又是怎样的呢？关于智力究竟具有稳定还是不稳定的特性，心理学家一直争论不休。而在非心理学家中，也在这一问题上分为了两个阵营。许多儿童和成人拥有**实体观**（entity view）：他们认为能力是一种相当持久、不可改变的“东西”。另外一些人则拥有**增长观**（incremental view）：他们认为能力能够通过努力和练习得以提高（Dweck & Molden，2005；Dweck & Leggett，1988；Weiner，1994）。[①] 因为我不能提供关于智力本质的确切答案，因此，在表 17—2 中我省略了这部分，而代之以“遗传能力”这个因素，这个因素基本上是稳定和不可控的。

归因的作用

归因似乎对学习者在课堂环境中的表现和成绩具有显著影响（Blackwell，Trzesniewski & Dweck，2007；J. A. Chen & Pajares，2010；Dweck et al.，2004；Graham，1994；Stipek & Gralinski，1996）。具体地说，归因会影响学习者的情绪反应、对奖惩的反应、自我效能感和期望、努力和坚持、学习策略以及未来的选择和目标。相应地，这所有的内容都会对学习和成绩有所影响。

对事件的情绪反应　显然，当人们成功的时候会开心，失败的时候会沮丧。但是，只有当他们将自己的表现归因于他们自己所做的事情，他们才更能体会到自我意识情绪，例如，对成功感到骄傲，对失败感到羞愧和内疚。羞愧和内疚这样的不愉快体验常常会激励学习者去改正自己的
479 不足。相反，如果学习者认为不理想的结果是其他人的责任，那么他们更容易体会到愤怒。愤怒情绪不太可能引发有益的后续行为（Hareli & Weiner，2002；R. Neumann，2000；Pekrun，2006）。

对奖惩的反应　人们对他们所受奖惩的解释——例如，他们认为某个事件是自己的所作所为所引发的结果，还是认为某个事件是发生在他们身上的某种事情所导致的结果——影响着奖惩的长期效果。与我们在第 6 章中所讨论的社会认知理论一致，只有在人们意识到他们自己的行为（他们有能力控制的事情）是导致某些结果的原因的时候，奖赏和惩罚才能起作用（Bandura，1986）。

自我效能感和期望　当学习者将他们的成功和失败归因于稳定的因素时（也许是天赋或能力），他们会预期自己之后的表现和当下的表现相似。相反，当他们将成功和失败归因于不稳定的因素时（例如，努力或运气），他们当下的成功率对他们的未来预期就几乎不会有影响（Dweck，2000；Schunk，1990；Weiner，1986，2000）。最乐观的学习者（那些对未来成功有很高期望的人），会将成功一部分归因于稳定、可依赖的因素，例如天赋才能和外界的持续支持（这样他们就明白成功不是侥幸），而将另一部分归因于不稳定但可控的因素，例如努力和策略（这样他们就会继续努力学习）。与此同时，他们可能将过往的失败主要归因于自己能控制和改变的不稳定因素（Dweck，2000；Hsieh & Schallert，2008；C. B. Murray & Jackson，1982/1983；Pomerantz & Saxon，2001；Weiner，1984）。

现在让我们带着之前所讲的要点，回到我在第 16 章讲过的刻板印象威胁现象。如果我们将归因引入对这一问题的分析，我们就能够合理地做

① 能力实体观 vs 能力增长观是知识信念的例子，特别是关于学习能力本质的信念（见第 14 章）。

出预测，如果那些被附加低成就刻板印象的团体成员（例如，女性、某个少数族群的成员）持有能力实体观，那么他们极有可能在能力测验上有较低的自我效能感，更可能体会到焦虑，进而会影响到他们的测验分数。如果他们相信评估的能力是相对持久的、不能被控制的，他们的焦虑就容易上升，因此他们的测验分数就会下降。相反，如果他们认为能力能够并且可以通过努力、练习和适当的策略得以改变，而与他们的群体成员身份无关，他们就不太可能成为刻板印象威胁的受害者（Dweck et al.，2004；Dweck & Molden，2005）。

努力和坚持　通常来讲，如果学习者将失败归因于内部、不稳定并且可控的变量，那么他们很可能在失败之后付出更多且更持久的努力。但是仅仅归咎于缺乏努力也可能会适得其反。付出努力但仍然失败的学习者很可能会得出自己能力低下的结论，他们会认为自己不具备成功的条件。将失败归因于无效的策略会更积极，会使他们相信如果以不同的方式处事就可能会成功。这样的归因常常会塑造优秀的学生，这些学生知道他们需要的不仅仅是努力，还需要有策略地学习（Curtis & Graham，1991；Dweck，2000；Dweck & Molden，2005；Pressley，Borkowski & Schneider，1987）。

归因和努力有时也通过一种消极的方式互相影响。让我们再一次聚焦到拥有能力实体观的学生身上。实体观的学生倾向于相信能力和努力存在负相关：没有努力而获得成功是能力强的表现，而花费大量努力获得成功则代表着能力低下。当人们拥有成绩目标而不是掌握目标时，这样的观
480 念格外盛行（见表17—1）。对于这些个体而言，努力是一把双刃剑，不管怎么挥舞都会造成伤害。特别是那些感觉自己能力很低的人就会陷入必败的境地。如果他们不努力，失败就是不可避免的。而如果他们确实很努力但还是失败的话，他们看起来就很“愚笨”，至少在他们自己眼中很“愚笨”。因此，他们中的许多人都不会非常努力，通过自我妨碍而保护面子，隐藏自我认定的低能力。也或许他们会认为这些活动不值得去做，换句话说，就是没有给这些活动赋予任何价值（Covington & Beery，1976；Covington & Omelich，1979；Dweck，1986；Eccles & Wigfield，1985；Graham，1990；Jagacinski & Nicholls，1990）。

学习策略　人们的归因，以及由此而导致的对未来表现的预期，明显地影响着他们完成学习任务时所采用的认知策略。期望在课堂中成功并且认为学业成功源于自身原因的学生更可能采用有效的学习策略，特别是教师教给了他们这些策略的时候。这些学生更可能成为自我调节的学习者，并且在必要时更可能会寻求帮助（后文会有更多关于寻求帮助的内容）。相反，预期失败并且认为学业表现几乎不受自己控制的学生常常会拒绝有效的学习策略，而选择机械学习的学习方法（Dweck et al.，2004；Dweck & Molden，2005；Palmer & Goetz，1988；Zimmerman，1998）。

未来的选择和目标　正如你所预料的，如果归因使得学生对特定科目或整体的学校学习形成了成功的预期，那么他们便更有可能去追求有挑战性的课程，且将目标投向完成更高学业（L. E. Davis，Ajzen，Saunders & Williams，2002；Dweck，1986；Weiner，1986）。学习者的归因同样影响着他们给自己设置的成就目标。他们关于智力的信念——能力究竟是相对稳定的实体，还是能够随时间而发生改变——再一次产生了作用（Blackwell et al.，2007；J. A. Chen & Pajares，2010；Dweck et al.，2004）。具体来说，如果他们认为能力是全或无的东西（不是能通过努力而提高的事物），那么他们倾向于设置成绩目标，并且通过与他人的比较来评估自己“天生的”才能。相反，那些赞同增长观的人则更倾向于设置掌握目标，并且通过检测自己的进步来评估自己的能力。例如，在德威克和她的同事所做的一系列研究中（Dweck，2000），中学生被要求选择以下三个任务中的任意一种：

> “非常简单，以至于你不会犯错误”的任务。
>
> “是你擅长的内容但又完全不足以展现你的才智”的任务。
>
> “困难、新奇、独特，你也许会深感困惑并发生错误，但你能学到一些新的和有用的东西”的任务。（Dweck，2000，p. 21）

拥有实体观的学生更可能选择任务1（与成绩—回避目标相一致）或者任务2（与成绩—趋近目标相一致）。相反，有增长观的学生常常会选择任务3（与掌握目标相一致）。

影响归因性质的因素

为什么不同的人将同样的事件归因于不同的原因？例如，为什么一个人认为失败只不过是由于不合适的策略所导致的暂时挫折，而另一个人则将同样的失败归咎于能力低下，还有人则认为
481 这是他人随意而不可预测的行为所导致的结果？现在我们来讨论一下导致不同归因的各种变量。

年龄

年幼的孩子能够逐渐分辨成功和失败的各种可能原因：努力、能力、运气、任务难度等等。他们逐渐能理解努力和能力之间的区别。低年级的儿童认为努力和能力是正相关的：越努力的人越有能力。因此他们倾向于将他们的成功归功于努力学习，并且只要他们尝试努力了，他们就对未来成功的机会非常乐观。在 9 岁左右，他们开始明白，努力和能力常常是互补的，能力较低的人也许需要付出更多的努力。许多人开始将他们的成功和失败归因于他们感觉相对稳定且难以控制的遗传能力。之后，随着年龄的增长，学习者逐渐获得了能力实体观。如果他们在学校任务中经常成功的话，他们对这类任务就会有很高的自我效能感。相反，如果他们常常失败的话，他们的自我效能感就会下降（Dweck，1986，2000；Eccles et al.，1998；Heyman，Gee & Giles，2003；Nicholls，1990；E. A. Skinner，1995）。

这种情况会导致**自证预言**（self-fulfilling prophecy）——人们对未来事件的期望会创造条件来使这些期望成为现实。（我们称之为自证预言＃1，以与之后要讨论的另一种现象相区分。）正如我们在第 6 章中发现的，具有低自我效能感的人会选择挑战性较低的任务，并且比那些更自信的同伴更容易放弃。因此，他们能发现努力将造就成功的机会就更少了。

环境线索

周围环境的特征，特别是那些引人注目的特征，能够影响学习者的归因。任务所呈现的特征是一个有力的影响因素。例如，复杂的数学问题（例如，包含很多数字的问题）被认为是非常难的题目，因此人们很容易将没能解决这些问题归咎于任务的难度而不是内部原因；同伴的表现提供了另外一个线索。例如，如果每个人都失败的话，那么这个失败会被归咎于任务难度，相反，如果其他人都成功了，那么失败就更可能被归咎于内部因素（例如，能力低下）（Lassiter，2002；Schunk，1990；Weiner，1984）。

过往成功和失败的模式

学习者的归因也部分地源自于过去在某些活动或领域中成功和失败的经历。以前尝试过并成功的学习者更可能相信成功是内部因素导致的结果，例如努力或能力强。那些付出努力但仍然失败的人，或者具有不一致的成功及失败模式的人，更可能相信成功是由那些不受他们控制的原因所导致的——或许是他们所不具备的能力，或许是一些诸如走霉运或缺乏指导这样的外部因素（Normandeau & Gobeil，1998；Paris & Byrnes，1989；Pressley，Borkowski & Schneider，1987；Schunk，1990）。

当我们考虑课堂学习时，元认知也起到一定的作用。在第 14 章中，我们发现学生常常认为自己已经学会了自己尚未学会的东西，换句话说，他们产生了认知错觉。当这些学生总是在测验中表现糟糕时，他们不会将自己的表现归因于内部因素，因为他们毕竟学得很努力，并且因此认为自己知道这些知识。他们反而可能会将糟糕的表 482
现归咎于诸如坏运气、测验难度大或教师反复无常这样的外部因素（Horgan，1990）。

他人的言语与非言语信息

正如人们基于自己的表现而形成归因，人们也会基于他人的表现来形成归因。例如，我想起我曾与一位受过良好教育的人的一次谈话，他接受的是机械工程方面的培训，而非心理学或者教育学方面的培训。我们讨论了这样一个情况：通常而言，市中心学校的儿童比郊区学校的儿童成绩低。当他知道我是一名教育心理学家时，他问我为什么这些孩子的表现会有所不同。我说这通常有许多原因，可能包括较少的学校预算、较大的班级规模、更多的家庭责任、更少的家庭资源、糟糕的营养与保健、有关自身安全的担忧、高比例的学习障碍儿童或有其他特殊需求的儿童等等因素。这个人似乎非常惊讶。他说："我一直认为是因为孩子缺乏学习动机。"请注意，我对低成绩的归因大部分来自外部，但他唯一的归因——学生的动机——则完全来自内部。不幸的是，甚至许多有经验的老师都会将学生那些看起来"缺乏

动机”的行为主要归因于内部（Kincheloe，2009；J. C. Turner，Warzon & Christensen，2011）。

我们之前描述的三个维度——原因源、稳定性和可控性，既与人们对他人的归因有关，也与人们的自我归因有关。或许从人际的角度来看，最重要的维度是可控性（Weiner，2000）。我给我的工程师朋友关于市中心学生低成绩的原因分析都涉及了学生不能控制的因素，例如，较少的资源、营养不良、危险的环境等等。与此相反，我的朋友则认为表现糟糕的学生只是因为他们不想做好而已，换句话说，如果他们能够打开神奇的动机开关——如我在第16章中提到的——那么获得好成绩就在他们的掌控之中。

其他的一些人，例如父母、老师、同学等等，用不同的方式传达着自己对学习者成功和失败的归因。在某些情况下，他们用口头的、明确的方式传达归因（Cimpian，Arce，Markman & Dweck，2007；Henderlong & Lepper，2000；C. M. Mueller & Dweck，1998）。例如，想象一下老师会怎样评价一个学生的成功：

◆“太棒了，你的努力付出终于得到了回报，不是吗?”

◆“你做得非常好。很明显你已经真正明白该怎样学习了。”

◆“你做到了！你太聪明了！”

◆“太妙了！今天真是你的幸运日！”

同样考虑一下老师对学生失败可能做的评述：

◆“你为什么不多练习下，多尝试一次?”

◆“让我们看看是否能想出一些让你学得更好的策略”

◆“嗯，也许这是你不擅长的，也许我们应该尝试不同的活动。”

◆“也许你只是今天很倒霉。”

所有的这些评论都是故意设计的，目的是为了让学生感觉良好。但是需要注意其中所暗示的不同归因。在某些情况下，成功和失败被归因于可控的（因此是可变的）行为，比如努力，或者缺乏练习，或者使用了有效或无效的
483 学习策略。但是在其他情况下，成功和失败被归因于不可控的能力，比如聪明或不“擅长”某些事。同样还有一些其他情况，这些成败的结果被归因于外部的、不可控的原因，比如运气或糟糕的一天。

人们通过他们赞扬或批评学习者表现的程度以及他们所传递的情绪反应，来传达他们的归因，或者间接地传达他们对学习者能力水平的看法（Chang & Davis，2009；Graham，1990；Hareli & Weiner，2002；C. Reyna & Weiner，2001；Weiner，2000，2005）。例如，频繁的表扬所传递的信息是学习者的成功来自于他们的努力。然而，如果通过评价任务简单而表扬学习者，同时传递出的信息就是成功是意料之外的，换句话就是说，学习者的能力很低。我们能从这里发现与行为主义非常不同的观点。行为主义者认为，赞扬作为一种强化应该会增加随后的行为。然而，从归因理论的角度来看，对于简单任务来说，赞扬可能具有反作用。如果它传递着能力低的信息，那么，学习者在之后的任务中就不愿意付出更多努力。只有当学习者的确已经付出了努力时，对努力的表扬才会是有效的。

对学习者失败的反应同样传达着归因信息。当人们对学习者糟糕的表现进行批评、表示愤怒或进行惩罚时，他们传达着这样一种信息：学习者完全有能力掌握这个任务，失败仅仅是因为努力不够。但是，当人们对同样的表现表示出的是遗憾和同情时，传达出的却是这样的观点：失败源自于能力的欠缺，而这是学习者本人难以控制的。

然而，成人传达归因还有另外一种途径，也就是他们所提供帮助的数量和种类。例如，尽管老师的帮助常常是学生解决困难任务时重要的支架资源，但是如果学生并不真正需要它，这种帮助可能产生相反的效果。当学生在任务中暂时地陷入困境时，老师主动提供的帮助也许传达着这样一种信息：他们的能力很低，并且不能控制自己的成败。相反，让学生在合适的时间量之内（当然不能是那种会导致挫败感的过长时间段）独自奋力解决问题，则传达着这样一种信息：学生有能力通过自己的努力获取成功（Graham，1990，1997；Graham & Barker，1990；Stipek，1996；Weiner，2005）。

文化

人们的文化背景同样影响着他们的归因，特别是关于可控性维度这一方面。例如，许多宗教团体的成员可能会把他们的命运放在上帝、因果报应或其他超自然力量的手中（Losh，2003；也可见我在

第 10 章所讨论的世界观)。举一个例子,具有亚洲文化背景的学生比在西方主流文化中成长的学生更可能将课堂上的成功和失败归因于不稳定的因素,比如将学业成绩归因于努力,将合适或不合适的行为归因于暂时的情境因素(Li & Fischer,2004;Lillard,1997;Weiner,2004)。[1] 相反,相比于许多认为天赋能力影响学业成功的西方学生而言,许多亚洲学生颠倒了这一因果关系,他们认为学习影响着智力(Li,2003)。

484 许多研究表明,非裔美国学生有很强的倾向性认为自己无法决定是否能取得学业成功,即使那些在学业内容上有很高自我效能感的学生也是如此。真实的或感知到的种族偏见也许对这样的归因有影响:许多学生也许开始相信,因为他们的肤色,不管他们做什么都没有成功的机会(Graham,1989;B. G. Holliday,1985;Sue & Chin,1983;van Laar,2000;Weiner,2004)。

性别

许多研究者发现归因存在性别差异,尤其是在诸如数学和运动这种刻板印象意义上的男性领域。在这种情况下,男性更可能将自己的成功归因于能力,将失败归因于缺乏努力,因此他们持有我知道我可以做某事,因为我有能力做这些的看法。女性则表现出相反的模式:她们将成功归因于努力,将失败归因于缺乏能力,她们认为我不知道我是否能继续做某事,因为我对这类事情不是很擅长。这些差异甚至在男孩和女孩早期成绩水平相同的时候就能被发现,它们典型地反映了全社会关于男性和女性各有"擅长"领域的性别观念(Carr & Jessup,1997;Dickhäuer & Meyer,2006;Eccles,Wigfield & Schiefele,1998;Stipek & Gralinski,1991;Vermeer,Boekaerts & Seegers,2000)。

自我保护偏差

一般情况下,人们倾向于形成能够维持或提高他们自我价值感的归因。例如,我们倾向于将成功归功于内部原因(比如高能力或高努力),将失败归咎于外部原因(比如坏运气或别人轻率且不可靠的行为)。做得好时我们表扬自己,做得糟糕时我们责备他人,这样我们就能够维持积极的自我感知(Mezulis,Abramson,Hyde & Hankin,2004;S. W. Park,Bauer & Arbuckle,2009;Sedikides & Gregg,2008)。但是,这种**自我保护偏差**(self-protective bias)并不总是符合我们的最佳利益:如果我们错误地将失败归咎于外部因素,我们就不可能改变自己的行为方式进而获得更大的成功(Dweck & Molden,2005;Seligman,1991;Zimmerman,2004)。

印象管理

人们传达给他人的归因并不总反映着对成功和失败来源的真实信念。随着儿童年龄的增长,他们会发现不同的归因会引起他人不同的反应(Hareli & Weiner,2002;Juvonen,2000)。为了维持积极的人际关系——这样可以满足他们的关系需求,他们开始修改自己对周围某些受众的归因。这种现象有时被叫做留面子,但是我建议采用更清楚的术语:**印象管理**(image management)。

当儿童失败的时候,教师、父母和其他成人常常会同情和原谅,因为有些事情是不受控制的(如疾病、缺乏能力等)。但是当儿童仅仅是因为不努力而失败的话,他们常常会很生气。当儿童四年级的时候,他们中大多数人都会认识到这个事实,因此可能会表达那种会引发良好反应的归因(Juvonen,1996,2000;Weiner,1995)。举个例子,一个非常明白自己在某个任务上做得不好是因为自己不够努力的学生,也许会歪曲真相, 485
告诉老师"自己不太明白这个任务"或"有点不舒服"。

儿童同样逐渐变得善于根据同伴的反馈调整归因。一般来讲,四年级的学生会认为他们的同伴重视勤奋和努力,因此他们很可能告诉他们的同学,自己的成功源于不懈的努力。但是,到了八年级,许多学生相信他们的同伴不喜欢那些在学业任务上非常努力的人,因此,他们更愿意传达自己并不努力的印象。例如,面临重要的考试时,他们"并没有努力学习",或是当他们表现优异时,只是所谓的"人品爆发"(Howie,2002;Juvonen,1996,2000)。

① 这样的归因通常很有用,但并非绝对如此。例如,如果学生将失败如同成功那样归因于努力,并且如果他们将为家人带来荣誉放在很优先的位置(对许多亚洲学生而言即是如此),那么持续的失败会让他们感觉到羞耻和沮丧(Dweck,2000;Grant & Dweck,2001)。

解释风格：掌握定向 vs 习得性无助

人们对成功和失败的归因会逐渐发展成为某种一贯的模式。反过来，这些模式又会影响他们对未来表现的预期。一般来讲，人们解释和说明日常事件和结果的典型方法被称为**解释风格**（explanatory style）。[①] 例如，许多人习惯将他们的成就归因于自己的能力和努力。他们有一种我能做的观念，我们把它称为**掌握定向**（mastery orientation）。另外一些人则将成功归因于外部的不可控因素，并且认为失败反映着相对持久的能力缺乏。他们有一种即使尝试我也做不好的观念，我们称之为**习得性无助**（learned helplessness）。两者之间的差异应当被视为一个连续体而不是完全对立的两极。它也可以被视为乐观主义者和悲观主义者的一种差异（Dweck，2000；Eccles & Wigfield，1985；Mikulincer，1994；C. Peterson，2006；C. Peterson，Maier & Seligman，1993；Seligman，1991）。

作为例证，让我们设想一下有两个能力水平相当的男孩：

◆ 杰瑞是一个热情的、有活力的学生。他在学校活动中非常乐于努力工作，并且在做得不错的时候非常开心。他总是寻找有挑战性的任务，尤其喜欢解决老师每天布置的额外加分的难题。这些难题他并不总是能解决，但是他并不把失败当回事，并且渴望第二天能有更多的难题。

◆ 杰森是一个焦虑的、不安的学生。他似乎对自己成功完成学校任务的能力没什么自信。事实上，他经常低估自己所能做到的事情，甚至在自己成功的时候，他也会怀疑自己能否再一次成功。他似乎更愿意将计划表填满自己已经掌握的技能，而不去尝试新的任务和问题。至于那些每日难题，他有时会尝试一下，但是如果答案不是显而易见的话，他就会迅速地放弃。

杰瑞展现的是掌握定向：显然他掌控着自己的生活（以及归因），他对自己未来的表现非常乐观。相反，杰森展现的是习得性无助：他认为自己不能完成具有挑战性的任务，这些任务都超出了他的控制，他预期更多的是失败而不是成功。

研究者已经辨明了持有掌握目标的人与那些习得性无助的人之间的许多差异。在学业活动中，486
对持有掌握目标的人而言，相比于他们的能力测验得分和以往的平均绩点，他们的课堂表现往往能够更好地预测他们的表现（Seligman，1991）。在体育活动中，乐观主义者与那些能力相当但是更悲观的运动员相比，更容易从输掉比赛的阴霾中恢复，并且能更快地克服伤病（C. Peterson，1990）。通常来讲，有掌握目标的人心理状态健康良好，他们的行为方式可以长期地影响和帮助他们不断取得成功：他们会设置宏大的目标，寻找有挑战性的环境，在面对失败时能坚持下去。而习得性无助的人的行为则截然不同：他们会低估自己的能力，因此他们设置很容易完成的成绩目标，回避那些能最大化自身学习和成长机会的挑战性任务，面对失败多采用适得其反的方式（例如，迅速放弃），而这些方式往往会导致未来的失败。同时，他们会被那些焦虑相关的念头所阻碍，这些念头占据了工作记忆的空间，从而使专注于当前任务的容量变得十分有限（Dweck，2000；Graham，1989；Mikulincer，1994；C. Peterson，1990，2006；Seligman，1991）。

习得性无助的极端情况通常表现在三个方面。第一，激励效果。个体的回应会非常缓慢，以求得到令其满意的结果或者逃脱其反感的环境。第二，认知效果。个体难以习得能够使其状况得以改善的新行为。第三，情绪效果。个体容易陷入被动、沉默寡言、焦虑和沮丧（S. F. Maier & Seligman，1976；Overmier，2002）。

如果学前儿童在尝试某项任务的过程中一直遭遇失败，那么他们偶尔会表现出习得性无助的迹象（Burhans & Dweck，1995）。在五六岁的时候，许多儿童开始表现出一致的倾向，要么坚持某个任务，表现出对掌握的高度自信，要么非常快地放弃某个任务，说自己没有能力完成它（Ziegert，Kistner，Castro & Robertson，2001）。然而，在一般情况下，8岁以下的儿童很少表现出极端形式的习得性无助，也许是因为他们还认为成功很大程度上是努力的结果（Eccles et al.，1998；Lockhart，Chang & Story，2002；Paris & Cunningham，1996）。在青春期早期，习得性无助更加常

① 你也许同样会看到归因风格（attributional style）这个概念。

见。许多中学生相信自己不能控制发生在他们身上的某些事情，对如何避免未来失败的那些策略茫然不知（Dweck，2000；Paris & Cunningham，1996；C. Peterson et al.，1993）。在人们成年后，习得性无助常常表现为慢性抑郁症（Seligman，1975，1991）。

习得性无助的根源

我在第 1 章中第一次介绍了塞利格曼和梅尔（Seligman & Maier，1967）关于习得性无助的经典研究，但是，为了帮助大家的回忆，这里再次回顾一下这个实验并补充细节。在实验的第一阶段，实验狗接受了大量痛苦而不可预期的电击。有些狗能够通过按压笼子里的控制板来逃避这些电击，相反，另外一些狗不管做什么都不能逃避电击。第二天，每一只狗都被安置在一个用栅栏分成两个隔间的笼子里。在笼子里的时候，给予狗一系列的音调—电击组合，电击之前会给予一个音调，在听到音调的同时，狗可以通过跳过栅栏逃到另外一个隔间来避免受到电击。第一天能够躲避电击的狗在第二天就能迅速学会如何避免电击。相反，那些之前无法躲避电击的狗则表现出了习得性无助：他们很少会尝试去逃避电击，在电击出现
487 的时候只是一直站着和哀鸣。塞利格曼和梅尔的研究说明，当厌恶的事情反复发生但动物却不能避免或终止它们时，这些动物最终会放弃努力，被动地接受它们。

人类在无法控制厌恶事件的发生时，也会表现出习得性无助的症状（例如，Bargai，Ben-Shakhar & Shalev，2007；Hiroto & Seligman，1975；C. Peterson et al.，1993）。对于那些一直无法成功完成学业任务的学生来说，情形就是如此（C. S. Carver & Scheier，2005；Dweck，1986；Hallenbeck，2002；Nenty & Ogwu，2009；Núñez et al.，2005）。假设有一个学习障碍的儿童，作为一名学生，他在接受教育方面的特殊需求往往不会受到重视。尽管他已经付出了努力，但仍然会多次遭遇失败，以至于最终放弃了尝试。当我与那些正常学生讨论某些学科领域时，他们也可能表现出习得性无助的现象。例如，许多学生将自己的数学焦虑归因为：作为一名小学生，这样的问题，是自己无论付出多少努力都不能理解和解决的。那些在拼写领域存在习得性无助症状的表现如下：即使他们知道自己拼写错了，也不愿意进行改正。他们将自己的这种行为解释为“我本来就是个糟糕的拼写者”或“我永远都不会拼好的”（Ormrod & Wagner，1987）。

人们在观察到其他个体无法掌控他们自己的生活之后，也会体验到无助感（I. Brown & Inouye，1978；C. Peterson et al.，1993）。成人与儿童之间的互动行为也可能会使儿童出现无助感。例如，在儿童面临挑战时，相比掌握定向儿童的母亲，存在习得性无助迹象的儿童，其母亲更可能建议他们放弃，而非给予鼓励（Hokoda & Fincham，1995）。假如不针对如何改进提出建议而仅提供消极的反馈，尤其是当反馈会导致儿童对整体的胜任感及价值观产生怀疑时，也会导致习得性无助（Dweck，2000；Kamins & Dweck，1999）。奇怪的是，有时候针对成功的表扬也会导致无助感的产生：当儿童在某一领域取得成功时，如果针对他天生的能力进行表扬（强调能力实体观），那么一旦他在同一领域经历了失败，他就会产生无助感（Dweck，2000；Kamins & Dweck，1999）。

当面对暂时的不可控事件时，拥有类似的能够掌控环境的经验可以使人们对习得性无助具有免疫能力（C. Peterson et al.，1993）。（这可能会使你想起我们在第 6 章中针对弹性自我效能感的探讨。）在某些情况下，习得性无助其实是人们在长期处于恶劣条件下时所采用的一种保持控制感的方式（N. C. Hall，Hladkyj，Ruthig，Pekrun & Perry，2002；N. C. Hall，Hladkyj，Taylor & Perry，2000；Rothbaum，Weisz & Snyder，1982）。因为他们无法改变所处的环境，就只能接受现状，承认自己的局限性，将责任归为超出自己所能掌控的那些因素（如命运、神、因果报应等），并试图在不愉快的状况下找到一线希望。

掌握定向的一个结果——更普遍来说，可控归因的一个结果——就是能够促进个体对于学习的自我调节。事实上，一个真正高效的学习者不仅能够调节自己的学习，还会调节自己的动机和情绪。现在，就让我们来看看动机、情绪以及自我调节之间的相互影响。

488

动机、情绪和自我调节

第16章中，我们已经了解了动机和情绪的相互作用以及二者对学习和认知的影响。除此之外，动机和情绪还会对自我调节产生影响，同时也会受到自我调节的影响。并且，自我调节的发展也包括对他人的动机、价值观以及目标的内化。

动机和情绪如何影响自我调节

就像之前在第16章中所了解到的一样，被动机激励的个体，尤其是被内部动机激励的个体，更可能对所做的活动发生认知卷入，并且更可能在学习活动中使用有效策略。因此，可以认为，动机——特别是内部动机——为自我调节打下了基础。

当人们有自信能够完成任务并且相信自己能够把握生活方向的时候，他们就会更倾向于使用自我调节。也就是说，善于自我调节的人对能力（自我效能）以及自我决定更加敏感。此外，善于自我调节的人更倾向于确立掌握目标，他们把成功归因于自己的行为，包括自己的努力以及采取了有效的策略（R. Ames，1983；Blazevski，McEvoy & Pintrich，2003；Paris & Turner，1994；chunk，1995；Zimmerman & Risemberg，1997）。

动机和情绪方面的自我调节能够显著预测求助行为。为什么一些学生能够在需要的时候去主动寻求帮助，而另一些人则会忽略得到帮助的机会呢？研究者发现，以下条件会导致学生较少地寻求帮助：

◆ 感到寻求帮助会威胁到自己的胜任感和自我价值感。

◆ 认为寻求帮助会破坏他们的自主和自我决定（有些情况下他们相信如果自己做的话会学到更多）。①

◆ 持与低能力相关的表现目标（而非掌握目标）。

◆ 持能力实体（而非增长）观。

◆ 关注给他人留下好印象，认为寻求帮助会使他人觉得自己愚笨。

◆ 担心寻求帮助会受到歧视和带来偏见。（Aleven，Stahl，Schworm，Fischer & Wallace，2003；R. Ames，1983；R. Butler，1998b；Dweck & Molden，2005；Newman & Schwager，1992；A. M. Ryan，Hicks & Midgley，1997；A. M. Ryan，Pintrich & Midgley，2001；Skaalvik & Valas，2001；J. C. Turner，Husman & Schallert，2002）。

自我调节如何影响动机和情绪

不只是动机和情绪会影响自我调节，自我调节也能在某种程度上控制个体的动机和情绪，主要体现在以下方面：

◆ *根据兴趣分配相应的任务*。当他们有机会参与学习活动时，他们更倾向于根据自己的喜好进行选择（Convington，2000）。例如，当考虑到要为一项科学展览准备研究课题时，他们可以选
择与当前兴趣相关的关于蜥蜴的课题，或是与长 489
期目标相关的有关成为牙医的课题。

◆ *设定目标*。他们会像设置长期目标那样来为自己设置短期的目标（Locke & Latham，2002；Zimmerman，1998）。例如，他们可能会告诉自己："我要在吃午饭之前，将有关动机的这一章读完。"通过设定和达成短期目标，也可以增强自我效能感（Wolters，2003a）。

◆ *专注于建设性的归因*。他们认同那些自己能够掌控的因素，比如良好的策略（Wolters，2003a）。例如，当要解决一个困难的几何问题时，他们可能会想："之前我已经解决过此类的问题，当时我使用的是什么方法？"

◆ *最小化诱惑干扰*。在学习时，他们会构建或寻找一种能够让自己集中精力的环境（J. Kuhl，1987；Wolters，2003a；Wolters & Rosenthal，2000）。例如，当他们在客厅学习时，可能会关掉电视，或者会选择到图书馆的一个安静的角落学习。

◆ *提醒自己要做到最好的重要性*。他们会进行自我对话，来强调完成任务以及做出高水平表现的理由（Wolters，2003a；Wolters & Rosenthal，

① 这里文化也可能是一项影响因素。很多西方国家鼓励学生尽量进行独立学习，减少对他人的依赖（Karabenick & Sharma，1994）。

2000)。例如，他们可能会说："只有我理解了这个问题，我才能帮助自己所在的学习小组的其他人也理解这个问题。"或者说："这次测试得 A 对我的平均绩点是很重要的。"

◆ *提高任务的吸引力*。他们会采取各种方法，从而使一个枯燥的任务变得更加有趣、更加令人愉悦（Sansone，Weir，Harpster & Morgan，1992；Wolters，2003a；Wolters & Rosenthal，2000；Xu，2008）。例如，他们可能会试着将一项任务变成某种类型的游戏，或者用一些巧妙的插图来修饰他们的书面作业。

◆ *自我激励的影响*。当他们成功时，他们会给自己奖励；而当他们失败时，他们会以某种方式来惩罚自己（Wolters，2003a；Wolters & Rosenthal，2000；也可见第 6 章中"自我反应"、"自我强化"部分）。例如，只有当他们在任务中达到等级 B 时，才会奖励自己晚上与朋友一起看电影。

情绪并不像动机那样容易控制，但是善于自我调节的人能够尽其所能来控制情绪。例如，在学习时，他们会排除其他杂念。他们试图把即将到来的考试看作是可以逾越的挑战，而不是意味着厄运的威胁。他们能够迅速从失败中振作起来，继续付出努力，并为下一次的成功找出理由。他们也会偶尔调整自己的预期，使之能够与现有的能力水平相符（Fletcher & Cassady，2010；Pekrum，2006；Richards & Gross，2000；Wolters，2003a；J. C. Turner et al.，2002；Zeidner，1998）。

内化动机

就像我在第 14 章中提到的，我和我的儿子亚历克斯曾经一起参加了一个有关艺术史的大学课程。我们一起上课的主要原因都是希望能够对多年来在博物馆中看到的许多艺术品有更多更深刻的了解。但是，亚历克斯还有第二个原因，那就是为高中毕业获得更多学分。所以，亚历克斯必须要通过这门课的考试。而对于我来说，得 A 还是得 F 却不那么重要。但尽管如此，我仍然会为了每一次测验而努力学习，并因此而经常忽略了
490 我本应该做的事情，比如读一本探险小说或看一个电视游戏竞赛节目。我为什么要这样做呢？尽管我喜欢上课，但是对我来说，在考试之前进行复习却绝对不是由内部动机所推动的；尽管练习册上有很多漂亮的图片，但它们却像电话本一样乏味。不仅如此，同时也没有什么外部动机能够推动我的学习；我在课程中所得到的成绩也不会以任何形式影响我将来的身心健康、经济状况以及情绪状态。唯一的可能就是在很多年前我还是个学生的时候，我有要获得好成绩的愿望，我学习的动力大概就是源于这个念头吧。

在之前的讨论中，我们把内部动机与外部动机看成了非此即彼的关系。但事实上还有第三种可能性。**内化动机**（internalized motivation）的概念是指，随着时间的推移，人们会根据他人的价值观做出某种行为，并且不会顾及这种行为是否会带来外部影响。①

爱德华·德西等（Deci & Ryan，1995；Deci & Moller，2005；R. M. Ryan & Deci，2000）认为，内化动机的形成包括以下几步：

（1）*外部调节*。学习者采取或不采取某些行为方式的动机主要是由这些行为所带来的外部结果所决定的，换句话说，此时学习者主要是受到外部动机的激励。例如，学生做作业的初衷主要是为了避免由成绩不佳所带来的惩罚，他们需要很多的督促才能完成所分配的任务。

（2）*投射*。学习者通过某些方式行事从而获得他人的赞许。例如，一个学生可能很愿意完成一项简单而又枯燥的任务，原因仅仅在于想要得到老师的青睐。此时我们能看到从事某种期望行为的内部压力，比如，学习者可能会对违背某种行为标准或规则而感到内疚。但是他并未充分理解这些标准及规则背后的缘由。相反，他们的首要动机就是为了避免消极的自我评价并保护自我价值。

（3）*认同*。此时学习者认为某些行为具有某种个人的重要性或价值。例如，一个学生可能会衡量学习和学业成功本身的意义，将布置的课堂任务看作是学习中的必要因素，几乎不需要督促就能完成这些任务。

（4）*整合*。学习者已经完全接受了某种行为愿望，并将其整合到自身的动机和价值系统中。

① 这一概念可能会让你想到维果茨基的内化概念（见第 13 章）。

例如，一个学生会将他具有热忱兴趣的学科作为可能的职业选择，而这种兴趣在他通常所做的许多行为中会表现得非常明显。

内化动机是自我调节学习中的一个非常重要的侧面。它培育了一种整体的工作理念，包括前面所提到的学习动机，也就是说，尽管有些活动并不总是有趣的或可以立即取得成效的，但是为了达到长期的目标，学习者还是会自发主动地投入这些活动之中（Brophy，2008；Harter，1992；McCombs，1996；R. M. Ryan，Connell & Grolnick，1992）。从某种意义上来说，我们正在回归到价值的概念：一个学生将某些行为看作是获得直接或间接利益的途径。

请注意不要将内化过程中的第四步即整合动机等同于内部动机。他们当然都与高度的自我决
491 定相关，而且对于行为及学习具有相似的最终效应，比如更好的持久性、更有效的学习策略等（Assor，Vansteenkiste & Kaplan，2009；La Guardia，2009；Ratelle，Guay，Vallerand，Larose & Senecal，2007）。但是，内部动机来自于个体内部，或者说，内部动机是当前任务所固有的，而整合动机根植于其他人有关何种事情重要及有价值的信息（Deci & Moller，2005；Reeve，Deci & Ryan，2004；Stefanou，Perencevich，DiCintio & Turner，2004）。有些情况下，认同动机或整合动机（内化序列中的第三步和第四步）可能比内部动机略胜一筹，因为即使在学习者的内部动机逐渐消退之后，前两种动机仍然可以维持他们的努力（Walls & Little，2005）。

研究人员发现了一些能够促进学生内化动机发展的条件，这些条件能够在某种程度上影响个体对能力、自我决定以及其他相关内容的需求：

◆ *学习者感知到一项活动对于长期的成功具有重要意义。*学习者被能力需要所激励，想要掌握那些对于未来的社会成功至关重要的知识和技能。

◆ *学习者在一种温暖的、回应性和支持性的环境之中进行学习。*学习者体验到一种关系感，对环境中的重要他人怀有尊敬之情。

◆ *学习者拥有一定的自主。*主导学习者行为的那些人（比如父母、教师）除非情非得已，否则不会对学习者施加过多控制，从而尽量提高学习者的自我决定感。

◆ *学习者在一定程度的结构中进行学习。*环境为学习者提供关于期望行为的信息，以及期望行为为何重要的信息。反应—结果相倚性是被清晰界定的（Deci & Moller，2005；La Guardia，2009；R. M. Ryan et al.，1992；Wentzel & Wigfield，1998）。

要促进内化动机的发展，需要在以下两点之间取得平衡：（1）给学习者足够的机会进行自主体验；（2）对学习者应该如何行事提供一些必要的指导。在某种意义上，起初成人应为期望行为提供支架，然后当学习者的行为更加轻松、频繁时，逐步减少这种支架作用。

鼓励激发动机的认知

在这一章中，我们要考虑一些影响动机的认知因素，包括兴趣、期望、价值观、目标以及归因。基于这些因素，以及自我调节与内化动机的优点，我将提出一些一般性原则，它们能指导教师在课堂上如何增进学生的动机，并因此而促进学生的学习，以及增进他们的成就：

◆ *当学生发现课堂内容既有趣又有信息量时，他们能够学会更多内容。*当遇到一个有趣的主题时，几乎所有学生都会学到更多。然而学生们却经常报告说，他们在课堂题材中很少发现有趣的内容，特别是当他们升入初中和高中之后（Dotterer，McHale & Crouter，2009；Gentry，Gable & Rizza，2002；Larson，2000；Mac Iver，Reuman & Main，1995）。

当然，教师应该尽可能利用学生的个人兴趣。 492
但是，一些情境性的兴趣要素——尤其是那种“保持”型而非“抓取”型的情境兴趣——也应当纳入课堂主题及活动中。例如，在学习活动中，学生通常会乐于参与那种可以做出积极反应的活动，可能是对物体进行操作和实验，创造新产品，讨论有争议的问题，以及将自己已学会的知识传授给其他同伴（Andre & Windschitl，2003；Brophy，2004；Hidi，Weiss，Berndorff & Nolan，1998）。他们喜欢与其个人水平相关的教学材料，

例如，数学课可以涉及他们爱吃的食物，文学作品赏析可以与他们能够轻易认出的特色人物相关，而历史教科书中的历史人物则应该塑造成为一个具有人文气质的真正的“人”（Anand & Ross，1987；Levstik，1993；Pugh & Bergin，2006）。学生通常对那种新鲜的、与众不同的、令人惊讶和费解的事物感到好奇（M. Hofer，2010；Lepper & Hodell，1989）。学生们喜欢进行幻想和虚构，例如扮演历史战争中的重要角色，或者想象在太空中失重的情景（Brophy，2004；Urdan & Turner，2005）。此外，当他们处于一个新主题中时，他们会非常迫切地去寻求问题的解决方案（Brophy，Alleman & Knighton，2009；Hidi & Renninger，2006）。

◆ *当学生所处的环境支持他们的努力时，他们会对自己成功的可能性感到更乐观。*在第 6 章和第 16 章中，我们确认了很多能够帮助提高学生对于完成课堂任务的自我效能感的策略。但是，正如我们之前的讨论中所发现的那样，学生对成功的预期不仅仅依赖于对其自身能力的看法，还依赖于可以指导他们的人物的可及性，以及可以降低任务难度的资源的可及性。因此，可以看到，适当的支架作用既可以促进动机，也可以促进学习和发展（Brophy，2004，2008）。适当的指导不仅能够增强学生对于成功的期待，还能提高他们对教学题材的兴趣（Hidi & Renninger，2006）。

◆ *当学生相信所学的课堂内容对他们具有个人价值时，他们会具有更高的学习动机。*有些课堂活动本身就很有趣，能够激发学生的内部动机。但另一些活动，比如为促使基本技能达到自动化而进行的那些练习与操练，或者那种对于枯燥而又重要的主题的深度学习，可能就没有明显的吸引力。教师可以做很多事情来帮助学生找到学校学习的价值。例如，教师可以引导学生意识到，学校所学的知识能更好地帮助他们解决当前的问题、实现长远的目标（Ferrari & Elik，2003；Hulleman，Godes，Hendricks & Harackiewicz，2010；Simons et al.，2004）。教师也可以向学生展示他们自己认为学业活动有多重要，例如，分享他们对于某些主题的迷恋，示范如何对新点子进行批判性评价，描述他们是如何应用自己在学校学会的知识的（Brophy，1999，2004；D. Kuhn，2006）。教师要尽量避免要求学生参与缺乏长远利益的活动，例如在没有充分理由的情况下让学生记忆没有意义的琐碎内容，阅读明显超出学生理解范围的书籍等等（Brophy，1987，2008）。

其他一些能够促进内化动机发展的因素——包括反应性与支持性兼备的环境、与年龄相应的自主，以及适量的结构——都能够帮助学习者获得他人认为有利于长远利益的那种价值观。总的来说，教师应当帮助学生真正认识到，学习并不仅仅是达成某种具体目标（一份好工作、更高的薪水等）的一种手段，事实上，学习具有很多无形的价值，比如，更好地理解世界，做出更明智的决策等等（Brophy，2004，
2008；Finke & Bettle，1996）。因此，在理想的 493
情况下，学生应当逐渐了解“学习”这件事情本身的价值。

◆ *当学生为自己设定目标时，他们的学习会更加有效。*我们在第 5 章中所提到的教学目标，主要是指由教师为学生设定目标。但是，学生为自己设定的学习目标也具有同等的重要性。自我选择的目标不仅仅是自我调节学习的一个重要部分，它还能够帮助学生做出积极的选择，引导学生努力致力于课堂学习，并促进学生的自我决定感。最终，他们更可能为实现目标而付出努力，因为这一目标是他们为自己设定的而非别人强加的，因此也就更可能实现这一目标（Reeve，2009；Schunk & Pajares，2005；Wentzel，1999）。

教师虽然应该鼓励学生为自己确定长远目标，例如考上一所大学，或者成为一名环境科学家等，但是，这样的目标对于引导学生的当前行为来说有些过于抽象和笼统（Bandura，1997；Husman & Freeman，1999）。多数学生（特别是年幼的学生）都倾向于对特定的、具体的、短期的目标做出积极回应，例如学习拼写若干个单词或解决一些数学问题等等。通过设置并完成一系列的短期目标——有时也被称为**近端目标**（proximal goals），学生们能够得到有关自己所获进展的有规律的反馈，提高关于掌握学业内容的自我效能感，并达到更高的水平（Kluger & DeNisi，1998；R. B. Miller & Brickman，2004；Page-Voth & Graham，1999；Schunk & Pajares，2005；Wolters，2003a）。

◆ *总体来说，相比于成绩目标，掌握目标更*

加有益于学习。在一定程度上，当今学校以及整个社会中，成绩目标是不可避免的，比如完成分配的任务、获取高等级、得到高分等。并且，儿童和青少年总是将其他同学的表现作为衡量自我表现好坏的一项标准，而成人世界的许多方面（例如获得大学录取通知书、求职、从事专业体育运动等）本身就具有竞争的特性。但从长远来看，仍然是掌握目标更有益于学习以及成就的获取。一项具体的（“我要学习骑自行车”）、有挑战性的（“写一首打油诗看起来很难，但我相信自己能够做到”）、短期的（“我要在月底学会用法语数到100”）掌握目标能够很容易地激发出学生的动机（Alderman，1990；K. R. Harris，Graham，Brindle & Sandmel，2009；Mac Iver et al.，1995；S. D. Miller & Meece，1997）。

有些理论家提出，不同性质的掌握目标可能在学习的不同侧面更为有效，尤其是当学习者想要努力学会某种技能时（比如写一小段好文章、打篮球、掷飞镖）。起初，学习者可能想要努力实现一个**过程性目标**（process goal），也就是不断完善技能所包含的形式或过程，而不关乎最终的结果。当期望的形式或过程变得更为自动化时，他们接下来就想将自己的注意转向于**结果性目标**（product goal），也就是追求表现的特定标准（比如，写出一个主题明确的句子，投篮时达到一定的命中率，掷飞镖时命中靶心的特定比率）（Schunk & Swartz，1993；Schunk & Zimmerman，1997；Zimmerman & Kitsantas，1997，1999）。从表面上看，这些目标看上去很像是成绩目标。但是，过程性目标和结果性目标的关注点都是对一项技能的掌握，而不是较之于别人自己的表现如何。

教师可以做很多事情，以鼓励学生更关注掌握目标而不是成绩目标。例如，他们可以建议学
494 生不要将同龄人看做是评价自我的对照，而要将他们看做是信息和动力的来源（Clani，Middleton，Summers & Sheldon，2010；Urdan，Ryan，Anderman & Gheen，2002）。他们可以与学生交流这样的观念：在掌握一项新的、复杂的任务时，犯错是不可避免的（C. Ames，1992；N. E. Perry & Winne，2004）。他们可以向学生提供一系列的评估机制和标准，以帮助他们更容易记录和评估自己的学业进步（Paris & Paris，2001；Spaulding，1992）。他们要向学生提供有关如何改进的具体反馈，而不仅仅是一个确定的分数或等级（R. Butler，1987；Shute，2008；M.-T. Wang & Holcombe，2010）。

◆ 当学生能够一次完成几个目标时，课堂活动就会变得更加有效。正如我们所了解到的，当学生能够完成多个目标时，他们的效率会得到显著提高。例如，如果在小组项目背景（因而能满足学生的社会目标）中学习和练习新技能，或者基于允许冒险和犯错的评价标准（因而不会干扰成绩目标）而学习并练习新技能，学生更可能会为掌握目标而努力。相反，假如分配的任务对学生的要求甚少（因而不会增强他们的胜任感），或者当他们必须与他人去竞争资源或更高分数（可能阻碍社会目标的实现），或者当一次失败即对最终成绩具有重要影响时（阻碍对于成绩目标的进步），学生则不太可能会追求掌握目标。

基于上述讨论，我们应该注意到，成绩—趋近目标倘若与掌握目标相结合，那么将变得大有裨益（Linnenbrink，2005；Senko & Harackiewicz，2005）。成绩—趋近目标主要是在与掌握目标不匹配时会有问题，例如，想获得好成绩的想法促使学生去作弊，而不是理解课程内容（Dweck，2000）。

◆ 教师对于学生成就的乐观归因及期望能够提高学生的**实际**（actual）成就。正如我们在第9章所提到的，人们往往会以现有的知识和观念来建构自己对于未来会看见什么及听见什么的期望。而这些期望反过来又会影响他们实际上看见什么、听见什么，或者至少是他们认为自己看到了什么、听见了什么。当某一事件模糊不清，存在多重可能解释的时候，这种期望的影响力尤其显著。

学生在课堂上的许多日常行为会使学生对其形成很多不同的解释。教师从这些行为中会得出何种结论，包括他们对于学生的成败会做出何种归因，都取决于他们以往对于学生的动机水平、能力等的估计。例如，学生琳达没能按时完成学习任务。她的老师琼斯先生的结论可能是这样的：（1）琳达不够努力；（2）琳达没有安排好时间；（3）琳达没有足够的能力完成任务。琼斯先生的结论源于他之前对琳达的看法，例如，他是否认为琳达：（1）是一个懒惰的、没有动机的学生；（2）虽然有完成工作

的动机和能力，但是没能获得有效的自我调节技能；(3) 缺少与生俱来的学习能力（这反映着他的智力实体观）。

教师对学生当前行为的归因影响了他对学生未来表现的预期。这些预期，进而又会影响到将来的归因（Weiner，2000）。而这些归因和预期都会影响他们对特定学生所使用的教学策略。例如，如果琼斯先生认为琳达是“无心向学的”，他可能会采取一些诱因来诱惑琳达按时完成任务，例如一天结束时给她一定的自由支配时间。相反，如果琼斯先生认为琳达缺少独立学习必备的自我调节技能，他可能会努力教给她这些技能——可
495 能是教她我们在第 6 章中所介绍的自我监控。但如果琼斯先生认为琳达不具备足够的掌握课堂内容的智力，那么他可能不会在帮助她方面付出太多。

当教师对学生形成乐观的归因和预期时（例如，他们相信只要条件充分，学生就能达到很高的水平），他们就会营造一种温暖的课堂氛围，他们会频繁地和学生进行互动，给学生提供很多的反应机会，并给予学生积极具体的反馈；同时他们还会给学生呈现挑战性的任务和主题。相反，当教师对某些学生抱有较低的预期时（例如，教师觉得自己对学生的“低能”或“缺乏动机”无能为力），他们就会给学生提供更少的课堂发言机会，提出比较简单的问题，并很少对学生的反应进行反馈，极少甚至从不提出挑战性任务，忽视学生较好的表现（Babad，1993；Good & Brophy，1994；Graham，1990，1991；R. Rosenthal，1994，2002）。

大多数儿童和青少年都能明确地感知到教师对每个学生的差别待遇，然后，他们会采用教师对待自己的方式来对自己的能力做出某种逻辑推断（R. Butler，1994；Good & Nichols，2001；R. S. Weinstein，2002）。而且，他们的行为可能会开始镜像反映他们的自我感知。例如，当教师频繁向某个学生传递“低能”信息的时候，该生就会在学业任务上放弃努力，或者频繁在课堂上胡作非为（Marachi，Friedel & Midgley，2001；Murdock，1999）。在某种情况下，于是教师对学生的归因和预期就产生了一种自证预言效应：教师预期学生成为什么样，学生就真的会成为什么样。（我们将这称为自证预言＃2。）教师的归因和预期会产生较大影响的阶段通常是小学低年级（一二年级）、中学第一年，甚至更普遍地，每个学期开始的前几周，总之也就是当学生进入一个新的、陌生的学校环境的时候（de Boer，Bosker & van der Werf，2010；Hattie，2009；Hinnant，O'Brien & Ghazarian，2009；Jussim，Eccles & Madon，1996；Kuklinski & Weinstein，2001；Raudenbush，1984；R. Rosenthal，1994，2002）。

很显然，如果教师能够对学生的表现持有乐观的归因和预期的话，他们是最有效的。以下是一些可以使教师形成并维持乐观态度的策略：

- **寻找每一个学生的长处。**有时候，学生的缺点表现得非常明显，但他们的独特品质和优势也是不容忽视的，例如，可能是他们在团队合作中具有卓越的领导能力，或者在讲故事方面表现出惊人的创造力（Carrasco，1981；Hale-Benson，1986；R. J. Sternberg，2005）。
- **了解学生的背景和家庭环境。**很多教师对学生较低的预期都来源于他们对某个特定族群和社会群体的偏见，他们往往会忽视学生所处的文化背景和家庭环境（Kincheloe，2009；McLoyd，1998；Snow，Corno & Jackson，1996）。当教师能够更加清楚地了解学生的活动、习惯、价值观和家庭时，他们就会将学生看作是一个独立的个体，而非某个特定团体的典型成员。
- **相信能力是能够通过时间、习惯、实践，以及高水平的教学而得到提高的。**换句话说，教师应当对学生的智力以及其他方面的能力持有一种发展的观点，而不应持有能力实体观（Dweck & Molden，2005）。
- **客观并频繁地评估学生的进步。**由于教师的预期往往会影响到他们对学生的评价，因此教师应当采取一种客观的方法来评估学生的学习和 496
成绩（Goldenberg，1992）。这里我所指的并不是第 5 章和第 16 章中提到的高风险测试，而是一种结构性的教学评估，这种评估能够为学生提供反映其学习情况的具体信息。
- **记住，教师是一定能够有所作为的。**当教师相信自己有能力促进学生学业成功时，他们就会对学生报以较高的预期（Ashton，1985；Brophy，2006；Tschannen-Moran，Woolfolk Hoy & Hoy，1998；R. S. Weinstein，Madison & Kuklinski，1995）。

此外，在与学生互动的日常交往过程中，教师必须要不厌其烦地表现出他们对于学生成绩的乐观归因（Brophy，2004；Dweck，2000；Graham，1991）。例如，当一个学生取得成功时，教师就要将其归因为良好的策略与能力的共同产物（例如，“显然，你很擅长写作，并且通过自己的努力掌握了新的写作技巧”）。而当学生遇到困难时，则要将其归因为努力或策略等可控因素（例如，“也许你今后需要更加努力一些，这里有一些不同学习方式的建议……”）。同时，要向学生传达一种能力增长观的信息——在某些特定的领域里，能力是可以通过努力和实践而得到提升的（Blackwell et al.，2007；Brophy，2004；Dweck & Molden，2005）。

◆ *系统的归因再训练可以对学生的归因产生积极影响。*众多研究表明，当面临失败时，学生的归因更容易获得持久性的改变。在这些**归因再训练**（attribution retraining）研究中，让儿童参与一项特定的任务（例如，阅读困难的句子，解决算数问题，或构建几何拼图），在对他们的表现进行反馈时，更多的是给予他们成功的反馈，但也会在其中穿插一些失败的反馈。在此背景下，改变归因的可行方法就是在每一次成功之后，由成人指出他们的成功是源于其付出了努力并采取了有效的策略，而失败之后则由成人告知他们，失败是因为缺乏努力和有效的策略。但更有效的方法则是明确地引导孩子们，由他们自身将成功与失败归因为努力和策略（Berkeley，Mastropieri，& Scruggs，2008；S. Ellis，Mendel & Nir，2006；J. W. Fowler & Peterson，1981；N. C. Hall et al.，2007；Robertson，2000）。

教师们必须牢记，学生对于自己的看法在短时间内是不会发生巨变的（Hilt，2005；Meece，1994）。因此，帮助学生获得建设性归因是一个需要不断努力的过程，而不是一个一次性的干预过程。

◆ *多数时间，对于多数学生来说，非竞争性的活动更容易激发他们的动机。*当学习者相信自己有理由获胜时，竞争性的环境才能够激发他们的动机（Deci & Moller，2005；S. M. Garcia & Tor，2009；D. W. Johnson & Johnson，2009a）。例如在第5章中所提到的好行为游戏，两组学生通过表现最佳行为来争取特权，促使他们的课堂行为明显改善。尽管这包含一定的竞争元素在内，但是只要他们的行为达到标准，两队就都有机会获胜。当竞争规则要求只有一部分人能够获胜，而其他人必须面对失败时，这样的竞争就会产生一定的副作用：

◆ *竞争会导致成绩目标的出现。*当获胜的关键 497
在于比别人表现更好时，学习者的注意力就会不可避免地集中于他们的表现上而非所学东西的质量上（C. Ames，1984；Nicholls，1984；Stipek，1996）。

◆ *竞争会促使人们进行能力归因。*在竞争激烈的环境下，如果一个学习者失败了，并且他已经付出了足够多的努力，他就会得出这样一个结论——努力是不够的，失败的根本原因是自己的能力不足（C. Ames，1984；Nicholls，1984；Thorndike-Christ，2008）。

◆ *对于失败者来说，竞争会减少他们的胜任感，从而降低了他们的自我价值感。*当学习者将成功定义为掌握技能，或者是在活动中获得自我提高时，他们就能够经常获得成功，这会增强他们的自我效能感。但如果学习者将成功定义为在所有人之上，他们就必然会经常面对失败。经常面对这样的“失败”，他们会觉得自己是不称职的，体会到消极的情绪，并且会采用自我设限的方式来保护他们的自我价值感（C. Ames，1984；Covington & Müeller，2001；Kim，Lee，Chung & Bong，2010；A. J. Martin，Marsh，Williamson & Debus，2003）。

基于以上因素来看，竞争性的班级环境会导致大多数学生获得较低的成就。不仅仅是给学生带来更低的分数，还会使得他们对待学校的态度变得更加消极（Covington，1992；Graham & Golen，1991；Krampen，1987；M.-T. Wang & Holcombe，2010）。竞争性的课堂环境尤其对女生不利（Catsambis，2005；Inglehart，Brown & Vida，1994）。

教师应当尽量采取有效措施，以减少学生之间的比较和竞争。例如，教师可以将学生的课堂表现隐私化，尽量减少他们对课堂表现水平的了解。在任何时间，都可以让不同的学生完成不同的任务。他们可以对学生的表现进行独立的评价，而不告知学生其他同学做得怎么样，而且也可以鼓励学生以类似的方式去评定自己的表现。当要为了活跃课堂气氛而采取短期的竞争活动时（如辩论、团队数学游戏），教师必须确保每一组学生都能有相等的机会获得成功，而不能事先就预期某一组会成为胜者（Brophy，2004；Linnenbrink，2005；Spaulding，1992；Stipek，1996）。

◆ *与年龄和能力相适应的挑战能够增强动机，并减少枯燥感*。我在第 16 章中提到过，在具有挑战性的任务中获取成功能够增强学习者的胜任感。不仅如此，挑战还有其他的优点，最起码它能促使学生更加投入。学习者对于简单的任务会产生厌烦感，而当他们参与过难的任务并经常遭遇失败时，又会产生沮丧感。挑战为此提供了一个非常好的折衷效果：任务中总是会有他们意想不到的小波折，这能够保持住他们的兴趣，而只要他们能够坚持下来并采用正确的策略，他们就能够获取成功（Fredricks et al.，2010；Hidi & Renninger，2006；Pekrun，Goetz，Daniels，Stupnisky & Perry，2010；Shernoff & Csikszentmihalyi，2009）。

挑战的另一个优点就是它能够促进建设性归因。当学习者在一个非常容易的任务中（为此付出极少的努力）获得成功时，他们就会将这种成功归因为所有人都能够做到。当学习者在一个极其困难的任务中（几乎不敢想象自己能够成功）获得成功时，他们就会将这种成功归因为运气好或是他人的帮助。而当他们在一个有挑战性的任务中（他们相信只要付出足够的努力就能完成）获得成功时，他们就无法将自己的成功归因为任
498 务简单、运气好或者是他人的帮助了。他们唯一的办法就是将这来之不易的成功归因为自己的努力和正确的策略。而这样的归因能够增强他们的自我效能感和胜任感，甚至是他们整体的自我价值感（Clifford，1990；Eisenberger，1992；Lan，Repman，Bradley & Weller，1994；C. Peterson，1990；J. W. Thomas et al.，1993）。

正如我们前几章所提到的一样，挑战性的任务不仅有益于动机，而且对于学习和认知也有帮助（见第 13 章对于维果茨基理论的探讨以及第 14 章中对于元认知的探讨）。学习者在什么时候最有可能参与新的冒险和挑战呢？理论家们认为以下条件是最佳的：

- 成功的标准对每个人来说都是切合实际的。
- 他人的帮助足以使成功成为可能。
- 几乎没有针对犯错的惩罚。
- 参与简单任务时不能获取奖励，或者参与挑战性任务的奖励要高于简单任务。
- 学习者相信成功是自己的知识、技能、努力以及策略的结果（即学习者进行内部归因）。
- 学习者具有胜任感和自我决定意识。（Brophy & Alleman，1992；Clifford，1990；Corno & Rohrkemper，1985；Deci & Ryan，1985；Dweck & Elliott，1983；Lan et al.，1994；N. E. Perry，VandeKamp，Mercer & Nordby，2002；Stipek，1993）。

我已经提到过，在挑战性的任务中获得成功能够促进对个体能力的感知。而我所列的最后一条反过来也是成立的，即能力越高，越喜欢从事有挑战的任务。换句话说，这里有一个非常巧妙的"恶性"循环：挑战促进了能力的提高，而能力提高又带来了更多的挑战欲望。

但学校生活不能完全被层出不穷的挑战所充斥，这样会使人筋疲力尽，并感到沮丧。教师应该在简单任务（能够在短期之内提高学生的自信）和挑战任务（长远角度来看会提升学生的能力感和自我效能感）之间找到一个相应的平衡点（Spaulding，1992；Stipek，1996）。

动机策略的 TARGETS 记忆术

总的来说，有效的动机策略可以被总结为 TARGETS：任务（task）、自主（autonomy）、赞誉（recognition）、分组（grouping）、评估（evaluation）、时间（time），以及社会支持（social support）（L. H. Anderman & Anderman，2009；J. L. Epstein，1989；Maehr & Anderman，1993）。表 17—3 列出了能够增强学习者动机的项目。如果你仔细地观察，你就会发现这个表格能够反映出我们所强调过的有关动机和情绪两章内容中的众多概念，包括内外部动机、能力和自我价值、自我决定、关系需要、热认知、兴趣、期望、价值、目标以及归因。特别是当你看到第二列后，你就会像我一样地确信，教师能够做出非常可观的改变，他们不仅能够督促学生进行学习，还能够提高他们的学习动机。

表 17—3 **动机的 TARGETS 原则**

499

原则	课堂实践举例
课堂**任务**影响动机。	◆ 提出新的任务主题，使学生感到有趣、引人入胜、充满激情。
	◆ 鼓励有意义学习，而非机械学习。
	◆ 进行与学生的生活和目标相关的活动。
	◆ 为学生能够获得成功提供足够的支持。
一定的**自主**能够影响动机，特别是内部动机。	◆ 关于学什么、怎么学要给学生一定的选择权。
	◆ 讲授自我调节策略。
	◆ 课堂练习和学校政策要征求学生的意见。
	◆ 在某些活动中，由学生来担任领导角色。
使学生接受到一定程度的**赞誉**能够影响动机。	◆ 知识不仅能带来学业成功，还能带来个人和社会成功。
	◆ 表扬学生在掌握知识方面的进步。
	◆ 只有在学生缺乏内部动机时，才为成就提供具体的强化物。
	◆ 告知学生他们的成功源于自己的努力和策略。
分组活动能够影响动机。	◆ 给学生提供与他人合作的机会（合作学习、朋辈辅导）。
	◆ 设计每个学生都能做出贡献的小组活动。
	◆ 传授与他人沟通合作的社会技巧。
课堂**评估**方式能够影响动机。	◆ 事先指定并明确评估标准。
	◆ 减少或消除成绩竞争（不“在曲线上”标定成绩）。
	◆ 针对做得好的方面进行具体的反馈。
	◆ 对学生如何获得进步提供具体的建议。
教师的**时间**表能够影响动机。	◆ 给学生足够的时间来掌握关键点和技能。
	◆ 根据学生的兴趣来决定一些活动。
	◆ 在一天之中安排各种活动（将高能量活动穿插在需要久坐的活动之间）。
学生在班级中体会到的**社会支持**能够影响动机。	◆ 创建一个彼此尊重关怀且相互支持的氛围。
	◆ 传递对每一个学生的尊重和情感，并让他们感受到教师真的希望帮助他们获取成功。
	◆ 创建一个舒适的氛围，使得每个学生（包括过于羞涩的、缺少学业技能的，以及身体有残疾的学生）都能够积极参与活动。

资料来源：L. H. Anderman & Anderman，2009；L. H. Anderman，Andrzejewski & Allen，2011；L. H. Anderman，Patrick，Hruda & Linnenbrink，2002；J. L. Epstein，1989；Maehr & Anderman，1993；Patrick et al.，1997.

500

总结

认知在有关人类动机的许多方面中都扮演着举足轻重的角色。其中，兴趣作为一项重要的影响因素，既包含了认知因素，也包含了情绪因素，这两种形式是并存的。情境性的兴趣是暂时的，由周围环境所诱发的。而特质性的兴趣则更稳定，并根植于个体的内部。对所学主题感兴趣的学生能够更有效地进行信息处理，因此从长远角度来看，他们能够更好地记住所学内容。教师也可以通过利用学生的特质性兴趣，以及诱发他们的情境性兴趣来促使学生更加积极地参与课堂活动，例如，从事手工活动，或是阅读与学生自身相关的小说和非小说类文学作品。

一些动机理论认为，执行任意特定的任务，其动机都要取决于两个主观变量。第一，学习者必须抱有一个成功的预期；他们对于成功的预期不仅仅依赖于其现有的能力水平，还依赖于教学质量、环境资源以及社会支持等外部因素。第二，学习者必须重视正在参与的任务：他们必须相信，执行任务有直接或间接的好处——也许是能够实现理想目标，也许是为了给他人留下好的印象，抑或干脆是因为有趣。在课堂上，必须让学生相信，他是拥有外部支持的，并且，学校所学的内容与他当前关注的目标以及长远目标是息息相关的。

学习者的各种目标既可能会促进学习，也可能会阻碍学习。持掌握目标的学生希望获得更多的知识和技能。持成绩目标的学生希望看到自己在他人眼中是能干的（成绩—趋近目标），或者在别人看来他起码不是无能的（成绩—回避目标）。这三种成就目标并不一定是相互排斥的（同一个人可能拥有两个，甚至三个），但通常来说，持掌握目标的学生更倾向于接受能力来自于努力和实践的观点，他们会选取学习机会最多的活动，并通过改正错误来提高将来的成绩。其他常见的目标包括工作—回避目标（付出最少的努力）、社交目标（获得并维持与他人的关系），以及职业目标。有时，人们能够为了同时实现两个甚至两个以上的目标而进行努力；而有时，想要完成一项目标就必须放弃其他的目标。理想情况下，教师应该将学生的注意力集中在掌握目标上，教师要鼓励学生树立自己的目标，包括树立短期目标，这能够让他们产生成就感，并使他们看到自己取得的进展。

归因（学习者所构建的用于解释发生在自己身上的事件的因果关系的系统）是影响动机的另一个认知因素。归因影响了行为和认知的多个方面，包括对成功与失败的情绪反应、对将来成功的预期、所付出的努力、学习策略，以及对将来的选择和目标。归因有很多来源。以往的成功和失败对其具有一定的影响；例如，假若一个人不管做什么都失败，他就很容易将失败归因为稳定而不可控的因素，如缺乏能力等。但其他因素也可能有影响，包括情境因素（如任务过难）、其他人口头或非口头传达的归因、所处文化的信念和世界观，以及自我保护偏差。随着儿童年龄的增长，特别是当他们到达青春期或成年期的时候，他们就会形成一种基本固定的解释风格：可能是一种“我可以”的态度（掌握定向），这会促使他们付出努力，愿意坚持，并且偏好挑战；也可能是一种“我不行”的态度（习得性无助），这会导 501
致他们设置容易的目标，在面对阻碍时迅速放弃。教师应当通过自己的一言一行，来向学生传达一种对于获得课堂任务成功的更具乐观心态的归因。

一个成功学习者的自我调节的认知过程，就是他们愿意在学习过程中尝试建设性的动机和情绪的过程——例如，为学习任务设置具体的目标，想办法把枯燥的任务变得有趣，并试图不去想那些心烦的事情。自我调节还体现在内化动机上：人们会逐渐开始重视并接受周围人所赞赏和鼓励的行为。教师和其他成年人可以通过采取一定的措施来促进学生形成内化动机，包括营造一个温和的、支持性的环境，给学生一定的自主，并为其获取成功提供足够的支持。

参考文献*

Ablard, K. E., & Lipschultz, R. E. (1998). Self-regulated learning in high-achieving students: Relations to advanced reasoning, achievement goals, and gender. *Journal of Educational Psychology, 90,* 94–101.

Abrami, P. C., Bernard, R. M., Borokhovski, E., Wade, A., Surkes, M. A., Tamim, R., et al. (2008). Instructional interventions affecting critical thinking skills and dispositions: A stage 1 meta-analysis. *Review of Educational Research, 78,* 1102–1134.

Abrams, R. A. (1994). The forces that move the eyes. *Current Directions in Psychological Science, 3,* 65–67.

Abrams, R. A., & Christ, S. E. (2003). Motion onset captures attention. *Psychological Science, 14,* 427–432.

Ackerman, P. L. (2007). New developments in understanding skilled performance. *Current Directions in Psychological Science, 16,* 235–239.

Adamson, L. B., & Bakeman, R. (1991). The development of shared attention during infancy. In R. Vasta (Ed.), *Annals of child development* (Vol. 8, pp. 1–41). London: Kingsley.

Adamson, L. B., & McArthur, D. (1995). Joint attention, affect, and culture. In C. Moore & P. J. Dunham (Eds.), *Joint attention: Its origins and role in development* (pp. 205–221). Hillsdale, NJ: Erlbaum.

Adolphs, R., & Damasio, A. R. (2001). The interaction of affect and cognition: A neurobiological perspective. In J. P. Forgas (Ed.), *Handbook of affect and social cognition* (pp. 27–49). Mahwah, NJ: Erlbaum.

Adrián, J. E., Clemente, R. A., & Villanueva, L. (2007). Mothers' use of cognitive state verbs in picture-book reading and the development of children's understanding of mind: A longitudinal study. *Child Development, 78,* 1052–1067.

Afflerbach, P., & Cho, B.-Y. (2010). Determining and describing reading strategies: Internet and traditional forms of reading. In H. S. Waters & W. Schneider (Eds.), *Metacognition, strategy use, and instruction* (pp. 201–225). New York: Guilford Press.

Ainley, M. (2006). Connecting with learning: Motivation, affect, and cognition in interest processes. *Educational Psychology Review, 18,* 391–405.

Alberto, P. A., & Troutman, A. C. (2009). *Applied behavior analysis for teachers* (8th ed.). Upper Saddle River, NJ: Merrill/Pearson Education.

Alderman, K. (1990). Motivation for at-risk students. *Educational Leadership, 48*(1), 27–30.

Aleven, V., Stahl, E., Schworm, S., Fischer, F., & Wallace, R. (2003). Help seeking and help design in interactive learning environments. *Review of Educational Research, 73,* 277–320.

Alexander, J. M., Johnson, K. E., Leibham, M. E., & Kelley, K. (2008). The development of conceptual interests in young children. *Cognitive Development, 23,* 324–334.

Alexander, J. M., Johnson, K. E., Scott, B., & Meyer, R. D. (2008). Stegosaurus and spoonbills: Mechanisms for transfer across biological domains. In M. F. Shaughnessy, M. V. E. Vennemann, & C. K. Kennedy (Eds.), *Metacognition: A recent review of research, theory, and perspectives* (pp. 63–83). Happauge, NY: Nova.

Alexander, L., Frankiewicz, R., & Williams, R. (1979). Facilitation of learning and retention of oral instruction using advance and post organizers. *Journal of Educational Psychology, 71,* 701–707.

Alexander, P. A. (1997). Mapping the multidimensional nature of domain learning: The interplay of cognitive, motivational, and strategic forces. In P. R. Pintrich & M. L. Maehr (Eds.), *Advances in motivation and achievement* (Vol. 10, pp. 213–250). Greenwich, CT: JAI Press.

Alexander, P. A. (1998). Positioning conceptual change within a model of domain literacy. In B. Guzzetti & C. Hynd (Eds.), *Perspectives on conceptual change: Multiple ways to understand knowing and learning in a complex world* (pp. 55–76). Mahwah, NJ: Erlbaum.

Alexander, P. A. (2003). The development of expertise: The journey from acclimation to proficiency. *Educational Researcher, 32*(8), 10–14.

Alexander, P. A. (2004). A model of domain learning: Reinterpreting expertise as a multidimensional, multistage process. In D. Y. Dai & R. J. Sternberg (Eds.), *Motivation, emotion, and cognition: Integrative perspectives on intellectual functioning and development* (pp. 273–298). Mahwah, NJ: Erlbaum.

Alexander, P. A., Graham, S., & Harris, K. R. (1998). A perspective on strategy research: Progress and prospects. *Educational Psychology Review, 10,* 129–154.

Alexander, P. A., & Jetton, T. L. (1996). The role of importance and interest in the processing of text. *Educational Psychology Review, 8,* 89–121.

Alexander, P. A., Kulikowich, J. M., & Schulze, S. K. (1994). How subject-matter knowledge affects recall and interest. *American Educational Research Journal, 31,* 313–337.

Alexander, P. A., White, C. S., & Daugherty, M. (1997). Analogical reasoning and early mathematical learning. In L. D. English (Ed.), *Mathematical reasoning: Analogies, metaphors, and images* (pp. 117–147). Mahwah, NJ: Erlbaum.

Alfassi, M. (2004). Reading to learn: Effects of combined strategy instruction on high school students. *Journal of Educational Research, 97,* 171–184.

Allen, K. D. (1998). The use of an enhanced simplified habit-reversal procedure to reduce disruptive outbursts during athletic performance. *Journal of Applied Behavior Analysis, 31,* 489–492.

Alloway, T. P, Gathercole, S. E., Kirkwood, H., & Elliott, J. (2009). The cognitive and behavioral characteristics of children with low working memory. *Child Development, 80,* 606–621.

Altmann, E. M., & Gray, W. D. (2002). Forgetting to remember: The functional relationship of decay and interference. *Psychological Science, 13,* 27–33.

Alvarez, G. A., & Cavanagh, P. (2004). The capacity of visual short-term memory is set both by visual information load and by number of objects. *Psychological Science, 15,* 106–111.

Amabile, T. M., & Hennessey, B. A. (1992). The motivation for creativity in children. In A. K. Boggiano & T. S. Pittman (Eds.), *Achievement and motivation: A social-developmental perspective* (pp. 54–74). Cambridge, England: Cambridge University Press.

American Psychological Association Zero Tolerance Task Force (2008). Are zero tolerance policies effective in the schools? An evidentiary review and recommendations. *American Psychologist, 63,* 852–862.

Ames, C. (1984). Competitive, cooperative, and individualistic goal structures: A cognitive-motivational analysis. In R. Ames & C. Ames (Eds.), *Research on motivation in education: Vol. 1. Student motivation* (pp. 177–207). Orlando: Academic Press.

Ames, C. (1992). Classrooms: Goals, structures, and student motivation. *Journal of Educational Psychology, 84,* 261–271.

Ames, R. (1983). Help-seeking and achievement orientation: Perspectives from attribution theory. In A. Nadler, J. Fisher, & B. DePaulo (Eds.), *New directions in helping: Vol. 2. Help seeking* (pp. 165–186). New York: Academic Press.

Amrein, A. L., & Berliner, D. C. (2002, March 28). High-stakes testing, uncertainty, and student learning. *Education Policy Analysis Archives, 10*(18). Retrieved April 9, 2002, from http://epaa.asu.edu/epaa/v10n18/.

Amsterlaw, J. (2006). Children's beliefs about everyday reasoning. *Child Development, 77,* 443–464.

Anand, P., & Ross, S. (1987). A computer-based strategy for personalizing verbal problems in teaching mathematics. *Educational Communication and Technology Journal, 35,* 151–162.

Anderman, E. M., Griesinger, T., & Westerfield, G. (1998). Motivation and cheating during early adolescence. *Journal of Educational Psychology, 90,* 84–93.

Anderman, E. M., & Maehr, M. L. (1994). Motivation and schooling in the middle grades. *Review of Educational Research, 64,* 287–309.

Anderman, E. M., Noar, S., Zimmerman, R. S., & Donohew, L. (2004). The need for sensation as a prerequisite for motivation to engage in academic tasks. In M. L. Maehr & P. Pintrich (Eds.), *Advances in motivation and achievement:*

* 读者如需要更多参考文献，请在中国人民大学出版社网站上下载：www. crup. com. cn。

主题索引

（本书索引页码为英文原书页码，即本书边码）

译后记

一个偶然的机会，我接下了简妮·爱丽丝·奥姆罗德博士《学习心理学（第6版）》的翻译工作。我在高校担任教育心理学主讲教师多年，接触过的相关英文教材也不在少数，其中不乏令人印象深刻的佳作巨著，但这本教材仍然深深地吸引了我，或者说打动了我。

《学习心理学》是美国畅销多年的热门教材。在翻译这本教材的过程中，我逐渐领悟到个中缘由。首先，它涵盖了最重要的学习理论，阐明了学习领域最核心的概念，吸纳了新近的研究成果。不过，这些只是一本教材的必备要素，而不足以造就一本热销多年的教材。教育心理学是心理学的一个应用性分支，"应用"是其终极目标。但是，讲授教育心理学的老师们或许都有同感：教育心理学最难讲的部分就是应用；修读教育心理学的学生们，也往往困惑于如何完成由理论观点向实际运用的转化与迁移。而这本教材，恰恰在这个方面体现了自己的独特价值。在每一章中，作者都会用相当的篇幅来讨论教学技巧方面的启示，从而使理论到实践的迁移过程能够更容易地发生，也使读者能够真正感受到读有所获。这无疑是这本教材的最大亮点。此外，这本教材的魅力还来自于作者清晰严谨而又幽默风趣的写作风格。在关键概念或观点的阐述上，作者通常会结合生活中的事例进行说明，这不仅降低了理解的难度，而且促进了学习的动机。内容方面的完整构架、应用方面具体而有启发的建议、叙述方面严谨风趣合二为一的风格，或许正是这本教材获得成功的最主要原因。

这本教材的翻译工作由我以及另外三位同行共同完成。具体分工如下：第1章、第2章、第15至17章由我负责；第3至6章、第7至10章、第11至14章分别由李燕平老师、廖凤林老师、罗峥老师负责。此外，全书译稿的统校工作由我完成。在整个过程中，我的学生为我提供了很多很细致的帮助，比如刘红瑞、李一辰、杨行、肖凤秋、刘潞潞、齐博、王佳、董慧珍、张雪、李辰瑶、赵丹妮、张洪家、邵琪等。这本译作蕴含着所有这些人的心血。在此，我对参与翻译工作的所有人表示衷心的感谢——我的同行、我的学生，也包括我自己。我不会忘记2013年暑假里的那些日日夜夜，无论外面是烈日炎炎还是群星灿烂，我兀自坐在书桌前，沉浸在汉字与英文交汇的世界里，兴之所至，废寝忘食，欲罢不能。我想说，我很享受这个过程。我还想说，享受工作的体验非常美好。

此外，感谢中国人民大学出版社的张宏学编辑，她给我们提供了许多细致的规范和贴心的建议，并创设了非常友好的工作气氛。

最后的致谢献给简妮·爱丽丝·奥姆罗德博士。感谢她以自己的辛勤劳动为我们奉献了如此精彩的教材。我非常荣幸有机会翻译她的著作。

由于译者能力及经验等方面的限制，译稿中纰漏甚至错误可能在所难免，还望读者见谅。而且，鉴于原作的精彩程度，我们不敢奢望译作能完全展现原作的神采，若能企及十之一二就已令人非常满意了。但无论如何，我们很努力在做，而且也确实从中收获颇多。我非常赞同书中关于成就目标的观点：成绩目标固无不可，掌握目标更有裨益。

是为后记。

汪玲

2013年秋于北京

推荐阅读书目

ISBN	书名	作者	单价（元）
心理学译丛			
978-7-300-26722-7	心理学（第3版）	［美］斯宾塞·A. 拉瑟斯	79.00
978-7-300 18359-6	心理学	［美］阿比盖尔·A. 贝尔德	68.00
978-7-300-18162-2	心理学改变思维	［美］斯科特·O. 利林菲尔德等	98.80
978-7-300-12644-9	行动中的心理学（第8版）	［美］卡伦·霍夫曼	89.00
978-7-300-09563-9	现代心理学史（第2版）	［美］C. 詹姆斯·古德温	88.00
978-7-300-13001-9	心理学研究方法（第9版）	［美］尼尔·J. 萨尔金德	68.00
978-7-300-16579-0	质性研究方法导论（第4版）	［美］科瑞恩·格莱斯	38.00
978-7-300-22490-9	行为科学统计精要（第8版）	［美］弗雷德里克·J. 格雷维特等	58.00
978-7-300-22245-5	心理统计学（第5版）	［美］亚瑟·阿伦等	89.00
978-7-300-13306-5	现代心理测量学（第3版）	［英］约翰·罗斯特等	39.90
978-7-300-17056-5	艾肯心理测量与评估（第12版·英文版）	［美］刘易斯·艾肯等	59.80
978-7-300-12745-3	人类发展（第8版）	［美］詹姆斯·W. 范德赞登等	88.00
978-7-300-13307-2	伯克毕生发展心理学:从0岁到青少年(第4版)	［美］劳拉·E. 伯克	89.80
978-7-300-20556-4	阿内特青少年心理学（第5版）	［美］杰弗瑞·简森·阿内特	69.90
978-7-300-18303-9	伯克毕生发展心理学:从青少年到老年(第4版)	［美］劳拉·E. 伯克	45.00
978-7-300-18422-7	社会性发展	［美］罗斯·D. 帕克等	59.90
978-7-300-21583-9	伍尔福克教育心理学（第12版）	［美］安妮塔·伍尔福克	89.90
978-7-300-16761-9	伍德沃克教育心理学（第11版·英文版）	［美］安妮塔·伍德沃克	75.00
978-7-300-17256-9	教育心理学精要（第3版）	［美］简妮·爱丽丝·奥姆罗德	65.00
978-7-300-18664-1	**学习心理学（第6版）**	**［美］简妮·爱丽丝·奥姆罗德**	**78.00**
978-7-300-23658-2	异常心理学（第6版）	［美］马克·杜兰德等	139.90
978-7-300-17653-6	临床心理学	［加］沃尔夫冈·林登等	55.00
978-7-300-18593-4	婴幼儿心理健康手册（第3版）	［美］小查尔斯·H. 泽纳	79.00
978-7-300-19858-3	心理咨询导论（第6版）	［美］塞缪尔·格莱丁	69.90
978-7-300-25883-6	人格心理学入门（第8版）	［美］马修·H. 奥尔森等	98.00
978-7-300-14062-9	社会与人格心理学研究方法手册	［美］哈里·T. 赖斯等	65.00
978-7-300-12478-0	女性心理学（第6版）	［美］马格丽特·W. 马特林	58.00
978-7-300-18010-6	消费心理学：无所不在的时尚（第2版）	［美］迈克尔·R. 所罗门等	68.00
978-7-300-12617-3	社区心理学：联结个体和社区（第2版）	［美］詹姆士·H. 道尔顿等	58.00
978-7-300-16328-4	跨文化心理学（第4版）	［美］埃里克·B. 希雷	42.00
978-7-300-14110-7	职场人际关系心理学（第12版）	［美］莎伦·伦德·奥尼尔等	39.00
978-7-300-15678-1	社会交际心理学：人际行为研究	［澳］约瑟夫·P. 福加斯	39.00
978-7-300-13303-4	生涯发展与规划：人生的问题与选择	［美］理查德·S. 沙夫	45.00
978-7-300-18904-8	大学生领导力（第3版）	［美］苏珊·R. 考米维斯等	39.80

西方心理学大师经典译丛

978-7-300-17807-3	自卑与超越	［奥］阿尔弗雷德・阿德勒	48.00
978-7-300-17774-8	我们时代的神经症人格	［美］卡伦・霍妮	45.00
978-7-300-17806-6	动机与人格（第3版）	［美］亚伯拉罕・马斯洛	58.00
978-7-300-17739-7	人的自我寻求	［美］罗洛・梅	48.00
978-7-300-20299-0	教育心理学简编	［美］爱德华・桑代克	45.00
978-7-300-20342-3	心理物理学纲要	［德］古斯塔夫・费希纳	39.90
978-7-300-18539-2	精神病学的人际关系理论	［美］哈里・沙利文	45.00
978-7-300-20275-4	社会学习理论	［美］阿尔伯特・班杜拉	48.00
978-7-300-20339-3	追求意义的意志	［奥］维克多・弗兰克尔	39.90
978-7-300-17738-0	当事人中心治疗：实践、运用和理论	［美］卡尔・罗杰斯等	78.00
978-7-300-24518-8	理解人性	［奥］阿尔弗雷德・阿德勒	39.00
978-7-300-24517-1	寻找灵魂的现代人	［瑞士］卡尔・荣格	48.00
978-7-300-23941-5	动力心理学	［美］罗伯特・伍德沃斯	45.00
978-7-300-23940-8	挫折与攻击	［美］约翰・多拉德等	45.00
978-7-300-26138-6	性学三论与爱情心理学	［奥］西格蒙德・弗洛伊德	38.00
978-7-300-26033-4	人类的遗产："文明社会"的演化与未来	［美］利昂・费斯汀格	55.00
978-7-300-26034-1	实现自我：神经症与人的成长	［美］卡伦・霍妮	65.00
978-7-300-25215-5	超越自由与尊严	［美］B.F. 斯金纳	48.00

当代西方社会心理学名著译丛

978-7-300-13011-8	语境中的社会建构	［美］肯尼斯・J. 格根	45.00
978-7-300-13012-5	社会表征	［法］塞尔日・莫斯科维奇	59.00
978-7-300-12765-1	社会支配论	［美］吉姆・斯达纽斯等	65.00
978-7-300-13004-0	自我归类论	［澳］约翰・特纳等	45.00
978-7-300-13005-7	精英话语与种族歧视	［荷］范・戴克	49.00
978-7-300-13006-4	社会心理学的解释水平	［比利时］威廉・杜瓦斯	35.00
978-7-300-13007-1	文化社会心理学	［美］赵志裕等	69.00
978-7-300-13008-8	欲望的演化（修订版）	［美］戴维・M. 巴斯	59.00
978-7-300-13009-5	社会认同过程	［澳］迈克尔・A. 豪格等	59.00
978-7-300-13010-1	论辩与思考（新版）	［英］迈克尔・毕利希等	65.00

* * * *

图书在版编目（CIP）数据

学习心理学（第6版）/（美）奥姆罗德著；汪玲等译．—北京：中国人民大学出版社，2015.3
（心理学译丛·教材系列）
ISBN 978-7-300-18664-1

Ⅰ.①学… Ⅱ.①奥…②汪… Ⅲ.①学习心理学-教材 Ⅳ.①G442

中国版本图书馆CIP数据核字（2014）第300503号

心理学译丛·教材系列
学习心理学（第6版）
[美] 简妮·爱丽丝·奥姆罗德 著
汪 玲 李燕平 廖凤林 罗 峥 译
Xuexi Xinlixue

出版发行	中国人民大学出版社		
社　　址	北京中关村大街31号	**邮政编码**	100080
电　　话	010－62511242（总编室）		010－62511770（质管部）
	010－82501766（邮购部）		010－62514148（门市部）
	010－62515195（发行公司）		010－62515275（盗版举报）
网　　址	http://www.crup.com.cn		
经　　销	新华书店		
印　　刷	北京七色印务有限公司		
规　　格	215 mm×275 mm 16开本	**版　　次**	2015年4月第1版
印　　张	27.5 插页2	**印　　次**	2022年4月第5次印刷
字　　数	725 000	**定　　价**	78.00元

Pearson

尊敬的老师：

您好！

为了确保您及时有效地申请培生整体教学资源，请您务必完整填写如下表格，加盖学院的公章后传真给我们，我们将会在2～3个工作日内为您处理。

请填写所需教辅的开课信息：

采用教材			□中文版 □英文版 □双语版
作　者		出版社	
版　次		ISBN	
课程时间	始于　年　月　日	学生人数	
	止于　年　月　日	学生年级	□专　科 □本科1/2年级 □研究生 □本科3/4年级

请填写您的个人信息：

学　校			
院系/专业			
姓　名		职　称	□助教 □讲师 □副教授 □教授
通信地址/邮编			
手　机		电　话	
传　真			
official email（必填） （eg：×××@ruc. edu. cn）		E-mail （eg：×××@163. com）	
是否愿意接受我们定期的新书讯息通知：　□是　□否			

系/院主任：____________（签字）

（系 / 院办公室章）

___年___月___日

资源介绍：

——教材、常规教辅（PPT、教师手册、题库等）资源：请访问 www. pearsonhighered. com/educator。（免费）

——MyLabs/Mastering 系列在线平台：适合老师和学生共同使用；访问需要 Access Code。（付费）

100013　北京市东城区北三环东路36号环球贸易中心D座1208室

电话：（8610）57355003　　传真：（8610）58257961

Please send this form to：copub. hed@pearson. com